LE GUIDE VERT

Châteaux de la Loire

Cet ouvrage tient compte des conditions de tourisme connues au moment de sa rédaction.
Certains renseignements peuvent perdre de leur actualité en raison de l'évolution incessante des aménagements et des variations du coût de la vie.
Nos lecteurs sauront le comprendre.

46, avenue de Breteuil – 75324 Paris Cedex 07
Tél. 01 45 66 12 34
www.michelin-travel.com

MANUFACTURE FRANÇAISE DES PNEUMATIQUES MICHELIN

Société en commandite par actions au capital de 2 000 000 000 de francs

Place des Carmes-Déchaux – 63000 Clermont-Ferrand – R.C.S. Clermont-Fd 855 200 507

Dépot légal mars 2000 – ISBN 2-06-031706-1 – ISSN 0293-9436

Printed in France 01-01/6.3

Compograveur – imprimeur : Maury-Imprimeur S.A. à Malesherbes

Brocheur : Aubin à Poitiers

Conception graphique : Christiane Beylier à Paris 12e

Maquette de couverture extérieure : Agence Carré Noir à Paris 17e

LE GUIDE VERT, l'esprit de découverte !

Avec cette nouvelle collection LE GUIDE VERT, nous avons l'ambition de faire de vos vacances des moments passionnants et mémorables, d'accompagner votre découverte de nouveaux horizons, bref... de vous faire partager notre passion du voyage.

Voyager avec LE GUIDE VERT, c'est être acteur de ses vacances, profiter pleinement de ce temps privilégié pour découvrir, s'enrichir, apprendre au contact direct du patrimoine culturel et de la nature.

Le temps des vacances avec LE GUIDE VERT, c'est aussi la détente, se faire plaisir, apprécier une bonne adresse pour se restaurer, dormir, ou se divertir.

Explorez notre sélection !

Une mise en pages claire, attrayante, illustrée d'une nouvelle iconographie, des cartes et plans redessinés, outils indispensables pour bâtir vos propres itinéraires de découverte, une nouvelle couverture parachevant l'ensemble...

LE GUIDE VERT change.

Alors plongez vite dans LE GUIDE VERT à la découverte de votre prochaine destination de voyage.
Partagez avec nous cette ouverture sur le monde qui donne au temps des vacances son sens, sa substance et en définitive son véritable esprit.

L'esprit de découverte.

Jean-Michel DULIN
Rédacteur en Chef

Sommaire

Informations pratiques

Invitation au voyage

Lucarne d'Amboise.

Grand cerf en Sologne.

Villes et sites

Plafond à la française.

Vin rosé de Loire.

Cartographie

Les cartes routières qu'il vous faut

Tout automobiliste prévoyant doit se munir de bonnes cartes. Les produits Michelin sont complémentaires : ainsi, chaque ville ou site présenté dans ce guide est accompagné de ses références cartographiques sur les différentes gammes de cartes que nous proposons. L'assemblage de nos cartes est présenté ci-dessous avec délimitations de leur couverture géographique.

Pour circuler sur place vous avez le choix entre :

- les **cartes régionales** au 1/200 000 n°s 232, 237, 238 couvrent le réseau routier principal et secondaire et donnent de nombreuses indications touristiques. Elles seront privilégiées dans le cas d'un voyage sur un secteur large. Elles permettent d'apprécier chaque site d'un simple coup d'œil et signalent, outre les caractéristiques des routes, les châteaux, les grottes, les édifices religieux, les emplacements de baignade en rivière ou en étang, les piscines, les golfs, les hippodromes, les terrains de vol à voile, les aérodromes...
- les **cartes détaillées**, dont le fonds est équivalent aux cartes régionales mais dont le format est réduit à une demi-région pour plus de facilité de manipulation. Celles-ci sont mieux adaptées aux personnes qui envisagent un séjour sédentaire sans déplacement éloigné. Consulter les cartes n°s 60, 61, 63, 64, 65, 67, 68.
- les **cartes départementales** (au 1/150 000, agrandissement du 1/200 000). Ces cartes de proximité, très lisibles, permettent de circuler au cœur des départements suivants : Indre-et-Loire (4037), Loiret (4045), Maine-et-Loire (4049) et Sarthe (4072). Elles disposent d'un index complet des localités et le plan de la ville préfecture.

Et n'oubliez pas, la **carte de France n° 989** vous offre la vue d'ensemble de la région Centre-Val de Loire, ses grandes voies d'accès d'où que vous veniez. Le pays est ainsi cartographié au 1/1 000 000 et fait apparaître le réseau routier principal.

Enfin sachez qu'en complément de ces cartes, un serveur minitel **3615 MICHELIN** permet le calcul d'itinéraires détaillés avec leur temps de parcours, et bien d'autres services. Les **3617 et 3623 MICHELIN** vous permettent d'obtenir ces informations à reproduire sur fax ou imprimante. Les internautes pourront bénéficier des mêmes renseignements en surfant sur le site **www.michelin-travel.com**.

L'ensemble de ce guide est par ailleurs riche de cartes et plans, dont voici la liste.

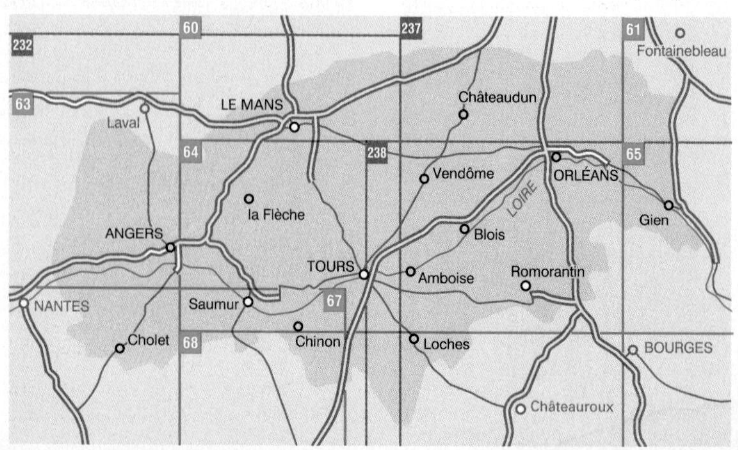

Cartes thématiques

Plans de ville

Plans de monuments

Cartes des circuits décrits

Légende

Monuments et sites

	Itinéraire décrit, départ de la visite
	Église
	Temple
	Synagogue - Mosquée
	Bâtiment
	Statue, petit bâtiment
	Calvaire
	Fontaine
	Rempart - Tour - Porte
	Château
	Ruine
	Barrage
	Usine
	Fort
	Grotte
	Monument mégalithique
	Table d'orientation
	Vue
	Autre lieu d'intérêt

Sports et loisirs

	Hippodrome
	Patinoire
	Piscine : de plein air, couverte
	Port de plaisance
	Refuge
	Téléphérique, télécabine
	Funiculaire, voie à crémaillère
	Chemin de fer touristique
	Base de loisirs
	Parc d'attractions
	Parc animalier, zoo
	Parc floral, arborétum
	Parc ornithologique, réserve d'oiseaux
	Promenade à pied
	Intéressant pour les enfants

Abréviations

A	Chambre d'agriculture
C	Chambre de commerce
H	Hôtel de ville
J	Palais de justice
M	Musée
P	Préfecture, sous-préfecture
POL.	Police
	Gendarmerie
T	Théâtre
U	Université, grande école

	site	station balnéaire	station de sports d'hiver	station thermale
vaut le voyage	★★★		✻✻✻	
mérite un détour	★★		✻✻	
intéressant	★		✻	

Autres symboles

	Information touristique
	Autoroute ou assimilée
	Échangeur : complet ou partiel
	Rue piétonne
	Rue impraticable, réglementée
	Escalier - Sentier
	Gare - Gare auto-train
S.N.C.F.	Gare routière
	Tramway
	Métro
	Parking-relais
	Facilité d'accès pour les handicapés
	Poste restante
	Téléphone
	Marché couvert
	Caserne
	Pont mobile
	Carrière
	Mine
B F	Bac passant voitures et passagers
	Transport des voitures et des passagers
	Transport des passagers
③	Sortie de ville identique sur les plans et les cartes Michelin
Bert (R.)...	Rue commerçante
AZ B	Localisation sur le plan
	Hébergement
	Lieu de restauration

Carnet d'adresses

20 ch : 250/375F	Nombre de chambres : prix de la chambre pour une personne/chambre pour deux personnes
demi-pension ou pension : 280F	Prix par personne, sur la base d'une chambre occupée par deux clients
45F	Prix du petit déjeuner; lorsqu'il n'est pas indiqué, il est inclus dans le prix de la chambre (en général dans les chambres d'hôte)
jusq. 5 pers. : sem. 2400F	Capacité maximale du gîte rural : prix pour la semaine
3 gîtes 2/7 pers. : sem. 2300/6000F	Nombre de gîte ruraux, capacité du plus petit gîte/du plus grand gîte, prix pour la semaine du plus petit gîte/du plus grand gîte
100 appart. 2/7 pers. : sem. 2000/5000F	Nombre d'appartements (résidence hôtelière ou village vacances) capacité mini/maxi des appartements, prix mini/maxi pour la semaine
100 lits : 50F	Nombre de lits (auberge de jeunesse ou gîte d'étage) : prix pour une personne
120 empl. : 80F	Nombre d'emplacements de camping : prix de l'emplacement pour 2 personnes avec voiture
110/250F	Restaurant prix mini/maxi : menus (servis midi et soir) ou à la carte
rest. 110/250F	Restaurant dans un lieu d'hébergement, prix mini/maxi : menus (servis midi et soir) ou à la carte
restauration	Petite restauration proposée
repas 85F	Repas type « Table d'hôte »
réserv.	Réservation recommandée
	Cartes bancaires non acceptées
P	Parking réservé à la clientèle de l'hôtel

Les prix sont indiqués pour la haute saison

Les plus beaux sites

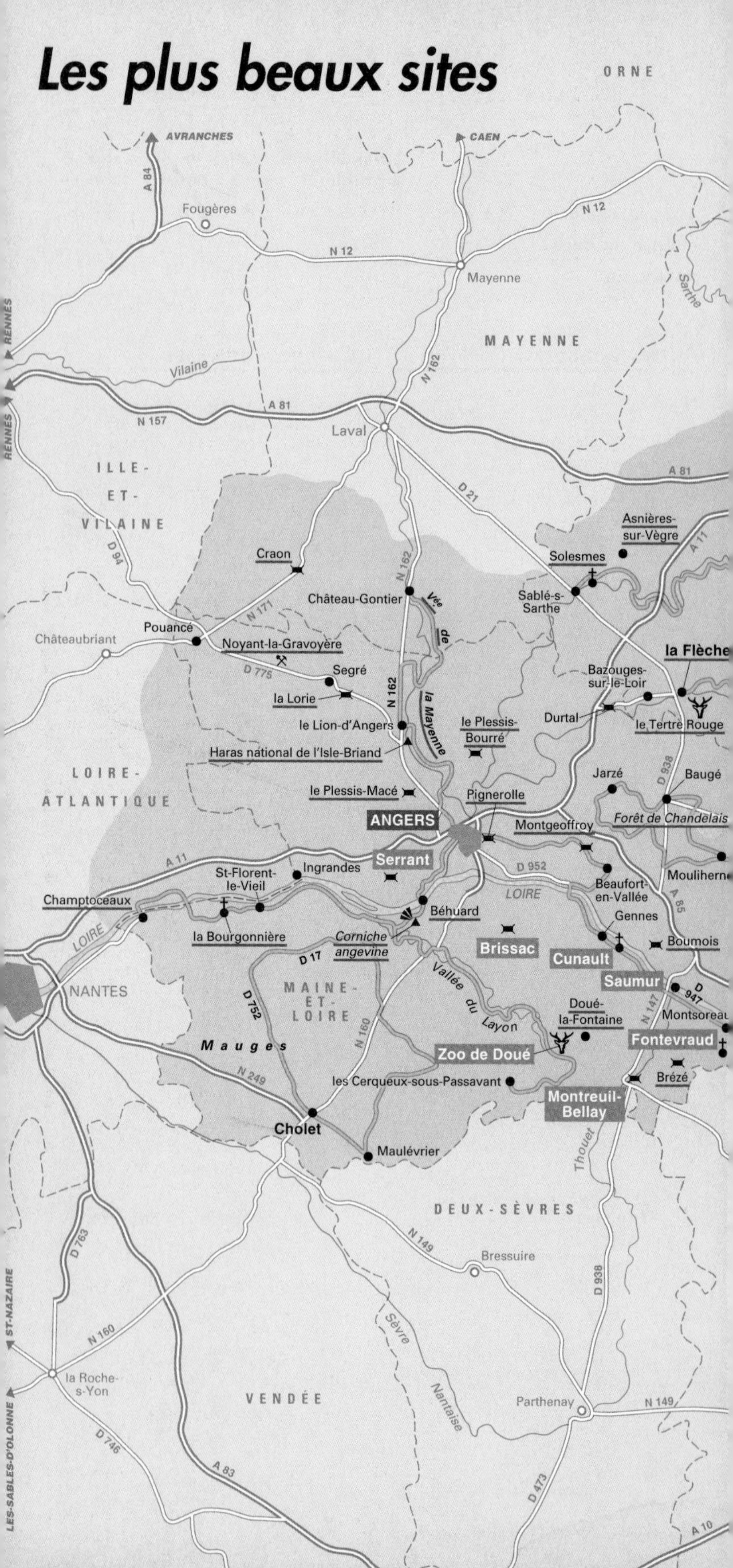

Circuits de découverte

Pour de plus amples explications, consulter la rubrique"itinéraires à thème"

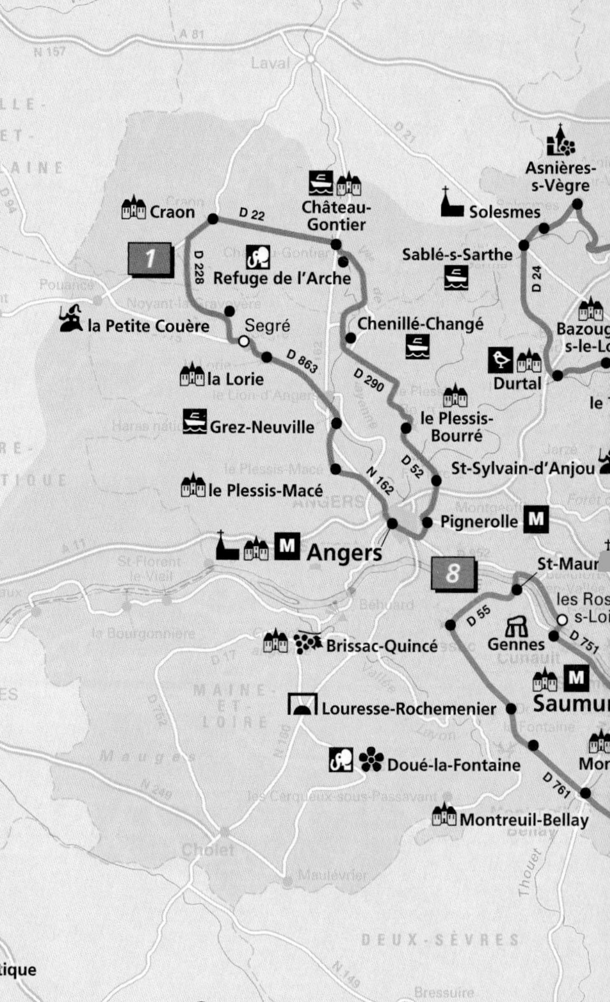

DEUX-SÈVRES

- Site antique
- Aquarium
- Édifice religieux
- Château
- Chemin de fer touristique
- Habitat troglodytique
- Jardin
- Lieu d'histoire
- Loisirs sportifs
- Monument mégalithique
- Panorama
- Parc animalier
- Parc ornithologique
- Promenade en bateau
- Ville ancienne
- Vignoble
- Village pittc
- Musée
- Fresque
- Dégustation
- Parc d'attrac
- Centrale nuc

CAEN
ROUEN
DREUX
DREUX
Alençon
Châteaudun
Arville
Montigny-
le-Gannelon
St-Agil
Mondoubleau
3
Cloyes-
s-le-Loir
Sargé-s-B.
St-Jean-Froidmente
St-Calais
le Mans
Abbaye
de l'Épau
Spay
la Suze-s-S.
Fréteval
Courtanvaux
Montoire-
s-le-Loir
le Gué-
du-Loir
Vendôme
le Grand-Lucé
2
la Flèche
Site archéologique
de Cherré
la Possonière
Troo
Lavardin
Cheverny
Château-
du-Loir
le Lude
Blois
Beauregard
5
Chaumont-
s-Loire
Fougères-
s-Bièvre
Cinq-Mars-
la-Pile
Tours
Luynes
Vouvray
Langeais
Amboise
Pontlevoy
le Val-
Hulin
Aquarium de
Touraine
Montrichard
Bourgueil
Villandry
7
Chenonceaux
Montbazon
Reignac-
s-Indre
Montpoupon
Sache
Ussé
Cormery
Genillé
Azay-le-
Rideau
6
Montrésor
Fontevraud-
l'Abbaye
Chinon
Loches
le Liget
Beaulieu-
lès-Loches
Richelieu
VIENNE
Châtellerault
POITIERS

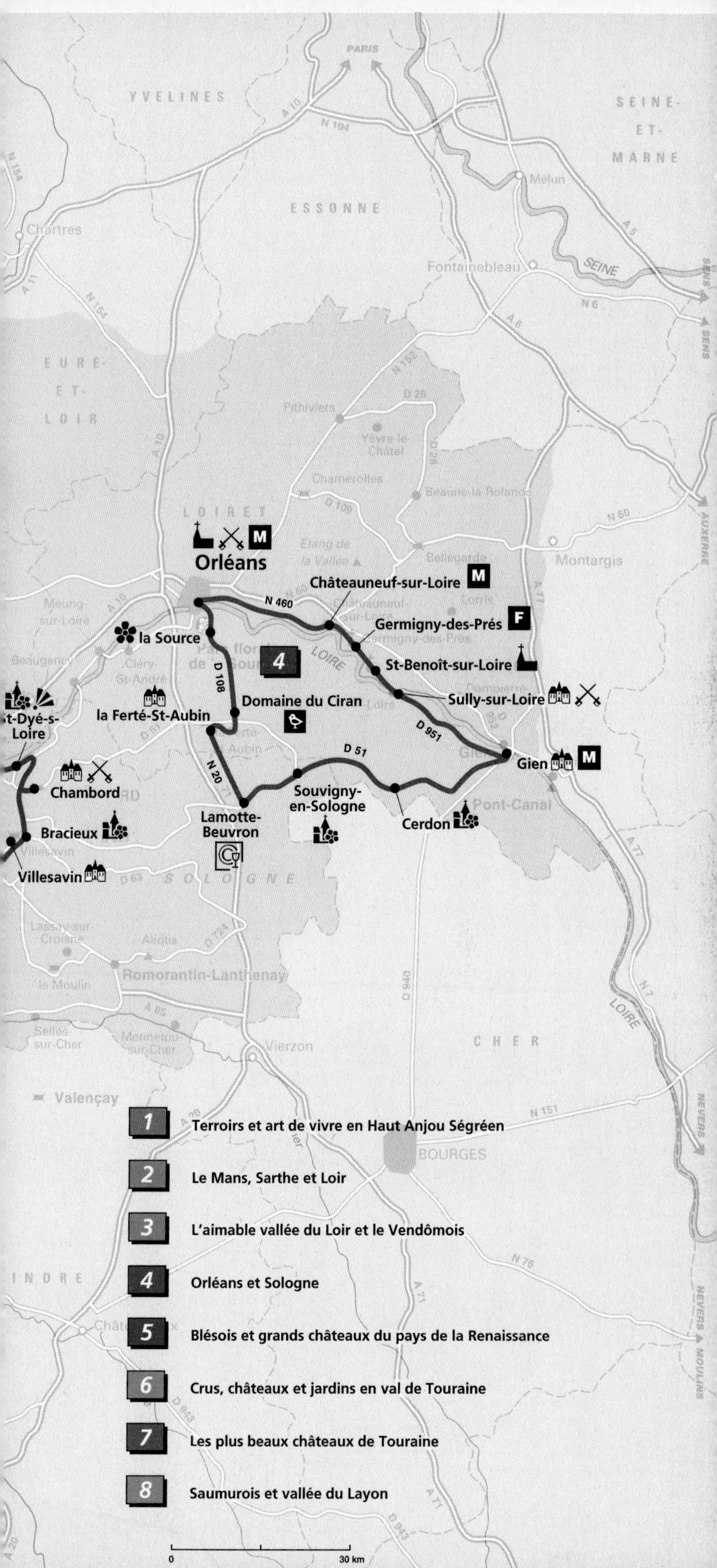

PARIS
YVELINES
ESSONNE
SEINE-ET-MARNE
EURE-ET-LOIR
LOIRET
Chartres
Melun
Fontainebleau
SEINE
SENS
Pithiviers
Yèvre-le-Châtel
Chamerolles
Beaune-la-Rolande
Étang de la Vallée
Bellegarde
Montargis
AUXERRE
Orléans
Châteauneuf-sur-Loire
Germigny-des-Prés
St-Benoît-sur-Loire
Sully-sur-Loire
Gien
la Source
Meung-sur-Loire
Beaugency
Cléry-St-André
la Ferté-St-Aubin
Domaine du Ciran
St-Dyé-s-Loire
Chambord
Bracieux
Villesavin
Lamotte-Beuvron
Souvigny-en-Sologne
Cerdon
Pont-Canal
SOLOGNE
Romorantin-Lanthenay
le Moulin
Selles-sur-Cher
Mennetou-sur-Cher
Vierzon
CHER
Valençay
BOURGES
INDRE
NEVERS
MOULINS
LOIRE
4
1 Terroirs et art de vivre en Haut Anjou Ségréen
2 Le Mans, Sarthe et Loir
3 L'aimable vallée du Loir et le Vendômois
4 Orléans et Sologne
5 Blésois et grands châteaux du pays de la Renaissance
6 Crus, châteaux et jardins en val de Touraine
7 Les plus beaux châteaux de Touraine
8 Saumurois et vallée du Layon
0
30 km

Rives de la Sarthe.

Informations pratiques

Avant le départ

adresses utiles

Ceux qui aiment préparer leur voyage dans le détail peuvent rassembler toute la documentation utile auprès des professionnels du tourisme de la région. Outre les adresses indiquées ci-dessous, sachez que les coordonnées des offices de tourisme ou syndicats d'initiative des villes et sites décrits dans le corps de ce guide sont précisées au début de chaque chapitre (paragraphe « La situation »).

Organisme de tourisme

Comités régionaux de tourisme

Pays de la Loire (Loire-Atlantique, Maine-et-Loire, Mayenne, Sarthe, Vendée) – 2 r. de la Loire, BP 20411, 44204 Nantes Cedex 2. ☏ 02 40 48 24 20. Fax 02 40 08 07 10. E-mail : infotourisme@crtpdl.com.

Centre-Val de Loire (Cher, Eure-et-Loir, Indre, Indre-et-Loire, Loir-et-Cher, Loiret) – 37 av. de Paris, 45000 Orléans. ☏ 02 38 79 95 00. Fax 02 38 79 95 10. Minitel 3615 REGIONCENTRE. Internet : www.loirevalleytourism.com, E-mail : crtl.centre@wanadoo.fr, ☏ Azur 0 801 811 811 (prix appel local, uniquement valable en France).

Comités départementaux de tourisme

Cher – 5 r. de Séraucourt, 18000 Bourges. ☏ 02 48 48 00 10. Fax 02 48 48 00 20, E-mail : tourisme.berry@wanadoo.fr, Internet : www.berrylecher.com.

Eure-et-Loir – 10 r. du Docteur-Maunoury, BP 67, 28002 Chartres Cedex. ☏ 02 37 84 01 00. Fax 02 37 36 36 39. E-mail : cdt28@wanadoo.fr, Internet : www.chartrescountry.com, et : www.eureetloirtourism.com.

Indre – 1 r. Saint-Martin, BP 141, 36003 Châteauroux Cedex. ☏ 02 54 07 36 36. Fax 02 54 22 31 21. E-mail : berry.indre.tourisme1@wanadoo.fr, Internet :www.berry/indre.com.

Touraine-Val de Loire (département de l'**Indre-et-Loire**) – 9 r. Buffon, BP 3217, 37032 Tours Cedex. ☏ 02 47 31 47 48. Fax 02 47 31 42 76. E-mail : tourism.touraine@wanadoo.fr.

Loire-Atlantique – 2 allée Baco, BP 20502, 44005 Nantes Cedex 1. ☏ 02 51 72 95 30. Fax 02 40 20 44 54. E-mail : info@cdt44.com, Internet : www.cdt44.com.

Loir-et-Cher – 5 r. de la Voûte du Château, BP 149, 41005 Blois Cedex. ☏ 02 54 78 55 50. Fax 02 54 74 81 79. E-mail : tourisme.41@wanadoo.fr, Internet : www.chambordcountry.com.

Loiret – 8 r. d'Escures, 45000 Orléans. ☏ 02 38 62 04 04. Fax 02 38 77 04 12. E-mail : tourisme.loiret@wanadoo.fr, Internet : www.tourismloiret.com.

Anjou (département du **Maine-et-Loire**) – Pl. du Président-Kennedy, BP 2147, 49021 Angers Cedex 02. ☏ 02 41 23 51 51. Fax 02 41 88 36 77. E-mail : anjou.cdt@wanadoo.fr.

Mayenne – 84 av. Robert-Buron, BP 1429, 53014 Laval Cedex. ☏ 02 43 53 18 18. Fax 02 43 53 58 82.

Orne – 88 r. St-Blaise, BP 50, 61002 Alençon. ☏ 02 33 28 88 71. Fax 02 33 29 81 60. E-mail : orne-tourisme@wanadoo.fr.

Sarthe – 40 r. Joinville, 72000 Le Mans. ☏ 02 43 40 22 50. Fax 02 43 40 22 51. E-mail : sarthe@cg72.fr, Internet : www.sarthe.com.

Paysage de Touraine.

transports

Par route

La région est particulièrement bien reliée aux réseaux routiers et autoroutiers. L'autoroute A 10, l'Aquitaine (A 11-E 501 puis E 60), Paris-Bordeaux, dessert Orléans, Blois et Tours et mène à Angers en un peu plus de 3h30 ; l'autoroute Océane Paris-Rennes (A 11-E 50, puis A 81) conduit de Paris au Mans en 2h10. Entre Tours et Angers l'autoroute A 85 est réalisée sur plus de la moitié de son parcours.

La **carte Michelin n° 911** au 1/1 000 000 donne les grands itinéraires, le temps de parcours, les itinéraires de dégagement et les prévisions de circulation.

L'**atlas Michelin autoroutier n° 914** donne des détails sur les différentes autoroutes : péages, aires de repos, téléphones, stations d'essence...

Informations autoroutières – Du lundi au vendredi : centre des renseignements autoroutes, 3 r. Edmond-Valentin, 75007 Paris, ☎ 01 47 05 90 01. Informations sur les conditions de circulation sur les autoroutes : ☎ 08 36 68 10 77, Minitel 3615 AUTOROUTE, Internet : www.autoroutes.fr.

Tourisme-Informations sur Minitel – Consultez le **3615 MICHELIN** (1,27F la minute) : ce serveur vous aide à préparer ou décider du meilleur itinéraire à emprunter en vous communiquant d'utiles informations routières. Le 3617 MICHELIN vous permet d'obtenir ces informations sur fax ou imprimante.

Par rail

Depuis Paris (gare Montparnasse), le TGV permet de rejoindre très rapidement non seulement les grandes villes du Val de Loire que sont Orléans, Le Mans, Tours et Angers, mais aussi des villes comme Vendôme ou Saumur.
Des TER (train express régionaux) assurent la desserte des localités de moindre importance.

RENSEIGNEMENTS ET RÉSERVATIONS

Minitel – 3615 SNCF.

Téléphone – ☎ 08 36 35 35 35 (renseignements et réservations 24/24h).

tourisme et handicapés

Un certain nombre de curiosités décrites dans ce guide sont accessibles aux personnes handicapées. Ces curiosités sont signalées par le symbole ♿ dans les conditions de visite des sites.
Pour plus de renseignements au sujet de l'accessibilité des musées aux personnes à mobilité réduite, contacter la direction des Musées de France, le service Accueil des publics spécifiques, 6 r. des Pyramides, 75041 Paris Cedex 01. ☎ 01 40 15 35 88.

Les **guides Rouges Michelin France** et **Camping Caravaning France**, révisés chaque année, indiquent respectivement les chambres accessibles aux handicapés et les installations sanitaires aménagées.

Le **Comité national français de liaison pour la réadaptation des handicapés**, 236 bis r. de Tolbiac, 75013 Paris, ☎ 01 53 80 66 66, Minitel 3614 HANDITEL, Internet : www.handitel.org, assure un programme d'information au sujet des transports, des vacances, de l'hôtellerie et des loisirs adaptés.

Le **guide Rousseau** édité par l'association France « H », 9 r. Luce-de-Lancival, 77340 Pontault-Combault, ☎ 01 60 28 50 12, donne de précieux renseignements sur la pratique du tourisme, des loisirs et des sports accessibles aux handicapés.

le climat

La Loire est une barrière météorologique efficace entre le Nord et le Sud de la France. En revanche le Val de Loire, de part et d'autre du fleuve, doux et tempéré, semble hésiter constamment entre soleil et nuages. Mais le ciel ne s'obscurcit jamais bien longtemps, et le vent d'Ouest (la galerne) chasse bien vite les nuages et le beau temps revient promptement. Les averses (souvent apportées par le vent du Sud-Ouest, le soulaire) sont régulières et franches, mais pas trop abondantes, juste ce qu'il faut pour arroser le jardin de la France. Dans ce pays de vignes, on s'attend naturellement à un excellent ensoleillement... ce qui est tout à fait le cas. Un climat modéré, une belle luminosité : la douceur de vivre au pays de Loire.

la météo

Pour profiter pleinement des promenades, visites ou activités de plein air, il est utile de disposer à l'avance d'informations météorologiques.
Météo-France a mis en service un système de répondeur téléphonique : les bulletins diffusés sont réactualisés trois fois par jour et sont des prévisions à cinq jours.
Prévisions nationales – ☎ 08 36 68 01 01.
Prévisions régionales – ☎ 08 36 68 00 00.
Prévisions départementales – ☎ 08 36 68 02 suivi du numéro du département (☎ 08 36 68 02 49 pour le Maine-et-Loire par exemple).
Toutes ces informations sont également disponibles sur minitel 3615 METEO.

Moulin-cavier et vigne en Anjou.

Hébergement, restauration

L'hébergement en vallée de la Loire est à l'image de la région : charme et douceur, convivialité et allégresse. Les rives du fleuve roi ont une riche diversité en matière d'hôtels, de restaurants et de campings. Nombreux sont les petites villes et villages où l'on trouvera un hôtel modeste, mais sympathique, à l'accueil chaleureux et familial, alors que les grandes villes telles que Angers, Le Mans, Orléans ou Tours s'enorgueillissent d'établissements plus luxueux qui participent au prestige de leurs régions. De plus la région foisonne de Relais et Châteaux aux équipements encore plus luxueux ; la table y est souvent exceptionnelle, l'environnement est soigné. En Anjou, Blésois, Touraine et Orléanais les gîtes ruraux et les chambres d'hôte de toutes catégories sont très nombreux. Rien n'est plus agréable que de faire étape dans un manoir, un petit château ou un domaine accueillant des hôtes payants. L'accueil est beaucoup plus personnalisé, la cuisine est souvent élaborée à la maison, ce qui permet de profiter de l'abondance des produits frais fournis par le jardin ou par les marchés de la région. Ici le climat tempéré favorise la naissance d'un vin d'une étonnante richesse. Pour peu que vous soyez accueilli chez un vigneron, un négociant en vin ou, plus simplement, chez un amateur de bons vins à la cave bien pleine, l'alliance des produits du terroir et des crus locaux sera tout à fait plaisante.

les adresses du guide

Pour la réussite de votre séjour, vous trouverez la sélection des bonnes adresses de la collection LE GUIDE VERT. Nous avons sillonné la région pour repérer des chambres d'hôte et des hôtels, des restaurants et des fermes-auberges, des campings et des gîtes ruraux... En privilégiant des étapes, souvent agréables, au cœur des villes, des villages ou sur nos circuits touristiques, en pleine campagne ou les pieds dans l'eau ; des maisons de pays, des tables régionales, des lieux de charme et des adresses plus simples... pour découvrir la région autrement : à travers ses traditions, ses produits du terroir, ses recettes et ses modes de vie.
Le confort, la tranquillité et la qualité de la cuisine sont bien sûr des critères essentiels ! Toutes les maisons ont été visitées et choisies avec le plus grand soin, toutefois il peut arriver que des modifications aient eu lieu depuis notre dernier passage : faites-le-nous savoir, vos remarques et suggestions seront toujours les bienvenues !
Les prix que nous indiquons sont ceux pratiqués en **haute saison** ; hors saison, de nombreux établissements proposent des tarifs plus avantageux, renseignez-vous...

Mode d'emploi

Au fil des pages, vous découvrirez nos carnets pratiques : toujours rattachés à des villes ou à des sites touristiques remarquables du guide, ils proposent une sélection d'adresses situées à proximité. Si nécessaire, l'accès est donné à partir du site le plus proche ou sur des schémas régionaux.
Dans chaque carnet, les maisons sont classées en trois catégories de prix pour répondre à toutes les attentes :
Vous partez avec un budget inférieur à 250F ? Choisissez vos adresses parmi celles de la catégorie « **À bon compte** » : vous trouverez là des hôtels, des campings, des chambres d'hôte simples et conviviales et des tables souvent gourmandes, toujours honnêtes, à moins de 100F.
Votre budget est un peu plus large, jusqu'à 500F pour l'hébergement et 200F pour la restauration ? Piochez vos étapes dans les « **Valeurs sûres** ». Dans cette catégorie, vous trouverez des maisons, souvent de charme, de meilleur confort et plus agréablement aménagées, animées par des passionnés, ravis de vous faire découvrir leur demeure et leur table. Là encore, chambres et tables d'hôte sont au rendez-vous, avec également des hôtels et des restaurants plus traditionnels, bien sûr.
Vous souhaitez vous faire plaisir, le temps d'un repas ou d'une nuit, vous aimez voyager dans des conditions très confortables ? La catégorie « **Une petite folie** » est pour vous... La vie de château dans de luxueuses chambres d'hôte – pas si chères que ça – ou dans les palaces et les grands hôtels : à vous de choisir ! Vous pouvez aussi profiter des décors de rêve de lieux mythiques à moindres frais, le temps d'un brunch ou d'une tasse de thé... À moins que vous ne préfériez casser votre tirelire pour un repas gastronomique dans un restaurant renommé. Sans oublier que la traditionnelle formule « tenue correcte exigée » est toujours d'actualité dans ces élégantes maisons !

L'hébergement

Les hôtels

Nous vous proposons un choix très large en terme de confort. La location se fait à la nuit et le petit-déjeuner est facturé en supplément. Certains établissements assurent un service de restauration également accessible à la clientèle extérieure.

Les chambres d'hôte

Vous êtes reçu directement par les habitants qui vous ouvrent leur demeure. L'atmosphère est plus conviviale qu'à l'hôtel, et l'envie de communiquer doit être réciproque : misanthrope, s'abstenir ! Les prix, mentionnés à la nuit, incluent le petit-déjeuner. Certains propriétaires proposent aussi une table d'hôte, en général le soir, et toujours réservée aux résidents de la maison. Il est très vivement conseillé de réserver votre étape, en raison du grand succès de ce type d'hébergement.

Les résidences hôtelières

Adapté à une clientèle de vacanciers, la location s'y pratique à la semaine mais certaines résidences peuvent, suivant les périodes, vous accueillir à la nuitée. Chaque studio ou appartement est généralement équipé d'une cuisine ou d'une kitchenette.

Les gîtes ruraux

Les locations s'effectuent à la semaine ou éventuellement pour un week-end. Totalement autonome, vous pourrez découvrir la région à partir de votre lieu de résidence. Il est indispensable de réserver, longtemps à l'avance, surtout en haute saison.

Les campings

Les prix s'entendent par nuit, pour deux personnes et un emplacement de tente. Certains campings disposent de bungalows ou de mobile homes d'un confort moins spartiate : renseignez-vous sur les tarifs directement auprès des campings.

N.B. : Certains établissements ne peuvent pas recevoir vos compagnons à quatre pattes ou les accueillent moyennant un supplément, pensez à demander lors de votre réservation.

La restauration

Pour répondre à toutes les envies, nous avons sélectionné des restaurants régionaux bien sûr, mais aussi classiques, exotiques ou à thème... Et des lieux plus simples, où vous pourrez grignoter une salade composée, une tarte salée, une pâtisserie ou déguster des produits régionaux sur le pouce.
Quelques fermes-auberges vous permettront de découvrir les saveurs de la France profonde. Vous y goûterez des produits authentiques provenant de l'exploitation agricole, préparés dans la tradition et généralement servis en menu unique. Le service et l'ambiance sont bon enfant. Réservation obligatoire !
Enfin, n'oubliez pas que les restaurants d'hôtels peuvent vous accueillir.

... et aussi

Si d'aventure vous n'avez pu trouver votre bonheur parmi toutes nos adresses, vous pouvez consulter les Guides Michelin d'hébergement ou, en dernier recours, vous rendre dans un hôtel de chaîne.

Le Guide Rouge hôtels et restaurants France

Pour un choix plus étoffé et actualisé, LE GUIDE ROUGE recommande hôtels et restaurants sur toute la France. Pour chaque établissement, le niveau de confort et de prix est indiqué, en plus de nombreux renseignements pratiques. Les bonnes tables, étoilées pour la qualité de leur cuisine, sont très prisées par les gastronomes. Le symbole 🙂 **(bib gourmand)** sélectionne les tables qui proposent une cuisine soignée à moins de 140F.

Le guide camping France

Le Guide Camping propose tous les ans une sélection de terrains visités régulièrement par nos inspecteurs. Renseignements pratiques, niveau de confort, prix, agrément, location de bungalows, de mobile homes ou de chalets y sont mentionnés.

Les chaînes hôtelières

L'hôtellerie dite « économique » peut éventuellement vous rendre service. Sachez que vous y trouverez un équipement complet (sanitaire privé et télévision), mais un confort très simple. Souvent à proximité de grands axes routiers, ces établissements n'assurent pas de restauration. Toutefois, leurs tarifs restent difficiles à concurrencer (moins de 200F la chambre double).
En dépannage, voici donc les centrales de réservation de quelques chaînes :

B&B, ☎ 0 803 00 29 29

Etap Hôtel, ☎ 08 36 68 89 00 (2,23F la minute)

Mister Bed, ☎ 01 46 14 38 00

Villages Hôtel, ☎ 03 80 60 92 70

Enfin, les hôtels suivants, un peu plus chers (à partir de 300F la chambre), offrent un meilleur confort et quelques services complémentaires :

Campanile, climat de France, Kyriad, ☎ 01 64 62 46 46

Ibis, ☎ 0 803 88 22 22

HÉBERGEMENT RURAL

Gîtes de France – La Fédération nationale des Gîtes de France, 59 r. St-Lazare, 75439 Paris Cedex 09, ☏ 01 49 70 75 75, donne les adresses des comités locaux et publie des guides nationaux sur différentes possibilités d'hébergement rural : chambres d'hôte, gîtes d'étape, gîtes de neige, gîtes et logis de pêche, Minitel 3615 GITES DE FRANCE.

Les **randonneurs** peuvent consulter le guide *Gîtes et refuges, France et frontières*, par A. et S. Mouraret (Rando-Éditions, BP 24, 65421 Ibos, ☏ 05 62 90 09 90, Minitel 3615 CADOLE).
Cet ouvrage est principalement destiné aux amateurs de randonnée, de cyclotourisme et de canoë-kayak.

AUBERGES DE JEUNESSE

Ligue française pour les auberges de la jeunesse – 67 r. Vergniaud, 75013 Paris, ☏ 01 44 16 78 78, Minitel 3615 AUBERGE DE JEUNESSE, Internet :www.auberges-de-jeunesse.com.
La carte LFAJ est délivrée contre une cotisation annuelle de 70F pour les moins de 26 ans et 100F au-delà de cet âge.

SERVICES DE RÉSERVATION LOISIRS ACCUEIL

La Fédération nationale des services de réservation Loisirs Accueil (280, bd St-Germain, 75007 Paris, ☏ 01 44 11 10 44) propose un large choix d'hébergements et d'activités de qualité.
Elle édite un annuaire regroupant les coordonnées des 59 SLA et, pour certains départements, une brochure détaillée. En s'adressant au service de réservation de ces départements, on peut obtenir une réservation rapide. Minitel : 3615 RESINFRANCE, Internet : www.resinfrance.com, E-mail : fnsrla@aol.com.

Auberge de jeunesse de Touraine – Parc de Grandmont, av. d'Arsonval, 37200 Tours, ☏ 02 47 25 14 45. Fax 02 47 48 26 59.

Ligue française pour les auberges de Jeunesse (LFAJ) Pays de la Loire – 3 r. Darwin, 49045 Angers Cedex 01, ☏ 02 41 22 61 20. Fax 02 41 48 51 91.

Village Vacances Famille « Les Violettes » – R. Rouget-de-L'Isle, 37400 Amboise, ☏ 02 47 57 19 79. Fax 02 47 57 65 36.

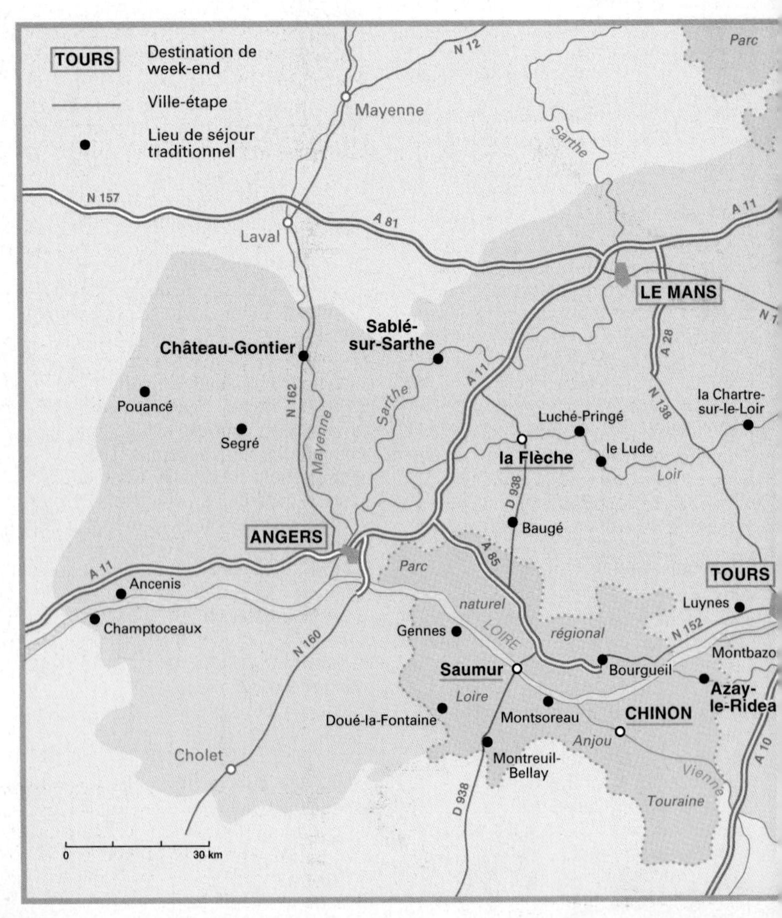

Maison familiale rurale d'éducation et d'orientation – 8 r. de Rome, 37370 Neuvy-le-Roi, ☎ 02 47 24 40 45. Fax 02 47 24 46 20.

« Au pays des caves demeurantes... » – Jusqu'à ces dernières années, les habitations troglodytiques de certains villages de l'Anjou, de la Touraine et du Vendômois étaient perçues comme une image du passé. Aujourd'hui un certain nombre de ces demeures creusées dans le tuffeau ou les faluns sont recherchées comme résidences secondaires ou réaménagées pour l'hébergement et la restauration. Outre de nombreuses caves à vin où vieillissent lentement les cuvées les meilleures, on trouvera des hôtels, des gîtes d'étape (troglogîtes) ou des restaurants aménagés avec ingéniosité voire élégance.

Relais des gîtes du Maine-et-Loire – BP 2147, 49021 Angers Cedex 02, ☎ 02 41 23 51 42.

choisir son lieu de séjour

Faire un tel choix, c'est déjà connaître quel type de voyage vous envisagez. La carte que nous vous proposons fait apparaître des **villes étapes**, localités de quelque importance possédant de bonnes capacités d'hébergement, et qu'il faut visiter. Les **lieux de séjour traditionnels** sont sélectionnés pour leurs possibilités d'accueil et l'agrément de leur site. Enfin les villes d'Angers, Le Mans, Orléans, Tours méritent d'être classées parmi les **destinations de week-end**.
Les offices de tourisme et syndicats d'initiative renseignent sur les possibilités d'hébergement (meublés, gîtes ruraux, chambres d'hôte) autres que les hôtels et terrains de camping, décrits dans les publications Michelin, et sur les activités locales de plein air, les manifestations culturelles ou sportives de la région.

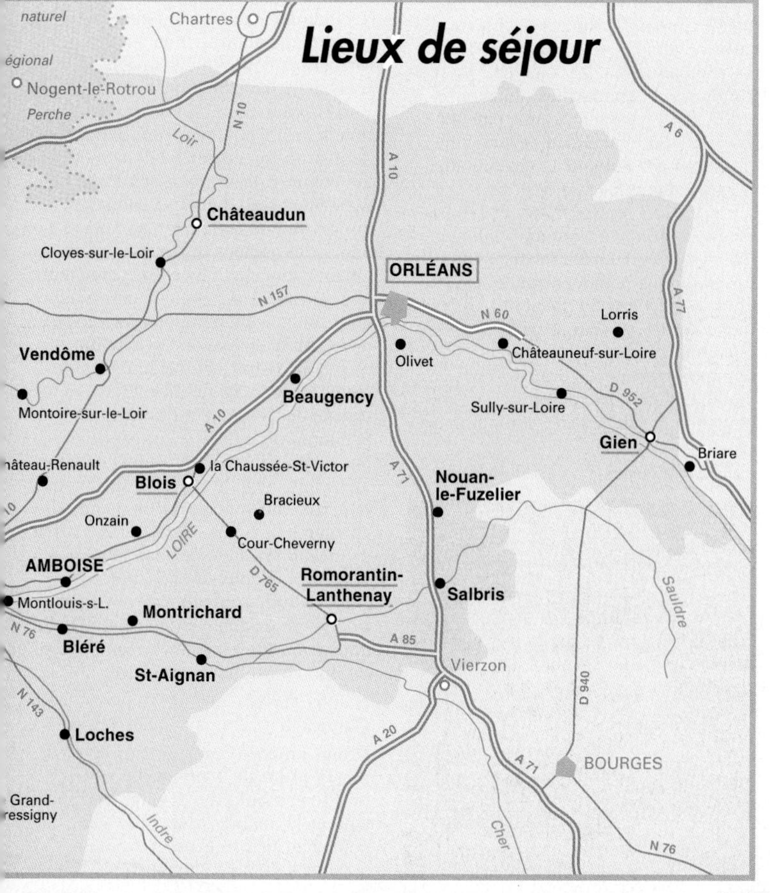

Propositions de séjours

idées de week-ends

Angers

Que l'on arrive de Nantes ou de Paris, la route longe la Maine et le voyageur se trouve instantanément saisi par la puissance qui se dégage du château d'Angers. Très vite, on se trouve au pied de l'énorme forteresse noire et blanche et c'est donc par elle qu'il convient de commencer la découverte de la ville du bon roi René. À l'intérieur du château, vous voici au devant la tenture de l'Apocalypse dont la taille et la fraîcheur des coloris retiendront votre attention. Face au château, une visite s'impose à la Maison du vin de l'Anjou ; conseils, dégustations et vente vous sont proposés. Pour déjeuner vous trouverez, aux alentours, tout ce qu'il faut sans trop vous écarter. La vieille ville (n'oubliez pas qu'Angers est ville d'Art et d'Histoire) mérite bien une demi-journée qui vous permettra de visiter la cathédrale, le Logis Pincé, le Logis Barrault (musée des Beaux-Arts), la Galerie David d'Angers. Puis vous serez attiré par le quartier médiéval et ses multiples trésors ; vos pas vous conduiront, par des rues animées, vers les commerces nombreux, les boutiques chics et les antiquaires. Après une nuit paisible dans un hôtel calme du centre ville, vous pourrez, suivant la saison, aller au salon des vins de Loire, au printemps ou en automne, et faire vos choix de cave ; en été, vous goûterez les « Heures musicales du Haut-Anjou », à moins que vous ne préfériez le Festival d'Anjou (théâtre) ; en octobre c'est le « Mondial du Lion », concours hippique international au Lion-d'Angers. Une manière agréable de visiter la ville est de combiner une promenade en train touristique avec une mini-croisière sur la Maine. Comme c'est dimanche, et que les bateaux vous invitent ce jour-là à déjeuner sur l'eau, vous pourrez même prévoir un pique-nique.

À 8 km au Nord-Est, par la route du Mans, à St-Barthélemy-d'Anjou, le château de Pignerolle et son remarquable musée européen de la Communication vous attendent au milieu d'un agréable parc. Côté souvenirs de week-end, n'omettez pas de rapporter une boîte de quernons d'ardoise et, pourquoi pas, une bouteille de Cointreau (liqueur à base d'écorce d'oranges) et quelques bouteilles d'anjou...

Le château d'Angers.

Le Mans

Ah ! Vingt-quatre heures au Mans ! Tout de suite on entend une course un peu folle, le vrombissement des moteurs, les cris de la foule, le crissement des pneus, l'odeur d'huile... mais non, Le Mans ce n'est pas uniquement le sport mécanique. On l'oublie, parfois, Le Mans est une ville d'Art et d'Histoire, et il y a ici bien des choses à voir, à humer ou à goûter. Avant de pénétrer dans la cathédrale Saint-Julien, faites une balade dans ce vieux Mans abondant de ruelles tortueuses coupées d'escaliers, de maisons à pans de bois, de logis Renaissance et même de gracieux hôtels du 18e s. Vous n'oublierez pas de descendre sur les quais voir l'enceinte gallo-romaine au ton rose si caractéristique. Le vieux Mans est animé de nombreux restaurants et boutiques variées qui vous permettront de faire votre choix pour le déjeuner. L'après-midi sera plus culturel et vous plongera dans le riche passé de la ville avec la visite du musée d'Histoire et d'Ethnographie (maison de la Reine Bérengère) et le musée de Tessé. À moins que les Scénomanies (théâtre, musique et danse dans la rue, en juillet) ne vous aient tenu éveillé toute la nuit, vous pourrez, puisque c'est dimanche, aller au marché des Jacobins. Vous pourriez déjeuner à bord du bateau *Le Mans* qui vous fera découvrir la Sarthe. L'après-midi pourrait s'achever par une visite à l'abbaye de l'Épau. De là vous iriez sur le circuit automobile de vitesse voir le beau musée de l'Automobile de Sarthe.

Orléans

Il faut entamer un séjour orléanais par la place du Martroi qui est un peu le symbole de la ville avec sa statue de Jeanne d'Arc. Bien sûr, la célébrité historique de la cité est due surtout à Jeanne (les fêtes

Orléans et la Loire.

johanniques sont en mai) et dépasse de loin la notoriété architecturale de la ville. Mais, comme nous sommes samedi matin, vous traînerez agréablement aux halles de la Charpenterie, au marché à la brocante (boulevard Alexandre-Martin) ou au marché aux fleurs avant d'aller faire une petite visite à la cathédrale Ste-Croix. L'après-midi sera consacré en partie au musée des Beaux-Arts (il présente un remarquable panorama de l'art en Europe du 16e au 20e s.). Une visite à la maison de Jeanne d'Arc ou au musée historique et archéologique vous laissera un peu de temps pour faire une balade en calèche. Le lendemain, dimanche, vous quitterez Orléans de bonne heure pour assister dès 9 h au grand spectacle de la nature au parc floral de la Source. Suivant les saisons, tulipes, narcisses, dahlias ou fuchsias se mettront en quatre pour votre plaisir. La journée s'achèvera à Olivet où vous pourrez, si le cœur vous en dit, aller à la pêche ou faire du canotage.

Tours

Au Moyen Âge, Tours était déjà le cœur du « jardin de la France », alors, à l'heure où les jardins reviennent à la mode, vous pensez ! De plus, Tours est aux portes de Paris (55 mn par le TGV). Si vous voulez connaître l'âme de la ville, commencez par flâner du côté de chez Plum', c'est ainsi que les Tourangeaux appellent leur place Plumereau. C'est le quartier où se voient les plus belles façades romanes, les plus remarquables maisons à pignon du 15e s. (maison de Tristan). Vous en profiterez pour admirer le travail des maîtres verriers au musée du Gemmail. C'est aussi un quartier commerçant où vous trouverez toutes sortes de tentations néfastes à votre portefeuille ! Vous aurez ici de quoi vous restaurer avant d'aller à la rencontre des souvenirs martiniens (tour Charlemagne, basilique Saint-Martin, musée Saint-Martin). L'après-midi sera réservé à l'hôtel Gouin et au musée du Compagnonnage. Plus loin, les rues Colbert et de la Scellerie, peuplées d'antiquaires, n'attendent que votre visite.
Cette soirée à Tours pourrait être l'occasion d'un repas typiquement tourangeau, et vous vous rappellerez alors du « bel appétit de Monsieur de Balzac ». Le lendemain, le quartier de la cathédrale Saint-Gatien et la Psalette auront votre visite avant que vous n'alliez voir les collections du musée des Beaux-Arts et les jardins de l'ancien archevêché. L'Historial de Touraine sera l'occasion de rafraîchir (en souriant) vos souvenirs en matière d'histoire de la Touraine (souvent liée à l'histoire de France). L'heure du départ arrivera trop vite, mais, si vous êtes en voiture, passez par le musée des Équipages militaires et du Train et par le prieuré de Saint-Cosme, situés à quelques kilomètres à l'Ouest de la ville. Si le temps vous est compté, alors vous direz : je reviendrai.

idées de week-ends prolongés

Tours, Amboise et ses environs

Après deux jours agréables passés à Tours (description dans la partie « Week-end ») vous partez pour une aimable promenade à travers le vieil **Amboise**. Vous prendrez votre temps pour visiter le majestueux château et la délicieuse chapelle Saint-Hubert. À midi de fort bons restaurants vous attendent en bord de Loire et tout en dégustant un sandre accompagné d'un cru local, vous observerez le vol léger des sternes et le mouvement incessant de la Loire placide et puissante. À deux pas, vous rendrez visite au Clos-Lucé, la demeure de ce bon vieux Léonard dont les fabuleuses machines ne laissent pas d'étonner les plus blasés. Le soir, le spectacle « À la cour du Roy François » évoquera pour vous tous les fastes de la cour... dans la cour du château. Après une bonne nuit réparatrice, vous irez à l'aquarium de Touraine à Lussault-sur-Loire compter les poissons d'Europe et voir « comment c'est au fond de l'eau » sans avoir à vous mouiller les pieds. Le fou de l'âne vous accueillera pour vous faire découvrir une soixantaine de représentants de la race asine. Vous pourrez aussi, en un seul coup d'œil, voir la totalité des châteaux de la Loire dans le parc des Mini-châteaux. Pour terminer ce long week-end bien chargé, vous grimperez au sommet de la pagode de

Rue à Amboise.

Chanteloup pour contempler toute la vallée de Tours à Amboise ; rien ne vous empêchera de pique-niquer avant de canoter sur la grande pièce d'eau de l'ancien domaine du duc de Choiseul.

Blois et la Sologne du Sud

Ville royale, **Blois** a conservé nombre de ruelles et de rues escarpées du Moyen Âge où il fera bon se promener avant d'aller visiter en détail le château. Sur l'esplanade vous vous restaurerez rapidement avant de passer l'après-midi à la maison de la Magie Robert-Houdin et d'assister à l'époustouflant spectacle d'illusions. Une promenade en calèche, attelée de deux magnifiques percherons gris pommelé, vous fera faire une agréable balade dans le vieux Blois. Au repas du soir un marbré d'asperges vertes de Sologne au foie gras et un poisson de Loire s'imposeront tout naturellement dans un restaurant au bord du fleuve. Bien entendu, réservez votre soirée pour assister au spectacle « Ainsi Blois vous est conté » dans la cour du château. Le lendemain, si c'est le deuxième dimanche du mois, vous pourrez chiner à la brocante du mail avant de continuer votre visite des monuments de Blois. Un petit tour au jardin de l'évêché vous permettra de prendre encore quelques photos depuis la terrasse sur la Loire. Pour terminer sur une note insolite, arrêtez-vous au musée de l'Objet, rue Franciade. Un logement en bord de Loire serait bien sympathique. Le troisième jour, rejoignez Chambord de préférence tôt le matin et arrêtez-vous aux postes d'observation pour guetter les animaux qui vont au gagnage. À la visite du château, on peut adjoindre une balade en attelage dans le parc (45 mn), le spectacle équestre aux écuries du maréchal de Saxe (45 mn) ou même une partie de canotage sur le Cosson. On pourra enchaîner avec la visite extérieure et intérieure du château de Cheverny. Prenez le temps de visiter les communs (chenil d'une meute de chasse à courre), le parc (à pied ou en voiture électrique). Pour terminer ce week-end prolongé, vous aurez encore le temps d'apercevoir la gentilhommière de Troussay.

Orléans et la Sologne du Nord

La découverte d'Orléans et de ses environs prendra deux jours (description dans la partie « Week-end »). On partira des sources du Loiret à Olivet pour descendre vers la Sologne, paradis des randonneurs, des chasseurs et des pêcheurs. Après avoir goûté aux petites madeleines toute chaudes du château de la Ferté-St-Aubin, on pourra profiter d'une belle matinée pour effectuer le parcours de découverte du domaine du Ciran. Le soir l'étape pourrait se faire en gîte rural ou au domaine (pourvu d'avoir réservé suffisamment tôt). L'itinéraire du lendemain, qui ramène sur Orléans, pourrait s'effectuer : d'abord par la rive gauche de la Loire à partir de Gien (n'oubliez pas le musée de la Chasse et la faïencerie), puis par la rive droite à partir du pont de Sully-sur-Loire (château), St-Benoît-sur-Loire (l'abbatiale bénédictine est l'un des plus célèbres édifices romans de France), Germigny-des-Prés et Châteauneuf-sur-Loire termineront ce rapide itinéraire de quatre jours où l'on a privilégié la nature en Sologne.

Chinonnais, Rabelaisie et Véron

Au fertile pays du Véron et de la forêt de Chinon, c'est en compagnie de Rabelais qu'il faut louer et célébrer toute la ville en commençant par une flânerie dans le vieux Chinon. Le quartier est riche en maisons médiévales aux détails savoureux. C'est un foisonnement de façades à pans de bois, de poutres sculptées, de fenêtres à meneaux et tourelles de pierre. À midi, rien ne réjouira tant qu'une table chargée de rillettes et de chapons, d'andouillettes et de canetons, de pruneaux et de macarons et vous chanterez, verre en main, tout autant le vouvray, que le bourgueil et le... chinon ! Pour vous faire digérer rien ne vaudra mieux que de grimper aux ruines imposantes du château où la petite et la grande Histoire vous attendent aux logis royaux. Le lendemain, un voyage en Rabelaisie, *quart livre* en main, vous conduira à la Devinière et à Lerné, puis au château du Rivau récemment restauré. L'Île Bouchard, Crouzilles et Cravant-les-Coteaux seront les étapes qui vous feront découvrir les crus du Chinonnais. Une option, un peu longue peut-être mais bien plaisante, est de prendre le train des années 1920 qui relie Chinon à Richelieu à toute petite vitesse.

Anjou et Saumurois

La visite d'Angers et de ses environs (description dans la partie « Week-end ») monopolise les deux premières journées. Le troisième jour, vous pourriez remonter la Loire ; d'abord par la rive droite pour aller voir le château de Montgeoffroy, puis par la rive gauche, à Gennes, pour visiter l'église de Cunault et peut-être assister à une partie de boules de fort. On arrive à Saumur par St-Hilaire-St-Florent et suivant l'heure vous pourriez aller voir l'École nationale d'équitation et, qui sait, assister à l'une des reprises du Cadre noir (il est recommandé de réserver). La dernière journée se fera à Saumur ville aussi célèbre pour sa cavalerie et ses vins pétillants ou tranquilles que pour ses champignons. Mille choses à voir (le château, les musées, les vieilles maisons) et mille choses à goûter occuperont amplement cette dernière journée qui vous paraîtra bien courte. Ici la table est divine. Profitez-en pour goûter à des mets inattendus : pommes tapées, galipettes (plat à base d'un champignon) ou alors carrément une canette fermière rôtie au saumur-champigny. Divin !

idées de séjours d'une semaine

Du Loir à la Sarthe

Ce séjour suit la vallée du Loir si cher à Ronsard. Le départ se fait à partir de Châteaudun, le fief du beau Dunois dont vous visiterez l'imposant château et vous pourrez suivre, pendant cette première journée, le cours du Loir en passant par Montigny-le-Gannelon, Areines, Vendôme qui mérite une bonne demi-journée d'arrêt (une visite s'impose à l'ancienne abbaye de la Trinité et une promenade en barque sur le Loir) et vous y ferez étape ce premier jour. Le lendemain vous ferez connaissance avec vos premiers gîtes troglodytiques aux Roches-l'Évêque, puis vous continuerez vers Montoire-sur-le-Loir, Lavardin (connu comme l'un des plus beaux villages de France et possédant de vastes ruines), Troo et son « Puits qui parle », Poncé-sur-le-Loir et bien sûr une visite à la Possonnière, le manoir des Ronsard, Vaas, Le Lude (arrêt obligé au magnifique château) et étape à La Flèche. Après un tour dans la ville, la matinée du troisième jour se passera au zoo du Tertre Rouge qui ravira petits et grands (ne manquez pas de faire une visite chez les loutres). À Durtal (château) on quitte le Loir pour rattraper la vallée de la Sarthe à Sablé-sur-Sarthe où il est possible de louer une pénichette ou de faire une croisière-déjeuner sur la rivière puis de loger ici, non sans croquer quelques savoureux sablés. Le quatrième jour, toujours en suivant le cours de la Sarthe, on arrive au Mans (description dans la partie « Week-end ») qui vous retiendra une journée et demie (cinquième et sixième jours) soit deux nuits. Le retour à Châteaudun et déjà la fin de ce beau circuit se fera par Connerré (rillettes), La Ferté-Bernard (à la limite du parc naturel régional du Perche où il y a de bien belles balades à faire) et Brou.

Au jardin de Touraine

Départ de Tours, après y être resté deux jours (description dans la partie « Week-end »), par l'Ouest, rive droite de la Loire. Luynes, Cinq-Mars-la-Pile, Langeais et Bourgueil seront visitées avant de faire étape à Chinon. Le lendemain (3e jour), pour peu que l'on ait quelque affection pour Rabelais, on passera la journée en Chinonnais et l'on fera étape à Azay-le-Rideau pour être de bon matin devant le château. Le surlendemain (4e jour) Ussé et Villandry seront sur la route qui nous ramène en fin de journée à Tours où l'on fait une nouvelle fois étape. Le cinquième jour nous fera visiter la Vallée de la Manse (fromages à Sainte-Maure-de-Touraine), et la vallée de l'Indrois pour s'arrêter, le soir, à Loches. Le lendemain (6e jour) exploration de la cité médiévale, du château, des logis royaux et du donjon. La voie la plus directe nous conduit à Chenonceau d'où nous suivrons le Cher pour faire étape à Montrichard. Le septième jour est réservé à Amboise avec visite de la Pagode de Chanteloup, de l'aquarium de Touraine et du château pour terminer en beauté cette magnifique semaine.

À LA RECHERCHE DE LA DOUCEUR ANGEVINE

Après y avoir séjourné deux jours complets, départ d'Angers (description dans la partie « Week-end ») par le Nord, en direction du Plessis-Macé où vous admirerez l'étonnante galerie suspendue dans le château. Puis vous irez au Lion-d'Angers (haras de l'Isle-Briand) et, par le blanc château « toituré de bleu » de Plessis-Bouré, retour et nouvelle étape à Angers. Le quatrième jour, c'est par l'Est que l'on quittera la capitale angevine. À quelques kilomètres, à Saint-Barthélemy-d'Anjou, on s'arrêtera au château de Pignerolle pour le remarquable musée européen de la Communication, puis on continuera vers l'élégant château de Montgeoffroy « quintessence ligérienne du goût français au 17e s. », par Beaufort-en-Vallée, on traversera la Loire entre Les Rosiers et Gennes pour aller à l'abbaye de Cunault. L'étape du soir se fera à Saumur qui mérite bien cet arrêt de nuit et la réservation d'une bonne partie de la cinquième journée : il y a tant de découvertes à faire dans cette jolie ville consacrée au cheval, au vin et à bien d'autres choses encore ! Vous irez, en fin d'après-midi, ou en début de soirée à l'abbaye de Fontevraud. Outre son prestige (c'est le plus vaste ensemble monastique de France), l'abbaye est également réputée pour ses concerts et spectacles (en particulier les « Rencontres imaginaires ») qui vous inciteront, sans doute, à passer la soirée ici. Saumur n'étant qu'à une douzaine de kilomètres l'alternative est d'autant plus réalisable que le choix d'hébergement est assez riche : hôtel de l'abbaye, ou au cœur du village (hôtel du 17e s.), ou en gîtes de France. Le lendemain, en partant de bonne heure de Saumur (ou de Fontevraud, suivant votre option) vous pourrez visiter le matin l'impressionnant château de Montreuil-Bellay, de façon à vous trouver à Doué-la-Fontaine suffisamment tôt dans la journée pour profiter pleinement du magnifique parc zoologique installé dans un site troglodytique remarquable. Un tel zoo mérite une bonne demi-journée de visite. Le soir on rentrera à Angers par le château de Brissac-Quincé.

Itinéraires à thème

les routes historiques

Le Val de Loire est inscrit depuis fin 2000 au Patrimoine mondial de l'Unesco. Pour découvrir le patrimoine architectural local dans son contexte historique, les collectivités locales ont élaboré de nombreux itinéraires à thème. Des panneaux jalonnent ces routes historiques. Chacune d'elles fait l'objet d'une brochure disponible dans les offices de tourisme.

Route historique du roi René – Regroupe les principaux châteaux de l'Anjou, pour la plupart habités mais ouverts à la visite.
Château de Plessis-Bourré, 49460 Écueillé, ☎ 02 41 32 06 01.

Route historique des Plantagenêts – Va de Rouen à Bordeaux à travers onze itinéraires ; pour notre guide, concerne : Angers, Vendôme, Fréteval, Saumur, Fontevraud, Chinon, Loches, Montrichard.
Archives nationales, Hôtel de Soubise, 60 r. des Francs-Bourgeois, 75004 Paris, ☎ 01 40 27 63 50.

Route historique de la Vallée des Rois – C'est l'antique itinéraire utilisé par les rois de France de Briare à Angers, par Orléans, Blois et Tours. Une carte thématique n° 266 « La Vallée des Rois », éditée par Michelin, est une invitation permanente au voyage en Val de Loire.
Château des Réaux, 37140 Chouzé-sur-Loire, ☎ 02 47 95 14 40.

Route historique des Dames de Touraine – Dédiée aux grandes dames qui surent par leur ténacité et leur génie construire, embellir, rénover ou tout simplement aimer leurs belles propriétés, cette route serpente entre Le Lude, Champchevrier, Amboise, Beauregard, Montpoupon, Grand-Pressigny ou Valençay.
Château de Montpoupon, Céré-la-Ronde, 37460 Montrésor, ☎ 02 47 94 21 15.

À Chinon, le château domine la Vienne.

Route historique François Ier – Elle descend du Vendômois jusqu'au Sud du Berry et rappelle les séjours nombreux que firent François Ier et sa cour dans ces régions.
La Chancellerie, 41200 Romorantin-Lanthenay, ☎ 02 54 76 22 06.

Route historique Jacques Cœur – Plus berrichonne que ligérienne, cette route descend du château de Bussière au château d'Ainay-le-Vieil par les villes de Gien et de Bourges.
Château de la Verrerie, 18700 Oizon.

Route historique du patrimoine culturel québécois en France – Cette route (itinéraire : Pays de la Loire, Centre-Val-de-Loire, Poitou-Charentes) relie des lieux évoquant le souvenir des Canadiens-Français, ancêtres des Québécois d'aujourd'hui.
Comité Chomedey-de-Maisonneuve, mairie de Neuville-sur-Vanne, 10190 Estissac, ☎ 03 25 40 68 33.

Les routes de Jeanne d'Arc – L'association des villes johanniques a créé quatre routes concernant les épreuves de Jeanne. Elles ont pour nom : les débuts, la campagne de Loire, la campagne du sacre, les dernières campagnes et la capture. Dans le présent guide, cela concerne les villes suivantes : Beaugency, Chinon, Chécy, Gien, Jargeau, Loches, Orléans, Patay, Sainte-Catherine-de-Fierbois.
Association des villes johanniques, mairie, 88630 Domrémy-la-Pucelle. Un secrétariat est installé à la mairie d'Orléans.

parcs et jardins

C'est à l'aube du 16e s. que l'art du jardin français est né dans le Val de Loire. Les jardins sont les compléments inséparables des châteaux et manoirs. Outre un bon bol d'air, une escapade botanique est toujours l'occasion de réveiller agréablement ses cinq sens : la vue avant tout, bien sûr, mais aussi l'odorat (les fruits et légumes y sont merveilleux), le goût (souvent les jardiniers proposent leurs produits à la vente ou à la dégustation), le toucher et l'ouïe (le vent, l'eau, les oiseaux...). La nature se met en quatre pour contribuer à votre bien-être.

Parmi les plus beaux jardins de la Renaissance à nos jours, décrits dans ce guide, il faut noter particulièrement : le château de **Chamerolles**, le château de **Villeprévost**, le parc floral d'**Orléans-la-Source**, le château de **Beauregard**, le château de **Chaumont-sur-Loire**, le château de **Cheverny**, le château de **Valmer**, le

Villandry, un aspect des jardins.

parc botanique de **La Fosse**, le prieuré de **Saint-Cosme**, le château et les jardins de **Villandry**.

industrie, culture et artisanat

Voici quelques industries ou artisanats, liés au tourisme industriel et technique, parmi les plus inattendus de la région couverte par le guide. Ouverts au public, ces centres actifs font partie intégrante de la vie de la région et de son patrimoine.

Centre nucléaire de production d'électricité de **Chinon**, p. 183

Faïenceries de **Gien**, p. 214

Champignonnières du Saut-au-Loup à la sortie de **Montsoreau**, p. 188

Cave de champagnisation J.-M. Monmousseau (SA) à **Montrichard**, p. 267

Centre d'artisanat d'art à **Poncé-sur-le-Loir**, p. 366

Distillerie Cointreau à **St-Barthélemy-d'Anjou**, p. 105

Cave des vignerons de Saumur à **St-Cyr-en-Bourg**, p. 315

Vins effervescents de Saumur, Bouvet-Ladubay à **St-Hilaire-St-Florent**, p. 316

Production de pommes tapées, le Troglo-Tap à **Turquant**, p. 188

Moulin à blé de Rotrou à **Vaas**, p. 367

Société coopérative agricole de vannerie à **Villaines-les-Rochers**, p. 113

circuits de découverte

Pour visualiser l'ensemble des circuits proposés, reportez-vous à la carte p. 13 du guide.

1 Terroirs et art de vivre en Haut-Anjou segréen

Circuit de 170 km au départ d'Angers – Angers, la ville du bon roi René, est le point de départ de cet itinéraire en direction de l'Anjou

Noir, pays schisteux, pays de labeur. Les haies sont encore vives, les chemins creux, mais la Mayenne est là avec ses offres alléchantes de balade sur l'eau. Des domaines et propriétés brillantes jalonnent la route.

2 Le Mans, Sarthe et Loir

Circuit de 240 km au départ du Mans – Ah, les saveurs du bocage manceau !
Pittoresques et vallonnés, les reliefs de grès, de granit, de schiste sont striés d'innombrables ruisselets poissonneux. Ici les prairies alternent avec les bois. L'arbre, et plus particulièrement le chêne, est roi. C'est dire assez l'appel puissant à la flânerie en pays manceau. Cet itinéraire est sans doute un peu long, mais rien ne vous empêche de faire plusieurs étapes. D'autant plus que Le Mans mérite (hors manifestations) une visite de plus d'une journée.

3 L'aimable vallée du Loir et le Vendômois

Circuit de 170 km au départ de Châteaudun – La vallée du Loir est enchanteresse. À la grâce de ses paysages tranquilles et calmes où alternent prairies, bois et vignes s'ajoutent des églises romanes parfois ornées de fresques, des ruines féodales et d'éclatantes habitations de tuffeau. Après une étape à Châteaudun couronné de son château que l'on considère comme étant le premier château de la Loire à partir du Nord, l'itinéraire proposé suit une bonne partie du Loir. Vendôme, animé et charmant, est l'étape dominante de ce bel itinéraire. La route passe par Lavardin l'un des plus beaux villages de France dominé par les ruines de sa gigantesque forteresse médiévale, puis par Montoire-sur-le-Loir, Troo, percée d'habitations troglodytiques et le « Puits qui parle », Poncé-sur-le-Loir et son château Renaissance à deux pas du charmant manoir de La Possonnière. La route remonte au Nord pour se diriger vers le joli site de Mondoubleau accroché au flanc de son coteau et riche de son donjon penché en grès « roussard ». L'intéressant château de St-Agil et son joli pavillon d'entrée gardent de magnifiques tilleuls presque tricentenaires. La commanderie d'Arvillé fut créée par des templiers auxquels succédèrent des chevaliers de St-Jean-de-Jérusalem. En revenant par Courtalain on arrive à Châteaudun.

4 Orléans et Sologne

Circuit de 180 km au départ d'Orléans – La Loire, par son caprice, a enserré la Sologne dans son coude. Cet itinéraire sur un fond de plaines anciennement marécageuses montre le combat continu de l'homme avec la nature. Voilà une simple fermette décorée d'un pimpant rosier ! c'est le luxueux rendez-vous de chasse, caché dans la forêt, de quelque bourgeois fortuné du 19ᵉ s. Au bord du fleuve roi c'est un énorme château féodal où les grands noms de l'Histoire se sont succédé. Et partout, partout la nature est reine. Ici les pins sylvestres côtoient de multiples étangs, là le grand gibier est à peine dérangé dans son gagnage, plus loin les foulques répondent aux grèbes ou aux canards siffleurs tandis que passent les hérons. En partant d'Orléans on se dirige vers Châteauneuf-sur-Loire, ancien grand port ligérien, puis viennent Saint-Benoît-sur-Loire, haut lieu de dévotion à son saint éponyme, Sully redoutable château épargné par les conflits de l'Ancien Régime, mais détruit pendant la dernière guerre puis rebâti, Gien, capitale de la faïence dominée par son château rougeoyant où l'on a installé un magnifique musée de la Chasse. Lamotte-Beuvron est l'occasion de déguster la fameuse tarte Tatin toujours imitée, jamais égalée. Le magnifique parc floral de la Source terminera le périple.

5 Blésois et grands châteaux du pays de la Renaissance

Circuit de 120 km au départ de Blois – Situé au cœur de la région Centre-Val-de-Loire, à deux pas de Paris, desservi par autoroute et TGV, le Blésois est à la porte de la Sologne, entre Cher et Loire. La multitude de châteaux, - le saint des saints des châteaux de la Loire -, accueille le voyageur épris du beau. Royales demeures comme Chambord ou Blois, châteaux somptueux de grands serviteurs de la Couronne comme Beauregard, Chaumont ou Cheverny, riches manoirs un peu oubliés comme Villesavin. C'est l'itinéraire *nec plus ultra* au pays des châteaux et des monuments les plus connus au monde : l'adorable pays de la Renaissance.

6 Crus, châteaux et jardins en val de Touraine

Circuit de 150 km au départ de Tours – Au pays de « doulce France », qu'il fait bon flâner là où chaque pas réveille un souvenir historique, où chaque sanctuaire oublié, chaque manoir caché détient une parcelle d'Histoire, où chaque cave abrite une armée de bouteilles toujours prêtes à faire retentir le bon rire gaulois ! Partis de Tours, passons chez « l'illustre Gaudissart » qui nous attend, le verre à la main, à Vouvray avant de filer rendre visite au roi à Amboise et à son ami Léonard, au

Clos-Lucé. Lussault nous montrera sa fabuleuse collection de poissons, puis, avant de rendre visite aux Dames de Chenonceaux, arrêtons-nous au pied du donjon de Foulques Nerra à Montrichard pour voir voler de grands et beaux rapaces. À Loches nous faisons un bond en arrière pour nous retrouver au Moyen Âge dans la ville comme dans le château ou le logis royal. La route rapide nous emmène nous perdre dans le labyrinthe végétal dede reignacde Reignac-sur-Indre. Cormery, joliment situé au bord de l'Indre, outre ses délicieux macarons, conserve précieusement les ruines de son abbaye. La rentrée à Tours s'effectue par Montbazon que protègent les ruines de l'une des vingt forteresses élevées par Foulques Nerra.

7 Les plus beaux châteaux de Touraine

Circuit de 130 km au départ de Tours – Le Val de Touraine est un immense parc tout exprès préparé pour accueillir des châteaux tous plus beaux les uns que les autres. Cet itinéraire royal part de Tours pour aller saluer le château de Luynes fièrement campé sur son éperon. Puis Cinq-Mars-la-Pile, dont le nom vient de sa pile romaine de 30 m, nous rappelle bien des souvenirs historico-littéraires. Langeais, militaire de l'extérieur, conserve des appartements somptueusement meublés. À Bourgueil il faut faire le tour des caves et goûter le merveilleux vin, avant de filer sur Chinon faire la comparaison (nous ne trancherons pas !). À Ussé, allons-nous réveiller la Belle au bois dormant dans son palais immaculé ? Azay-le-Rideau, le joyau de la Loire, la Renaissance française à l'état brut... à l'extérieur comme à l'intérieur. Villandry et ses trois jardins : le jardin d'ornement, le potager et le jardin d'eau dominés par une « couronne fruitière » où canaux, jets et fontaines rappellent qu'ici nous sommes dans le pays de l'eau claire.

8 Saumurois et vallée du Layon

Circuit de 140 km au départ de Saumur – Région aimable s'il en est, le Saumurois s'étend au Sud de la Loire. La vigne, mère des admirables crus d'Anjou, s'étend à perte de vue sur les coteaux ensoleillés. Plus loin de vastes forêts couvrent des étendues sablonneuses. Des moulins apparaissent çà et là, ainsi que de belles églises ou quelques majestueuses abbayes rappelant l'importance de ces hauts lieux chargés d'art et d'histoire. À ceci s'ajoutent les plaisirs de la table et du vin qui réjouiront les plus difficiles des fins gourmets. Les étapes à partir de Saumur ont pour noms : Trèves-Cunault, Gennes, Les Rosiers, Brissac et son énorme château de 8 étages, Doué-la-Fontaine, la « cité des roses », et le zoo troglodytique des Minières, Montreuil-Bellay ceinturé de remparts médiévaux, Fontevraud, l'abbaye royale devenue prison avant de redevenir un haut lieu d'art et de culture, Candes-Saint-Martin où, selon la légende, saint Martin mourut au 4e s.

Découvrir autrement la région

les paysages

EN TRAIN TOURISTIQUE

Ces petits trains au charme d'antan, souvent animés par des bénévoles, ne revivent que l'espace de quelques heures, en général le samedi et le dimanche, il est donc prudent de se renseigner.

Chemin de fer touristique de Pithiviers (Loiret)
Divers petits trajets. Renseignements à l'Office du tourisme de Pithiviers ☎ 02 38 30 50 02.

Train historique du Lac de Rillé (Indre-et-Loire)

Entre Chinon et Richelieu, une Mikado 1922.

Petite boucle autour du lac de Rillé. AECFM ☎ 02 47 24 60 19 ou 02 47 24 07 95.

Train à vapeur de Touraine (Indre-et-Loire)
De Chinon à Richelieu. TVT ☎ 02 47 58 12 97.

Train touristique de la vallée du Loir (Loir-et-Cher)
De Thoré-la-Rochette à Troo. ☎ 02 54 72 80 82 ou Office de tourisme de Vendôme.

Compagnie du Blanc-Argent (Loir-et-Cher)
La ligne dessert, sur voie métrique, 15 gares et haltes entre Salbris (Loir-et-Cher) et Luçay-le-Mâle (Indre). Pour tous renseignements sur les horaires et les tarifs s'adresser à la Compagnie Le Blanc-Argent, gare de Romorantin-Lanthenay ☎ 02 54 76 06 51 ou à l'Office du tourisme de Romorantin.

Chemin de fer à vapeur de la Sarthe (Sarthe)
De Conneré-Beillé à Bonnétable. TRANVAP ☎ 02 43 89 00 37 ou 02 43 89 06 17.

Chemin de fer touristique de Semur-en-Vallon (Sarthe)
Decauville circulant sur un réseau de 1,5 km. ☎ 02 43 71 30 36.

En bateau

Comité départemental de Tourisme, Tourisme fluvial Pays de la Loire, 1 pl. du Président-Kennedy, 49100 Angers, ☎ 02 41 23 51 30.

Pour le tourisme fluvial en pays de la Loire, s'adresser directement auprès des loueurs.

TOURISME FLUVIAL EN PAYS DE LOIRE

Calme, sérénité, découverte inédite d'un monument, parfum de forêts.

La navigation en **bateau habitable** se pratique sur les cours d'eau suivants :
la **Loire** : 84 km entre Angers et Nantes ;
la **Maine** : 8 km (au confluent de la Mayenne et de la Sarthe) ;
la **Mayenne** : 131 km entre Mayenne (la ville) et la Maine ;
l'**Oudon** : 18 km entre Segré et le Lion-d'Angers ;
la **Sarthe** : 136 km entre Le Mans et la Maine ;
ainsi que sur le **Cher** canalisé et le canal de Berry.

Le tableau ci-dessous indique quelques possibilités de location de bateaux habitables – à piloter sans permis – permettant de découvrir, à son rythme, en une ou plusieurs journées, l'Anjou au fil de ses rivières. Sur certaines rivières (Maine, Mayenne, Oudon) des mini-croisières sont organisées à bord de « vieux gréements » : fûtreau, chaland, gabare, caravelle ou toue.

Il est possible de naviguer toute l'année. Toutefois, au moment de choisir son itinéraire et de décider de la période pendant laquelle on souhaite louer un bateau, il est indispensable de se renseigner sur les « écourues » *(voir ci-après)*, sur les écluses (elles peuvent être fermées à certaines heures), savoir que la vitesse de croisière est de 6 à 8 km/h et enfin que la navigation de nuit est interdite. Lors des écourues, période pendant laquelle le niveau d'eau des rivières est abaissé afin de permettre les travaux nécessaires à leur entretien, les sections de rivières ou canaux concernés sont fermées à la navigation. Ces travaux ont généralement lieu en arrière-saison *(15 septembre-30 octobre)*. Sur le bassin de la Maine, les écourues ou « chômages » ont lieu de façon alternative entre la Sarthe et la Mayenne ; les bateaux de plaisance doivent alors changer pendant quelque temps de port d'attache, les sociétés situées sur la rivière en chômage exploitant sur l'autre rivière pendant cette période.

Bases de départ	Rivières	Compagnies de navigation
Entrammes	Mayenne Oudon Sarthe	Connoisseur – Île Sauzay 70100 Gray, ☎ 03 84 64 95 20.
Angers, Châteuneuf/Sarthe, Chenillé-Changé, Mayenne	Maine Mayenne Oudon Sarthe	Maine Anjou Rivières – Le Moulin 49220 Chenillé-Changé, ☎ 02 41 95 10 83.
Daon	Mayenne	France Mayenne Fluviale – Le Port, 53200 Daon, ☎ 02 43 70 13 94.
Grez-Neuville	Maine Mayenne Oudon Sarthe	Anjou Plaisance – Rue de l'Écluse, 49220 Grez-Neuville, ☎ 02 41 95 68 95.
Sablé-sur-Sarthe	Mayenne Oudon Sarthe	Anjou Navigation – Quai National, 72300 Sablé- sur-Sarthe, ☎ 02 43 95 14 42. Les Croisières Saboliennes – Quai National, 72300 Sablé-sur-Sarthe, ☎ 02 43 95 93 13.

Sur le Cher à Chenonceau.

BATEAU-MOUCHE

De mi-avril à mi-octobre, les promenades sur ce type de bateau ont lieu à heures fixes (souvent à 15 h et à 17 h). Le passage d'écluse, les commentaires sur l'avifaune locale ou sur la batellerie traditionnelle, la découverte des animaux ou l'observation des oiseaux ajoutent à l'agrément de ces petits voyages paisibles.

De **Briare**, croisière sur le canal avec les *Bateaux touristiques*.

De **Chisseaux**, croisière-promenade (1 h 30) sur le Cher à bord du *Bélandre*.

De **Fay-aux-Loges**, croisière sur le canal d'Orléans à bord de l'*Oussance*.

De **Montrichard**, croisière-promenade (1 h 30) sur le Cher à bord du *Léonard-de-Vinci*. ☏ 02 54 75 41 53.

D'**Olivet**, croisière-promenade (1 h 30) sur le Loiret à bord du *Sologne*.

De **Saint-Aignan**, croisière-promenade (1 h 30) sur le Cher à bord du *Val-du-Cher*. ☏ 02 54 71 40 38.

COCHES DE PLAISANCE SUR LE CHER

Location de bateaux sans permis, à la journée, à la semaine, le week-end, etc. Circuit libre ; bateaux habitables équipés pour 4 ou 6 personnes.

De **Montrichard**, sur le Cher canalisé (uniquement pendant la période d'ouverture à la navigation), possibilité de passage sous les arches du château de Chenonceau.

De **Noyers**, sur le canal du Berry (toute l'année). ☏ 02 54 71 40 38.

SUR LES RIVIÈRES D'ANJOU ET DU MAINE

Batellerie Promenade, 2 r. de Beauvais, 49125 Cheffes, ☏ 02 41 42 12 12.

Croisière Sabolienne, BP 56, quai National, 72302, Sablé-sur-Sarthe Cedex, ☏ 02 43 95 93 13.

Sarth'Eau, halte nautique, r. du Port, 72210 La-Suze-sur-Sarthe, ☏ 02 43 77 47 64.

Féérives, Le Moulin, 49220 Chenillé-Changé, ☏ 02 41 95 10 83.

Le duc des Chauvières, parc St-Fiacre, 53200 Château-Gontier, ☏ 02 43 70 37 83.

LES MOULINS EN ANJOU

Les conditions géographiques et climatiques particulières de l'Anjou expliquent le grand nombre et la diversité des moulins. D'une part, le réseau hydraulique important a donné très tôt naissance à de nombreux moulins à eau de tous types, d'autre part, la province, balayée une grande partie de l'année par des vents du Sud-Ouest à Nord-Ouest, a favorisé l'installation d'une multitude d'ouvrages.

Pour le touriste qui aime sortir des sentiers battus et qui s'attache à pénétrer au cœur d'une région, la recherche et la découverte des moulins est un but passionnant.

Ainsi le département du Maine-et-Loire possède-t-il une vingtaine d'installations ouvertes aux visites. Ils sont répartis en trois types principaux.

Le moulin **cavier** : c'est le plus caractéristique de l'Anjou, il est composé d'une tour habituellement cylindrique se terminant en cône qui supporte la cabine de bois ou *« hucherolle »*. Dans le pied ou *« massereau »* se trouve la chambre des meules. Le massereau s'élève au-dessus de la *« masse »* formée d'un remblai contenu par des murs de soutènement. Une salle voûtée permet d'accéder à la chambre des meules. Dans les moulins semi-troglodytiques, la cave et la salle des meules sont en partie creusées dans le calcaire. Les caves servaient d'entrepôt (grain, farine), de magasin (pièces de rechange) et, parfois, d'écurie et de remise.

Le moulin **pivot**, parfois appelé « moulin de plaine » ou « chandelier », est fait uniquement d'une grande cage en bois supportant tout à la fois les ailes, les meules et tout le mécanisme. Cette construction entièrement en bois est une des causes de la disparition très rapide de ce type de moulin dès que l'axe se détériorait et que l'entretien n'était plus assuré.

Le moulin **tour** reste le plus répandu et le mieux conservé jusqu'à nos jours. Le toit conique, à calotte tournante, reçoit les ailes. L'ensemble est en maçonnerie.

Parmi les moulins régulièrement ouverts aux visites, voici une sélection :

Moulin à eau :

Breil, moulin au Jau sur le Lathan ; Gennes, moulin de Sarré sur l'Avort ; Le Vaudelnay : moulin de Battereau ; La Pommeraye, moulin de Bêne sur le ruisseau des moulins ; moulin de Chenillé-Changé sur la Mayenne.

Moulin cavier :

Louresse-Rochemenier, moulin Gouré ; Faye-d'Anjou, moulin de la

Pinsonnerie ; Varennes-sur-Loire, moulin du Champ-des-Isles ; Avrillé, moulin la Croix-Cadeau ; Mozé-sur-Louet : moulin de la Bigottière.

Moulin tour :
La Chapelle-Saint-Florent, moulin de l'Épinay ; La Possonnière, moulin de la Roche ; Challain-la-Potherie, moulin du Ratz ; Les Rosiers, moulin des Basses-Terres.

Moulin pivot :
Charcé-Saint-Ellier, moulin de Patouillet.

L'Association des amis des moulins de l'Anjou (AMA) propose documents et visites, s'adresser : 17 r. de la Madeleine, 49000 Angers, ☎ 02 41 43 87 36.

la nature

Les oiseaux

Souvent considérée comme le « dernier fleuve sauvage d'Europe », la Loire a la particularité de développer sur certaines de ses grèves, en été, une ambiance climatique proche des fleuves africains. Ce phénomène, connu sous le nom de *topoclimat*, favorise la croissance de nombreuses plantes adaptées aux milieux intertropicaux. De plus, en débordant de son lit, en inondant les prairies, en remplissant d'eau les fossés, puis en se retirant, asséchant ainsi les gravières et les bancs de sable, la Loire cisèle des abris naturels où de nombreuses espèces végétales et animales trouvent un biotope idéal. Ses rives accueillent donc une avifaune exceptionnellement variée attirée par ses eaux sauvages, tempérées et riches en nourritures diverses : insectes aquatiques, larves, petits mollusques, petits invertébrés, etc.
Il est répertorié plus de 220 espèces d'oiseaux qui vivent, nidifient ou migrent chaque année dans le « Val aux eaux sauvages ».
Pour observer efficacement les oiseaux (sans les déranger et en respectant leurs lieux de vie), il faut savoir reconnaître l'habitat propre à chaque espèce.

Les îles et gravières

Au milieu du chenal, les îles, longs bancs de sable et hautes herbes, constituent des dortoirs tranquilles où peuvent se reposer en toute quiétude, protégés des intrus par une barrière d'eau, le **héron cendré**, le **grèbe huppé**, le **grand cormoran** ou le **martin-pêcheur**.
La reproduction de ces oiseaux est liée au régime irrégulier du fleuve qui, par ses crues, maintient un réseau important de grèves dégagées, propices à l'édification de leurs nids.

Pluvier doré.

L'**île de Parnay**, en aval de Montsoreau, héberge de mars à fin juin plus de 750 couples de **mouettes rieuses** et **mélanocéphales**, des **goélands leucophées** et **cendrés**, des **sternes pierregarins** (cette sorte de mouette d'eau douce, à la silhouette élégante, oiseau symbole du Val de Loire !), ainsi que le charmant **petit gravelot**.
L'**île de Sandillon**, à 15 km en amont d'Orléans, abrite 2 500 couples de mouettes rieuses ainsi que des goélands et des sternes.

Les boires

De part et d'autre du lit du fleuve, les boires forment un réseau de fossés remplis d'eau stagnante qui communiquent avec le fleuve au moment des crues ; certains oiseaux apprécient beaucoup ces lieux discrets où viennent frayer les gardons, les tanches et les perches, c'est le cas du **butor** étoilé, de la **gallinule** poule d'eau, de la **foulque macroule**, de la **sarcelle** d'été, et des petits passereaux comme la **rousserolle turdoïde** ou l'**effarvatte** qui suspendent leur nid à 50 cm au-dessus de l'eau, solidement fixé à 3 ou 4 tiges de roseaux.

Les plaines alluviales

Tantôt pâturages ou prairies, tantôt terres inondées par les crues, les plaines alluviales hébergent soit des oiseaux migrateurs comme le solitaire **tarier des prés** ou la grégaire **barge à queue noire**, soit des oiseaux rarissimes comme le **râle des genêts** (de mars à octobre).

Les marais et les étangs

Parmi les nombreux migrateurs, le **balbuzard pêcheur** qui avait pratiquement disparu de France dans les années 1940 voit maintenant sa population augmenter régulièrement, et c'est un spectacle unique que de le voir plonger serres en avant, après un vol d'observation stationnaire, et capturer des poissons de 30 à 40 cm.
Le **râle d'eau** aime la végétation haute des roselières et des joncs.

POUR EN SAVOIR PLUS

La Ligue pour la protection des oiseaux (LPO - le siège national est à la Corderie Royale, BP 263, 17305 Rochefort Cedex, ☎ 05 46 82 12 34) est une association loi 1901 dont la vocation est d'agir en faveur des oiseaux sauvages et de leur environnement.
LPO Anjou, 84 r. Blaise-Pascal, 49000 Angers, ☎ 02 41 44 44 22. Fax 02 41 68 23 48.
Le Carrefour des Mauges (Centre permanent d'initiation à l'environnement Loire et Mauges, Ferme abbatiale des Coteaux, 49410 St-Florent-le-Vieil, ☎ 02 41 72 52 37).
Les Naturalistes Orléanais, 64 rte d'Olivet, 45100 Orléans, ☎ 02 38 56 69 84.
SEPN 41 (Société d'étude et de protection de la nature en Loir-et-Cher), 17 r. Roland-Garros, 41000 Blois, ☎ 02 54 42 53 71.
LPO Touraine, 148 r. Louis-Blot, 37540 Saint-Cyr-sur-Loire, ☎ 02 47 51 81 84.
Consulter par ailleurs le *Guide d'observation des oiseaux en Anjou et dans les environs*, par J.-P. Gislard (Éd. de la Nouvelle République).
Si vous découvrez un oiseau blessé, contactez rapidement le Centre de sauvegarde de la faune sauvage le plus proche : 3615 code NATUR, puis UNCS (Union nationale des centres de sauvegarde de la faune sauvage).

les vins

VISITES ET PROMENADES DANS LE MONDE VINICOLE

« Dis-moi si ton vin est gai que je me réjouisse avec toi ! »
Les vignerons des pays de Loire, comme d'ailleurs tous les vignerons, sont d'un naturel accueillant, et c'est bien volontiers qu'ils aiment recevoir en leurs caves et chais pour faire goûter leurs productions, parler de leur métier, montrer leurs outils, expliquer leurs techniques et... vendre leur vin.

Dans le Chinonnais, vin sans frontière.

Les offices de tourisme (spécialement à Amboise, Angers, Bourgueil, Chinon, Montlouis-sur-Loire, Saumur, Vouvray) et les « Maisons du Vin » peuvent donner tous les renseignements :
La Maison du Vin de l'Anjou, 5 bis pl. Kennedy, 49100 Angers, ☎ 02 41 88 81 13.
Conseil Interprofessionnel des Vins d'Anjou et Saumur (CIVAS), Hôtel des Vins, La Godeline, 73 r. Plantagenêt, 49100 Angers, ☎ 02 41 87 62 57.
La Maison des Vins de Nantes, Bellevue, 44690 La Haye-Fouassière, ☎ 02 40 36 90 10.
La Maison du Vin de Saumur, 25 r. Beaurepaire, 49400 Saumur, ☎ 02 41 51 16 40.
Comité Interprofessionnel des Vins de Touraine-Val de Loire (CIVTL), 19 square Prosper-Mérimée, 37000 Tours, ☎ 02 47 05 40 01.

PETIT VOCABULAIRE « À LA GLOIRE ET À L'ILLUSTRATION » DU VIN

Pour apprécier les qualités et les défauts du vin, trois sens (la vue, l'odorat et le goût) sont particulièrement sollicités ; le vocabulaire employé pour décrire et reconnaître les sensations et impressions ressenties par l'amateur comme par le spécialiste est aussi riche que précis et savoureux.

Les impressions visuelles :

Aspect à l'œil : brillant (très bonne limpidité), limpide (parfaitement transparent, sans matières en suspension), tranquille (sans dégagement de bulles), pétillant (effervescent), mousseux (dégagement important de bulles du type vin de Champagne).

Couleurs et nuances : on parle de belle robe lorsque la couleur est vive et nette :
Vins rouges : clairet, rubis, grenat, pelure d'oignon...
Vins rosés : œil-de-perdrix, saumoné, ambré...
Vins blancs : vieil or, jaune miel...

Les impressions olfactives :

Bonnes odeurs : florales, fruitées, balsamiques, épicées, pierre à fusil.
Mauvaises odeurs : fût, bois, hydrogène sulfuré, bouchon.

Les impressions gustatives :

Aimable (agréable, bien équilibré), agressif (désagréable, à dominante acide), bien en bouche (équilibré et riche), charpenté (bien constitué, riche en alcool), capiteux (monte à la tête, enivre), charnu (impressionne fortement les papilles), fruité (dont la saveur rappelle la fraîcheur et le goût naturel du raisin), gouleyant (léger et agréable, se laisse boire facilement), joyeux (inspire la gaieté), rond (bien équilibré, souple et moelleux), vif (frais, moyennement alcoolisé), etc.

Sports et loisirs

boule de fort

Le jeu de boules de fort est typiquement angevin (avec quelques incursions en Indre-et-Loire, Loire-Atlantique, Mayenne et Sarthe). Autrefois, lorsque le vent était nul ou mauvais, aux arrêts le long des rives, les matelots jouaient dans leur barque avec des grosses boules lestées. La boule telle qu'elle existe actuellement remonte au début du 19e s., mi-plate, ferrée sur son diamètre et possédant un côté « faible » et un côté « fort » – d'où le nom du jeu – , elle est roulée et non jetée ; à l'origine en bois, elle est à présent en matière synthétique. La partie se joue à deux contre deux, ou trois contre trois ; comme dans tous les jeux de boules, il faut approcher le plus possible le « maître » (la petite boule qui sert de but). Autrefois les « challenges » se jouaient sur des pistes dont la terre provenait de la commune de Guédeniau (une argile savonneuse et douce qui avait la particularité d'absorber l'eau sans coller) ; de nos jours ces pistes, toujours incurvées sur les bords, sont réalisées en résines ou en *flint cot*. Les terrains de jeu mesurent entre 21,50 m et 24 m de longueur et environ 6 m de largeur ; le poids de chaque boule varie entre 1,2 kg et 1,5 kg.

canoë-kayak

Le « monde de l'eau vive » n'est pas exclusivement celui des kayakistes de haut niveau ; monsieur et madame « tout le monde » peuvent aussi avoir le plaisir de découvrir des sites souvent inaccessibles autrement que par la voie des eaux. La région se prête particulièrement bien à ces mini-aventures. On navigue ici au pays des caves pétillantes, des églises éternelles et des villages en dentelle de tuffeau.

Canoë sur la Vienne à Chinon.

On peut se lancer, seul ou en groupe (avec un minimum de formation et de précautions), en randonnées d'une demi-journée, d'une journée complète ou plus. À propos savez-vous la différence essentielle entre canoë et kayak ? Le **canoë** se manie avec une pagaie simple ; le **kayak** avec une pagaie double.
Les rivières les plus appropriées sont l'Authion, la Cisse, la Conie, le Cosson, l'Huisne, l'Indre, le Loir, la Sauldre, le Thouet, la Vienne et la Loire bien sûr.
Contacts aux services Loisirs Accueil du département concerné.

Fédération française de canoë-kayak (FFCK) – 87 quai de la Marne, 94344 Joinville-le-Pont, ☎ 01 45 11 08 50.

Comité régional de canoë-kayak du Centre – 1240 r. de la Bergeresse, Maison des Sports, 45160 Olivet, ☎ 02 38 49 88 80.

Ligue canoë-kayak des Pays de Loire – Rte d'Angers, 49080 Bouchemaine, ☎ 02 41 73 86 10.
Consulter aussi l'ouvrage : *Guide-Itinéraires 700 rivières de France*, Éd. La Pirogue, 78670 Villennes-sur-Seine.

chasse

Les pays de la Loire sont très recherchés par le chasseur qui trouve de larges possibilités : chasse à l'affût ou en battue, à tire ou à courre. Les plaines beauceronnes, les prairies tourangelles et angevines permettent de lever des compagnies de perdreaux ainsi que des cailles, grives et alouettes. Dans les champs de maïs ou de betteraves et les boqueteaux se cache le lièvre. Dans les gâtines sont mêlés perdreaux et garennes tandis que le faisan recherche les points d'eau. Les chevreuils et les cerfs préfèrent les bois épais du Baugeois, les forêts de Château-la-Vallière, de Loches et des environs de Valençay. Le sanglier fréquente les forêts d'Orléans, d'Amboise et de Chambord. Dans les îles et les bords de la Loire se nichent les sarcelles et les cols-verts.
La Sologne, très giboyeuse, abrite dans ses étangs et rivières canards, sarcelles, bécassines, tandis que les faisans traversent les routes, que dans les fourrés marécageux se vautrent les sangliers et que les cervidés hantent les bois.
Renseignements : St-Hubert-Club de France, 10 r. de Lisbonne, 75008 Paris, ☎ 01 45 22 38 90.

De mi-septembre à mi-octobre a lieu la période du brame pendant laquelle le comportement du cerf à la nuit tombante est extrêmement curieux à observer.
On peut assister à ce phénomène, en forêt de Chambord, accompagné d'un spécialiste de l'Office national des Forêts. Renseignements, ☎ 02 54 78 55 50.

cyclotourisme

Le pays semble modelé pour la pratique du vélo. Le relief ne présente pas de difficultés particulières. La vallée de l'Indre, la Sologne, les routes forestières, et surtout les bords de la Loire, notamment hors des routes classées à grande circulation, sont particulièrement attrayants. Des paysages renouvelés et la richesse du patrimoine du Val de Loire donnent tout leur intérêt aux randonnées à vélo.

La Fédération française de cyclotourisme et ses comités départementaux proposent nombre de circuits touristiques de longueur variée.

Fédération française de cyclotourisme – 8 r. Jean-Marie-Jego, 75013 Paris, ☎ 01 44 16 88 88.
Carte IGN au 1/50 000, « 1 000 km à vélo autour d'Orléans ».
Circuits VTT dans le Layon : informations au CDT d'Anjou.
Les listes de loueurs de cycles sont généralement fournies par les syndicats d'initiative et les offices de tourisme.

golf

Les équipements en pays de la Loire et du Centre en matière de golf sont nombreux, variés et souvent installés sur des sites ravissants.
Les amateurs consulteront la carte *Golfs, les parcours français*, établie à partir de la **carte Michelin n° 989**. Elle fournit une localisation précise des terrains avec le nombre de trous, le nom du parcours et le numéro de téléphone. Les comités régionaux du tourisme éditent une plaquette répertoriant la plupart des clubs à travers les départements de la région. Le *Peugeot Golf Guide* (Éditions D. et G. Motte, Suisse) donne une sélection de 750 terrains dans 12 pays d'Europe. Chaque domaine (un par page) est présenté avec toutes les informations nécessaires (situation sur la carte Michelin, prix, club-

Le golf de Ballan.

house, environnement hôtelier, niveau de jeu recommandé) et une appréciation.
Fédération française de golf – 68 r. Anatole-France, 92309 Levallois-Perret. ☎ 01 41 49 77 00.
Ligue du Centre – 22 r. Édouard-Branly, 37300 Joué-lès-Tours, ☎ 02 47 67 42 28.
Ligue de golf des pays de la Loire – 9 r. du Couëdic, 44000 Nantes, ☎ 02 40 08 05 06.

pêche en eau douce

La passion de la pêche en eau douce est, selon de récentes statistiques relevées par le ministère des Sports, la deuxième activité de loisir des Français, juste derrière le football !
Les eaux vives ou dormantes du Val de Loire offrent à l'amateur de pêche des ressources aussi attrayantes que variées. L'art de la pêche, ou **halieutique**, prend ici toute sa valeur. Le débutant ou le passionné, le traqueur sportif ou le bucolique (canne à pêche et sac à dos), chacun trouvera la pêche qui lui convient.
Qu'on taquine l'ablette, le goujon, le gardon, la vandoise, qu'on s'attaque, dans la Loire, au brochet ou même au mulet de mer remontant le fleuve en été jusqu'à Amboise, qu'on traque le poisson-chat, la tanche et la carpe dans les trous de la Loire, de l'Indre et du Loir ou dans les étangs solognots riches également en perches, on peut pratiquer tous les types de pêche réglementée.
Le sportif, en parcourant les rives de la Creuse, des Sauldres, des ruisseaux angevins ou des affluents du Loir, sollicitera la truite. Dans les canaux du Berry, de Briare, d'Orléans, on trouve des anguilles et parfois des écrevisses que l'on attrape à la balance. Le saumon et l'alose nécessitent des bateaux plats et les professionnels ont des installations importantes, telles que les filets-barrages tendus en travers du fleuve et maintenus par des perches fixées dans le fond.

La **carte jeune**, destinée aux moins de 16 ans (au 1er janvier de l'année en cours), autorise tout mode de pêche réglementaire, en 1re et 2e catégorie piscicole.
La **carte vacances** permet de pêcher pendant une période de quinze jours consécutifs comprise entre le 1er juin et le 30 septembre. Cette carte est valable pour tout mode de pêche réglementaire, en 1re comme en 2e catégorie piscicole.

Longueur minimale des prises – Réglementation nationale : le pêcheur est tenu de rejeter à l'eau tout poisson n'atteignant pas la taille minimale requise : 50 cm pour le brochet, 40 cm pour le sandre, 23 cm pour la truite (cette taille peut être portée à 25 cm par le préfet), 50 cm pour le saumon, 9 cm pour l'écrevisse.

Pour en savoir plus – Une carte commentée *Pêche en France* est publiée et diffusée par le **Conseil supérieur de la pêche**, 134 av. de Malakoff, 75116 Paris, ☎ 01 45 02 20 20. On peut également se procurer cette carte auprès des associations départementales de pêche et de pisciculture.

Fédérations départementales pour la pêche et la protection du milieu aquatique :
Indre-et-Loire – 25 r. Charles-Gilles 37000 Tours, ☎ 02 47 05 33 77.
Loir-et-Cher – 11 r. Robert-Nau, Vallée Maillard, 41000 Blois, ☎ 02 54 74 45 39.
Loiret – 49 rte d'Olivet, BP 8157, 45081 Orléans Cedex 2, ☎ 02 38 56 62 69.
Maine-et-Loire – 14 allée du Haras, 49100 Angers, ☎ 02 41 87 57 09.
Mayenne – 12 av. Robert-Buron, 53000 Laval, ☎ 02 43 56 70 40.
Sarthe – 40 r. Bary, BP 17, 72001 Le Mans Cedex, ☎ 02 43 85 66 01.

Aquarium et centres piscicoles

- Aquarium de Touraine à **Lussault-sur-Loire**, Indre-et-Loire
- Aquarium tropical à **Tours**, Indre-et-Loire
- Aquarium de Sologne, Aliotis, à **Villeherviers**, Loir-et-Cher
- Carrefour des Mauges à **St-Florent-le-Vieil**, Maine-et-Loire
- Centre piscicole de **Brissac-Quincé**, Maine-et-Loire
- Observatoire de la Loire à **Rochecorbon**, Indre-et-Loire
- Observatoire fédéral à **Champigny-sur-Veude**, Indre-et-Loire

tourisme équestre

Célèbre pour ses haras et son École nationale d'équitation à St-Hilaire-St-Florent, près de Saumur, la région offre de nombreux centres

Promenade à cheval à Montpoupon.

équestres ouverts aux amateurs d'équitation. Certains font gîte d'étape pour les randonneurs à cheval.
Des associations régionales ou nationales éditent également des topo-guides pour la randonnée équestre, indiquant parcours et gîtes d'étape.
Les offices de tourisme fournissent également tout renseignement sur les centres équestres de la région.

Comité national de tourisme équestre – 9 bd Macdonald, 75019 Paris, ☎ 01 53 26 15 15.
Cette association et fédération sportive a pour vocation d'organiser, développer et promouvoir les activités de tourisme liées au cheval et à l'équitation de loisir sous toutes ses formes. Sa devise Ante Viam Equus (« Avant la route était le cheval ») s'abrège dans le sigle ANTE. La délégation édite une brochure annuelle : *Tourisme et Loisirs équestres en France.*
Pour les départements du Cher, Indre, Indre-et-Loire, Loir-et-Cher, Loiret :

Association régionale de tourisme équestre Centre-Val de Loire – Maison des sports, 32 r. Alain-Gerbault, 41000 Blois, ☎ 02 54 42 95 60 (poste 411).
Pour les départements du Maine-et-Loire, Mayenne et Sarthe :
Association régionale de tourisme équestre des Pays de la Loire, 3 r. Bossuet, 44000 Nantes, ☎ 02 40 48 12 27.

randonnées pédestres

Des topo-guides, édités par la Fédération française de la randonnée pédestre (FFRP), sont disponibles au Centre d'information, 14 r. Riquet, 75019 Paris, ☎ 01 44 89 93 93. Parmi les titres de la collection « Les sentiers de promenade et randonnée » : *De l'Anjou au Pays Nantais à pied, La Touraine à pied, L'Anjou à pied, La vallée du Loir à pied, Pays de Loire : Mayenne, Pays de Loire : Sarthe.*

Comité de Touraine pour la randonnée pédestre – Office du tourisme de Tours,
78 r. Bernard-Palissy,
37042 Tours Cedex,
☎ 02 47 70 37 35.

De nombreux sentiers de grande randonnée permettent de découvrir la région décrite dans ce guide :
le **GR 3,** qui longe la vallée de la Loire, parcourt les forêts d'Orléans, de Russy et de Chinon ;
le **GR 3c** traverse la Sologne de Gien à Mont-près-Chambord ;
le **GR 3d** traverse le vignoble du Layon ;
le **GR 31** relie Mont-près-Chambord, en bordure de la forêt de Boulogne, à Souesmes, à travers les bois de Sologne ;
le **GR 32** traverse la forêt d'Orléans ;
le **GR 335** « de la Loire au Loir » relie Vouvray à Lavardin ;
le **GR 35** suit la vallée du Loir ;
le **GR 36**, ou sentier Manche-Pyrénées, traverse la région entre Le Mans et Montreuil-Bellay ;
le **GR 46** suit la vallée de l'Indre.

voie des airs

Toute l'année, en fonction des conditions météorologiques, on peut visiter les pays de la Loire par la voie des airs : ULM, planeur, hélicoptère, monomoteur à ailes hautes survolent les sites de Chinon, Chambord, Chenonceau, Azay-le-Rideau au départ de Tours-St-Symphorien, les sites d'Amboise, Cheverny, Beaugency au départ de Blois-Le-Breuil ou Orléans.

ULM

Ultra-légers motorisés : Fédération française de planeur ultra-léger motorisé, 96 bis r. Marc-Sangnier, BP 341, 94709 Maison-Alfort Cedex,
☎ 01 49 81 74 43.
Aérodrome d'Amboise-Dierre,
☎ 02 47 57 93 91.
Aérodrome de Tours-Sorigny,
☎ 02 47 26 27 50.

VOL À VOILE

Fédération française de vol à voile – 29 r. de Sèvres, 75006 Paris,
☎ 01 45 44 04 78.
Association vol à voile Léonard-de-Vinci, Tours,
☎ 02 47 54 27 77.

HÉLICOPTÈRE

L'hélicoptère est un moyen de transport particulièrement bien adapté pour admirer les châteaux dans leur ensemble architectural et pour faire de belles prises de vue.

Les compagnies d'hélicoptères proposent des circuits aériens qui varient entre 1/4 h et 2 h de vol. Les prix varient en conséquence.

Anjou – Acson Hélicoptère, 49000 Angers,
☎ 02 41 76 24 24.

Indre-et-Loire – Jet systems Hélicoptères Val de Loire, aérodrome d'Amboise-Dierre, 37150 Dierre,
☎ 02 47 30 20 21.
Air-Touraine-Hélicoptère, BP 14, 37370 Neuvy-le-Roi,
☎ 02 47 24 81 44.

Loir-et-Cher – La Loire vue du ciel en hélicoptère, ☎ 02 54 78 55 50.
Blois-Hélistation, Pont Charles-de-Gaulle, sortie Blois Vienne, D 951, ☎ 02 54 90 41 41.

Loire-Atlantique – Nantes Aérosystèmes Héliocean, 44340, Bouguenais,
☎ 02 40 05 22 11.

Sarthe – Jet Systems Hélicoptères, aérodrome Le Mans-Arnage,
☎ 02 43 72 07 70.
Aéro-club La Flèche Sarthe-Sud, rte du Lude, promenades aériennes,
☎ 02 43 94 05 24.

VOL À MOTEUR

Tours Aéro Services, aéroport de Tours St-Symphorien et Blois-Le-Breuil, ☎ 02 47 48 37 27.
Aéro-Club Les Ailes tourangelles, aérodrome d'Amboise-Dierre, 37150 Dierre, ☎ 02 47 57 93 91.
Loire Valley Aviation, aérodrome de Blois-Vendôme, 41260 La-Chaussée-St-Victor,
☎ 02 54 56 16 12.

BALLONS ET MONTGOLFIÈRES

Le charme suranné des voyages en ballon s'ajoute indéniablement au plaisir de découvrir d'en haut la vallée de la Loire. Si les aérostiers peuvent décoller d'à peu près n'importe où (sauf des villes bien entendu), en revanche, selon le vent, sa force et sa direction, le lieu d'atterrissage est plus incertain.

Décollage au petit matin dans le Blésois.

Le décollage a lieu, en général, au petit matin ou en fin de soirée. Les vols proprement dits durent de 1 h à 1 h 30, mais il faut pratiquement tripler ce temps pour tenir compte de la préparation du vol, des aléas du vent, du temps de rapatriement par le véhicule de récupération qui suit en permanence la progression de l'engin. Suivant les prestations fournies, le coût d'un vol est d'environ 1 200F par personne.

Loisirs-Accueil Loiret, r. d'Escures, 45000 Orléans, ☎ 02 38 62 04 88.
Excursions en montgolfière, ☎ 03 80 26 63 30.
France Montgolfières, La Riboulière, 41400 Monthou-sur-Cher, ☎ 02 54 71 75 40.
Découverte de la vallée de la Sarthe en montgolfière (1 h 30). Renseignements à l'Office du tourisme de Sablé-sur-Sarthe, ☎ 02 43 95 00 60.

Calendrier festif

Le serveur Minitel 3615 code 20H30 propose par jour et par thème tous les spectacles présentés en Touraine.

De mars à décembre

Fête des lances (dimanche des Rameaux)	**Champagné**
« Itinérances », invitation au voyage par la musique, ☎ 02 41 51 73 52.	**Fontevraud**
Courses de lévriers au cynodrome, ☎ 02 41 55 53 50.	**Maulévrier**

Avril

Grande vigile pascale (samedi de Pâques à 22h)	**St-Benoît-sur-Loire**
Défilé de nuit du carnaval (fin avril), ☎ 02 41 62 28 09.	**Cholet**
« 24 Heures moto », ☎ 02 43 40 24 24.	**Le Mans**

D'avril à septembre

Présentations publiques du Cadre noir au grand manège de l'École nationale d'équitation, ☎ 02 41 53 50 50.	**Saumur**

Mai

Concours complet international (fin mai), ☎ 02 41 51 34 15.	**Saumur**
Festival à l'abbaye (2e semaine du mois), ☎ 02 43 81 72 72. Rencontres imaginaires (théâtre).	**Le Mans (abbaye de l'Épau)**
Fêtes de Jeanne d'Arc (première semaine du mois), ☎ 02 38 24 05 05.	**Orléans**
Manifestations hippiques au château de la Maroutière.	**Château-Gontier**

Les 24 Heures du Mans.

Une belle Angevine à la Ménitré.

Pentecôte

Fêtes des rhododendrons, ☎ 02 38 58 41 18. — **Châteauneuf-sur-Loire**

Juin

Course des 24 Heures : course automobile sur le Circuit des 24 Heures, ☎ 02 43 40 24 24. — **Le Mans**

Game Fair : Journées nationales de la Chasse et de la Pêche, ☎ 02 32 49 10 00. — **Chambord**

Festival international de musique classique de Sully-sur-Loire, ☎ 02 38 36 29 46 ou 08 00 45 28 18. — **Sully-sur-Loire**

Festival de la grange de Meslay. Fêtes musicales en Touraine, avec la participation d'artistes internationaux (fin du mois), ☎ 02 47 21 65 08 ou 02 47 11 65 15. — **Touraine**

Florilège vocal, ☎ 02 47 21 65 26.

Chorégraphique (festival de danse contemporaine), ☎ 02 47 64 05 06.

De juin à octobre

Festival international des jardins (mi-juin à mi-octobre), ☎ 02 54 20 99 22. — **Chaumont-sur-Loire**

Juillet

Festival d'Anjou dans le cadre prestigieux des châteaux angevins, ☎ 02 41 24 88 77. — **Anjou**

Les Scénomanies : spectacles de rue dans le vieux Mans (1er week-end du mois), ☎ 02 43 47 36 23. — **Le Mans**

Journées de la Rose, dans les arènes, ☎ 02 41 59 20 49. — **Doué-la-Fontaine**

Fêtes franco-écossaises, ☎ 02 48 58 40 20. — **Aubigny-sur-Nères**

Festival de théâtre musical (15-31 du mois), ☎ 02 47 91 88 82. — **Loches**

Assemblée des coiffes et costumes anciens, à laquelle participent tous les groupes folkloriques de la région (quatrième week-end du mois), ☎ 02 41 45 63 63. — **La Ménitré**

Carrousel militaire : spectacle mettant en scène le cheval, la moto et les blindés (dernier week-end du mois), ☎ 02 41 40 20 66. — **Saumur**

Août

Foire au bric-à-brac ; participation importante d'antiquaires, d'amateurs d'ancien et de chalands (15 août), ☎ 02 54 70 05 23. — **Molineufs**

Festival de musique baroque de Sablé (du mercredi au samedi de la dernière semaine du mois), ☎ 02 43 95 49 96. — **Sablé-sur-Sarthe**

Septembre

Manifestations hippiques au château de la Maroutière (début du mois). — **Château-Gontier**

Octobre

Mondial du Lion au haras national Lion-d'Angers : Concours Complet International d'équitation : dressage, cross et saut d'obstacles, les meilleurs cavaliers mondiaux représentant 20 nations (avant-dernier week-end du mois), ☎ 02 41 95 82 46.	**Le Lion-d'Angers**

Décembre

Messes des Naulets ; dans une petite église rurale, différente chaque année, des groupes folkloriques angevins interprètent des chants de Noël en patois (le 24 du mois), ☎ 02 41 23 51 11.	**Anjou**
Veillée et messe de la nuit de Noël (22h).	**St-Benoît-sur-Loire**

manifestations vinicoles

Tout au long de l'année des foires et des fêtes du vin, destinées à animer et promouvoir les différentes appellations, sont programmées à date fixe.

Mars	Foire aux vins	Bourgueil	02 47 97 91 39
Avril	Salons des vins d'Onzain	Onzain	02 54 20 78 52
Mai	Foire aux vins	Saumur	02 41 83 43 12
	Concours annuel des vins de Saumur	Saumur	02 41 51 16 40
Juin	Biennale du champigny	Montsoreau	02 41 51 16 40
Juillet	Fête de la vinée	St-Lambert-du-Lattay	02 41 78 30 58
	Fête du saumur-champigny	Varrains	02 41 87 62 57
	Fête des vins millésimés	St-Aubin-de-Luigné	02 41 78 33 28
Novembre	Rendez-vous du touraine primeur	Montrichard	02 54 32 05 10
	Biennale du champigny	Montsoreau	02 41 51 16 40

son et lumière et féeries nocturnes

Ces spectacles nocturnes de grande qualité, dont Jean-Eugène Robert-Houdin a été l'initiateur, furent inaugurés à Chambord en 1952.
Les renseignements ci-dessous ne sont qu'une sélection parmi tous les spectacles proposés ; il convient donc d'en demander confirmation, en temps voulu, auprès des offices de tourisme concernés.

Amboise : À la cour du Roy François

Ce spectacle entièrement conçu, réalisé et interprété par des Amboisiens bénévoles est joué par plus de 400 figurants, jongleurs, cavaliers et autres cracheurs de feu, servis par d'importants moyens techniques (effets pyrotechniques, jeux d'eau, images géantes sur écran naturel). Ce divertissement est une évocation de la construction du château, de l'arrivée de Louise de Savoie, de l'enfance et de l'adolescence de François Ier, des guerres d'Italie, de la vie quotidienne et des réjouissances à Amboise en l'honneur du roi et de sa cour.
Le mercredi et le samedi (sauf le 14 juillet) de fin juin à fin août. Durée 1h30. Début du spectacle à 22h30 en juin et juillet et 22h en août. Tribune 100 F, gradins 75F + 5F de réservation, enfants de 6 à 14 ans 35F + 5F, handicapé 50F. « Animation Renaissance Amboise », ☎ 02 47 57 14 47.
Au départ de Tours, des circuits nocturnes sont organisés pour les spectacles d'Amboise et d'Azay-le-Rideau, ☎ 02 47 70 37 37.

Azay-le-Rideau : Les imaginaires d'Azay-le-Rideau

Accès par la place de l'église.
Le visiteur spectateur évolue à son rythme et suivant sa sensibilité entre parc et château. Les façades éclairées, la musique qui semble jaillir des bois, le jeu des lumières sur l'eau contribuent à renforcer l'image féerique du domaine et restituent le puissant élan créatif de la

Renaissance. La durée du parcours est d'environ 1 heure.
Ouverture des portes à 22h30 en mai, juin et juillet ; à 22h en août ; à 21h30 en septembre. Fermeture à 0h30 (minuit en septembre, dernière entrée à 23h45). 60F, gratuit pour les enfants de moins de 12 ans.
☎ 02 47 45 42 04 ou 02 47 45 44 40.

Blois : Ainsi Blois vous est conté

Les voix de comédiens prestigieux (Pierre Arditi, Robert Hossein, Fabrice Luchini, Michaël Lonsdale, Henri Virlojeux...), sur un texte d'Alain Decaux, retracent l'histoire du château, *« mille ans d'histoire en dix siècles de beauté »*. D'énormes projecteurs combinant photos et éclairages, des systèmes de diffusion sonore à la technologie de pointe permettent un spectacle riche en couleur et en effets spéciaux, extrêmement vivant, sans intervention humaine.
Séances (3/4 h) tous les soirs entre 21h30 et 22h30 du 28 avril au 15 septembre inclus, ainsi que les 1er, 2, 8 et 9 mai (relâche le 13 juillet). 60F, enfant de 7 à 20 ans 30F, gratuit pour les enfants de moins de 6 ans.
☎ 02 54 78 72 76.

Chenonceau : Au temps des dames de Chenonceau

Du moulin fortifié primitif, six femmes font une élégante demeure et y organisent des fêtes somptueuses.
Du 1er juillet au 31 août chaque soir à 22h15. 50F ; enfant 40F.
☎ 02 47 23 90 07.

Abbaye de Fontevraud : Rencontres imaginaires

Visite-spectacle écrit et réalisé par Jean Guichard et Beate Althenn.
En juin et en août, début de la visite-spectacle à 21h30 (relâche le 18 et le 31 août). Il est prudent de réserver sa place. ☎ 02 41 38 18 17 ou à l'Office du tourisme de Saumur.

Loches : Merlin l'Enchanteur

Entre légende et réalité, laissez-vous conter la fabuleuse histoire du roi Arthur et de son fidèle conseiller, Merlin l'Enchanteur.
Ce spectacle (mi-théâtre, mi-son et lumière) entraîne le spectateur dans le monde merveilleux des enchanteurs et des fées.
Le cadre du château, les musiques, lumières et costumes ne font qu'accentuer la magie et le côté poétique de l'histoire.
Le vendredi et le samedi à compter du deuxième vendredi de juillet jusqu'à fin août. 22h30 en juillet, 22h en août. 70F ; enfant 40F. ☎ 02 47 59 01 76.

Semblançay *(carte 64, ne du pli 14)* : La Légende de la Source

Ce spectacle « vivant » est interprété par 450 acteurs, cascadeurs et figurants membres de l'Association Jacques de Beaune. Le petit Benjamin et son grand-père font revivre la Légende de la Source (en fait l'histoire de la Touraine) depuis le temps des Romains jusqu'à la Révolution.
Début du spectacle (1h45) à 22h30 tous les samedis en juillet, à 22h15 les vendredis et samedis jusqu'au 15 août. 80F ; enfant 35F. ☎ 02 47 29 88 99.

Valençay : Talleyrand – Entre l'Aigle et le Lys

De nombreux figurants, des chevaux et plusieurs attelages racontent l'histoire du « diable boiteux » à travers les régimes qu'il a servis (évocation d'Austerlitz, de Waterloo, du congrès de Vienne et de la réception du duc d'Orléans).
Changement de programme. Se renseigner à l'office de tourisme,
☎ 02 54 00 04 42.

Souvenirs

que rapporter ?

À Déguster

Des boissons

L'étonnante diversité du vignoble du Val de Loire, de Gien à Ancenis, déconcertera plus d'une papille de sommelier amateur. Ici la richesse du vin n'a d'égale que sa variété. Quelle vivacité dans le rosé de Loire, quel bouquet de fruits rouges pour le saumur, quelle élégance dans le cabernet ; parlez-moi des effluves mellifères du coteau du Layon, ou

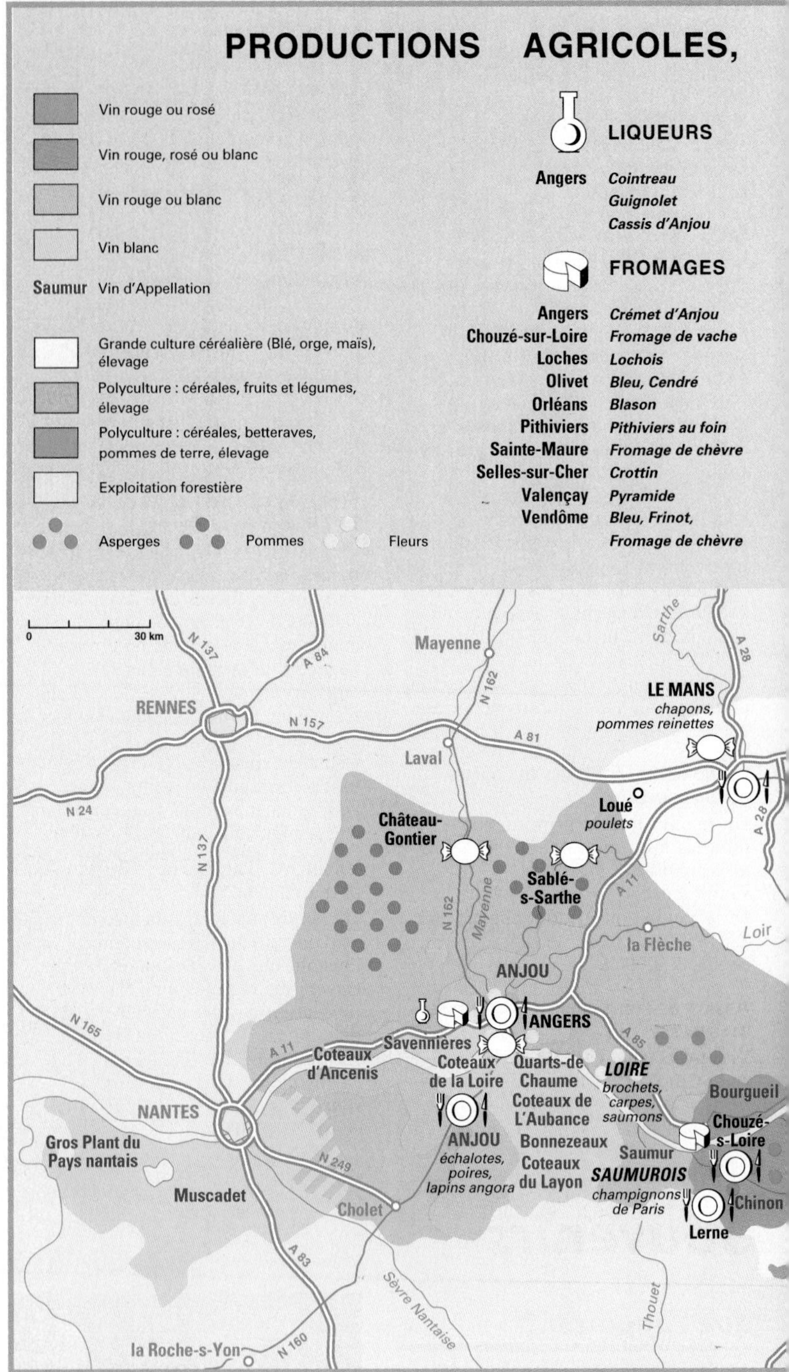

des touraines de cabernet franc (encore appelé le « breton », ce cépage de vins rouges est parfois associé au cabernet-sauvignon), ou des bourgueils moelleux ou pétillants... Le choix n'est pas facile, mais les producteurs, au fond de leurs caves, vous conseilleront volontiers avec compétence et avec l'amour du travail bien fait.

« Dégustation », au bord de la route, est le mot magique.

De Saint-Barthélemy-d'Anjou, il faut rapporter la fameuse (et délicieuse) bouteille carrée de Cointreau, liqueur à l'orange. Base de cocktails, d'apéritifs ou de préparations pâtissières savoureuses, vous la dégusterez volontiers comme digestif (en dry)... avec modération.

DES CHARCUTERIES

À proximité des zones giboyeuses, on peut acheter des terrines et pâtés des

SPÉCIALITÉS ET VIGNOBLES

FRIANDISES

Angers	*Quernons d'ardoise*
Beaugency	*Réglisse*
Blois	*Chocolats, Pistoles*
Château-Gontier	*Croquets*
Cormery	*Macarons*
Gâtinais	*Miel*
Le Mans	*Bugattises*
Orléans	*Cotignac*
Pithiviers	*Pithiviers aux amandes*
Romorantin-Lanthenay	*Croquets*
Sablé-sur-Sarthe	*Sablés*
Saint-Benoît-sur-Loire	*Moinillons*
Sologne	*Tarte Tatin, Palet Solognot*
Tours	*Livre tournois, Sucres d'orge Pruneaux fourrés, Muscadines*

AUTRES SPÉCIALITÉS

Angers	*Crêpes, Cul de veau, Rillettes, Rillons*
Blois	*Pâtés, Rillettes, Rillons*
Chinon	*Fouace, Matelote d'anguilles*
Jargeau	*Andouille*
Lerné	*Fouace*
Le Mans	*Fricassée de poulet, Rillettes, Rillons*
Orléans	*Moutarde, Vinaigre*
Tours	*Rillettes, Rillons*
Vendôme	*Andouille, Poulet à la ficelle, Rillettes, Rillons*
Vouvray	*Andouillettes, Rillettes, Rillons*

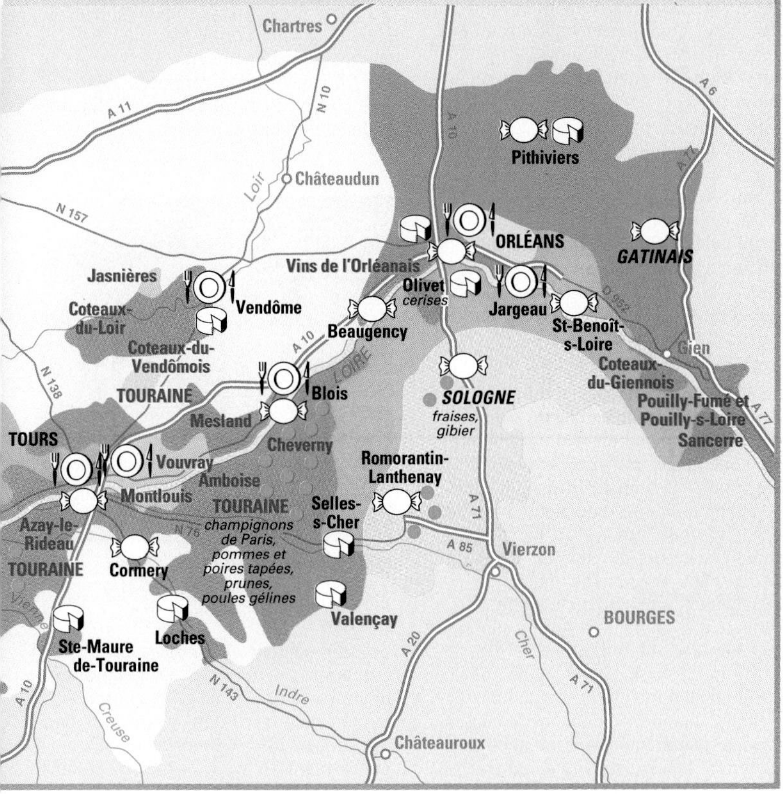

grands animaux de nos forêts. Parfois on peut trouver des charcuteries plus inattendues : du bison (à Cerqueux-sous-Passavant) ou de l'autruche par exemple. À Angers, Blois, Tours, Vendôme et Vouvray le cochon est roi, les rilles, rillauds, rillons et rillettes sont déclinés à l'infini. À vous de faire la différence... chez le bon traiteur !

DES FROMAGES

Pas facile à transporter en voiture. C'est vrai, mais bien enroulés dans une feuille d'aluminium et si votre coffre n'affiche pas 50 °C en permanence, n'hésitez pas, les fromages de chèvre supportent le voyage ! Parmi l'incroyable variété de formes et de couleurs vous choisirez parmi les sainte-maure-de-touraine, les valençay ou les selles-sur-cher.

DES DOUCEURS

La vallée de la Loire est renommée pour sa confiserie, elle-même justifiée par l'abondance d'un pays producteur de fleurs, de fruits, d'alcools et de vins. Les douceurs les plus réputées sont les petits **pruneaux** de Tours. Fourrés ou farcis avec des abricots, ils enchantent les palais tourangeaux depuis la fin du 19e s. Les vrais de vrai sont fourrés d'un mélange de pulpe d'abricot et de pomme et flambés au rhum.

Le **muscadin** de Langeais est un bigarreau macéré dans du kirsch, enrobé de pâte de marron confit, et trempé dans un « bain » de chocolat noir.

Depuis le 15e s. existe à Orléans le **cotignac** : c'est une gelée de coing délicieuse et... astringente, dit-on. Achetez-le en petite boîte ronde, en épicéa.

À coté de Montargis, vous trouverez certains producteurs qui vous céderont volontiers leur miel dont la finesse et l'onctuosité ont séduit bien des gourmets. Ce miel est butiné dans les champs et les prairies du Gâtinais.

Enfin, n'oubliez pas que le Val de Loire est le pays des fruits. Qui vous empêchera de rapporter un cageot de pommes (golden, granny, jonagold ou reine de reinettes) ou de poires (conférence, doyenné-du-comice, williams, passe-crassane ou beurré-hardy) qui seront autrement meilleures que celles de vos grandes surfaces habituelles.

DES CONFISERIES

La **livre tournois** de Tours est (comme son nom l'indique) une magnifique pièce en chocolat noir à 65 % de cacao pur, non garnie à l'intérieur. Les **moinillons** sont des bonbons de sucre cuits sous forme de petits moines, aromatisés et colorés selon 5 variétés de parfum. Vous pourrez les trouver (au milieu de bien d'autres produits d'origine monastique) dans la boutique de la communauté bénédictine de Saint-Benoît-sur-Loire. À Blois, ville natale de Poulin, le créateur du chocolat du même nom, on peut se faire le plaisir de s'acheter quelques tablettes. Les **quernons d'ardoise**, fabriqués à Angers, sont des plaquettes de nougatine présentée sous une couverture de chocolat bleu. Symbole de la ville de Sablé-sur-Sarthe, les **sablés** sont des galettes de 5 cm de diamètre, pur beurre, craquantes et fondantes à la fois.

Pour La Maison

L'ARTISANAT

Une certaine activité traditionnelle se maintient tout au long de la vallée de la Loire. Certaines créations sont de réputation internationale. La plus connue est la faïence de Gien, qui se décline sous toutes les formes : vaisselle individuelle (assiette, tasse, sous-tasse) ou collective (soucoupe, plat, soupière), objets décoratifs ou utilitaires. Un beau souvenir que vous aurez peut-être la chance d'avoir à prix réduit.

À Villaines-les-Rochers, les vanniers maintiennent (devant vous) la tradition de la fabrication des paniers en osier. Un objet en vannerie de Villaines est beau, pratique et résistant : une bonne idée de souvenir ou de cadeau !

De Cholet, on peut rapporter des mouchoirs, c'est un achat utile, et un cadeau souvent apprécié.

Artisan vannier à Villaines-les-Rochers.

LA CHINE

Comme partout en France, les antiquaires sérieux ont en général pignon sur rue. Mais si vous aimez chiner, on trouve dans toute la région des brocantes et des marchés aux puces régulièrement organisés aussi bien dans les petits villages que dans les grandes villes.

Kiosque

Ouvrages généraux – tourisme

Le Val de Loire des châteaux et des manoirs, S. Chirol et P. Seydoux, Le Chêne.

Le Cœur de France, CLD, Chambray-lès-Tours, 1997.

Les villes de l'Anjou – Angers, Cholet, Saumur, au milieu du 20e s., J. Jeanneau, Ouest Éditions, 1993.

Loiret (1998) – Loir-et-Cher (1995) – Maine – Touraine, par divers auteurs, Les Encyclopédies, Bonneton.

Art et architecture

Val de Loire roman – Maine roman – Anjou roman, J.-M. Berlaud, Zodiaque, La nuit des temps, diffusion Desclée de Brouwer.

Les vitraux du Centre et des pays de la Loire, M. Callias Bey, V. Chaussé, L. de Finance, F. Gatouillat, CNRS.

Les routes de la Tapisserie en Val-de-Loire, E. Six, T. Malty, Hermé, 1996.

Carnet de Loire, P. Laurendeau, aquarelles de P. Proust, Le Polygraphe, Angers, 1998.

La Direction du patrimoine et le Centre des monuments nationaux proposent de nombreux ouvrages traitant d'architecture, d'archéologie, d'ethnologie, du patrimoine mobilier ou architectural.

Un catalogue est en vente à la Librairie du Patrimoine, 62 r. Saint-Antoine, 75004 **Paris**, ☏ 01 44 61 21 75, ou au Service régional de l'inventaire du Centre, 6 r. de la Manufacture, 45043 **Orléans** Cedex, ☏ 02 38 78 85 21, ou à l'Association pour le développement de l'Inventaire général en Pays de la Loire, 1 r. Stanislas-Baudry, 44000 **Nantes**, ☏ 02 40 14 23 52. Ce catalogue est disponible sur Internet : www.monuments-france.fr ou www.culture.fr.

Histoire – biographies – traditions

Maine-et-Loire, J. Fumet, Regards considérables, Siloë.

Les châteaux de la Loire au temps de la Renaissance, I. Cloulas, La Vie quotidienne, Hachette.

Mille et une Nuits de Chambord, G.-M. Tanguy, CLD, Chambray-lès-Tours, 1998.

Histoires extraordinaires de la Sologne, J.-H. Bauchy, Royer, 1996.

Orléans, une ville, une histoire (vol. 1), J. Debal, HYX-Nova, Orléans, 1998.

Tours au temps du roi Louis XI, S. Livernet, Le Clairmirouère du temps.

Dictionnaire du français régional de Touraine, J.-P. Simon, Les Dictionnaires du français régional, Bonneton, 1995.

Charles VII, Louis XI, François Ier, Henri II, Henri III, Georges Bordonove, Les Rois qui ont fait la France, Gérard Watelet, Pygmalion. Ces ouvrages sont plus particulièrement consacrés aux rois qui ont fait bâtir les châteaux du val de Loire ou qui y ont séjourné.

Aliénor d'Aquitaine, R. Pernoud, LGF.

Aliénor d'Aquitaine et les siens, J. Verseuil, Critérion.

Jeanne d'Arc, R. Pernoud, Le Seuil, 1997.

J'ai nom Jeanne la Pucelle, R. Pernoud, Découvertes, Gallimard, 1994.

Saint Martin de Tours, XVIe centenaire, J. Honoré, G.-M. Oury, M. Laurencin, CLD, Chambray-lès-Tours, 1996.

Alain-Fournier, destins inachevés, P. Martinat, Royer.

Littérature – romans

Promenades littéraires en Pays de la Loire, J. Boisleve, Rives Reines, Siloë.

Eugénie Grandet, Le Curé de Tours, Le Lys dans la Vallée, L'Illustre Gaudissart..., H. de Balzac.

La Prodigieuse Vie d'Honoré de Balzac, R. Benjamin, Le Rocher.

Raboliot, Rémi des Rauches, La Boîte à pêche..., M. Genevoix, Le Livre de Poche.

Le Docteur François Rabelais, E. Aron, CLD, Chambray-lès-Tours : l'auteur, médecin, invite à consulter son auguste confrère, spécialiste du rire médical.

Les meilleures nouvelles des pays de la Loire, par une quinzaine d'auteurs du 19e s. et du 20e s., coffret de 3 volumes de récits historiques, romantiques ou réalistes, Siloë.

Petites Nouvelles de Loire, P. Chevalier, Siloë : sept petites nouvelles au long de la Loire.

Les fillettes chantantes, R. Sabatier, LGF : récit plus ou moins autobiographique d'un été 1939 à Montrichard et dans la vallée du Cher.

Cendrine, Y. Cormerais, Corsaire, Orléans : à travers un récit biographique, la vie orléanaise du début du siècle.

Médard, paysan Solognot, A. Vigner, Royer, Paris : divers récits font revivre la campagne solognote de naguère.

Faune et flore

Guide des jardins de France, M. Racine, Hachette.

Région Centre, parcs et jardins à leur apogée, F. et J. Chauchat, édité par le Conseil régional du Centre et l'ADATEC.

Les Traces d'animaux, S. Thomassin, Bordas.

Les oiseaux en Anjou et dans les environs, J.-P. Gislard, La Nouvelle République.

Guide de la nature en Sologne : faune et flore, A. Beignet, La Nouvelle République.

Gastronomie – vins

Patrimoine gastronomique en Pays de la Loire, M. Denoueix, Rives Reines.

Pays de la Loire, Produits du terroir et recettes traditionnelles, L'Inventaire du patrimoine culinaire de la France, Albin Michel CNAC.

Cuisine et Val de Loire, B. Grellier, CLD, Chambray-lès-Tours, 1996.

Guide touristique du vignoble Touraine-Val de Loire, Comité interprofessionnel des vins de Touraine-Val de Loire, La Nouvelle République.

Découvertes en terroir Anjou-Saumur : route touristique des vignobles, Val-de-Loire, M. Pateau, Conseil interprofessionnel des vins d'Anjou et de Saumur, Ouest-France, 1997.

Magazines et périodiques

Parmi plusieurs publications régionales nous avons particulièrement apprécié la qualité des textes et l'iconographie de ces quelques magazines.

L'Anjou - Journal de la Sologne et de ses environs - Le magazine de la Touraine - SEPP, 563 r. de la Juine, 45160 Olivet, ☎ 02 38 63 90 00.

Maine-Découvertes - Éditions de la Reinette, 9 r. des Frères-Gréban, BP 392, 72009 Le Mans Cedex, ☎ 02 43 87 58 63.

Cédéroms

L'Apocalypse, la tenture du château d'Angers *(Éditions du patrimoine/Syrinx)*. Le texte de saint Jean est lu par M. Lonsdale.

Châteaux de la Loire *(coproduction CNMHS/Éditions Hachette)*.

Jeanne d'Arc, histoire et vie quotidienne au Moyen Âge *(coproduction Intelligeré/Notre Histoire)*, par R. Pernoud et M.-V. Clin.

Châteaux forts, N. Faucherre *(Exploration du patrimoine/Édition Syrinx)*.

Qui douterait de la fertilité du vignoble ligérien ?

Cinéma

Dotées de très beaux paysages et d'édifices particulièrement remarquables, les régions Centre-Val-de-Loire et Pays-de-la-Loire ont servi de cadre au tournage de nombreux films. Parmi les sites les plus marquants, citons :

À **La Ferté-St-Aubin** (Loiret) : *La Règle du jeu* (1939) de Jean Renoir, avec Marcel Dalio et Nora Grégor.

À **Blois** (Loir-et-Cher) : *Le Vicomte de Bragelonne* (1954) de Fernando Cerchio, avec Georges Marchal et Dawn Adams.

En **Touraine** et au château de **Chambord** (Loir-et-Cher) : *La Princesse de Clèves* (1960) de Jean Delannoy, avec Marina Vlady et Jean Marais.

À **Tours** (Indre-et-Loire) : *La voie lactée* (1968) de Luis Buñuel, avec Paul Frankeur et Laurent Terzieff.

Au château du **Plessis-Bourré** (Maine-et-Loire) : *Peau-d'Âne* (1970) de Jacques Demy, avec Catherine Deneuve et Jacques Perrin.

Au **Mans** (Sarthe) : *Le Mans* (1971) de Lee H. Katzin, avec Steve Mac Queen.

À **Valençay** (Indre) : *Noces rouges* (1973) de Claude Chabrol, avec Stéphane Audran et Michel Piccoli.

À **Orléans** (Loiret) : *Police Python 357* (1976) d'Alain Corneau, avec Yves Montand et Simone Signoret.

Dans la **Beauce :** *Canicule* (1984) d'Yves Boisset, avec Lee Marvin et Miou-Miou.

À **Pithiviers-le-Vieil** (Loiret) **:** *Bras de fer* (1985) de Gérard Vergez, avec Bernard Giraudeau et Christophe Malavoy.

À **Orléans** (Loiret) : *Le Moustachu* (1987) de Dominique Chaussoy, avec Jean Rochefort et Grâce de Capitani.

À **Chinon** (Indre-et-Loire) : *L'escargot noir* (1988) de Claude Chabrol, avec Jean Poiret, Roger Carel et Stéphane Audran.

Au **Mans** (Sarthe) : *Cyrano de Bergerac* (1990) de Jean-Paul Rappeneau, avec Gérard Depardieu, Anne Brochet et Jacques Weber.

Aux châteaux de **Chambord** (Loir-et-Cher) et de **Châteaudun** (Eure-et-Loir) : *Dames galantes* (1990) de Jean-Charles Tacchella, avec Richard Bohringer et Marie-Christine Barrault.

À **Chambord** (Loir-et-Cher) : *Louis, enfant roi* (1991) de Roger Planchon, avec Carmen Maura et Maxime Mansion.

À la **Ferté-Saint-Cyr** (Loir-et-Cher) et à **Dhuizon** (Loir-et-Cher) : *Cache Cash* (1993) de Claude Pinoteau, avec Georges Wilson, Jean Carmet et Michel Duchaussoy.

À **Valençay** (Indre) : *Le Colonel Chabert* (1994) d'Yves Angelo, avec Gérard Depardieu et Fabrice Luchini.

Au château de **Châteaudun** (Eure-et-Loir) : *Jeanne la Pucelle* (1994) de Jacques Rivette, avec Sandrine Bonnaire.

À **Richelieu** (Indre-et-Loire) : *Marthe* (1997) de Jean-Loup Hubert, avec Guillaume Depardieu et Gérard Jugnot.

Depardieu dans Balzac.

Château de Chaumont-sur-Loire.

Invitation au voyage

La Loire et ses bancs de sable : vue aérienne.

La Loire

La région des pays de la Loire symbolise pour beaucoup la douceur de vivre, la grâce paisible, la modération. Cependant, il ne faut pas croire que le « jardin de la France » constitue tout entier un éden. Michelet l'a défini comme une « robe de bure frangée d'or » : ses vallées, d'une exceptionnelle richesse, enserrent des plateaux d'une sévérité à peine tempérée par quelques belles futaies.

L'un des derniers fleuves sauvages d'Europe

Célébrée par poètes et écrivains, la Loire traverse des paysages qu'elle rehausse de ses longues perspectives et de ses courbes harmonieuses.
Le plus long fleuve de France – 1 020 km – naît au pied du mont Gerbier-de-Jonc, dans le Vivarais. Son cours est capricieux. En été, c'est un véritable « fleuve de sable » ; quelques filets d'eau striés de « luisettes » (osier garni de petites feuilles d'un vert pâle argenté) se traînent au milieu des « grèves ». Surviennent les grosses pluies d'automne ou, à la fin de l'hiver, la fonte des neiges : la Loire est en crue. Il lui arrive de crever les digues, appelées « levées » ou « turcies ». Bien des murs de village portent les dates des grandes inondations : 1846, 1856, 1866, 1910.

Marine et mariniers

La Loire fut, jusqu'à la fin du 19e s., un « chemin qui marche ». Malgré les bancs de sable, les tourbillons, les crues, les péages, les bateaux à fond plat et à voile carrée (héritage des Vikings) sillonnaient le fleuve et ses affluents, surtout le Cher. À la remontée, le franchissement des ponts constituait une opération très délicate. Vêtus de bleu, munis d'un foulard et d'une ceinture rouges, des anneaux d'or aux oreilles, les « chalandoux » étaient de rudes gaillards. La « Communauté des marchans fréquentant la rivière de Loyre et les fleuves descendant en icelle », fondée au 14e s., siégeait à Orléans. Aux marchandises s'ajoutait un intense mouvement de voyageurs. Les carrosses pouvaient être placés sur des radeaux et Mme de Sévigné se rendait en Bretagne dans cet équipage.

Pêcheurs sur la Vienne.

En 1832, le premier service à vapeur entre Orléans et Nantes fait sensation, mais des accidents se produisent ; des chaudières explosent. La construction de nouveaux bateaux à vapeur et à roue, les « inexplosibles », ramène la confiance. Hélas ! La concurrence du chemin de fer allait porter un coup mortel à la batellerie.

Les paysages

Encastrés entre le Morvan, le Massif armoricain et le Massif Central, les pays de la Loire font partie du Bassin parisien. Pendant l'ère secondaire, la mer ayant envahi la région y déposa d'abord le tuffeau turonien, craie tendre que l'on retrouve aux flancs des coteaux, puis le calcaire des « gâtines », semées de plaques de sable et d'argile portant des landes et des forêts (« terre gaste » : peu fertile). La mer s'étant retirée, de grands lacs d'eau douce accumulèrent d'autres couches calcaires, dont la surface s'est parfois décomposée en formant du limon : ce sont les champagnes, ou « champeignes ».

Durant l'ère tertiaire, les fleuves descendant du Massif Central, surélevé par le plissement alpin, étalèrent des nappes argilo-sableuses qui donnèrent naissance à la Sologne et à la forêt d'Orléans. Plus tard, un affaissement de la partie Ouest du pays amena jusque vers Blois la fameuse « mer des Faluns » dont témoignent les « falunières », vastes grèves riches en coquillages, en lisière du plateau de Ste-Maure et des collines bordant la Loire au Nord. Attirés par la mer, les cours d'eau qui se dirigeaient vers le Nord convergèrent vers l'Ouest, ce qui explique le coude que fait la Loire à Orléans ; puis la mer évacua définitivement la région, laissant un relief en creux dont les vallées constituent l'élément primordial. Les alluvions du fleuve et de ses affluents formèrent alors les « varennes », terres légères formées d'un sable gras d'une grande fertilité.

Le bocage à l'atmosphère mélancolique du Pays Fort, dans le Nord du Berry, forme la transition entre le Massif Central et les pays de la Loire.

L'Orléanais englobe la Beauce, le Dunois, le Vendômois, la Sologne et le Blésois. En aval de Gien, le val s'élargit. Plutôt dévolu aux prés dans la région de St-Benoît, il est ensuite réservé à l'horticulture, aux pépinières et aux roseraies sur des alluvions nommées « layes ». Les serres se sont multipliées ; quelques sols bien exposés portent des vergers et des vignobles. La « maison de vigneron » est desservie par un escalier extérieur sous lequel se trouve l'entrée de la cave.

Sans arbres mais couverte d'une mince couche de limon fertile (1 à 2 m), la Beauce est un grenier à blé. Les cultivateurs occupent de grandes exploitations à cour fermée, auxquelles on accède par un imposant portail. Dans le Dunois et le Vendômois apparaît l'appareil en damier de pierre et silex alternés.

Les bateaux de la Loire

Les toues, longues barques sans gréement, sont encore utilisées de nos jours pour le transport du foin et du bétail. D'une jauge plus importante (15 t environ), la sapine, embarcation peu coûteuse en sapin, était détruite au terme du voyage. La gabare (ci-dessous), bateau de fort tonnage, portait une voile de près de 20 m de hauteur.

Gabare de Loire à Saumur

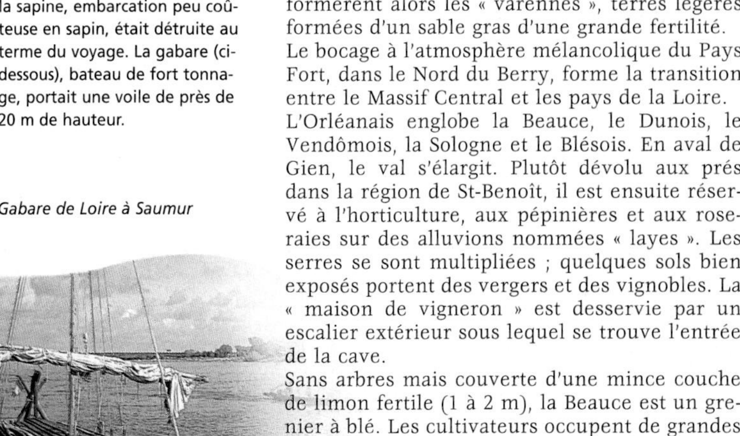

Côteaux du Layon, à Chaudefonds-sur-Layon.

Bois, étangs et maigres cultures alternent en Sologne et dans la forêt d'Orléans. Les logis bas de la Sologne s'allongent sous des toits de tuiles plates ou de chaume. Les plus anciens sont en torchis et pans de bois, les plus récents en briques roses peu épaisses formant parfois un décor polychrome. Aux confins de la Sologne et du Val, on fit parfois bâtir en brique rouge à parements de tuffeau blanc.

Demeure dans la région de Loches.

D'Orléans à Chaumont, la Loire mord, au Nord, dans le calcaire de Beauce, puis dans la craie à silex et le tuffeau, tandis qu'elle lèche au Sud les sables qu'elle a elle-même apportés ; c'est le domaine de l'asperge et des primeurs, mais aussi des buissons impénétrables où les rois chassèrent.

En Touraine, l'opulence du Val enchante le voyageur, déjà séduit par la douceur d'une atmosphère lumineuse. La Loire, qui coule lentement entre les bancs de sable, a creusé son lit dans la craie tendre. D'Amboise à Tours, les coteaux portent les fameux vignobles de Vouvray et de Montlouis. Dans le tuffeau ont été aménagées les habitations troglodytiques, dont les cheminées sortent à la surface du plateau ; à l'abri des vents, elles sont fraîches l'été et tempérées en hiver. Le tuffeau de Bourré ou de Pontlevoy qui donnait aux maisons nobles tourangelles leur éclatante blancheur n'est plus utilisé.

Le Cher, l'Indre, la Vienne et la Cisse, scindés en biefs nommés « boires », empruntent les bras parallèles que le grand fleuve a abandonnés. La « Champeigne », trouée d'excavations appelées « mardelles », déroule d'immenses étendues. La demeure paysanne s'entoure fréquemment de bosquets de noyers ou de châtaigniers ; la tuile plate domine en campagne, l'ardoise en ville ; la maison de maître se reconnaît à son toit à quatre pans. De la Loire à la Vienne s'étend le pays fertile de Véron où, entre champs et jardins, jaillissent les peupliers.

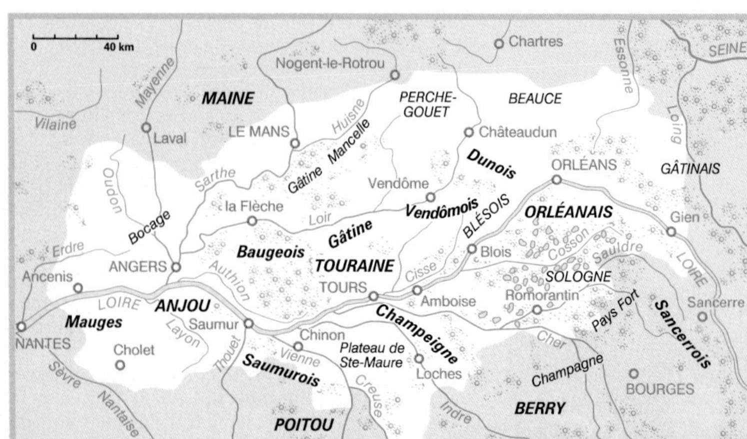

Côteaux du Layon : grappe de raisin blanc.

Bouteilles de vin de Loire.

Entre le Loir et la Loire, la Gâtine tourangelle a été mise en culture, mais brandes et bois survivent par vastes lambeaux (forêts de Chandelais et de Bercé, célèbre pour ses chênes).

Le Saumurois, qui s'étend, au Sud de la Loire, de Fontevraud et Montsoreau jusqu'à la vallée du Layon, montre trois visages : bois, plaine, coteaux couverts de vignes produisant d'excellents vins. Vers le Nord, ce sont les sables du Baugeois, couverts de bois de chênes, de pins, de châtaigniers et de guérets.

Si l'Anjou, comme la Touraine, n'a guère d'unité physique, la « douceur angevine » que vanta du Bellay n'a rien d'un mythe. Sur la rive droite de la Loire s'étend la fertile varenne de Bourgueil où foisonnent les primeurs, cultivés au milieu de vignes célèbres. Celles-ci s'étendent au pied de collines sablonneuses que couvrent des bois de pins. Entre la rivière d'Authion, bordée de saules, et la Loire alternent pâturages et champs de légumes, de fleurs ou d'arbres fruitiers. Autour d'Angers, la floriculture est omniprésente ; la vigne (Savennières) réapparaît en aval de la ville.

Les constructions en calcaire de l'Anjou blanc, à l'Est, se distinguent de celles de schiste de l'Anjou noir. C'est l'empire du bocage. Le Segréen, le Craonnais et les Mauges sont coupés de haies et sillonnés de chemins creux conduisant à de petites fermes basses, cachées dans la verdure. L'ensemble de la province, sauf dans les Mauges, se pare de fine ardoise bleutée, toujours exploitée à Trélazé.

Les vallées de la Mayenne et de l'Oudon arrosent le bas Maine, ou Maine noir, pays de bocage aux maisons de granit ou de schiste, qui fait partie, géographiquement, du Massif armoricain. Le haut Maine, constitué par les bassins de la Sarthe et de l'Huisne, est appelé Maine blanc en raison de son sol calcaire que l'on retrouve dans les murs des maisons.

Verger ligérien.

Vouvray, chargement des charettes par les hotteurs d'autrefois.

Au pays des « dives bouteilles »

Au fil de la Loire, se concentre une diversité d'appellations extraordinaire. Sancerre, montlouis, savennières, chinon sont des noms bien connus des amateurs... Vins rouges, blancs, rosés, vins secs, effervescents, moelleux ou liquoreux apportent le meilleur de leurs cépages et de leurs arômes aux spécialités régionales.

La découverte à Cheille, près d'Azay-le-Rideau, des restes d'un vieux pressoir en pierre témoigne de la culture de la vigne en Val de Loire dès l'époque romaine, vers le 2e s. Au 4e s., saint Martin aurait fait planter les premières vignes sur les côtes de Vouvray et les « filles » de l'abbaye ont répandu la culture de la vigne en Anjou. Au 12e s., et jusqu'au 17e s., le commerce hollandais joua un grand rôle et les Anglais importaient le vin de la Loire avant de se replier sur l'Aquitaine. Depuis... ce n'est qu'une longue histoire d'amour entre le vignoble et le Val de Loire.

Environ 60 % de la production est en blanc, 30 % en rouge et 10 % en rosé. L'influence océanique et le millésime déterminent le caractère du vin qui, grâce au climat tempéré, possède en général une bonne acidité. L'Anjou, la Touraine et l'Orléanais ont accueilli au cours des siècles des plants de vigne de différentes régions, ce qui explique la grande variété des cépages. Le cépage blanc le plus fameux est le pineau de la Loire, nom local donné au chenin blanc. C'est celui, en Touraine, du vouvray, vin à saveur de raisin mûr, tantôt sec, tantôt moelleux, et du montlouis, toujours délicatement fruité, ainsi que des plus grands moelleux et liquoreux d'Anjou-Saumur : coteaux-du-layon, quart de chaume, bonnezeaux (qui font intervenir la « pourriture noble »), coteaux-de-l'aubance, et, de l'autre côté de la Loire, les vins secs et nerveux de savennières (qui englobent la coulée de Serrant et la Roche-aux-Moines). Saumur est également un centre de production de vin mousseux de grande classe, sans compter le crémant de Loire, fabriqué selon la méthode traditionnelle, mais dont l'élevage est moins long.

Le cépage rouge le plus renommé est le « breton » (parce qu'arrivé par le port de Nantes), cabernet franc d'origine bordelaise, qui donne les vins tourangeaux de Bourgueil, au parfum de framboise ou de fraise des bois, saint-nicolas-de-bourgueil, fins et légers, et de Chinon, plus parfumés. Issus d'un cépage un peu rustique, ces vins nécessitent une garde prolongée pour s'assouplir. Parmi les vins d'Anjou, le saumur-champigny, de longue garde, a une belle robe rubis et

Dans le rouge et l'hermine de sa robe, un « bon entonneur rabelaisien », à Chinon.

un goût léger de framboise. Le cabernet-de-saumur, rosé sec, ne manque pas d'élégance.

Les multiples appellations du Val de Loire prêtent parfois à confusion : l'anjou blanc et le saumur blanc sont fruités et fermes ; l'anjou rouge, produit autour de Brissac, est léger, aux arômes de framboise ; sur les trois anjou rosés, le rosé de Loire est sec, le rosé d'Anjou, vif et fruité, et le délicat cabernet d'Anjou, demi-sec.

Les vins de Touraine se regroupent (dans les trois couleurs) sous les appellations touraine (qui peut aussi être pétillant), touraine-amboise, touraine-mesland, touraine-azay-le-rideau.

À la lisière du pays des châteaux de la Loire, les coteaux-du-giennois sont légers et fruités. Les vins de Sancerre sont issus, eux, du sauvignon blanc, dont le goût de « pierre à fusil » est réputé. Pour beaucoup, ce sont les meilleurs vins blancs de la Loire. Mais il existe également des sancerre rouges et rosés fait à partir de pinot noir (proximité de la Bourgogne).

Les coteaux-du-loir offrent un rouge (à base de pinot d'Aunis et de gamay) et un rosé à la saveur rustique, et le jasnière, blanc sec de longue garde. En Sologne, le cépage romorantin donne le cheverny blanc, le plus prisé. Le valençay (VDQS) provient du gamay principalement. Moins connu que le gros plant du pays Nantais, parce que produit en plus petite quantité, le vin des coteaux d'Ancenis a pour cépage le gamay (pour les rouges). Ce vin léger, sec et fruité, qui s'associe volontiers aux charcuteries, est récolté sur un site d'environ 350 ha répartis autour d'Ancenis.

C'est dans la cave que l'on connaît le mieux le vrai caractère du pays : cette cave, parfois une ancienne carrière, s'ouvre dans la craie blanche du coteau, à hauteur de la route, ce qui permet au vigneron d'y pénétrer en voiture.

Elle allonge ses galeries sur plusieurs centaines de mètres. Certaines s'élargissent et les « salles » servent aux réunions et aux festins des sociétés locales et autres confréries, comme « les bons entonneurs rabelaisiens » à Chinon.

Légumes des jardins de Villandry délicieusement associés à un azay rosé bien frais.

Le choix des douceurs

Le visiteur en quête de spécialités locales n'a que l'embarras du choix ; il risque de succomber tôt ou tard aux charmes d'une région qui est une corne d'abondance remplie de délices. Pour savante et variée qu'elle soit, la cuisine du Val de Loire n'en oublie pas d'être simple et naturelle, utilisant toutes les ressources du gibier, des poissons de rivière ou d'étang, des fruits, de l'élevage..., en un rare mélange de saveurs du terroir et de raffinement.

Blanc de Touraine et élaboration du fromag de chèvre.

Matelote d'anguilles des bords de Loire.

« L'artichaut et la salade, l'asperge et la pastenade, et les pépons (melons) tourangeaux me sont herbes plus friandes que les royales viandes qui se servent à monceaux », déclare Ronsard de sa retraite de St-Cosme. Le Val de Loire dispense à ses visiteurs une cuisine fidèle au vieil adage : « À bon plat, courte sauce », dont Maurice Edmond Sailland, critique gastronomique redouté sous le pseudonyme de Curnonsky (1872-1956), originaire d'Angers, fut le défenseur.

La matelote d'anguilles est composée d'anguilles tronçonnées, cuites dans une sauce au vin rouge de Chinon, avec champignons et petits oignons ; en Anjou, on ajoute parfois des pruneaux et on la déguste avec un rosé d'Anjou. Le beurre blanc, qui serait à l'origine une sauce ratée, est la spécialité des « mères », de Montsoreau à Nantes. Émulsion de beurre fondu à feu très doux, d'échalotes hachées menu, d'un filet de vinaigre (ou de vin blanc). Cette crème onctueuse, servie en saucière tiède, accompagne brochet ou alose avec un saumur ou un montlouis. Dans l'Orléanais, on savoure la carpe « à la Chambord » et la friture de Loire.

Rillauds, rillons, rillettes sont dérivés de « rille » (16e s.) qui désignait des petits morceaux de porc. Les rillons sont cuits longuement jusqu'à ce qu'ils soient dorés (on dit parfois « grillons »). Les rillettes sont des rillons hachés finement, remis au feu et doucement mijotés ; pour les conserver, on les met en pot et la graisse qui remonte dessus fige et assure une longue conservation. Il existe aussi de savoureuses rillettes d'oie. Rillons et rillettes se dégustent avec un vouvray ou un montlouis sec ou demi-sec. Les rillauds d'Anjou sont des morceaux de poitrine de porc cuits dans un bouillon de légumes parfumé d'herbes aromatiques. La cuisson dure des heures. Lorsque le bouillon a bien réduit, on ajoute du saindoux ou de la graisse de porc pour achever la cuisson. À servir avec un vouvray.

Rillettes.

En Orléanais, les andouillettes de jargeau se dégustent avec une purée d'oseille. Au chapitre des viandes, le gibier de Sologne est à l'honneur : faisans, sangliers, terrines accompagnées de cèpes et de girolles. Le prix de la succulence est férocement disputé entre les chapons du Mans et les poulardes de La Flèche. En Anjou, le cul-de-veau

est une viande réduite pendant des heures, assez fondante pour être coupée à la cuillère ; la fricassée de poulet est une volaille découpée en morceaux accompagnée d'une sauce au vin blanc, à la crème, aux petits oignons et aux champignons, servie avec un bourgueil, un chinon ou un saumur-champigny.

Les fromages de chèvre sont nombreux et réputés, en particulier la bûche de sainte-maure ou le selles-sur-cher, protégés par l'appellation d'origine contrôlée (AOC), mais aussi le saint-aignan, la pyramide de Valençay, le cendré de Vendôme que l'on dégustera avec un blanc sec de Loire (cheverny, vouvray, saumur). En Anjou, on découvre le chouzé de Saumur, le caillebotte d'Anjou, le connerre (Maine), le saint-paulin ; en Orléanais, le saint-benoît, le cendré d'Olivet, le fromage de Patet.

Les douceurs sont légions : pithiviers et croquets aux amandes, macarons de Cormery, sablés, pistoles de Blois. La tarte des demoiselles Tatin, d'origine solognote, est une tarte aux pommes caramélisées, cuite à l'envers que l'on déguste avec un vouvray moelleux, un vin rouge léger de Touraine, un saumur, un coteaux-du-layon ou un montlouis. La confiserie n'est pas en reste avec les pruneaux de Tours, les fruits confits, les cotignacs d'Orléans, gelée de coing vendue dans des boîtes faites en copeaux d'épicéa à l'effigie de la Pucelle.

Deux frères confiseurs, alsaciens d'origine, sont à l'origine de la maison Cointreau, fondée à Angers en 1849. Adolphe invente le guignolet d'Anjou, liqueur curative confectionnée avec les fruits de la région, et Édouard crée, en 1875, une liqueur résultant de la macération d'écorces d'oranges douces et amères dans de l'alcool neutre. Le cointreau parfume nombre de desserts, comme les crêpes angevines, garnies de marmelade de pommes reinettes du Mans, roulées, dressées sur un plat beurré, servies chaudes après un léger passage au four. Le pavé d'Anjou, pâte de fruits au cointreau est une création de la maison.

Autre spécialité, plus inattendue : le vinaigre. Les vins qui remontaient la Loire, après de longs séjours sur les quais, étaient souvent atteints de piqûre acétique lorsqu'ils arrivaient à Orléans, or « il faut un grand vin pour faire un grand vinaigre ». Pendant 3 semaines, les vins de Chinon ou de Bourgueil étaient mis dans les « vaisseaux », fûts de 220 l, puis vieillissaient pendant six mois dans des foudres de chêne. Le vinaigre de la maison Martin-Pourret est encore fabriqué « à l'ancienne ».

Poires tapées de Rivarennes et saint-nicolas-de-bourgueil.

Le potager de Villandry.

L'Art des jardins

Si le Val de Loire lui-même est un jardin, la passion des jardins, écrins majestueux d'harmonie végétale, lieux utiles ou calmes retraites, sources de plaisirs raffinés et de savantes méditations, est exemplaire depuis le Moyen Âge en cette région ; elle se poursuit dans l'horticulture contemporaine.

Le jardin médiéval a une longue tradition. Les jardins monastiques, comme ceux des abbayes de Bourgueil, Marmoutier, Cormery, comprenaient un verger, un potager avec vivier, un jardin de « simples » (plantes médicinales et aromatiques). Au 15ᵉ s., « les carreaux » fleuris, aménagés par le roi René dans ses manoirs d'Anjou et Louis XI au Plessis-lès-Tours, leur succédèrent : des berceaux de feuillage, des fontaines à l'intersection des allées dispensaient une douce fraîcheur au promeneur que distrayaient des animaux élevés en liberté ou gardés dans des ménageries et des volières.

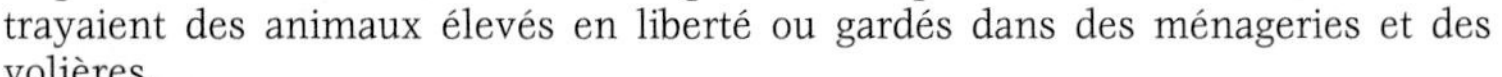

Charles VIII, enthousiasmé par les jardins napolitains, fait venir un jardinier, dom Pacello de Mercogliano, qui aménage les jardins d'Amboise et de Blois (ces derniers plus grands et plus modernes). Descendu de la colline, le château se pose au milieu de la vallée, au bord d'une rivière qui forme un « miroir d'eau ». Il recherche l'harmonie et l'ouverture sur la nature. Les jardins de Chenonceau et ceux de Villandry donnent une bonne idée de ce style.

Potagers et légumes

Le Florentin Francesco Florio, auteur de l'expression « jardin de la France », affirmait également que les poires bons-chrétiens, nées d'un pied que saint François de Paule planta dans le verger du roi Louis XI, au Plessis-lès-Tours, donnaient « une idée de la bonté des fruits du paradis ». Les prunes reine-claude doivent leur nom à Claude de France, épouse de François Iᵉʳ ; « Messieurs les melons » sont introduits dans le Val par Pacello de Mercogliano. L'apparition de nouveaux légumes en provenance des Amériques entraîna un regain d'intérêt pour le potager à la Renaissance. Celui de Villandry a été reconstitué au début du 20ᵉ s. par Joachim Carvallo (1869-1936) à partir de documents du 16ᵉ s. Le jardin potager décoratif de Villandry n'en garde pas moins certaines traditions médiévales, notamment les rosiers qui, plantés de façon symétrique, symbolisent les moines bêchant chacun leur carré de légumes. Il conjugue la tradition monastique du potager au dessin géométrique et celle des jardins d'ornement italiens. Terrasses, grottes et cascades n'apparaissent en effet qu'au 16ᵉ s.

Les chemins de la rose.

Les parcs

À l'époque classique, le château est une maison de plaisance qui s'enchâsse dans un parc (Cheverny). L'influence anglaise se fait sentir dans les fabriques, ou « folies », qui parsèment ces parcs, comme la pagode de Chanteloup, imitée de celle des jardins royaux de Kew, à côté de Londres, et la rotonde de l'abondance, construite par Soufflot pour faire la jonction entre l'orangerie et le château de Ménars. Architecture et parterres à la française et romantisme paysager des jardins à l'anglaise peuvent parfois coexister comme à Craon.
Les préoccupations scientifiques apparaissent à la fin du 18e s. (jardin des Plantes d'Angers) et perdurent au 19e s. (jardin d'horticulture du Mans, par Alphand). L'éclectisme transparaît à la Belle Époque au parc de Malévrier, le plus grand jardin japonais d'Europe, par Alexandre Marcel, et dans les jardins urbains abondamment fleuris, comme le jardin du Mail (1859) à Angers et le parc de la Source (1963) à Orléans.

Dom Pacello de Mercogliano utilise les parterres carrés entourés de palissades, les galeries tonnelles qui rappellent les jardins médiévaux. L'importance de l'eau, l'apparition de fontaines à grandes vasques circulaires et d'essences comme le citronnier ou l'oranger sont des nouveautés qu'il apporte au jardin français.

Détail d'une broderie du jardin d'amour à Villandry

L'horticulture

La tradition de l'horticulture remonte au 15e s., lorsque le roi René introduisit de nombreuses espèces de fleurs. Hortensias, géraniums, chrysanthèmes sont cultivés sous serres et les roseraies d'Orléans-la-Source, d'Olivet et de Doué-la-Fontaine sont célèbres. En Blésois, vers Soings, sont sélectionnés tulipes, glaïeuls et lys. Les pépinières se multiplient sur les alluvions de la Loire. Dans la région de Chemillé, les plantes médicinales, qui s'étaient développées dans la région au moment de la crise du phylloxéra, connaissent un regain d'intérêt. Le marché aux fleurs du boulevard Béranger, à Tours, est le second de France après celui de Nice. De très nombreuses manifestations prennent les jardins pour thème, notamment à Orléans, au Lude et à Villandry.

Le prieuré de Saint-Cosme où Ronsard fut prieur commendataire avant d'y être inhumé.

La Renaissance dans le Val de Loire

Sur les bords de la Loire souffle un esprit nouveau qui redéfinit la place de l'homme dans le monde. Une civilisation s'épanouit, qui fait assaut de fantaisie et d'élégance, invente un code de courtoisie. L'humanisme, les joutes poétiques et les intrigues amoureuses disputent la place autrefois dévolue à la guerre auprès d'une cour itinérante qui multiplie les demeures de fées.

Défense contre l'envahisseur pendant le Haut Moyen Âge, centre du pouvoir seigneurial à l'apogée de la féodalité, demeure de plaisance lors de la Renaissance : le château de la vallée de la Loire est en perpétuelle mutation.

Châteaux forts et machines de siège

À l'époque mérovingienne, les forteresses rurales résultent souvent de la mise en défense d'anciennes *villae* gallo-romaines ou de la réoccupation de sites de hauteur (Loches, Chinon), généralement d'une superficie étendue. Ce type de forteresse subsiste sous les Carolingiens, mais la menace normande, à partir de la seconde moitié du 9e s., entraîne une vague de fortification. Jusque-là monopole royal, le château est élevé hâtivement par les seigneurs. Les petites forteresses appelées « tours » se multiplient : le donjon est né.

La tour de bois des châteaux à motte (11e s.), bâtie au sommet d'une levée de terre, garde son plan quadrangulaire et reste le point fort des premiers châteaux en maçonnerie. Les donjons de Loches, de Langeais, de Montbazon, de Chinon (Coudray), de Beaugency sont de remarquables spécimens du 11e s. Le donjon du 12e s. domine une basse-cour protégée par une enceinte extérieure en pierre, la chemise, progressivement flanquée de tours et de tourelles.

Au 13e s., sous l'influence des croisades et du perfectionnement des techniques d'attaque, d'importantes innovations apparaissent. Le château, qui est désormais pensé par un architecte, se rétrécit et multiplie les organes défensifs en s'efforçant de supprimer les angles morts. L'enceinte se hérisse de tours et le donjon est

Les tours du château d'Angers.

Une lucarne à Azay-le-Rideau

Le donjon de Châteaudun.

La tour à bec et le donjon à Loches.

étroitement incorporé à l'ensemble. Donjons et tours adoptent un plan circulaire, moins sensible aux boulets. La profondeur et la largeur des fossés augmentent ; les dispositifs de tir s'améliorent : archères de type nouveau, mâchicoulis en pierre, plates-formes, bretèches, etc.

Le premier soin de l'assiégeant est d'investir la place. Les fossés, palissades, tours, forts ou bastides sont dirigés à la fois contre une sortie éventuelle des assiégés et contre l'attaque d'une armée de secours. Dans les sièges importants, c'est une véritable ville fortifiée qui entoure la place à conquérir. Pour faire brèche, l'assiégeant dispose de troupes spécialisées qui creusent des galeries sous les remparts avant d'y mettre le feu (la mine), utilise des machines de jet : baliste, arbalète à tour, mangonneau, et le bélier. La tour roulante est l'engin d'attaque le plus perfectionné : haute de 50 m (le Moyen Âge a d'habiles charpentiers), recouverte de peaux de bœuf, elle abrite des centaines d'hommes. Les assiégés font pleuvoir les flèches et les projectiles, s'acharnent à renverser les échelles, à couper les cordes par lesquelles les « échelleurs » se lancent à l'assaut de la muraille. Avec de la poix bouillante ou de la chaux vive, ils brûlent les assaillants. Si ceux-ci pénètrent dans la place, ils doivent encore réduire donjon, portes, grosses tours qui doivent permettre à des défenseurs résolus une longue résistance.

Les églises et les monastères, lieux d'asile et cibles de guerre, les villes et certains villages, par décision royale, n'ont pas échappé au mouvement général de fortification, surtout pendant la guerre de Cent Ans. Parsemant les campagnes, à partir de la fin du 13e s., les maisons fortes construites par de petits seigneurs n'ont aucun rôle militaire, mais sont assimilées à de petits châteaux.

Sur le plan militaire, le 14e s. apporte des améliorations de détail : le donjon s'engage dans la masse des bâtiments ; parfois il disparaît, l'ensemble se réduisant alors

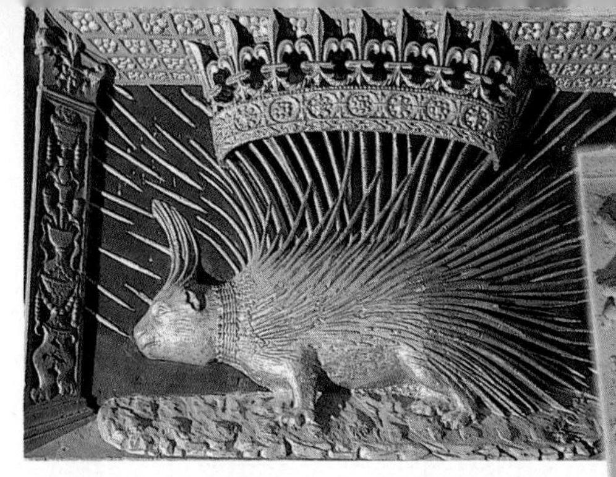

Le porc-épic, emblème de Louis XII. Blois.

La salamandre, emblème de François 1er. Chambord.

à un grand corps de logis rectangulaire défendu par de grosses tours d'angle. L'entrée, ouverte entre deux tours semi-circulaires, est protégée par un ouvrage avancé (barbacane) ou par un châtelet autonome. Les courtines se haussent désormais jusqu'à la hauteur des tours. Au 15e s., un toit pointu, en poivrière, coiffe le dernier étage.

Vers le milieu du siècle, l'artillerie royale, sous l'impulsion des frères Bureau, devient la première du monde. Aucune forteresse ne résiste à la bombarde. En un an, Charles VII reprend aux Anglais soixante places. L'architecture militaire subit une complète transformation : les tours deviennent des bastions bas et très épais, les courtines s'abaissent et s'élargissent jusqu'à 12 m d'épaisseur.

Une cour fastueuse et galante

Les séjours réguliers dans le Val commencent avec Charles VII pour se terminer avec le dernier des Valois, Henri III. Ils font de la Touraine une terre de palais. Charles VII séjourne fréquemment à Chinon et à Loches. Le passage de Jeanne d'Arc, en 1429, a rendu à jamais célèbre le palais de Chinon. Louis XI fuit la pompe dans son manoir de Plessis-lès-Tours où il vit dans la crainte d'un attentat. Ses uniques passions, selon Commynes, sont la chasse et les chiens. La cour de la reine, qui réside à Amboise, est plus fournie ; mais le train royal, à côté de celui de Charles le Téméraire, a une allure plus bourgeoise que princière, comme, plus tard, celui de Louis XII à Blois.

À la fin du 15e s., Charles VIII fait des achats considérables pour meubler convenablement Amboise. C'est par centaines que l'on compte alors les tapis persans, les « tapis velus » de Turquie, les tapis de Syrie. Les pièces et parfois, lors des grands événements, les cours du château sont décorées de somptueuses tapisseries de Flandres ou de Paris. L'argenterie est aussi abondante que délicate et les œuvres d'art, en grand nombre, proviennent pour la plupart d'Italie. L'armurerie (dont on conserve un inventaire de 1499) contient, outre une collection d'armures, des armes prestigieuses ayant appartenu à Clovis, Dagobert, Saint Louis, Philippe le Bel, Du Guesclin ou Louis XI.

Avec François Ier, la cour devient une école d'élégance, de culture et de goût. Le roi-chevalier aime les savants, les poètes, les artistes. Des femmes qui, jusque-là cantonnées dans le service de la reine, soumises à une discipline de pensionnat, jouaient à la cour un rôle effacé, il fait les reines d'une société nouvelle, exige

Azay-le-Rideau, tapisserie de la fin du 17e s.

L'hermine, emblème d'Anne de Bretagne. Blois.

Les fêtes que François Ier donne à Amboise sont somptueuses. Lors de la reconstitution d'une opération de siège en pleine campagne, une ville provisoire est élevée, attaquée et prise par le roi. Pour mieux donner l'illusion d'un combat réel, les bombardes lancent de gros ballons. La chasse reste à l'honneur : l'équipage de vénerie coûte 18 000 livres par an, et celui de fauconnerie le double !

d'elles une élégance sans défaut, leur offre des toilettes qui mettent leur beauté en valeur : c'est par 200 000 livres à la fois qu'il achète des étoffes et des fanfreluches.
En revanche, le roi veille à ce qu'on fasse preuve de toute courtoisie et respect à leur égard. Un gentilhomme s'étant permis quelques propos hardis à leur sujet n'échappa que par la fuite au dernier châtiment, tant « fut grande la colère du roi, faisant jurement et disant tout haut que qui toucheroit à l'honneur de ces dames, il seroit pendu ». Un code de courtoisie se met en place et la cour donne l'exemple des bonnes manières.
Les fêtes que François donne à Amboise, où s'est passée son enfance et où il vivra les premières années de son règne, sont d'un éclat sans précédent. Noces, baptêmes, victoires, visites princières sont célébrés somptueusement.

Charles IX, par F. Clouet.

Sous Henri II et ses fils, Blois continue d'être le siège habituel de la cour lorsqu'elle n'est pas au Louvre. C'est Henri III qui établit le premier code d'étiquette et introduit le titre « Sa Majesté », emprunté aux empereurs romains. La reine mère et la reine ont une centaine de dames d'honneur. Catherine de Médicis a aussi son fameux « escadron volant », composé de jeunes filles de l'aristocratie chargées de séduire les grands seigneurs qui aiguisent leurs ambitions à la cour et de lui rendre compte de leurs intrigues. La suite du roi comprend 200 gentilshommes, plus d'un millier d'archers et de suisses. Une multitude de serviteurs s'affairent dans le château. Les princes de sang, les grands seigneurs ont aussi leur « maison ». Depuis François Ier, environ 15 000 personnes gravitent ainsi autour du roi ; quand la cour se déplace, il lui faut 12 000 chevaux. Rappelons qu'au milieu du 16e s., seules 25 villes dépassent 10 000 habitants : c'est dire l'importance de la caravane royale !

Les grandes dames et leurs châteaux

Au 16e s., les préoccupations de bien-être et de goût esthétique font disparaître l'aspect militaire des châteaux : fossés, donjons, tourelles ne sont conservés qu'à des fins décoratives ; le toit très aigu couvre des combles spacieux, éclairés par des lucarnes monumentales ; les fenêtres sont très larges et encadrées de pilastres. L'escalier à rampes droites, voûté en caissons et axé au centre de la façade, se substitue à la tourelle contenant l'escalier à vis. Dans la vaste cour d'honneur, une galerie – nouveauté venue d'Italie à la fin du 15e s. – apporte une touche d'élégance. Seule construction traditionnelle, la chapelle continue à utiliser la voûte d'ogives et le décor flamboyant.

Catherine de Médicis.

Ce déploiement de grâce a souvent été l'œuvre de femmes ou celles-ci ont été l'âme de ces demeures. À la cour, leur rôle politique devient primordial, tandis que le faste tapageur dont elles s'entourent contribue au rayonnement artistique du royaume.

Née en Touraine, Agnès Sorel fait l'ornement de la cour de Charles VII, dont elle est officiellement (et cela pour la première fois) la favorite en titre. Elle scandalise la cour et le peuple par ses tenues et son goût du luxe, mais elle entoure le roi de conseillers de valeur qui contribuent à la relève du pays après la guerre de Cent Ans. Elle abandonne Chinon pour Loches, tandis que la reine Marie d'Anjou se morfond dans son château.

Agnès Sorel.

Fille de Louis XI, Anne de Beaujeu est régente du royaume lors de la minorité du roi Charles VIII, son frère. Elle gouverne d'une main ferme, méritant son surnom de « Madame la Grande », et fait agrandir le château de Gien qui se pare d'un bel appareil de briques polychromes disposées en losanges tout en gardant des lignes gothiques.

La vie amoureuse de François Ier compte nombre d'héroïnes, dont Françoise de Chateaubriant et la duchesse d'Étampes qui règne sur la cour jusqu'à la mort du roi. À la même époque, Philippa Lesbahy et Catherine Briçonnet, épouses de financiers partis aux côtés du roi, supervisent respectivement la construction et l'aménagement de deux des plus beaux châteaux de la Loire : Azay et Chenonceau.

Chenonceau tombe dans le domaine royal. Henri II l'offre à sa célèbre favorite Diane de Poitiers qui s'y attache et charge Philibert Delorme de bâtir le pont qui relie le château à l'autre rive du Cher. Jusqu'à son extrême vieillesse, elle garde une vigueur de corps et d'esprit qui émerveille ses contemporains. Prenant elle-même des décisions d'État,

Diane de Poitiers.

Le ravissant château d'Azay-le-Rideau se mirant dans les eaux de l'Indre.

elle négocie avec les protestants, distribue magistratures et dignités, et, à la grande humiliation de la reine, se charge de l'éducation des enfants royaux. Sa personnalité est telle qu'il n'est guère d'artistes de ce temps qui ne nous en aient laissé un portrait.

Catherine de Médicis figure à la cour pendant 55 ans, sous cinq rois. Éclipsée un temps par sa rivale Diane de Poitiers, elle prend sa revanche à partir de 1559 en lui proposant perfidement Chaumont en échange de Chenonceau. Son goût du faste lui fait construire la galerie à deux étages au-dessus du pont sur le Cher, toujours par Philibert Delorme, et le château est le cadre de fêtes somptueuses. Régente à l'avènement de Charles IX, qui succède à l'éphémère François II, elle s'efforce de maintenir l'autorité de la monarchie dans le difficile contexte des guerres de Religion, louvoyant habilement entre les Guise et les Bourbons, et usant de diplomatie, de manœuvres matrimoniales et d'intrigues familiales. Sous Henri III, son influence recule progressivement devant celle des « mignons ».

Chenonceau restera un château habité par des femmes : Louise de Lorraine, la « reine blanche », s'y retire ; Mme Dupin (1733-1799), fille et femme de financier, y accueille les philosophes du siècle des Lumières et J.-J. Rousseau est le précepteur de son fils, tandis que Mme de Pompadour fait appel aux meilleurs artistes pour orner son château de Ménars. Mme Pelouze fera restaurer Chenonceau à la fin du 19e s., et Chaumont et Villandry le seront grâce à la fortune de deux riches héritières.

Le Logis royal à Loches.

Quelques faits historiques

Antiquité

● **Âge du fer –** Les Cénomans occupent une région allant de la Bretagne à la Beauce et de la Normandie à l'Aquitaine.

● **52 avant J.-C. –** Dès le début de la conquête de la Gaule, les Carnutes, installés entre Chartres et Orléans, donnent, à l'instigation des druides, le signal de la révolte contre César.

● **1er-3e s. –** Le règne d'Auguste ouvre une ère durable de prospérité. Les villes déjà existantes (Angers, Le Mans, Tours, Orléans) s'urbanisent selon le modèle romain ; l'agriculture prospère (villae). L'apogée est atteint au 2e s., mais l'instabilité de la fin du siècle suivant conduit les villes à s'entourer de remparts.

● **4e s. –** Le christianisme s'implante avec saint Gatien, premier évêque de Tours, et triomphe avec saint Martin, dont le tombeau deviendra un lieu de pèlerinage de première importance.

Le haut Moyen Âge

● **5e s. –** En 451, l'évêque saint Aignan parvient à retenir les Huns devant Orléans. Wisigoths et Francs se disputent ensuite le pays jusqu'à la victoire définitive de Clovis en 507.

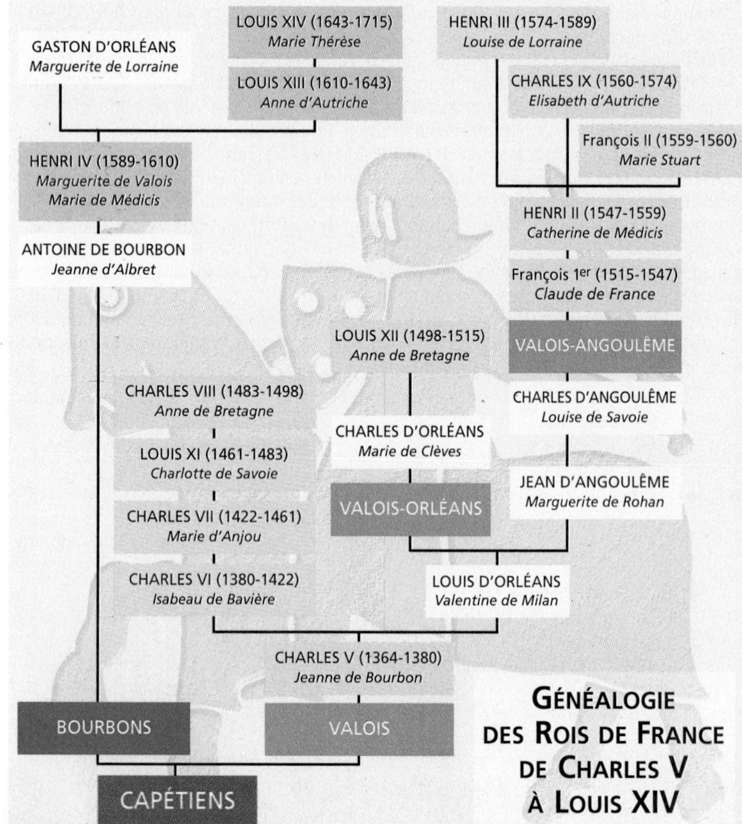

GÉNÉALOGIE DES ROIS DE FRANCE DE CHARLES V À LOUIS XIV

François 1er à cheval, par F. Clouet.

● **7e s.** – Fondation de l'abbaye de Fleury qui prendra le nom de St-Benoît.

● **732** – Charles Martel empêche les Sarrasins, venus d'Espagne, de franchir la Loire.

● **Milieu du 9e s.** – L'ordre carolingien, illustré par la présence d'Alcuin et de Théodulfe à Tours et à Orléans, ne dure pas. Les Normands remontent le fleuve et ravagent tout sur leur passage, particulièrement les monastères. Robert le Fort, comte de Blois et de Tours, les défait ; une organisation sociale nouvelle émerge : la féodalité.

Le temps des principautés

● **987-1040** – Si l'Orléanais relève du domaine capétien, Touraine, Blésois, Anjou, Maine constituent des principautés autonomes et rivales. Le comte de Blois a pour ennemi Foulques Nerra, comte d'Anjou, qui lui ravit une partie de ses domaines. L'abbaye de Solesmes est fondée en 1010.

● **12e s.** – La dynastie des comtes d'Anjou atteint son apogée avec Henri II Plantagenêt, roi d'Angleterre en 1154, qui comble de bienfaits l'abbaye de Fontevraud, fondée en 1101. Les Capétiens n'hésitent pas à lutter contre leurs redoutables voisins en faisant valoir leurs droits de suzerains. C'est ainsi que Jean sans Terre se fait dépouiller de ses fiefs français par Philippe Auguste au début du 13e s.

● **1226-1270** – Saint Louis laisse le Maine et l'Anjou en apanage à son frère Charles d'Anjou. Le dernier duc d'Anjou, le roi René, artiste et mécène, naît à Angers en 1409.

● **1307** – Philippe IV le Bel ordonne l'arrestation et la détention des templiers.

La guerre de Cent Ans (1337-1453)

● **1392** – Le roi Charles VI devient fou (Le Mans).

● **1427** – Le roi Charles VII s'installe à Chinon avec sa cour.

● **1429** – Maîtres de la moitié du pays, les Anglais assiègent Orléans. Jeanne d'Arc persuade Charles VII de lui donner un commandement. Avec une petite armée, elle entre dans Orléans assiégée et délivre la ville. L'ennemi pourchassé est battu à Patay (18 juin 1429).

● **1461-1483** – Louis XI lutte contre les grands féodaux et meurt au château de Plessis-lès-Tours.

● **1491** – Mariage de Charles VIII et d'Anne de Bretagne, à Langeais. Son successeur, Louis XII, l'épouse également pour assurer le maintien du duché dans le domaine royal.

Le 16e s. : munificence royale et troubles religieux

● **1477** – L'université d'Orléans attire nombre d'humanistes. La première imprimerie ligérienne s'établit à Angers en 1477.

● **1494-1559** – Entre deux expéditions en Italie, les rois choisissent la Touraine pour lieu de résidence et contribuent au renouveau artistique de la région. La Renaissance française s'épanouit à Amboise, Blois, Chenonceau, Azay, Chambord, commencé en 1519, année où s'éteint Léonard de Vinci au Clos-Lucé (Amboise).

● **1515-1547** – Règne de François Ier. Les idées de Luther et de Calvin (qui séjourne à Orléans entre 1528 et 1533) conquièrent les milieux aisés. À partir de 1540, l'Église riposte en organisant la répression, mais le mouvement réformateur s'amplifie.

● **1560** – La conjuration d'Amboise est noyée dans le sang. Catherine de Médicis essaie de promouvoir une politique de conciliation, mais, en avril 1562, les huguenots se soulèvent et commettent maintes déprédations (pillage de St-Benoît).

● **1562-1598** – À partir de 1568, armées protestantes et catholiques sèment périodiquement la terreur. À Orléans, la Saint-Barthélemy fait près d'un millier de victimes. Durant le dernier quart de siècle, la lutte d'Henri III contre la Sainte Ligue, fondée en 1576 par les Guise, passe au premier plan. Le duc Henri de Guise et son frère le cardinal conspirent contre le roi qui les fait assassiner, à Blois, en décembre 1588. Replié à Tours, Henri III s'allie à Henri de Navarre et marche sur Paris quand il est à son tour assassiné (2 août 1589). Henri IV mit près de dix ans à pacifier la région.

Le retour au calme sous les Bourbons (17e et 18e s.)

● **1598** – L'édit de Nantes ramène le calme, tandis que Maximilien de Béthune s'attèle à la reconstruction du royaume et achète la baronnie de Sully en 1602.

● **1619** – Richelieu attend son heure dans l'ombre de Marie de Médicis, reléguée à Blois par son fils, Louis XIII. Devenu cardinal ministre, il se fait construire, aux confins du Poitou, une immense demeure.

● **1626** – Gaston d'Orléans reçoit le comté de Blois et entreprend la reconstruction du château. Éternel conspirateur, il prend une part active à la Fronde (1648-1653) qui oblige Mazarin, Anne d'Autriche et le jeune Louis XIV à se réfugier à Gien en 1651.

● **1643-1715** – Sous le règne de Louis XIV, la centralisation monarchique étouffe toute velléité d'autonomie. Le protestantisme survit difficilement à Saumur, grâce à l'Académie, et reçoit un coup fatal lors de la révocation de l'édit de Nantes, en 1685.

● **18e s.** – Le déclin est aussi bien économique (les soieries de Tours sont concurrencées par celles de Lyon) que démographique. La Loire draine un important trafic, facilité par l'ouverture de canaux (canal de Briare, canal d'Orléans à Montargis, construits au 17e s.). Le commerce de produits exotiques (Orléans se spécialise dans le raffinage du sucre distribué ensuite dans tout le royaume) trouve un prolongement, au 19e s., avec le cacao rapporté en bateau à vapeur de Nantes jusqu'à la chocolaterie Poulain de Blois.

Guerres de Vendée et Premier Empire (1789-1815)

● **1793** – Alors que la Touraine et l'Orléanais acceptent la Révolution, le Maine et l'Anjou la rejettent. Le décret de levée en masse, en mars 1793, est reçu comme une provocation. Les armées « vendéennes », fidèles à la foi et au roi, s'emparent de Cholet, de Saumur, puis d'Angers en juin. La Convention riposte en envoyant les généraux Kléber et Marceau. Les « Blancs » sont défaits à Cholet (le 17 octobre) et les débris de la « grande armée catholique et royale » exterminés dans les marais de Savenay. La chouannerie, guérilla sporadique menée par Jean Cottereau, dit Jean Chouan, succède à la guerre organisée. La pacification s'achève sous le Consulat.

Henri de la Rochejaquelein au combat de Cholet.

Entrée de Jeanne d'Arc à Orléans, par H. Schefffer.

● **1803** – Talleyrand, ministre des Affaires étrangères, acquiert Valençay.

D'une guerre à l'autre (1870-1940)

● **1870-1871** – Guerre franco-allemande. Après la chute de l'Empire, la France se ressaisit sous l'impulsion de Gambetta. Une armée de la Loire s'organise, mais les Français, qui ont repris Orléans, sont battus à Beaune-la-Rolande, Patay et Loigny, où s'illustrent les zouaves du lieutenant-colonel de Charette, petit-neveu d'un célèbre Vendéen. Le gouvernement se replie à Bordeaux. Une deuxième armée de la Loire se constitue, commandée par le général Chanzy. La bataille décisive s'engage du 10 au 12 janvier sur le plateau d'Auvours, à l'Est du Mans ; Tours est occupé. L'armistice intervient le 28 janvier 1871.

● **1873** – Amédée Bollée achève, au Mans, sa première voiture à traction vapeur : l'Obéissante.

● **1914-1918** – Première Guerre mondiale. Le quartier général américain est établi à Tours, tandis que les premiers « Sammies » débarquent à St-Nazaire en 1917.

● **1923** – Première course des « 24 Heures du Mans ».

● **1939-1945** – Le 10 juin 1940, le gouvernement s'installe à Tours, avant de se replier à Bordeaux. 2 000 cadets de l'École de cavalerie de Saumur réussissent à contenir l'avance allemande, du 18 au 20 juin, sur un front de 25 km. Le 24 octobre 1940, à Montoire, le maréchal Pétain rencontre Hitler et cède à ses exigences : la collaboration est née. La ligne de démarcation longe le Cher (la galerie du château de Chenonceau sert de lieu de passage), et passe entre Tours et Loches. En août et septembre 1944, l'armée américaine et les forces de la Résistance se rendent maîtresses du terrain au prix de lourds dégâts.

L'époque contemporaine

● **Années 1950** – Depuis le premier spectacle « son et lumière », à Chambord, en 1952, et celui du Lude en 1957, les châteaux de la Loire servent de décor à un voyage en costumes, accompagné de feux d'artifice.

● **1963** – Mise en service de la première centrale nucléaire française à Avoine, près de Chinon.

● **1972** – Création des régions Centre (qui regroupe l'Orléanais, le Blésois, la Touraine) et Pays de la Loire (qui englobe l'Anjou). La région Centre devient, en 1994, région Centre-Val-de-Loire.

Les 24 Heures du Mans en 1926.

● **1989** – La mise en service du TGV Atlantique rapproche le Vendômois, la Sarthe et la Touraine de la capitale.

● **1993** – Inauguration du Centre international de congrès Vinci à Tours.

● **1996** – Voyage du souverain pontife Jean-Paul II à Tours.

● **2000** – Le Val de Loire (entre Sully-sur-Loire et Chalonnes-sur-Loire) est classé au Patrimoine mondial de l'Unesco.

ABC d'architecture

Architecture religieuse

LE MANS – Plan de la cathédrale St-Julien (12e au 15e s.)

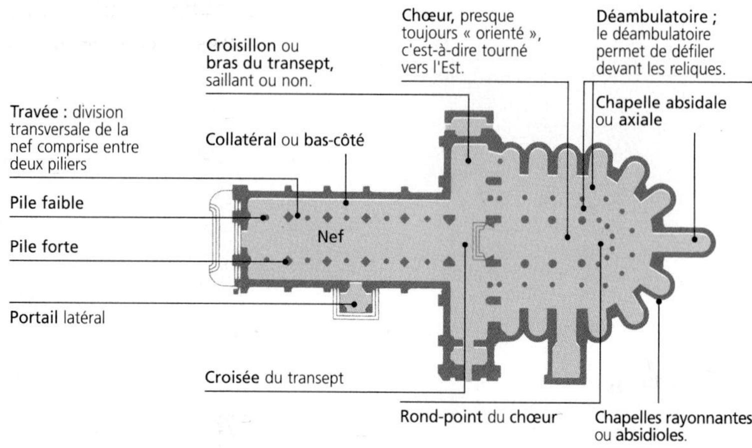

ST-AIGNAN – Coupe longitudinale de la Collégiale (11e-12e s.), transept et chœur

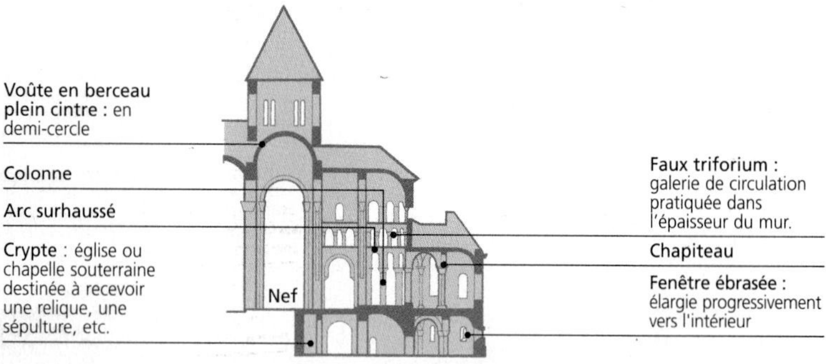

ANGERS – Voûtes de l'église St-Serge (début du 13e s.)

À la fin du 12e s., les voûtes angevines s'allègent ; les nervures plus nombreuses et plus gracieuses retombent sur de sveltes colonnes rondes. Au début du 13e s. s'élèvent des vaisseaux dont les hautes voûtes à liernes s'ornent d'élégantes sculptures.

ST-BENOÎT-SUR-LOIRE – Basilique Ste-Marie (11e-12e s.)

Église romane. Plan à double transept, rare en France ; le petit transept, ou faux transept, se déploie de part et d'autre du chœur.

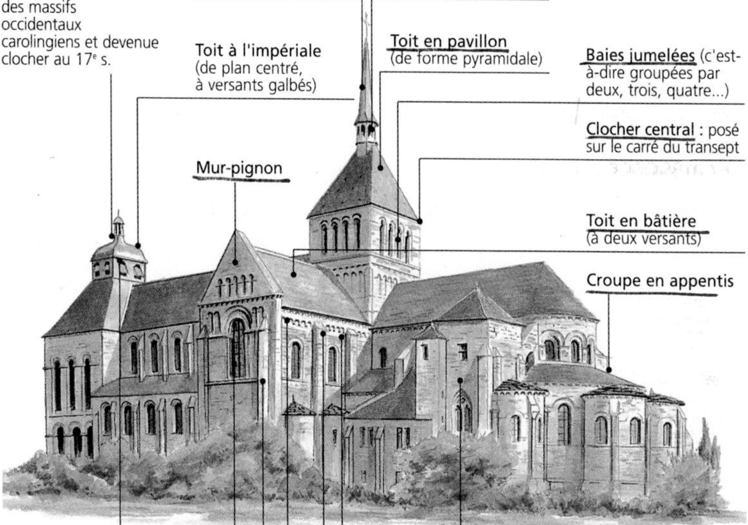

Tour-porche dérivée des massifs occidentaux carolingiens et devenue clocher au 17e s.

Flèche

Lanternon

Toit à l'impériale (de plan centré, à versants galbés)

Toit en pavillon (de forme pyramidale)

Baies jumelées (c'est-à-dire groupées par deux, trois, quatre...)

Clocher central : posé sur le carré du transept

Mur-pignon

Toit en bâtière (à deux versants)

Croupe en appentis

Abat-son

Grande fenêtre

Contrefort

Faux transept

Talus de contrefort

Corniche à modillons

Frise d'arceaux rappelant une bande lombarde

LE MANS – Chevet de la cathédrale St-Julien (13e s.)

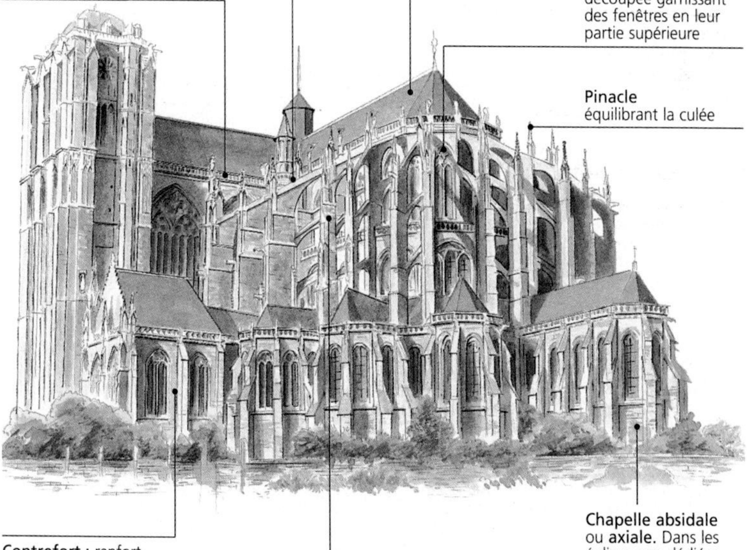

Arc-boutant

Chevet : extrémité extérieure du chœur d'une église. Pour désigner l'extrémité intérieure, on emploie le terme d'abside.

Galerie de circulation

Remplage : réseau léger de pierre découpée garnissant des fenêtres en leur partie supérieure

Pinacle équilibrant la culée

Contrefort : renfort extérieur d'un mur, faisant saillie et engagé dans la maçonnerie.

Culée : massif de maçonnerie qui contient la poussée des arches

Chapelle absidale ou **axiale.** Dans les églises non dédiées à la Vierge, cette chapelle, dans l'axe du monument, lui est souvent consacrée.

TOURS – Façade de la cathédrale St-Gatien (13ᵉ au 16ᵉ s.)

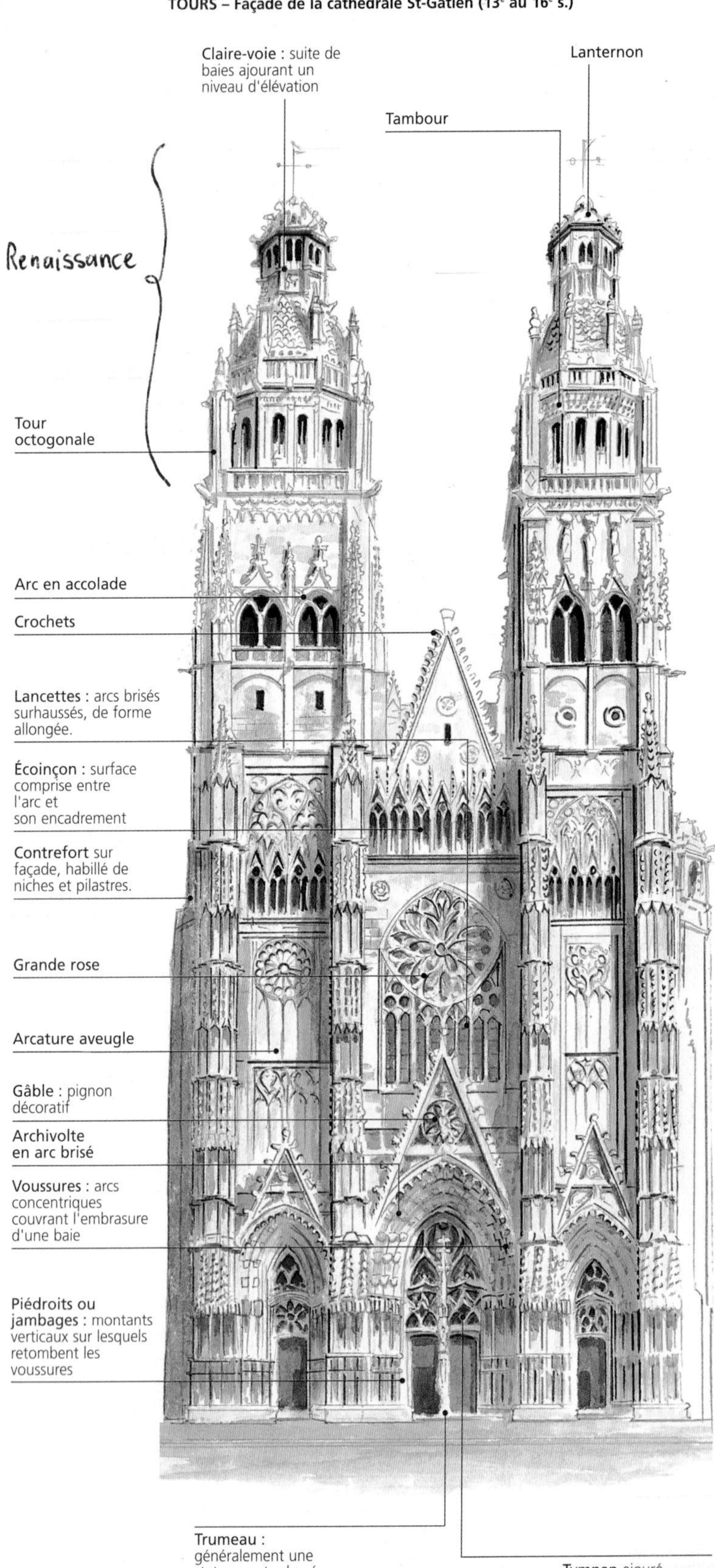

LORRIS – Buffet d'orgues de l'église (15e s.)

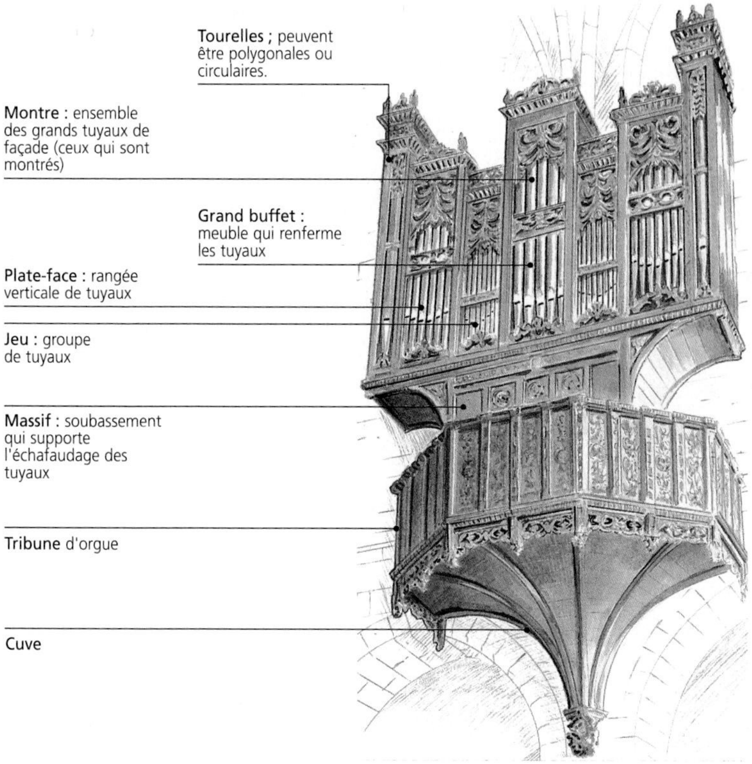

Tourelles ; peuvent être polygonales ou circulaires.

Montre : ensemble des grands tuyaux de façade (ceux qui sont montrés)

Grand buffet : meuble qui renferme les tuyaux

Plate-face : rangée verticale de tuyaux

Jeu : groupe de tuyaux

Massif : soubassement qui supporte l'échafaudage des tuyaux

Tribune d'orgue

Cuve

ANGERS – Chaire à prêcher de la cathédrale St-Maurice (19e s.)

Cette œuvre (1855) de l'abbé René Choyer est un pastiche de l'art gothique du 13e s. ; l'ensemble de la chaire résume toute la connaissance de l'architecture et de la sculpture médiévales.

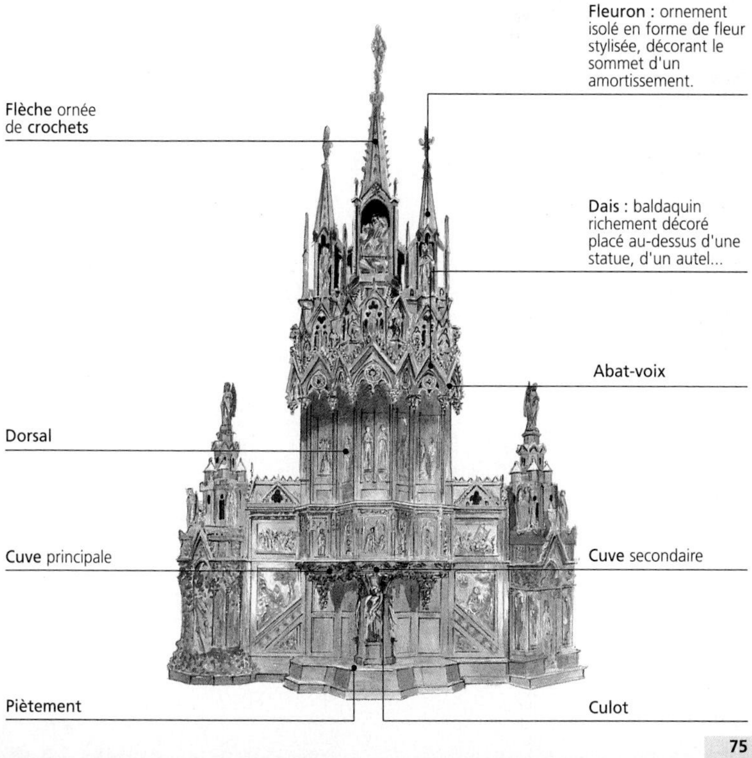

Fleuron : ornement isolé en forme de fleur stylisée, décorant le sommet d'un amortissement.

Flèche ornée de crochets

Dais : baldaquin richement décoré placé au-dessus d'une statue, d'un autel...

Abat-voix

Dorsal

Cuve principale

Cuve secondaire

Piètement

Culot

Architecture militaire

LOCHES – Porte des Cordeliers (11e et 13e s.)

Lucarne à gâble

Traverse : élément horizontal divisant une fenêtre

Canonnière : meurtrière pour arme à feu

Encadrement mouluré

Fenêtre à meneaux ; les meneaux sont de fins montants de pierre divisant verticalement une baie.

Passage couvert : arcade profonde traversant l'épaisseur d'un corps de bâtiment.

Toit à croupes (à quatre versants)

Toit en poivrière (conique)

Échauguette : ouvrage en surplomb contenant une petite pièce, qui sert théoriquement au guet.

Mâchicoulis : créneaux en encorbellement

Cul-de-lampe mouluré

Logement des flèches (poutres de bois auxquelles étaient attachées les chaînes du pont-levis)

Construction en **grand appareil** plein à **joints vifs**

Guichet : porte piétonne.

Architecture civile

BLOIS – Château, escalier François-1er (16e s.)

Gargouille zoomorphe : gouttière en forme d'animal fantastique, dont la gueule rejette les eaux de pluie à distance des murs

Corniche à coquille, ornementation très fréquente sous François 1er.

Fronton-pignon de lucarne

Dais en pierre : **baldaquin**, destiné à protéger les statuettes adossées.

Champ : fond sur lequel se détache un ornement

Repos : surface laissée lisse

Médaillon : portrait ou sujet sculpté, inscrit dans un cercle.

Balustrade

Parapet (garde-corps plein) sculpté

Arc rampant : arc dont les deux naissances sont situées à des niveaux différents

Culot (organe en surplomb portant une charge, plus petit que le cul-de-lampe) sculpté

Salamandre couronnée : élément décoratif, symbole de François 1er, sculpté en bas-relief (en faible saillie).

SERRANT – Château (16e-17e s.)

Balustrade : garde-corps composé de balustres

Dôme à l'impériale : à versants galbés

Lucarne couronnée d'un fronton en segment (ou curvilgne)

Fronton triangulaire

Corps central ou **corps de logis**

Corniche

Pilastre : pilier plat engagé dans un mur

Avant-corps : partie d'un bâtiment faisant saillie sur toute la hauteur et sur l'alignement de la façade, toit y compris.

Lanternon

Attique : petit étage supplémentaire

VILLANDRY – Architecture des jardins d'Amour (style Renaissance)

Charmille : allée de charmes taillés en palissade

Belvédère : construction d'où l'on peut contempler une perspective ou un paysage

Banquette : palissade formée d'arbustes taillés

Buffet d'eau : fontaine monumentale adossée

Mur d'espalier

Mail : allée bordée d'arbres.

Allée recouverte de **mignonnette** (sable de la Loire)

Topiaire : arbuste isolé taillé. L'art topiaire consiste en la taille de végétaux (arbres et arbustes) pouvant aller jusqu'à la création de véritables sculptures.

Bassin

Canal

Carré de buis

Broderie : haie basse en buis (forme basique de l'art topiaire)

Un joli site champêtre encadre le château de Moulin, témoignage tout à fait délicat d'une demeure seigneuriale du 15e s.

L'art

L'architecture, embellie par les peintures murales, le vitrail, la tapisserie, évolue vers les formes les plus séduisantes. Elle demeure liée à des princes, comme ceux de la dynastie d'Anjou, à de grandes dames, à des financiers, à de riches marchands, à des artistes qui transforment le Val de Loire en une terre de génies.

Art roman (11e-12e s.)

Terre de contacts, le Val de Loire est traversé d'influences. L'église de Germigny-des-Prés et la basilique bénédictine de St-Benoît dans l'Orléanais, les sanctuaires qui jalonnent la vallée du Cher (St-Aignan, Selles), les clochers de Touraine, les édifices de la région de Baugé et de Saumur, les abbatiales de Cunault et de Fontevraud sont remarquables. De belles fresques décorent l'intérieur des églises le long de la vallée du Loir (chapelle St-Gilles à Montoire), du Cher (St-Aignan) et de la Vienne (crypte de l'église de Tavant), le cloître St-Aubin d'Angers et, dans le Baugeois, l'église de Pontigné. Les figures à l'ocre rouge, se détachant sur des fonds clairs (la barbe et les yeux, exécutés à la détrempe, moins durable, ont souvent disparu), sont relevées de touches de noir, de vert et de ce bleu céleste caractéristique de la région. La douceur du climat a bien conservé ces fresques destinées à instruire les fidèles.

Époque gothique (12e-15e s.)

Le style Plantagenêt, dit aussi angevin, tient son nom d'Henri II Plantagenêt. Il marque la transition entre le roman et le gothique et se caractérise par des voûtes ogivales bombées. Il atteint son apogée au début du 13e s. et s'éteint avant la fin du siècle : la meilleure illustration en est la cathédrale St-Maurice et la nef unique de Saint-Serge d'Angers.

L'élégance des châteaux bâtis au 14e s. pour les ducs d'Anjou (Saumur, château du roi René à Baugé) imprègne les châteaux qui se multiplient au siècle suivant (château de Moulin à Lassay), les manoirs (Clos-Lucé à Amboise) et les hôtels urbains à tourelle d'escalier en saillie et hautes lucarnes. Les plus beaux ensembles de maisons en brique à pans de bois se trouvent au Mans, à Chinon et à Tours. L'architecture gothique flamboyante orne les façades de la Trinité de Vendôme et de St-Gatien de Tours, N.-D.-de-Cléry et la Sainte-Chapelle de Châteaudun.

Il faut attendre le 15e s. et la fin de la guerre de Cent Ans pour retrouver des peintures murales. De nouveaux sujets s'ajoutent aux scènes traditionnelles : le Dict des Trois Morts et des Trois Vifs, où trois chasseurs rencontrent trois squelettes, illustre la vanité et la brièveté de l'existence humaine. Dans la vallée du Loir, deux ensembles, d'une iconographie curieuse, s'offrent à l'admiration dans les églises voisines d'Asnières-sur-Vègre et d'Auvers-le-Hamon.

La maison d'Adam. Angers (16e s.)

Le vitrail

Le vitrail est un assemblage de panneaux de verre colorés sertis de plomb, fixés à une armature de fer. Le verre est coloré dans la masse, quand la pâte est en fusion, au moyen d'oxydes métalliques. Il est découpé suivant un modèle, au fer chaud puis, à partir du 14e s., au diamant. L'artiste précise les détails au pinceau avec une peinture bistre (grisaille). Les nuances varient à l'infini, suivant le degré de cuisson au four. Les premiers vitraux dateraient du 10e s. mais ont disparu.

Ange musicien (13e s.). Cathédrale du Mans.

Aux 12e et 13e s., les sujets, disposés dans des médaillons superposés, sont teintés de coloris francs à dominantes bleue et rouge. Les cisterciens utilisent des verrières d'un vert pâle nacré, avec parfois un décor végétal sur fond quadrillé donnant une apparence de gris, d'où leur nom de grisailles. Aux 14e et 15e s., les maîtres verriers découvrent le jaune d'argent ; les tonalités s'éclaircissent. Au 16e s., les vitraux reproduisent des peintures de la Renaissance, avec un souci du détail et de la perspective (Champigny-sur-Veude, Montrésor et Sully-sur-Loire). Un regain d'intérêt se manifeste pour le vitrail, au 20e s. Figuratifs ou abstraits, des panneaux sortent des ateliers des peintres verriers : M. Ingrand, A. Manessier, J. Le Moal, M. Rollo.

Les ateliers de la Loire

Destinées à isoler et à compartimenter de vastes salles, les tapisseries flottantes, déjà connues au 8e s., se multiplient au 14e s. Elles deviennent, par leur valeur, pur investissement ou cadeau diplomatique et quittent les résidences pour orner les églises ou pavoiser les rues. La plus fameuse est celle de l'Apocalypse, conservée à Angers et tissée au 14e s. Les tapisseries profanes mille-fleurs, traditionnellement attribuées aux ateliers de la Loire (vers 1500), retracent des scènes de la vie seigneuriale ou champêtre sur fond semé de fleurs, de plantes variées et de petits animaux. Il s'en trouve de fort belles à Saumur, Langeais et Angers. Un rénovateur, Jean Lurçat, reprend cette tradition au 20e s. avec son œuvre monumentale Le Chant du monde (1957-1966).

Château de Cheverny.

La Renaissance

Avant les guerres d'Italie, des artistes italiens avaient été appelés à la cour d'Anjou et à la cour de France. La Renaissance n'a donc pas surgi d'un coup de baguette magique à la suite des expéditions d'Italie. Cependant, l'arrivée d'artistes amenés de Naples par Charles VIII, fin 1495, apporta un sang neuf à l'art local. À commencer par la sculpture : après Michel Colombe (vers 1430-1514) qui allie les traditions gothiques et les nouveautés italiennes, Guido Mazzoni (vers 1450-1518) est l'auteur du tombeau de Charles VIII et de la statue de Louis XII à Blois. Le tombeau de ce dernier et d'Anne de Bretagne (ces tombeaux sont conservés dans la basilique Saint-Denis, près de Paris) est l'œuvre d'Antoine Juste (1479-1519), d'origine florentine, fixé à Tours en 1515. Fra Giocondo (vers 1433-1515), célèbre moine véronais, humaniste et ingénieur, enseigne à Vitruve lors de son séjour en France (1495-1506).

Les châteaux perdent leur aspect de forteresse ; leurs façades s'ouvrent de larges baies ; les toits aigus s'ornent de cheminées sculptées et de hautes lucarnes. L'apport italien apparaît surtout dans l'ornementation en faible relief. À la façade extérieure François Ier du château de Blois, Dominique de Cortone (1470-1549), dit le Boccador (« Bouche d'Or »), a utilisé la « travée rythmique », alternance de baies, de niches et de pilastres, inventée par Bramante. À Chambord et au Lude, le décor s'épure sous l'impulsion de maîtres locaux, tel Pierre Trinqueau. Les artistes italiens créent de nouveaux modèles d'escaliers, à vis superposées (Chambord), à volées droites et plafonds à caissons (Chenonceau, Azay-le-Rideau, Poncé). La Renaissance est prodigue en hôtels de ville (Orléans, Beaugency, Loches) et en hôtels construits par des bourgeois enrichis dans le négoce et la finance : hôtel Toutin à Orléans, hôtel Gouin à Tours, hôtel Pincé à Angers. Les églises Renaissance présentent une ornementation d'inspiration italienne : arc en anse de panier ou en plein cintre, nombreuses niches abritant des statues. Les églises de Montrésor (1519-1541), les chapelles d'Ussé (1520-1538), de Champigny-sur-Veude (entre 1508 et 1543) et de La Bourgonnière (1508-1523) sont particulièrement intéressantes.

Tapisserie de Renaud et Azmide (17e s.). Azay-le-Rideau.

Clément Janequin (1480-1565), maître de la musique religieuse et profane, angevin d'adoption, fut longtemps directeur de la psallette à la cathédrale d'Angers.

L'école française de peinture s'affirme avec Jean Fouquet (vers 1420-1480), portraitiste et miniaturiste né à Tours (et qui a fait le voyage d'Italie), et le maître de Moulins (fin 15e s.), parfois identifié à Jean Perréal (vers 1455-1530).

Le dessin est représenté par le Flamand Jean Clouet, attaché à Louis XII et à François Ier, et par son fils François Clouet (1520-1572), né à Tours, portraitiste des Valois, qui fait preuve de finesse et de pénétration. Léonard de Vinci (1452-1519), appelé par François Ier, séjourne dans le Val de Loire à partir de 1516 et meurt à Amboise. Au 16e s., les peintures deviennent plus rares sur les murs des églises. Deux exemples subsistent de cette époque : la Mise au tombeau de l'église de Jarzé et les peintures de la salle capitulaire de l'abbaye de Fontevraud.

Époque classique (17e et 18e s.)

Après le départ de la cour pour l'Île-de-France, de hauts personnages continuent d'élever de beaux édifices, comme le château de Brissac, marqué par l'alternance des matériaux, ou le château et la ville de Richelieu qui annoncent Versailles ; mais les artistes viennent de Paris. Le classicisme est caractérisé par un rigoureux équilibre des formes, sensible dans l'aile Gaston d'Orléans du château de Blois (1635-38), chef-d'œuvre de François Mansart. L'architecture religieuse classique aspire à la majesté : à Saumur, N.-D.-des-Ardilliers a une vaste coupole ; à Blois, les ordres superposés de St-Vincent sont marqués par des volutes. Le 18e s. fait surtout œuvre d'urbanisme : de longues perspectives sont tracées à Orléans et à Tours dans l'axe des magnifiques ponts à tabliers horizontaux (Blois, Angers).
Au 19e s., le graveur-sculpteur David d'Angers (1788-1856) accède à la célébrité pour ses centaines de médaillons, qui nous font découvrir les profils des célébrités de son temps, et ses statues comme le tombeau de Bonchamps (1825) dans l'église de St-Florent-le-Vieil.

Le gemmail

Le gemmail est un vitrail très épais, composé de couches de verre coloré soudées par la cuisson au four, et éclairé de l'intérieur par une source lumineuse artificielle. Le peintre Jean Crotti (1878-1958) est l'inventeur de ce procédé artistique. Les Malherbe-Navarre, installés à Tours depuis les années 1960, en sont les techniciens.

Détail de la cheminée de la salle du Conseil. Blois.

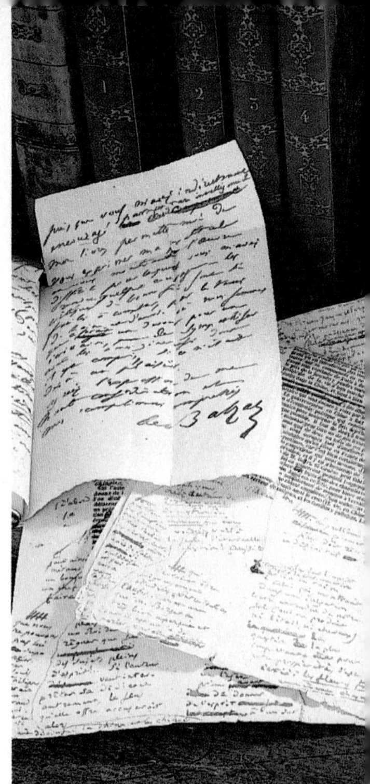

Le pays du « beau parler »

La langue française, toute de mesure et de clarté, a conquis ses lettres de noblesse dans le Val de Loire. La terre natale de Rabelais, de Balzac, de Péguy, mais aussi de Maurice Genevoix, d'Hervé Bazin et de Julien Gracq est une succession de « pays » auquel chaque écrivain est attaché et rend hommage.

Moyen Âge

À la suite de saint Martin, Tours est un grand centre intellectuel : Grégoire de Tours, premier historien des Gaules, rédige au cours de son épiscopat (573-594), son Histoire des Francs ; Charlemagne y fait fonder par Alcuin une célèbre école de calligraphie ; les poèmes latins de Baudri de Bourgueil annoncent, au 11e s., l'art courtois. À Orléans, au début du 13e s., le lyrisme en langue vulgaire triomphe grâce au Roman de la Rose. Œuvre didactique de deux auteurs successifs – le précieux Guillaume de Lorris, auteur des 4 000 premiers vers, et le réaliste Jean de Meung -, ce poème de 22 000 vers sera abondamment traduit et exercera une immense influence en Europe.

Charles d'Orléans (1394-1465) découvre ses dons de poète dans les prisons d'Angleterre. Il organise, dans sa cour de Blois, des joutes poétiques, dont François Villon sera vainqueur en 1457. Jeu de princes, la poésie est pratiquée, en Anjou, par le roi René. À Angers même, le médecin érudit Jean Michel fait jouer son monumental Mystère de la Passion, dont les 65 000 vers représentent quatre jours de spectacle.

Renaissance et humanisme

L'université d'Orléans fondée en 1305, celle d'Angers en 1364 jouissent très tôt d'une vaste audience et deviennent de hauts lieux de l'humanisme européen. Les érudits Érasme et Guillaume Budé, les réformateurs Calvin et Théodore de Bèze y enseignent ou y étudient ; l'Orléanais Étienne Dolet prêche ses doctrines athées pour lesquelles il se fera pendre et brûler à Paris. François Rabelais (1494-1553), né près de Chinon, expose, à travers les aventures de Gargantua et de Pantagruel, ses idées pédagogiques, religieuses et philosophiques. Très attaché à son pays natal, il en fait le théâtre de la « guerre picrocholine ».

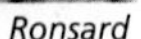

Ronsard

La Pléiade

Pour cultiver et développer leur langue maternelle à partir de l'imitation d'Horace et des Anciens, sept poètes fondent en Val de Loire une école qui va dominer tout le 16e s. poétique : la Pléiade. Si le chef incontesté en est le Vendômois Pierre de Ronsard, sacré « prince des poètes », c'est l'Angevin Joachim du Bellay qui rédige, en 1549, le manifeste de leur groupe : Défense et illustration de la langue française.

Classicisme et siècle des lumières

À l'aube du classicisme, le marquis de Racan versifie au bord du Loir ; l'Académie protestante de Saumur appuie les premiers travaux de René Descartes. Au siècle

Manuscrits de Balzac sur son bureau.

Rabelais

Balzac

Genevoix

Bazin

suivant, un Tourangeau, Néricault-Destouches, succède à Molière dans le genre de la comédie de caractère. Voltaire séjourne à Sully, Rousseau à Chenonceau ; Beaumarchais se fixe à Vouvray et fréquente la société brillante du duc de Choiseul, en exil à Chanteloup.

Romantisme

Le pamphlétaire Paul-Louis Courier et le chansonnier Pierre-Jean de Béranger mettent, sous la Restauration, leur esprit sceptique au service d'idées libérales. Alfred de Vigny (1797-1863), fils ingrat de Loches, trace, dans son roman historique Cinq-Mars, le tableau d'une Touraine idyllique. Mais la grande gloire tourangelle du 19e s. reste Honoré de Balzac (1799-1850). Né à Tours, élevé à Vendôme, il aime de tout son cœur ce Val dont il fait le cadre de plusieurs titres de La Comédie humaine.

Les contemporains

Poète de l'action et de la prière, l'Orléanais Charles Péguy (1873-1914) célèbre sa concitoyenne Jeanne d'Arc et sa chère Beauce, où le romancier Marcel Proust (1871-1922) part aussi À la recherche du temps perdu. À l'abbaye de St-Benoît-sur-Loire, le poète Max Jacob (1876-1944) travaille et médite de longues années. La Sologne est inséparable d'Alain Fournier (1886-1914), immortalisé par Le Grand Meaulnes, adolescent parti en quête de l'enfance, du bonheur impossible, à travers les brumes irréelles des marais solognots. Le personnage du braconnier Raboliot évoque avec pittoresque le pays natal de son créateur, l'académicien Maurice Genevoix (1890-1980).

La Touraine, qui a vu naître l'humoriste Georges Courteline (1858-1929), abrita aussi la retraite de plusieurs prosateurs de renommée internationale (Anatole France, Bergson). Angers est la patrie de l'académicien catholique René Bazin (1853-1932), attaché aux vertus traditionnelles et à la terre ancestrale, et de son petit-neveu Hervé Bazin (1911-1996), dont la violente attaque contre la bourgeoisie est directement inspirée par sa ville d'origine. St-Florent-le-Vieil est la localité natale de Louis Poirier, dit Julien Gracq, auteur d'une œuvre considérable, où il souligne l'influence des paysages sur l'homme (Carnets du grand chemin, 1992).

Le Val de Loire aujourd'hui

Pays de vergers et d'élevage, le val de Loire est une région dynamique doté d'une industrie de pointe. Les villes qui s'égrènent le long de la Loire, du Loir, de la Sarthe séduisent par la qualité de vie, leur accueil, leur environnement. Une région qui surprend par sa diversité.

Un immense verger

Verger industriel, région de Montrésor.

Le sol alluvionnaire et le climat tempéré font du Val de Loire la terre d'élection de l'arboriculture et du maraîchage. Les pommes (la traditionnelle reinette du Mans a laissé la place à des variétés plus productives) sont, avec les poires et, plus récemment, le cassis, l'essentiel des fruits récoltés. Les légumes sont cultivés principalement dans la vallée Angers-Saumur et l'Orléanais, où les cultures sous serres sont nombreuses. Les cultures de plein champ – asperges de Vineuil et de Contres, pommes de terre de Saumur, haricots verts de Touraine, oignons et échalotes d'Anjou et du Loiret, artichauts d'Angers – mûres 15 jours avant la région parisienne, sont expédiées en grande quantité vers les halles de Rungis.

Un élevage de qualité

Les bêtes de boucherie, majoritairement de race charolaise, et les bovins laitiers vivent sur les herbages la plus grande partie de l'année. L'aire du mouton couvre les plateaux calcaires du Haut-Maine. Rillettes et rillons de Vouvray et de Tours, d'Angers et du Mans témoignent de l'élevage de porcs, pour lequel il existe un label rouge dans la Sarthe. L'élevage de la chèvre est lié à une production fromagère renommée. Dans l'Ouest, les marchés aux bestiaux : Château-Gontier pour les veaux, Chemillé et Cholet pour les bêtes à cornes, constituent un spectacle haut en couleur. La production avicole se caractérise par un haut niveau de qualité, grâce à la présence de nombreux labels (volailles fermières de Mayenne et de Loué élevées en liberté) et une grande diversité : poulets, dindes, canards, pintades, mais aussi oies, chapons, poulardes, cailles, pigeons, et l'ensemble des espèces de gibier à plumes. De nombreux haras continuent l'élevage de chevaux de sang, de course et de trait. Dans le Maine, le percheron se développe grâce à l'attelage.

Une industrie dynamique

Les industries non polluantes de haute technologie, recherche, électronique, pharmacie, cosmétiques, industries de la mode... et l'essor très important des industries de transformation des produits agricoles et laitiers ont permis de dynamiser de petites villes et des zones rurales, dont le Choletais est un bon exemple. Mis à part Châteaudun, Pithiviers et Vendôme, les principaux centres de cette industrialisation

Champ de fleurs en Anjou

récente se trouvent le long de la Loire. La Manufacture française des pneumatiques Michelin est présente à Orléans, Tours et Cholet. Les assurances du Mans, l'activité de congrès de Tours et d'Orléans, la décentralisation d'organismes financiers, de services de santé et de grandes écoles sont des facteurs d'attraction pour les investisseurs.
Des centrales nucléaires de production d'électricité ont été mises en service à Avoine-Chinon, Belleville-sur-Loire, Dampierre-en-Burly et St-Laurent-des-Eaux.

Savourer son séjour en Val de Loire

Le Val de Loire possède une richesse unique en demeures seigneuriales, pour certaines d'entre elles encore habitées. Ce patrimoine revit grâce à des expositions à thèmes, des évocations de personnages historiques ou légendaires qui culminent dans les spectacles renouvelés de « son et lumière ». Parcs et jardins, parfois illuminés (Villandry), complètent la visite.
Les affluents de la Maine, la Loire (entre Angers et Nantes), le Cher canalisé et le canal du Berry permettent des vacances au rythme paisible d'une croisière fluviale. Le réseau hydrographique dense, les étangs de Sologne séduiront les amateurs de pêche. L'École nationale d'équitation de St-Hilaire-St-Florent, près de Saumur, et le Cadre noir perpétuent la grande tradition équestre, tandis que mainte petite ville possède son champ de courses (Craon) et que se développe le tourisme équestre. Les formules d'hébergement sont très variées, du gîte rural à la chambre d'hôte dans un château.
Des forêts splendides (Bercé) raviront les amateurs de nature intacte. Les manifestations sont nombreuses. Les enfants ne sont pas oubliés avec l'aquarium de Touraine et le Labyrinthus de Reignac-sur-Indre ; pour les adultes : les 24 Heures du Mans, les magasins d'usines de Cholet, capitale du mouchoir et du dégriffé, 60 000 ha de vignoble enfin...

Les carrières de tuffeau près de Montrichard, Montoire, Montsoreau, Tours et surtout dans le Saumurois abritent plus de 60 % de la production française de champignons de couche, dits « de Paris », car ils étaient cultivés dans les caves de la capitale sous Napoléon Ier.

Champignonnière.

Les jardins de Villandry.

Villes et sites

Amboise★★

Les fêtes débridées que le jeune François Ier organisait à Amboise sont demeurées célèbres, tout autant que la porte contre laquelle s'acheva le règne de Charles VIII, et les sinistres balcons où l'on pendit les « conjurés d'Amboise ». Mais la Loire coule toujours dans le même sens, et du haut des terrasses, laisse admirer sa vallée, ses berges, et les ardoises bleutées de la ville. La flamboyante chapelle Saint-Hubert et le ravissant manoir du Clos-Lucé, ultime demeure de Léonard de Vinci, vous attendent. Quant aux âmes romantiques, elles pousseront jusqu'à la pagode de Chanteloup, extravagante et gracieuse folie du 18e s.

La situation

Cartes Michelin nos 64 pli 16, 238 pli 14 ou no 4037 F 3 - Indre-et-Loire (37). La ville s'étend plutôt sur la rive gauche de la Loire : elle a conservé les traces de son ancienne structure féodale, avec son château qui la domine. À cheval sur la Loire, entre Blois et Tours, on peut aborder Amboise aussi bien par la rive droite (N 152) que par la rive gauche (D 751), toutes deux assez jolies, mais vous aurez une meilleure vue depuis le pont.
Quai du Général-de-Gaulle, BP 233, 37402 Amboise, ☏ 02 47 57 09 28.

Le nom

Il faut chercher du côté des Ambarienses et du Gaulois Ambatius, qui occupaient le territoire au 6e s.

Les gens

11 457 Amboisiens. Louis XI, Charles VIII (né même à Amboise) puis François Ier et sa mère occuperont la résidence royale. Passionné par les arts, ce dernier fait venir Léonard de Vinci et l'installe au Clos-Lucé. Et c'est encore à Amboise qu'il reçoit en grande pompe, le 8 décembre 1539, son vieil adversaire Charles Quint.

comprendre

Les fastes de Charles VIII – C'est au 15e s. qu'Amboise connaît son âge d'or. Charles VIII, qui a passé son enfance dans le vieux château, songe, dès 1489, à le rénover et à l'agrandir pour en faire une résidence luxueuse. En 1492, le chantier s'ouvre et, en cinq ans, deux corps de bâtiment viennent prolonger les constructions anciennes. Entre-temps, le roi a découvert

Bien qu'en grande partie détruit, le château conserve encore d'imposants vestiges de sa splendeur passée.

carnet pratique

RESTAURATION

• ***À bon compte***

La Bonne Étape – *962 quai des Violettes - 2 km au NE d'Amboise par D 751 - ☎ 02 47 57 08 09 - fermé 20 déc. au 6 janv., 21 fév. au 11 mars, dim. soir et lun. - 78/262F.* Longez la route qui borde la Loire, vous y êtes... De construction récente, ce restaurant vous accueille dans l'une de ses deux salles au décor classique. Menus et carte jouent dans un registre traditionnel doucement influencé par la région. Chambres fonctionnelles et bien insonorisées.

• ***Valeur sûre***

L'Épicerie – *46 pl. Michel-Debré - ☎ 02 47 57 08 94 - fermé 4 nov. au 16 déc., lun. soir et mar. sf juil. à sept. - réserv. obligatoire en saison - 115/225F.* Bien situé au pied du château, ce restaurant a bonne réputation. Les couleurs chaudes du décor et le grand miroir mural donnent une belle luminosité à sa salle à manger. Cuisine traditionnelle et accueil sympathique.

HÉBERGEMENT

• ***Valeur sûre***

Hôtel Le Blason – *11 pl. Richelieu - ☎ 02 47 23 22 41 - fermé 10 janv. au 15 fév., mer. midi, sam. midi et mar. - 28 ch. : 270/300F - 35F - restaurant 75/225F.* À proximité du centre-ville, dans une maison du 15e s. qui a conservé ses vieux murs, cet hôtel vous propose des chambres avec poutres apparentes, mansardées pour certaines (douche seulement). Terrasse dans une cour intérieure.

Chambre d'hôte Le Petit Clos – *7 r. Balzac - ☎ 02 47 57 43 52 - fermé 15 oct. au 15 mars sf réservation - 3 ch. : 290/350F.* Sur la rive droite de la Loire, cette maison d'hôte dispose de trois chambres avec entrée indépendante. Après une bonne nuit, installez-vous au jardin et savourez un petit-déjeuner gastronomique ! L'hôtesse fait le pain et vous invitera volontiers à mettre la main à la pâte.

l'Italie. Ébloui par le raffinement artistique qu'il y découvre, il rapporte à Amboise un butin considérable : mobilier, œuvres d'art, étoffes, etc. En outre, il ramène à son service toute une équipe d'érudits, d'architectes, de sculpteurs, d'ornemanistes, de jardiniers, de tailleurs d'habits... Les jardins italiens surtout l'ont émerveillé : « Il semble qu'il ne manque qu'Adam et Ève pour en faire un paradis terrestre. » Dès son retour, il fait tracer sur la terrasse par Pacello un jardin d'ornement. Parmi les architectes se trouvent Fra Giocondo et le Boccador qui a collaboré à Blois et à Chambord et commencé l'hôtel de ville de Paris.

1496

Cette date marque le début de l'influence italienne sur l'art français. Encore peu sensible sur Amboise, commencé depuis quatre ans, elle s'accentue avec Louis XII et triomphe sous François Ier.

Le démantèlement – Passé en même temps que Blois aux mains de Gaston d'Orléans, frère de Louis XIII et grand conspirateur, le château, au cours d'une de ses nombreuses rébellions, est pris par les troupes royales et les fortifications extérieures sont rasées en 1631. Revenu à la Couronne il sert de prison d'État : Louis XIV y envoie le surintendant Fouquet, puis Lauzun, le bourreau des cœurs. Plus tard, Napoléon l'accorde à Roger Ducos, ancien membre du Directoire. Mais faute de subsides, ce dernier manque cruellement de moyens pour entretenir le château : aux grands maux les grands remèdes, il en fait abattre une très large partie.

LA CONJURATION D'AMBOISE (1560)

Dans les années troublées qui précèdent les guerres de Religion, un gentilhomme protestant, La Renaudie, réunit en Bretagne des réformés qui doivent se rendre à Blois par petits groupes. Ils demandent au jeune roi François II la liberté de pratiquer leur culte et sans doute aussi tentent-ils de mettre la main sur les Guise, adversaires acharnés des huguenots. Mais le complot est éventé. La cour abandonne Blois qui n'est pas défendable et se réfugie à Amboise où le roi signe un édit de pacification. Cependant, les conjurés persistent. La répression est implacable : le 17 mars, ils sont arrêtés et tués à mesure qu'ils arrivent. Certains sont pendus au grand balcon du château, aux créneaux, ou jetés à la Loire dans des sacs ; les gentilshommes sont décapités et écartelés. En 1563, une paix suivie d'un édit de tolérance, signés à Amboise, met fin à la première guerre de Religion ; le pays y gagnera quatre ans de répit.

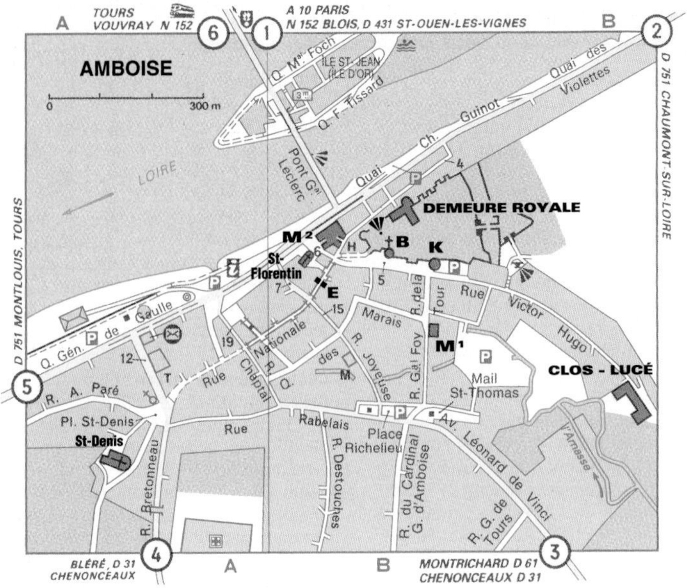

AMBOISE

Concorde (R. de la) . . . . B 4	J.-J.-Rousseau (R.) . . . . B 7	Orange (R. d') . . . . B 15
Debré (Pl. M.) . . . . B 5	Martyrs-de-la-R. (Av.) . . . . A 12	Victor-Hugo (R.) . . . . B
François 1er . . . . B 6	Nationale (R.) . . . . AB	Voltaire (R.) . . . . A 19

Chapelle St-Hubert . . . . B **B**	Musée de l'Hôtel de ville . . . B **M²**	Tour Heurtault . . . . B **K**
La Maison enchantée . . . . . B **M¹**	Tour de l'Horloge . . . . B **E**	

découvrir

Sous chapiteau

Au temps de Charles VIII la terrasse formait une cour, bordée de bâtiments sur toutes ses faces, où se déroulaient les fêtes. Des centaines de tapisseries ornaient alors les murailles, tandis qu'un grand dais couleur d'azur, où étaient représentés le soleil, la lune et les planètes, protégeait des intempéries.

Le château★★

Comptez 3/4 h. De mi-mars à fin oct. : 9h-18h (juil.-août : 19h30 ; avr.-juin : 18h30) ; de nov. à mi-mars : 9h-12h, 14h-17h30 (nov.-janv. : 17h). Fermé 1er janv. et 25 déc. 40F. ☎ 02 47 57 00 98.

Terrasse – Après avoir franchi la porte du château, une longue rampe d'accès débouche sur la vaste terrasse qui domine le fleuve. De ce belvédère on découvre une très belle **vue★★** sur la Loire, sa vallée verdoyante et les toits pointus de la ville, d'où émergent, non loin des murs, la **tour de l'Horloge** (beffroi du 15e s.) et plus loin vers l'Ouest la silhouette massive de l'**église St-Denis** ; au Sud-Est on aperçoit le manoir de brique du Clos-Lucé.

Chapelle St-Hubert – Bâtie en porte à faux sur la muraille, elle demeure le seul vestige des bâtiments qui longeaient tout le rempart. Dans le transept se trouve la tombe où sont ensevelis les restes présumés de Léonard de Vinci, mort à Amboise. À l'extérieur, admirables vantaux gothiques et linteau de porte finement sculpté. Dans la partie droite du linteau, légende de saint Hubert ; à gauche, saint Christophe.

Joyau du gothique flamboyant (1491), la chapelle St-Hubert servait d'oratoire à la reine Anne de Bretagne.

Le logis du roi – C'est la seule partie du château qui ait échappé aux démolitions ordonnées entre 1806 et 1810. L'aile gothique fut construite par Charles VIII, comme la tour des Minimes qui s'y adosse ; l'aile Renaissance en équerre, due à Louis XII, fut surélevée par François Ier. La visite commence par l'étage bas de l'aile gothique où les gardes effectuaient leur ronde. Dans la **salle des gardes nobles**, une seule colonne porte toutes les sections de voûtes : le palmier gothique.

Un escalier à vis mène à la **salle des tambourineurs** (musiciens qui accompagnaient le roi dans ses déplacements) où Charles VIII vivait en « petit comité », c'est-à-dire qu'il ne se montrait pas en public. La pièce est meublée (chaire du cardinal Georges d'Amboise) et tendue d'une belle **tapisserie** de Bruxelles (*Hommage à Alexandre le Grand*, 16e s.) Dans le prolongement, la **salle du Conseil** (appelée aussi salle des États) s'élève sur deux vaisseaux de voûte et une file de colonnes centrales. La deuxième aile, érigée au début du 16e s., est meublée dans le goût de la première Renaissance française : buffet de l'échanson, meuble gothique reconnaissable par l'ornement en pli de serviette, coffres en noyer sculptés. Dans la **chambre Henri II**, décors en trompe l'œil sur les meubles et les tapisseries.

Une salle royale
La salle du Conseil est ornée de la fleur de lys et de la queue d'hermine, symboles du royaume de France et du duché de Bretagne ; le roi y présidait aux États qui décidaient de la politique du royaume.

À l'étage supérieur, dans les trois salons en enfilade aménagés pour Louis-Philippe, meubles et portraits de la famille d'Orléans : piano à queue (1842), fauteuils estampillés Jacob, portrait (1789) d'Adélaïde de Bourbon-Penthièvre par Mme Vigée-Lebrun et tableaux de l'atelier du maître allemand Winterhalter.

Tour des Minimes (ou Cavalière) – Contiguë au logis du roi, cette énorme tour ronde renferme une très large rampe que pouvaient gravir cavaliers et attelages, pour l'approvisionnement du château. La rampe s'enroule autour d'un noyau central vide qui apporte à la fois aération et éclairage.

Du sommet de la tour des Minimes (40 m au-dessus du fleuve), large vue★★ *sur la vallée de la Loire, sur l'aile gothique et, vers la gauche, sur le « balcon des conjurés ».*

Jardins – D'agréables jardins, réaménagés au siècle dernier pour Louis-Philippe, ont remplacé à l'intérieur de l'enceinte les bâtiments disparus. Un parc anglais en occupe la majeure partie, tandis qu'un parterre de tilleuls remplace le jardin italien de la Renaissance dessiné au 16e s. Un buste de Léonard de Vinci se dresse à l'emplacement de la collégiale où il se trouvait à l'origine enterré.

Ris et jeux de la Renaissance
En été dans le parc, laissez-vous initier aux jeux de la Renaissance : le croquet, le jeu de quilles, le jeu de boules...

Tour Heurtault – Comportant une montée en spirale, comme dans la tour des Minimes, dont elle forme le pendant sur la muraille Sud, cette tour voûtée d'ogives donne directement accès à la ville.

Clos-Lucé, la demeure de Léonard de Vinci★

D'avr. à mi-nov. : 9h-19h (juil.-août : 20h) ; de mi-nov. à fin mars : 9h-18h (janv. : 10h-17h). Fermé 1er janv. et 25 déc. 39F (enf. : 20F). ☎ 02 47 57 62 88.

De la construction médiévale bâtie sous Louis XI, seul a subsisté le corps de logis, ravissant édifice de brique rose souligné de tuffeau. À l'étage on trouvera la chambre, restaurée et meublée, où mourut le maître, ainsi que le cabinet de travail où il aurait tracé les plans d'un palais pour Louise de Savoie à **Romorantin** et étudié un projet d'assèchement de la Sologne.

Au rez-de-chaussée, l'oratoire construit par Charles VIII pour son épouse, la reine Anne de Bretagne, abrite trois belles fresques de l'atelier de Léonard ; lui succèdent les

La maison de Léonard
Le Clos-Lucé avait été acquis par Charles VIII pour Anne de Bretagne. Il abrita ensuite François Ier, sa sœur Marguerite de Navarre, et Louise de Savoie. En 1516, François Ier installe Léonard de Vinci au Clos-Lucé où l'artiste organise les fêtes de la cour. Il y demeure jusqu'à sa mort, le 2 mai 1519, à l'âge de 67 ans.

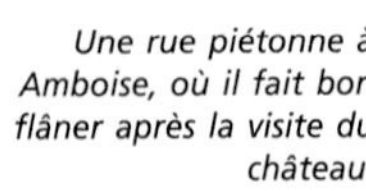

Une rue piétonne à Amboise, où il fait bon flâner après la visite du château.

salons aux lambris du 18e s., la pièce de réception, meublée dans le style Renaissance, et la cuisine (cheminée monumentale).
Le sous-sol est consacré aux « **fabuleuses machines** » de Léonard de Vinci.
Des jardins Renaissance qui couvrent la terrasse, vous apercevrez le château.

visiter

Musée de l'Hôtel de ville

Entrer par la rue François-Ier. De juil. à fin août : tlj sf w.-end 14h-18h. Fermé j. fériés. Gratuit. ☎ 02 47 23 47 23.

Installé dans l'ancien hôtel de ville construit au début du 16e s. pour Pierre Morin, trésorier du roi de France, il retrace l'histoire d'Amboise.

À voir
Signatures royales, Vierge sculptée du 14e s., tapisseries d'Aubusson, portraits du duc de Choiseul et 6 rares gouaches du 18e s. représentant le château de Chanteloup.

À proximité, sur les anciens remparts de la ville, s'élève l'**église St-Florentin**, construite sur l'ordre de Louis XI.

Tour de l'Horloge

Également appelée beffroi d'Amboise, cette tour récemment restaurée fut élevée au 15e s. aux frais des habitants sur une ancienne porte dite de l'Amasse. Elle est traversée par une rue piétonne très animée.

La Maison enchantée

Avr.-oct. : tlj sf lun. 10h-12h, 14h-18h (juil.-août : tlj 10h-19h) ; nov.-mars : tlj sf lun. 14h-17h. Fermé janv. 33F (enf. : 25F). ☎ 02 47 23 24 50.

Dans un savant désordre, des mannequins de grande taille, des marionnettes, des poupées et des automates reconstituent avec humour des scènes familières : cabinet du dentiste et sa salle d'attente, le « saloon », fête foraine et son manège, « sur le banc »...

Église St-Denis

En majeure partie du 12e s., belles voûtes angevines et chapiteaux romans.

Dans le bas-côté droit, une Mise au tombeau du 16e s., le gisant de la « Femme noyée » et un intéressant tableau du 17e s., Charles VIII accueillant à Amboise saint François de Paule.

alentours

Mini-châteaux

Accès au Sud, par la route de Chenonceaux (D 81). Avr.-sept. : 10h-18h (juin-août : 9h-19h) ; d'oct. à mi-nov. : 10h-17h. 65F (enf. : 45F). ☎ 08 25 08 25 22.

Dans un parc de 2 ha, une cinquantaine de maquettes au $1/25^e$, représentant grands châteaux, belles demeures ou petits manoirs de la vallée de la Loire, s'inscrivent dans un environnement à leur taille (bonsaïs, TGV et bateaux miniatures...). Si possible, venir le soir : le spectacle des monuments miniatures illuminés est féerique.

Le Fou de l'âne

Accès au sud, par la route de Chenonceaux (D 81). ♿ *Avr.-sept. : 10h-18h (juin-août : 9h-19h) ; d'oct. à mi-nov. : 10h30-17h. 45F (enf. : 30F).* ☎ *08 25 08 25 22.*

☺ Une cinquantaine d'ânes sont présentés dans une reconstitution de leur région d'origine. Outre le baudet du Poitou et le grand noir du Berry, vous pourrez rencontrer aussi bien le pyrénéen que le corse, le catalan que l'égyptien ou le pie d'Irlande. Documents, selles, harnais, et spectacle en saison.

Un jeune pensionnaire du « Fou de l'âne » à côté d'Amboise.

Pagode de Chanteloup★

3 km au Sud par la (D 31).Mai-sept. : 10h-18h (juil.-août : 9h30-19h30) ; avr. et oct. : 10h-12h, 14h-17h30 ; mars : 10h-12h, 14h-17h ; fév. et nov. : 14h-17h, w.-end 10h-12h, 14h-17h30. Fermé de mi-nov. à mi-fév. 35F. ☎ *02 47 57 20 97.*

À l'orée de la forêt d'Amboise, la pagode demeure le seul vestige du château élevé par le duc de Choiseul, ministre de Louis XV. Splendide imitation de Versailles, ces bâtiments tombèrent par la suite dans l'abandon, et furent détruits en 1823 par des marchands de biens.

Le **cadre★** de la pagode évoque la somptuosité de la résidence d'exil de Choiseul, dont le plan d'ensemble ainsi que de nombreux documents relatifs au château et au jardin sont exposés dans le curieux « pavillon du concierge » situé à l'entrée de la pagode. Le large bassin en demi-lune (promenades en barque), qui l'enserre, et le tracé des anciennes allées du parc en éventail, encore bien visible des balcons de la pagode, parviennent encore à suggérer ce que fut l'atmosphère de Chanteloup. Le sommet (149 marches) offre un beau **panorama** sur la vallée de la Loire et la forêt d'Amboise, jusqu'à Tours.

À LA CHINOISE

Lorsque, à l'instigation de Mme du Barry, Choiseul fut exilé dans ses terres, il fit de Chanteloup un véritable centre intellectuel et artistique. C'est pour ses amis, en témoignage de reconnaissance pour leur fidélité, qu'il commanda la construction de la pagode (1775-1778) à l'architecte Louis-Denis Le Camus. Cette curieuse « chinoiserie », tout à fait dans le goût de l'époque, surprend sur les bords de la Loire, mais ne manque pas de charme.

Aquarium de Touraine★

8 km à l'Ouest par la D 751, à la sortie de ***Lussault-sur-Loire****, prendre la D 283 et suivre le fléchage.* ♿ *Avr.-sept. : 10h-18h (juin-août : 9h-19h, juil.-août : sam. 9h-23h30) ; oct.-déc. : 10h30-17h. 59F (enf. : 39F), 99F aquarium et Mini-châteaux (enf. : 60F), 96F aquarium et Fou de l'âne (enf. : 56F), 139F les 3 curiosités (enf. : 89F).* ☎ *06 36 68 69 37 ou* ☎ *08 36 68 69 37.*

☺ Consacré principalement aux poissons d'eau douce européens, cet aquarium présente 70 espèces dans des bassins à ciel ouvert. L'avantage de cette technique est de laisser vivre les poissons au rythme des saisons comme dans leur milieu naturel. Chacun des 38 aquariums présente un milieu donné : torrent de montagne, ruisseaux et rivières du cours supérieur de la Loire... Également, reconstitution d'une rive de la Loire, avec sandres et carassins. Et, dans l'aquarium n° 20, spectaculaire bassin de 400 000 l : *acipenser baeri* et *acipenser transmontanus*, c'est-à-dire... des esturgeons.

Angers★★★

Les murailles colossales de sa forteresse rappellent qu'Angers fut capitale d'un véritable royaume, comprenant même l'Angleterre et, plus tard, la Sicile. Patrie des formidables Foulques, puis des Plantagenêts, à l'origine de la guerre de Cent Ans, sa célèbre tenture de l'Apocalypse, chef-d'œuvre universel, attire des milliers de visiteurs. Mais cette terre d'Histoire, si magnifiquement chantée par Joachim du Bellay, conserve aujourd'hui encore tout le charme de sa « douceur angevine », avec ses vins frais, ses fleurs, ses primeurs et ses paysages ensoleillés.

La situation

Cartes Michelin n°s 63 pli 20 et 64 pli 11 ou 232 pli 31 – Maine-et-Loire (49). Angers ne borde pas la Loire, contrairement à Tours, Blois ou Orléans, mais s'étend sur les deux rives de la Maine, à quelques kilomètres de son confluent avec la Loire. *13 prom. du Bout du Monde, 49000 Angers, ☎ 02 41 23 51 11.*

Le nom

Capitale de la tribu des Andécaves, Juliomagus (de Jules, le Romain, et *magos* le marché gaulois) atteint son apogée au 2e s.

Les gens

226 843 Angevins. Non, les Angevins ne furent pas tous des anges... Dès le Ier s. avant J.-C., leur chef Dumnac prit le maquis quand les Romains s'emparèrent de la cité. Quant aux terribles Foulques, Plantagenêts et autres ducs d'Anjou, les ailes qui les portaient tour à tour des rives de l'Angleterre à celles de la Palestine ne se virent véritablement rognées qu'à l'avènement d'un certain Louis XI. Mais ils ne doivent pas faire oublier le règne du bon roi René, grand ami des arts, de la philosophie, et... de la gastronomie.

comprendre

Des Romains aux Normands

Avec la décadence de l'Empire romain, la cité se dépeuple sous l'effet conjugué de la menace germanique et de l'appauvrissement général. De son côté, le christianisme ne cesse de progresser : Angers abrite un concile en 453. L'évêque Thalaise apparaît alors comme une des figures majeures de l'épiscopat de l'époque, lettré, protecteur et « défenseur de la cité » ; aux 6e et 7e s., s'installent les abbayes de St-Aubin et de St-Serge.

La première maison d'Anjou (10e-13e s.)

Avec les comtes Foulques, Angers vécut une période particulièrement brillante.

Les fondateurs – La décadence du pouvoir royal carolingien facilite, dès la fin du 9es., l'émergence de principautés territoriales indépendantes. La première dynastie angevine apparaît ainsi en 898 avec **Foulques le Roux**, vicomte puis comte d'Angers, titre qu'il transmet à ses descendants. Foulques II le Bon agrandit l'héritage en direction du Maine sans se soucier de l'existence du roi de France, le pâle Louis IV d'Outre-Mer. Aux 11e et 12e s., la dynastie angevine parvient au faîte de sa puissance : une remarquable habileté politique, dépourvue de scrupules et servie par un exceptionnel dynamisme guerrier, un sens aigu des alliances matrimoniales, concourent à cette apogée. **Foulques III Nerra** (987-1040) fut le plus redoutable de cette lignée de puissants féodaux.

Son fils Geoffroi II (1040-1060) poursuit l'œuvre paternelle en s'assurant du Maine et de la Touraine. **Foulques IV le Réchin** (le Chagrin) finit par l'emporter sur Geoffroi III, au prix du recul des possessions angevines : perte de la Saintonge, du Maine, du Gâtinais. En 1092, le roi Philippe Ier séduit sa seconde femme, la jeune et ravissante Bertrade de Monfort, l'enlève et l'épouse. Ce scandale aura pour sanction l'excommunication majeure prononcée contre le roi. Geoffroi IV Martel, tué en 1106, et surtout **Foulques V le Jeune** (1109-1131) redressent la situation. Foulques V sait user de la stratégie des alliances matrimoniales en tirant le meilleur parti de la rivalité franco-anglaise. Lui-même récupère, par son mariage en 1109, le Maine. Il marie plus tard ses deux filles au gré de ses relations avec les rois de France et d'Angleterre. Mais sa plus belle réussite, en 1128, est le mariage de son fils Geoffroi avec Mathilde d'Angleterre, fille héritière du roi Henri Ier et veuve de l'empereur allemand Henri V.

Les hommes du Nord

En décembre 854, les Vikings (ou, plus exactement, les Northmen) pillent Angers et se retirent. Ils reviennent en 872 et gardent la ville plus d'un an. Charles le Chauve, aidé par le duc de Bretagne, les assiège et parvient à les déloger : selon un récit plus ou moins légendaire, il aurait fait détourner les eaux de la Maine, ce qui paniqua les navigateurs vikings et précipita leur fuite.

Les puissantes murailles de schiste, construites par Saint Louis, protégèrent la résidence des ducs d'Anjou.

Foulques le Terrible

Turbulent, féroce, **Foulques III Nerra** ne cesse de guerroyer pour agrandir son domaine : tour à tour, il obtient la Saintonge, annexe les Mauges, pousse jusqu'à Blois et Châteaudun, s'empare de Langeais, de Tours, intervient en Vendômois, prend Saumur et de nombreuses autres places fortes.

Ambitieux, cruel, violent, rapace et cupide, Nerra (le Noir, car il avait le teint très brun) est le type même du grand féodal de l'an mil. Comme eux, il a d'ailleurs parfois des retours soudains d'humilité chrétienne et des crises de repentir ; il comble alors de largesses les églises et les abbayes, ou prend le bâton de pèlerin et part pour Jérusalem. Il sera également un grand bâtisseur de forteresses, points d'ancrage de ses conquêtes, éparpillées à travers tout le Val de Loire.

Ultime consécration personnelle : devenu veuf, Foulques épouse en 1129 l'héritière du royaume de Jérusalem, Mélisende, fille de Baudouin II. Il fonde là-bas une nouvelle dynastie angevine et, fin diplomate, consolide la position des États latins en Palestine.

Plantagenêt, l'original

Geoffroi V ornait sa coiffure d'une branche de genêt, d'où le surnom qui lui survécut.

◀ **Geoffroi V** (1131-1151) gouverne d'une main de fer le « Grand Anjou » (Anjou, Touraine, Maine) et tente de faire valoir les droits de sa femme sur l'Angleterre (dont le roi est, depuis 1135, Étienne de Blois) et la Normandie qu'il annexe en 1144.

Plantagenêts et Capétiens

Fils de Geoffroi et de Mathilde, **Henri Plantagenêt** épouse en 1152 Aliénor d'Aquitaine, récemment divorcée de Louis VII. À ses domaines, qui comprennent l'Anjou, le Maine, la Touraine, la Normandie, il ajoute ainsi le Poitou, le Périgord, le Limousin, l'Angoumois, la Saintonge, la Gascogne, la suzeraineté sur l'Auvergne et le comté de Toulouse. En 1153, il contraint Étienne de Blois à le reconnaître comme héritier et lui succède l'année suivante sur le trône d'Angleterre. Sa puissance dépasse désormais celle du Capétien. Henri II réside le plus souvent en France, notamment à Angers.

Henri II, le lion

« Homme au poil roussâtre, de stature moyenne, il a une face léonine, carrée, des yeux à fleur de tête, naïfs et doux lorsqu'il est de bonne humeur, et qui jettent des éclairs lorsqu'il est irrité. Du matin au soir, sans arrêt, il s'occupe des affaires du royaume. Sauf quand il monte à cheval ou prend ses repas, il ne s'assoit jamais. Quand il n'a pas en main un arc ou une épée, il est au Conseil ou en train de lire. Nul n'est plus ingénieux ni plus éloquent, et, quand il peut se libérer de ses soucis, il aime à discuter avec les lettrés. » (M. Pacaut)

Les 2e et 3e maisons d'Anjou (13e-15e s.)

En 1231, profitant d'une trêve, Blanche de Castille et son fils Louis entreprennent la construction de l'impressionnante forteresse d'Angers. L'Anjou revient dans la mouvance capétienne et, en 1246, Saint Louis le donne, avec le Maine, en apanage à son jeune frère Charles. En 1258, le traité de Paris en confirme la possession au roi de France. En 1360, l'Anjou est élevé au titre de duché par Jean le Bon en faveur de son fils Louis. Du 13e au 15e s., des princes capétiens directs, puis Valois, gouvernent donc l'Anjou. Aux deux extrémités de cette lignée se détachent les figures hautes en couleur de Charles Ier et du roi René.

Vêpres siciliennes

Une fois maître de la Sicile et de la Sardaigne, sûr de son emprise sur l'Italie tout entière, Charles d'Anjou rêve d'y ajouter la Terre sainte, l'Égypte et Constantinople. Les Vêpres siciliennes le rappellent durement à la réalité : le lundi de Pâques 1282, les Siciliens se révoltent et massacrent 6 000 Français dont la moitié d'Angevins.

Charles d'Anjou – Ce curieux personnage, confit en dévotion mais d'une folle ambition, est appelé par le pape ; il en profite pour conquérir la Sicile et le royaume de Naples, étendant son influence sur tout le reste de la péninsule.

carnet pratique

Restauration

• *À bon compte*

La Ferme – *2 pl. Freppel - ☎ 02 41 87 09 90 - fermé 22 juil. au 12 août, dim. soir et mer. - réserv. obligatoire - 92/177F.* Dans ce restaurant bien connu situé au pied de la cathédrale, vous dégusterez une cuisine du terroir traditionnelle dans un décor simple. Sa terrasse est l'une des plus agréables de la ville.

Provence Caffé – *9 pl. du Ralliement - ☎ 02 41 87 44 15 - fermé 1er au 20 août, 23 déc. au 7 janv., lun. midi et dim. - réserv. obligatoire - 98/149F.* Jouxtant l'hôtel St-Julien, ce restaurant a la cote et affiche complet midi et soir. Le patron vient du Midi et a parfumé sa carte de saveurs méditerranéennes. La salle à manger a elle aussi un air provençal. Cuisine soignée à prix modérés.

• *Valeur sûre*

Le Lucullus – *5 r. Hoche - ☎ 02 41 87 00 44 - fermé 1er au 15 janv., 1er au 22 août, vacances de fév., dim. sf le midi de sept. à juin et lun. - 115/270F.* À quelques minutes du château, ce sympathique restaurant possède deux salles à manger dans une cave voûtée. Les pierres du pays du 15e s. rafraîchiront vos repas. Cuisine simple de produits frais.

Hébergement

Bon week-end à Angers – Toute l'année, Angers participe à l'opération « Bon week-end en ville » qui se développe dans de nombreuses villes françaises. À la deuxième nuit d'hôtel offerte s'ajoutent des cadeaux, ainsi que de nombreuses réductions pour les visites de la ville et des musées. Pour obtenir la liste des hôtels et les conditions de réservation, se renseigner à l'Office du tourisme d'Angers.

• *À bon compte*

Hôtel St-Julien – *9 pl. du Ralliement - ☎ 02 41 88 41 62 - 34 ch. : 235/330F - ☕ 38F.* Cet hôtel est en plein cœur de l'animation citadine. À votre portée, tout pour votre shopping et vos loisirs, de jour comme de nuit. Les chambres presque toutes rénovées sont bien insonorisées.

Hôtel Mail – *8 r. des Ursules - ☎ 02 41 25 05 25 - P - 26 ch. : 245/360F - ☕ 37F.* La rue est tranquille et les murs de cet ancien couvent d'ursulines vous préserveront du bruit du centre-ville pourtant tout proche. Les chambres personnalisées sont assez spacieuses et mansardées au dernier étage.

Chambre d'hôte Le Grand Talon – *3 rte des Chapelles - 49800 Andard - 11 km à l'E d'Angers par N 147 (dir. Saumur) puis D 113 - ☎ 02 41 80 42 85 - ✗ - 3 ch. : 230/350F.* Près d'Angers, cette élégante demeure du 18e s. couverte de vigne vierge est un havre de paix. Vous pourrez pique-niquer dans le parc, ou profiter d'un instant de détente dans la belle cour carrée. Les chambres sont joliment décorées et l'accueil très agréable.

• *Valeur sûre*

Hôtel d'Anjou – *1 bd du Mar.-Foch - ☎ 02 41 88 24 82 - P - 53 ch. : 400/790F - ☕ 62F - restaurant 180/240F.* Cet hôtel datant du 19e s. est la perle d'Angers, avec ses mosaïques des années 1930 réapparues lors de travaux en 1997 et son cadre Art déco. Chambres meublées à l'ancienne. Salle à manger avec plafond à la française dans le restaurant La Salamandre.

Hôtel Cavier – *La Croix-Cadeau - 49240 Avrillé - 8 km au NO d'Angers par N 162 - ☎ 02 41 42 30 45 - P - 43 ch. : 260/380F - ☕ 48F* - restaurant 97/182F. Les ailes de ce moulin du 18e s. peuvent encore tourner ! Ses vieilles pierres abritent les salles à manger, près de la machinerie d'origine. Chambres modernes dans une construction récente. Terrasse au bord de la piscine d'été.

Le temps d'un verre

L'Écubier – *20 r. Château-Gontier - ☎ 02 41 88 15 26 - Lun.-sam. 18h-2h.* Petit bar à vins au décor intérieur entièrement en bois, façon cale de bateau. Ambiance chaleureuse, sans ostentation. Les initiés aiment venir y goûter un muscadet, un anjou rouge, un saint-nicolas-de-bourgueil ou un chouchen entre amis. Théâtre, salle d'exposition (peinture, sculpture).

Sorties

La Coursive – *7 bis bd Foch - ☎ 02 41 25 13 87 - Lun.-sam. 18h-2h. Fermé en 15 j. août.* Ce café, étroit comme une coursive, organise des concerts (musique plutôt acoustique) une à deux fois par semaine. Entrée en forme de voilier, décor marin, avec son compas sur fût et ses feux de coursive. Ambiance bretonne. Spécialités : bières, cervoise, chouchen, cidre.

La Movida – *22 r. Beaurepaire - ☎ 02 41 87 36 68 - Lun.-sam. 18h-2h.* Ce petit bar sympathique propose des spécialités espagnoles : tapas, alcools espagnols (Sangria, Moscatel, Fino), et musique latino. Clientèle tranquille d'étudiants et d'habitués.

Nouveau Théâtre d'Angers – *12 pl. Imbach - ☎ 02 41 88 99 22 - nouveau.theatre@wanadoo.fr - Billetterie : lun.-sam. 11h-19h.* Centre dramatique national gérant plusieurs lieux de création : théâtre Chanzy (musique), théâtre d'essai du Champ-de-Bataille, théâtre Beaurepaire (théâtre, musique, danse), et Centre Jean-Vilar (théâtre).

Achats

Les Délices de la Tour - Chocolats Benoît – *1 r. des Lices - ☎ 02 41 88 94 52 - Lun.-sam. 9h15-12h30, 14h-19h30.* Depuis 1975, cette chocolaterie régale les Angevins amateurs de grands crus de cacao. Anne-Françoise Benoît a repris en main la boutique après des études à Sciences-Po Paris. Dans un local clair, elle propose une gamme de plus de 70 chocolats, doux et amers, des plus classiques aux plus originaux, comme les chocolats au fenouil, au thé et au gingembre.

Maison du vin de l'Anjou – *5 bis pl. Kennedy - ☎ 02 41 88 81 13 - Tlj 9h-13h, 15h-18h30, sf lun. d'avr. à sept., et dim.-lun. en mars et d'oct. à déc. Fermé janv.-fév.* Située au centre d'Angers, près du château, cette maison au cadre lumineux vous présente une large palette de vins d'Anjou et de Saumur, à déguster sur place. Pour commencer idéalement la route touristique du vignoble de l'Anjou.

Loisirs - Détente

À 5 mn du centre-ville, le **parc de loisirs du lac de Maine** offre 200 ha de verdure et d'eau. En plus de l'espace librement accessible à tous, le parc propose de nombreux services et activités : baignade, tennis, planche à voile, pédalo, canoë, pratique du cerf-volant et du boomerang...
La **Maison de la nature et de l'environnement,** installée dans une belle maison du 15e s., organise des expositions, des conférences, ainsi que des rencontres et des stages de sensibilisation à l'environnement.

- ***Promenades dans les jardins***

En règle générale les jardins sont ouv. au public de 8h-20h en été et de 8h-17h en hiver.
En plein cœur de la ville, plusieurs jardins (40 m^2 d'espaces verts par habitant) incitent à la flânerie et à la détente : le **jardin des Plantes** très agréable en période estivale ; le **jardin du Mail,** équipé d'un kiosque à musique, est remarquablement fleuri ; au pied du château, **le jardin médiéval** ; dans les douves, le **parterre à la française.**
Aux portes de la ville, à cheval sur les communes d'Angers et d'Avrillé, les **parcs de l'étang St-Nicolas** offrent des sentiers piétons, des allées forestières, ainsi que des activités de pêche ou de canotage.

- ***Promenades en bateau***

Une manière agréable de découvrir la ville est de combiner une promenade en petit train touristique avec une mini-croisière en bateau sur la Maine.
Location de bateau électrique, *environ 100F la 1/2h.*
Dîner-croisière aux chandelles, *compter 320F par personne.*
Batellerie promenade « L'Union » – *cale de la Savatte - 49100 Angers - ☎ 02 41 42 12 12.*

Calendrier

Janv. – Festival 1er plan.

Mai – Foire exposition de l'Anjou.

Juil. – Festival d'Anjou (théâtre dans les châteaux du département).

Août-sept. – Festival mondial de musique et folklore.

Nov. – Festival international du scoop et du journalisme.
Salon de la gastronomie et des vins de la Loire.

Simple et familier, le bon roi René, dont la statue se dresse au centre d'Angers, aimait à bavarder avec ses sujets. Il partagea sa vie, de guerres et de fêtes, entre sa cour d'Anjou et celle de Provence.

Le bon roi René – Dernier des ducs, le bon roi René, roi titulaire de Sicile, sait le latin, le grec, l'italien, l'hébreu, le catalan, joue et compose de la musique, peint, fait des vers, connaît les mathématiques, la géologie, la jurisprudence ; c'est un des esprits les plus complets de son temps. Amateur de parfums et de jardins fleuris, il introduit l'œillet et la rose de Provins. À 12 ans, il a épousé Isabelle de Lorraine et lui reste tendrement attaché pendant les trente-trois ans que dure leur union. Après la mort d'Isabelle, à 47 ans, il épouse Jeanne de Laval qui en a 21. Ce second mariage est aussi heureux que le premier. Vers la fin de sa vie, René voit avec philosophie Louis XI mettre la main sur l'Anjou. Comme il est aussi comte de Provence, il délaisse Angers qu'il a embellie pour Aix où il terminera ses jours à 72 ans (1480).
Sous les ducs, une université florissante a été créée à Angers : 4 000 à 5 000 étudiants, appartenant à dix « nations », y mettent une joyeuse animation.

De Henri IV à nos jours

Les guerres de Religion prennent une âpre tournure à Angers où existait une forte Église calviniste ; le 14 octobre 1560, la journée des Mouchoirs fait de nombreuses victimes. Les affrontements redoubleront par la suite et, en 1572, la ville connaîtra sa St-Barthélemy. C'est au château d'Angers qu'Henri IV met fin, en 1598, aux troubles de la Ligue en promettant son fils **César** à Françoise de Lorraine, fille du duc de Mercœur, dernier espoir des ligueurs. La promesse de mariage est signée le 5 avril : les époux ont 3 et 6 ans. Huit jours après, l'édit de Nantes entre en vigueur : les protestants obtiennent la liberté de culte. En 1652, Angers, tenue par les frondeurs, doit capituler devant Mazarin ; en 1657, elle perd le droit d'élire ses échevins. Après son arrestation à Nantes, le surintendant **Fouquet**, gardé par

d'Artagnan, séjourne trois semaines au château, dans l'appartement du gouverneur. À cette époque, la ville compte environ 25 000 habitants, elle est peu industrialisée. Dès le début de la Révolution de 1789, Angers se prononce avec enthousiasme pour les réformes.
La cathédrale, mise à sac, est transformée en temple de la Raison. En 1793, la défection de la municipalité girondine permet aux Vendéens de s'emparer de la ville entre le 20 juin et le 4 juillet. Les républicains ne tardent pas à la reprendre et la Terreur fait de nombreuses victimes.
Entrée en somnolence au début du 19e s., Angers se réveille lors de l'arrivée du chemin de fer de Paris à Nantes : en 1849, Louis-Napoléon inaugure la gare. Le développement moderne commence ; après une pause pendant la première moitié du 20e s., il a repris son essor durant ces dernières décennies.

se promener

DANS LA VIEILLE VILLE★

Visite, compter une demi-journée.

Une promenade à travers les rues du vieil Angers, c'est un peu visiter les galeries d'un musée en plein air. Certes, la vie ne manque pas, ni l'animation, mais vous aurez tant de choses à voir, sans compter le château, pourquoi ne pas couper la journée par un pique-nique au jardin des Plantes ?

Partir de l'entrée du château, puis s'engager dans la petite rue St-Aignan.

Hôtel du Croissant

Cet hôtel du 15e s., à fenêtres à meneaux et arcs en accolade, abritait le greffier de l'ordre du Croissant, ordre de chevalerie militaire et religieux fondé par le roi René. En face, intéressantes maisons à pans de bois.

Continuer jusqu'à la montée St-Maurice, longue volée d'escaliers qui mène au parvis de la cathédrale (belle vue sur l'édifice).

LÉGIONNAIRE ET MARTYR

Sur le blason de la façade figurent les armes de **saint Maurice**, le patron de l'ordre du Croissant, légionnaire chrétien du 4e s., mis à mort parce qu'il refusait de tuer ses coreligionnaires.

Cathédrale St-Maurice★★

De juil. à fin août : possibilité de visite guidée. ☎ 02 41 87 58 45.

La **façade** de ce très bel édifice des 12e et 13e s. est surmontée de trois tours, celle du milieu ajoutée au 16e s. Au rez-de-chaussée s'ouvre un **portail** : mutilé par les protestants et par les révolutionnaires, il a subi aussi les atteintes des chanoines qui, au 18e s., supprimèrent le trumeau et le linteau pour faciliter le passage des processions ; remarquez la finesse des statues des ébrasements et la grâce des plissés ; au

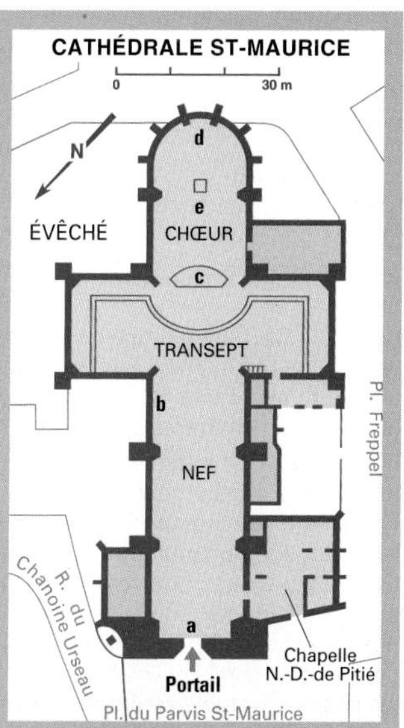

VOÛTE ANGEVINE

D'un type particulier, la clef des ogives est située à plus de 3 m au-dessus des clefs des formerets et des doubleaux, alors que dans les autres voûtes gothiques toutes ces clefs sont sensiblement à la même hauteur. Cette forme bombée a reçu le nom de voûte « angevine ». Les voûtes de St-Maurice couvrent la plus large nef qui ait été élevée à l'époque : 16,38 m, alors que la largeur normale était de 9 à 12 m.

ANGERS

Académie (Pl. de l') AZ
Alsace (R. d') CYZ
Anjou (R. d') BZ
Arago (Bd) ABY
Aragon (Av. Yolande d') AY 2
Arnaud (Bd H.) AY
Ayrault (Bd) BCY
Baudrière (R.) BY 5
Baumette (Rd-Pt de la) AZ
Bazin (Q. R.) BY
Beaurepaire (R.) AY
Berges (Voie des) BY
Besnardière (Av.) CY
Bessoneau (Bd) CY
Bichat (R.) AY 8
Blancheraie (Av. de la) AZ
Bon-Pasteur (Bd du) AY 9
Boreau (R.) CY
Bosnet (R.) BCY
Botanique (Sq.) CY
Bout-du-Monde (Prom. du) AY 12
Bressigny (R.) CZ
Carmes (Q. des) AY
Carnot (Bd) CY
Célestin Port (R.) CZ
Chaperonnière (R.) BYZ 15
Château-Gontier (R.) CZ
Clemenceau (Bd) AY
Commerce (R. du) CY 19
Constitution (Av. de la) CY
David-d'Angers (R.) CY 21
Daviers (Bd) ABY
Denis-Papin (R.) BZ 22
Descazeaux (Bd) AY
Dr-Bichon (Pl. du) AY
Desjardins (R.) CZ
Droits-de-l'Homme (Av.) CY
Dumesnil (Bd G.) AY
Espine (R. de l') BY 27
Estoile (Sq. J. de l') AY 28
Faidherbe (R.) AZ
Félix-Faure (Q.) BCY
Fèvre (Q. R.) AY
Foch (Bd du Mar.) BCZ
Foulques-Nerra (Bd) AY
Freppel (Pl.) BY 31
Gambetta (Quai) BY
Gare (R. de la) BZ 32
Gaulle (Bd du Gén.- de) AZ
Guitton (R. J.) CY
Hanneloup (R.) CZ
Haras (R. du) BZ
Hoche (R.) AZ
Imbach (Pl. Louis) CY
La Rochefoucauld-Liancourt (Pl.) ABY 38
Laiterie (Pl. de la) AY
Leclerc (Pl. du Mar.) CY
Lenepveu (R.) CY 40
Leroy (Pl. A.) CZ
Lices (R. des) BZ
Ligny (Quai) AY
Lionnaise (R.) AY
Lise (R. P.) CY 43
Lycée (Pl. du) CZ
Mail (R. du) BCYZ
Maillé (R.) BCY
Maine (R. du) CY
Marceau (R.) AZ 45
Marengo (Pl.) BZ
Meignanne (R. de la) AY
Mendès-France (Pl. P.) CY
Mirault (Bd) BY 49
Mitterrand (Allée F.) CY
Mitterrand (Pl. F.) BCY
Molière (Pl.) BY
Mondain-Chanlouineau (Sq.) BY 51
Monge (Quai) ABY
Oisellerie (R.) BY 53
Paix (Pl. de la) AY
Parcheminerie (R.) BY 54
Pasteur (Av.) CY 55
Paul Bert (R.) BCZ
Pilori (Pl. du) CY 56
Plantagenêt (R.) BY 57
Pocquet-de-Livonnières (R.) CY 58
Poëliers (R. des) CY 59
Poissonnerie (Pl. de la) BY 60
Port-Ligny (Espl. du) AY 62

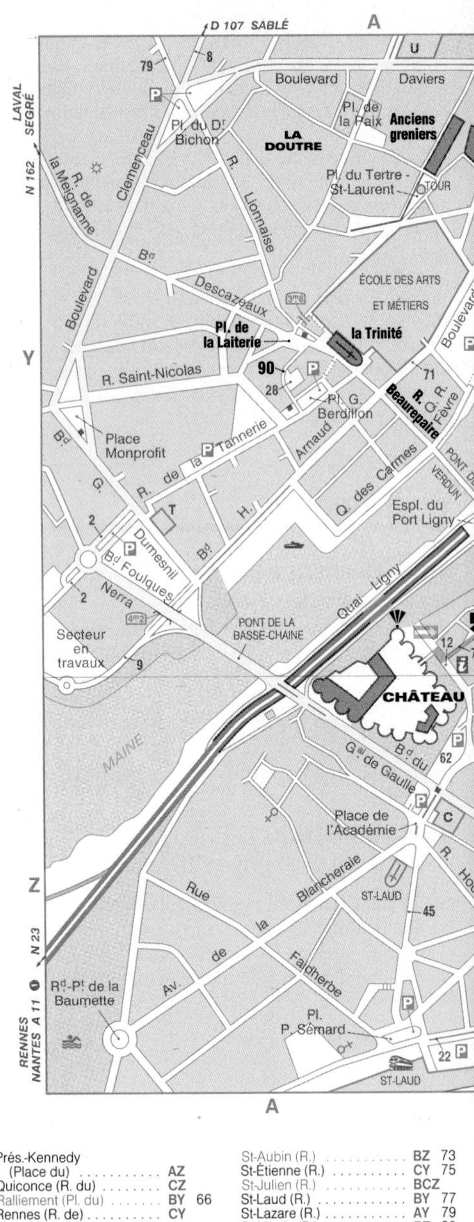

Prés.-Kennedy (Place du) AZ
Quiconce (R. du) CZ
Ralliement (Pl. du) BY 66
Rennes (R. de) CY
Résistance-et-de-la-Déport. (Bd) CY 68
Robert (Bd) BY 69
Roë (R. de la) BY 70
Roi René (Bd du) BZ
Ronceray (Bd du) AY 71
St-Aignan (R.) AY 72
St-Aubin (R.) BZ 73
St-Étienne (R.) CY 75
St-Julien (R.) BCZ
St-Laud (R.) BY 77
St-Lazare (R.) AY 79
St-Martin (R.) BZ 80
St-Maurice (Mtée) BY 82
St-Maurille (R.) CY 83
St-Michel (Bd) CY 85
St-Nicolas (R.) AY
Ste-Croix (Pl.) BZ 86
Sémard (Pl. P.) AZ

tympan, Christ en majesté entouré des symboles des quatre évangélistes. Au troisième étage, huit niches abritent un saint Maurice et ses compagnons en costumes militaires du 16e s.

Intérieur – Le vaisseau unique est couvert d'une des premières voûtes gothiques nées en Anjou (milieu du 12e s.) ; chapiteaux et consoles, remarquablement sculptés, supportent une galerie à rampe de fer forgé. Dans le transept, voûtes angevines d'une époque plus avancée que celles de la nef : nervures plus nombreuses, plus légères et plus gracieuses.

Des **vitraux★★** du 13e s., aux belles tonalités bleues et rouges, illuminent le chœur. Le mobilier est de grande qualité : grandes orgues **(a)** du 18e s. soutenues par des

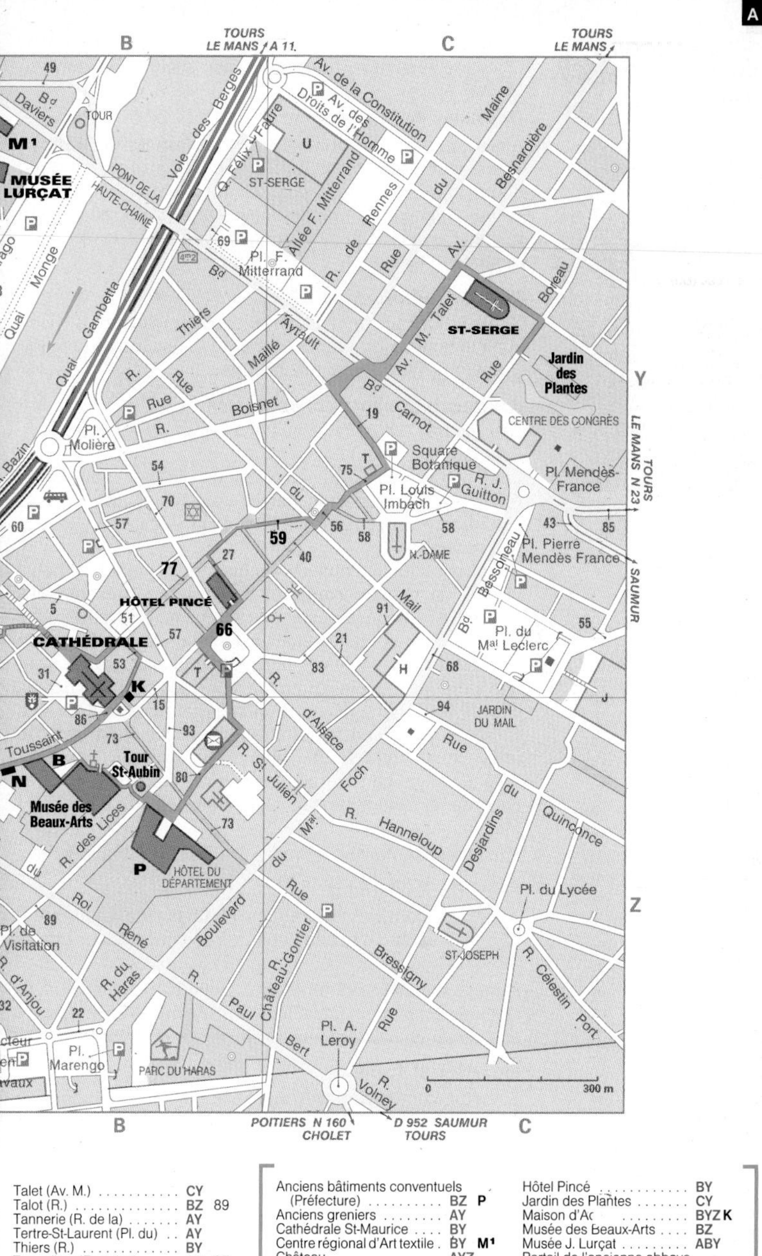

Talet (Av. M.) . . . . CY
Talot (R.) . . . . BZ 89
Tannerie (R. de la) . . . . AY
Tertre-St-Laurent (Pl. du) . . AY
Thiers (R.) . . . . BY
Tonneliers (Rue des) . . . . . AY 90
Toussaint (R.) . . . . BZ
Ursules (R. des) . . . . CY 91
Volney (R.) . . . . CZ
Voltaire (R.) . . . . BZ 93
8-Mai-1945 (Av. du) . . . . . . CZ 94

Anciens bâtiments conventuels (Préfecture) . . . . BZ P
Anciens greniers . . . . AY
Cathédrale St-Maurice . . . . BY
Centre régional d'Art textile . BY M¹
Château . . . . AYZ
Église la Trinité . . . . AY
Église St-Serge . . . . CY
Galerie David d'Angers . . . BZ B
Hôtel du Croissant . . . . AY E

Hôtel Pincé . . . . BY
Jardin des Plantes . . . . CY
Maison d'Adam . . . . BYZ K
Musée des Beaux-Arts . . . . BZ
Musée J. Lurçat . . . . ABY
Portail de l'ancienne abbaye Toussaint . . . . BZ N
Quartier la Doutre . . . . AY
Tour St-Aubin . . . . BZ

atlantes, chaire monumentale **(b)** du 19e s., maître-autel **(c)** surmonté de colonnes de marbre et d'un baldaquin de bois doré (18e s.), tapisseries d'Aubusson, stalles sculptées du 18e s. **(d)**, et statue de sainte Cécile en marbre, par David d'Angers **(e)**.

En longeant l'évêché, gagner la rue de l'Oisellerie.

Aux nos 5 et 7, deux jolies maisons à colombages du 16e s.

Prendre la première rue à droite.

Maison d'Adam★

Maison du 16e s. à pans de bois, aux poteaux ornés de nombreux personnages sculptés. La maison Adam devrait son nom au pommier qui semble soutenir la tourelle d'angle, encadré, jusqu'à la Révolution, des deux

La maison d'Adam à Angers.

statues d'Adam et d'Ève. Mais il se trouve aussi qu'au 18ᵉ s. cette maison fut habitée par un juge du nom de Michel Adam...

Poursuivre par la rue Toussaint.

Au nº 37, le portail classique de l'**ancienne abbaye Toussaint** s'ouvre sur une élégante courette flanquée d'une tourelle sur trompe.

La description de la Galerie David d'Angers (ancienne église devenue musée) et du musée des Beaux-Arts est donnée dans la partie « Visiter ».

Tour St-Aubin

Beffroi (12ᵉ s.) de l'ancienne abbaye St-Aubin, riche abbaye bénédictine fondée au 6ᵉ s. : saint Aubin, évêque d'Angers (538-550), y fut inhumé.

Anciens bâtiments conventuels★

9h-12h, 14h-18h (sf événements à l'Hôtel du Département). Gratuit.

Les bâtiments de l'ancienne abbaye St-Aubin, reconstruits en grande partie aux 17ᵉ et 18ᵉ s., sont actuellement occupés par l'hôtel du département et la préfecture.

À gauche de la cour et visible au travers des baies vitrées, la **galerie romane**★★ du cloître présente des sculptures d'une finesse remarquable. La porte aux voussures sculptées menait à la salle capitulaire, dont les arcatures voisines permettaient aux frères qui n'avaient pas « voix au chapitre » d'assister aux débats depuis la galerie ; décorant la baie géminée, à droite de la porte, Vierge en majesté, encensée par les anges (en foule sur l'archivolte) ; plus bas, l'épisode des Rois mages : à gauche Hérode envoie ses soldats massacrer les enfants innocents, tandis qu'à droite l'étoile guide les Mages.

> La dernière arcature à droite porte la scène la mieux conservée de l'ensemble : au centre se prépare le combat inégal de David armé de sa fronde contre le géant Goliath en cotte de mailles ; à droite David vainqueur tranche la tête du vaincu, et à gauche il présente son trophée au roi Saül.

Par la rue St-Martin, rejoindre la place du Ralliement.

Place du Ralliement

Avec ses commerces animés et la façade monumentale de son théâtre, elle constitue le centre vivant de la ville.

Dans la rue Lenepveu, prendre la première à gauche, rue de l'Espine. On passe devant l'Hôtel Pincé dont la description est donnée dans la partie « visiter ».

Quartier St-Laud

La petite rue St-Laud traverse un agréable quartier piéton et commerçant, avec quelques façades anciennes : au nº 21, rue St-Laud (15ᵉ s.), ou au nº 9, rue des Poëliers (16ᵉ s.).

Pour rejoindre l'église St-Serge, après avoir emprunté la rue St-Étienne et la rue du Commerce, traverser le boulevard Carnot.

Église St-Serge★

Tlj sf dim. ap.-midi (hors juil.-août).

Elle fut jusqu'en 1802 l'église de l'abbaye bénédictine du même nom, fondée au 7ᵉ s. La nef (15ᵉ s.) contraste avec le chœur car ses piliers massifs la font apparaître plus étroite. De gracieux vitraux (15ᵉ s.) au fond en grisaille garnissent ses fenêtres hautes : ils représentent les prophètes, côté Nord, et les apôtres, côté Sud. Sur le mur du fond du chœur, sacrarium – armoire à reliques – de style flamboyant.

> **Chœur★★ du 13ᵉ s.**
> Remarquablement large, élégant et lumineux, il offre un parfait exemple du style angevin à son apogée, avec ses 13 voûtes qui retombent en faisceaux de nervures sur de fines colonnes.

Jardin des Plantes

Situé sur l'arrière du Centre des congrès et face aux anciens bâtiments conventuels (18ᵉ s.) de l'abbatiale St-Serge, ce jardin paysager est planté de beaux arbres aux essences rares (notamment l'arbre « aux pochettes », le Davidia). Bassin et volière distrairont les promeneurs, ainsi que la petite église romane St-Samson, remaniée aux 16ᵉ et 17ᵉ s.

visiter

Le château★★★

De mi-mars à fin oct. : (dernière entrée 3/4h av. fermeture) 10h-18h (de juin à mi-sept. : 9h30-19h) ; de nov. à mi-mars : 10h-17h. Fermé 1er janv., 1er mai, 1er et 11 nov., 25 déc. 35F (enf. : 23F). ☎ 02 41 87 43 47.

La forteresse construite par Saint Louis de 1228 à 1238 constitue un magnifique spécimen d'architecture féodale. Les tours étaient autrefois plus hautes de un ou deux étages et coiffées de toits en poivrière.

De la plus haute tour, la **tour du Moulin**, à l'angle Nord, **vues**★ étendues sur la ville : les tours de la cathédrale et St-Aubin, les rives de la Maine, ainsi que l'intérieur du château, l'enfilade des tours de la muraille, le dessin soigné des jardins, la chapelle et le logis royal. Poursuivre le **tour des Remparts** du côté Est : charmant jardin médiéval semé de lavandes, de marguerites et de roses trémières, près d'une vigne comme aimait à en planter le roi René.

La forteresse, construite par Saint Louis, est montée en schiste sombre rayé de lits de pierre blanche. Pendant les guerres de Religion, le roi Henri III ordonna la démolition du monument, mais le gouverneur Donadieu de Puycharic se contenta de découronner toutes les tours qui furent alors aménagées en terrasse.

Tenture de l'Apocalypse★★★ – Abritée dans une galerie spécialement conçue, cette tenture mondialement célèbre est la plus ancienne qui nous soit parvenue, après la tapisserie de Bayeux.

Elle fut commandée pour le duc Louis Ier d'Anjou, et vraisemblablement exécutée à Paris entre 1373 et 1383, sur des cartons de Hennequin de Bruges, d'après les enluminures d'un manuscrit du roi Charles V. En 1400, elle fut tendue dans la cour de l'évêché d'Arles lors du mariage de Louis II d'Anjou avec Yolande d'Aragon. Léguée par le roi René à la cathédrale d'Angers, elle y était exposée lors des fêtes religieuses, avant de sombrer dans l'oubli à la fin du 18e s. Le chanoine Joubert la fit restaurer de 1843 à 1870.

Longue à l'origine de 133 m et haute de 6 m, elle était composée de 6 pièces de dimensions égales, comprenant chacune un grand personnage assis sous un dais, le regard tourné vers deux rangées de 7 tableaux dont le fond, alternativement rouge et bleu, forme un damier. Deux longues bordures représentent le Ciel, peuplé d'anges musiciens, et la Terre, jonchée de fleurs (disparue dans la première partie). Les 76 tableaux qui nous sont parvenus forment un ensemble magnifique.

L'Apocalypse

La tenture interprète au plus près le texte de saint Jean : pour ranimer l'espérance des chrétiens ébranlés par la violence des persécutions, l'auteur présente sous forme de visions prophétiques la victoire du Christ et, après maintes épreuves, le triomphe de son Église.

Chapelle et logis royal – Ces bâtiments du 15e s. se dressent à l'intérieur de l'enceinte. Dans la chapelle, vaste et claire, vantaux gothiques finement sculptés de la porte, petite chapelle ducale dotée d'une cheminée, et, à une clef de voûte, représentation de la croix d'Anjou. Par l'escalier contigu, œuvre du roi René, on accède à l'étage du logis.

Tenture de la Passion et tapisseries mille-fleurs★★ – Le logis royal abrite une superbe collection de tapisseries des 15e et 16e s. : les 4 pièces de la **Tenture de la Passion** (fin 15e s.), d'une admirable richesse de coloris, et plusieurs tapisseries de style mille-fleurs. Parmi lesquelles la tenture des *Anges porteurs des instruments de la Passion*, originale par son sujet religieux, et sur *Penthésilée*, fragment d'une tenture représentant les neuf « preuses ».

Parmi les tapisseries mille-fleurs, l'admirable Dame à l'orgue *(16e s.).*

Galerie David d'Angers★

33 bis, rue Toussaint. De mi-juin à mi-sept. : 9h-18h30 ; de mi-sept. à mi-juin : tlj sf lun. 10h-12h, 14h-18h. Fermé 1er janv., 1er et 8 mai, 14 juil., 1er et 11 nov., 25 déc. 10F. ☎ 02 41 87 21 03.

L'ancienne église abbatiale Toussaint (13e s.), dont les voûtes Plantagenêt effondrées en 1815 ont été remplacées par une vaste verrière à armature métallique, abrite la quasi-totalité des œuvres d'atelier que le sculpteur **David d'Angers** (1788-1856) légua de son vivant à sa ville natale.

La collection présente des statues monumentales (le roi René, Gutenberg, Larrey), des monuments funéraires (comme celui du général Bonchamps), un ensemble de bustes de personnages célèbres (Chateaubriand, Victor Hugo, Balzac), et des médaillons en bronze aux effigies des contemporains de l'artiste. Remarquez aussi, dans un renfoncement vitré, le *Jeune Berger* qui s'intègre parfaitement dans le jardin de la très moderne bibliothèque municipale.

En sortant du musée, à gauche, cloître du 18e s. dont les deux galeries ont été restaurées.

Hôtel Pincé★

Mêmes conditions de visite que pour la galerie David d'Angers. 10F.

Turpin de Crissé

Peintre (1772-1859) natif d'Angers, chambellan de l'impératrice Joséphine et membre de l'Institut, il a légué à sa ville une superbe collection d'art, en particulier d'Extrême-Orient.

Ce gracieux hôtel Renaissance, élevé pour un maire d'Angers et légué à la ville en 1861, abrite le **musée Turpin-de-Crissé**. Il présente des vases grecs et étrusques au rez-de-chaussée, une collection égyptienne au 1er étage. Mais ne manquez surtout pas, au 2e étage, la très belle collection de céramiques, masques et estampes japonaises, ainsi que la collection chinoise (céramiques, bronzes, tissus).

Musée des Beaux-Arts (Logis Barrault)

Fermé pour rénovation jusqu'en 2002.

Belle demeure de la fin du 15e s., construite par Olivier Barrault, secrétaire du roi, trésorier des États de Bretagne et maire d'Angers. Au 17e s. elle fut occupée par le séminaire, qui compta **Talleyrand** parmi ses élèves.

Précieux

Une croix-reliquaire du 12e s., un masque de gisant du 13e s. et la **Vierge du Tremblay** en terre cuite du 16e s.

◀ Au 1er étage, les collections du musée archéologique évoquent l'histoire de l'Anjou, du 12e au 14e s. Le cabinet des « arts précieux » expose de remarquables ivoires et émaux peints.

Le 2e étage est consacré à la peinture : beaux primitifs (dont un triptyque de J. Bellegambe ; de l'atelier de François Clouet), des petits portraits du 17e s. (Philippe de Champaigne, Pierre Mignard), de l'école française du 18e s. et du 19e s. ; des œuvres des peintres angevins Lenepveu et Bodinier, ainsi que d'un pastelliste local, Alexis Axilette, né à Durtal.

LA RIVE DROITE DE LA MAINE

Musée Jean-Lurçat et de la Tapisserie contemporaine★★

De mi-juin à mi-sept. : 9h-18h30 ; de mi-sept. à mi-juin : tlj sf lun. 10h-12h, 14h-18h. Fermé 1er janv., 1er et 8 mai, 14 juil., 11 nov., 25 déc. 20F. ☎ 02 41 24 18 48.

Le musée occupe l'**ancien hôpital St-Jean★** ; fondé en 1174 par Étienne de Marçay, sénéchal d'Henri II Plantagenêt. La vaste salle des malades, remarquable par ses voûtes angevines reposant sur de fines colonnes, conserve, à droite de l'entrée, l'**ancienne pharmacie★** de l'hôpital (17e s.). Les boiseries de l'ancienne pharmacie sont garnies de pots et chevrettes (supports) en faïence. Dans la niche centrale, somptueux vase à thériaque (préparation pharmaceutique antipoison) en étain, de 1720. Accrochée sur 80 m long, la série de tapisseries de Lurçat intitulée le ***Chant du monde★★***.

Par la porte du mur Ouest, on accède au cloître roman qui s'ouvre sur un jardinet et abrite de nombreux fragments lapidaires.

Plus à l'Ouest, les **anciens greniers** sont ornés de baies géminées.

Au 3, boulevard Daviers, le **Centre régional d'Art textile** regroupe une vingtaine de liciers-créateurs (personnes qui montent les pièces, lices, du métier à tisser) répartis en ateliers. Ce centre propose des visites commentées et des stages d'initiation à l'art de la tapisserie. *Tlj sf dim. et lun. 14h-18h. Fermé en août, vac. scol. Noël, j. fériés. Gratuit. ☎ 02 41 87 10 88.*

La donation Simone Lurçat rassemble des peintures, des céramiques et d'autres tapisseries de son époux. Une salle est réservée aux tapisseries de la donation Thomas Gleb, le rez-de-chaussée étant affecté aux expositions temporaires.

LE CHANT DU MONDE

Jean Lurçat (1892-1966), rénovateur de l'art de la tapisserie, avait découvert avec admiration, en 1938, la tenture de l'Apocalypse et en avait été profondément marqué ; 19 ans plus tard, il entreprit sa plus belle pièce, exposée ici. Ces dix compositions symboliques sont l'aboutissement de ses recherches : conception monumentale, absence quasi totale de perspective, travail à gros points, réduction du nombre des teintes. L'ensemble illustre les joies et les angoisses de l'homme face à l'univers, et enchevêtre formes, rythmes et couleurs avec un rare dynamisme.

La Doutre★

Ce quartier « d'outre »-Maine conserve de vieilles maisons à pans de bois mises en valeur : sur la jolie **place de la Laiterie**, dans la rue Beaurepaire qui relie cette place au pont (en particulier, au n° 67, la demeure datée de 1582 de l'apothicaire Simon Poisson, ornée de statues), et le long de la rue des Tonneliers. Voir également l'**église de la Trinité** (12e s.), surmontée d'un clocher du 16e s.

alentours

Musée Cointreau à St-Barthélemy-d'Anjou

Par la route du Mans, au Nord-Est du plan, puis par le boulevard de la Romanerie, à droite. Visite guidée (1h1/2) à 10h30, 14h30, 16h30. Fermé en janv. et 25 déc. 35F (enf. : 17F). ☎ 02 41 31 50 50.

Fondée en 1849 par les frères Cointreau, inventeurs de la liqueur cristalline à saveur d'orange (symbolisée par un Pierrot), cette entreprise angevine, située dans la zone industrielle St-Barthélemy-Croix-Blanche, propose la visite de ses installations en 4 espaces.

L'espace « produit » s'ouvre sur le monde des arômes et lève un coin de voile sur les secrets de fabrication, les étapes d'élaboration et les fabuleux alambics ; l'espace « entreprise » raconte 150 ans de traditions et d'innovations ; l'espace « communication » suit une longue passerelle au-dessus de la chaîne d'embouteillage ; le dernier espace, convivial, est l'espace « dégustation » lieu de découvertes œnologiques où le barman vous fera découvrir « des arômes au nez et des saveurs en bouche », tout un programme !

PUB !

La Maison Cointreau, dès la fin du 19e s., a fait travailler pour sa pub (qu'on appelait alors la réclame) de nombreux affichistes parmi lesquels : Tamagno, Jossot, Ogé, Loupot et Mercier.

Château de Pignerolle★

8 km à l'Est d'Angers par la D 61, à la sortie de St-Barthélemy-d'Anjou.

Dans un grand parc public de plus de 70 ha, ce château, réplique du Petit Trianon de Versailles, fut construit au 18e s. par l'architecte angevin Bardoul de La Bigottière pour Marcel Avril, écuyer du roi et directeur de l'Académie d'équitation d'Angers. Durant la Seconde Guerre mondiale, il a successivement abrité le gouvernement polonais en exil, le quartier général de

l'amiral Dœnitz qui en avait fait son centre de communication radio avec les sous-marins et, après la Libération, des unités américaines sous les ordres du général Patton.
Il abrite **le musée européen de la Communication**★★ – *Avr.-Toussaint : 10h-12h30, 14h30-18h ; Toussaint-avr. : sam. 14h30-18h, dim. et vac. scol. 10h-12h30, 14h30-18h. Fermé 25 déc. 45F (enf. : 25F). ☎ 02 41 93 38 38.*
Cette riche collection d'appareils scientifiques retrace l'histoire des communications, les grandes étapes qui l'ont marquée et les différents moyens ou modes d'expression utilisés. Le rez-de-chaussée, dédié à Léonard de Vinci, évoque l'origine de la communication. Le premier étage présente une grande rétrospective, de la TSF (une salle est consacrée à l'évolution des postes de radio de 1898 à 1960) à la télévision (reconstitution d'un studio des années 1950).

Reconstitution du premier émetteur TSF (téléphonie sans fil) au troisième étage de la tour Eiffel

Au second étage, reconstitutions du salon du *Nautilus* d'après Jules Verne et de l'arrivée d'Armstrong sur la Lune. Dans le parc, vous retrouverez un autre mode de communication, plus naturel : celui des oiseaux...

St-Sylvain-d'Anjou

9 km au Nord-Est d'Angers, par la route du Mans.
Une coopération étroite entre archéologues et compagnons charpentiers du devoir a permis la reconstitution précise d'un **château à motte** et de sa « basse-cour » tels qu'ils existaient au début de la féodalité. *Pâques-Toussaint : visite guidée dim. et j. fériés 15h-19h ; repas de fouées sur demande préalable tlj sf lun. 19h-21h ; soirées médiévales sam. à 21h ; de juil. à fin août : veillées médiévales jeu. et ven. 21h-22h30. 25F, 40F soirées médiévales. ☎ 02 41 76 45 80.*

La vie de château ?
C'est à la fin du 10e s. et au cours des 11e s. et 12e s. qu'apparurent les châteaux à motte, édifices défensifs en bois, construits sur des tertres élevés de main d'homme. Le seigneur, sa famille, le chapelain et quelques gardes habitaient la tour. Dans les maisons de la basse-cour (délimitée par un fossé et par une levée de terre surmontée d'une palissade) vivaient le reste de la garnison, les artisans, les valets ; étables, écuries, granges, fours et parfois un oratoire venaient s'y ajouter.

Les Ponts-de-Cé

7 km au Sud du plan, N 160.
Traversés par le canal de l'Authion et les bras de la Loire, les Ponts-de-Cé (avec leur quatre ponts) auront vu couler maints ruisseaux de sang... Sous Charles IX, un corps de troupes, commandé par Strozzi, veut passer de Vendée en Anjou. Embarrassé par les 800 ribaudes qui accompagnent les soldats, le rude capitaine les fait jeter à la Loire. En 1562, les huguenots s'emparent du château mais ils en sont chassés, et ceux qui n'ont pas péri au cours du combat sont précipités dans le fleuve. En 1793, de nombreux Vendéens sont fusillés dans l'île qui entoure le château. Ses vestiges se dressent au bord de la route, couronnés de mâchicoulis. De style gothique, ravagée par un incendie en 1973, l'**église St-Aubin** conserve quelques éléments de mobilier intéressants : retables et statues, notamment un beau Christ aux liens.

Trélazé

7 km à l'Est d'Angers, par la route de Saumur.

Trélazé est connu pour ses ardoises, dont l'exploitation remonte au 12e s. Au temps de la navigation sur la Loire, elles remontaient le fleuve par bateaux pour aller couvrir de leur chape bleutée les églises, châteaux, manoirs ou simples maisons qui bordaient le fleuve et ses alentours. Près d'une ancienne carrière à ciel ouvert, sur un site de 3 ha, le **musée de l'Ardoise** présente des éléments de géologie, les anciennes techniques d'extraction de l'ardoise, la vie des ardoisiers, et enfin des procédés d'exploitation plus récents. Une démonstration de fente à l'ancienne est assurée par d'anciens « perreyeux ». ♿ *De mi-fév. à fin nov. : visite guidée (1h1/2) dim. et j. fériés 14h-18h (de juil. à mi-sept. : tlj sf lun.). 35F.* ☎ *02 41 69 04 71.*

itinéraire

LA LOIRE MAUGEOISE★

83 km – environ 4 h. Quitter Angers par le boulevard du Bon-Pasteur et prendre à gauche la D 111, vers Bouchemaine.

Après la Pointe, la route s'éloigne de la rive du fleuve et court à travers les vignes. Dans la descente qui s'amorce après Épiré, elle domine le vallon profond d'un petit affluent de la Loire.

Anjou sec

Les vins blancs secs de Savennières proposent deux appellations particulièrement réputées : coulée-de-serrant et roche-aux-moines.

Savennières

L'**église** du village présente un joli chevet roman sculpté, avec un portail Sud de la même époque ; un décor de briques en « arêtes de poisson » orne le mur en schiste (10e s.) de la nef.

Béhuard★

La très charmante île de Béhuards'est constituée autour d'un rocher où campe sa petite église. Le long du calvaire, un court chemin mène vers la Loire et sa large plage de sable.

Au péril de la Loire

À l'époque païenne il existait déjà un sanctuaire dédié à une déesse marine, qui fit place au 5e s. à un petit oratoire ; on y priait pour les mariniers « au péril de la Loire ». Au 15e s., Louis XI, sauvé d'un naufrage, fit élever l'église actuelle qui devint un but de pèlerinage populaire à la Vierge, protectrice des voyageurs : n'avait-elle pas connu la fuite en Égypte ?

Église Notre-Dame – En face de l'ancien **logis du roi** (15e s.) bâti, selon la tradition, pour les visites de Louis XI, un petit escalier donne accès à l'église.

La nef principale est en partie formée par le rocher ; au mur du chœur sont suspendues des chaînes, offertes en ex-voto par un galérien, revenu des prisons barbaresques ; les miséricordes des stalles (16e s.) sont malicieusement historiées ; nichée dans le chœur, la statue de N.-D.-de-Béhuard ; dans la nef latérale, intéressant vitrail (fin 15e s.) où figure une *Crucifixion,* avec Louis XI à gauche en donateur.

En sortant, offrez-vous une petite promenade dans le vieux **village★** et ses maisons des 15e et 16e s.

Rochefort-sur-Loire

Rochefort est situé dans un cadre agreste au bord du Louet, bras de la Loire. Plusieurs maisons anciennes, à tourelles ou à échauguettes, se dressent sur la place en contrebas de la D 751. Les coteaux voisins produisent le célèbre **quart de chaume**, vin blanc capiteux et sèveux.

La corniche angevine★

Cette route taillée dans la falaise jusqu'à Chalonnes offre à partir de La Haie-Longue des vues plongeantes sur toute la largeur du Val et sur les petites localités qui bordent la Loire.

La Haie-Longue

En arrivant à la Haie-Longue, vous apercevrez dans un virage une chapelle dédiée à **N.-D.-de-Lorette**. En face se dresse un monument élevé en mémoire de René Gasnier, pionnier de l'aviation. **Vue★** remarquable sur la

Les ailes de N.-D.-de-Lorette

Patronne des aviateurs ; la maison de la Vierge fut, selon la légende, transportée dans les airs par les anges, de Nazareth en Yougoslavie, puis de là sur la côte italienne à Loreto, où on la vénère sous le nom de Santa Casa.

Loire et ses « boires », nappes paresseusement étalées sous une lumière argentée ; prairies, manoirs à tourelles, arbres et coteaux ponctuent ce paysage empreint d'une douceur musicale.

Chalonnes-sur-Loire

Saint Maurille, évêque d'Angers au 5e s., y vit le jour. Du quai sur la Loire, jolie vue sur le fleuve. Le vieux port accueille quelques barques de pêche et bateaux de plaisance.

Après Chalonnes, la D 751 suit le bord du plateau, coupé de petites vallées affluentes.

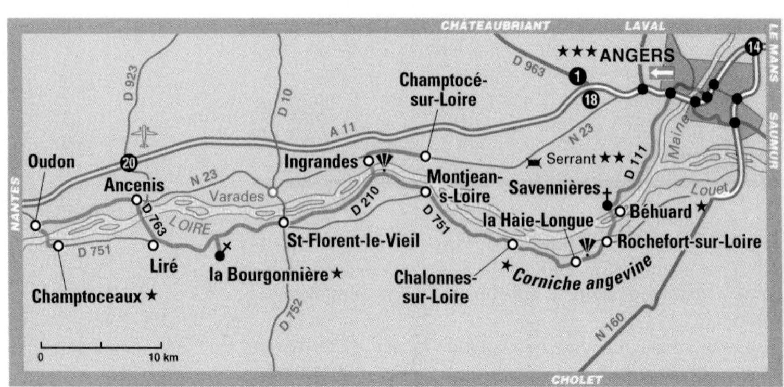

Montjean-sur-Loire

Montjean (prononcer : Montejan) serre ses vieilles rues étroites sur un promontoire rocheux qui domine la Loire. Les locaux de l'ancienne forge abritent un **écomusée**, où sont évoquées des activités traditionnelles révolues : travail du chanvre, marine de Loire, fours à chaux, mines de charbon. ♿ *De mars à fin oct. : tlj sf lun. (juil.-août : tlj). 25F.* ☎ *02 41 39 08 48.*

De la terrasse proche de l'église, **vue** étendue sur le Val, le pont suspendu franchissant la Loire, et les nombreux villages aux toits d'ardoise.

De Montjean à St-Florent, suivre la D 210.

La **route★**, empruntant la levée de la Loire, dégage des perspectives au Nord sur le fleuve, et au Sud sur les coteaux du Thau, un de ses anciens affluents. Belle **vue** encore, en arrivant sur Ingrandes.

Ingrandes

Face à la Loire, Ingrandes était aux 17e et 18e s. un port important, dont on appréciera mieux le caractère de la rive Sud du fleuve, avec le dessin des murailles basses qui protègent la ville des crues. Sa situation à la lisière de la Bretagne en faisait aussi un lieu idéal de contrebande du sel : l'Anjou en effet était soumis à la gabelle, impôt sur le sel d'autant plus impopulaire que la salaison était le seul mode de conservation des aliments, tandis que la Bretagne en était exonérée.

Son **église** moderne (1956) est illuminée par d'immenses verrières, exécutées par les ateliers Loire d'après Bertrand.

Champtocé-sur-Loire

6 km à l'Est, sur la N 23.

À la sortie Est du village se dressent les ruines du château de **Gilles de Rais** (1404-1440), personnage inquiétant qui aurait inspiré à Charles Perrault son conte de *Barbe Bleue* *(voir aussi p. 138)*.

St-Florent-le-Vieil

St-Florent et sa colline s'aperçoivent de loin ; et du pont de la Loire, on découvre l'église dans une masse de verdure au sommet de son rocher, les maisons en schiste dévalant jusqu'aux quais.

Barbe-bleue

Maréchal de France, fidèle compagnon de Jeanne d'Arc qu'il tenta de délivrer de sa prison de Rouen, **Gilles de Rais** quitta le service du roi en 1435 pour se retirer à **Tiffauges.** Comparaissant devant le tribunal de Nantes pour alchimie, évocations démoniaques et égorgement d'enfants il avoua ses crimes, sans omettre un détail, n'hésitant que sur le nombre de ses victimes : cent, deux cents, ou davantage ? Le 26 octobre 1440, le sire de Rais fut pendu entre ses deux complices.

Église – Cette ancienne abbatiale du monastère bénédictin qui couronne le mont Glonne présente une façade et une tour classiques. Dans une chapelle à gauche, **tombeau de Bonchamps★**, en marbre blanc (1825), où **David d'Angers** a représenté le chef vendéen en héros antique. Dans la crypte, restaurée au 19e s. comme le chœur, Vierge du « Bien mourir », statue en pierre polychrome du 15e s.

Sur l'**esplanade**, espace ombragé, s'élève une colonne en l'honneur de la duchesse d'Angoulême, fille de Louis XVI. Des terrasses, **vue★** étendue sur le Val de Loire.

La clémence de Bonchamps

Le soulèvement de la Vendée angevine prit naissance à St-Florent le 12 mars 1793. Mais le 18 octobre, les Blancs, vaincus devant Cholet, refluèrent sur St-Florent avec leurs prisonniers et leurs blessés. Parmi ces derniers, figurait **Bonchamps**, près d'expirer. Exaspérés par les représailles de Westermann et de l'armée de Mayence, les Vendéens se préparèrent à venger leur chef en massacrant les républicains entassés dans l'église. Prévenu du sort qui attendait les malheureux, Bonchamps, à l'article de la mort, supplia son cousin Autichamps d'obtenir la grâce des prisonniers. Autichamps accourut alors vers l'église et cria : « Grâce aux prisonniers, Bonchamps le veut, Bonchamps l'ordonne ! » Et les Blancs épargnèrent leurs captifs. Ceux-ci comptaient dans leurs rangs le père de David d'Angers, sculpteur qui, en reconnaissance, exécuta l'émouvant monument placé dans l'église.

Musée d'Histoire locale et des Guerres de Vendée – *De Pâques à Toussaint : w.-end et j. fériés 14h30-18h30 (de juil. à mi-sept. : tlj). 15F. ☎ 02 41 72 62 32.*

Aménagé dans l'ancienne chapelle du Sacré-Cœur (17e s.), il rassemble des documents, des costumes (coiffes et « affûtiaux » des Angevines d'antan) et des armes ayant trait au mouvement vendéen et à ses chefs.

Ferme abbatiale des Coteaux – ♿ *Juil.-août : 14h30-19h ; de mi-juin à fin juin : w.-end et j. fériés 14h30-19h ; de déb. sept. à fin sept. : dim. 14h30-19h. Gratuit. ☎ 02 41 72 52 37.*

Les bâtiments, autrefois fortifiés, abritent le **carrefour des Mauges** (CPIE Loire et Mauges), où des expositions thématiques et des aquariums présentant les poissons de Loire contribuent à faire connaître le patrimoine et l'environnement locaux.

Après St-Florent-le-Vieil, la D 751 sinue parmi les collines.

Chapelle de La Bourgonnière★

De mi-juil. à fin août : 9h-12h, 14h-18h, dim. et j. fériés 14h-18h ; de sept. à mi-juil. : sur demande. 15F. ☎ 02 40 98 10 18.

Au sud de la D 751, entre le Marillais et Bouzillé, **Chapelle St-Sauveur★**, au portail délicatement sculpté (rinceaux et cornes d'abondance).

La nef supporte de belles voûtes en étoile, ornementées de blasons et de clefs pendantes. À droite, un rare banc seigneurial orné de grotesques à l'italienne (16e s.) ; au centre, le retable du maître-autel est surmonté d'une remarquable statue de la Vierge, attribuée à Michel Colombe, entre saint Sébastien et saint Antoine ermite. Le **retable★** de gauche, couvert de rinceaux et d'angelots, est dû, comme celui du maître-autel, à un artiste italien. Un admirable Christ en majesté se détache sur un fond peint où figurent les anges portant les instruments de la Passion, ainsi que Charlemagne et Saint Louis, patrons des donateurs.

Le mal des ardents

Les tours, tourelles et contreforts qui renforcent l'édifice sont ornés de coquilles, d'initiales LC, et de tau (T grec), emblèmes des antonins, ordre hospitalier protégé par Charles du Plessis et Louise de Montfaucon, les bâtisseurs du sanctuaire de 1508 à 1523. Les antonins soignaient le mal des ardents, fièvre violente, dite aussi « feu de saint Antoine ».

Liré

Ce village doit sa célébrité au poète **Joachim du Bellay** qui naquit non loin de là. Situé dans un logis du 16e s., le **musée Joachim-du-Bellay** conserve au 1er étage des souvenirs ayant trait au poète, le rez-de-chaussée est

carnet pratique

Hébergement

• ***Une petite folie !***

Château de la Colaissière – *49270 St-Sauveur-de-Landemont - 7 km au S de Champtoceaux par D 153 - ☏ 02 40 98 75 04 - fermé janv. - P - 16 ch. : à partir de 695F - ☕ 75F - restaurant 165/320*F. Du Moyen Âge à la Renaissance, les siècles ont laissé leur empreinte dans ce majestueux château au milieu d'un parc. Raffinement des vieux meubles, d'époque pour certains, et des tapisseries ornant les murs de pierre. Quelques chambres avec lit à baldaquin.

consacré à des collections du folklore local. *Tlj sf lun. et mar. 10h-12h, 14h-18h. Fermé en janv. 25F. ☏ 02 40 09 04 13.*

Ancenis

Les maisons d'Ancenis (schiste et ardoise) s'étagent face à la Loire que franchit un pont suspendu long de 500 m. Les fortifications de la cité et les remparts du château, dont les restes sont encore visibles, en faisaient une « clef de la Bretagne ».

Port très actif dans le trafic des vins, Ancenis fabriquait également des toiles à voile pour la batellerie.

Cana, fleuve... de vin

La coopérative agricole La Noëlle à Ancenis, aux activités très diversifiées, est l'une des plus importantes coopératives de France. Le groupement de producteurs « les Vignerons de La Noëlle » cultive 350 ha de vignes et produit des vins de Nantes et des vins d'Anjou.

Oudon

Un beau donjon médiéval, élevé entre 1392 et 1415, domine la localité. Du sommet de la **tour**, belle vue sur la vallée.*Juil.-août : 10h-12h, 14h30-19h ; mai-juin-sept. : w.-end et j. fériés 10h-12h, 14h30-19h ; sinon sur réservation. 20F. Office de tourisme. ☏ 02 40 83 80 04.*

Champtoceaux★

Site★ admirable, juché au faîte d'un piton dominant le Val de Loire. Derrière l'église, la **promenade de Champalud★★** offre un balcon panoramique sur la Loire, divisée en bras et en vastes îles sablonneuses ; elle vous permettra également de visiter les ruines de la citadelle démolie en 1420, ainsi qu'un ancien péage fluvial. Les vins blancs locaux ont acquis une réputation justifiée.

Joachim du Bellay (1522-1560)

Du Bellay, nourri de poésie grecque et latine, veut donner à sa langue maternelle une littérature aussi noble que celle qu'il admire chez les Anciens ; c'est lui qui rédige le manifeste du groupe, *Défense et Illustration de la langue française*, paru à Paris en 1549. Il l'a signé d'un « I.D.B.A. », Ioachim du Bellay Angevin, marque d'attachement à sa province. En 1553, ayant accompagné à Rome le cardinal du Bellay, son cousin, il écrivit le recueil des *Regrets*, dans lequel un sonnet resté fameux chante son village natal :

« ...Plus me plaist le séiour qu'ont basty mes ayeux,
Que des palais romains le front audacieux :
Plus que le marbre dur me plaist l'ardoise fine,
Plus mon Loire Gaulois, que le Tibre latin,
Plus mon petit Lyré, que le mont Palatin,
Et plus que l'air marin la doulceur Angevine... »

Château d'Azay-le-Rideau★★★

Rêve matinal émergeant d'une brume dorée, « diamant taillé à facettes, serti par l'Indre », ce petit palais posé comme en équilibre sur son miroir liquide semble issu d'un conte de fées : on imaginerait sans peine quelque belle princesse endormie, dans le silence de ces eaux calmes, le bruissement des grands sycomores, quand chaque détail, architecture, décors et proportions, suscite l'émerveillement plutôt que l'admiration : un lieu romantique et envoûtant.

La situation

Cartes Michelin nos 64 pli 14, 232 pli 35 ou 4037 C 4 – Indre-et-Loire (37). Légèrement en retrait de la route de Tours à Chinon (venant de Chinon, par la D 751, traversée d'une très belle forêt), on accède au village, puis au château en franchissant l'Indre, étroite et ombragée. *Pl. de l'Europe, BP 5, 37190 Azay-le-Rideau, ☎ 02 47 45 44 40.*

Le nom

Le village tient son nom d'un de ses seigneurs, Ridel ou Rideau d'Azay, armé chevalier par Philippe Auguste, et bâtisseur d'un château puissant. Mais en 1418, Charles VII, de passage à Azay, est insulté par la garnison bourguignonne. La répression est immédiate : la place est enlevée et brûlée, le capitaine et ses 350 soldats exécutés. Et jusqu'au 18e s., le village s'appellera Azay-le-Brûlé.

Les gens

3 100 Ridellois. Le grand financier **Gilles Berthelot** fait élever l'édifice actuel, de 1518 à 1527 : c'est sa femme, **Philippa Lesbahy**, qui dirige les travaux. Plus tard François Ier confisque Azay et le donne à l'un de ses compagnons d'armes des campagnes d'Italie, **Antoine Raffin** ; puis de nombreux propriétaires se succèdent, jusqu'au rachat par l'État, en 1905, pour 200 000F.

MILLE CHANDELLES !
En 1870, le prince Frédéric-Charles de Prusse loge à Azay. Un jour, le lustre tombe sur la table où il dîne. Le prince croit à un attentat et Azay échappe de justesse à une nouvelle destruction.

visiter

Le Château★★★

Compter 3/4h (promenade dans le parc non comprise). Avr.-oct. : (dernière entrée 3/4h av. fermeture) 9h30-18h (juil.-août : 9h30-19h) ; nov.-mars : 9h30-12h30, 14h-17h30. Fermé 1er janv., 1er mai, 1er et 11 nov., 25 déc. 35F (enf. : gratuit). ☎ 02 47 45 42 04.

Les lourdes tours médiévales sont devenues d'inoffensives tourelles aux contours gracieux. Le chemin de ronde sert à des effets de lucarnes, les mâchicoulis offrent prétexte à ornements et les fossés s'aplanissent en gracieux miroirs d'eau.

carnet pratique

Restauration

- ***À bon compte***

Les Grottes – *23 ter r. Pineau - 37190 Azay-le-Rideau - ☎ 02 47 45 21 04 - fermé 4 janv. au 6 fév., mer. soir et jeu. hors sais. - 99/199F.* La petite fraîcheur de cette maison est bien naturelle : c'est une ancienne habitation troglodytique creusée dans la roche. Gagnez quelques calories grâce à sa cuisine au goût du jour ou installez-vous en terrasse si le temps le permet.

- ***Valeur sûre***

Auberge du XIIe Siècle – *37190 Saché - 6,5 km à l'E d'Azay-le-Rideau par D 17 - ☎ 02 47 26 88 77 - fermé 10 au 31 janv., 13 au 20 juin, 28 août au 4 sept., dim. soir, mar. midi et lun. - 160/340F.* Cette vieille auberge à colombage, au centre du village, est une table de renom. Les poutres et pierres apparentes ainsi que la cheminée donnent aux deux salles à manger une atmosphère chaleureuse. Terrasse pour les repas en plein air.

Hébergement

- ***À bon compte***

Camping municipal Le Sabot – *Rte d'Artannes - 37190 Azay-le-Rideau - ☎ 02 47 45 42 72 - ouv. Pâques à oct. - ⊭ - réserv. conseillée - 228 empl. : 53F.* En bordure de l'Indre, ce camping réjouira les pêcheurs. Pour les autres, la rivière leur offrira son cadre paisible. Proximité du château et de ses célèbres spectacles son et lumière. Piscine, mini-golf et location de vélos.

Chambre d'hôte La Petite Loge – *15 rte de Tours - 37190 Azay-le-Rideau - ☎ 02 47 45 26 05 - fermé déc. à fév. - ⊭ - 5 ch. : 250/280F.* Malgré la proximité de la route, cette maison tourangelle, à la sortie d'Azay, est au calme. Les chambres simples ont une entrée indépendante. Une cuisine équipée est à votre disposition. En été, profitez du jardin et du barbecue.

- ***Valeur sûre***

Chambre d'hôte Le Clos Phillipa – *10 r. de Pineau - 37190 Azay-le-Rideau - ☎ 02 47 45 26 49 - 5 ch. : 280/450F.* Demeure du 18e s. attenante au parc du château. Les chambres sont spacieuses et bien décorées. Le grand salon est un lieu de convivialité. Dès les beaux jours, les copieux petits-déjeuners sont servis dans le jardin. Dégustation de vins régionaux.

Les hautes lucarnes Renaissance, finement décorées d'Azay-le-Rideau.

Construit en partie sur l'Indre, le château se compose d'un grand corps de logis et d'une aile en équerre. Partie la plus remarquable du logis, l'**escalier** d'honneur avec, sur la cour, ses trois étages de baies jumelées formant loggias et son fronton richement ouvragé. À Blois, l'escalier est encore à vis et en saillie sur la façade ; à Azay il est devenu intérieur et à rampes droites.
Les miroirs d'eau imprègnent l'endroit d'une douce mélancolie, avec leurs jeux d'ombres et de lumières.
À l'intérieur, décor et mobilier d'une grande richesse, certaines pièces se signalant par leur exceptionnelle qualité : chaire à dais en chêne de la fin du 15e s., lit brodé de la fin du 17e s., crédences, cabinets incrustés d'ivoire, portrait de la belle Diane de Poitiers, de l'inquiétante Marie de Médicis...
Également remarquable, un magnifique ensemble de **tapisseries**★ des 16e et 17e s. : verdures d'Anvers et Tournai, compositions tissées à Audenarde (scènes de l'Ancien Testament) ou Bruxelles (suite de l'*Histoire de Psyché*), tenture de *Renaud et Armide* exécutée dans les ateliers du faubourg St-Marcel à Paris d'après des cartons de Simon Vouet.

Église St-Symphorien

Cette curieuse église du 11e s., agrandie au siècle suivant puis au 16e s., présente, sur la partie droite de sa **façade**★ à pignons, des éléments de l'édifice primitif des 5e et 6e s. ; sur la gauche, une baie flamboyante, restaurée, au-dessus d'un porche en anse de panier, date également du 16e s.

Historiques mécaniques

La grande histoire revisitée par la mécanique... : avec ce petit tracteur Bauche retrouvé dans un grenier, entièrement démonté afin d'échapper à la réquisition ; l'extracteur-enfouisseur de mines *Hanomag* qui contribua à dresser le Mur de l'Atlantique, ou encore l'un des quelque cent Fordson débarqués le 6 juin 1944 à Arromanches.

alentours

Musée Maurice-Dufresne à Marnay★

6 km à l'Ouest d'Azay-le-Rideau par la D 57, puis la D 120. De mars à fin nov. : (dernière entrée 1h av. fermeture) 9h15-18h (mai-sept. : 19h). 50F (enf. : 25F). ☎ 02 47 45 36 18.

◀ ☺ Installé dans un ancien moulin papetier, ce musée prioritairement voué à la locomotion expose en fait, sur plus de 7 000 m², toutes sortes d'engins. Patiemment réunis, restaurés dans leurs rutilantes couleurs d'origine, présentés par des panneaux explicatifs, c'est une sorte de bric-à-brac merveilleux, à la limite du surréalisme : véhicules militaires américains, allemands ou français des deux guerres transformés en machines agricoles, roulottes foraines du début du siècle, première machine de mise en pression de la bière utilisée en France, monoplan Blériot, frère jumeau de celui qui traversa la Manche en juillet 1909...

circuit

VALLÉE DE L'INDRE

Circuit de 26 km à l'Est - compter environ : 2h

Quittez Azay au Sud par le pont sur l'Indre : vous pourrez jeter un dernier coup d'œil sur la silhouette blanche du château, à travers les arbres du parc.

Prendre aussitôt la D 17, puis à droite la D 57.

Villaines-les-Rochers

Le travail de l'osier tient traditionnellement une place essentielle dans les activités de ce village, étiré au confluent de deux petites rivières, en bordure de la forêt de Chinon. Nombreux vestiges d'habitations troglodytiques dans le coteau. La **Société coopérative agricole de vannerie** de Villaines, fondée en 1849 par le curé du village, compte environ 80 familles de vanniers ; elle a créé des ateliers qui accueillent des jeunes, et assure une formation professionnelle sur place. On peut visiter et acheter les produits, très variés, des artisans. ♿ *D'avr. à mi-oct. : 9h-12h, 14h-19h (juil.-août : 9h-19h) ; de mi-oct. à fin mars : 9h-12h, 14h-19h, dim. et j. fériés 14h-19h. Gratuit.* ☎ 02 47 45 43 03.

Rejoindre la D 17 par la D 217 qui longe la Villaine.

De l'osier, rien que de l'osier

L'osier noir, l'osier jaune et la « gravange » verte sont coupés en hiver, bottelés et plongés dans l'eau des « rutouères » d'où ils sont retirés en mai, puis décortiqués et façonnés. Balzac, du château voisin de Saché, écrivait : « Nous étions allés à Villaines, où se fabriquent les paniers du pays, nous en avons commandé de fort jolis. » Autrefois cet artisanat se transmettait de père en fils et se pratiquait à domicile dans des ateliers troglodytiques.

Saché

Le nom de Saché est célèbre pour avoir abrité de nombreux séjours de Balzac. Plus récemment, le sculpteur américain Alexander Calder (1898-1976), génial créateur de mobiles et de stabiles aux formes abstraites, y avait installé maison et atelier ; on peut voir, sur la place de Saché, l'un de ses mobiles.

Château de Saché – *De mi-mars à fin sept. : 9h30-12h, 14h-18h (mai-juin : 10h-18h ; juil.-août : 10h-18h30) ; d'oct. à mi-mars : 9h30-12h30, 14h-17h. Fermé déc.-janv. 24F, 48F (donne accès au Prieuré de Saint-Cosme et à la maison de La Devinière).* ☎ 02 47 26 86 50.

Cette demeure des 16e et 18e s., entourée d'un très beau parc, tout simple, mais imprégné d'un vrai charme romantique, appartenait au siècle dernier à M. de Margonne, ami de Balzac. Plusieurs salles présentent des portraits, des manuscrits, des épreuves corrigées, des éditions originales et divers souvenirs liés aux séjours de l'écrivain.

La chambre où Balzac travaillait est demeurée intacte, et conserve son atmosphère studieuse. On croit sentir l'odeur du café, que le grand homme avalait par litres entiers...

Pont-de-Ruan

À la traversée de l'Indre, deux moulins campent sur des îles couronnées de bouquets d'arbres : ce site plein de fraîcheur est abondamment décrit dans *Le Lys dans la vallée*.

Regagner Azay par la D 84.

Balzac à Saché

L'écrivain aimait venir à Saché oublier l'agitation parisienne et... les poursuites de ses créanciers (il y vint chaque année de 1828 à 1838). Il trouvait là non seulement une sérénité, un isolement propices au travail, mais aussi le modèle de certains cadres champêtres reproduits dans les *Scènes de la vie de province*. Il y écrivit, entre autres, *Le Père Goriot, La Recherche de l'absolu*, et, en partie, *Le Lys dans la vallée*, dont l'action se déroule dans la vallée de l'Indre, entre Saché et Pont-de-Ruan.

Baugé

Le roi René, qui aimait chasser dans les forêts avoisinantes, s'y fit construire une demeure ; le seigneur de Jarzé y introduisit la culture des poires ; ici et là, vallons, cours d'eau, chapelles, églises romanes ou Renaissance ponctuent un paysage tranquille de « brandes », de bois profonds, de prairies lumineuses et de bocages.

PAGE D'HISTOIRE

Yolande, fidèle soutien de Charles VII et de Jeanne d'Arc, détourna les Anglais de l'Anjou par la bataille du Vieil-Baugé (1421) où s'illustra sire Guérin de Fontaines, à la tête des Angevins et des mercenaires écossais. Le bon roi René, plus pacifique, peignait, versifiait, chassait le sanglier « baugé » dans les forêts voisines, et faisait ses dévotions à la relique de la Vraie Croix à l'abbaye de la Boissière.

La situation

Cartes Michelin n°s 64 plis 2, 12, 232 pli 21 ou 4049 I 3 – Maine-et-Loire (49). Au carrefour des routes de La Flèche, Angers, Saumur et Tours, Baugé se tient en lisière de la belle forêt de Chandelais, sur la rive droite du Couesnon.
Au château, 49150 Baugé, ☎ 02 41 89 18 07.

Le nom

De « bauge », gîte du sanglier qui peuplait en abondance cette forêt giboyeuse. Après la mainmise de Louis XI sur l'Anjou, Baugé s'appauvrit : le dicton « Je vous baille ma rente de Baugé » signifiait alors : « Je ne peux rien vous donner. »

Les gens

3 663 Baugeois. Fondé vers l'an mille par Foulques Nerra, Baugé fut au 15e s. une des résidences préférées de **Yolande d'Aragon**, reine de Sicile, et de son fils, le roi René.

visiter

Château

De mi-juin à mi-sept. : visite guidée (1h1/2, dernière entrée 1/2h av. fermeture) tlj sf lun. 14h30-18h (juil.-août : tlj 11h-13h, 15h-19h) ; d'avr. à mi-juin et de mi-sept. à fin oct. : w.-end et j. fériés 14h30-18h. 25F. ☎ 02 41 89 18 07.

BAUGÉ

Angers (Av. d')	Y	2
Beausse (R. M. de la)	Y	3
Camusière (Pl. de la)	Y	
Clemenceau (R. G.)	Y	
Croix-Orée (Pl. de la)	Z	
Cygne (R. du)	Y	4
Dr-Thuau (R. du)	Z	5
Dr-Zamenhof (R. du)	Y	6
Église (R. de l')	Z	7
Europe (Pl. de l')	Z	
Foch (Bd du Mar.)	Z	
Foulques-Nerra (R.)	Z	
Gaulle (Av. du Gén.-de)	Z	8
Girouardière (R. de la)	Z	9
Jeanne-d'Arc (Av.)	Z	
Le-Gouz-de-la-B. (Av.)	Z	10
Lofficial (R.)	Y	12
Marché (Pl. du)	Y	
Melun (R. A. de)	Y	14
Paix (R. de la)	Y	
Papin (R. F.)	YZ	
Pasteur (R.)	Y	
Pau-Brûlé (R. du)	Y	
St-Nicolas	Z	16
Valboyer (R. du)	Z	
Victor-Hugo (R.)	Z	17

Chapelle des Filles-du-Cœur-de-Marie . Z B

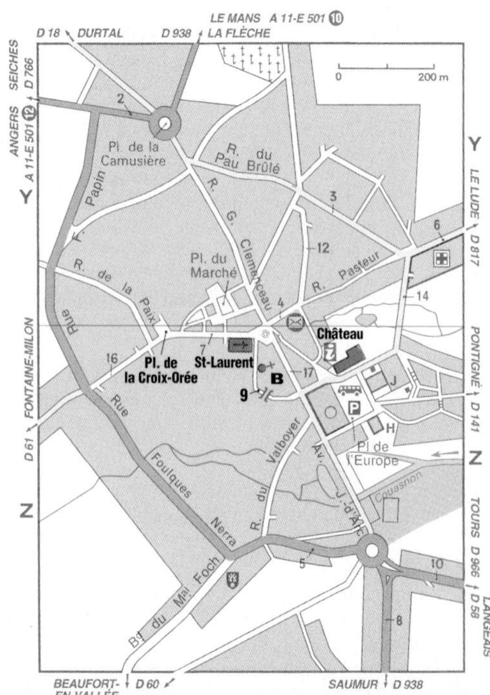

Cette demeure du 15e s. abrite l'Office de tourisme et un **musée** (collections d'armes, de faïences et de monnaies anciennes). Le roi René dirigea lui-même, en 1455, la construction de ses tourelles, des lucarnes à gâbles, de l'oratoire (aile droite) et de l'amusante échauguette de la façade postérieure où les maçons se sont représentés.

PALMIER CÉLESTE
Une élégante porte en accolade donne accès à l'**escalier à vis** qui se déroule jusqu'à une magnifique voûte en palmier, richement ornée : blasons Anjou-Sicile et emblèmes, anges, tau (T grec), symboles de la croix du Christ, étoiles qui, dans l'Apocalypse, désignent les bienheureux en éternité.

Chapelle des Filles-du-Cœur-de-Marie

Visite guidée tlj sf mar. 14h30-16h15. Fermé 30 janv., 3 j. av. Pentecôte, Pentecôte, 1er dim. juil., 24-26 juil., 11-12 déc. Sœur Monique Lourdais. ☎ 02 41 89 12 20.

Élément d'un hospice du 18e s., elle abrite la précieuse **Croix d'Anjou★★**. Cette croix à double traverse – la traverse supérieure figurant l'écriteau – ou « croix de Jérusalem » était vénérée comme un morceau de la croix du Christ par les ducs d'Anjou et en particulier par le roi René. L'insigne devint « croix de Lorraine » à la fin du 15e s. après la bataille de Nancy, remportée par René II duc de Lorraine, descendant des ducs d'Anjou, sur Charles le Téméraire : les troupes de Lorraine avaient adopté le symbole sacré comme marque de reconnaissance pendant le combat. Caractéristique singulière, la croix porte un Christ sur chaque face.

Taillée dans le bois de la Vraie Croix, rapportée de Terre sainte par un croisé en 1241, cette merveille d'orfèvrerie, enrichie de pierres précieuses et de perles fines, fut exécutée à la fin du 14e s. pour Louis Ier duc d'Anjou par l'orfèvre parisien de son frère, le roi Charles V.

Hôtels

De hauts portails jalonnent les rues tranquilles du vieux Baugé : rues de l'Église, de la Girouardière et surtout place de la Croix-Orée.

Église St-Laurent

Fin 16e s.-début 17e s. Les orgues, inaugurées en 1644, ont été restaurées en 1975.

circuit

LE BAUGEOIS

Circuit de 82 km – compter environ 3 h. Quitter Baugé vers l'Est par la D 141 qui suit la vallée du Couasnon.

Dolmen de la Pierre couverte

Laisser la voiture sur le bas-côté de la route à 3,5 km de Baugé. Quelques marches sur la gauche mènent au dolmen, isolé dans une clairière.

Reprendre la voiture et gagner Pontigné par la D 141 qui offre de jolies vues à droite sur le Couasnon et le massif forestier de Chandelais.

Pontigné

Dédiée à saint Denis dont l'effigie se voit au-dessus du portail roman, l'**église** est surmontée d'un clocher en hélice. La nef porte de larges voûtes Plantagenêt ; au transept, chapiteaux romans à feuilles d'eau et têtes de monstres ; la charmante abside centrale est soutenue par un réseau complexe de boudins rayonnants.

Dans les absidioles, **peintures murales★** d'une grande fraîcheur de coloris (13e-14e s.) : elles représentent le Christ en majesté et la Résurrection de Lazare, d'un côté, la Vierge en majesté entourée de l'Annonciation, de la Nativité et de l'Adoration des bergers.

Prendre la route derrière l'église, puis à droite vers la D 766. Belle vue sur la vallée plantée de vergers. *Sur la D 766, à gauche, puis tout de suite à droite vers Bocé.*

Forêt de Chandelais★

Belle forêt domaniale (800 ha) de chênes rouvres et de hêtres, renouvelée tous les... 210 ans. Prenez votre temps !

Suivre une allée forestière jusqu'au rond-point central, puis à droite vers Bocé. On arrive à la D 58 que l'on prend à gauche.

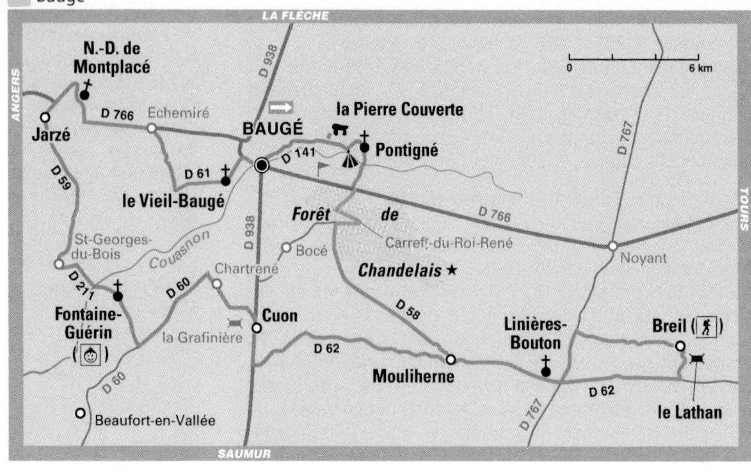

Mouliherne

> **Voûtes angevines**
> Observez d'abord la voûte du chœur, en berceau brisé, puis celle du croisillon Sud renforcée par des bandeaux qui comptent parmi les premiers exemples de croisées d'ogives. À la croisée du transept, elles retombent sur de beaux chapiteaux romans à feuilles d'eau et animaux fantastiques. Les voûtes gothiques (12e-13e s.) de la nef, très larges, ont un profil plus raffiné.

Bâtie sur un roc, Mouliherne domine le vallon verdoyant du Riverolle, en pays Baugeois : toute cette région se prête admirablement aux balades à vélo. Son **église** présente un beau clocher carré du 13e s. avec baies ébrasées et flèche hélicoïdale de type baugeois. Dans le chœur, derrière le maître-autel, sarcophages carolingiens des 9e et 10e s. taillés dans la pierre coquillière, sans décoration.

Linières-Bouton

5 km à l'Est par la D 62. Dans ce village tranquille, à l'écart de la route, l'**église** présente un beau **chœur** d'architecture Plantagenêt ; tableau représentant l'Annonciation (1677) ; crosse monumentale en bois doré de style baroque et groupe sculpté de la Sainte Famille, probablement du 17e s.

Prendre la D 767 à gauche, puis une route sur la droite qui mène à Breil.

Breil

Dans les bois du Baugeois, Breil offre un excellent prétexte à promenade. L'**église** est romane à l'extérieur par son abside circulaire et sa nef que surmonte un haut clocher à flèche de pierre ; de jolies voûtes Plantagenêt couvrent son chœur.

Parc et château de Lathan

D'avr. à fin oct. : 10h-18h. 15F. ☏ 02 41 82 64 98 ou 02 41 82 31 00.

Le parc du 17e s. fait face à l'église. Des charmilles, puis un long tapis vert orné d'ifs taillés, précèdent une double rangée de tilleuls. Le grand canal, parallèle, découvre une remarquable perspective, qui se termine par une gloriette du 18e s. Âmes sentimentales ou esprits curieux, ne manquez pas l'île d'Amour et le labyrinthe souterrain...

Rester sur la D 62 jusqu'à la D 938, puis prendre à droite.

Cuon

> **Pour ménager sa monture**
> En face de l'église, une ancienne auberge porte encore gravée l'enseigne *« Au Soleil d'Or. On y loge à pied et à cheval ».*

Un curieux clocher conique à imbrications coiffe l'église. En retrait, charmant manoir du 15e s.

Prendre la direction de Chartrené. On longe le parc du château de la Grafinière et ses belles frondaisons.

Peu après Chartrené, prendre à gauche la D 60. À 4,5 km suivre à droite la D 211 qui, à travers des bois et des landes, rejoint Fontaine-Guérin.

Fontaine-Guérin

L'**église** romane au clocher massif, couronné d'une flèche d'ardoises hélicoïdale, comporte une remarquable voûte de 126 panneaux peints, des 15e et 16e s., d'inspiration profane.

Un plan d'eau aménagé pour la baignade et la planche à voile est accessible par la D 211 en direction de St-Georges-du-Bois.

À partir de St-Georges-du-Bois, prendre la D 59 jusqu'à Jarzé.

Jarzé

Cultures, bois et prairies encadrent Jarzé-en-Baugeois. Le château, construit en 1500, incendié en 1794, fut restauré au 19e s.

Église – Ancienne collégiale de style flamboyant bâtie sur les restes d'un édifice du 11e s. Dans le chœur, dix stalles canoniales (16e s.) à jouées historiées offrent leurs profils capricieux.

Dans une niche d'un pilier à droite dans le sanctuaire, une statuette (fin 15e s.) représenterait saint Cyr, en robe et en bonnet, tenant une poire à la main : fils de sainte Juliette de Tarse, il subit le martyre à l'âge de 3 ans. Plus probablement, ce petit enfant ne serait autre que le fils de Jean Bourré, seigneur du lieu, et son geste rappellerait que son père introduisit en Anjou la culture des « poyres de bon chrétien ».

Au fond de l'abside, restes d'une belle **peinture murale** du début du 16e s., représentant une Mise au tombeau à demi effacée.

Le clocher de l'église romane de Fontaine-Guérin est couronné d'une flèche d'ardoises hélicoïdale.

Chapelle N.-D.-de-Montplacé

2 km par la D 82 vers La Flèche et le premier chemin à droite. De juil. à fin août : visite guidée sur demande préalable. Mme A. d'Orsetti. ☎ 02 41 95 43 01.

Isolée sur une butte, la chapelle se repère de loin. Entourée de quelques bâtiments de ferme, très simple, elle dégage pourtant une réelle noblesse, en particulier quand on observe le beau portail occidental (17e s.) dédié à la Vierge. L'intérieur est orné de trois grands autels du plus pur style 17e s. ; dans la niche de celui de gauche, la statue vénérée : belle Pietà sculptée dans une bille de noyer, où subsistent quelques traces de l'ancienne polychromie. Le long des murs, nombreux ex-voto.

La Vierge et la bergère

Au début du 17e s. une bergerie occupait l'ancienne chapelle de Montplacé, où demeurait oubliée une antique statue de la Vierge. Un jour, alors que la bergère rentre ses moutons, la statue s'illumine. Tout le voisinage accourt ; des guérisons sont constatées. Bientôt, grâce aux offrandes, on fait construire une nouvelle chapelle achevée à la fin du 17e s. Une tradition de pèlerinage s'établit.

Après avoir emprunté la D 766 jusqu'à Échemiré, tourner à droite en direction de la D 61.

Le Vieil-Baugé

Ce vieux village couronne une colline au-dessus de la vallée du Couasnon. L'**église St-Symphorien,** outre son remarquable clocher vrillé (un chef-d'œuvre de couverture), dont l'inclinaison est due au travail du bois, conserve une nef en partie du 11e s. et un admirable **chœur★** du 13e s. à voûtes angevines.

D'époque Renaissance, la façade et le croisillon Sud sont dus à l'architecte angevin Jean de Lespine.

L'église St-Symphorien semble indéfiniment allonger son fin clocher vrillé.

Beaugency★

Arrêtez-vous à Beaugency, au moins le temps d'écouter sonner l'angélus... Vous y reconnaîtrez un certain air d'enfance, et son vieux pont, ses monuments et ses demeures médiévales, tel un livre d'images, se laisseront parcourir en toute quiétude dans ce cadre d'eaux paisibles et de verdure.

Une ville bien disputée
Beaugency commandait un des rares ponts qui, jusqu'aux temps modernes, traversaient la Loire entre Blois et Orléans. Pendant la guerre de Cent Ans, elle tomba quatre fois aux mains des Anglais, puis en 1429, elle fut délivrée par Jeanne d'Arc. La place entra ensuite dans le tourbillon des guerres de Religion, avec leur lot de massacres et de pillages, quand ligueurs et protestants se la disputèrent tour à tour.

La situation

Cartes Michelin nos 64 pli 8, 238 pli 4 ou 4045 A 5 - Loiret (45). Entre Orléans et Blois, Beaugency s'est établi sur la rive droite de la Loire, dont les îles sablonneuses s'étendent en saison sèche. Mieux vaut aborder la ville par la rive gauche du fleuve, qui permet de franchir son vieux **pont** : les parties les plus anciennes remontent au 14e s., mais un pont existait bien auparavant, puisqu'on y exigeait déjà un péage au 12e s. ! Fort heureusement, le passage est aujourd'hui gratuit... *3 pl. Dr-Hyvernaud, BP 44, 45190 Beaugency, ☎ 02 38 44 54 42.*

Les gens

7 106 Balgentiens. Foulques le Réchin, Aliénor d'Aquitaine et Henri Plantagenêt, mais aussi Dunois, Jeanne d'Arc et, bien plus tard, le physicien Charles, Eugène Sue ou J. Lemaître. Rien que des « bels gens », en somme...

comprendre

Les deux conciles de Beaugency (12e s.) – Tous deux eurent à trancher les problèmes conjugaux des rois.
Reçu à Tours par Foulques le Réchin, Philippe séduisit la comtesse Bertrade et répudia la reine Berthe peu après. Invoquant un vague prétexte de consanguinité, le roi pensait obtenir facilement l'annulation de son mariage. Mais le pape Urbain II le débouta de sa demande et, devant l'obstination du monarque, l'excommunia. Lorsque la première croisade partit (1099), Philippe Ier ne put, de ce fait, y participer. Finalement, en **1104**, le concile de Beaugency leva l'excommunication et, quatre ans plus tard, le roi put mourir l'âme en paix. Il fut inhumé à Saint-Benoît-sur-Loire.
Bien plus important, le concile de **1152** annula le mariage de Louis VII avec Aliénor d'Aquitaine. Fille et héritière du duc d'Aquitaine, la belle et séduisante Aliénor avait épousé Louis en 1137. Pendant dix ans, le ménage royal vécut en parfaite harmonie. En 1147, tous deux partirent à la croisade, mais, une fois sur place, en Palestine, leurs rapports se détériorèrent. La rupture devint inévitable et, le 20 mars 1152, le concile de Beaugency l'officialisa en dénouant les liens unissant Louis et Aliénor pour cause de parenté : tous deux descendaient en effet de Robert le Pieux... Elle se remaria presque aussitôt avec Henri

La gracieuse façade Renaissance de l'hôtel de ville, place de la Poste.

carnet pratique

Restauration

• ***À bon compte***

Le Relais du Château – *8 r. du Pont - ☎ 02 38 44 55 10 - fermé vacances de fév., mar. soir et mer. sf juil.-août - 80/175F.* Pendant votre visite de cette jolie ville médiévale, vous pourrez vous offrir une petite halte dans ce restaurant du centre-ville. Cuisine bien tournée et bon choix de menus à des prix raisonnables.

La Chanterelle – *21 av. de la Loire - 41500 Muides-sur-Loire - 16 km au SO de Beaugency par N 152 et dir. Chambord - ☎ 02 54 87 50 19 - fermé sept., dim. soir et lun. - réserv. conseillée - 85/125F.* Juste après le pont qui enjambe la Loire, cette petite maison est devancée par une terrasse à l'ombre des tilleuls. Dans la salle colorée, pour vous mettre l'eau à la bouche, la carte évolue au fil des saisons. Adresse très prisée dans la région.

Hébergement

• ***À bon compte***

Hôtel Sologne – *Pl. St-Firmin - ☎ 02 38 44 50 27 - fermé 18 déc. au 6 janv. et w.-ends de janv. - 16 ch. : 250/330F - ☕ 40F.* Vous ne pourrez pas manquer cette maison régionale en pierre et son joli perron fleuri à deux escaliers, entre la tour St-Firmin et le donjon. Les chambres sont décorées simplement. Salon de lecture sous une véranda.

• ***Valeur sûre***

Chambre d'hôte Le Clos de Pontpierre – *115 r. des Eaux-Bleues - 45190 Tavers - 2 km au SO de Beaugency dir. Blois - ☎ 02 38 44 56 85 - fermé fév. - ⊭ - 4 ch. : 260/290F - repas 100F.* Ne vous laissez pas effrayer par la proximité de la route, car derrière cette ancienne fermette se cache une ravissante piscine bordée d'un vaste jardin. Pour votre tranquillité, les chambres, simples, sont côté verdure. À la belle saison, on dîne sous le marronnier centenaire.

Plantagenêt, futur roi d'Angleterre, et lui apporta en dot tout le Sud-Ouest de la France. Cet événement, lourd de conséquences, contenait en germe plusieurs siècles de rivalités franco-anglaises.

Un carillon railleur

Aux heures de l'angélus (8 h, 12 h et 19 h) le carillon sonne la vieille complainte des bords de Loire, d'abord raillerie du parti bourguignon contre le roi Charles VII, puis chanson populaire :

.. que reste-t-il
À ce dauphin si gentil,
De son royaume ?
Orléans, Beaugency,
Notre-Dame-de-Cléry,
Vendôme, Vendôme...

se promener

Tour St-Firmin

Vestige d'une église du 15e s. détruite pendant la Révolution. Une rue passait sous la tour.

Maison des Templiers

Intéressantes baies romanes.

Tour de l'Horloge

Ancienne tour du Change, porte de la ville au 12e s.

Petit mail

Planté de grands arbres, il domine la Loire, offrant une belle vue sur la vallée.

visiter

Hôtel de ville

Mai-sept. : visite guidée (1/4h) tlj sf dim. à 11h, 15h, 16h, 16h30, sam. à 11h ; oct.-avr. : mar.-ven. à 15h, 16h, 16h30. Fermé j. fériés. 10F. ☎ 02 38 44 54 42.

Dans la grande salle du 1er étage, huit belles **tentures★** brodées au point passé empiétant, d'une finesse incomparable. Quatre d'entre elles représentent les quatre continents alors reconnus au 17e s. ; les autres (cueillette du gui et sacrifices païens) datent du 18e s.

Église Notre-Dame★

Cette ancienne abbatiale romane a été restaurée. Dans le chœur, une série d'arcades géminées s'intercale entre fenêtres et grandes arcades.

À côté de l'église subsistent les bâtiments (18e s.) de l'ancienne abbaye Notre-Dame.

Le soir, de vieilles lanternes éclairent la charmante **place Dunois**, devant l'église et le donjon, ainsi que la **place St-Firmin**.

Des grosses colonnes rondes de la nef de Notre-Dame, se dégagent toute la force et la sérénité de l'art roman le plus pur, malgré les fausses voûtes qui la couvrent.

BEAUGENCY

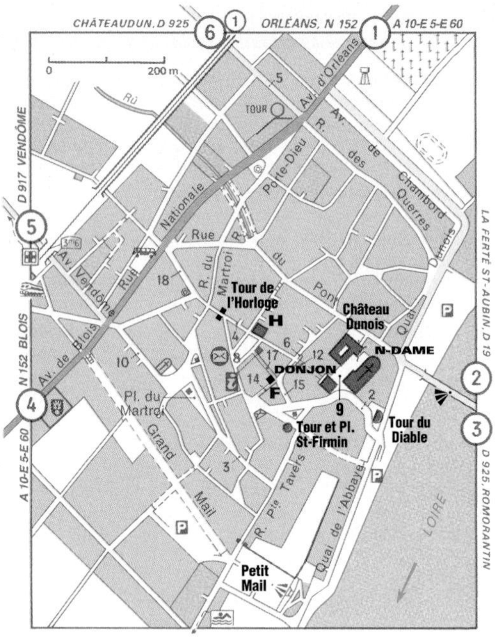

Maison des Templiers . . F
Hôtel de ville . . . . H

Donjon★

Beau spécimen de l'art militaire du 11e s. ; l'intérieur, qui comptait 5 étages, est ruiné. À cette époque, les donjons sont encore rectangulaires et soutenus par des contreforts.

Diable de tour

Au bas de la petite rue de l'Abbaye, la tour du Diable faisait partie des fortifications défendant la tête du pont ; au Moyen Âge, la Loire en baignait le pied.

Château Dunois

Dans l'ancienne forteresse médiévale, Dunois, seigneur de Beaugency, se fit aménager cette résidence typique du 15e s. À l'arrière, un jardin médiéval reconstitué met en valeur une belle façade restaurée.

Musée régional de l'Orléanais★

Visite guidée (1h, dernière entrée 1h av. fermeture) tlj sf mar. 10h-12h, 14h-17h (de Pâques à mi-sept. : fermeture à 18h). Fermé 1er janv., 1er mai, 25 déc. 22F. ☎ 02 38 44 55 23.

Dans les salles du château, bel ensemble de costumes, coiffes, gilets et meubles de l'Orléanais. Arts et traditions, activités artisanales sont évoqués ainsi que des souvenirs de célébrités de la région. L'accès aux combles permet d'admirer la belle charpente du 15e s.

Château de **Beauregard**★

Plus qu'une simple curiosité, le château de Beauregard et sa galerie « des Illustres » offrent un exemple saisissant d'art et de fantaisie, une petite merveille unique au monde, et une occasion en or pour réviser son histoire de France...

La situation

Cartes Michelin nos 64 Nord du pli 17 ou 238 pli 15 – Loir-et-Cher (41). Au Sud de la Loire, en bordure de la forêt de Russy, le château, encadré d'un parc paisible, domine la vallée du Beuvron. On y accède par une allée qui se détache de la N 75 entre Blois et Cour-Cheverny.

Le nom

Beau regard, ou panorama, certes, que celui offert par les allées du parc ou la vallée du Beuvron. Mais le visiteur, lui, n'aura d'yeux que pour sa fameuse galerie intérieure...

Les gens

Illustres, bien sûr, ou en tout cas, fort haut placés, comme Jean du Thiers, secrétaire d'État de Henri II, constructeur et premier seigneur de Beauregard.

visiter

Compter 3/4 h. Avr.-sept. : 9h30-12h, 14h-18h30 (juil.-août : 9h30-18h30) ; oct.-mars : tlj sf mer. 9h30-12h, 14h-17h. Fermé de déb. janv. à déb. fév., les 3 premières sem. de déc., 25 déc. 40F, 30F parc. ☎ 02 54 70 36 74.

Galerie des Illustres★★ – Elle surmonte les sobres arcades italianisantes du rez-de-chaussée. Décorée pour Paul Ardier, châtelain de Beauregard au début du 17e s. et trésorier de l'Épargne sous Louis XIII, cette longue salle a conservé son magnifique carrelage de vieux delft (faïence bleue) représentant toute une armée en marche : cavalerie, artillerie, infanterie, mousquetaires... une splendeur en miniature ; les boiseries des murs et le plafond ont conservé les peintures de Pierre Mosnier, dont quelques superbes paysages, aux tonalités de camaïeu bleu.

Le plafond, daté de 1624, est peint en poudre de lapis-lazuli (pierre bleu d'azur). Lorsqu'on sait qu'au 17e s. cette matière coûtait bien plus cher que l'or, la surface décorée donne le vertige !

Ordonnée en travées consacrées chacune à un règne, la galerie représente la succession complète des rois de France du premier Valois Philippe VI jusqu'à Louis XIII.

Mais l'intérêt majeur de cette salle réside dans une collection de plus de 320 portraits historiques, les Illustres. La galerie rassemble, autour du portrait du roi, ceux de la reine, des principales figures de la cour et des grands personnages étrangers contemporains. Le nombre, l'agencement des portraits, la richesse des coloris, la vigueur du dessin et le soin apporté aux détails laissent rêveur, ou étourdi...

Les Illustres

Essayez de reconnaître, aux côtés de Louis XII, Isabelle de Castille, sa fille Jeanne la Folle, et Amerigo Vespucci, le navigateur florentin à qui l'Amérique doit son nom.

Cabinet des Grelots★ – Œuvre de Scibec de Carpi, qui travailla à Fontainebleau et à Anet, cette charmante petite salle fut aménagée vers le milieu du 16e s. pour Jean du Thiers. Son blason, d'azur à trois grelots d'or, orne le plafond à caissons, tandis que les grelots se répètent en motif décoratif, agrémentés de tableaux sur les boiseries de chêne qui couvrent entièrement les murs, masquant les placards où reposent les archives du château.

Jardin des Portraits – Imaginé par le paysagiste contemporain Gilles Clément, ce jardin (au milieu du parc de 70 ha) présente une habile et poétique évocation végétale de la galerie des portraits.

Forêt de Bercé★

Cette superbe futaie où les chênes rouvres dépassent parfois 45 m de haut, alternant avec des hêtres élancés et des châtaigniers, constitue l'une des plus belles forêts de notre patrimoine. Sous ses ombrages, vallons obscurs, frais ruisseaux et sources cristallines ne manqueront pas d'évoquer contes de fées ou vieilles légendes...

Restauration
L'Hermitière – *Aux Sources de l'Hermitière - 72150 St-Vincent-du-Loroüer - ☎ 02 43 44 84 45 - fermé mi-janv. à fin fév., lun. soir et mar. - 100/285F.* Les flonflons de l'orchestre de cette ancienne guinguette se sont éteints, pour laisser place à un restaurant à l'atmosphère campagnarde. Admirez le tronc du poirier quatre fois centenaire, soutien de la maison, la belle terrasse au bord du jardin et son étang. Calme et simplicité...

La situation

Cartes Michelin nos 64 pli 4, 232 plis 22, 23 ou 4072 G 6 – Sarthe (72). Vestige de l'immense forêt du Mans, qui s'étendait jadis entre la Sarthe et le Loir, la forêt de Bercé, vaste arc de cercle sillonné d'allées forestières, est à 30 km au Sud-Est du Mans et à 11 km de Château-du-Loir. La région avoisinante offre un véritable réseau de rivières et de ravissantes petites routes.

Le nom

Fragment de l'antique silva carnuta elle fut appelée « Burçay », du nom d'un ancien fief des comtes d'Anjou.

Les gens

Rattachée à la Couronne au 16e s., la forêt de Bercé est traitée rationnellement par l'ONF pour la production de chênes de qualité. Ceux-ci, abattus entre 200 et 240 ans d'âge, fournissent un bois jaune clair, au grain fin, apprécié dans l'ébénisterie (en placages) et exporté dans toute l'Europe. Sur les sols pauvres, à l'Ouest de la forêt, le pin prédomine (maritime, sylvestre ou laricio).

itinéraire

3/4 h – 16 km. De mi-juil. à fin août : visite guidée (2h) tlj sf mar. à 15h et 17h, dép. au parking du chêne Boppe. 25F. ONF. ☎ 02 43 24 44 70.

Fontaine de la Coudre

Au creux d'un vallon perdu dans la futaie des Forges, la fontaine de la Coudre, source du Dinan, s'écoule doucement sous les vieux chênes.

Marquage
En forêt, les arbres prêts à être abattus sont marqués au corps, les « arbres réservés » (chênes ou hêtres) étant numérotés.

Un petit sentier pédagogique explique aux enfants le rôle et le fonctionnement de la forêt.

Sources de l'Hermitière★

Nichées dans une petite gorge, ses eaux pures sourdent parmi chênes et hêtres dont les fûts presque rectilignes s'élancent et se perdent très haut dans les feuillages.

Futaie des Clos★

C'était la plus belle futaie de la forêt, deux violentes tempêtes, en 1967, ont ouvert des brèches importantes dans sa frondaison. Pourtant, malgré la décrépitude des vieux chênes géants (300 à 350 ans), quelques-uns ont conservé toute leur splendeur.

Laisser la voiture au parc de stationnement aménagé sous les arbres. Un chemin conduit au chêne Boppe, ou plutôt à sa souche, que protège un petit toit à pans, car ce vénérable patriarche a été foudroyé en 1934 (circonférence à 1,3 m du sol : 4,77 m) ; il avait 262 ans, et portait le nom d'un directeur de l'École des eaux et forêts de Nancy. Non loin, le chêne Roulleau de La Roussière (estimé à plus de 350 ans) est resté droit et vigoureux, atteignant 43 m de haut.

Blois★★

Louis XII, François Ier et Gaston d'Orléans ont façonné ce château royal à l'image de leur époque. Ses chambres et ses couloirs obscurs ont vu bien des intrigues se nouer ; un crime célèbre y fut accompli. Pourtant, avec ce témoignage de fastes évanouis, c'est un charme souriant, une véritable douceur de vivre qui se dégage quand sous vos pieds s'alignent les façades blanches, les toits bleutés et les cheminées en brique de la vieille ville, nonchalamment étirée en bord de Loire.

Un château, des styles
Gothique et flamboyant avec ses arcades, ses lucarnes richement sculptées ; marqué par la Renaissance italienne, extravagante, fantaisiste et toujours inventive, avec son impressionnante façade des Loges et son fastueux escalier ; et pour finir, imprégné de la rigoureuse ordonnance classique de Mansart.

La situation

Cartes Michelin nos 64 pli 7 ou 238 pli 3 – Loir-et-Cher (41).
À mi-chemin entre Orléans et Tours, Blois occupe la rive droite de la Loire (tournée vers le soleil), d'où ses ruelles escarpées et tortueuses, reliées ici et là par des volées d'escaliers, grimpent à l'assaut du coteau qui domine le fleuve. *3 av. J.-Laigret, 41000 Blois, ☎ 02 54 90 41 41.*

Le nom

Une théorie rapproche Blois du mot celtique *blaye* ou *bleiz*, encore fréquent en Bretagne et qui signifie « loup ». Des meutes peuplaient-elles les forêts voisines ? En tout cas, si vous examinez avec attention certaines façades anciennes vous devriez bien rencontrer, par-ci par-là, quelques faces de loup...

« Je vis mille fenêtres à la fois, un entassement irrégulier et confus de maisons, un château et (...) une rangée de façades aiguës à pignon de pierre au bord de l'eau, toute une ville en amphithéâtre... » Victor Hugo 1825.

Les gens

65 989 Blaisois ou Blésois. La liste est longue... On citera, dans l'ordre : Foulques Nerra, Louis XI (natif), François Ier, Gaston d'Orléans (le comploteur), Denis Papin (l'expatrié), Augustin Thierry (l'historien), Robert-Houdin (le magicien) et... d'autres encore.

Un poète infatigable
Charles d'Orléans, l'aîné de Louis d'Orléans, a hérité du château de Blois. Il épouse à 15 ans la fille de Charles VI qui meurt en couches. Remarié à 20 ans, il part combattre les Anglais, mais est fait prisonnier à Azincourt (1415). Sa veine poétique lui permettra de résister à 25 ans de captivité. Revenu en France en 1440 et veuf de nouveau, il épouse Marie de Clèves âgée de 14 ans. Charles s'entoure d'une petite cour d'artistes et de poètes comme François Villon. Lui-même compose d'admirables rondeaux. À 71 ans, il a enfin un fils, le futur **Louis XII**, et meurt en paix à Amboise en 1465.

comprendre

Des comtes de Blois aux ducs d'Orléans – Puissants féodaux, les comtes de Blois régnaient au Moyen Âge sur un vaste ensemble à deux têtes, comprenant d'une part la région de Blois et de Chartres, et d'autre part la Champagne.
Un comte de Blois épousa la fille de Guillaume le Conquérant, et leur fils, Étienne, devint roi d'Angleterre en 1135. À cette époque, la Maison de Blois atteint son apogée avec Thibaud IV. À la mort de ce dernier, en 1152, elle privilégie la Champagne et délaisse quelque peu les Pays de Loire et l'Angleterre où les Plantagenêts la supplantent en 1154.
En 1392, le dernier des comtes, Guy de Châtillon, vend tous ses domaines au duc Louis d'Orléans, frère de Charles VI. Désormais, la cour se tient à Blois. Quinze ans

carnet pratique

Restauration

• *À bon compte*

Le Bistrot du Cuisinier – *- 20 quai Villebois-Mareuil - ☎ 02 54 78 06 70 - bistrot.du.cuisinier@wanadoo.fr - 98/138F.* Retrouvez ici l'ambiance d'un vrai bistrot. Le décor est simple et de la salle du devant, la vue sur Blois et la Loire est splendide. Le patron sympathique invente des thèmes culinaires chaque mois et vous fera goûter ses vins au verre. Menu « gastro-môme ».

• *Valeur sûre*

Les Banquettes Rouges – *16 r. des Trois-Marchands - ☎ 02 54 78 74 92 - fermé 24 déc. au 4 janv., dim. et lun. sf juil.-août - 119/159F.* Les banquettes sont bien rouges et les nappes sont bleues. Voilà un décor simple et chaleureux pour ce restaurant à 5 mn du château. L'ambiance est conviviale et la cuisine traditionnelle bien tournée.

Au Rendez-vous des Pêcheurs – *27 r. Foix - ☎ 02 54 74 67 48 - fermé 17 au 24 fév., 31 juil. au 21 août, lun. midi et dim. - 150F.* Tel un bistrot de province, ce restaurant est situé dans le vieux Blois. Des vitraux tamisent la lumière dans la salle à manger au cadre sobre. Les poissons tiennent une belle place dans sa cuisine du marché.

Hébergement

Bon week-end à Blois – Du 1er nov. au 31 mars, Blois participe à l'opération « Bon week-end en ville » qui se développe dans de nombreuses villes françaises. À la deuxième nuit d'hôtel offerte s'ajoutent des cadeaux, ainsi que de nombreuses réductions pour les visites de la ville et des musées. Pour obtenir la liste des hôtels et les conditions de réservation, se renseigner à l'Office du tourisme de Blois.

• *Valeur sûre*

Hôtel Anne de Bretagne – *31 av. J.-Laigret - ☎ 02 54 78 05 38 - fermé 9 janv. au 6 fév. - 28 ch. : 295/380F - ☕ 38F.* Ce petit hôtel familial est à deux pas du château et du jardin du Roi en terrasses. Chambres aux couleurs harmonieuses et bien insonorisées, mansardées au 3e étage.

Chambre d'hôte La Villa Médicis – *1 r. St-Denis, Macé - 41000 St-Denis-sur-Loire - 4 km au SE de Blois par N 152 dir. Orléans - ☎ 02 54 74 46 38 - réserv. obligatoire en hiver - 6 ch. : 350/620F - repas 200F.* Marie de Médicis venait prendre les eaux aux sources du parc dans lequel fut construite cette villa au 19e s., hôtel thermal pour les curistes de l'époque. Séjour au calme dans une des chambres ou dans la suite. En été, petits-déjeuners dans le parc.

Une petite pause bien méritée.

Sorties

La Salsa – *4 ruelle Ronceraie - ☎ 02 54 78 28 67 - Lun.-sam. 18h-2h.* Avec ses allures décalées d'ancienne MJC et de chalet-restaurant savoyard, ce bar ne peut manquer d'intriguer : il est le fruit d'une expérience d'autogestion qui a tourné court et, de fait, le patron a conservé un dédain certain du mercantilisme. Il y flotte, entre les notes de salsa et de musique afro, un parfum de tolérance et de décontraction rare.

Le Bistrot – *12 r. Henry-Drussy - ☎ 02 54 78 47 74 - Tlj 8h-2h sauf dim. 12h-2h.* Le décor joliment désuet de ce bistrot de quartier contraste avec la foule chamarrée de jeunes habitués, qui apprécient aussi bien la musette que les Sex Pistols - « Tout le monde se connaît mais je ne connais pas tout le monde », admet le patron, extrêmement sollicité, les jours de beau temps, par sa longue terrasse située au milieu des acacias de la place Ave-Maria.

Le Boulot – *9 r. Henri-Drussy - ☎ 02 54 74 20 20 - Lun. au sam. 12h-14h et à partir de 18h.* Affable et connaisseur, la moustache critique, le patron - l'homme qui a ouvert, il y a plus de vingt ans, la première pizzeria de Blois, cette « petite ville moyenne » - déplore la frilosité des Blésois en matière de bar à vins. Mais, fort heureusement, la philosophie n'a jamais empêché de choisir un verre de vin dans une carte renouvelée chaque semaine, accompagné d'un plat du jour ou d'une tartine.

Rond-point de la Résistance – Autour de ce rond-point en bord de Loire, à fréquenter plutôt en fin de soirée pour échapper aux gaz d'échappement, on compte trois cafés : L'Époque, Le Maryland et Le Colonial Café. Juste à côté se trouve un tabac maison de la presse ouvert tard.

Rue Foulerie – Au fil de cette étroite rue qui borde le vieux quartier, on croise une discothèque, un piano-bar, une paire de pubs...

Achats

Rue du Commerce – La rue du Commerce et les rues adjacentes de cet agréable quartier piétonnier (rue du Rebrousse-Pénil, rue St-Martin) regroupent toutes sortes de commerces.

Produits du terroir – « Au régal des yeux et de la bouche » – De 15h à 19h, le jeu. en juil.-août.

Brocante – Sur le mail et rue Jeanne-d'Arc, le 2e dim. de chaque mois.

Un couple très apprécié des petits et grands enfants.

Loisirs-Détente

Au pas des percherons – Sympathique balade, en voiture à cheval, à travers les quartiers anciens de la ville. *Dép. de la pl. du Château, juil.-août : tlj 11h-19h ; mai-juin et sept. : w.-end et j. fériés 14h-18h. 30F. Réservation à l'Office du tourisme de Blois.*

En autocar : « Circuits des châteaux » – Dép. de la gare SNCF à 9h10 et 13h20 pour Chambord et Cheverny ; le mar., le jeu. et le sam. pour Chenonceau, Amboise et Chaumont. Vente des billets à l'Office de tourisme. De 60F à 110F.

En bateau – Embarquez sur ancien chaland de la Loire reconstruit, *La Dame de Crue*, pour une balade jusqu'au château de Mesnard. Dép. le samedi de juil. à mi-sept. *Renseignements et réservations auprès de l'association Marine de Loire, ☎ 02 54 74 05 25.*

Calendrier

Mars – Carnaval de Blois, suivant un thème défini chaque année.

Mai à mi-septembre – « Mille ans d'histoire en dix siècles de beauté », spectacle historique ; voir précisions dans le Calendrier festif en début de guide.

Juillet et août – « Le soleil a rendez-vous avec la lune », manifestations musicales (jazz et classique) dans les rues de Blois.

plus tard, Louis d'Orléans est assassiné à Paris sur ordre du duc de Bourgogne, Jean sans Peur. Valentine Visconti, sa veuve, se retire à Blois et grave sur les murs cette devise désenchantée : « Rien ne m'est plus, plus ne m'est rien. » Elle meurt, inconsolée, l'année suivante.

L'âge d'or de la Renaissance – Né à Blois en 1462, **Louis XII** succède à Charles VIII en 1498. Blois devient résidence royale au détriment d'Amboise. Le roi et sa femme, **Anne de Bretagne**, font procéder à d'importants aménagements (construction d'une aile et établissement de jardins en terrasses).

François Ier s'installe à son tour à Blois, qui partage sa faveur avec Amboise et fait reconstruire l'aile qui porte son nom, la plus belle partie de l'édifice.

Un conspirateur : Gaston d'Orléans (17e s.) – En 1617, **Marie de Médicis** est reléguée à Blois par son fils Louis XIII. Le 22 février 1619, elle s'évade ; en dépit de son embonpoint, elle serait descendue de nuit dans le fossé, par une échelle de corde. Après cette prouesse, la mère et le fils se réconcilient...

En 1626, Louis XIII, pour éloigner son frère **Gaston d'Orléans**, en lutte contre le tout-puissant cardinal, lui donne le comté de Blois, les duchés d'Orléans et

Au bord du fleuve, l'harmonie tricolore est caractéristique de Blois : façades blanches, toits d'ardoise bleue et cheminée de brique rouge.

de Chartres. Il connaît l'exil, revient en France, complote, puis repart... Réconcilié avec le roi en 1634, il peut enfin se consacrer à sa résidence de Blois. Il fait appel à Mansart et lui commande le plan d'un très vaste édifice qui ferait table rase de l'ancien. De 1635 à 1638, un nouveau corps de logis s'élève, mais, faute de subsides, les travaux doivent s'arrêter. Le conspirateur reprend alors du service ; il trempe, en 1642, dans le complot du duc de Bouillon et de Cinq-Mars. Il échappe à la condamnation mais est déchu de ses droits au trône. De 1650 à 1653, il prend une part active à la Fronde contre Mazarin. Définitivement exilé sur ses terres, il s'assagit enfin. Il habite l'aile François Ier, embellit les jardins, et meurt en 1660, au milieu de sa cour.

découvrir

FRAÎCHES CONFIDENCES
Au premier étage, deux fenêtres à balcon : celui de gauche desservait la chambre de Louis XII. Son ministre, le cardinal d'Amboise, habitait un hôtel contigu (détruit en 1940 et médiocrement reconstruit). Quand le roi et le cardinal prenaient le frais, ils pouvaient y bavarder à leur aise.

LE CHÂTEAU★★★

De mi-mars à fin oct. : (dernière entrée 1/2h av. fermeture) 9h-18h30 (juil.-août : 9h-20h) ; de nov. à mi-mars : 9h-12h30, 14h-17h30. Fermé 1er janv. et 25 déc. 35F (enf. : 25F). ☎ 02 54 90 33 33.

Place du Château – Cette vaste esplanade occupe l'ancienne « basse cour » du château. Légèrement en contrebas, des jardins en terrasse offrent une large **vue** sur les toits (en arrière-plan, le pont et la Loire) et, au pied du mur de soutènement, sur la place Louis-XII ; vers la droite pointent les flèches de l'église St-Nicolas, et à l'extrême gauche, la cathédrale avec sa tour Renaissance. La **façade** du château sur la place comporte deux parties principales : à droite le pignon pointu de la salle des États généraux, vestige de l'ancien château féodal (13e s.) ; et pour le reste le gracieux bâtiment construit en brique et pierre par Louis XII, avec ses galeries et ses lucarnes.
Le grand portail flamboyant est surmonté d'une niche contenant la statue équestre de Louis XII (copie exécutée en 1857 par Seurre). Aux fenêtres, culs-de-lampe sculptés avec beaucoup de verve, et où la grivoiserie naturelle du temps se manifeste sans réserve (1re et 4e fenêtres à gauche du portail).

Les deux étages de loges et la galerie supérieure de cette façade rappellent certains palais italiens. Mais ici encore, la dissymétrie des fenêtres, des échauguettes, des balcons, des pilastres et du soubassement reste bien française. Une belle ligne de gargouilles court au-dessus du dernier étage.

Cour intérieure – En traversant la cour vous rejoindrez la charmante terrasse (belle **vue** sur l'église St-Nicolas et la Loire) où s'élève la **tour du Foix** qui faisait partie de l'enceinte féodale.

Chapelle St-Calais – De la chapelle St-Calais, oratoire privé de Louis XII, il ne subsiste que le chœur gothique (vitraux modernes de Max Ingrand), Mansart ayant détruit la nef quand il éleva l'aile Gaston-d'Orléans.

Galerie Charles-d'Orléans – Cette galerie daterait de l'époque Louis XII, d'après des recherches récentes. Jusqu'au 19e s., elle était deux fois plus longue et rejoignait les bâtiments du fond de la cour. Elle est soutenue par des arcades en anse de panier très surbaissées.

Aile Louis-XII – Elle comporte une galerie qui desservait les différentes salles du logis, progrès notable pour l'époque : jusqu'alors, dans les châteaux les pièces se commandaient l'une l'autre. À chaque extrémité, un escalier à vis, logé dans une tour, permet d'accéder à l'étage. Riche décor, avec panneaux d'arabesques à la mode italienne sur les piliers.

Aile François-Ier – Le bâtiment relie l'aile Gaston-d'Orléans (17e s.) à la salle des États généraux (13e s.). Quatorze ans seulement se sont écoulés entre la fin de l'aile Louis-XII et le commencement de l'aile François-Ier, mais l'étape franchie est importante : c'est le triomphe de la mode italienne dans la décoration. Cependant, la fantaisie française a conservé quelques droits : les fenêtres répondent à la disposition intérieure des pièces, sans souci de symétrie, tantôt serrées, tantôt écartées ; leurs croisées sont doubles ou simples ; les pilastres tantôt flanquent les fenêtres, tantôt occupent le milieu d'une travée. Un magnifique **escalier** *(voir illustration au chapitre de l'Art – ABC d'architecture)* a été ajouté à la façade. Mansart ayant démoli une partie de l'aile pour loger le bâtiment de Gaston d'Orléans, cet escalier n'est plus au centre de la façade. Il monte dans une cage octogonale à demi engagée dans la façade.

Chef-d'œuvre d'architecture et de sculpture, l'escalier de Blois a été conçu pour des réceptions à grand spectacle. La cage est évidée entre les contreforts et forme une série de balcons d'où la cour assistait à l'arrivée des grands personnages.

Aile Gaston-d'Orléans – L'œuvre, de style classique, réalisée de 1635 à 1638 par François Mansart, contraste avec le reste de l'édifice. Pour la juger équitablement, il faut la voir de l'extérieur et imaginer dans son ensemble l'édifice projeté. À l'intérieur, la coupole couronnant l'**escalier d'honneur** apparaît à travers une galerie en encorbellement, qui accentue l'effet d'élévation. Elle présente, sauf dans les parties basses, un décor sculpté de trophées d'armes, de guirlandes et de mascarons.

Les appartements de l'aile François-Ier – Cheminées splendides (en particulier celle de la salle d'honneur, somptueuse), tapisseries, bustes et portraits, la décoration a été entièrement refaite par Duban au 19e s. : sous les rois, la fumée qui se dégageait des cheminées, des chandelles et des torches servant à l'éclairage noircissait rapidement murs et décors.

Premier étage – La pièce la plus intéressante est le cabinet de Catherine de Médicis. Il a gardé ses 237 panneaux de bois sculpté qui dissimulent des armoires secrètes : à poisons selon Alexandre Dumas, en fait plutôt pour abriter des bijoux, des papiers d'État ou simplement par goût des placards muraux fréquents dans les cabinets italiens. On les manœuvre en pressant du pied une pédale, cachée dans la plinthe.

Deuxième étage – Depuis l'**assassinat du duc de Guise**, les pièces ont été modifiées, le cabinet du roi a été absorbé par l'aile Gaston-d'Orléans. Il est donc assez difficile de suivre, sur place, les péripéties du meurtre.

Redescendre au 1er étage par le grand escalier et retraverser la salle des Gardes.

Salle des États généraux – Salle seigneuriale de l'ancien château des comtes de Blois, c'est la partie la plus ancienne (13e s.) de l'édifice. Là se tinrent les États généraux de 1576 et 1588. Au centre, une rangée de colonnes supporte les deux voûtes en berceau juxtaposées ; superbe charpente en chêne.

Musée archéologique – *Au rez-de-chaussée de l'aile François-Ier, à gauche du grand escalier. Mêmes conditions de visite que pour le château. Même billet.*
Installé dans les anciennes cuisines de François Ier ce musée présente le produit des fouilles du Loir-et-Cher, des objets provenant du promontoire du château à l'époque médiévale, exceptionnel ensemble daté de la période carolingienne.

Musée des Beaux-Arts★ – *1er étage de l'aile Louis-XII. De mi-mars à fin sept. : (dernière entrée 1/2h av. fermeture) 9h-18h30 (juil.-août : 10h-20h) ; d'oct. à mi-mars : 10h-12h30, 14h-17h30. Fermé 1er janv. et 25 déc. 35F (enf. : 25F). ☏ 02 54 90 33 33.*

Historique
La salle des Guise regroupe plusieurs œuvres traitant des événements de 1588 : assassinat du duc de Guise, d'Henri III...

Remarquer, dans la galerie, l'exceptionnelle collection de tapisseries (16e -17es.). **Le cabinet des portraits** contient des tableaux (16e et 17e s.) provenant du château de Saint-Germain-Beaupré (Creuse) et du château de Beauregard. Dans la salle des 17e et 18e s., remarquable série de cinquante **médaillons** en terre cuite de Jean-Baptiste Nini. Dans la salle de ferronnerie et de serrurerie, superbe garniture de cheminée destinée au comte de Chambord, œuvre d'un serrurier blésois : Louis Delcros.

L'assassinat du duc de Guise

En 1588, **Henri de Guise**, lieutenant général du royaume, chef de la Ligue, tout-puissant à Paris, appuyé par le roi d'Espagne, oblige Henri III à convoquer pour la deuxième fois les États généraux. 500 députés y prennent part, presque tous acquis aux Guise qui comptent obtenir d'eux la déchéance du roi. Celui-ci ne voit plus que l'assassinat pour se débarrasser de son rival.
Il est 8h du matin ce 23 décembre 1588. Parmi les 45 gentilshommes sans fortune, dernier carré des fidèles d'Henri III, 20 ont été choisis pour abattre le duc ; 8 d'entre eux, armés de poignards qu'ils dissimulent sous leurs manteaux, se tiennent dans la chambre du roi. Les 12 autres, armés d'épées, se cachent dans le cabinet vieux. Deux prêtres sont dans l'oratoire du cabinet neuf : le roi les fait prier pour la réussite de l'entreprise. Levé à 6 h après avoir passé presque toute la nuit chez une dame de **« l'escadron volant »**, le duc de Guise a froid et faim. Il s'est d'abord chauffé auprès de la cheminée et a grignoté quelques prunes. Puis le Conseil a commencé. Le secrétaire d'Henri III prévient alors Guise que le roi le mande dans le cabinet vieux. Pour gagner ce cabinet, il faut traverser la chambre du roi, car deux jours plus tôt la porte par laquelle il communiquait avec la salle du Conseil a été murée. Le duc y pénètre et les spadassins le saluent. Il se dirige vers la gauche. Un couloir précède le cabinet. Guise ouvre la porte et aperçoit, au fond du boyau, les gens qui l'attendent, l'épée à la main. Il veut reculer, mais les 8 hommes de la chambre lui coupent la retraite. Ils se jettent sur leur victime, la saisissent aux bras et aux jambes, roulent son manteau autour de son épée. Le duc renverse quatre des agresseurs, en blesse un cinquième avec son drageoir. Il entraîne la meute jusqu'au bout de la chambre et, criblé de blessures, revient tomber près du lit du roi en gémissant : « Miserere mei Deus. » En fouillant le cadavre, on découvre une lettre contenant ces mots: « Pour entretenir la guerre civile en France, il faut 700 000 livres tous les mois. »
Le roi descend ensuite chez sa mère, Catherine de Médicis, et lui dit joyeusement : « Je n'ai plus de compagnon, le roi de Paris est mort. » La conscience en paix, Henri va entendre une messe d'action de grâces dans la chapelle St-Calais. Le lendemain, le cardinal de Lorraine, frère du duc, enfermé aussitôt après le meurtre dans un cachot, est assassiné à son tour. Son corps va rejoindre celui de Guise dans une salle du château dont la localisation reste incertaine. Ils sont ensuite brûlés et leurs cendres jetées à la Loire. La reine mère ne survivra pas longtemps au drame. Quant à Henri III, huit mois plus tard, il tombera sous le poignard de Jacques Clément.

Épitaphe
Henri III, écartant la tenture derrière laquelle il s'était dissimulé, s'avance vers son rival. Il l'aurait souffleté (ou simplement touché du pied) en s'écriant : « Mon Dieu ! qu'il est grand ! Il paraît encore plus grand mort que vivant. »

BLOIS

Abbé-Grégoire (Quai H. de l') . . . . Z 2
Anne-de-Bretagne (R.) . . . . Z 3
Beauvoir (R.) . . . . Y 6
Bourg-St-Jean (R. du) . . . . Y 10
Chemonton (R.) . . . . Y 16
Clouseau (Mail) . . . . Y 17
Commerce (R. du) . . . . Z
Cordeliers (R. des) . . . . Y 18
Fontaine des Élus (R.) . . . . Z 22
Fossés-du-Château (R. des) . . . Z 23
Jeanne-d'Arc (R.) . . . . Z 30
Laigret (Av. J.) . . . . Z 32
Lices (Pl. des) . . . . Z 34
Lion-Ferré (R. du) . . . . Z 35
Louis-XII (Pl.) . . . . Z 38
Maunoury (Av. du Mar.) . . . . Y 39
Monsabre (R. du Père) . . . . Z 41
Orfèvres (R. des) . . . . Z 43
Papegaults (R. des) . . . . Y 44
Papin (Escaliers Denis) . . . . Y 45
Papin (R. Denis) . . . . Z
Pierre-de-Blois (R.) . . . . Z 46
Poids-du-Roi (R. du) . . . . Z 47
Porte-Côté (R.) . . . . Z 48
Président-Wilson (Av.) . . . . Z 51
Puits-Châtel (R. du) . . . . Y 52
Remparts (R. des) . . . . Y 53
Résistance (Rd-Pt de la) . . . . Z 55
St-Honoré (R.) . . . . YZ 59
St-Jean (Q.) . . . . Y 60
St-Louis (Pl.) . . . . Y 62
St-Martin (R.) . . . . Z 63
Trois-Marchands (R. des) . . . . Z 67
Trouessard (R.) . . . . Y 69
Vauvert (R.) . . . . Z 70
Villebois-Mareuil (Q.) . . . . Z 75

Fontaine Louis-XII . . . . Z B
Hôtel d'Alluye . . . . YZ E
Hôtel de la Chancellerie . . . . Z K
Hôtel de ville . . . . Y H
Jardin des simples et des fleurs royales . . . . Z L
Maison Denis-Papin . . . . Y N
Maison des Acrobates . . . . Y R
Musée de l'Objet . . . . Y M[1]
Pavillon Anne de Bretagne . . Z S

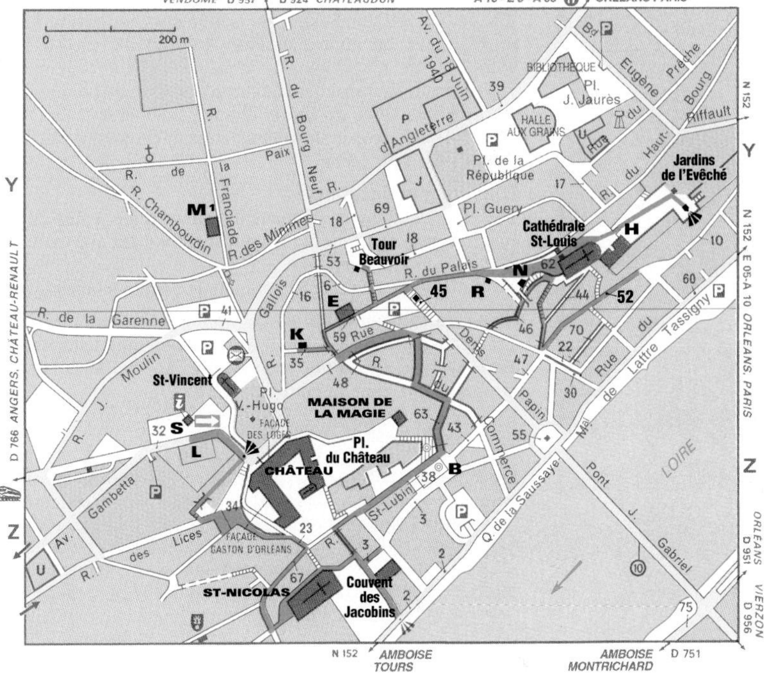

se promener

LE VIEUX BLOIS*

Visite : 2 h. Le château n'est pas tout à Blois, loin de là, et il faudra même de bonnes jambes aux promeneurs qui ne veulent rien manquer de cette petite ville et de ses richesses, déployées à chaque coin de rue ou presque.

Pavillon Anne-de-Bretagne

Ce gracieux petit édifice de pierre et de brique coiffé d'un haut toit d'ardoise abrite l'Office de tourisme.

Sur la droite, le long de l'avenue Jean-Laigret, le pavillon se prolonge par une longue aile construite à pans de bois, également sous Louis XII, et qui servit plus tard d'**orangerie** *(abrite un restaurant)*.

Longer la place Victor-Hugo, bordée au Nord par la façade de l'**église St-Vincent** (17e s.), de style jésuite, et au Sud par la belle **façade des Loges** du château.

> **DÉTAILS**
> Remarquer les cordelières qui soulignent les angles de l'édifice, et la balustrade de pierre sculptée à jour où apparaissent les initiales de Louis XII et d'Anne de Bretagne.

Jardin des simples et des fleurs royales

Ce petit jardin en terrasse, dominant la place Victor-Hugo, est le seul vestige des vastes jardins du château. Près de la balustrade, belle **vue***, à gauche sur le pavillon Anne-de-Bretagne, sur l'église St-Vincent et la place Victor-Hugo ; à droite s'allonge la façade des Loges, ou aile François-Ier, et le retour de l'aile Gaston-d'Orléans. En contrebas, jardin (1992) créé par Gilles Clément dans l'esprit de la Renaissance.

Façade des Loges

La partie intérieure de la première construction de François Ier s'adossait au mur de l'enceinte féodale et n'offrait aucune vue sur le dehors. Le roi en souffrait et décida de plaquer contre le mur un second bâtiment abondamment percé d'ouvertures. Comme à cet endroit on domine à pic le ravin, il fallut étayer l'édifice par un soubassement de maçonnerie.

De retour sur la place des Lices, vaste coup d'œil sur la majestueuse **façade Gaston-d'Orléans** qui domine les fossés.

Église St-Nicolas★

Ce bel édifice (12e et 13e s.) appartenait à l'ancienne abbaye bénédictine St-Laumer dont les sobres bâtiments conventuels, de style classique, s'étendent jusqu'à la Loire.

Vaste chœur entouré d'un déambulatoire et de chapelles rayonnantes, avec de beaux chapiteaux historiés...

À gauche du chœur, le retable d'autel de sainte Marie l'Égyptienne du 15e s.

Couvent des Jacobins

Rue Anne-de-Bretagne. Il abrite le **musée d'Art religieux** au 1er étage. Également, **Muséum d'histoire naturelle** *(voir section « Visiter »).*

Du bord de la Loire, jolie vue sur le pont J.-Gabriel.

Hôtel de la Chancellerie

Cet hôtel de la fin du 16e s. est l'un des plus vastes de Blois. Derrière la porte cochère (17e s.), bel escalier à rampe droite dans la cour.

Denis Papin, l'incompris

Né à Chitenay (12 km au Sud de Blois) en 1647, il est chassé par la révocation de l'édit de Nantes et publie en Angleterre son mémoire sur « la manière d'amollir les os et de faire cuire la viande en peu de temps et à peu de frais » ; son « digester », que nous appelons la marmite de Papin, est donc l'ancêtre de nos modernes « cocottes-minute ». En Allemagne, auprès du Landgrave de Hesse, Papin découvre « la nouvelle manière de lever l'eau par la force du feu » ; il effectue à Kassel, en 1706, des essais publics démontrant la force motrice de la vapeur d'eau. À la mort de son protecteur, il tombe dans la misère et meurt en 1714.

Hôtel d'Alluye

Au 8 rue St-Honoré. Bel édifice particulier, construit en 1508, pourvu en façade de délicates sculptures gothico-Renaissance *(voir section « Visiter »).*

Tour Beauvoir

Tlj pendant vac. scol. 18 F. ☎ 02 54 71 82 77.

Ancien donjon carré (11e s.) d'un fief à l'origine distinct de celui du château, la tour fut plus tard englobée dans les défenses de la ville.

Le Pénitencier

Après une brève carrière militaire, la tour fut aménagée dès le 13e s. en prison ; les cachots que l'on peut aujourd'hui visiter ont été utilisés jusqu'en 1945. Mais la principale fierté de cette tour est sa terrasse panoramique qui, comme l'indique son nom « Beauvoir », offre une très belle **vue**★ sur Blois et ses environs.

De vieilles façades à colombages s'alignent rue Beauvoir (nos 3, 15 et 21), entourant une maison de pierre du 15e s. (no 19).

Escaliers Denis-Papin

Ils ouvrent une longue perspective vers le Sud. Dominant la perspective se dresse la statue de **Denis Papin**, reconnu (tardivement) père de la machine à vapeur.

Maison des Acrobates

Au 3 place St-Louis. Maison typique du Moyen Âge, avec sa façade à colombages, ses deux étages en encorbellement et ses poteaux sculptés d'acrobates, jongleurs et autres saltimbanques.

Cathédrale St-Louis

Reconstruite au 16e s. et flanquée d'une haute tour Renaissance à lanternon, la cathédrale fut presque entièrement détruite en 1678 par un ouragan ; l'intervention de Colbert, dont la femme était blésoise, permit sa reconstruction rapide, dans le style gothique.

On voit encore dans la nef, au-dessus des grandes arcades, les pierres saillantes destinées à être sculptées comme dans les travées du chœur. L'étage inférieur du clocher (12e s.) est un vestige de la première collégiale St-Solenne. La vaste **crypte St-Solenne** *(accès à droite du chœur)* du 10e s., agrandie au 11e s. devant l'affluence des pèlerins, contenait à l'époque le tombeau de saint Comblée.

UNE SAINTE PATIENCE
Évêque de Chartres au 5e s., saint Solenne assista saint Remi au baptême de Clovis, dont il fut catéchiste. Mais il semble que le roi ne fut pas très bon élève...

Hôtel de ville et jardins de l'évêché

Accès par la grille à gauche de la cathédrale.
Situé derrière la cathédrale, l'hôtel de ville occupe l'ancien évêché, construit au début du 18e s. par Jacques-Jules Gabriel, père de l'architecte de la place de la Concorde à Paris. Au-delà, vers l'Est, les jardins de l'évêché forment une terrasse dominant la Loire, et offrent une belle **vue★** (quand on se place près de la statue de Jeanne d'Arc) sur le fleuve, ses coteaux boisés et les toits de la ville : vous découvrirez au Sud le clocheton de l'église St-Saturnin, et à droite, sur la rive Nord, les flèches pures de l'église St-Nicolas. Jolie vue sur le chevet de la cathédrale.

Maison Denis-Papin

Encore appelée hôtel de Villebresme, cette maison ▶ gothique, tout en haut de la rue Pierre-de-Blois, enjambe la rue d'une passerelle à pans de bois.

ET VICE VERSA
Tout en bas de la rue Pierre-de-Blois se détache sur la gauche une jolie porte Renaissance portant l'inscription latine « *Usu vetera nova* », qui peut se traduire par « à l'usage, le neuf devient vieux » ou au contraire « le vieux redevient neuf ».

Rue du Puits-Châtel

Un portail entrebâillé ? N'hésitez pas à jeter un coup d'œil dans les cours intérieures : au n° 3, l'escalier extérieur est garni d'un balcon à colombages (16e s.) ; au n° 5, tourelle d'escalier en pierre, et des galeries voûtées aux balcons sculptés desservent les étages (début 16e s.) ; à côté, au n° 7, dans l'hôtel Sardini, cour à arcades Renaissance ; au-dessus de la porte de la tourelle d'escalier, le porc-épic de Louis XII.

Le Château de Blois *par Étienne Dupuis, musée des Beaux-Arts d'Orléans.*

visiter

La maison de la Magie Robert-Houdin★

♿ *Avr.-juin : spectacle (1/2h) tlj sf lun. 10h-12h, 14h-18h (juil.-août : tlj 10h30-12h, 14h-18h30, dernière entrée 1h av. fermeture) ; de sept. à déb. nov. : mer., w.-end 14h-18h. Fermé de déb. nov. à fin mars. 48F (enf. : 34F). ☎ 02 54 55 26 26.*
Installée dans un hôtel particulier du 19e s., en face du château, la maison de la Magie initie à l'histoire de la magie et sert de Conservatoire national aux arts de la magie et de l'illusion *(réservé aux chercheurs et professionnels de la prestidigitation)*. Le musée est naturellement dédié à **Robert-Houdin**.

Le roi des magiciens : Robert-Houdin (1805-1871)

Fils d'un horloger blésois, Jean-Eugène Robert, puis Robert-Houdin fut un prodigieux manipulateur, un prestidigitateur hors pair, ainsi qu'un scientifique doublé d'un inventeur de talent. Tout en créant des tours d'illusionnistes et des automates, il inventa (15 ans avant Edison) la lampe électrique à filament végétal, le compteur électrique et bien d'autres machines étonnantes (dont des appareils d'ophtalmologie). Dans sa maison, le Prieuré, qu'il surnomma l'*Abbaye de l'attrape,* il stupéfiait voisins ou invités par ses inventions. Il donnait libre cours à son imagination pour améliorer sa « domotique » (bien avant que le mot n'existe) : les portes s'ouvraient toutes seules, les sonnettes carillonnaient au passage des gens, un robot jardinier ratissait le jardin ; et tandis qu'un ermite électromécanique lisait la Bible, des manettes permettaient la télédistribution de l'avoine aux chevaux dans les écuries...

En guise de bienvenue, un effroyable dragon sort ses six têtes par les fenêtres de la belle maison de tuffeau et de briques vernissées.

Le **parcours-découverte dans le monde de l'illusion** met en scène les grandes étapes de la magie dans l'histoire du monde. Le visiteur traverse ensuite le kaléidoscope géant et le cabinet des images avant de descendre vers le foyer des grands magiciens : l'espace Georges Méliès (précurseur des trucages et effets spéciaux dans l'art cinématographique). À l'étage, le **cabinet fantastique Robert-Houdin** expose ses collections d'art magique : affiches, gravures, manuscrits et accessoires rappelant les tournées de Robert-Houdin.

Le **théâtre des Magiciens★** (400 places), tout entier conçu pour la « grande illusion », propose vingt minutes d'un spectacle présenté par des prestidigitateurs de haut niveau.

Musée de l'Objet

Rue Franciade. ♿ Juil.-août : 13h30-18h30 ; de déb. sept. à mi-sept. : tlj sf lun. 13h30-18h30 ; de mi-sept. à fin mai : w.-end 14h-18h. 25F. ☎ 02 54 78 87 26.

Les créations rassemblées dans l'ancien couvent des Minimes sont l'œuvre d'artistes contemporains qui se sont emparés d'objets à usage quotidien pour les métamorphoser. Parmi ces « manipulations de la structure » : un *ready-made* du pionnier Marcel Duchamp (1887-1968), et des réalisations de César, Christo, Isou...

Musée d'Art religieux

Situé au 1er étage du couvent des Jacobins, rue Anne-de-Bretagne. Tlj sf dim., lun., j. fériés 14h-18h. Gratuit. ☎ 02 54 78 17 14.

Belle collection d'objets liturgiques (calices, ciboires, habits sacerdotaux...), de statues et de tableaux religieux.

Muséum d'histoire naturelle

Au deuxième étage. ♿ Juil.-août : tlj sf lun. 9h-12h, 14h-18h, w.-end et j. fériés 14h-18h ; sept.-juin : tlj sf lun. 14h-18h. Fermé 1er janv., 1er mai, 1er nov., 25 déc. 15F. ☎ 02 54 90 21 00.

Collections zoologiques et faune régionale.

Hôtel d'Alluye

Au 8 rue St-Honoré. 9h-12h, 14h-16h sur demande préalable 4 j. av. auprès de Mme Terré, 8 r. St-Honoré, 41000 Blois. Fermé w.-end et j. fériés. Gratuit. ☎ 02 54 56 38 00.

Bel édifice particulier, construit en 1508 pour **Florimond Robertet**. Derrière la façade de l'hôtel aux délicates sculptures gothico-Renaissance, s'ouvre une vaste **cour** avec **galeries★** à l'italienne purement Renaissance.

Un amateur de trésors

Successivement trésorier de Charles VIII, Louis XII et François Ier, **Florimond Robertet** avait pris goût à l'art italien en accompagnant Charles VIII dans son expédition de Naples.

Haras national

Sortie Est, 62 av. du Maréchal-Maunoury. ♿ De mi-juin à mi-sept. : visite guidée (1h1/2) tlj sf dim. à 10h30, 14h30, 15h30 et 16h30 ; de mi-mars à mi-juin et de mi-sept. à mi-oct. : tlj sf dim. à 14h30, sam. à 14h30 et 15h30, de Pâques à mi-nov. et j. fériés à 10h30 et 15h ; de mi-oct. à mi-mars : tlj sf dim. et j. fériés à 14h30. 35F. Association Cheval et Culture. ☎ 02 54 55 22 82.

Aménagé dans l'ancien couvent des carmélites en 1810, ce haras héberge une trentaine d'étalons de sang, notamment des selles français, et une vingtaine d'étalons de trait dont une majorité de percherons. La visite des bâtiments (belle architecture du 19e s.) permet de rencontrer des techniciens et des agents nationaux.

Reprise d'attelage à quatre percherons au haras de Blois.

Cloître St-Saturnin

Accès signalé sur le quai Villebois-Mareuil. De Pâques à fin sept. : w.-end et j. fériés 14h-18h30 (juil.-août : tlj). Gratuit (accès avec billet château). ☎ *02 54 90 33 33.*
Cet ancien cimetière à galeries couvertes en charpente, élevé sous François Ier, abrite un dépôt lapidaire (fragments de sculptures provenant de maisons détruites en 1940).

Basilique N.-D.-de-la-Trinité

Au Nord-Est du plan par la rue du Prêche. Cet édifice, réalisé par l'architecte P. Rouvière de 1937 à 1949, abrite de beaux vitraux et un chemin de croix coffré dans le ciment par Lambert-Rucki. Le campanile, haut de 60 m, offre une vue étendue sur la région (240 marches). Son **carillon**, composé de 48 cloches dont la plus grosse pèse 5 300 kg, compte parmi les meilleurs d'Europe.

alentours

Orchaise

9 km à l'Ouest par la D 766. Près de l'église, le **jardin botanique du prieuré** rassemble sur 3 ha une riche collection de rhododendrons, d'azalées, de camélias et de pivoines, ainsi que de nombreux végétaux à feuillage persistant. *De mi-mars à fin oct. : dim. 15h-19h. 35F.* ☎ *02 54 70 01 02.*

Maves

19 km au Nord. Avr.-oct. : visite guidée (1/2h) dim. 15h-18h. Gratuit. ☎ *02 54 87 35 17.*
Moulin à vent du 15e s., de type pivot.

Mulsans

14 km au Nord-Est. Petit village agricole à la lisière de la Beauce, comme le révèlent ses fermes à cour fermée. Charmante **église** aux baies flamboyantes, surmontée d'un beau clocher roman décoré d'arcatures et de baies géminées en plein cintre. Abritant largement le porche, une galerie Renaissance, dite « caquetoire » (fréquente dans la région), à colonnettes de bois sculptées encadre tout le bas de la nef. *En cas de fermeture s'adresser à M. Brisset, 4 r. de la Place, en face de l'église.*

Ménars

6 km au Nord-Est. Dans ce village, château de la marquise de Pompadour.

En bateau à voile sur la Loire
Découverte de la faune et de la flore ligériennes à bord d'un « futreau ». *Embarcadère du Lac de Loire, tlj de juil.-août, le w.-end en mai, juin, sept. et oct. 80F.*

Suèvres★

11 km au Nord-Est. Cette petite ville cache ses façades attrayantes en contrebas de la bruyante N 152. Au bord de la route, l'église St-Christophe, précédée d'une galerie couverte (« caquetoire »), présente divers appareils en arêtes de poisson et chevrons, caractéristiques de l'époque mérovingienne.

Au n° 9 et, en face, au n° 14 bis de la rue Pierre-Pouteau, maisons du 15e s. À droite, l'impasse de la rue des Moulins vous conduira le long d'un ruisseau, avec ses multiples passerelles, ses saules pleureurs et ses tamaris.

Revenir sur vos pas pour franchir le pont de pierre.

On passe devant le lavoir, au coin de la rue St-Simon ; de part et d'autre de la rue subsistent les traces d'une ancienne porte fortifiée. Plus loin à gauche, émergeant de la verdure, le clocher roman à deux étages de l'**église St-Lubin** ; joli portail Sud (15e s.). *Visite guidée sur demande auprès de Mme Claudine Jacqmin, château des Forges, 41500 Suèvres, ☎ 02 54 87 80 83.*

itinéraire

LA LOIRE TOURANGELLE★★★

89 km – environ 4 h. Quitter Blois par la N 152 en direction de Tours.

Nombreuses vues sur la Loire, souvent encombrée de bancs de sable dorés, par endroits plantés de saules ou de trembles, plus ou moins découverts selon la saison. Le pont de Chaumont apparaît bientôt, précédant le château, sur la rive gauche.

Voyage

« Mais ce que la Loire a de plus pittoresque et de plus grandiose, c'est une immense muraille calcaire mêlée de grès, de pierre meulière et d'argile à potier, qui borde et encaisse la rive droite, et qui se développe au regard, de Blois à Tours, avec une variété et une gaieté inexprimable, tantôt roche sauvage, tantôt jardin anglais, couverte d'arbres et de fleurs... »

Victor Hugo, En voyage.

Château de Chaumont-sur-Loire★★ *(voir ce nom)*

Revenir sur la rive droite. Peu après le Haut-Chantier apparaît au loin le château d'Amboise.

Amboise★★ *(voir ce nom)*

Quitter Amboise par la D 81, puis à Civray-de-Touraine prendre à gauche.

Château de Chenonceau★★★ *(voir ce nom)*

Revenir par la D 40 ; à la Croix de Touraine, tourner à droite dans la D 31 vers Amboise.

Pagode de Chanteloup★ *(voir p. 93)*

De retour à Amboise, retraverser la Loire et prendre de nouveau la N 152 en direction de Tours.

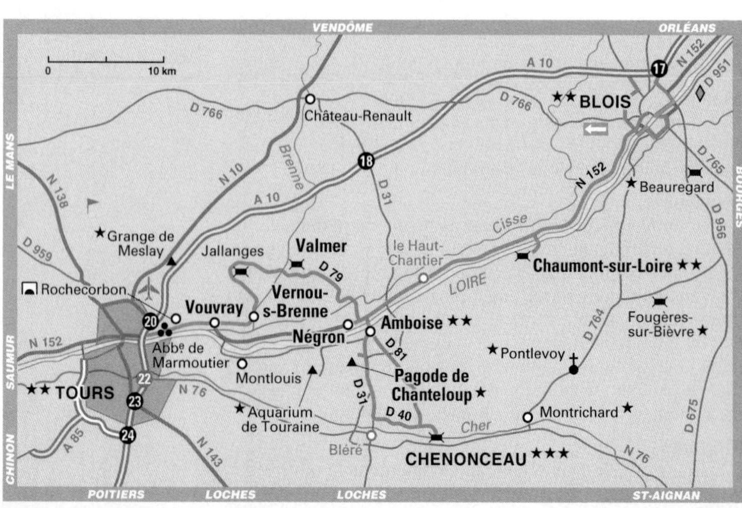

Négron

En contrebas de la route, séduisante petite place où donnent l'église et une maison gothique à façade Renaissance.

À 4 km, à droite, par la D 78, traverser Noizay et suivre le fléchage du château de Valmer.

Château de Valmer

De mai à fin sept. : w.-end et j. fériés 14h-19h (juil.-août : tlj sf lun.). 35F. ☎ 02 47 52 93 12.

À flanc de coteau, dans un site remarquable dominant la Brenne, se déploient le parc et les jardins de Valmer. Il ne reste rien du château, dévasté par un incendie en 1948. Mais ses beaux jardins en terrasse à l'italienne (hibiscus, fontaines florentines, pivoines arborescentes), un vaste potager et le parc clos de murs (80 ha) ont gardé intact leur dessin du 17e s. Une rare chapelle troglodytique creusée dans le tuf conserve deux vitraux du 16e s.

Le château est producteur de vouvray AOC.

Sur la D 46, prendre à droite après Chançay la D 62 en direction du château de Jallanges.

Sur une petite crête, émergeant du vignoble, vous apercevrez le **château de Jallanges**, d'architecture Renaissance. Très beau parc (cèdres tricentenaires) et chapelle du 17e s. ♿ *De mi-avr. à mi-oct. : 10h-12h, 14h-18h. 35F (enf. : 25F). ☎ 02 47 52 06 66.*

Reprendre la D 46, après le passage sous la ligne du TGV.

Vernou-sur-Brenne

Nombreuses caves creusées dans le coteau auquel s'adosse ce village, avec ses charmantes maisons anciennes, au cœur du vignoble du Vouvray.

Vouvray

Au cœur d'un vignoble réputé, Vouvray s'étage sur les coteaux qui dominent la rive droite de la Loire, en amont de Tours. La cité conserve d'anciennes maisons troglodytiques. Ses vins blancs, qu'ils soient tranquilles ou champagnisés, comptent parmi les plus fameux de Touraine. On peut visiter des **caves** de propriétaires viticulteurs et négociants en vins.

En approchant de **Rochecorbon**, petit bourg collé au pied de falaises creusées de maisons troglodytiques, remarquez sur la crête du coteau une fine tour de guet, appelée la **lanterne**.

Un peu plus loin, après un long mur, guettez à droite l'imposant portail du 13e s., reste de l'ancienne **abbaye de Marmoutier**, fondée en 372 par saint Martin et fortifiée aux 13e et 14e s.

Entrer à Tours par la N 152 à l'Est.

Tonneau et vignoble en plein territoire d'appellation vouvray.

RESTAURATION

Au Virage Gastronomique – *25 av. Brûlé - 37210 Vouvray - ☎ 02 47 52 70 02 - fermé 18 au 27 juil., 12 au 21 déc. et mar. - 87/268F.* Entrez par la petite véranda. Vous pourrez choisir la salle à manger campagnarde ou la terrasse ombragée si le temps le permet. Le patron aux fourneaux vous prépare une cuisine traditionnelle à des prix doux.

BALZAC À VOUVRAY

Né à Tours, **Balzac** était descendu plusieurs fois à Vouvray, chez des amis. Voici comment il décrivait la ville au détour du pont de Cisse : « Les effrayantes anfractuosités de cette colline déchirée, les maisons creusées dans le roc, la fumée d'une cheminée s'élevant entre les pampres naissants d'une vigne, des closiers labourant des champs perpendiculaires... »

L'atmosphère et les personnages de 1830 ont disparu, mais le charme des paysages décrits dans l'ouvrage demeure, et l'empreinte du génie tourangeau sur notre littérature reste toujours aussi marquante ; à Vouvray une statue de « l'illustre Gaudissart » en offre le témoignage naïf.

Bonneval

Loin des fastes déployés par sa grande sœur, la vallée du Loir, plus discrète, recèle pourtant bien des charmes : à Bonneval et dans sa région, aux amateurs d'art de découvrir ses petites églises et leurs fraîches peintures, aux promeneurs de suivre ses berges ombragées, aux pêcheurs d'y taquiner le goujon, par une douce après-midi d'été...

La situation

Cartes Michelin nos 60 pli 17 ou 237 pli 38 – Schéma p. 138 – Eure-et-Loir (28). Créée au Moyen Âge autour de l'abbaye bénédictine de St-Florentin, Bonneval campe sur la rive gauche du Loir, entourée de ses murailles et de fossés encore à flot. Par la N 10, entre Chartres et Châteaudun.

Logis des Trois Marchands, pl. de la Mairie, 28800 Bonneval, ☎ 02 37 47 55 89.

Le nom

Bon val ou bonne vallée, les moines savaient sans doute choisir leur lieu de retraite... Cela dit, c'est un seigneur du nom de Bonneval qui créa le monastère.

Les gens

4 285 Bonnevalais. Les rois de France accordèrent de nombreux privilèges aux bénédictins de Bonneval. Parmi d'autres, celui de détenir... des fourches patibulaires à trois piliers de bois ou de pierre.

Devant l'abbaye de Bonneval s'étend la Grève*, vaste promenade ombragée qui longe l'eau du fossé où se reflètent les restes de tours et la flèche de l'église.*

se promener

Ancienne abbaye

Occupés par un centre hospitalier, les bâtiments abbatiaux présentent d'intéressants vestiges, en particulier une belle **porte fortifiée★** du 13e s. Le logis abbatial, élevé par René d'Illiers, évêque de Chartres à la fin du 15e s., est une jolie construction à damiers, flanquée de deux tours à mâchicoulis et surmontée de lucarnes.

À l'entrée de la rue des Fossés-St-Jacques, on découvrira une bien jolie vue sur ce plan d'eau.

Porte Boisville et pont du Moulin

Un peu à l'Ouest de la ville, entre la voie ferrée et la déviation, la porte Boisville (13e s.) constitue le seul vestige de la première enceinte de la ville, réduite au 15e s. à des dimensions plus restreintes.

Église Notre-Dame

L'édifice, du début du 13e s., est construit dans le pur style du gothique chartrain. Belle rosace au-dessus de son chevet plat, élégant triforium courant autour de la nef, boiseries derrière les fonts baptismaux et Christ du 17e s.

Du pont voisin, jolies vues encore sur les fossés bordés de lavoirs et les vestiges des tours d'enceinte.

Porte St-Roch et tour du Roi

La rue St-Roch, où quelques arcades signalent encore de vieilles maisons, franchit l'enceinte à la porte St-Roch, flanquée de deux tours rondes. À côté se dresse la tour du Roi, ancien donjon percé de meurtrières et coiffé d'un toit en poivrière.

alentours

Alluyes

7 km au Nord-Ouest. De l'ancien **château** subsiste la grosse tour ronde du vieux donjon et une porte fortifiée donnant sur les douves. Sur la rive gauche de la rivière, **église** des 15e et 16e s. La Vierge ouvrante (16e s.), à gauche dans la nef, porte en son sein une figuration de la Trinité et à sa base les armes de Florimond Robertet. *Visite sur demande préalable auprès de la mairie. ☏ 02 37 47 25 09.*

Morts ou vifs

Sur le mur gauche de la nef, deux peintures murales gothiques évoquent *saint Christophe* et le *Dict des trois morts et des trois vifs.*

Dangeau

9 km à l'Ouest. Sur la place, anciennes maisons en brique et à pans de bois du 15e s. L'**église St-Pierre** a été édifiée au début du 12e s. par les moines de Marmoutier, dans un style roman très pur. Les contreforts et les encadrements sont en pierre ferrugineuse, appelée ici « grison », ailleurs « roussard ».

Couverte d'un berceau de bois, la nef repose sur des piliers archaïques. Dans les collatéraux plusieurs statues, dont deux équestres, représentatives de l'art religieux populaire du 15e s. au 17e s. Dans la chapelle des fonts baptismaux, triptyque en marbre de la Passion et de la Résurrection, daté de 1536. *8h-19h (Toussaint-Rameaux : ouv. w.-end seulement). ☏ 02 37 96 77 10.*

Ésotériques

Sous un porche, le portail Sud présente des voussures décorées de rinceaux et de symboles étranges : le signe de la croix apparaît entre un soleil et une lune à faces humaines, l'avarice est représentée par un démon tenant une bourse, la luxure par une femme.

itinéraire

VALLÉE DU LOIR SUPÉRIEUR★★

77 km – compter une journée.

Nonchalant, volontiers sinueux et capricieux, le Loir vagabonde de l'Île-de-France à l'Anjou ; il arrose un terroir d'aspect tranquille et souriant, encadré par quelques collines aux ondulations légères. La fraîcheur de ses rives, la coquetterie des villes et la grâce des villages qu'il traverse évoquent irrésistiblement cette « douce France » chère au cœur des poètes, des peintres... et des pêcheurs !

À vos lignes !

Jadis navigable à partir de Château-du-Loir, la rivière n'est plus fréquentée que par les barques des pêcheurs qui apprécient ses eaux poissonneuses, bordées de peupliers frémissants, de saules argentés et de prairies.

Quitter Bonneval au Sud.

Cette route de plateau offre quelques belles vues d'ensemble. Arrivant à **Conie**, on franchit la rivière du même nom dans un cadre ombragé. Plus loin la route traverse le village de **Moléans**, dominé par son château du 17e s.

Vue reposante sur les eaux calmes du Loir en arrivant au joli village de **St-Christophe**, d'où la D 361 mène à Marboué.

Marboué

Antique localité gallo-romaine, vous trouverez à Marboué une petite plage où vous rafraîchir ; haut clocher-porche du 15e s., terminé par une flèche à crochets.

Châteaudun★★ *(voir ce nom)*

Montigny-le-Gannelon★

Au loin, depuis la N 10, on aperçoit la forteresse dominant la vallée du Loir : le nom de Montigny vient en effet de « Mons-Igny », ou « mont du Feu » (pour faire des signaux) ; et si celui de Gannelon évoque le traître

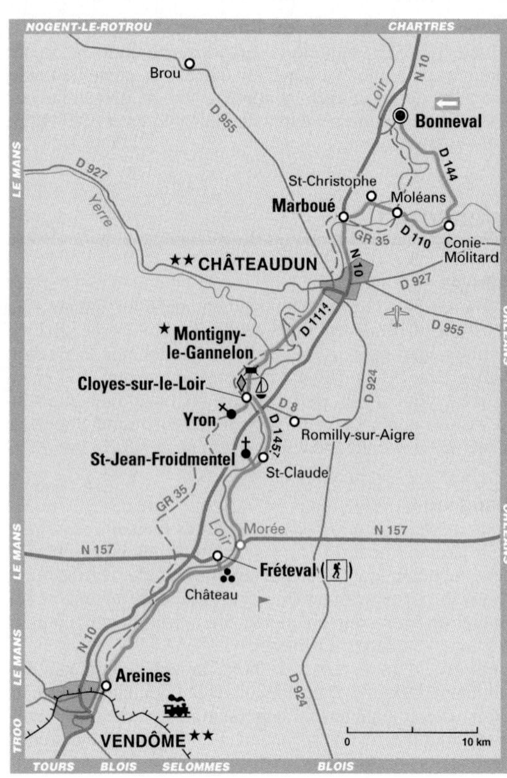

qui livra Roland à ses ennemis, il s'agit en fait d'un autre Gannelon, bien plus recommandable, abbé de St-Avit à Châteaudun, qui hérita de la forteresse au 11e s.

Église – *S'adresser à l'accueil du château.* ☎ *02 37 98 30 03.* Dédiée à saint Gilles et au St-Sauveur, elle abrite la châsse de sainte Félicité.

Château★ – ♿ *De fin avr. à fin oct. : visite guidée du château (3/4h) w.-end et j. fériés 14h30-18h30, parc tlj 10h-18h30 (de mi-juin à mi-sept. : château tlj 14h30-18h30, parc tlj 10h-18h30). 40F, 25F (parc).* ☎ *02 37 98 30 03.*

Une enceinte percée de cinq portes donnait accès au château, dont on aborde la façade Ouest (appareillage en brique et pierre) par le parc. La tour des Dames et la tour de l'Horloge sont les seuls vestiges du château Renaissance reconstruit en 1495 par Jacques de Renty. Laissant à gauche le grand escalier Renaissance orné des portraits des maréchaux de Lévis, on pénètre dans le cloître gothique décoré d'une belle collection d'assiettes en faïence italienne du 16e s.

On visite successivement : le salon des colonnes, le salon des dames, le grand salon (portrait de Gilles de Montmorency-Laval, sire de Rais, qui aurait inspiré à Charles Perrault son *Barbe Bleue, voir aussi p. 108)* et la salle à manger Montmorency (portraits de Louis XVIII et de Charles X, par le baron Gérard).

À l'extérieur, des autruches, émeus, nandous et faisans évoluent en liberté.

Dissimulé par les frondaisons, l'ancien manège, coiffé d'une armature ouvragée en fer contemporaine de la tour Eiffel, abrite des instruments aratoires anciens, des voitures hippomobiles et quelques animaux naturalisés.

Le château de Montigny conserve de nombreux souvenirs des illustres familles de Montmorency-Laval et Lévis-Mirepoix.

La croisade des enfants

En 1212, un petit berger de Cloyes, Estienne, entraîna à sa suite environ 20 000 enfants pour faire le pèlerinage en Terre sainte. Ni pères, ni mères, ni amis ne pouvaient les retenir. L'expédition tournera très mal : des enfants moururent sur les routes, d'autres périrent en mer et certains furent même vendus aux Sarrasins.

Cloyes-sur-le-Loir

Baigné par le Loir, Cloyes, à la lisière de la Beauce, fut jadis fortifié et constitue un gîte d'étape sur la route de St-Jacques-de-Compostelle. Dans cette petite ville accueillante, vous trouverez des maisons anciennes ainsi qu'une église surmontée d'un clocher du 15e s.

carnet pratique

HÉBERGEMENT

• *À bon compte*

Camping Parc de loisirs – *Rte de Montigny - 28220 Cloyes-sur-le-Loir - ☎ 02 37 98 50 53 - ouv. 16 mars au 14 nov. - réserv. conseillée - 196 empl. : 95F - restauration.* Plantez votre tente au bord du Loir, à l'ombre des saules pleureurs, chênes et autres frênes. Entrée libre au parc de loisirs avec attractions à foison.
Petit train western et toboggan aquatique pour le plus grand bonheur des petits et... des grands !

• *Valeur sûre*

Hostellerie St-Jacques – *Pl. du Marché-aux-Œufs - 28220 Cloyes-sur-le-Loir - ☎ 02 37 98 40 08 - fermé déb. nov. à fin mars, dim. et lun. en mars et oct. - P - 22 ch. : 450/680F - ☕ 55F - restaurant 175F.* Cette maison à colombages est un ancien relais de poste sur la route de Saint-Jacques-de-Compostelle. Son jardin fleuri descend sur les bords du Loir. Chambres meublées à l'ancienne. Salle à manger avec terrasse. Cuisine simple à prix sages au P'tit Bistrot.

En 1883, **Zola** s'installa à Cloyes pour étudier les mœurs beauceronnes avant d'écrire *La Terre*, roman d'une sombre âpreté, dont l'action se déroule à Cloyes et à **Romilly-sur-Aigre**.

Quitter Cloyes à l'Est et continuer jusqu'à Bouche-d'Aigre.

Chapelle d'Yron

1 km par la D 35, en direction de Vendôme, et, à droite, prendre la D 8[1] ; entrer dans le jardin de l'hospice.

La chapelle, d'époque romane, est ornée de **peintures murales** bien conservées, aux dominantes chaleureuses d'ocre jaune et rouge. Dans l'abside trône un Christ en majesté du 14e s., aux traits délicats.

PÊLE-MÊLE
Ces peintures, datées du 12e s., représentent la Flagellation et l'Offrande des Mages, le Baiser de Judas, un abbé (saint Bernard) et, dans l'abside, des apôtres.

La D 145[7] suit le Loir et traverse St-Claude dont l'église pointe sur la colline.

St-Jean-Froidmentel

Une halte pour son église, et son joli portail gothico-Renaissance.

Revenir sur la rive gauche, qu'une haie de peupliers sépare de la route.

Entre Morée et Fréteval, des cabanes de pêcheurs alternent avec des maisons plus coquettes, où s'amarrent des bateaux à fond plat.

Fréteval

En bordure du Loir, ce village ne manque pas d'attirer les pêcheurs. Juché sur un éperon, son **château féodal** *(1/4h à pied AR)*, avec donjon ruiné, commandait le passage.

Bientôt la route touristique fléchée s'écarte de la rivière, révélant maisons cossues et petites églises.

Areines

Village de la plaine du Loir, Areines était un bourg important à l'époque romaine. Sur la sobre façade de l'**église** (12e s.), Vierge du 14e s. À l'intérieur, bel ensemble de **fresques** aux tonalités pleines de fraîcheur et au dessin gracieux.

CÉLESTES FRESQUES
Dans l'abside, les symboles évangéliques encadrent un Christ majestueux : remarquez le lion de saint Marc stylisé à la manière byzantine ; au-dessous, les apôtres portent des auréoles de ce beau bleu céleste, typique de l'art régional.

Dans la baie centrale on découvre les saints guerriers, nimbés, et à la voûte du chœur, l'Agneau adoré par les anges ; sur les côtés, Annonciation et Visitation d'un style élégant ; Nativité, assez effacée. Les fresques des parois du chœur paraissent moins anciennes, avec un Mariage de la Vierge, à droite.

Bourgueil

Certes, vous n'y trouverez pas que des vignes et des caves... Une fort belle abbaye par exemple, un paysage de landes et de forêts au Nord, quelques jolis villages portuaires sur la Loire, plus au Sud... Mais sous ce climat exceptionnellement doux et ensoleillé, comment ne pas être conquis par le vin si frais de Bourgueil, avec sa robe de rubis, dont Rabelais vantait déjà les qualités... réjouissantes ?

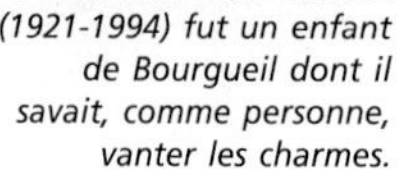

Le comédien Jean Carmet *(1921-1994) fut un enfant de Bourgueil dont il savait, comme personne, vanter les charmes.*

La situation

Cartes Michelin n°s 64 pli 13, 232 pli 34 ou 4037 A 4 – Schéma p. 184 – Indre-et-Loire (37). Bourgueil s'écarte un peu de la Loire, occupant un carrefour, entre la D 35, de Langeais à Saumur, et la D 749, entre Chinon et Château-la-Vallière. Vignes, bois et landes s'étagent aux alentours en coteaux parfois escarpés. ℹ *Pl. de l'Église, 37140 Bourgueil,* ☏ *02 47 97 91 39.*

Le nom

Bourgueil, un diminutif du mot bourg, associe son nom à de généreux vins rouges produits par le « breton », cépage particulier à la région et fort ancien : Rabelais (qui s'y connaissait) le cite dans ses œuvres.

Les gens

4 109 Bourgueillois. Ronsard y séjourna souvent et y connut Marie, qu'il chanta dans les *Amours.*

visiter

Église

Tlj sf w.-end.

Un large chœur gothique, formé de trois nefs d'égale hauteur, contraste avec la simplicité de la nef romane.

Halles

En face de l'église, au dos de l'ancienne mairie, belles halles aux arcades de pierre.

Abbaye

À la sortie Est de la ville, sur la route de Restigné. D'avr. à fin oct. : visite guidée (1h) w.-end et j. fériés 14h-18h (juil.-août : tlj sf mar. et mer.). 28F. ☏ *02 47 97 72 04.*

UNE ABBAYE VIGNERONNE

Son vignoble s'étendait sur tout le coteau, sa forêt jusqu'à la Loire. Aux 13e et 14e s., elle fut fortifiée et ceinte de douves. De cette époque subsiste l'élégant bâtiment des celliers et des grands greniers, qui se dresse au bord de la route.

Abbaye de bénédictins fondée à la fin du 10e s., elle fut l'une des plus riches d'Anjou. La visite donne accès au bâtiment construit en 1730 : salle à manger ornée de lambris du 18e s., monumental escalier à rampe de fer forgé, vaste salle voûtée du réfectoire. Au 1er étage, les cellules des moines sont transformées en musée : costumes, coiffes et outils du début du siècle.

Musée Van-Oeveren

♿ *Juil.-août : visite guidée (1h) tlj sf lun. 14h-18h ; sept.-juin : sur demande préalable. 35F (enf. : 20F).* ☏ *02 47 97 98 99.*

Un petit musée de l'escrime, du duel et de l'arme blanche est installé dans le château des Sablons (19e s.). Belle salle d'armes où le maître des lieux donne ses leçons d'escrime.

Moulin bleu

À 2 km au Nord, sur le coteau. De fév. à fin déc. : visite guidée (20 mn) tlj sf mar. mer. 12F. ☏ *02 47 97 73 13.*

Ce moulin **cavier**, du même type que celui de la Herpinière à Turquant, est constitué d'une hucherolle juchée sur un cône en pierre de taille reposant lui-même sur un soubassement voûté. Le tanin obtenu par le broyage de l'écorce de châtaignier alimentait les tanneries de Bourgueil.

De la terrasse, très beau **point de vue** sur la vallée de la Loire et, au premier plan, sur le vignoble de Bourgueil.

carnet pratique

Restauration

• *À bon compte*

Auberge de Touvois – *Rte de Gizeux - 37140 Touvois - 4 km au N de Bourgueil par D 749 dir. Gizeux - ☎ 02 47 97 88 81 - fermé 19 au 26 fév., 25 juin au 2 juil., dim. soir et lun. - réserv. obligatoire le w.-end - 85/205F.* Perdue dans la campagne, sur la route des vins, cette auberge est très accueillante. Cuisine plutôt traditionnelle mariant habilement les saveurs d'herbes et épices variées. En été, vous pourrez jouir de la terrasse, à l'ombre des arbres.

Hébergement

• *Valeur sûre*

Chambre d'hôte Le Château des Réaux – *37140 Chouzé-sur-Loire - 4 km au S de Bourgueil par D 749 en dir. de Port Boulet - ☎ 02 47 95 14 40 - www.chateaux.france.com/-reaux - fermé 24 au 26 déc. - 17 ch. : 300/1400F - ☕ 65F - repas 250/350F.* La vie de château n'est plus un rêve ! Flanqué de deux tours à mâchicoulis, ornées d'un damier de brique et de pierre, ce château du 15e s. vous donne rendez-vous avec l'histoire. Réservez l'une des somptueuses chambres et laissez-vous aller à la rêverie le temps d'une promenade dans le parc.

Cave touristique de la Dive Bouteille

♿ *Mai-sept. : visite guidée (1/2h) tlj sf lun. 10h-12h30, 14h-19h (juil.-août : tlj) ; avr. : tlj sf lun. 10h-12h, 14h-18h. Fermé oct.-mars. 21F. ☎ 02 47 97 72 01.*

Fraîche (12°) et creusée dans le roc, cette cave abrite une collection de pressoirs anciens, dont un du 16e s., et une bonne documentation photographique sur la situation du vignoble. Dégustation.

Le vignoble de Bourgueil s'étend sur plus de 1 200 ha. Le vin, d'un beau rouge rubis, est issu du cépage cabernet franc.

alentours

Restigné

5 km à l'Est. Petit village vigneron à l'écart de la route, son **église** présente une façade à appareil losangé, tandis qu'au portail Sud on aperçoit des bêtes fantastiques et Daniel dans la fosse aux lions. À l'intérieur, la nef du 11e s. est voûtée en bois, avec une belle charpente de la fin du 15e s. à poutres décorées de gueules de monstres.

Les Réaux

4 km au Sud. 10h-18h. Fermé 1er janv. et 25 déc. 10F. ☎ 02 47 95 14 40. Construit à la fin du 15e s., ce charmant **château** appartint au 17e s. à Tallemant des Réaux, l'auteur des *Historiettes*, chronique de la société française au début du 17e s. Entouré de douves alimentées par la Loire, remarquez surtout son pavillon d'entrée flanqué de deux tours à mâchicoulis, où le souci décoratif l'emporte, comme en témoignent l'appareil à damiers de brique et de pierre et tout un petit monde d'ornements sculptés avec grâce : lucarnes à coquilles, salamandre au-dessus de la porte d'entrée, soldats-girouettes...

Chouzé-sur-Loire

7 km au Sud. Sur la levée de la Loire, ce joli village était jadis un port actif : de vastes quais déserts où rouillent quelques anneaux d'amarrage, ainsi qu'un petit **musée des Mariniers**, en ravivent le souvenir. *De juin à fin août : w.-end et j. fériés 15h-17h. 12F. ☎ 02 47 95 10 10.*

▶ Dans la rue de l'Église, charmant **manoir** du 15e s. où mourut Marie d'Harcourt, épouse de Dunois, le célèbre Bâtard d'Orléans.

Varennes

15 km au Sud-Ouest. De l'ancien quai sur les bords de Loire, très beau **point de vue** sur le château de Montsoreau en face, et en amont, sur le confluent avec la Vienne. Le chemin de halage offre une excellente occasion de promenade.

Brain-sur-Allonnes

10 km à l'Ouest. Des fouilles entreprises sous une maison du 14e s. ont permis d'exhumer le **site médiéval de la Cave Peinte.** *De mai à fin août. : tlj sf lun. 14h-18h, sam. 10h-12h, 14h-18h ; de sept. à mi-oct. : sam. 10h-12h, 14h-18h, dim. et j. fériés 14h-18h. 20F. ☎ 02 41 52 87 40.*

De très beaux carreaux de faïence vernissée sont exposés dans le **musée** attenant. *Tlj sf lun. 10h-12h, 14h-18h, dim. et j. fériés 14h-18h. 15F. ☎ 02 41 52 87 40.*

Briare

Cette charmante ville dotée d'un port de plaisance bien équipé propose de nombreuses croisières sur le canal. Des escaliers permettent de descendre au niveau de la Loire, de se promener sur les berges et d'admirer la magnifique architecture métallique du célèbre pont-canal, créé par Eiffel.

Restauration

Auberge du Pont-Canal – *19 r. du Pont-Canal - ☎ 02 38 31 24 24 - fermé dim. soir et lun. - 115/190F.* Avec sa façade des années 1960, ce petit restaurant sur le canal regarde le va-et-vient tranquille des bateaux. C'est reposant. Cuisine traditionnelle de produits frais. Chambres dans un bâtiment attenant plus récent.

La situation

Cartes Michelin nos 65 Sud du pli 2, 238 pli 8 ou 4045 H 6 – Loiret (45).

Dans un pays où l'eau est intimement liée à la terre, Briare occupe une position clé au débouché de la liaison Seine-Loire, en limite de Bourgogne (22 km au Sud-Est de Gien par la D 952).

1 pl. Charles-de-Gaulle, 45250 Briare, ☎ 02 38 31 24 51.

Le nom

Rien à voir avec la bruyère... Mais avec l'ancienne *Brivoduro*, que nos savants étymologistes décomposent ainsi : *brivo*, « le pont », et *duro*, « la forteresse », aujourd'hui disparue.

Les gens

5 994 Briarois. On peut sans exagération compter au nombre des célébrités locales : le très inventif fabricant de boutons industriels Jean-Philippe Bapterosses, et Gustave Eiffel, le génial concepteur du pont-canal.

Commencé en 1890 et inauguré en 1896, cet ouvrage d'art remarquable permet au canal latéral à la Loire de franchir le fleuve pour s'unir au canal de Briare.

visiter

Pont-canal★★

Stupéfiant spectacle que ce pont... rempli d'eau. La gouttière métallique contenant le canal est formée de plaques assemblées par des millions de rivets. Longue de 662 m, large de 11 m (avec les chemins de halage, parfaits pour une promenade), elle repose sur 15 piles en maçonnerie réalisées par la société Eiffel. Le tirant d'eau est de 2,20 m.

Le canal de Briare

Entrepris en 1604 sur l'initiative de Sully par la « Compagnie des seigneurs du canal de Loyre en Seine », il ne fut terminé qu'en 1642. C'est le premier canal de jonction construit en Europe : long de 57 km, il unit le canal latéral à la Loire au canal du Loing.

Le bief de partage des eaux séparant les bassins de la Loire et de la Seine s'étend entre Ouzouer-sur-Trézée et Rogny-les-Sept-Écluses.

Musée de la Mosaïque et des Émaux

♿ *Juin-sept. : 10h-18h30 ; fév.-mai : 14h-18h ; oct.-déc. : 14h-18h. Fermé en janv. et 25 déc. 25F. ☎ 02 38 31 20 51.*

Dans l'enceinte de la manufacture encore en activité, ce musée retrace la vertigineuse carrière de **Jean-Félix Bapterosses**, père de la première machine à fabriquer des boutons de façon « industrielle » : il avait su devancer l'Angleterre dont l'outillage ne pouvait frapper qu'un seul bouton à la fois. Une stupéfiante variété de boutons est présentée au musée.

Jean-Félix Bapterosses

Savant mécanicien et technologue averti, Bapterosses invente de nouveaux procédés et se lance dans la fabrication des perles réalisées tant pour l'Europe que pour l'Afrique et l'Asie. En 1882 sort de sa manufacture la mosaïque appelée plus communément « émaux de Briare» ; pour leur décoration, il fait appel à l'un des précurseurs de l'Art nouveau : Eugène Grasset.

Pour compléter cette visite, voir également l'église, dont le sol est tapissé de mosaïques inspirées par la Loire.

Château de Brissac★★

Du haut de ses cinq ou six étages, 200 fenêtres vous contemplent... L'un des plus imposants châteaux de la Loire, avec son style mi-médiéval, mi-Louis XIII, écrase par sa démesure : on y vit pourtant, et sans doute fort bien, puisque depuis cinq siècles, cette auguste demeure n'a jamais changé de main.

La situation

Cartes Michelin nos 64 pli 11, 232 pli 32 ou 4049 G 4 – Schéma p. 317 – Maine-et-Loire (49). 15 km à peine séparent Brissac d'Angers. Dominant la vallée de l'Aubance, active région viticole, le château trône au milieu de son parc, planté de superbes **cèdres★**. *8 pl. de la République, 49320 Brissac-Quincé, ☎ 02 41 91 21 50.*

Le nom

On hésite entre « brise-sac » et « brèche-sac », dont l'interprétation, plus ou moins aimable, diffère selon les auteurs.

Les gens

Pierre de Brézé élève vers 1455 le château médiéval. Racheté en 1502 par René de Cossé, le château fut endommagé par les guerres de Religion. **Charles de Cossé**, comte de Brissac, est, à la fin du 16e s., l'un des chefs de la Ligue (parti catholique soutenant les Guises) ; lorsque, gouverneur de Paris, il remet en 1594 les clefs de la capitale à Henri IV, le roi reconnaissant lui accorde le titre de duc. Il entreprend alors d'importants travaux, que sa mort (1621) interrompt, laissant l'édifice en son état actuel.

Restauration

Le Haut Tertre – *1 pl. du Tertre - 49320 Brissac-Quincé - ☎ 02 41 91 79 95 - fermé 1er au 8 janv., 1er au 15 sept., dim. soir et lun. soir - 85/140F.* Dans ce petit restaurant, à la fois sobre et élégant, vous serez bien accueilli. La convivialité et la proximité du château de Brissac en font une étape idéale pour se restaurer sans se ruiner. Cuisine de produits frais.

Le château de Brissac surprend par son élévation (48 m de hauteur) et par l'enchevêtrement des deux constructions, aux styles très tranchés.

visiter

D'avr. à fin oct. : visite guidée (1h) tlj sf mar. 10h-17h15 (de juil. à mi-sept. : tlj 10h-17h45). 48F (enf. : 38F). ☎ *02 41 91 22 21.*
La façade principale est encadrée de deux tours rondes à toit conique, cerclées de mâchicoulis gracieusement sculptés, vestiges du château médiéval.

En passant
Dans la salle à manger, un coup d'œil (vous ne pouvez pas le manquer) sur l'immense tableau représentant l'ancien château parisien de Bercy et son parc ; dans le grand salon, sur le beau mobilier du 18e s., les lustres en cristal de Venise et le pastel de Mme Vigée-Lebrun figurant le 8e duc de Brissac.

◀ À l'intérieur, les **plafonds** à la française, souvent rehaussés de sculptures, ont conservé leurs peintures du 17e s. ; les **tapisseries** et le mobilier sont superbes.
Un très bel escalier Louis XIII mène au 1er étage : la salle des Gardes, la chambre où Louis XIII et sa mère, Marie de Médicis, se réconcilièrent provisoirement (1620), la chambre des Chasses aux murs tendus de magnifiques tapisseries des Flandres (16e s.). Par la galerie des tableaux, où l'on note un portrait de la célèbre veuve Clicquot, on accède à la chapelle qui abrite un bas-relief en marbre de David d'Angers ainsi que des stalles très ouvragées, de style Renaissance italienne.
Au 2e étage, un ravissant théâtre, aux somptueuses dorures et draperies rouges : Jeanne Say (marquise de Brissac puis vicomtesse de Trédern), qui possédait une belle voix de soprano, le fit construire en 1883 dans le style des théâtres du 17e s.
La visite prendra fin dans le cellier : chaque année les vignes du château donnent plus de 1 500 bouteilles d'anjou-village.

alentours

Centre de découverte du milieu aquatique et de la pêche

Par la D 748, au Sud de Brissac-Quincé, suivre le fléchage en place. ♿ *Juil.-août : visite guidée (2h) 14h-18h, dim. et j. fériés 14h-19h ; avr.-juin et sept.-déc. : 3e dim. du mois et j. fériés 14h-19h. Fermé de mi-déc. à mi-janv. 30F.* ☎ *02 41 87 57 09.*
Ce centre, situé au bord de l'étang de **Montayer**, permet la découverte de la rivière et des actions menées par les pêcheurs pour la préserver. Outre les poissons du bassin de la Loire, vous pourrez observer l'élevage des brochets, de l'écloserie au bassin de grossissement.

Promenade instructive
Un parcours botanique présente la végétation caractéristique des berges et des zones humides.

Brou

Brou, surnommée « la Noble », encore très fréquentée pour ses marchés d'œufs et de volailles, commande l'harmonieux pays du Perche-Gouet, aux douces collines boisées. Villages, églises et châteaux parsèment ces petites routes vallonnées, au fil de l'Ozanne, de l'Yerre ou de la Braye, cours d'eau paisibles et ombragés.

Brou se baigne les pieds dans la charmante rivière Ozanne qui coule sous ses murs.

La situation

Carte Michelin n° 60 plis 15 et 16 – Eure-et-Loir (28). Dans la vallée de l'Ozanne, bien que d'aspect beauceron, Brou s'ouvre sur la région du Perche-Gouet, ou Bas-Perche, entre Châteaudun et La Ferté-Bernard.
R. de la Chevalerie, 28160 Brou, ☎ *02 37 47 01 12.*

Le nom

Brou serait issu de l'ancien français brai, qui signifiait boue (comme Bray ou Brie) ; à moins qu'il ne s'agisse plutôt de brout, « pousse d'arbre » ?

Les gens

3 713 Broutains. Gloire locale, et non des moindres, Florimond de Robertet fut l'inusable ministre des Finances de trois rois : Charles VIII, Louis XII et François Ier.

visiter

Place des Halles

À l'angle de la rue de la Tête-Noire, une maison ancienne, bâtie en encorbellement, date du début du 16e s. ; ses colombages de bois portent des motifs sculptés. Près de la place, rue des Changes, autre maison du 16e s., à façade courbe : le poteau cornier décoré d'un saint Jacques et d'un pèlerin rappelle la position de Brou sur le chemin de Chartres à St-Jacques-de-Compostelle.
Quelques vieilles rues ont conservé leur nom d'origine : de la Bouverie, des Changes, du Dauphin...

Église de Yèvres

1,5 km à l'Est. Elle date en majeure partie des 15e et 16e s. L'élégant portail Renaissance de la façade est encadré de pilastres sculptés portant les instruments de la Passion et surmonté d'un double fronton. L'intérieur a conservé de remarquables **boiseries★** classiques : la chaire, ornée des effigies des Vertus, le retable du maître-autel, les autels latéraux, un aigle-lutrin. La chapelle des fonts baptismaux (beau plafond en bois sculpté) est close par une superbe porte à panneaux sculptés évoquant le martyre de sainte Barbe et le baptême du Christ. Dans la sacristie, boiseries Louis XIII et collection de vases sacrés des 18e et 19e s. *Visite guidée sur demande préalable auprès de M. Boisserie, 9 r. de la Madeleinière. ☎ 02 37 47 03 52.*

RESTAURATION
L'Ascalier – *9 pl. Dauphin - ☎ 02 37 96 05 52 - fermé vacances de fév., dim. soir, lun. soir et mar. sf j. fériés - réserv. obligatoire - 98/250F.* Près des halles de la ville, ce restaurant a plus d'un atout pour vous satisfaire. Une cuisine soignée qui a su rester simple, des prix raisonnables, une terrasse fleurie et un bel escalier du 16e s. pour gagner la salle à manger de l'étage. Une petite adresse comme on les aime...

circuit

LE PERCHE-GOUET★

97 km – environ une journée. Prendre au Nord-Ouest la D 15.
Le Perche-Gouet, quelquefois appelé Bas-Perche, reçut son nom au 11e s. de Guillaume Gouet qui possédait cinq baronnies relevant de l'évêché de Chartres.
Entre le Loir et l'Huisne, le Perche-Gouet dessine une sorte de croissant dont le sol, formé de craie marneuse et de bancs de sable ou d'argile, ne porte plus qu'une partie des immenses forêts de jadis, remplacées par des prés et des vergers.
La partie orientale du Perche-Gouet, dite aussi Faux-Perche, se confond presque avec la Beauce ; elle s'en distingue cependant par la dispersion des habitats, l'abondance des haies vives et des arbres. Les fermes, nommées ici « borderies », et que l'on trouve, parfois, au détour des chemins creux, pratiquent l'élevage des bovins et surtout celui des vaches laitières qui a supplanté l'élevage du cheval de trait percheron à robe gris pommelé, noire ou aubère. Les cours d'eau, Ozanne, Yerre, ou Braye, coulent vers le Loir ; seule la Rhône rejoint l'Huisne à Nogent-le-Rotrou.

CES DAMES DU PERCHE-GOUET
Les cinq baronnies du Perche-Gouet étaient : Alluyes « la Belle », Brou « la Noble », Bazoche « la Gaillarde », Authon « la Gueuse » et Montmirail « la Superbe ».

Frazé

Jadis fortifié et entouré d'eau, Frazé se blottit au creux du vallon de la Foussarde. Charmante place de la Mairie, d'où l'on découvre à la fois l'église et le château.
Le **château,** construit en 1493, était protégé par des douves et un étang ; il fut complété aux 16e et 17e s. par des communs encadrant un porche d'entrée. Un puits ancien, des jardins, des canaux et des terrasses agrémentent la cour et le parc. *De Pâques à fin oct. : visite du parc seulement dim. et j. fériés 15h-18h. 15F. ☎ 02 37 29 56 76.*
À l'entrée de l'**église**, joli portail Renaissance supporté par trois atlantes.
À Chassant, prendre la D 922. On pénètre ici dans le Sud du Parc naturel régional du Perche (1998) qui s'étend jusqu'à la forêt de Montmirail.

Des bâtiments du château de Frazé subsistent : une tourelle de guetteur, deux tours dont l'une, à mâchicoulis, isolée et ceinte d'une cordelière, le châtelet et une intéressante chapelle.

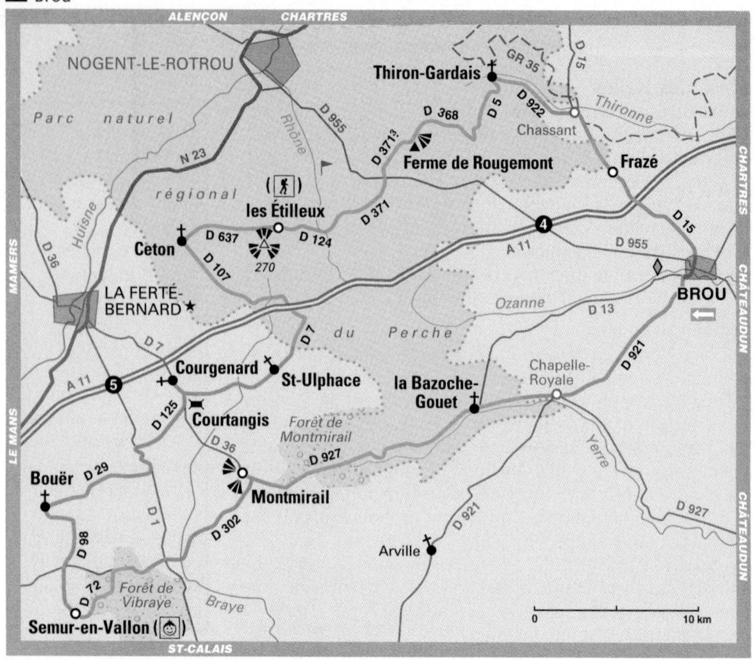

Thiron-Gardais

Bordant la Thironne et l'étang des Moines, la localité s'est groupée près de l'ancienne abbaye fondée par saint Bernard en 1114. L'abbaye de Tiron (sans h comme on l'écrivait alors) prit un vigoureux essor aux 12e et 13e s. Au 16e s., Charles de Ronsard, frère du poète, et le Chartrain Philippe Desportes, poète lui-même, en furent abbés. En 1629, les bénédictins de St-Maur s'y installèrent. L'église est une ancienne **abbatiale** encore très vaste bien que le chœur se soit effondré en 1817. Quelques bâtiments du 17e s., constituant le collège, ont été préservés.

Continuer au Sud, par la D 5, puis la D 371³.

Ferme de Rougemont

De la D 371³, à hauteur de cette ferme, se dégage un immense **point de vue** sur le bassin de l'Ozanne.

Les Étilleux

Au Sud du village, sur la D 13, près d'une fermette, prendre le chemin signalé qui monte au sommet de la butte (270 m ; relais hertzien) : belles vues sur la vallée de l'Ozanne, les collines du Perche et la vallée de l'Huisne.

Emprunter la D 637 jusqu'à Ceton.

Ceton

L'**église St-Pierre** tient son importance du prieuré de l'ordre de Cluny auquel elle appartint dès 1090. Le clocher roman précède un chœur et une nef gothique construits du 13e au 16e s.

À l'intérieur, Mise au tombeau (16e s.), d'une naïveté touchante, et belle statuaire.

St-Ulphace

À mi-pente se détache l'**église** (15e-16e s.) dont la puissante façade s'appuie sur une tour ; portail Renaissance. *W.-end 9h-18h. ☎ 02 43 93 27 06.*

INFERNAL

Sur le mur droit de la nef, des peintures murales du 16e s. illustrent l'enfer et le *Dict des trois morts et des trois vifs*.

Courgenard

Dans ce petit village fleuri, l'**église** présente une harmonieuse porte Renaissance sculptée de statuettes en bas relief. *Visite sur demande auprès de la mairie. ☎ 02 43 93 26 02.*

Château de Courtangis

Dans le cadre idyllique d'un vallon retiré et planté de grands arbres (hêtres, chênes, frênes) pointent les tourelles, les lucarnes et les toits à la française de ce gracieux manoir du début du 16e s.

Prendre à droite la D 125 en direction de Lamnay et St-Maixent.

Bouër

Minuscule village perdu dans les collines qui dominent la vallée de l'Huisne. **Église** coiffée d'un clocher dont la flèche d'ardoise se raccorde à la tour par des volutes ; en avant du chœur, deux jolis autels en bois. De l'esplanade, vue sur la vallée de l'Huisne.

Semur-en-Vallon

Attrayante bourgade, offrant un plan d'eau aménagé. Au creux d'un vallon, en lisière de la forêt de Vibraye, **château** du 15e s., entouré de douves et de tours ; la façade d'entrée, encadrée de tours rondes à lanternons, a été remaniée au 17e s., et coiffée de beaux toits aigus à la française.

☺ Petit **chemin de fer touristique** Decauville circulant sur une distance de 1,5 km. *Juil.-août : parcours (3/4h) et visite du musée train sam. 16h-18h, dim. et j. fériés 14h30-18h30 ; mai-juin et sept. : dim. et j. fériés 14h30-18h30. 15F. ☎ 02 43 71 30 36 (heures de repas).*

La jolie route D 72, puis la D 302 traversent une partie de la forêt de Vibraye.

Montmirail

Montmirail, jadis puissamment fortifiée, occupe un site défensif de premier ordre.

Le **château**, construit au 15e s., puis remanié au 18e s. par la princesse de Conti, conserve encore des souterrains des 11e et 14e s. Outre les cachots, on parcourt les salles d'armes voûtées d'ogives, les appartements de la princesse de Conti, dont le Grand Salon au décor Louis XV.

De la terrasse, on découvre la façade Ouest, classique, qui contraste avec les façades Sud et Est d'allure féodale ; et surtout un vaste **panorama★** sur le Perche-Gouet. *D'avr. à fin sept. : visite guidée dim. et j. fériés 14h30-18h (de mi-juil. à mi-août : tlj sf mar.). 25F. ☎ 02 43 93 72 71.*

À VOIR AUSSI

L'**église** des 12e-16e s. renferme un vitrail du 16e s. dans le chœur et, dans le bas-côté gauche, un sépulcre polychrome du début du 17e s., très réaliste. En face de ce dernier, pierre sculptée où, jusqu'à la Révolution, était renfermé un reliquaire.

La jolie D 927 traverse la forêt de Montmirail.

La Bazoche-Gouet

L'**église**, du 12e ou 13e s., a été modifiée au début du 16e s. par l'adjonction de baies flamboyantes et de bas-côtés : celui du Sud est remarquable ; beau portail aux colonnes spiralées supportant des niches. À l'intérieur *(accès par le passage protégé)*, la tour carrée sur laquelle repose le clocher est du 16e s. ; les vitraux Renaissance garnissant les baies du chœur ont été offerts par les Bourbons-Conti, seigneurs du lieu.

Remarquables vitraux, par le réalisme des expressions et des détails. Ils évoquent la Passion, d'après des gravures allemandes.

Château de Chambord★★★

Chambord, grandiose folie d'un roi stimulé par ses rêves, son amour de l'art et du faste, est unique. Il annonce et dépasse Versailles, dans son délire architectural : immense nef blanche délicatement ciselée, navire de haut bord aux 365 cheminées, ses tours et ses clochetons semblent défier le ciel pour l'éternité.

Pierre et lumière

Toute l'année, de la tombée de la nuit jusqu'à minuit, une remarquable mise en lumière du château permet d'apprécier, à travers ses jeux de couleurs, la qualité exceptionnelle de l'architecture.

La situation

Cartes Michelin nos 64 Sud des plis 7 et 8 ou 238 pli 3 – Loir-et-Cher (41). À une heure et demie de route de Paris, un peu avant Blois, son apparition subite au bord d'une allée, la vision de cette masse blanche qui s'élargit et se précise peu à peu produisent une impression profonde, encore plus fascinante au coucher du soleil.

Le nom

De *cambo*, la courbe. Chambord serait donc « le gué sur la courbe de la rivière », en l'occurrence le Cosson.

Les gens

Les rois et leurs cours, Léonard de Vinci, Molière et sa troupe, le maréchal de Saxe et ses troupes, le maréchal Berthier (sans troupe), le comte de Chambord et sa cohorte de fidèles, et des centaines et des centaines de milliers de visiteurs...

comprendre

Création grandiose de François Ier – Les comtes de Blois avaient élevé un petit château dans ce coin perdu de la giboyeuse forêt de Boulogne. Le jeune François Ier aimait venir y chasser et, dès 1518, ordonna de raser le bâtiment pour le remplacer par un édifice somptueux.

Plusieurs projets voient le jour et sans doute Léonard de Vinci, hôte du roi au Clos-Lucé, en dessine-t-il une esquisse, tandis que le Boccador en exécute la maquette. Au fur et à mesure du développement du chantier, les plans originels sont modifiés et des sommes considérables sont englouties. Le roi ne lésine pas. Même quand le trésor est à sec, que l'argent manque pour payer à l'Espagne la rançon de ses deux fils, les travaux continuent. Ils ne subissent qu'une interruption, en 1524-1525, lors d'une campagne en Italie soldée par la défaite de Pavie

Rêve royal

En 1527, François Ier, dans son ardeur, veut même faire dériver la Loire pour l'amener au pied du château, mais devant l'énormité de la tâche, on détournera simplement le Cosson.

En 1537, le gros œuvre est terminé – tours et pavillons du donjon, terrasses – ; plus de 1 800 ouvriers y ont été employés. En 1538, le roi commande un logis relié au donjon par un bâtiment de deux étages, et, sur le flanc Ouest, une seconde aile, symétrique du logis. L'ensemble mesure 117 m sur 156 m. Dès 1539, le roi, qui se plaisait à dire « Allons chez moi », peut y recevoir Charles Quint. Le visiteur, charmé par l'accueil, puis émerveillé par l'édifice, déclare à son hôte : « Chambord est un abrégé de l'industrie humaine. » En 1545, le logis royal est achevé, mais François Ier, qui logeait jusque-là dans la tour Nord-Est, ne peut guère en profiter : il meurt deux ans plus tard. Henri II poursuit l'œuvre de son père par la construction de l'aile Ouest et de la tour de la chapelle, alors qu'on termine le mur d'enceinte. À sa mort, en 1559, le château reste inachevé.

Louis XIV et Molière – François II et Charles IX viennent souvent chasser dans la forêt. Henri III et Henri IV ne se montrent guère à Chambord, mais Louis XIII renoue la chaîne. Louis XIV y fait neuf séjours entre 1660 et 1685, et ordonne d'importantes restaurations. Molière crée *Monsieur de Pourceaugnac*, écrit au château même en quelques jours. Lulli sauve le spectacle, de justesse. Plus tard, *Le Bourgeois gentilhomme* fait passer Molière par de nouvelles transes. À la première, le roi reste de glace. Les courtisans, étrillés dans la

Sauvé par le burlesque

À la première de *Monsieur de Pourceaugnac*, le roi ne se déride pas. Lulli, l'auteur de la musique, qui tient un rôle d'apothicaire, a une inspiration : il saute à pieds joints de la scène sur le clavecin d'accompagnement et passe au travers. Le roi éclate de rire : la pièce est sauvée.

carnet pratique

Hébergement

• *À bon compte*

Camping Le Château des Marais – *27 r. de Chambord - 41500 Muides-sur-Loire - 7 km au NE de Chambord par D 112 - ☏ 02 54 87 05 42 - ouv. 15 mai au 15 sept. - réserv. obligatoire juil. et août - 198 empl. : 150F - restauration.* Réservez votre emplacement, votre bungalow ou votre mobile home pour un séjour au calme en pleine nature, dans un joli parc boisé d'un château du 17e s. Quelques chambres d'hôte dans une de ses dépendances. Piscine, toboggan aquatique.

Hôtel Bonnheure – *41250 Bracieux - 8 km au S de Chambord par D 112 - ☏ 02 54 46 41 57 - fermé mi-déc. à mi-fév. - P - 13 ch. : 250/320F - ☕ 40F.* Cette maison solognote et son jardin fleuri se cachent derrière une porte cochère. Une étape tranquille dans les chambres avec terrasse ou balcon. Deux appartements et un studio avec cuisinette pour les séjours en famille.

• *Valeur sûre*

Hôtel Grand St-Michel – *Pl. St-Michel - 41250 Chambord - ☏ 02 54 20 31 31 - fermé 15 nov. au 15 déc. - P - 38 ch. : 290/450F - ☕ 40F - restaurant 98/210F.* Cette bâtisse régionale en face du château profite du calme de son magnifique parc. Seul le brame des cerfs risque de troubler votre sommeil. Quelques chambres ont vue sur la splendide demeure seigneuriale. Grande salle à manger avec verrière et vaste cheminée.

Chambre d'hôte Manoir de Clénord – *998 rte de Clénord - 41250 Mont-près-Chambord - 15 km au SO de Chambord par D 112 puis à Bracieux D 923 - ☏ 02 54 70 41 62 - www.clenord.com - fermé fin nov. à mi-mars - 6 ch. : 300/960F.* Au milieu d'un parc qui s'étend jusqu'à la forêt de Chambord, cette somptueuse demeure du 18e s. marie le raffinement et la simplicité. Meubles et parquets anciens dans des chambres tranquilles, personnalisées. Piscine, tennis.

Canotage

☺ Une promenade en barque sur le Cosson, dans les douves et sur le grand canal permet la découverte du château selon les grandes perspectives voulues par Louis XIV. *De mi-mars à mi-nov. : location de barques 10h-tombée de la nuit. Embarcation pour 2 pers. 70F, 3 pers. 75F, 4 pers. 100F, 5 pers. 125F. ☏ 02 54 56 00 43.*

pièce, préparent déjà leurs sarcasmes. Mais, après la seconde représentation, Louis XIV félicite l'auteur et la cour change ses pointes en compliments.

De la Révolution à la Restauration – En 1809, Napoléon fait de Chambord un majorat en faveur de Berthier, prince de Wagram, qui se contente de vendre le bois et laisse le domaine à l'abandon. Après sa mort, il est acheté, en 1821, pour le duc de Bordeaux, fils du duc de Berry qui vient d'être assassiné, et héritier de la Couronne.

L'affaire du drapeau blanc (1871-1873) – Henri, comte de Chambord, prétendant légitimiste au trône de France depuis la chute de Charles X en 1830, est bien près de parvenir à ses fins en 1871. Il s'installe à Chambord où, le 5 juillet, il proclame ses convictions dans un manifeste qui se termine par ces mots : « Henri V ne peut abandonner le drapeau blanc de Henri IV. » L'effet de cette déclaration est désastreux dans l'opinion : les royalistes perdent les élections partielles. Le comte de Chambord repart en Autriche, « Henri V » ne régnera pas. Il s'éteint en 1883. Le château échoit à son neveu, le duc de Parme. En 1932, l'État le rachète aux héritiers, moyennant 11 millions de francs.

Merveille de la Renaissance, fruit d'une « véritable mathématisation de l'architecture » (Jean Jacquart), le château compte 440 pièces, 365 cheminées, 13 escaliers principaux et 70 secondaires.

visiter

1 h 1/2. L'entrée des visiteurs a lieu par la porte Royale. Il est conseillé de se munir du dépliant (distribué à l'accueil) portant le plan détaillé du château. Avr.-oct. : (dernière entrée 1/2h av. fermeture) 9h-18h15 (juil.-août : 9h30-18h45) ; nov.-mars : 9h-17h15. Fermé 1er janv., 1er mai, 25 déc. 40F. ☏ 02 54 50 40 00.

Le plan de Chambord est d'inspiration féodale : un **donjon** central à quatre tours constitue à lui seul un véritable château et une enceinte. Au cours de la construction sont ajoutées deux ailes : l'une abrite l'appartement royal, l'autre la chapelle.

Mais la construction Renaissance n'évoque plus aucun souvenir guerrier : c'est une royale demeure de plaisance, dont la façade Nord-Ouest, particulièrement imposante, doit à l'Italie l'agrément de ses sculptures et de ses larges ouvertures.

Cour d'honneur

Elle offre une vue sur le donjon, relié aux tours d'angles par des galeries à deux étages et leurs arcades. Une galerie a été plaquée sur la façade lorsque, à la fin du règne de François Ier, furent ajoutés les escaliers extérieurs situés dans les angles des cours.

Escalier à double révolution

Le célèbre escalier occupe le centre de la croix, formée par quatre grandes salles des gardes.

Appartements

Dans les salles du rez-de-chaussée et du 1er étage, vous découvrirez surtout une fabuleuse collection de tapisseries anciennes, flamandes ou françaises. Dans la salle des Soleils, ainsi nommée pour ses volets décorés de soleils rayonnants, série de tableaux, dont la *Reconnaissance du duc d'Anjou comme roi d'Espagne* par Gérard, et tapisserie de Bruxelles : la *Vocation d'Abraham*.

Au **1er étage**, François Ier fit aménager ses appartements dans la tour Nord de l'enceinte. Dans sa chambre, tenture et lit de velours brodé d'or (Italie, 16e s.) ; ce serait sur l'un de ses vitraux que le roi grava les mots : « Souvent femme varie, bien fol est qui s'y fie. » Le cabinet de François Ier est couvert d'une voûte ornée de caissons où alternent l'initiale du roi et la salamandre, son emblème ; il a servi d'oratoire à la reine Catherine Opalinska, épouse de Stanislas Leszczynski. La chambre de la reine, dans la tour François Ier, est ornée de tapisseries de la Manufacture de Paris, l'*Histoire de Constantin,* d'après des cartons de Rubens.

LE TESTAMENT DE LÉONARD ?

Chambord est l'œuvre personnelle de François Ier. Si le nom de l'architecte ne nous est pas connu avec certitude, sa conception initiale semble bien avoir germé dans l'esprit fécond de Léonard de Vinci. Le vieil artiste, installé depuis peu à la cour de France, meurt au printemps 1519, au moment où débutent les travaux.

Les deux vis de l'escalier montent l'une sur l'autre jusqu'aux terrasses ; le noyau central, ajouré, permet de s'apercevoir d'une hélice à l'autre.

LE MARÉCHAL DE SAXE (18E S.)

Louis XV offre Chambord au maréchal de Saxe avec 40 000 livres de revenus, en récompense de sa victoire à Fontenoy. Fastueux, orgueilleux, violent, le maréchal de Saxe anime le château d'une vie trépidante. Pour satisfaire son goût des armes, il loge deux régiments de cavalerie composés de Tartares, de Valaques et de Martiniquais. Dans le parc, cette troupe étrange monte de vifs chevaux d'Ukraine dressés à accourir quand la trompette sonne. Le maréchal fait régner une discipline de fer : à la moindre incartade, il pend les coupables aux branches d'un vieil orme. Par la contrainte sans doute, plutôt que par la séduction, Maurice de Saxe a obtenu les faveurs d'une célèbre actrice, la Favart, et l'oblige à rester à Chambord. Et pour distraire l'oiseau en cage, il remonte la scène où joua Molière. Monsieur Favart tient le triple rôle de directeur, d'auteur et de mari complaisant. Le maréchal meurt à 54 ans, les uns disent tué en duel par le prince de Conti vengeant son honneur marital ; d'autres accusent un rhume négligé. Glorieux jusque dans la mort, Maurice de Saxe a voulu que, pendant seize jours, les 6 canons qu'il avait placés dans la cour d'honneur tirent tous les quarts d'heure en signe de deuil.

Les appartements du roi lui font suite, décorés de tapisseries et de portraits historiques ; ils furent aménagés par Louis XIV. La chambre royale, ou de parade, habitée successivement par Louis XIV, Stanislas Leszczynski (beau-père de Louis XV) et le maréchal de Saxe, a conservé ses boiseries Régence ; la pièce voisine, dans l'axe du château, offre une vue remarquable sur le parc. Dans la salle des gardes du roi, monumental poêle de faïence, souvenir de Maurice de Saxe.

Jeux dangereux
Tableaux, lit d'apparat, deux statues d'enfants (Henri IV et le duc de Bordeaux, premier et dernier comte de Chambord), mais aussi le petit parc d'artillerie offert au jeune prince ; les pièces-jouets envoyaient des balles capables de percer une muraille.

Dans l'appartement du dauphin, à l'angle Est du château, sont rassemblés des souvenirs du comte de Chambord.
Le 2ᵉ **étage** est consacré au **musée de la Chasse et de l'Art animalier**. Il s'articule autour de quatre parcours correspondant chacun à l'un des quartiers du donjon. Le premier se rapporte à l'imaginaire de la chasse à travers la mythologie, le deuxième montre les liens entre l'art et la chasse ; les deux autres présentent les pratiques et les traditions de la chasse du 16ᵉ au 18ᵉ s. Armes, trophées, peintures, tapisseries et gravures illustrent abondamment ces différents thèmes. Parmi les œuvres les plus remarquables, *Diane et ses nymphes* (une collaboration entre Rubens et Jean Breughel), ainsi que diverses toiles de Desportes, Oudry ou Dürer.

Faux marbre
À noter un élément de décoration inattendu : des ardoises découpées en losanges, cercles ou carrés, forment le long des cheminées une sorte de mosaïque rappelant les placages de marbres italiens.

Terrasse

Directement inspirée par des châteaux comme ceux de Méhun-sur-Yèvre ou de Saumur, elle offre un spectacle unique : lanternes, cheminées, escaliers et lucarnes s'y entremêlent, tous plus ou moins torturés et fouillés par le ciseau du sculpteur. La cour y passait le plus clair de son temps, suivant le départ et l'arrivée des chasses, les revues militaires, les tournois, les fêtes. En outre, les mille coins et recoins de la terrasse favorisaient à merveille l'intrigue et les apartés galants, alors très en vogue...
Au-dessus de la terrasse, l'escalier continue en une seule hélice. Il tourne dans une magnifique lanterne de 32 m.

Le parc

Visite libre de la réserve nationale de faune (site équipé pour l'observation), visite guidée du parc au rythme des saisons (naissance des animaux, brame du cerf). ☎ 02 54 50 40 00.
Aujourd'hui Parc national cynégétique, réserve de chasse depuis 1948, il est immense : 5 500 ha. Le plus long mur de France (32 km) en fait le tour, percé de six portes correspondant à six allées.

Un solitaire (nom donné au sanglier mâle de plus de 5 ans) bourru, sortant de sa bauge, pour aller au gagnage.

Chasses royales
Le parc du château offrait un magnifique territoire de chasse. Chambord possédait 300 faucons. Les meutes royales, très nombreuses, faisaient l'objet de soins constants. Entraînés depuis l'enfance, les rois sont des chasseurs passionnés. Louis XII franchit à cheval des fossés de 5 m. Malgré sa faible constitution, Charles IX courre (en vénerie, poursuivre une bête) 10 heures de suite, crève 5 chevaux, souffle du cor au point de rendre le sang. Il va jusqu'à réussir cette prouesse : forcer (épuiser par une longue poursuite) un cerf sans user de chiens.

Les promeneurs sont admis dans un secteur de la partie Ouest, couvrant environ 700 ha, où 34 km de routes, chemins et layons sont ouverts.

Ruse
Pour épier les animaux sauvages, les périodes idéales sont le printemps et l'époque du brame (du 15 septembre au 15 octobre), au lever et au coucher du soleil.

À l'intention du public désireux d'observer les hardes de cerfs ou les bandes de sangliers venant « au gagnage » chercher leur nourriture, quatre aires de vision ont été édifiées.
À l'automne, plusieurs sorties sont organisées pour assister au brame du cerf.

Écuries du maréchal de Saxe

Dans les ruines des anciennes écuries du maréchal de Saxe, un **spectacle d'art équestre** (3/4h) retrace l'histoire du château, de la Renaissance au comte de

Chambord. *Juil.-août : spectacle équestre (3/4h) à 11h45 et 17h ; mai-juin et sept. : à 11h45, w.-end à 11h45 et 16h. 45F (enf. : 30F). ☎ 02 54 20 31 01.*
Des promenades en **voiture à cheval** sont organisées. *De mai à fin sept. : découverte du parc de Chambord en attelage (3/4h) sur demande. 45F (enf. : 30F). ☎ 02 54 20 31 01.*

alentours

Château de Villesavin★

11 km au Sud par la D112. ♿ Juin-sept. : 10h-19h ; de mi-fév. à fin mai : 10h-12h, 14h-19h ; d'oct. à mi-nov. : 10h-12h, 14h-18h ; de mi-nov. à fin déc. : w.-end et j. fériés 10h-12h, 14h-19h. Fermé de janv. à mi-fév. 38F. ☎ 02 54 46 42 88.

Le château de Villesavin se compose d'un corps central à un seul étage, encadré de pavillons symétriques.

Le nom de Villesavin vient d'une ancienne villa *(Villa Savini)*, bâtie le long de la voie romaine d'Adrien que suit la route actuelle de Ponts-d'Arian (Adrien). Son existence est attestée par de multiples sarcophages découverts sur la propriété. Élevé entre 1527 et 1537 par Jean Le Breton, seigneur de Villandry, surintendant des travaux de Chambord, ce **château**, de style Renaissance, marque déjà certaines tendances au classicisme. Les combles, ornés de superbes lucarnes italianisantes dans l'alignement des fenêtres, rythment une façade toute simple, mais éblouissante de grâce et d'harmonie. Dans la cour d'honneur, belle **vasque** italienne du 16e s., en marbre blanc. Quelques salles meublées (16e et 18e s.) exposent une collection d'étains. Le château accueille également une importante **collection★** qui évoque le mariage (de 1835 à 1950) : globes de mariages, quenouilles emblématiques, robes de mariées...
Des voitures anciennes sont groupées dans les remises. À gauche du château, grand colombier du 16e s. aux 1 500 alvéoles, admirablement conservé : son échelle tournante est encore intacte. Dans le parc évoluent diverses races de chevaux de trait et d'ânes français.

L'importance du colombier était proportionnelle à l'étendue du domaine : chaque boulin (case) représentait un arpent de terre et abritait un couple d'oiseaux.

Châteaudun★★

Châteaudun, patrie du comte de Dunois, le Bâtard d'Orléans, ne se laisse pas saisir au premier coup d'œil. Sa haute forteresse, si impressionnante, vous ménage quelques surprises, quand vous en découvrirez l'intérieur, étonnant mélange de gothique et de Renaissance, avec sa chapelle aux superbes statues polychromes. Quant à la petite cité qui descend jusqu'en bord de rivière sur son mail, elle semble tenir bien des secrets cachés au creux de ses venelles tortueuses, entre églises et vieilles demeures.

À Dodun, Châteaudun reconnaissante

Le Dunois Dodun, parti de rien, devint contrôleur des Finances sous la Régence. Rigaud fit son portrait en 1724 ; Bullet lui construisit en 1727 un magnifique hôtel rue de Richelieu, à Paris ; le château et le marquisat d'Herbault devinrent sa propriété. Mais Dodun racheta cette prospérité trop vite acquise lorsque Châteaudun brûla en 1723. Son intervention au Conseil du Roi facilita la reconstruction de la cité, réalisée par Jules Hardouin, contrôleur des Bâtiments et neveu de Jules Hardouin-Mansart ; on lui doit le plan géométrique d'une partie de la ville.

La situation

Cartes Michelin n°s 60 pli 17 ou 237 pli 38 – Eure-et-Loir (28). À 130 km de Paris et 50 km de Tours, entre Chartres et Vendôme (N 10), Châteaudun et son château, avec sa ville haute et son faubourg St-Jean, dominent la vallée du Loir au point de contact de la Beauce et du Perche. *1 r. de Luynes, 28200 Châteaudun,* ☎ *02 37 45 22 46.*

Les 12 pieds d'Alexandre

À Châteaudun naquit au 12e s. le poète **Lambert Le Court** ; il fut l'un des auteurs du *Roman d'Alexandre,* poème héroïque de 22 000 vers inspiré de la légende d'Alexandre le Grand, fort appréciée au Moyen Âge. Ses vers de 12 pieds reçurent par la suite le qualificatif d'alexandrins.

Le nom

En gaulois, *dun* signifiait forteresse, équivalent latin de *castellum*, mais ce *dun* a généré le nom de famille de Dunois. Châteaudun, est donc, fort logiquement, la ville du « château de Dunois ».

Les gens

14 543 Dunois. Propriété des comtes de Blois à partir du 10e s., Châteaudun fut vendu en 1392 à Louis d'Orléans, frère de Charles VI ; par succession, Châteaudun échut au poète Charles d'Orléans qui l'offrit à son demi-frère Jean, dont sont issus les Orléans-Longueville, possesseurs de Châteaudun jusqu'à la fin du 17e s.

Châteaudun, le « premier château de la Loire », pour qui vient de Paris, dresse ici son imposante masse féodale.

comprendre

Hébergement

Hôtel St-Michel – *5 r. Péan - ☎ 02 37 45 15 70 - fermé 22 déc. au 7 janv. - P - 19 ch. : 160/310F - 35F.* Sur la place principale, à 500 m du château, cet hôtel a deux entrées, reliées par un ancien passage entre deux rues. Il forme un patio fleuri sous verrière. Chambres confortables.

Dunois, le Bâtard d'Orléans (1402-1468) – Le beau Dunois, fidèle compagnon de Jeanne d'Arc, était le fils naturel de Louis Ier d'Orléans et de Mariette d'Enghien. Élevé par **Valentine Visconti**, femme légitime de Louis d'Orléans, qui l'aimait autant que ses propres enfants, Dunois, dès l'âge de 15 ans, combattit les Anglais et cela durant des décennies. En 1429, il anime la défense d'Orléans et délivre Montargis. Il participe à tous les actes de la grande épopée de Jeanne d'Arc : Jargeau, Beaugency, Reims, Paris... Comblé d'honneurs à la fin de sa vie, il fonde la Ste-Chapelle et se retire en 1457 à Châteaudun où il reçoit le poète François Villon. Dunois repose dans l'église N.-D.-de-Cléry *(voir Cléry-St-André).* Lettré et cultivé, il était, dit le chroniqueur Jean Cartier, « un des plus beaux parleurs qui fust de la langue de France ».

CHÂTEAUDUN

Cap-de-la-Madeleine (Pl.) . . . . A 3
Château (R. du) . . . . A 4
Cuirasserie (R. de la) . . . . A 5
Dunois (Pl. J. de) . . . . A 6
Gambetta (R.) . . . . AB
Guichet (R. du) . . . . A 7
Huileries (R. des) . . . . A 8
Luynes (R. de) . . . . A 10
Lyautey (R. Mar.) . . . . A 12
Porte d'Abas (R. de la) . . . . . . A 14
République (R.) . . . . AB
St-Lubin (R.) . . . . A 18
St-Médard (R.) . . . . A 19
18-Octobre (Pl. du) . . . . A 21

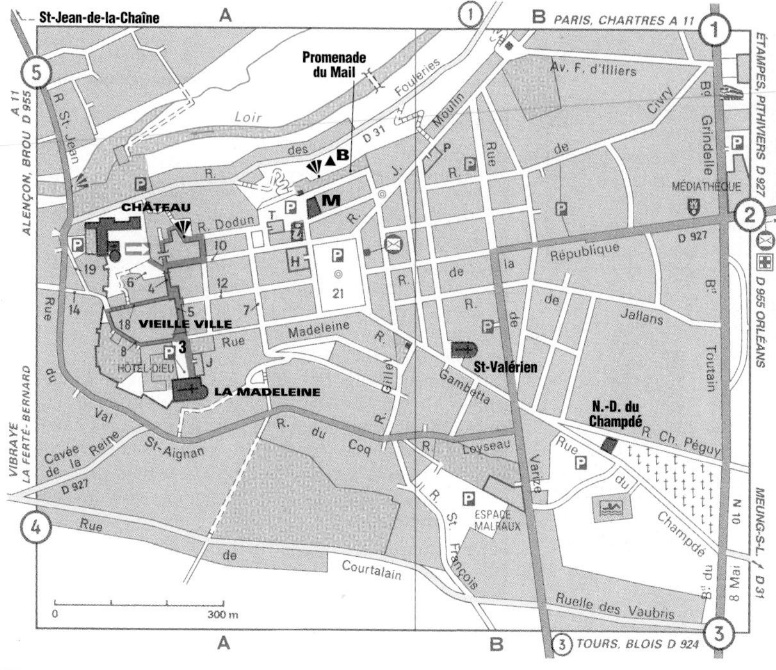

[Grottes du Foulon . . **AB**   Musée des Beaux-Arts et d'Histoire naturelle . . **AM**]

se promener

VIEILLE VILLE★

La rue du Château, bordée de maisons à encorbellement, aboutit à une charmante placette où l'on remarque deux maisons anciennes (pilastres, poutres et médaillons sculptés).

La rue de la Cuirasserie (bel hôtel à tourelle d'angle du 16e s.) débouche sur la **place Cap-de-la-Madeleine** ; à droite, l'hôtel-Dieu, fondé en 1092, complètement remanié en 1762 ; à gauche, le palais de justice occupe l'ancienne abbaye des augustins, à l'architecture classique. Adossée aux remparts, l'**église de la Madeleine★** présente sur sa façade Nord une série de pignons pointus, disposition fréquente dans la région.

Un abbé au Canada

Au 17e s. un abbé de Châteaudun fut à l'origine de la fondation de Cap-de-la-Madeleine, ville du Québec.

L'église, construite au 12e s. sur un plan ambitieux, ne put être achevée, faute de fonds. Au flanc Sud, donnant sur le ravin, s'ouvre un portail roman aux voussures sculptées de figures humaines et d'animaux fantastiques. *Rameaux-Toussaint : 9h-19h. ☎ 02 37 45 22 46.*

Descendre la rue des Huileries jusqu'à la rue de la Porte-d'Abas où, à gauche, près des ruines d'une porte romaine, s'élève la loge aux Portiers, du 16e s., ornée d'une statue de la Vierge.

Revenir à la rue St-Lubin, avec son caniveau central.

De retour devant le château, passer sous le porche au début de la rue de Luynes, s'engager dans l'impasse du cloître St-Roch, puis prendre à droite l'étroite et sinueuse venelle des Ribaudes qui débouche sur une petite place au bord du plateau : vous y découvrirez une jolie **vue** sur le Loir et sa vallée. À droite sur la place, beau logis du 15e s. à porte flamboyante et fenêtres à meneaux.

Par la rue Dodun revenir vers le château.

Promenade du Mail

Le long du promontoire qui domine la vallée, elle a été agrandie et remodelée en jardin public. La **vue★** s'étend sur les deux bras du Loir, le faubourg St-Jean et les coteaux du Perche.

visiter

> **PHOTOGRAPHES ?**
> Sur la rive droite de la rivière, à hauteur d'un ancien moulin près du pont, la perspective est excellente.

Le château★★

Compter 1 h. Avr.-sept. : 9h30-17h45 (juil.-août : 9h30-18h30) ; oct.-mars : 10h-12h, 14h-16h30. Fermé 1er janv., 1er mai, 25 déc. 32F. ☎ 02 37 94 02 90.

Campé sur son promontoire qui plonge à pic dans le Loir, il offre l'aspect d'une austère et imprenable forteresse ; mais passée la cour intérieure, tout change, et c'est une luxueuse demeure seigneuriale qui apparaît.

Le donjon, haut de 31 m, sans la toiture, date du 12e s. ; c'est un des premiers donjons ronds, l'un des plus imposants et des mieux conservés.

Dans les **sous-sols** qui s'étendent sous l'aile de Dunois *(entrée au pied de l'escalier gothique)*, deux belles salles contiguës et voûtées en croisées d'ogives, les cuisines, possèdent chacune une double cheminée occupant toute la largeur de la pièce. Au Nord, de petites pièces jadis occupées par des gardes communiquent avec des cachots exigus, parfois voûtés d'ogives.

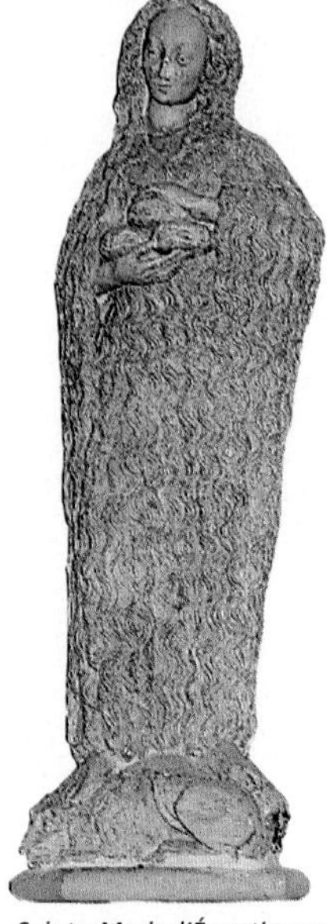

Sainte Marie l'Égyptienne, vêtue de ses longs cheveux bouclés, présente ses trois pains ; ses pieds sont posés sur l'échine et la croupe d'un lion.

Sainte-Chapelle – Construction gracieuse, élevée au 15e s. pour Dunois ; un clocher carré et deux oratoires flanquent la nef et le chœur qui se termine par une abside à trois pans. La chapelle haute, couverte d'un lambris en berceau brisé, était réservée aux serviteurs ; la chapelle basse est voûtée d'ogives.

Dans l'oratoire Sud, une peinture murale de la fin du 15e s., merveilleusement conservée, représente le Jugement dernier. Un ensemble de quinze **statues★★** polychromes offre un remarquable exemple de la sculpture des ateliers de la Loire à la fin du 15e s. On remarque en particulier : sainte Marie l'Égyptienne, sainte Radegonde et son sceptre, sainte Apolline et les tenailles qui lui arrachèrent les dents, sainte Barbe et sa tour, sainte Catherine tenant la roue et l'épée de son martyre, sainte Marthe et le dragon qu'elle foule aux pieds...

Aile de Dunois – Bâtie vers 1460, son aménagement dénote le besoin de confort qui a suivi les troubles de la guerre de Cent Ans. Les vastes salles de séjour sont couvertes de grosses solives apparentes et tendues de

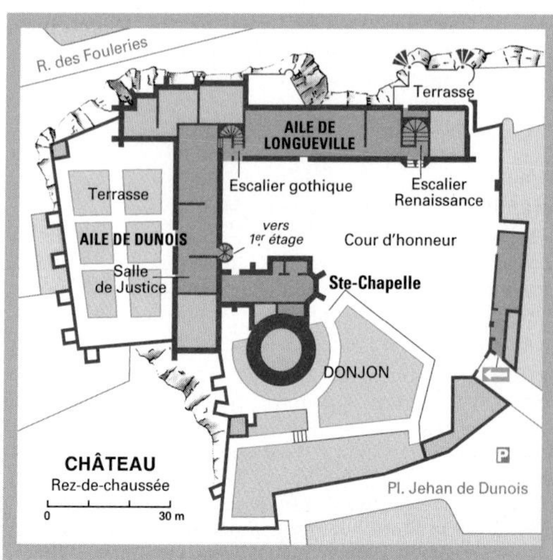

tapisseries, dont, au premier étage, une magnifique suite du 16e s. provenant des ateliers de Bruxelles et relatant la vie de Moïse. La salle de Justice, où siégeaient le seigneur et son tribunal, fut revêtue au 17e s. de boiseries et peinte aux armes de Louis XIV à l'occasion d'un passage du Roi-Soleil à Châteaudun, avant de servir de tribunal révolutionnaire en 1793.

Aile de Longueville – Parachevant l'œuvre de son père, François Ier de Longueville éleva l'escalier gothique : habile transition entre l'escalier médiéval de l'aile Dunois, enfermé dans une tourelle saillante, et l'escalier Renaissance à l'extrémité Est du bâtiment.

François II de Longueville, puis son frère le cardinal firent établir, entre 1511 et 1532, l'aile droite dite de Longueville ; elle n'a pas été terminée. Au sommet des murs, une corniche à l'italienne soutient une balustrade flamboyante. L'escalier est abondamment décoré de motifs Renaissance s'inscrivant dans des encadrements gothiques. Dans les pièces du rez-de-chaussée et la galerie Renaissance, tapisseries de Paris et d'Amiens du 17e s. Dans la grande salle du 1er étage, coffres sculptés du 16e s. et, en vis-à-vis, deux monumentales cheminées des styles gothique et Renaissance.

Les trois étages de l'escalier, ornés de décors flamboyants, s'ouvrent sur la cour d'honneur par une double baie formant loggia à l'italienne.

Musée des Beaux-Arts et d'Histoire naturelle

Avr.-sept. : tlj sf mar. (dernière entrée 1/2h av. fermeture) 10h-12h30, 13h30-18h30 (juil.-août : tlj) ; oct.-mars. : tlj sf mar. 10h-12h, 14h-17h, w.-end et j. fériés 10h-12h, 14h-17h30. Fermé 1er janv., 1er mai, 25 déc. 20F, 39F donne accès au château. ☎ 02 37 45 55 36.

Ce musée abrite une remarquable **collection★** ornithologique (2 500 oiseaux) d'espèces naturalisées du monde entier. Au rez-de-chaussée, une salle consacrée à l'archéologie égyptienne expose des objets funéraires provenant de tombes royales (époque thinite : 3100-2700 avant J.-C.), découvertes à Abydos. Dans la même salle, **momies** et sarcophages d'époque romaine.

L'histoire locale est évoquée par la reconstitution d'un intérieur beauceron, par des souvenirs de la guerre de 1870 et par des objets issus de fouilles aux environs de Châteaudun.

Au premier étage, une section d'art asiatique et océanien présente des porcelaines de la Compagnie des Indes ainsi que de nombreuses pièces de la collection Wahl-Offroy : armes du Moyen-Orient et d'Extrême-Orient, bijoux chinois, statuaire bouddhique et miniatures islamiques.

La salle de peinture présente, entre autres, une série de paysages de l'Eure-et-Loir du 19e s. ainsi qu'un fragment de retable d'un bois polychrome réalisé au 16e s. par les ateliers d'Anvers.

Châteaudun en flammes

Le 18 octobre 1870, les Prussiens attaquèrent Châteaudun, avec 12 000 hommes et 24 canons. 300 gardes nationaux dunois et 600 francs-tireurs se retranchèrent derrière des barricades et résistèrent toute la journée, malgré un bombardement intense de midi jusqu'au soir ; mais écrasés par le nombre, ils durent faire retraite. Les Allemands ayant mis le feu à la ville, 263 maisons brûlèrent. La devise *Extincta revivisco* (« Je renais de mes cendres »), fut depuis lors adoptée.

Église St-Valérien

9h-19h, dim. et j. fériés 9h-12h. ☎ 02 37 45 22 46.

L'édifice est dominé par un haut clocher carré avec flèche de pierre à crochets ; sur le flanc Sud, beau portail roman polylobé.

Chapelle N.-D.-du-Champdé

De cette chapelle de cimetière, détruite à la fin du siècle dernier, subsiste la façade flamboyante, au décor finement ciselé ; une délicate balustrade, soutenue par des consoles sculptées, court à la base du pignon où se tient la Vierge, patronne de l'édifice.

Grottes du Foulon

35 r. des Fouleries. ♿ Mars-sept. : visite guidée (1h) 10h-12h, 14h-18h (mars-juin : tlj sf lun.) ; oct.-fév. : w.-end et j. fériés 14h-18h. Fermé en janv. 30F. ☎ 02 37 45 19 60.

Bordant la rue comme les nombreuses autres caves, elles doivent leur nom à l'activité des fouleurs qui autrefois assuraient le traitement des peaux.

Les grottes, creusées par le Loir, présentent des voûtes tapissées de concrétions de silex, parfois transformées en géodes de calcédoine ou de quartz sous l'effet de la cristallisation.

Église St-Jean-de-la-Chaîne

Sortir au Nord-Ouest du plan. Sur la rive droite du Loir, dans le faubourg St-Jean, un portail à accolades (début 16e s.) donne accès à l'ancien cimetière où se dresse l'église St-Jean, construite principalement au 15e s.
En revenant vers Châteaudun, belle vue sur la façade Nord du château.

alentours

Lutz-en-Dunois

7 km par l'Est de Châteaudun, route d'Orléans. Charmante **église** romane à clocher bas et toit en bâtière ; à l'intérieur, **peintures murales** du 13e s. aux chaudes tonalités d'ocre.

En rouge et jaune
Apôtres et saints évêques voisinent avec l'Entrée du Christ à Jérusalem, la Mise au tombeau, la Résurrection du Christ et la Descente aux limbes.

Abbaye du bois de Nottonville

18 km par l'Est de Châteaudun, route d'Orléans, prendre la D 927 jusqu'à Varize, puis suivre le fléchage. ♿ *De mai à fin oct. : visite guidée (3/4h) w.-end et j. fériés 14h30-18h30 (juil.-août : lun.-ven. sur demande 2 j. av.). 20F.* ☎ *02 37 96 91 64.*

Prieuré des 11e et 15e s., dépendant des moines bénédictins de Marmoutier. À voir en particulier, la porte fortifiée, le colombier et la grange à charpente carénée.

Château-Gontier

Ici, la vie de château est surtout réservée aux... chevaux ! Dans cette région verdoyante, la Mayenne, bordée par ses falaises et ses petits villages perchés, a su renouer avec d'antiques traditions de batellerie, pour le plus grand bonheur des promeneurs, pêcheurs et autres marins d'eau douce.

La situation

Cartes Michelin nos 63 pli 10 ou 232 pli 19 – Mayenne (53). Aux confins de la Bretagne et du Maine, Château-Gontier borde la Mayenne, offrant une excellente base de départ pour suivre la rivière jusqu'à Angers. 🅸 *Péniche l'Élan, quai de l'Alsace, BP 402, 53204 Château-Gontier,* ☎ *02 43 70 42 74.*

Le nom

Foulques Nerra, comte d'Anjou, bâtisseur et batailleur infatigable, fonda la place au 11e s., pour la confier à l'un de ses officiers, nommé Gontier.

Bestiaux
Le jeudi, parc St-Fiacre, marché aux veaux et aux moutons, l'un des plus importants d'Europe.

Les gens

11 131 Castrogontériens. Deux natifs de Château-Gonthier : Jean Bourré, trésorier de Louis XI et le chef royaliste Pierre-Mathurin Mercier, fils d'un aubergiste, qui vit le jour rue... Trouvée. Meilleur ami du Breton Cadoudal, tous deux passèrent à Château-Gontier en octobre 1793, avec l'armée vendéenne.

se promener

La ville se divise en deux quartiers : la haute ville, rive droite, aux rues étroites et accidentées, que sépare un vallon emprunté par la Grande-Rue, et le faubourg, rive gauche.

CHÂTEAU-GONTIER

Alsace-Lorraine (Q. et R. d') .... B 2
Bourg-Roussel (R.) .... A 5
Coubertin (Q. P. de) .... B 7
Foch (Av. Mar.) .... B 9
Fouassier (R.) .... A 10
Français-Libres (Pl. des) .... A 12
Gambetta (R.) .... A 14
Gaulle (Quai Ch. de) .... B 15
Homo (R. René) .... A 18
Joffre (Av. Mar.) .... A 20
Leclerc (R. de la Division) .... A 22
Lemonnier (R. Gén.) .... B 24
Lierru (R. de) .... B 25
Olivet (R. d') .... A 29
Pasteur (Q.) .... B 31
Pilori (Pl. du) .... A 33
République (Pl.) .... A 36
St-Jean (Pl.) .... A 39
St-Just (Pl.) .... B 40
Thionville (R. de) .... B 45

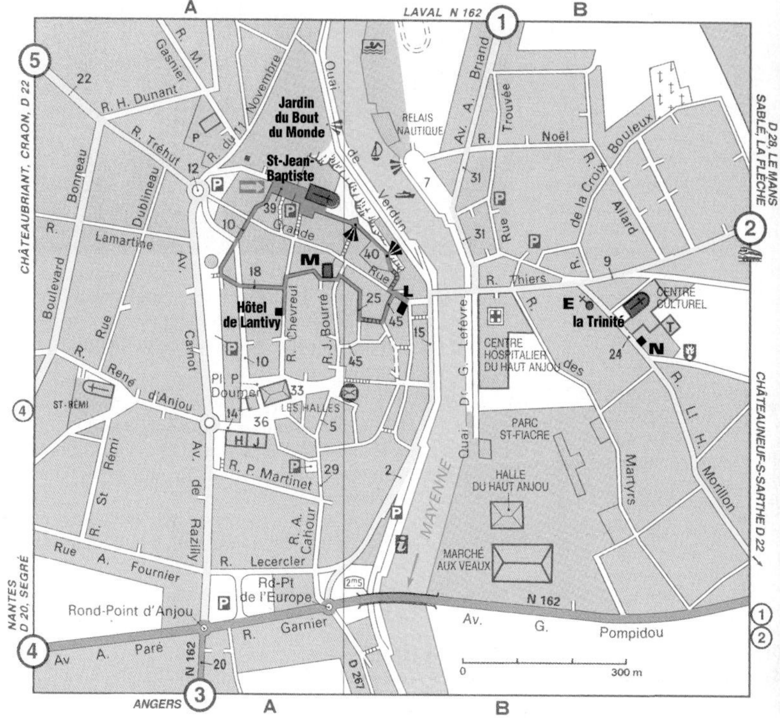

Ancienne église N.-D.-du-Genêteil .... B E
Maison à pans de bois .... B L
Manoir de la Touche .... B N
Musée .... A M

LA HAUTE VILLE

Visite : 1 h 1/2. Départ place Saint-Jean.

Jardin du Bout-du-Monde

Aménagé dans les anciens jardins du prieuré, vous n'y verrez certes pas la fin de la terre, mais de jolies échappées sur la Mayenne et la rive gauche.

Point de vue

En contrebas de l'église St-Jean-Baptiste, on profitera de ces terrasses établies sur les anciens remparts et plantées de grands ormes pour contempler la rive opposée.

Église St-Jean-Baptiste

Construite en silex et roussard (ou grison), son **intérieur roman★** frappe par sa force et sa pureté. De lumineux vitraux modernes éclairent la nef, qui s'ouvre sur les bas-côtés par de grandes arcades reposant sur des piliers irrégulièrement espacés. Belle crypte à trois nefs, couverte de voûtes d'arêtes.

Fresques animalières

Dans le transept, fresques du 12e s. : la création des oiseaux, des animaux domestiques et d'Adam et Ève (dans la chapelle St-Benoît, on reconnaît les trois Rois mages) et l'arche de Noé.

En descendant vers la place St-Just, jeter un coup d'œil sur la montée du Vieux-Collège. Poursuivant par la montée St-Just, on débouche dans la Grande-Rue.

À l'angle de la rue de la Harelle, maison à pans de bois du 15e s. ; en face, l'ancien grenier à sel en tuffeau avec sa tourelle (16e s.).

Remonter la Grande-Rue, prendre à gauche la rue de Thionville, puis, à droite, la rue d'Enfer.

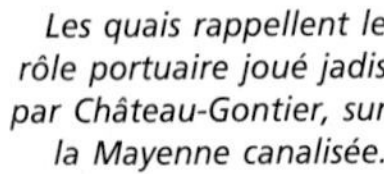

Les quais rappellent le rôle portuaire joué jadis par Château-Gontier, sur la Mayenne canalisée.

Cette rue pavée est bordée par le soubassement de l'ancienne église St-Jean-l'Évangéliste.
La rue de Lierru, à droite, mène à la rue Jean-Bourré.

À VOIR
Une peinture inachevée de Le Brun : *Bataille de Constantin contre Maxence sur le pont Milvius*, des tableaux de l'école hollandaise du 17e s., une superbe statue de sainte Marthe en bois sculpté (école française du 15e s.) et une Vierge du 14e s. en marbre.

Musée

Juin-sept. : visite guidée tlj sf lun. et mar. 13h30-18h ; mai : w.-end sur demande. Gratuit. ☎ 02 43 70 34 07.
Installé dans le bel hôtel Fouquet (17e s.), il rassemble, outre des antiquités gréco-romaines, quelques bonnes peintures et sculptures.
Les artistes locaux sont représentés par des eaux-fortes de Tancrède Abraham et des aquarelles de Louis Rénier (19e s.).
Remonter la rue du Musée (élégante tourelle à l'angle de la rue Bruchemotte), jusqu'à la rue Chevreul.

Hôtel de Lantivy

Au no 26. Intéressante façade du 16e s.

La rue René-Homo à gauche, puis, à droite, les rues Fouassier et de l'Allemandier ramènent sur la place St-Jean.

LE FAUBOURG

Visite : 1/2 h
Massé sur la rive gauche de la Mayenne, à partir du quai Pierre-de-Coubertin, excellent point de vue sur la haute ville.

RESTAURATION
Le Veau d'Or – *Parc St-Fiacre - ☎ 02 43 07 28 65 - fermé 15 j. au printemps, 15 j. en automne, dim. soir et lun. - réserv. conseillée le w.-end - 85/220F.*
Dans cet immense parc se tient tous les jeudis le premier marché aux veaux d'Europe. Vous comprenez mieux le choix du nom de ce restaurant... Et la spécialité maison c'est la tête de veau sauce gribiche, bien sûr. Alors amateurs, à vos fourchettes !

Église de la Trinité

Tlj sf dim. ap.-midi.
Ancienne chapelle des ursulines construite au 17e s. par Pierre Corbineau et son fils Gilles, architectes lavallois. La façade à pilastres est ornée d'une statue de sainte Ursule. À l'intérieur, monumental retable du 18e s. et grille conventuelle. À droite de l'église se dresse l'élégant **manoir de la Touche** (15e s.).

Ancienne église N.-D.-du-Genêteil

Ancienne chapelle du collège, cette construction romane en schiste, d'aspect sévère, abrite des expositions temporaires. *Juil.-août : visite guidée (2h) tlj sf lun. et mar. à 15h ; mai-juin et sept. : w.-end à 15h. 10F.* ☎ *02 43 70 42 74.*

alentours

Refuge de l'Arche

Par la D 267 au Sud du plan. ♿ *Mai-août : 9h30-19h ; mars-avr. et sept.-oct. : 10h-12h, 13h30-18h ; nov.-fév. : 13h30-18h. Fermé 1er janv. et 25 déc. 30F (enf. : 15F).* ☎ *02 43 07 24 38.*

☺ Ni vraiment zoo, ni tout à fait hôpital vétérinaire, le refuge de l'Arche a pour vocation de recueillir, soigner et protéger les animaux malades, blessés ou abandonnés (excepté les chats et les chiens).
Plus de 800 pensionnaires (sur 10 ha) sont hébergés, nourris et soignés, principalement par des jeunes bénévoles. Lorsque les animaux sont guéris, et si leur état leur permet de survivre seuls dans la nature, ils sont relâchés dans leur environnement. Les animaux trop dépendants de l'homme sont gardés au refuge. C'est ainsi que l'on pourra saluer : Tsavo, l'ours à collier, Djina, la tigresse, ou Namanga, la lionne, tous bien incapables de se débrouiller en... val de Mayenne ! Un aquarium, un terrarium, une grotte aux reptiles et une grande volière (4 000 m^2) complètent la visite.

Sambaur le léopard, rescapé de quelque drame affreux.

Pour les têtes blondes
☺ Les enfants trouveront une aire de jeux bien équipée en téléphériques, toboggans et autres girolines. En cas de mauvais temps, un hall de pique-nique, fermé, permet de s'abriter.

Château de la Maroutière

3 km par le Sud du plan.De mi-juil. à mi-sept. : visite guidée (1/2h, dernière entrée 1/4h av. fermeture) mer. et ven. 14h-17h. 25F (-8 ans : gratuit). ☎ 02 43 07 20 44.
Doté d'un des derniers champs de courses privés, petit château construit au cours des 13e et 14e s., dans un superbe parc.

Château de St-Ouen

(7 km par le Sud-Ouest du plan). Avant d'arriver à **Chemazé**, vous apercevrez à droite cette demeure des 15e et 16e s., à lucarnes à gâbles ciselés et dont la grosse tour d'escalier carrée porte un couronnement en diadème.

itinéraire

VALLÉE DE LA MAYENNE*

71 km – compter une journée. L'abrupt de la vallée n'a pas permis l'établissement des villages sur les berges, préservant ainsi leur caractère sauvage, mais la route traverse des villages construits sur le haut du coteau, avec leurs maisons basses en pierre rousse blotties sous un toit d'ardoise. Le parcours ménage bien des vues sur la rivière, au passage des ponts parfois : mieux, n'hésitez pas à vous engager sur les petits chemins qui mènent aux rives, face à un moulin ou à un château isolé.

Sur l'eau
Sinueuse, encaissée entre des rives couvertes de forêts, la Mayenne sait changer de robe à tout instant... Canalisée au 19e s., elle est coupée entre Laval et Angers de 39 écluses, et se prête admirablement à la navigation de plaisance *(location de bateaux ou promenades sur la Mayenne).*

Daon

Bien placée sur le coteau qui domine la Mayenne, Daon, où naquit l'abbé Bernier qui négocia la paix entre chouans et républicains, conserve un manoir du 16e s.
À Daon prendre à l'Est la D 213, puis la deuxième route à gauche.
Une longue allée de tilleuls et de platanes mène droit au joli **manoir de l'Escoublère** (16e s.) entouré de douves.
Après Daon, tourner à droite dans la D 190 vers Marigné.

Chenillé-Changé

C'est l'un des plus charmants villages du Segréen avec son **moulin à eau fortifié** datant du début du siècle et toujours en activité : voyez les larges traînées de farine qui recouvrent par endroits ses parois de schiste. *Visite guidée (1/2h) sur demande. 22F. ☎ 02 41 95 10 83.*
De vieilles maisons, une église du 11e s. et une **base de tourisme fluvial** avec ses « pénichettes » amarrées le long des rives ombragées attendent paisiblement promeneurs et plaisanciers.
Traverser la rivière vers Chambellay, puis prendre à droite la D 187.

La Jaille-Yvon

Perché sur sa falaise, ce village domine la rivière. Du chevet de l'église, le panorama se développe sur la vallée couverte de cultures et de prairies.

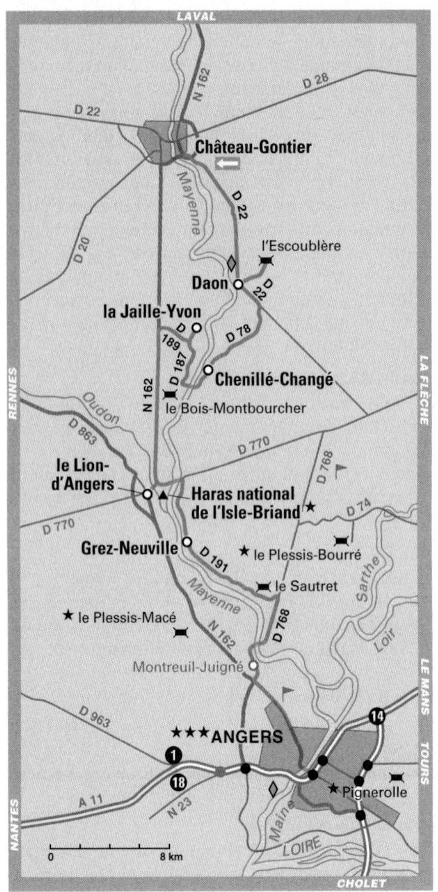

De la nationale on aperçoit à gauche, peu après la route de Chambellay, les imposants bâtiments (15e-17e s.) du **château du Bois-Montbourcher**, entouré de bois et de pelouses, en bordure d'un vaste étang.

Le Lion-d'Angers

Agréablement situé au bord de l'Oudon, ce centre d'élevage, notamment de chevaux de demi-sang, organise courses et concours hippiques célèbres dans tout l'Anjou.

Église St-Martin – *S'adresser à M. le curé. ☎ 02 41 95 31 02.* Beau portail préroman, et nef à voûte de bois romane. À l'intérieur, des peintures murales du 16e s. représentent le démon vomissant les péchés capitaux, le Christ en croix et saint Christophe, ainsi qu'un Ecce Homo en diptyque.

Haras national de l'Isle-Briand★

1 km à l'Est du Lion-d'Angers. ♿ De Pâques à mi-sept. : visite guidée (1h1/4, dernier dép. 16h15) 10h-12h, 14h-18h ; de mi-sept. à Pâques : w.-end et j. fériés 14h-18h. Fermé janv. et entre Noël et Nouvel An. 35F, 85F ticket famille (2 ad. + 2 enf.). ☎ 02 41 18 05 05.

En 1974 les Haras nationaux, trop à l'étroit au centre-ville d'Angers, furent transférés au domaine de l'Isle-Briand où ils bénéficient d'installations ultramodernes ; quelque 55 chevaux sélectionnés vivent ici. On visite les bâtiments de stockage du foin et de germination de l'avoine, la sellerie, la forge et le manège. Les boxes sont groupés par catégories de chevaux : cob normand, trait breton ou percheron, anglo-arabe, pur-sang, selle français, trotteurs et poneys.

Les anciens « cracks » y finissent paisiblement leurs jours en reproducteurs. La vie de château !

Hébergement

Camping Village Vacances – *53170 Villiers-Charlemagne - 12 km au N de Château-Gontier par N 162 - ☎ 02 43 07 71 68 - ouv. avr. à sept. - ✗ - réserv. conseillée - 20 empl. : 90F.* Les amateurs de pêche pourront taquiner le goujon à loisir. Le plan d'eau regorge de brochets, sandres et carpes. Les campeurs auront leur sanitaire et local de pêche privés. Location de petits chalets en bois avec terrasse sur pilotis pour certains.

Le gratin du complet

Chaque année, le 3e week-end d'octobre a lieu le « Mondial du Lion », concours complet international d'équitation. Une vingtaine de pays sont représentés.

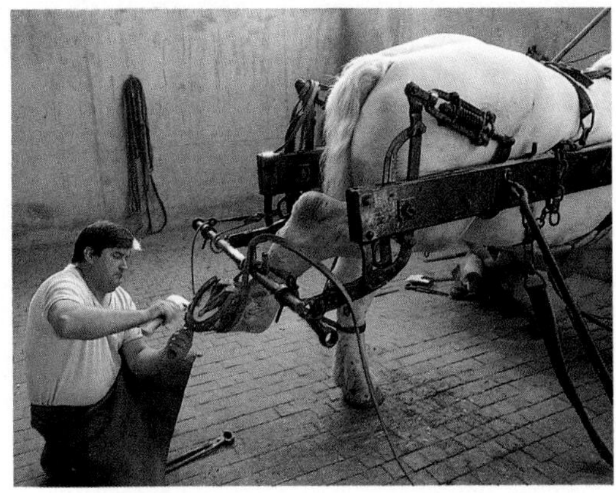

Le sol de la forge est recouvert de pavés de chêne, plus confortables pour les pieds douillets des chevaux.

Grez-Neuville

Au cœur du bassin de la Maine, ce sympathique village étale ses pentes douces au long de la rivière, où se reflète son clocher d'ardoise ; c'est une base de départ de **croisières fluviales** sur la Mayenne et l'Oudon.

Continuer sur la D 191 qui domine la rivière, parfois en balcon.

La route passe au pied de l'imposant **château du Sautret**, bordé de douves sèches.

À Feneu, prendre à droite la D 768 qui franchit la rivière et monte à Montreuil-Juigné, pour entrer dans Angers par la N 162.

NOSTALGIE

Vous assisterez en saison, sur son chemin de halage, au spectacle insolite d'un percheron tirant un bateau sur environ 1 km.

Château-la-Vallière

Amateurs de calme, de randonnées et de tourisme vert, ne cherchez plus votre paradis : 3 000 ha de forêts et de landes entourent cette petite ville et son étang de Val Joyeux, le bien nommé.

La situation

Cartes Michelin nos 64 Nord-Ouest du pli 14, 232 pli 22 ou 4037 B 2 – Indre-et-Loire (37). Au Nord de Bourgueil et de la Touraine angevine, au cœur d'une région de grands bois coupés d'étangs, Château-la-Vallière constitue un carrefour routier important aux frontières de trois départements (Indre-et-Loire, Maine-et-Loire et Sarthe).

Pl. d'Armes, 37330 Château-la-Vallière, ☎ 02 47 24 14 31.

Le nom

C'est Louis XIV en 1666 qui, pour les beaux yeux de sa favorite, éleva en duché-pairie « Châteaux-en-Anjou » devenu Château-la-Vallière.

Les gens

1 535 Castelvalériens. Ils n'ont hélas jamais vu leur belle et célèbre châtelaine *(voir ci-contre)*.

LA BELLE ET DOUCE LOUISE

Louise de La Baume-le-Blanc, duchesse de La Vallière et de Vaujours (1644-1710), passa son enfance au manoir de La Vallière, près de Reugny, au Nord-Est de Tours, dans la vallée de la Brenne. Fille d'honneur d'Henriette d'Angleterre, duchesse d'Orléans, cette gracieuse demoiselle conquit à Fontainebleau, en 1662, le cœur du Roi-Soleil, qu'elle sut conserver 5 ans avant de céder la place à l'altière Montespan. Réfugiée après sa disgrâce au Carmel de la rue St-Jacques, sœur Louise de la Miséricorde y passa les 36 dernières années de sa vie.

se promener

Étang du Val Joyeux

La Fare a formé une vaste nappe d'eau (on s'y baigne, et on y pratique même la voile), au pied de la colline agréablement boisée.

Louise de La Vallière vue par Mme de Motteville

« Elle était aimable et sa beauté avait de grands agréments par l'éclat de la blancheur et de l'incarnat de son teint, par le bleu de ses yeux, qui avaient beaucoup de douceur, et par la beauté de ses cheveux argentés qui augmentait celle de son visage... Quoiqu'elle fût un peu boiteuse, elle dansait fort bien. »

Forêt de Château-la-Vallière

Autour de la localité, sauf au Nord, s'étendent de vastes bois de pins et de chênes, coupés de landes et couvrant près de 3 000 ha. Venez à l'automne, et vous y entendrez peut-être le son du cor, avec les aboiements de la meute...

alentours

Château de Vaujours

3,5 km. Les vestiges romantiques du château *(on ne visite pas)* apparaissent précédés par un ouvrage fortifié, une barbacane. Belle enceinte jalonnée de tours rondes dont l'une, à mâchicoulis, subsiste presque entièrement. Dans la cour, vestiges de la chapelle et du logis seigneurial édifiés au 15e s. Louis XI séjourna ici à plusieurs reprises, chez sa sœur naturelle, Jeanne, fille de Charles VII et d'Agnès Sorel. **Louise de La Vallière** ne vint qu'une fois visiter son château, en 1669.

Châteauneuf-sur-Loire

De l'antique « château neuf » construit par les premiers capétiens, autrefois l'un des plus beaux de Loire, ne subsistent que quelques vestiges. Lot de consolation : une promenade dans son beau parc, ou sur les quais, et surtout, le long du charmant canal d'Orléans, dont une partie est ouverte à la navigation.

Hébergement

Chambre d'hôte

Cervina – *28 rte de Châteauneuf - 45110 Germigny-des-Prés - 3 km au SE de Châteauneuf par D 60 - ☎ 02 38 58 21 15 - ⊭ - 5 ch. : 220/270F - repas 75F.* Accueil et convivialité sont les maîtres mots de cette maison. Pas de luxe inutile dans les petites chambres, deux d'entre elles sont mansardées et les trois autres sont en rez-de-jardin. En été, c'est l'occasion d'y faire un barbecue et de manger sous la tonnelle. Table d'hôte d'octobre à mars.

La situation

Cartes Michelin n°s 64 pli 10, 237 pli 41, 238 pli 6 ou 4045 E 4 – Loiret (45). 25 km séparent Orléans de Châteauneuf, sur la rive droite de la Loire. Prendre de préférence la petite route qui longe le fleuve, sur la rive Sud. **i** *Pl. A.-Briand, 45110 Châteauneuf-sur-Loire, ☎ 02 38 58 44 79.*

Le nom

Castrum novum au 11e s. (le château neuf), et même si neuf siècles n'en font plus tout à fait une... nouveauté, la ville a conservé le nom.

Les gens

7 032 Castelneuviens. Louis VI le Gros, Blanche de Castille et Saint Louis y séjournèrent ; Charles IV le Bel y mourut en 1328. Louis Phelypeaux de La Vrillière, grand maître des cérémonies de Louis XIV, y fit élever un véritable petit Versailles.

Quant à Maurice Genevoix, chantre de la Sologne, né à Décize dans la Nièvre, il passa ici toute son enfance.

visiter

Parc du château

Après la Révolution, le château fut vendu à un architecte orléanais qui entreprit sa démolition ; seuls subsistent la rotonde et la galerie (17e s.), les communs ainsi que les pavillons d'avant-cour, en partie occupés aujourd'hui par l'hôtel de ville. Le parc est bordé de douves dont la section Ouest, en eaux, est franchie par une gracieuse passerelle de pierre. Planté d'essences exotiques et de **rhododendrons** géants, vous en goûterez d'autant mieux couleurs et parfums au moment de la floraison, fin mai ou début juin.

Musée de la Marine de Loire

♿ *Avr.-oct. : tlj sf mar. 10h-18h ; nov.-mars : tlj sf mar. 14h-18h. Fermé 1er janv., 1er mai, 25 déc. 20F.* ☎ *02 38 46 84 46.*

Récemment installé dans les anciennes écuries du château, cet intéressant petit musée met en valeur l'importance de la Loire au cours des siècles : techniques de la navigation ligérienne, entretien et aménagement du fleuve, transport des marchandises et des voyageurs, rôle économique du bassin. Les collections proviennent essentiellement de dons de descendants de « voituriers par eau » : objets, vêtements, bijoux, outils de charpente et surtout une très belle collection de faïences de Nevers. Une évocation de l'œuvre de Maurice Genevoix conclut logiquement la visite.

Le long des quais, reconstitution de bateaux (toue, gabarre, futreau) qui animaient autrefois le fleuve.

Faïence de Nevers du 18e s., à décor de bateau de Loire.

Église St-Martial

Construite dans le style gothique à la fin du 16e s., elle perdit sa nef dans l'incendie de 1940. À l'intérieur, le **mausolée★** de marbre de Louis Phelypeaux de La Vrillière, conseiller de Louis XIV, décédé en 1681. ▶

Funèbre monument
Sculpté en Italie par un disciple du Bernin, le style baroque explose dans cet imposant mausolée encadré de deux squelettes faisant office de cariatides.

Halle St-Pierre

Ce curieux bâtiment aux colonnes de bois, voisin de l'église, est un ancien hangar à bateaux transformé en 1854 en marché aux grains.

alentours

LE CANAL D'ORLÉANS, VERSANT LOIRE

Pour le versant Seine, voir p. 236.

Construit de 1677 à 1692, le canal d'Orléans relie la Loire au Loing en aval de Montargis. Après une intense activité de près de 250 ans (bois et charbon vers Paris) il sera déclassé en 1954. Sa restauration est en cours, et vous pourrez naviguer de Fay-aux-Loges à Combreux.

Chécy

15 km à l'Ouest par la N 460. Les origines lointaines de ce village remontent aux Celtes de la tribu des Carnutes. Derrière l'église (qui accueillit Jeanne d'Arc à la veille du siège d'Orléans) un petit **musée de la Tonnellerie** et une fermette restaurée rappellent qu'autrefois les Caciens travaillaient surtout la vigne. ♿ *Rameaux-Toussaint : visite guidée (1h) w.-end et j. fériés 15h-18h30 (juin-sept. : tlj sf lun. (hors j. fériés)). 10F.* ☎ *02 38 86 95 93 ou* ☎ *02 38 46 60 60.*

Fay-aux-Loges

9 km au Nord-Ouest par la D 11. Petit village au bord du canal d'Orléans avec une belle **église** trapue, aux lignes dépouillées (11e-13e s.). Derrière l'église, le presbytère occupe une maison forte.

Combreux

13 km au Nord-Est par la D 10, puis la D 9. Au bord du canal toujours, Combreux se signale, à sa sortie Nord sur la D 9, par son spectaculaire **château** de brique à chaînage de pierre (16e-17e s.), entouré de douves.

Détente en famille
Des zones sont aménagées pour la pêche et la baignade, tandis que plus loin dériveurs et planches à voile sillonnent l'étang dès les premiers beaux jours.

Étang de la Vallée★

2 km à l'Ouest. ☺ Étang-réservoir du canal d'Orléans, avec sa presqu'île plantée de sapins, il campe en lisière de la forêt d'Orléans un site sauvage de bois profonds et d'herbes hautes où poules d'eau et canards se livrent à leurs tranquilles ébats.

Château-Renault

De ses terrasses ombragées au pied du donjon, ce bourg paisible vous réserve une jolie vue sur ses deux petites rivières et leurs vallées.

La situation

Cartes Michelin n°s 64 plis 5 et 6, 238 pli 1 ou 4037 F 2 - Indre-et-Loire (37). En limite du Loir-et-Cher, à 25 km au Sud de Vendôme, Château-Renault enjambe la Brenne et le Gault. La rue principale décrit une large courbe pour descendre au niveau des berges. *ℹ 32 pl. Jean-Jaurès, BP 60, 37110 Château-Renault, ☎ 02 47 56 22 22.*

Le nom

Non, la célèbre firme au losange n'a rien à voir avec ce Renault, fils de Geoffroi de Château-Gontier, qui fonda la ville en 1066.

Les gens

André Bauchant

Le peintre « paysan » André Bauchant est né en 1873 à Château-Renault.

5 538 Castelrenaudins. Deux illustres marins : le marquis de Château-Renault, grand pourfendeur de corsaires, de Hollandais et d'Anglais, vice-amiral et maréchal de France sous Louis XIV ; et, sous Louis XVI, l'amiral comte d'Estaing, qui s'illustra aux Indes et aux Antilles, et fut guillotiné à Paris en 1793, malgré ses idées progressistes.

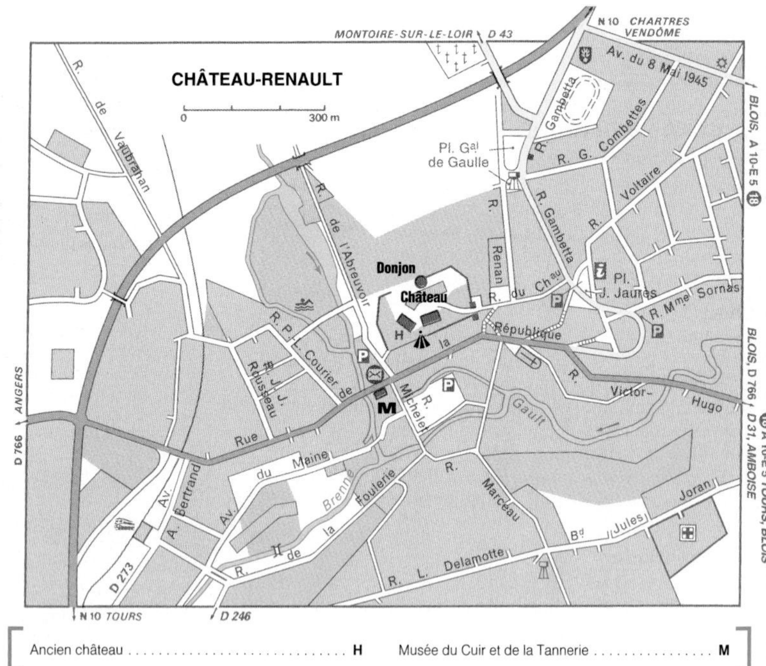

Ancien château . . . . H   Musée du Cuir et de la Tannerie . . . . M

visiter

Vie et mort d'un métier

À la fin du 19e s. la ville comptait seize tanneries, Au 20e s. la concurrence américaine et le manque de compétitivité des entreprises entraîneront la fermeture de la dernière tannerie en 1966.

Musée du Cuir et de la Tannerie

Installé dans l'une des anciennes tanneries, le musée présente les étapes du tannage (collection de machines de corroierie). *De mi-mai à mi-sept. : tlj sf lun. 14h-18h (juil.-août : tlj sf lun. 10h-12h, 14h-18h). 15F. ☎ 02 47 56 03 59.*

Château

Par une porte du 14e s., on accède aux terrasses plantées de tilleuls, avec une jolie **vue★** sur la ville. Le **donjon** du 12e s. est découronné ; la mairie occupe les murs de l'ancien château, édifié au 17e s.

alentours

St-Laurent-en-Gâtines

11 km à l'Ouest. Ce curieux bâtiment massif et élevé, en brique et pierre, longtemps appelé **« la Grand'Maison »**, constituait l'ancien logis des abbés de Marmoutier, propriétaires du bourg. Construit au 15e s., il fut transformé en église au 19e s. : la tourelle d'escalier polygonale fut prolongée d'une flèche et, sur le côté, furent percées les deux grandes baies flamboyantes.

Château de Chaumont-sur-Loire★★

Puissant, trapu, encore très féodal d'inspiration, avec ses grands balcons sculptés, son élégante tour d'escalier et sa somptueuse salle du Conseil, Chaumont annonce déjà Blois et Chenonceau. Dans le parc, chaque année, le très couru Festival international des jardins attire des milliers de visiteurs.

La situation

Cartes Michelin nos 64 plis 16 et 17 ou 238 pli 14 – Schéma p. 134 – Loir-et-Cher (41). Campé dans ses bois, sur la rive gauche de la Loire, entre Blois et Amboise (N 152), Chaumont domine son village étiré tout au long du fleuve, dans une configuration qui rappelle Amboise.
R. du Maréchal-Leclerc, 41150 Chaumont-sur-Loire, ☎ 02 54 20 91 73.

Le nom

Calvus mons, ou mont chauve ? Mais au rez-de-chaussée du château court une frise qui porte les C enlacés de Charles de Chaumont-Amboise ainsi qu'un rébus : une montagne qui brûle. Alors, « chaud mont » ? Ce serait bien l'unique volcan du val de Loire.

Les gens

En 1560, Catherine de Médicis, veuve d'Henri II, n'acquiert le château que pour se venger de **Diane de Poitiers**, la favorite du défunt roi.

Restauration

La Chancelière – *Près du château - 41150 Chaumont-sur-Loire - ☎ 02 54 20 96 95 - fermé 20 janv. au 10 fév., 10 au 30 nov., mer. sf le midi en été et jeu. - 84/208F.* Cette maison du pays à la façade bien blanche est au pied du château, sur le quai de la Loire. Deux salles à manger au cadre rustique. Bon choix de menus dont un pour les enfants.

Du haut de la colline on surplombe le village, avec une vue superbe sur la Loire. Mme de Staël, pourtant, préférait sa parisienne rue du Bac à cet exil doré...

À ses hôtes qui lui vantent le paysage de la Loire, Mme de Staël répond mélancoliquement : « Oui, ce spectacle est admirable, mais combien je lui préfère mon ruisseau de la rue du Bac. »

Exilée par Napoléon, **Mme de Staël** passe en 1810 quelque temps à Chaumont. Elle y travaille, entourée de sa « cour », où l'on compte Benjamin Constant et Mme Récamier.

En 1875, le château est racheté par **Mlle Say**, héritière d'une famille d'industriels, qui devient bientôt princesse de Broglie : elle animera Chaumont de fêtes éblouissantes, avant de se retirer, totalement ruinée, à Paris.

visiter

Le parc

9h à la tombée de la nuit. Fermé 1er janv., 1er mai, 1er et 11 nov., 25 déc. Gratuit. ☎ 02 54 51 26 26.

La montée à pied prend une dizaine de minutes, agréable promenade qui traverse le beau parc paysager conçu par Henri Duchêne. Les allées serpentent à travers cèdres, séquoias et tilleuls.

De la terrasse, s'ouvre une **vue★** superbe sur le grand fleuve et sa vallée, les berges et ses eaux lumineuses.

Diane de Poitiers, par le Primatice. Catherine de Médicis oblige Diane à lui céder sa résidence préférée, Chenonceau, en échange de Chaumont. Mais Diane n'y séjournera jamais, et terminera ses jours dans son château d'Anet.

Les bâtiments

La façade extérieure Ouest, la plus ancienne, offre encore un aspect sévère, avec son appareil militaire. Les deux autres façades, tout en conservant une apparence féodale, ont subi l'influence de la Renaissance. Devant chaque mâchicoulis du châtelet et de l'aile Est, repérez l'emblème sculpté de Diane de Poitiers : 2 D entrelacés, ou bien le cor, l'arc et le carquois, attributs de Diane chasseresse. Elle avait elle-même fait refaire cette partie du chemin de ronde.

Au-dessus de la porte d'entrée sont sculptées les armes de France avec les initiales de Louis XII et d'Anne de Bretagne, sur un champ de fleurs de lys et d'hermines, en hommage aux souverains régnants.

On a fait de cette salle le cabinet de Ruggieri, l'astrologue de la reine, et, de la tour, l'observatoire d'où Catherine et son maître en cabale interrogeaient les astres.

FUNESTES PRÉSAGES

C'est à Chaumont que la reine aurait lu dans l'avenir le sombre destin qui attendait ses trois fils François II, Charles IX et Henri III, ainsi que l'avènement des Bourbons avec Henri IV.

Les appartements

De mi-mars à fin oct. : 9h30-18h30 ; de nov. à mi-mars : 10h-17h. Fermé 1er janv., 1er mai, 1er et 11 nov., 25 déc. 32F (incluant la visite des écuries). ☎ 02 54 51 26 26.

Ils comprennent entre autres les chambres des deux rivales : Catherine de Médicis et Diane de Poitiers, celle de Ruggieri, et la salle du Conseil pavée de fabuleuses majoliques (scènes de chasse), céramique espagnole du 17e s., achetées à Palerme par le prince de Broglie ; une remarquable série de 7 tapisseries tendues mur à mur, pour chaque jour de la semaine, dites « aux Planètes » (Bruxelles, 16e s.) ; remarquez également, dans la bibliothèque, une belle collection de médaillons en terre cuite exécutés par Nini.

Les écuries

♿ *Mêmes conditions de visite que pour les appartements.*
Leurs dimensions et leur luxe donnent une idée de la place que tenait, dans les familles princières, la plus noble conquête de l'homme. Construites en 1877 pour le prince de Broglie, éclairées à l'électricité dès 1906, elles comportent des stalles pour les chevaux et les poneys, des boxes pour les pur-sang, une cuisine, une remarquable sellerie, des remises à voitures hippomobiles. Dans la deuxième cour où est installé un petit centre équestre, on recevait les chevaux et les équipages des invités, soigneusement séparés des « résidents » pour des raisons prophylactiques ; dans un angle, curieuse tour à double toit, ancien four du céramiste Nini transformé en manège pour les enfants du château.

Des chevaux chouchoutés

Les écuries comportent des stalles (équipées d'auge en porcelaine et de paillassons) pour les chevaux et les poneys, des boxes individuels pour les pur-sang, une cuisine (pour des petits plats mijotés), une remarquable sellerie, et des remises à voitures.

Des **promenades en voiture à cheval** sont organisées par les écuries du domaine de Chaumont. *Juil.-août : promenade (1/2h) en voiture à cheval (dans le parc ou aux environs du château) 10h30-12h, 14h-18h ; mai-juin et sept. : dim. et j. fériés 14h-18h. 30F (enf. : 20F). ☎ 02 54 20 90 60 ou ☎ 02 54 87 57 62.*

Conservatoire international des Parcs et jardins et du Paysage

♿ *De mi-juin à mi-oct. : 9h30 à la tombée de la nuit. 48F (enf. : 20F). ☎ 02 54 20 99 22.*
Dans la ferme du château, un centre permanent d'information et de formation propose des ateliers thématiques permettant aux visiteurs d'acquérir des connaissances complémentaires en botanique et en jardinage.
Une école de paysage et des enseignements universitaires complètent ce dispositif original.

Un important **Festival international des jardins** est organisé chaque été de mi-juin à mi-octobre.

Tous les ans, trente paysagistes imaginent et créent trente variations végétales différentes, sur trente parcelles, pour moins de 100 000F.

Le Festival international des jardins de Chaumont

Une passerelle en faux rondins de bois, un escalier creusé dans un arbre en... ciment : vous voilà introduit, non sans humour, dans un merveilleux monde végétal. Ni parc paysager ni jardin botanique, c'est un lieu unique, esthétisant et éphémère où la création dans l'art des jardins et des paysages peut s'exprimer en toute liberté.
Le festival annuel, inauguré pour la première fois en 1992, tend à faire découvrir au grand public des créations contemporaines, de nouveaux tracés de jardins, des associations végétales audacieuses. Tous les ans, les œuvres de l'année précédente sont démontées et un thème nouveau est imposé à une trentaine de paysagistes internationaux, sélectionnés sur concours. Chacun rivalise d'imagination et d'innovation dans l'aménagement de la parcelle de terre (environ 250 m²) qui lui est attribuée.

Château de Chenonceau★★★

Féerique passerelle de pierre blanche, Chenonceau déploie son image en miroir : aérienne, lumineuse et délicate, ou aquatique, tremblante et rêveuse. « Son calme n'a rien d'ennuyeux et sa mélancolie n'a pas d'amertume », écrivait Flaubert. Surnommé le « château des Dames », presque tous ses propriétaires furent des femmes, et parmi les plus belles de France. Sous sa magnifique allée de platanes, fermez les yeux un instant, et imaginez l'entrée de Charles IX parmi sa cour, au milieu des sirènes, des nymphes et des satyres...

Ligne de démarcation
Pendant la dernière guerre, du fait de sa situation entre la zone libre et la zone occupée, le château fut utilisé par la Résistance.

La situation

Cartes Michelin n°s 64 pli 16, 238 pli 14 (7 km à l'Est de Bléré) ou 4037 G 3 – Schéma p. 134 – Indre-et-Loire (37). Entre Tours et Amboise, Chenonceau enjambe le Cher dans un cadre naturel où se mêlent harmonieusement les eaux, les jardins et les frondaisons. *1 r. Bretonneau, BP 1, 37150 Chenonceaux ☎ 02 47 23 94 45.*

Le nom

Son origine est pour le moins hasardeuse... Un ablatif pluriel de *cellis* qui expliquerait le « ceaux » ; quand au Chenon... évoque-t-il une ancienne chênaie ? Le mystère reste entier. Une chose est sûre en revanche : Chenonceaux, commune, comporte un *x* ; le château n'en a pas.

Les gens

Le château a été construit de 1513 à 1521 par Thomas **Bohier**. Mais ce financier de Charles VIII, Louis XII et François Ier, bien trop occupé par ses lourdes charges, laissera carte blanche à sa femme, Catherine Briçonnet. Lui succéderont, entre autres, et dans l'ordre : Diane de Poitiers, Catherine de Médicis, Louise de Lorraine, Mme Dupin, et Mme Pelouze... À noter, parmi quelques illustres visiteurs, Jean-Jacques Rousseau, qui conserva de son séjour un souvenir radieux.

comprendre

UN CHÂTEAU DE DAMES

Catherine Briçonnet, la bâtisseuse – En 1512, Bohier rachète Chenonceau pour 12 400 livres. Il fait immédiatement raser les bâtiments anciens, manoir et moulin, sauf le donjon. Très absorbé par sa charge et souvent à la suite des armées dans le Milanais, il ne peut diriger les travaux de construction de sa nouvelle résidence. C'est donc sa femme, Catherine, qui les surveille et en devient l'âme. On sent d'ailleurs dans le site choisi pour l'édifice, et dans sa conception, cette influence féminine qui le singularise.

carnet pratique

Hébergement

• *À bon compte*

Hostellerie La Renaudière – *24 r. Bretonneau - 37150 Chenonceaux - ☎ 02 47 23 90 04 - fermé 15 nov. au 15 fév. sf w.-ends et vac. scol. - P - 15 ch. : 240/430F - ☕ 25F - restaurant 99/204F.* Proche du château, cette maison du début du 19e s. a conservé son charme d'époque. Son parc d'arbres classés, où vous pourrez vous restaurer aux beaux jours, vous réserve des moments de tranquillité. Salle à manger avec véranda ouvrant sur le parc, comme une partie des chambres.

• *Valeur sûre*

La Roseraie – *7 r. Bretonneau - 37150 Chenonceaux - ☎ 02 47 23 90 09 - fermé 16 nov. au 14 fév. - P - 17 ch. : 325/550F - ☕ 38F - restaurant 98/170F.* La façade fleurie de cette bâtisse régionale à 5 mn du château est aussi couverte de vigne vierge. Spacieuses chambres rustiques. Déjeuner en terrasse ou l'hiver près de la grande cheminée dans la salle à manger. Jardin arboré avec sa piscine d'été chauffée.

Le château de Chenonceau campé sur les deux piles de l'ancien moulin, dans le lit du Cher. En bas de la photo s'étend le jardin de Diane de Poitiers ; en haut, celui de Catherine de Médicis.

Le château est achevé en 1521, mais Bohier et sa femme n'auront guère le temps d'en profiter puisqu'ils meurent en 1524 et 1526. Quelques années plus tard, il apparaît que Bohier est redevable de fortes sommes au Trésor (on imagine sans peine où l'argent s'était... englouti). Pour payer la dette de son père, Antoine Bohier cède, en 1535, le château à François Ier, qui l'utilise comme rendez-vous de chasse.

Diane de Poitiers, la toujours belle – En 1547, quand Henri II monte sur le trône, il offre Chenonceau à Diane de Poitiers. Elle a vingt ans de plus que lui, mais reste extrêmement séduisante. « Je l'ai vue, écrit un contemporain, en l'âge de 70 ans (en fait, elle mourut à 67 ans), aussi belle de face et aussi aimable comme en l'âge de 30 ans. Et surtout, elle avait une très grande blancheur et sans se farder aucunement. »
Habile gestionnaire, Diane entend rentabiliser son domaine foncier et sa châtellenie : elle s'intéresse aux travaux agricoles, à la vente du vin, aux revenus fiscaux et à tout ce qui peut rapporter bon et bel argent. Elle trouve d'abondantes ressources dans l'impôt de 20 livres par cloche, dont elle reçoit une bonne part, ce qui fait dire à Rabelais ce mot terrible : « Le roi a pendu toutes les cloches du royaume au col de sa jument. » Mais elle est aussi femme de goût, et fait édifier le pont reliant le château à l'autre rive du Cher.
La mort d'Henri II, tué en 1559 lors d'un tournoi, remet tout en cause : Catherine de Médicis, reine patiente et dissimulée, avait accepté le « partage » ; régente, elle va pouvoir savourer sa vengeance. Sachant Diane très attachée à Chenonceau, elle frappe au point sensible en l'obligeant à le lui céder en échange de Chaumont. L'ex-favorite doit se soumettre : elle quitte les rives du Cher, mais pour se retirer au château d'Anet, où elle meurt sept ans plus tard.

Couleurs de deuil

Veuve de Louis de Brézé, pour lequel elle a fait élever un splendide tombeau dans la cathédrale de Rouen, Diane porte toujours les couleurs de deuil : noir et blanc. Son emprise sur Henri II est si forte qu'elle les lui fait adopter, sans compter toutes les faveurs dont elle bénéficie, au grand dam de la reine, reléguée et humiliée.

Catherine de Médicis, la fastueuse – Avec le goût des arts, Catherine de Médicis a celui du faste : Chenonceau satisfera l'un et l'autre. Elle fait tracer un parc, construire sur le pont une galerie à double étage, établir de vastes communs. Les fêtes se succèdent, et les contemporains s'en émerveillent. Il y a celle de l'entrée de François II et de Marie Stuart, puis, celle de **Charles IX**, plus brillante encore. Dans les fossés qui bordent l'allée du château, des jeunes femmes costumées en sirènes accueillent les visiteurs. À leurs chants mélodieux répondent ceux des nymphes qui sortent des bosquets. Mais l'arrivée des satyres fait s'envoler la gracieuse troupe. Repas, danses, mascarades, feux d'artifice, combat naval sur le Cher, rien ne manquera aux réjouissances.

Rousseau, gras comme un moine

Jean-Jacques Rousseau est nommé précepteur du fils de **Mme Dupin**. Le fameux traité d'éducation *Émile* sera justement rédigé à son usage. Dans les *Confessions*, le philosophe parle avec chaleur de cet heureux temps : « On s'amusait beaucoup dans ce beau lieu, on y faisait très bonne chère, j'y devins gras comme un moine. »

Louise de Lorraine, l'inconsolable – Catherine a légué Chenonceau à sa belle-fille Louise de Lorraine, femme d'Henri III. Après l'assassinat du roi par Jacques Clément, Louise se retire au château, prend le deuil en blanc selon l'étiquette royale et le garde jusqu'à la fin de sa vie, d'où le nom de « Reine Blanche » ou « Dame Blanche » qui lui fut donné. Les meubles de sa chambre sont tendus de velours noir, les rideaux de damas noir ; les plafonds portent des couronnes d'épines et des cordelières peintes en blanc sur fond noir.

Après Louise de Lorraine, Chenonceau échoit à sa nièce, Françoise de Lorraine, épouse de César de Vendôme, le fils d'Henri IV et de Gabrielle d'Estrées qui avaient eux-mêmes séjourné ici en 1598.

Mme Dupin, l'amie des Lettres – En 1733, le fermier général Dupin en devient propriétaire. Mme Dupin y tient un salon où défilent toutes les célébrités de l'époque. Mme Dupin vieillit entourée de l'affection des villageois, grâce à quoi le château traverse la Révolution sans dommage. Selon son vœu, elle fut enterrée dans le parc.

Mme Pelouze et le goût du jour – En 1864, Mme Pelouze achète Chenonceau et fait de la restauration du château l'affaire de sa vie : certains travaux seront plus ou moins heureux, selon le goût discutable du 19e s.

Le château est actuellement la propriété de la famille Menier.

Sur le donjon se lisent les initiales « TBK » (Thomas Bohier et Katherine), avec la devise : « S'il vient à point, me souviendra. » Peut-être doit-on comprendre que si l'édifice est mené à bien, il gardera le souvenir de celui qui l'a bâti.

visiter

Compter 2 h. De mars à mi-sept. : 9h-18h (de mi-mars à mi-sept. : 9h-19h ; de mi-sept. à fin sept. : 9h-18h30) ; de mi-oct. à fin fév. : 9h-16h30 (de mi-fév. à fin fév. et de mi-oct. à fin oct. : 9h-17h30 ; de déb. fév. à mi-fév. et de déb. nov. à mi-nov. : 9h-17h). 50F (enf. : 40F). ☏ 02 47 23 90 07.

L'arrivée

À l'approche du château, après être passé entre deux sphinx, on aperçoit, à droite, les communs élevés sur les plans de Philibert Delorme (musée de Cires). Franchissant un pont, on rejoint une terrasse entourée de douves. À gauche s'étend le jardin de Diane de Poitiers ; à droite, celui de Catherine de Médicis, bordé par les grands arbres du parc. Sur la terrasse se dresse le donjon de l'ancien château des Marques, remanié par Bohier.

Le château

Le château se compose d'un corps de logis rectangulaire, avec des tourelles aux angles. À gauche, en saillie, la librairie et la chapelle. Sur le pont du Cher s'élève la galerie à deux étages de Catherine de Médicis. Cette construction de Philibert Delorme, d'une sobriété déjà classique, contraste avec l'aspect riche et gai de la partie ancienne, avec les sculptures de ses balustrades, du toit et des lucarnes.

Rez-de-chaussée – Couvert d'une voûte d'ogives, le vestibule dessert les quatre principales salles du rez-de-chaussée. À gauche l'ancienne salle des Gardes, pavée de

La chambre de César de Vendôme est meublée et ornée de tapisseries des Gobelins.

majoliques et ornée de tapisseries flamandes du 16e s. ; la chapelle attenante abrite un fin bas-relief en marbre représentant une Vierge à l'Enfant, du 16e s. Dans la chambre de Diane de Poitiers, magnifique cheminée sculptée par Jean Goujon, et une émouvante *Vierge à l'Enfant*, attribuée à Murillo. Dans le cabinet vert de Catherine de Médicis, une tapisserie d'Audenarde, des œuvres du Corrège et d'Andrea del Sarto.
La grande galerie sur le Cher, longue de 60 m, au dallage noir et blanc, fut transformée en infirmerie militaire pendant la Première Guerre mondiale et coupée par la ligne de démarcation entre 1940 et 1942.
Dans la chambre de François Ier, on découvrira plusieurs toiles remarquables.

Quelques trésors
Dans la **chambre François Ier**, de Van Loo *Les Trois Grâces,* du Primatice *Diane de Poitiers en chasseresse,* un superbe meuble (15e s.) incrusté de nacre et d'ivoire.
Dans le **salon**, au magnifique plafond à la française, des œuvres de Rubens *Jésus et saint Jean* de Mignard, de Nattier *Mme Dupin*, et un portrait de Louis XIV, par Rigaud, dans un cadre somptueux.

1er étage – On y accède par un superbe escalier à rampe droite qui, en France, fut à l'époque une innovation. Du vestibule (scènes de chasse), on pénètre dans la chambre de Gabrielle d'Estrées, dans la chambre d'honneur (ou des cinq reines), dans celle de Catherine de Médicis, puis dans la chambre de César de Vendôme.
Sous les combles était installé le petit couvent des Capucines, avec son pont-levis qui se relevait le soir pour séparer les nonnes des hôtes du château. Sage précaution ?

Cuisines – Aménagées dans les deux piles creuses du château, dans le lit même de la rivière, elles comprennent : l'office, le garde-manger, la boucherie, la cuisine proprement dite et le réfectoire du personnel.

Musée de Cires

Mêmes conditions que le château. 20F.

Dans le bâtiment des Dômes (commun ainsi nommé d'après la configuration de sa toiture), 15 scènes évoquent la vie du château et les personnalités qui l'ont fréquenté.

Le parc

Les bords du Cher et les jardins vous offriront d'excellents points de vue sur le château.

circuit

LA VALLÉE DU CHER

Circuit de 60 km – compter 1 h 3/4. Quitter Chenonceaux en direction de Montrichard, franchir le Cher, puis prendre à droite la N 76 vers Tours.

Bléré

À l'entrée de Bléré, place de la République, s'élève un élégant monument au décor sculpté à l'italienne avec un soin particulier : seul vestige de l'ancien cimetière qui s'élevait jadis à cet endroit, c'est la **chapelle funéraire** de Guillaume de Saigne, trésorier de l'artillerie royale sous François Ier, érigée en 1526.

Quitter Bléré par la D 45 ; traverser Athée, puis, à la sortie de cette localité, tourner à gauche en direction du Grais.

Prieuré de Saint-Jean-du-Grais

♿ *D'avr. à fin sept. : w.-end et j. fériés 10h-19h (de mi-juin à fin sept. : tlj 10h-19h). 30F. ☎ 02 47 50 73 00.*

Restauré avec goût dans un cadre agréable, ce prieuré vous permet de voir quelques salles importantes dans la vie des moines au 12e s. : la salle capitulaire, le dortoir et le réfectoire.

Par la D 82, gagner la N 76, puis, en direction de Bléré à 1 km en environ, tourner à gauche.

Paul-Louis Courier

Originaire de Luynes, cet officier (1772-1825) servit sous l'Empire. En 1816 il acheta, près de Véretz, la Chavonnière, maison de vigneron où il s'installa avec son épouse. Il se mit à harceler le gouvernement de pamphlets mordants et spirituels, parmi lesquels le fameux *Un tyranneau de village sous la Restauration*. Bourré de talent, mais détesté à cause de son tempérament emporté, il fut assassiné, en 1825, dans la forêt de Larçay, dans des conditions mystérieuses.

Château de Leugny

D'avr. à fin oct. : visite guidée (1/2h) sur demande préalable. 25F. ☎ 02 47 50 45 61.

Dominant le Cher, cet élégant bâtiment a été construit par l'architecte Portier, élève de Gabriel, pour son usage personnel. À l'intérieur, mobilier d'époque Louis XVI.

Reprendre la N 76 en direction de Tours.

Véretz

Serrées entre le Cher et le coteau, les maisons et l'église de Véretz se prolongent sur la droite par les allées d'arbres et les terrasses du parc du château, où se promenèrent l'abbé de Rancé (1626-1700), futur réformateur de la Trappe, l'abbé d'Effiat et Mme de Sévigné, la princesse de Conti et le badin poète qu'était l'abbé de Grécourt ; le jeune Voltaire fit également un séjour au château de Véretz. Sur la place du village se dresse un monument à la mémoire de **Paul-Louis Courier**.

Prendre la D 85 jusqu'à Montlouis.

Montlouis-sur-Loire

Entre Loire et Cher, Montlouis s'étage sur des pentes de tuffeau creusées de caves. Les vignes, bien exposées au Sud, produisent un vin blanc capiteux et séveux, issu du célèbre pinot de Loire. À côté de son église, hôtel Renaissance (aujourd'hui presbytère) aux lucarnes ornées de coquilles.

Maison de la Loire – *Quai A.-Baillet.* Elle présente des expositions sur la faune et la flore ligériennes. *Tlj sf lun. 14h-18h. Fermé 1er janv., 1er et 8 mai, 25 déc. 20F. ☎ 02 47 50 97 52.*

Quitter Montlouis en direction d'Amboise, puis tourner à droite vers la Bourdaisière.

La Bourdaisière (très remanié entre le 14e s. et le 20e s.) fut la demeure de Philibert Babou.

La Bourdaisière

♿ *D'avr. à fin oct. : visite guidée (3/4h) 10h-12h, 14h-18h (mai-sept. : 10h-19h). 35F. ☎ 02 47 45 16 31.*

On peut visiter quelques pièces du château, les communs, les jardins (en cours de restructuration) et le potager, où les gourmets ne manqueront sous aucun prétexte son conservatoire de la... tomate, avec plus de 400 espèces différentes.

Par la D 40 se diriger vers St-Martin-le-Beau.

St-Martin-le-Beau

L'**église** présente un beau portail roman finement sculpté.

Revenir à Chenonceaux par la D 40.

Galantes Babou

Au 16e s. régnaient sur Montlouis les Babou de la Bourdaisière, turbulente famille dont la résidence principale se trouvait sur le coteau du Cher, au château de la Bourdaisière, construit vers 1520 par Philippe Babou, grand argentier de François Ier. Là vécut Marie Babou, femme de Philibert, dite la belle Babou : d'humeur fort galante, elle se vantait d'avoir « connu », au sens biblique du mot, François Ier, Charles Quint et bien d'autres. La belle Gabrielle, fille d'Antoine d'Estrées et de Françoise Babou, née en 1573, bénéficia aussi des faveurs royales : elle fut aimée d'Henri IV et, quand elle trépassa, la consolatrice du Vert Galant fut encore une Babou !

Château de Cheverny★★★

Remarquable exemple de classicisme 17ᵉs., Cheverny frappe d'emblée par ses proportions harmonieuses, fondées sur un jeu rigoureux de symétries, parfaitement inscrit dans un parterre de pelouses. Mais celui que la Grande Mademoiselle surnommait « le palais enchanté » vous émerveillera plus encore par son intérieur : lambris peints, plafonds à caissons, tapisseries d'une grande fraîcheur et tableaux de maîtres, le tout somptueusement meublé, dans un état de conservation parfaite.

La situation

Cartes Michelin nos 64 pli 17 ou 238 pli 15 - Loir-et-Cher (41). Au sud de Blois, Cheverny borde sa forêt et les étangs de Sologne. Il est préférable d'arriver par la D 102. Vous y apercevrez le château de très loin, magnifiquement encadré par ses rideaux de feuillage.

🅘 4 av. de Cheverny, 41700 Cour-Cherverny Cedex 403, ☏ 02 54 79 95 63.

Le nom

Pour les jeunes de 7 à 77 ans, Cheverny c'est Moulinsart bien sûr, le château du capitaine Haddock, théâtre de plusieurs aventures de Tintin et Milou. Mille millions de mille sabords !

Les gens

Remarquable exemple de continuité familiale, les Hurault de Vibraye sont à Cheverny dès 1338, et n'ont pratiquement plus quitté le château depuis sa construction.

visiter

Visite : 3/4 h. Avr.-sept. : 9h15-18h45 ; oct.-mars : 9h15-12h, 14h15-17h (mars et oct. : 17h30). Visite guidée sur demande préalable. D'avr. à mi-sept. : « soupe des chiens » tlj sf w.-end et j. fériés à 17h ; de mi-sept. à fin mars : tlj sf mar., w.-end, j. fériés à 15h. 35F (château et parc), 65F (château et découverte insolite du parc et du canal). ☏ 02 54 79 96 29.

Pour les jeunes et moins jeunes

☺ Parmi les activités proposées : une balade insolite en voiture électrique, et une promenade en bateau.

Le parc

Le domaine dispose d'un vaste parc de 100 ha remarquablement entretenu.

L'orangerie – À 200 m en sortant du château par le perron Nord, magnifique bâtiment du début du 18ᵉ s. Il est réservé aux réceptions et l'été aux expositions.

L'harmonieuse majesté de la façade en pierre de Bourré, avec ses toits d'ardoise.

carnet pratique

RESTAURATION

• ***À bon compte***

Le Grand Chancelier – *11 r. du Chêne-des-Dames - 41700 Cheverny - ☎ 02 54 79 22 57 - fermé janv., fév., lun. soir et mar. de nov. à fin mars et mer. - réserv. en saison - 98/230F.* Vous serez aux portes du château, dans sa salle à manger aux poutres apparentes ou en terrasse. Le chef a de bonnes idées, régionales ou traditionnelles. Carte brasserie l'après-midi en saison pour les visiteurs affamés.

HÉBERGEMENT

• ***Valeur sûre***

Chambre d'hôte Le Béguinage – *41700 Cour-Cheverny - ☎ 02 54 79 29 92 - www.multimania.com/beguinage - - 6 ch. : 270/390F.* Le très joli parc arboré et son étang ne sont pas les seuls trésors cachés derrière cette maison de ville recouverte de vigne vierge. Les chambres sont spacieuses, sobres et élégantes, avec parquets ou tomettes et poutres apparentes. Prix doux.

Les communs – À quelque distance du château, le **chenil** est occupé par une meute de 90 chiens, issus du croisement du fox-hound anglais et du poitevin. L'heure de leur repas est toujours un grand moment qui révèle bien l'organisation et la hiérarchie de la meute. Attention à ne pas les exciter car les combats et les blessures sont vite arrivés.

À côté, la **salle des trophées** expose 2 000 bois de cerfs.

Le château

Le château a maintenu bien vivantes les traditions de vénerie, et chaque année, de l'automne à Pâques, des « laisser-courre » célèbres se déroulent dans les bois environnants.

Bâti d'un seul jet de 1604 à 1634 par le comte Hurault de Cheverny, le château présente une rare unité de style, par son architecture comme par sa décoration. L'ordonnance symétrique et l'harmonie de la façade sont caractéristiques des époques Henri IV et Louis XIII : deux parties médianes flanquent l'étroit corps central, cantonnées de gros pavillons à dômes carrés que surmontent des campaniles ajourés ; à l'étage, entre les fenêtres, des niches ovales abritent les bustes des empereurs romains ; au-dessus de la porte d'entrée, le blason des Hurault est entouré des colliers de l'ordre du St-Esprit et de St-Michel.

La visite intérieure révèle un éblouissant décor de sculptures, dorures, marbres, lambris polychromes, tableaux et meubles somptueux.

Salle à manger – À droite du vestibule, décoré d'une tapisserie des Flandres du 17e s., elle a conservé son plafond à la française décoré par le peintre blésois Jean Mosnier (1600-1656), également auteur des petits panneaux muraux contant l'histoire de Don Quichotte, et les murs tendus de cuir de Cordoue marqués aux armes des Hurault.

Appartements privés de l'aile Ouest – On y accède par le grand escalier d'honneur, à rampe droite (riche décoration sculptée). Les appartements comprennent une suite de huit chambres et salons, tous magnifiquement meublés.

Salle d'armes – C'est la plus vaste pièce du château : le plafond à la française, les lambris bas, les volets intérieurs sont peints par Mosnier, comme le tableau de la cheminée de bois doré, encadré par les statues de Mercure et de Vénus.

Chambre du roi – La plus éclatante : plafond divisé en caissons à l'italienne, peint par Mosnier et rehaussé d'or, comme la riche cheminée Renaissance ornée d'atlantes, d'angelots et de motifs végétaux ; tapisseries des ateliers de Paris, de 1640, d'après Simon Vouet (sur le thème des travaux d'Ulysse), lambris bas décorés de tableautins. Contre le mur, somptueux lit à baldaquin recouvert de soieries persanes brodées de fleurs, de 1550. Dans l'antichambre, remarquable tapisserie aux tonalités rouges et bleues (*Le Retour des pêcheurs*, d'après Teniers).

Grand salon – Son plafond est entièrement revêtu, comme les lambris des murs, d'un décor peint rehaussé de dorures.

Galerie, petit salon, bibliothèque – La **galerie**, meublée de magnifiques fauteuils Régence, contient de nombreux tableaux (portrait par Miguel Oñate, autoportrait de Rigaud) : arrêtez-vous devant les trois portraits de François Clouet, petits chefs-d'œuvre. Des œuvres des 16e, 17e et 18e s. ornent également le **petit salon**. La **bibliothèque,** remarquable pour ses boiseries et son très beau parquet, renferme de belles reliures.

Au salon

De part et d'autre du miroir, le portrait de *Cosme de Médicis* attribué au Titien, celui de *Jeanne d'Aragon* (atelier de Raphaël), et sur la cheminée, une bien gracieuse *Marie-Johanne de Saumery, comtesse de Cheverny,* par Mignard.

*La salle d'armes est la plus vaste pièce du château. Aux murs, collection d'armes et d'armures des 15e et 16e s. et tapisserie des Gobelins de 1610, sur le thème de l'*Enlèvement d'Hélène.

Salon des tapisseries – Dans le petit salon, cinq tapisseries des Flandres du 17e s., scènes de jeux au village, d'après Teniers. Comme la précédente, cette pièce est meublée de fauteuils et commodes d'époque Louis XIV et Louis XV (en particulier : la commode Louis XIV en placage d'amarante et de bois de violette, ornée de bronzes ciselés).

La magnifique **horloge,** célèbre « régulateur » Louis XV, dont les bois sont décorés de bronze ciselé par Caffieri, marque, invariablement, depuis plus de deux siècles, la date, le jour, l'heure, les minutes, les secondes et... les phases de la Lune.

alentours

Château de Troussay

3,5 km à l'Ouest en longeant le parc de Cheverny jusqu'à la D 52 ; prendre sur la gauche, puis la 1re route à droite. Juil.-août : visite guidée (1/2h) 10h-19h ; avr.-juin : 10h30-12h30, 14h-18h30 ; sept. : 10h30-12h30, 14h-18h ; oct. : dim. et j. fériés 10h30-12h30, 14h-17h. Fermé nov.-mars. 26F (enf. : 18F). ☎ 02 54 44 29 07.

Gentilhommière Renaissance, Troussay appartint au 19e s. à l'historien Louis de la Saussaye. Celui-ci la restaura en l'enrichissant d'éléments décoratifs anciens qui provenaient de monuments de la région, menacés de disparition. En particulier sur la façade arrière, la sculpture sur pierre d'un **porc-épic**, emblème de Louis XII et, à l'intérieur, la belle **porte**★ de la chapelle sculptée de rinceaux.

Remarquez le carrelage Louis XII du rez-de-chaussée, les vitraux Renaissance provenant de l'hôtel de Guise de Blois, et, au plafond du petit salon, les grisailles représentant des sarabandes d'amours, attribuées au peintre Jean Mosnier. La demeure, habitée, est décorée de beaux meubles d'époque (16e, 17e et 18e s.).
Les anciennes dépendances, qui encadrent la cour d'honneur, abritent un petit **musée** évoquant la vie domestique et agricole de la Sologne d'antan.

Chinon★★

Forteresse encore bien impressionnante, Chinon déploie sous le ciel de Touraine ses immenses ruines romantiques. À ses pieds, la petite ville étire ses ruelles médiévales, ses petites places et ses quais tout au long de la Vienne : une vallée riche de culture et d'histoire, un pays de coteaux et de vignobles dorés, dont le climat exceptionnel a favorisé l'essor d'un grand vin.

La situation

Cartes Michelin nos 67 pli 9, 232 pli 34 ou 4037 B 5 – Schémas p. 184 et 352 – Indre-et-Loire (37). Venant de Tours (D 751), vous serez immédiatement écrasé par les murailles du Fort du Coudray, sur votre gauche. Mais mieux vaut aborder Chinon par la rive Sud de la Vienne, venant de L'Île-Bouchard (D 761) : vous y découvrirez l'immense ruine dans toute son ampleur, dominant la ville et ses quais. *Pl. Hosheim, BP141, 37501 Chinon, ☎ 02 47 93 17 85.*

Pratique
Stationnez sur les quais, dès la première place rencontrée : Chinon et ses rues authentiquement médiévales sont impraticables en voiture, surtout l'été. Vous pouvez emprunter le **petit train touristique** : *Juil.-août : visite guidée (3/4h) tlj en petit train, dép. de l'hôtel de ville ; Pâques-juin et sept. : w.-end et j. fériés. ☎ 05 49 22 51 91.*

Le nom

« Chinon, Chinon, Chinon,
Petite ville, grand renom,
Assise sur pierre ancienne,
Au haut le bois, au pied la Vienne »,
chantait Rabelais, qui, pour rire sans doute, faisait de Caïn (Caïn, *Caino*, Chinon...) le fondateur de la cité !

Les gens

De Richard Cœur de Lion à Charles VII, de Louis XII à César Borgia, en passant par Jean sans Terre, Jeanne d'Arc, Agnès Sorel et Richelieu, Chinon offre un vrai condensé d'histoire de France. Pourtant, c'est surtout **François Rabelais** (1494-1553) qui laissera ici le souvenir le plus durable. Quant aux 8 716 Chinonais, comme la Vienne ils semblent couler des jours bien paisibles entre leurs marchés, leurs caves et leurs barques plates de pêcheurs.

Les remparts de Chinon, vus de la rive gauche de la Vienne, sont toujours aussi impressionnants qu'au 15e s.

comprendre

Des Plantagenêts aux Valois – Castrum gallo-romain, puis forteresse des comtes de Blois, Chinon passe au 11e s. entre les mains de leurs ennemis, les comtes d'Anjou. **Henri II Plantagenêt**, qui construisit l'essentiel du château actuel, devient en 1154 roi d'Angleterre, et meurt à Chinon le 6 juillet 1189. Son fils cadet Jean (sans Terre, car sans héritage) s'empare du royaume à la mort de son frère aîné Richard Cœur de Lion (enterré à Fontevraud, en 1199) : il a fait assassiner son neveu Arthur de Bretagne, et dans la foulée, il enlève la fiancée du comte de la Marche, Isabelle d'Angoulême, pour l'épouser à Chinon (30 août 1200). Mécontents de l'attitude de leur suzerain, les barons du Poitou font appel contre lui auprès de la cour royale de Paris. Jean refuse de se rendre au procès : il est condamné à la confiscation de ses fiefs français. Il n'est plus que roi d'Angleterre, et Philippe Auguste reconquiert une à une toutes ses places fortes en France ; en 1205, après un an de siège, Chinon passe au domaine royal.

La cour du « roi de Bourges » – Lorsque **Charles VII**, en 1427, installe sa petite cour à Chinon, la France est dans une situation critique. Henri VI, roi d'Angleterre, est aussi « roi de Paris » ; Charles VII n'est que le « roi de Bourges ». L'année suivante, il y réunit les États généraux des provinces du Centre et du Sud, encore soumises à son autorité. Les États votent 400 000 livres pour organiser la défense d'Orléans, assiégé par les Anglais. En 1429, Jeanne d'Arc fait son apparition...

Né à la Devinière, François Rabelais passa son enfance à Chinon, où ses parents possédaient une maison, rue de la Lamproie.

Jeanne d'Arc, Dieu et son roi

Jeanne, escortée de six hommes d'armes, a fait le voyage de Lorraine à Chinon. Quand la petite paysanne de 18 ans est introduite dans le palais, on essaie de lui faire perdre contenance. La grande salle est illuminée ; 300 gentilshommes en riches costumes sont réunis ; le roi se dissimule dans la cohue, un courtisan a revêtu son habit. Jeanne avance timidement, distingue aussitôt le vrai Charles VII et va droit à lui. Bien qu'il prétende ne pas être le roi, elle lui embrasse les genoux : « Gentil dauphin, lui dit-elle (Charles n'ayant pas été sacré, il n'est encore que le dauphin), j'ai nom Jehanne la Pucelle. Le Roi des Cieux vous mande par moi que vous serez sacré et couronné en la ville de Reims et vous serez lieutenant du Roi des Cieux qui est roi de France. » Charles est torturé de doutes sur sa naissance, tant l'inconduite de sa mère, Isabeau de Bavière, a fait scandale. Quand la Pucelle lui déclare : « Je te dis, de la part de Messire le Christ, que tu es héritier de France et vrai fils de roi », il se sent bien près d'être convaincu.

Mais son entourage lutte encore. On fait comparaître la jeune fille devant la cour de Poitiers. Un aréopage de docteurs et de religieux doit décider si elle est sorcière ou inspirée. Pendant trois semaines, on questionne Jeanne. Sa naïveté, ses vives reparties, sa foi inébranlable triomphent des plus sceptiques. Elle est reconnue « envoyée de Dieu ». Revenue à Chinon, on l'équipe, on lui donne des hommes d'armes : le 20 avril 1429, elle part accomplir son miraculeux et tragique destin.

Triste sire, triste fin

Jean sans Terre cherche une revanche : en 1213, il participe à la coalition anglo-germanique contre Philippe Auguste, défaite à la célèbre bataille de Bouvines. Il sera définitivement vaincu l'année suivante par le futur Louis VIII à la bataille de la Roche-aux-Moines, près d'Angers. Le traité de Chinon du 18 septembre 1214 consacre la défaite anglaise. Jean sans Terre meurt deux ans plus tard à Newark, de la dysenterie.

se promener

LE VIEUX CHINON★★

visite : 3/4 h

Jadis entouré de murailles qui lui valaient le nom de Ville-Fort, le vieux Chinon serre ses toits pointus et ses ruelles tortueuses entre les **quais de la Vienne** ▶ et l'escarpement du château. Le quartier a conservé de nombreuses maisons médiévales : façades à pans de bois aux poutres sculptées, pignons de pierre flanqués de tourelles, fenêtres à meneaux, portes ciselées.

Partir de la place du Général-de-Gaulle.

Entrer dans la rue **Voltaire**, anciennement nommée **rue Haute-St-Maurice**, axe de la vieille ville.

En bord de Vienne

Promenades et rampes pavées mènent aux berges, avec leurs herbes hautes, leurs flottilles de plates (longues barques goudronnées) et de... canards. Le **jardin anglais** et ses palmiers témoignent de la douceur du climat en val de Loire.

carnet pratique

Restauration

• À bon compte

La Maison Rouge – *38 r. Voltaire - ☏ 02 47 98 43 65 - fermé 15 nov. au 17 déc., 3 janv. au 17 fév., 5 au 15 mars et lun. sf juil.-août - 87/195F.* Dans le quartier médiéval, cette maison à colombages abrite un restaurant où vous pourrez déguster de copieuses assiettes rabelaisiennes, une compilation de spécialités régionales, sans vous ruiner ! Arrosez le tout d'un petit verre de chinon et repartez d'un bon pied !

• Valeur sûre

Les Années 30 – *78 r. Voltaire - ☏ 02 47 93 37 18 - fermé 2 sem. déb. mars, 1 sem. fin juin, 2 em. en nov., jeu. midi et mer. - réserv. obligatoire - 130/180F.* Ce restaurant occupe une maison du 14e s. située entre le musée du Vieux Chinon et celui du Vin et de la Tonnellerie. L'accueil y est chaleureux et ses prix raisonnables.

Au Plaisir Gourmand – *Quai Charles-VII - ☏ 02 47 93 20 48 - fermé 15 fév. au 10 mars, dim. soir et lun. - réserv. obligatoire - 180/360F.* D'un côté les murailles du château, de l'autre la Vienne. Cette table de qualité et réputée est dressée dans les murs de pierres blanches d'une maison du 16e et 17e s. Une petite cour dallée et fleurie sert de terrasse en été.

Hébergement

• À bon compte

Hôtel Agnès Sorel – *4 quai Pasteur - ☏ 02 47 93 04 37 - P - 10 ch. : 250/450F - ☕ 42F.* Sur les rives de la Vienne, non loin du centre-ville, cet hôtel est particulièrement accueillant et convivial. Les chambres ont chacune leur couleur. Demandez la verte, elle a une terrasse privée. Vous pourrez aussi louer un vélo et réserver un panier pique-nique pour une randonnée.

• Valeur sûre

Hôtel de France – *47 pl. du Gén.-de-Gaulle - ☏ 02 47 93 33 91 - fermé 16 fév. au 6 mars, 15 au 30 nov. et dim. de nov. à mars - P - 28 ch. : 340/500F - ☕ 50F - restaurant 115/295F.* Deux maisons, l'une du 16e s., l'autre du 17e s., composent cet hôtel en centre-ville, en contrebas du château. Chambres confortables et bien insonorisées. Le restaurant de cuisine traditionnelle ouvre ses baies vitrées sur la place.

Calendrier

Avril – Salon des vins.

Fin juin – Courses hippiques.

15 août – Courses hippiques.

Marché à l'ancienne – Troisième samedi d'août.

Un joyeux chapitre

Plusieurs fois par an (janv., mars, juin, sept., déc.) ont lieu des chapitres d'intronisation des Bons Entonneurs rabelaisiens au cours de dîners de gala avec animation. À condition de réserver suffisamment tôt, il est tout à fait possible de participer à ces réjouissances rabelaisiennes! *Secrétariat de la confrérie, impasse des Caves-Paintes, 37500 Chinon, ☏ 02 47 93 30 44.*

Impasse des Caves-Painctes

Cette ruelle ouvre une percée vers le coteau : au fond se trouvent les **caves painctes** où Rabelais, familier des lieux, raconte que Pantagruel but maint verre de vin frais ; leurs peintures ont disparu, mais ces anciennes carrières sont toujours depuis Rabelais temple de la Dive Bouteille, puisque s'y tiennent régulièrement les intronisations solennelles à la confrérie des Bons Entonneurs rabelaisiens.

Remarquer au n° 19, rue Voltaire, une maison à pans de bois du 14e s. Plus loin s'amorce la rue Jeanne-d'Arc qui monte en pente raide jusqu'au château ; une plaque y désigne le **puits** où, selon la tradition, Jeanne d'Arc aurait posé le pied pour descendre de cheval à son arrivée à Chinon.

Hôtel Torterue de Langardière

Du 18e s. : façade classique et beaux balcons de fer forgé.

Grand Carroi★★

(Carroi : carrefour). Ses dimensions paraissent bien étriquées pour mériter ce nom ; pourtant c'était au Moyen Âge le centre de la ville, au croisement de la rue Haute-St-Maurice et de la rue du Grand-Carroi.

CHINON

Carnot (R) . . . . A 2
Caves Peintes (Imp.) . . . . A 3
Commerce (R. du) . . . . . . A 4
Courances (R. des) . . . . . B 5
Diderot (R.) . . . . B 6
Dr-Gendron (R.) . . . . A 7
Gaulle (Pl. du Gén.-de) . . . . . . A 8
Grand-Carroi (R.) . . . . A 9
Jacques-Cœur (R.) . . . . . . A 10
J.-J.-Rousseau (R.) . . . . . . B
Jeanne-d'Arc (Q.) . . . . AB
Jeanne-d'Arc (R.) . . . . A 13
Lamproie (R. de la) . . . . . B 14
Rabelais (R.) . . . . AB 17
Voltaire (R.) . . . . A 20
11-Novembre (R. du) . . . . B 23

Grand Carroi . . . . A E
Musée animé du Vin et de la Tonnellerie . . . . A M¹
Musée du Vieux Chinon . . . . A M²
Palais du Bailliage . . . . A K

Les plus jolies **maisons** du quartier s'y côtoient : au n° 38 la **maison Rouge** (14e s.) ; une autre maison à colombages au n° 45, demeure de la mère (intendante) des compagnons, ornée de statues-colonnes ; au n° 44 l'**hôtel des États généraux** (15e-16e s.), beau bâtiment de pierre qui abrite le musée du Vieux Chinon ; au n° 48 l'**hôtel du Gouvernement** (17e s.) dont le large portail de pierre ouvre sur une cour aux gracieuses arcades.

Palais du Bailliage

Au n° 73, rue Haute-St-Maurice. Occupé par l'hôtellerie Gargantua, voyez surtout la façade Sud sur la rue Jacques-Cœur, sa jolie tourelle en encorbellement et le rampant du pignon bordé de choux frisés.

Église St-Maurice

(12e-16e s.). Voûtes d'ogives très bombées de pur style angevin.

Rue Jean-Jacques-Rousseau

Façades médiévales toujours, en particulier les nos 71 et 73 au carrefour du Puy-des-Bancs.

La Maison Rouge *(14e s.), aux colombages garnis de brique et aux étages en encorbellement.*

Église St-Étienne

Un beau portail gothique flamboyant, finement ciselé, porte les armes de son bâtisseur, Philippe de Commines (1480).

Église St-Mexme

Cet édifice, dont il ne reste que la nef et le narthex, dresse encore sur la place St-Mexme deux tours imposantes. Il date des 10e et 11e s.

Chapelle Ste-Radegonde

Accès à pied par le raidillon qui s'amorce au Nord-Est de l'église St-Mexme. Juil.-août : 9h-19h ; sept.-juin : sur demande préalable. 10F. ☎ 02 47 93 12 80.

Le coteau de Ste-Radegonde s'accroche à la falaise, creusée d'habitations troglodytiques. Un portail roman marque l'entrée de la chapelle. Au 6e s. un ermite avait établi sa cellule dans une grotte du coteau ; **Radegonde**, épouse du roi Clotaire Ier, vint consulter l'ermite sur son intention de fonder le monastère Ste-Croix à Poitiers.

Cette cellule fut ensuite agrandie en chapelle, où l'on plaça le tombeau de l'ermite. Sur la droite, chasse royale, fresque romane du 13e s.
À voir également : la **cave demeurante**, communiquant avec la chapelle, et le **musée des Arts et Traditions populaires.**

visiter

Le château★★

Compter 1h. De mi-mars à fin oct. : 9h30-18h (juil.-août : 9h-19h) ; de nov. à mi-mars : 9h30-12h, 14h-17h. Fermé 1er janv. et 25 déc. 29F. ☎ 02 47 93 03 34.
Accédez au château par la route de Tours, qui passe au pied des puissantes murailles du flanc Nord. Au passage, remarquez les reconstitutions d'engins de siège : baliste (ou pierrière) et trébuchet, utilisés dans les conflits jusqu'au 14e s.
Bâtie sur un éperon du plateau de Chinon qui avance vers la Vienne, cette vaste **forteresse** (400 m sur 70 m) date pour l'essentiel de l'époque d'Henri II Plantagenêt (12e s.).
Elle était constituée en trois sections séparées par de profondes douves sèches.

Une lente agonie
Abandonné par la cour après le 15e s., racheté au 17e s. par le cardinal de Richelieu, le château fut peu à peu démantelé, jusqu'à ce que l'infatigable Prosper Mérimée engage une action de sauvegarde.

Le fort St-Georges – À l'Est, aujourd'hui démantelé, il protégeait le côté vulnérable du château, accessible par le plateau.

Le château du Milieu – Franchissant un premier fossé, on pénètre dans le château du Milieu par la haute **tour de l'Horloge**, curieusement plate (5 m d'épaisseur seulement), du 14e s. Du haut de son clocheton, la Marie-Javelle sonne toujours les heures depuis 1399.

Quatre salles, à l'intérieur, évoquent les grandes étapes de la vie de Jeanne d'Arc. On visite librement les jardins et les tours de l'enceinte, notamment la **tour des Chiens**. Des courtines Sud, **vues★★** superbes sur les toits d'ardoise du Vieux Chinon, la Vienne et sa vallée verdoyante, entrecoupée de peupliers.

Le fort du Coudray – À l'Ouest des jardins, un second pont sur les douves mène au fort du Coudray qui occupe la pointe de l'éperon. À droite du pont, le donjon du Coudray fut élevé par Philippe Auguste au début du 13e s. ; en 1308, Philippe le Bel y fit enfermer des templiers : on distingue encore les graffiti gravés dans la pierre par les prisonniers.

Logis Royaux – Au premier étage se trouvait la grande salle où fut reçue Jeanne d'Arc ; seule la cheminée subsiste.

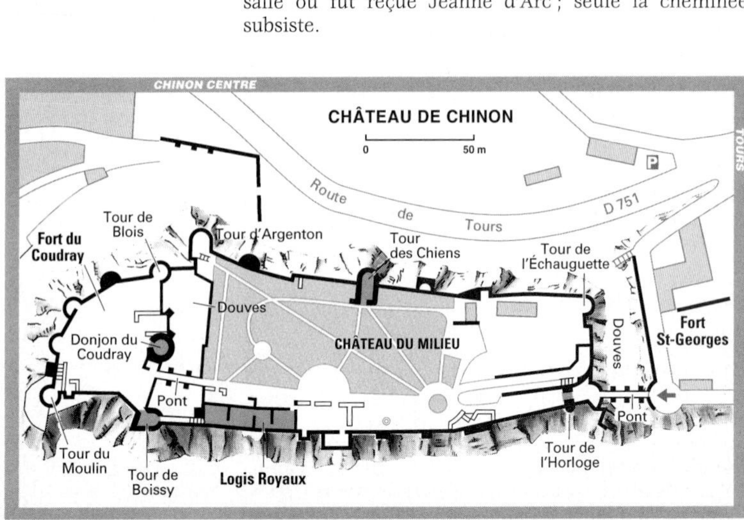

Le chinon, grand vin, grand renom

L'aire d'appellation chinon s'étend sur près de 2 000 ha (de Savigny-en-Véron à Crouzilles) répartis sur dix-neuf communes viticoles en bordure de Vienne, qui constituent à elles seules le nœud économique de la région. Ce vin est produit essentiellement avec un seul cépage : le cabernet franc. Il exprime des arômes de fraise des bois et de violette. Vin de garde, voire de très grande garde, suivant le terroir, il peut être bu néanmoins dès sa jeunesse, aux alentours de Pâques. Un nombre considérable d'exploitations ouvrent leurs caves aux visiteurs, avec vente et dégustation.

Syndicat des vins de Chinon, impasse des Caves-Paînctes, ☎ 02 47 93 30 44.

Au rez-de-chaussée, dans la salle des Gardes, tapisserie des Flandres (16e s.), *Chasse à l'ours dans un parc*. Dans les cuisines, deux tapisseries des Flandres du 17e s., *Noces de Thétis et Pelée* et *Jugement de Pâris*. Également, belle tapisserie d'Aubusson (17e s.), *La Reconnaissance du Dauphin par Jeanne d'Arc*.

Musée animé du Vin et de la Tonnellerie

D'avr. à fin sept. : visite audioguidée (1/2h) 10h30-12h30, 14h-19h. Fermé 1er janv. et 25 déc. 25F. ☎ 02 47 93 25 63.
Aménagé dans des caves ; tout ce qu'il faut savoir sur les travaux de la vigne, de la vinification et de la fabrication des barriques.

Musée du Vieux Chinon

De mi-avr. à fin oct. : 11h-13h, 15h-20h. 15F. ☎ 02 47 93 18 12.
Il occupe l'hôtel des États généraux, où Richard Cœur de Lion, blessé au siège de Châlus, serait venu expirer en 1199, et où se réunirent, en 1428, les États généraux convoqués par Charles VII pour lui donner les moyens de poursuivre la guerre contre les Anglais.
Le rez-de-chaussée réserve une place importante aux arts et traditions populaires et présente un abondant matériel archéologique. La salle d'honneur du 1er étage contient un portrait en pied de Rabelais par Delacroix, celle du 2e étage, à la charpente en forme de carène, abrite les collections de la société d'histoire locale.

▶ Des objets, des maquettes de bateaux, (toues, gabarres, sapines) rappellent la tradition fluviale de Chinon.

alentours

Centre nucléaire de production d'électricité de Chinon

12 km au Nord-Ouest du plan. Entrée près du pont de Port-Boulet. Pièce d'identité requise pour les visiteurs +18 ans et inscription préalable à établir auprès du Centre d'information du public. Gratuit. ☎ 02 47 98 77 77.
Sur la commune d'Avoine, Électricité de France a mis en service en 1963 EDF1, première centrale nucléaire française. Le relais de la production d'électricité est pris, sur le même site, par quatre unités de 900 MW chacune satisfaisant 40 % des besoins des pays de la Loire, de la Bretagne et de la région Centre.

Vapeur, toute !

Un authentique convoi des années 1920 relie Chinon à Richelieu via Ligré et Champigny-sur-Veude. *De mi-juil. à mi-août : promenade en train (3/4h) w.-end dép. à 15h et 16h. 60F AR (enf. : 30F AR). ☎ 02 47 58 12 97.*

circuits

1 AU PAYS DE RABELAIS*

25 km par la sortie Sud du plan. La route file jusqu'à St-Lazare où l'on prend à droite la D 751E, ancienne chaussée romaine ; 3 km plus loin, tourner à gauche dans la D 759 ; prendre enfin à droite la D 24 que prolonge la D 117.

C'est probablement dans cette modeste métairie, à quelques kilomètres au Sud-Ouest de Chinon, qu'est né François Rabelais.

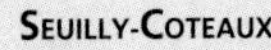

Seuilly-Coteaux

À Seuilly se trouvait l'abbaye où fut élevé le jeune Rabelais ; c'est ici que dans le *Gargantua* il situe le couvent de frère Jean des Entommeures, « bien fendu de gueule, bien avantagé en nez, beau dépêcheur d'heures, beau débrideur de messes, beau décrotteur de vigiles », qui, armé du bois de sa croix processionnelle, chassa les gens de Lerné qui avaient envahi le clos de l'abbaye.

La Devinière

De déb. Mai à mi-sept. : 10h-19h ; fév.-avr. : 9h30-12h30, 14h-17h (de mi-mars à fin avr. 9h30-12h30, 14h-18h) ; de mi-sept. À fin janv. : 9h30-12h30, 14h-17h (déc.-janv. : 10h-12h30, 14h-17h). Fermé 1er janv. et 25 déc. 24F, 48F (donne accès au Prieuré de Saint-Cosme et au Château de Saché). ☎ *02 47 95 91 18.*

Dans cette charmante métairie, vous visiterez la chambre de Rabelais, ainsi que le petit musée illustrant sa vie et son œuvre.

Avec la publication du *Pantagruel* en 1532, l'écrivain présentera dès lors un visage volontiers gaillard, choisissant la farce bouffonne et tous les registres du comique pour faire entendre sa voix singulière, forte et poétique.

Rejoindre la D 117.

On aperçoit en face, de l'autre côté de la vallée, le beau **château du Coudray-Montpensier** (15e s.) aux multiples toitures, avant de traverser **Seuilly-Coteaux**, long village-rue bordé d'habitations troglodytiques.

Lerné

Joli village de tuffeau blond, où Rabelais place Pichrocole, roi de Lerné, qui déclenche la fameuse guerre pichrocoline contre son adversaire Grandgousier, père de Gargantua, sage prince de Seuilly.

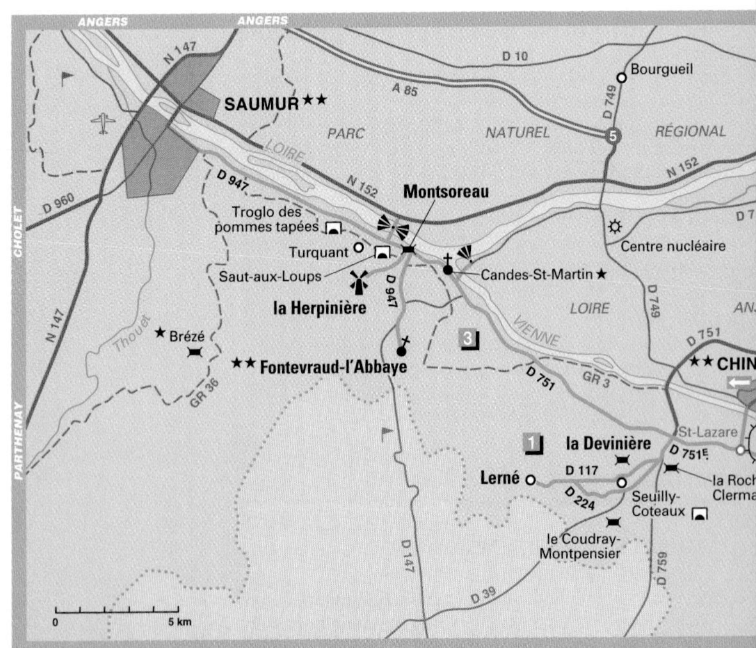

François Rabelais

Fils d'un avocat de Chinon, c'est à la Devinière que naquit en 1494 **François Rabelais**. Après une jeunesse studieuse il devint moine, se passionna pour le grec et fréquenta les humanistes.

Puis il prit l'habit de prêtre séculier, étudia la médecine à Montpellier, devint un médecin réputé, protégé par des « grands » comme le cardinal Jean du Bellay et son frère, le gouverneur du Piémont ; c'est le cardinal qui, en 1551, procura à Rabelais la cure de Meudon et ses bénéfices.

Revenant sur Chinon, la D 224 traverse Seuilly-Bourg, en bas du coteau, découvrant le **château de la Roche-Clermault**, pris d'assaut par Pichrocole et ses gens dans le livre de Rabelais.

2 VALLÉE DE LA VIENNE★

Circuit de 60 km – environ 3 h. Quitter Chinon à l'Est par la rue Diderot et la D 21.

La route, sinueuse, longe sur sa gauche le coteau calcaire et ses vignobles, la Vienne, ses îles et ses haies de peupliers apparaissant parfois, plus bas au Sud. Paysage empreint de charme et de douceur, à découvrir au printemps ou à l'automne en particulier.

Vieux bourg de Cravant

1 km au Nord de Cravant-les-Côteaux. L'**église** (désaffectée) du vieux bourg offre un rare spécimen d'architecture carolingienne (début 10e s.). Petit musée lapidaire. ♿ *Visite guidée (1/2h). 15F. ☎ 02 47 98 49 14.*

Fresques

Dans la chapelle ajoutée au 15e s., restes d'une fresque naïve représentant ses donateurs, qui seraient Georges de la Trémoille, ministre de Charles VII, Catherine de l'Île-Bouchard, sa femme, et leurs enfants.

Suivre la D 21 jusqu'à Panzoult, puis la D 221 vers Crouzilles.

Crouzilles

Construite au 12e s., couverte au siècle suivant de voûtes angevines, **église** originale, qui surprend par ses statues insérées dans la construction. Dans l'abside centrale notamment, on reconnaît saint Pierre, saint Jean l'Évangéliste, saint Paul et, dans l'angle Sud-Est du croisillon droit, le « beau Dieu de Crouzilles ».

Par la D 760 gagner l'Île-Bouchard.

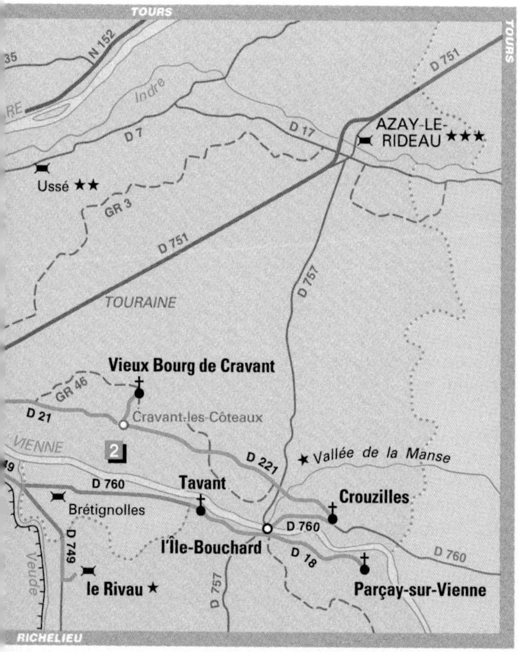

Les Barbus

Ces voussures sont décorées de 33 têtes vénérables (les « Barbus de Parçay »), de rinceaux et de palmettes. Un appareil en « écailles de poisson », très décoratif, surmonte l'ensemble.

L'Île-Bouchard *(voir ce nom)*

La route passe devant l'église St-Gilles, puis traverse la Vienne pour gagner l'autre partie du bourg.

De L'Île-Bouchard, sur la rive gauche, prendre la D 18 vers Parçay-sur-Vienne.

Parçay-sur-Vienne

◀ L'**église**, du 12e s., présente un beau portail roman, encadré de deux arcatures aveugles, révélateur de la technique achevée des moines architectes de l'abbaye bénédictine de Marmoutier. *Sur demande auprès de la mairie ☎ 02 47 58 54 57.*

À l'intérieur, les chapiteaux du chœur sont ornés des animaux fantastiques de l'Apocalypse de saint Jean de Patmos, grotesques figures vociférantes.

Revenir à l'Île-Bouchard et poursuivre sur la rive gauche par la D 760.

Le Rivau fut offert à Tolmère (capitaine de Gargantua) en récompense de ses victoires lors de la guerre pichrocoline. On dit que Rabelais s'inspira des plantations du jardin pour imaginer ceux de l'abbaye de Thélème.

Tavant

Coquette **église** romane, à voir surtout pour ses **fresques★** du 12e s. Dans la crypte, les personnages atteignent une puissance d'expression et un réalisme rares pour l'époque. *Visite guidée tlj sf mar. 10h-12h, 14h30-18h. 16F. ☎ 02 47 58 58 06.*

Plus loin, la D 760 longe le **château de Brétignolles**, de style Louis XII, dont on aperçoit les tourelles.

Tourner à gauche dans la D 749.

Château du Rivau★

De mai à fin sept. : w.-end et j. fériés 13h-19h (de juin à mi-sept. : tlj sf mar.). 35F. ☎ 02 47 95 77 47.

Élevé au 13e s., fortifié au 15e s. par Pierre de Beauvau, chambellan de Charles VII, le Rivau a fière allure. Douves sèches, pont-levis, rien ne manque à ce château de proportions harmonieuses, qui annonce la Renaissance.

Les jardins, recréés à partir de documents du 15e s., évoquent à la fois la fin de l'époque médiévale et le début de la période humaniste par une succession de tableaux (tapis mille fleurs, jardin secret...). Cette nouvelle création mélange savamment odeurs, couleurs, allégories et botanique.

Revenir à Chinon par la D 749 au Sud.

3 LA LOIRE SAUMUROISE★★★

Itinéraire de 38 km – environ 3 h. Quitter Chinon par le Sud du plan, puis prendre à droite la D 751 vers Saumur.

Peu avant l'entrée de Candes, prendre à droite le pont sur la Vienne pour apprécier ce superbe **site★**, au confluent de la Loire et de la Vienne.

Revenir sur la rive gauche.

Candes-St-Martin★

Dominant Loire et Vienne conjuguées en un cours majestueux, qui s'étale à présent large comme un estuaire, Candes dresse son église élégante et trapue, bâtie sur le lieu où mourut saint Martin en 397.

Collégiale★ – L'édifice a été construit aux 12e et 13e s. et muni de défenses au 15e s. La façade sur la route frappe par son mélange d'architecture militaire et de riche décoration.

À l'intérieur, les voûtes angevines reposent sur des piles élancées ; l'ensemble, très lumineux, donne une impression de grande légèreté.

Par le petit chemin qui se détache à droite de l'église, vous rejoindrez *(1/4 h à pied AR)* le sommet du coteau : un très beau **panorama** sur le confluent vous récompensera largement de ce petit effort. On peut prolonger la visite par une promenade en prenant la rue St-Martin en contrebas de l'église, puis la rue du Bas (berges et rampe pavée).

Restauration

Auberge de la Route d'Or – *2 pl. de l'Église - 37500 Candes-St-Martin - ☎ 02 47 95 81 10 - fermé 14 nov. au 12 fév., mar. soir et mer. de sept. à mai - 85/190F.* Cette petite auberge, proche de la collégiale, a conservé ses murs du 17e s. Halte sympathique dans l'intimité de sa salle à manger avec cheminée ou en terrasse aux beaux jours. Cuisine classique à prix sages.

Aménagé au cœur du vignoble, sur la falaise qui domine la vallée, un belvédère offre un superbe panorama★★ en aval sur le village et le château de Monsoreau.

Montsoreau

Le bourg doit sa notoriété au château, planté en bordure de Loire, qu'il domine de son impressionnante muraille.

Château – *Fermé pour travaux.* ☏ *02 41 81 41 18.*

La façade, autrefois baignée par le fleuve, offre une architecture militaire d'aspect imposant. Dans la cour, le château se fait plus aimable, avec les deux tours d'escaliers dont l'une (construite vers 1530) offre une belle ornementation de la première Renaissance française.

La Dame de Montsoreau

La célèbre héroïne du roman d'Alexandre Dumas avait pour amant le beau Bussy d'Amboise, attiré dans un traquenard et assassiné par son mari au château de la Coutancière (sur la rive Sud). Malgré ce drame elle n'en vécut pas moins en fort bonne harmonie avec son époux, et ce durant plus de quarante ans...

Restauration

Diane de Méridor – *12 quai Philippe-de-Commines - 49730 Montsoreau - ☏ 02 41 51 71 76 - fermé mer. midi et mar. sf juil.-août - 99/215F.* Cette ancienne maison au bord de la Loire est une étape sympathique, avec vue sur le château. La salle à manger de ce restaurant est proprette et sobre avec sa cheminée et ses vieilles poutres. Cuisine traditionnelle de produits frais.

Moulin de la Herpinière

1,5 km au Sud par le V 3. Fermé à la visite.

Situé sur la commune de **Turquant**, au centre d'un ensemble troglodytique traditionnel, ce moulin de type cavier est attesté dès 1514. Il a été soigneusement restauré en respectant les techniques d'autrefois (engrenages en bois, meules en silex).

Le moulin de la Herpinière est encore en état de fonctionner.

Fontevraud-l'Abbaye★★ *(voir ce nom)*

Revenir à Montsoreau.

Du pont, belle vue en amont sur Candes et Montsoreau, en aval en direction de Saumur dont on distingue le château. Continuer sur la D 947, bordée d'habitations de troglodytes et de blanches maisons Renaissance.

Pommes tapées

Épluchés, placés dans des paniers plats en osier appelés rondeaux, les fruits sont ensuite séchés pendant cinq jours dans des fours en tuffeau, puis aplatis pour garantir leur conservation pendant plusieurs mois. On les déguste alors comme des fruits secs préparés avec un bon vin rouge de pays aromatisé de cannelle. Cette technique de conservation des pommes, qui existait déjà à la Révolution et qui cessa d'être pratiquée à l'aube de 1914, connut son apogée aux alentours de 1880 lorsque les vignerons, contraints d'abandonner leurs vignes détruites par le phylloxéra, se reconvertirent dans cette activité. Des machines à éplucher et à taper les pommes permirent de faire passer la production artisanale à un stade industriel. Des tonnes de pommes tapées furent ainsi exportées en Belgique, en Grande-Bretagne, en Suède...

On retrouve dans l'histoire du Val de Loire une méthode similaire de conservation des fruits à Rivarennes, non loin d'Ussé, où la fabrication des « poires tapées » fut également une véritable industrie.

Les petits villages vignerons se succèdent, étirés entre la route et le coteau calcaire troué de caves et d'anciennes carrières, souvent converties en champignonnières.

> **À SAVOURER**
> Le pied-bleu à la discrète odeur d'anis, les pleurotes de couleur jaune ou rose, *Salmoneo straminens* dont la forme et la couleur font penser à des fleurs, les fameuses **galipettes** : ces grands champignons cueillis bien mûrs et cuits dans des fours à pain doivent probablement leur nom au fait que, arrivés à un certain stade de vieillissement, ils tombent par terre entraînés par leur propre poids, effectuant ainsi une sorte de... galipette.

◀ Celle du **Saut-aux-Loups** est située à la sortie de Montsoreau, sur le coteau de la Maumenière : vous pourrez non seulement y suivre les différents stades de culture du champignon et découvrir certaines variétés peu répandues, mais aussi déguster (en saison) les délicieuses « galipettes ». ♿ *De mars au 11 nov. : visite guidée (1h) 10h-18h30. 28F.* ☎ *02 41 51 70 30.*

Sur le coteau, les vignes donnent naissance à un vin blanc, sec ou demi-sec, à un rosé de Cabernet, dit cabernet-de-saumur, et à un vin rouge d'une très agréable fraîcheur, connu sous l'appellation de champigny.

Au Val-Hulin, sur la commune de **Turquant**, le **Troglo des pommes tapées** constitue un élément incontournable du patrimoine local. Dans cette cave particulièrement vaste et décorée d'outils d'autrefois, on a ressuscité la production des pommes tapées. *De Pâques à mi-nov. : w.-end et j. fériés 10h-12h, 14h30-18h (juil.-août : tlj sf lun. 10h-12h, 14h30-18h ; de mi-juin à mi-sept. : tlj sf lun. 14h30-18h, w.-end et j. fériés 10h-12h, 14h30-18h). 28F.* ☎ *02 41 51 48 30.*

Continuer sur la D 947 avant de longer l'imposante église de N.D.-des-Ardilliers et d'entrer dans Saumur (voir ce nom).

découvrir

Le Parc naturel régional Loire-Anjou-Touraine

Maison du Parc, 7 r. Jehanne-d'Arc, 49730 Montsoreau, ☎ *02 41 53 66 00, www.parc-loire-anjou-touraine.fr.*

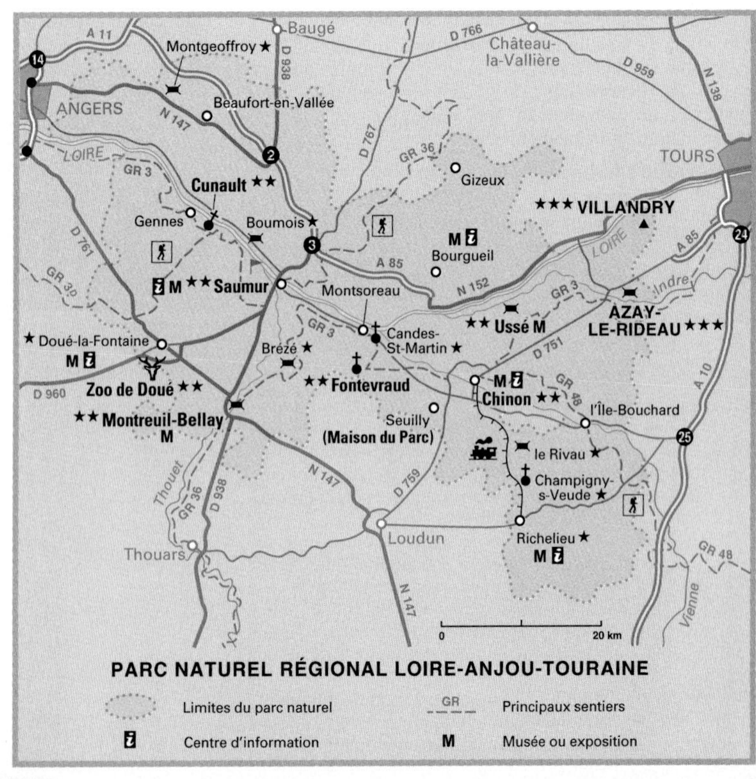

Les parcs naturels régionaux diffèrent des parcs nationaux par leur conception et leur destination. Ce sont des zones habitées, choisies pour être l'objet d'aménagements et de terrains d'activités propres à développer l'économie (création de coopératives, promotion de l'artisanat), à protéger le patrimoine naturel et culturel (musées, architecture...), à initier les gens à la nature.
Le parc naturel régional est géré par un organisme (syndicat mixte, association...) comprenant des élus locaux, des propriétaires, des représentants d'associations, etc. Une charte établie avec l'accord des habitants définit ses limites et son programme.
Créé en 1996, le **Parc naturel régional Loire-Anjou-Touraine** comprend 136 communes des départements de l'Indre-et-Loire (région Centre) et Maine-et-Loire (région Pays de la Loire), et s'étend sur 235 000 ha.
L'entité géographique s'articule autour de la Loire et de ses confluences avec l'Indre, la Vienne et le Thouet. Le patrimoine naturel est donc typique d'un paysage de territoire de confluences : paysages de vallées, de bocages, de bois et de landes.

Cholet

Le souvenir des terribles guerres vendéennes, de leurs massacres et de leurs incendies demeure inscrit dans la mémoire vivante de Cholet. Mais il en fallait plus pour abattre la ville du mouchoir, cité industrielle dynamique et florissante. Quant à sa région des Mauges, bocage aux haies et sentiers préservés, avec ses étangs, ses parcs et ses châteaux, elle offre encore bien des petits coins de paradis.

La situation

Cartes Michelin n°s 67 plis 5 et 6, 232 pli 30 ou 4049 D 6 – Maine-et-Loire (49). C'est par l'Ouest, en arrivant de Nantes que vous aurez la meilleure approche du fameux « modèle choletais » : une cité industrielle et moderne rayonnant dans un site campagnard. *Pl. de Rougé, BP 636, 49306 Cholet Cedex, ☎ 02 41 49 80 00.*

Le nom

L'emblème de la ville, le célèbre mouchoir rouge, est né en 1900 d'une chanson interprétée par Théodore Botrel, lors d'un concert dont il est l'invité vedette. Le succès est tel qu'un industriel local tisse aussitôt quelques mouchoirs, offerts par Botrel à ses fans...

Le célèbre mouchoir rouge de Cholet est toujours apprécié « malgré la rude concurrence de l'importation et des mouchoirs jetables ».

Les gens

54 204 Choletais. Pendant les guerres de Vendée, Cholet fut le théâtre d'effroyables batailles. Ici, on vénère encore les noms de La Rochejaquelein, de Stofflet, d'Elbée et de Bonchamps. Faut-il donc s'étonner si dans cette ville historiquement « blanche » (royaliste) est née la grande « promo » du blanc, au mois de janvier, promo reprise par toutes les grandes surfaces de France ?

visiter

Musée d'Art et d'Histoire★

♿ *Tlj sf mar. 10h-12h, 14h-18h. Fermé j. fériés. 20F, gratuit sam. oct.-mai. ☎ 02 41 49 29 00.*
Installé dans un bâtiment en face de l'hôtel de ville, il présente deux galeries distinctes : la galerie d'Histoire et la galerie d'Art.

carnet pratique

Restauration

• *À bon compte*

Au Passé Simple – *181 r. Nationale - ☎ 02 41 75 90 06 - fermé 1er au 16 août, dim. sf j. fériés et lun. - 80/180F.* Ce petit restaurant est sans prétention. L'ambiance est conviviale dans sa salle à manger campagnarde. Les menus sont composés de produits frais suivant les saisons. Dégustez les vins de la région.

Hébergement

• *À bon compte*

Hôtel du Parc – *4 av. A.-Manceau - ☎ 02 41 62 65 45 - P - 46 ch. : 200/290F - 35F.* En léger retrait du centre-ville cet hôtel des années 1970 rendra service aux voyageurs de passage. Le décor des chambres n'est pas du dernier cri mais les prix sont abordables et le confort correct. Préférez celles sur l'arrière du bâtiment.

Sorties

Cyberpub du Cadran – *105 r. Nationale - ☎ 02 41 62 00 78 - www.cadran.net - Lun.-sam. 11h-2h.* L'un des endroits les plus fréquentés, notamment de la jeunesse choletaise, ce bar d'ambiance profite d'une situation privilégiée, à l'intérieur d'un passage, avec une terrasse à l'abri des voitures et des voisins grincheux. Au sous-sol, vous trouverez des ordinateurs connectés à Internet, les platines du DJ, un dance floor, des concerts et des soirées à thème. Au rez-de-chaussée, un pub avec son choix de bières et ses boissons tex-mex et cubaine. À l'étage, un restaurant.

Le Grand Café – *1 pl. Travot - ☎ 02 41 65 82 41 - Tlj 11h-2h.* Situé dans l'ancienne mairie de Cholet, reconnaissable à son monumental escalier central (qui mène au restaurant et aux salles de réception), ce café est le lieu idéal pour prendre ses aises, en salle (presse à disposition, jazz vieillot et chansons françaises en fond sonore) comme en terrasse, la plus spacieuse de la ville.

Chefs chouans

Dans la rotonde, où sont exposés les célèbres portraits en pied de quelques généraux vendéens, dont les fameux *Henri de La Rochejaquelein,* par Pierre Guérin, et *Cathelineau,* tableaux commandés par le roi Louis XVIII pour la salle des Gardes de l'ancien château de Saint-Cloud.

◀ **La galerie d'Histoire** évoque Cholet en 1793, puis les guerres de Vendée (1793-1796, 1815, 1832), et les tragiques événements qui ravagèrent la ville et la région pendant la tourmente postrévolutionnaire (cartes, tableaux, armes, objets usuels...).

La galerie d'Art – Le 18e s. est représenté par des œuvres du Choletais Pierre-Charles Trémolières (1703-1739), de Carle Van Loo, Hallé, Nattier, de Troy, Coypel, de Loutherbourg. Des sculptures d'Hippolyte Maindron, et des peintures de Troyon, Diaz de la Peña, Maufra illustrent le 19e s. Pour le 20e s., l'« Abstraction géométrique » domine : autour de Morellet, œuvres de Vasarely, Gorin, Nemours, Herbin, Claisse, Valmier, Honegger et Magnelli.

Musée du Textile

♿ *Juin-sept. : tlj sf mar. 14h-18h30 ; oct.-mai : tlj sf mar. 14h-18h. Fermé j. fériés. 10F, gratuit sam. d'oct. à mai. ☎ 02 41 75 25 40.*

Charette de La Contrie, chef vendéen, dans la série des portraits monumentaux commandés par Louis XVIII pour Saint-Cloud.

Vendéens contre Bleus

Des bâtiments élevés avant la Révolution, il ne reste presque rien à Cholet, tant la ville a souffert des guerres de Vendée. Dès le début de l'insurrection paysanne, elle est prise par les Blancs (15 mars 1793) qui s'y rassemblent avant de marcher victorieusement sur Saumur et Angers. Mais, le 17 octobre, l'armée de Kléber la reprend après un combat sanglant qui oppose 40 000 Vendéens à 25 000 Bleus : « Combat de tigres contre des lions », s'exclame le vainqueur ; 10 000 morts restèrent sur le terrain. Le lendemain, 60 000 à 80 000 hommes, femmes et enfants, poussés par la panique, franchissent la Loire : cet épisode (du 18 octobre au 23 décembre 1793), connu sous le nom de la ***« virée de Galerne »***, tourne au drame. Les survivants sont massacrés par milliers, fusillés ou noyés dans la Loire. Le général **Westermann**, dans une lettre célèbre, écrit à la Convention : « Il n'y a plus de Vendée, elle est morte sous notre sabre libre... J'ai écrasé les enfants sous les pieds des chevaux et massacré les femmes. Je n'ai pas un prisonnier à me reprocher. »

Le 10 mars 1794, Stofflet se rend maître de la ville après un corps à corps avec les Bleus, mais quelques jours plus tard les « colonnes infernales » du général Turreau mettent Cholet à feu et à sang. Le 18 mars, Stofflet revient, bientôt chassé par le général Cordellier ; la ville en sort ruinée.

Un des quatre métiers à tisser (en état de fonctionnement) du musée du Textile.

Ce musée a été aménagé dans le cadre de l'ancienne blanchisserie de la rivière Sauvageau, remarquable exemple du patrimoine industriel du 19e s.
La visite débute dans un bâtiment moderne, inspiré du *Crystal Palace* de Londres, où quatre métiers à tisser (en état de marche) illustrent l'évolution des techniques jusqu'en 1910. On pénètre ensuite dans la salle de la machine à vapeur où sont évoqués les fourneaux et l'énorme machinerie, aujourd'hui disparue. Les salles suivantes retracent l'histoire du textile.

Couleur nature
À découvrir, les plantes utiles à la fabrication et à la teinture des tissus, au « jardin textile ».

Les mouchoirs de Cholet
Le tissage est une vieille tradition de Cholet où, dès le 11e s., on cultivait et filait le chanvre et le lin. Au 16e s. le mouchoir, importé d'Italie, fait son apparition en France. Au 17e s., l'usage se répand de blanchir la toile : les fabricants obtiennent le fameux « blanc de Cholet » en exposant leurs toiles sur des prairies verdoyantes au sol argileux et bien humide. Au 18e s., les toiles de Cholet font partie des cargaisons de produits manufacturés que les armateurs de Nantes et de La Rochelle échangent sur les côtes d'Afrique contre des esclaves, eux-mêmes revendus aux Antilles contre du rhum rapporté en France : c'était le « commerce triangulaire ». La ruine de la ville lors des guerres de Vendée n'abat pas pour autant Cholet qui reconstruit ses métiers et, avec ténacité, développe son industrie textile durant tout le 19e s. Aujourd'hui, le linge de maison (table, literie) de haut de gamme, en coton, lin ou métis (lin ou coton), demeure réputé.

Maisons anciennes

Au cœur de la ville, la place Rougé, la rue du Devau et son prolongement, la rue du Commerce, piétonne, ont conservé quelques maisons aux beaux balcons de fer forgé du 18e s. Au Sud de la rue, l'agréable **jardin du Mail** et ses allées de tilleuls entourent le palais de justice (1870).
Le **parc de Moine**, grand jardin public (13 ha) et lieu de promenade favori des Choletais, ménage une belle coulée de verdure en plein centre-ville.

circuit

LES MAUGES

Tout au Sud de l'Anjou, aux confins de la Vendée et du Poitou, les Mauges constituent un territoire à part, silencieux et secret, limité au Nord par la Loire, à l'Est par la vallée du Layon, au Sud et à l'Ouest par les départements de la Vendée et des Deux-Sèvres.
Dans cette région verdoyante, couverte de bocages et vouée à l'élevage, le bétail de race durham-mancelle engraisse paisiblement, avant d'affluer aux foires de Chemillé et de Cholet.

Atout sports
CISPA – *Port de Ribou* - ☎ *02 41 62 12 77* - *Ouv. tte l'année, tlj sf dim.* Situé à la périphérie de Cholet, à l'écart de tout site urbain, ce Centre d'Initiation aux Sports de plein air occupe un site immense au creux d'un vallon verdoyant et au bord d'un lac artificiel dont on n'aperçoit pas les rives... Après location du matériel adéquat, on peut s'adonner aux joies nautiques de la voile, de la planche-voile, du canoë-kayak, ou terrestres du tennis, du tir à l'arc, du golf, de l'escalade et du VTT Possibilité d'hébergement sur place.

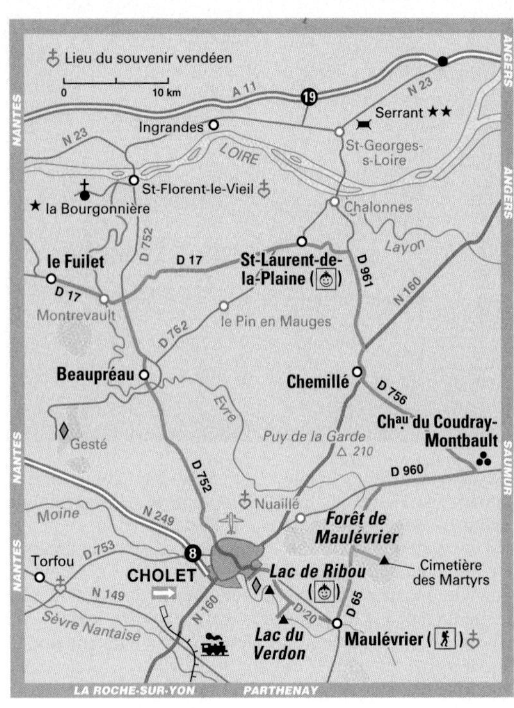

De grandes routes rectilignes furent tracées sous la Révolution et sous l'Empire pour des raisons stratégiques et militaires, coupant comme des saignées le lacis des chemins creux, propices aux embuscades, où se déroulèrent bien des épisodes de la guerre de Vendée ; les moulins que vous apercevez encore, dressant sur les hauteurs leur armature de bois, permettaient aux Blancs de communiquer par signaux, quand le fameux cri des Chouans ne suffisait plus.

Quitter Cholet par la D 752 au Nord-Ouest.

Lieux du souvenir vendéen

Maulévrier : la pyramide de Stofflet et le cimetière des martyrs. Près de **Torfou**, au carrefour de la N 149 et de la D 753 : une colonne rappelle la victoire vendéenne contre l'armée de Mayence (19 septembre 1793).

St-Florent-le-Vieil : tombeau de Bonchamps. Près de **Cholet** : croix érigée sur la route de Nuaillé, à l'endroit où tomba La Rochejaquelein (29 janvier 1794).

Beaupréau

Petite ville aux rues en pente, bâtie sur une butte au bord de l'Èvre, Beaupréau fut en 1793 l'un des quartiers généraux des Vendéens ; leur chef, d'Elbée, possédait à St-Martin (faubourg de la ville) un manoir qui abrite aujourd'hui la bibliothèque. Malgré les incendies, Beaupréau a conservé son **château** dont on aperçoit la façade depuis la rive gauche de l'Èvre : il présente encore une entrée pleine de caractère, où deux grosses tours encadrent un pavillon du 17e s. dont la toiture pyramidale est flanquée de deux petites coupoles d'ardoise.

Continuer sur la D 752 et tourner à gauche dans la D 17.

Le Fuilet

Dispersé en multiples hameaux (Les Challonges, Bellevue, Les Recoins, etc.), Le Fuilet occupe un site où la qualité de la terre, une excellente argile, a favorisé l'implantation de nombreuses briqueteries et poteries aux produits divers (poteries d'ornement, horticoles ou artistiques).

Revenir sur ses pas et poursuivre la D 17 en direction de Saint-Laurent-de-la-Plaine.

St-Laurent-de-la-Plaine

La Cité des métiers de tradition★ – *De mi-avr. à mi-oct. : 10h-12h30, 13h30-19h, dim. 13h30-19h ; de mi-oct. à mi-avr : tlj sf w.-end 10h-12h30, 13h30-17h. 33F (enf. : 18F). ☏ 02 41 78 24 08.*

Cette riche collection d'outils et de machines d'autrefois est due à la volonté et la ténacité de quelques habitants du village. Le musée est installé dans un ensemble de plusieurs bâtiments formant hameau. L'ancien presbytère du 18e s. est l'une des deux seules maisons ayant survécu au passage de la « colonne infernale » de 1794. Dans la salle d'accueil, un escalier en dentelle de pierre, copie de l'escalier du Mont-Saint-Michel, ainsi qu'une cheminée monumentale ont été réalisés par le chantier école de la Cité.
Plus de soixante-dix métiers sont représentés, illustrés par des milliers d'objets issus de toute provenance (métiers à tisser, scie des Vosges, roue à aubes).
Sortir de Saint-Laurent par la D 17 à l'Est, et prendre la D 961 sur la droite.

Reconstitution
Une grange magnifiquement charpentée (18e s.) abrite la **rue des Échoppes** : cave de tisserand, sabotier, huilier, forgeron, cirier, repasseuse, tonnelier.

Chemillé

Important centre d'élevage et de production de plantes médicinales, la petite ville s'étire dans le vallon de l'Hyrôme. En juillet 1793, la ville fut le théâtre de violents combats entre les Blancs et les Bleus : le « Grand choc de Chemillé », au terme duquel 400 Bleus faits prisonniers échappèrent à la mort grâce à l'intervention du général d'Elbée.
De l'ancienne citadelle subsiste, place du Château, une porte appareillée en « rucher d'abeilles » (13e s.).
L'église Notre-Dame, désaffectée, est coiffée d'un intéressant **clocher** roman, orné à la base d'arcatures aveugles et de deux étages de baies romanes abondamment décorées.
L'**église St-Pierre** (12e s.) fortement restaurée au début du 20e s., possède un beau vitrail (1917), œuvre de Jean Clamens, évoquant l'épisode du « **Pater des Vendéens** » : d'Elbée fait réciter le Notre Père à ses soldats pressés de tuer leurs prisonniers et, les incitant ainsi à « pardonner les offenses », obtient d'eux qu'ils les épargnent. *Fermé matins d'hiver.*
Revenir vers Chemillé et emprunter la D 756 au Sud-Est.

Herbes précieuses
Le jardin des plantes médicinales, situé dans les jardins de la mairie, présente 300 espèces de plantes utilisées en pharmacie. À découvrir, ou redécouvrir, la camomille, l'indigo, la garance des teinturiers (Rubia tinctoria) ou la gaude (Reseda luteola) à teinte jaune. Un centre de documentation et d'expositions temporaires, l'Albarel, compléteront utilement cette bien agréable promenade.

Château du Coudray-Montbault

Sur les ruines du château du 13e s. furent édifiés le corps de bâtiment et les deux grosses tours rondes en pierre et brique losangée de vert, du 16e s., cernés de douves. Dans le parc, les vestiges de la chapelle abritent un gisant et une Mise au tombeau.
Poursuivre à droite par la D 960, puis à gauche dans la D 65.

Forêt de Maulévrier

Le long de la D 196, entre Yzernay et Chanteloup, un romantique **cimetière des Martyrs**, à l'ombre de ses grands chênes.
La chapelle commémorative, ornée des statues de Stofflet et de Cathelineau, isolée dans la forêt, ne résonne plus que du chant des oiseaux.
Poursuivre la D 65 jusqu'à Maulévrier.

Frondaisons sanglantes
La forêt de Maulévrier alors presque impénétrable cachait lors des guerres de Vendée le quartier général de **Stofflet**, où étaient soignés les Blancs blessés au combat. Le 25 mars 1794, guidés par un traître surviennent les Bleus qui y massacrent
1 200 réfugiés ; deux jours plus tard, les Vendéens se vengent par un second massacre.

Vitraux historiques
Dans de nombreuses églises des Mauges (mais aussi dans le Saumurois), des **vitraux** évoquent avec force et réalisme les guerres de Vendée et racontent les hauts faits de leurs héros. Ces vitraux, que l'on découvre notamment à Vihiers, La Salle-de-Vihiers, Montilliers, à Chemillé et Chanzeaux, à St-Laurent-de-la-Plaine et au Pin-en-Mauges, et plus au Nord à La Chapelle-St-Florent, ainsi qu'au Marillais, ont pour la plupart été réalisés par des maîtres verriers locaux, parmi lesquels Clamens, Bordereau, Megen. Plus près de nous, Rollo qui, par ses travaux de restauration, mais aussi en faisant œuvre de créateur, perpétue la tradition du vitrail angevin.

ALEXANDRE MARCEL (1860-1928)

Architecte parisien, il participe à la restauration de nombreux bâtiments avant de se faire connaître par des réalisations remarquables : Grands Thermes de Châtelguyon, un palais fastueux pour le maharadjah de Kapurthala, plusieurs hôtels particuliers à Paris et à Cholet.
Son goût pour l'Orient lui fera réaliser la « Pagode », rue de Babylone à Paris, et le conduira à participer à plusieurs expositions internationales. Lors de l'Exposition universelle de 1900 il concevra le « Panorama du tour du monde », palais destiné à la Compagnie des messageries maritimes, et le pavillon du Cambodge à l'intérieur duquel il reproduira des parties du temple d'Angkor Vat. Ces différentes réalisations lui vaudront d'être remarqué par le roi Léopold II de Belgique qui lui demandera de reconstruire, dans le parc de Laeken, la tour japonaise et le pavillon chinois.

Courses de lévriers au cynodrome de Maulévrier, route de St-Pierre-des-Echaubrognes.

Maulévrier

Son nom daterait de l'époque mérovingienne et signifierait « mauvais lévrier ». **Foulques Nerra** y construisit en 1036 le premier château et y établit une baronnie qui, sous Louis XIV, revint au frère de Colbert, puis à ses descendants. Le célèbre chef vendéen **Stofflet** y fut garde-chasse en 1774. Une stèle érigée dans le parc rappelle sa mémoire.
Détruit en partie à la Révolution, le château fut reconstruit au 19e s. sur le plan originel. À la fin du siècle, un industriel choletais l'acquit et fit appel pour le restaurer à l'architecte **Alexandre Marcel** qui entreprit d'aménager le parc.

UN MONDE ENVOÛTANT

Le temple khmer lieu de culte pour les bouddhistes, le pont rouge qui permet d'accéder aux îles de la « Grue » et de la « Tortue » symboles du paradis, la colline des méditations, la butte aux azalées... créent un monde envoûtant, avec ses subtils jeux de couleurs et de lumières.

◀ Parc oriental de Maulévrier

♿ *De mars à mi-nov. : tlj sf lun. (dernière entrée 1h av. fermeture) 14h-18h, dim. et j. fériés 14h-19h (juil.-août : tlj 10h30-19h30). 30F. ☎ 02 41 55 50 14.*

Dominé par les terrasses du château Colbert, ce parc de 28 ha fut créé de 1899 à 1910.

Conçu comme un décor changeant au fil des saisons, ce paysage japonais concrétise, autour d'un paisible lac, toute la symbolique du cheminement de la vie et l'évolution des éléments vivants, du lever au coucher du soleil, de la naissance à la mort. En suivant le sentier autour de l'étang ponctué de lanternes japonaises, on découvre parmi maintes essences exotiques (érables du Japon, magnolia stellata, cryptomeria, cerisiers à fleurs, aucubas...) des éléments architecturaux insolites pour la région (pagode, temple, statue de Bouddha).
Au sortir des allées assombries de conifères, exposition de bonsaïs et atelier de poteries raku.

La visite du parc est particulièrement recommandée entre le 15 avr. et le 15 mai, et entre le 15 oct. et le 15 novembre. Quitter Maulévrier par la D 20 à l'Ouest, et prendre la direction des lacs du Verdon et de Ribou.

Entrée du parc oriental de Maulévrier, un monde fascinant aux jeux de couleurs subtils et variés.

Lac du Verdon

Situé juste en amont du lac de Ribou, ce plan d'eau de 280 ha, importante réserve ornithologique, constitue un vrai paradis pour les milliers d'oiseaux migrateurs qui y font étape.

Lac de Ribou

Planche à voile, pêche, aviron, voile, etc., tous les sports nautiques ou presque, sur ce vaste plan d'eau artificiel entouré de collines, dont les pentes gazonnées proposent également golf, tir à l'arc ou équitation ; un camping y est aménagé.
À la **ferme de la Goubaudière**, représentative d'un intérieur paysan choletais de la fin du 19e s., musée de la Paysannerie : meubles et objets quotidiens y sont exposés, ainsi qu'une collection d'objets et de machines agricoles de la période 1900-1950 *Tlj sf mar. 14h-18h. Fermé j. fériés. Gratuit. ☎ 02 41 29 09 07.*

Basilique de Cléry-Saint-André★

Cléry-Saint-André, outre son destin singulier qui la fit passer d'humble chapelle au statut éminent de basilique (avec un pèlerinage encore très suivi de nos jours), offre deux intérêts. Le premier, son architecture, d'une sobre élégance ; le second, plus anecdotique peut-être, mais bien révélateur d'une certaine conception de la mort : le crâne de Louis XI...

La situation

Cartes Michelin n°s 64 pli 8, 238 pli 4 ou 4045 B 5 – Loiret (45).
Venant d'Orléans, empruntez plutôt la rive gauche de la Loire, la D 951. Vous verrez ainsi se découper à l'horizon la silhouette de la basilique, au beau milieu de ses prairies. La maison qu'habitait Louis XI pendant ses séjours à Cléry se trouve au Sud de l'église, face à l'entrée du transept. 🅸 *Pl. de l'Église, 45370 Cléry-Saint-André ☎ 02 38 45 94 33.*

Le nom

Du latin *clarus*, clair, qui a donné clairière, et *Clariacense*, l'ancien nom de Cléry. On ne peut pas faire plus clair...

Les gens

2 718 Cléricois. En 1280, des laboureurs installèrent dans une petite chapelle une statue de la Vierge trouvée dans un buisson. Le culte s'étendit bientôt dans toute la région et la chapelle, trop petite pour contenir la foule des pèlerins, devint église, détruite en 1428 par l'anglais Salisbury en marche vers Orléans. Charles VII et Dunois fournirent les premiers fonds pour sa reconstruction, mais c'est à **Louis XI,** surtout, que la basilique doit l'essentiel de sa splendeur.

Vœu royal
Encore dauphin, au siège de Dieppe, le futur Louis XI fait un vœu : victorieux, il offrira à N.-D.-de-Cléry son pesant d'argent. Exaucé, la promesse sera réalisée. Devenu roi, Louis XI se voue à la Vierge et son attachement à Cléry s'en trouve renforcé. Il s'y fera inhumer.

visiter

LA BASILIQUE★

N.-D.-de-Cléry fut édifiée au 15e s., sauf la tour carrée (14e s.) accolée au flanc gauche de l'église qui seule a échappé à la destruction anglaise.
Entrer par le transept.
L'intérieur est sobre, d'une grande clarté et d'une élégance un peu froide ; mais il faut imaginer l'église parée de ses tapisseries, comme le voulait l'usage de l'époque.

Cénotaphe de Louis XI

Placé sur le côté gauche de la nef, il est orienté vers l'autel de la Vierge, en position oblique par rapport à l'axe de l'église.
La statue du roi (en marbre) est l'œuvre du sculpteur orléanais Bourdin (1622). Elle remplaça la statue primitive en bronze, fondue par les huguenots.

Caveau de Louis XI

Les ossements de Louis XI et ceux de sa femme, Charlotte de Savoie, sont encore dans le caveau qui s'ouvre dans la nef près du cénotaphe. Les deux crânes, sciés pour l'embaumement, sont placés dans une vitrine. Remarquez la litre (ornement funèbre) qui fait le tour du caveau. À côté du caveau royal, sous une dalle, se trouve enterré Tanguy du Châtel, tué au cours d'un siège en préservant la vie de Louis XI. À droite de la nef, une autre dalle recouvre l'urne qui contient le cœur de Charles VIII.

Décor parlant
La riche décoration gothique de la chapelle St-Jacques rappelle que Cléry se trouvait sur le chemin de St-Jacques-de-Compostelle : voûte semée de cordelières, de bâtons de pèlerins et de besaces.

Chapelle St-Jacques★

Bas-côté droit. Elle fut élevée pour servir de tombeau à Gilles de Pontbriand, doyen de l'église, et à son frère. Remarquez les deux superbes statues en bois : saint Jacques en costume de pèlerin (16e s.), saint Sébastien (17e s.), et une belle Vierge en pierre (16e s.). La grille de bois qui ferme la chapelle, de style breton, fut offerte par Louis XIII en 1622.

Statue de saint Jacques en pèlerin.

Étonnant
Sur les sièges des stalles offertes par Henri II, sont sculptés des masques humains très variés et, plus étonnant encore dans un tel lieu, les initiales entrelacées du donateur et de sa belle amie, Diane de Poitiers (sur les jouées de la deuxième rangée des stalles de droite).

Chapelle de Dunois – *2e porte à gauche de la chapelle St-Jacques.* Élevée en 1464 sur le flanc méridional de l'église. Dunois et sa famille y reposent.

Chœur – Sur le maître-autel du 19e s., statue en bois de N.-D. de Cléry. À la fenêtre haute centrale, un beau vitrail, seul vestige du 16e s., représente Henri III instituant l'ordre du Saint-Esprit.

Sacristie et oratoire de Louis XI – Dans la 2e travée du déambulatoire, à droite, belle porte de la sacristie, de style gothique flamboyant. Au-dessus, une ouverture donne sur un oratoire d'où Louis XI suivait l'office ; on y accède par un escalier à vis depuis la sacristie.

Craon

L'un des plus beaux exemples d'architecture Louis XVI, Craon respire le calme et la sérénité. Ses jardins, son parc à l'anglaise en bordure de rivière, sa vieille ville avec ses maisons à pans de bois accentuent encore ce sentiment de paix qu'on souhaiterait presque éternel.

Le temps d'une promenade
Craon a conservé, dans ses rues étroites, quelques belles vieilles demeures à pans de bois, notamment dans la Grande-Rue, l'une des plus anciennes. À voir également : le grenier à sel, cour des Onguents, et les Halles, place du Pilori.

La situation

Cartes Michelin nos 63 pli 9 ou 232 pli 18 – Mayenne (53). Aux limites de la Mayenne et de la Bretagne, les abords de Craon offrent des paysages tranquilles et doucement vallonnés. *4 r. du Mûrier, 53400 Craon, ☎ 02 43 06 10 14.*

Le nom

Comme pour le paon, il faut prononcer « cran » à Craon.

Les gens

4 659 Craonnais. La cité a vu naître le philosophe Charles-Constantin de Chasseboeuf, comte de **Volney** (1757-1820) qui jouit, à son époque, d'une éclatante renommée. Mais l'œuvre phare de cet éminent linguiste, *Méditations sur les révolutions des empires*, n'aura pas résisté aux outrages du temps...

Le must de l'Ouest
Sur son hippodrome, meilleurs parcours d'obstacles de tout l'Ouest, les courses hippiques (en août et en septembre) sont, à juste titre, très... courues.

visiter

Château★

D'avr. à fin oct. : visite libre tlj sf mar. 13h-19h (juil.-août : visite guidée (3/4h)). 25F, 35F (château et parc). ☎ 02 43 06 11 02.

Construit vers 1770 en pierre blanche de la Loire, cet élégant château décline une superbe façade au fronton curviligne et aux baies soulignées de guirlandes typiquement Louis XVI. La façade sur cour présente un style néoclassique plus rigoureux. Au cours de la visite, vous traverserez plusieurs salons du 18e s. au mobilier Louis XVI et aux belles boiseries. Dans le vestibule, admirable rampe en fer forgé.

L'agréable **jardin** à la française qui entoure le château, et le beau **parc** à l'anglaise (42 ha) où serpente l'Oudon viennent d'être restaurés. Une signalétique permet d'identifier de nombreux arbres. Ne manquez pas non plus les « fabriques », ni le jardin potager avec ses serres du 19e s.

Confort moderne
Les seigneurs de Craon savaient se blanchir et se rafraîchir : avec le lavoir-buanderie où l'on pratiquait autrefois la « buée » (la grande lessive à la cendre de bois) et la glacière, construite au 19e s., une pièce enterrée où l'on faisait provision de glace et de neige tassée en hiver, pour servir de chambre froide en été.

Construit à la fin du 18e s. en tuffeau, le château de Craon déploie son élégante et sobre façade.

alentours

Cossé-le-Vivien

12 km au Nord-Est. À la sortie Sud-Est, prendre la D 126.

Musée Robert-Tatin★ – *D'avr. à mi-oct. : 10h-19h, mar. 14h-19h (dernière entrée 1/2h av. fermeture) ; de mi-oct. à fin mars : tlj sf mar. 10h-12h, 14h-18h, w.-end et j. fériés 14h-18h. Fermé 3 premières sem. de janv. et 25 déc. 47F (maison et musée), 37F (musée). ☎ 02 43 78 80 89.*

En 1962, **Robert Tatin** (1902-1983), peintre et céramiste, élève au lieu dit La Frénouse un ensemble architectural insolite qui est devenu un musée.

Imaginaire brut

Par une allée bordée d'étranges statues menant à la porte des Géants et au Dragon, on pénètre dans le module proprement dit. Trois monuments principaux en ciment armé polychrome *(Notre-Dame-Tout-le-Monde, Porte de la Lune, Porte du Soleil)* se reflètent dans un bassin cruciforme, jalonné par les douze mois de l'année. L'architecture, la peinture et la céramique s'inspirent d'un parcours initiatique et symbolique.

Ce musée d'« Art brut » traduit l'univers fantastique d'un autodidacte qui, sous une forme naïve et visionnaire, a amalgamé des apports orientaux, précolombiens et même celtiques en leur conférant un caractère universel : « un pont entre l'Orient et l'Occident ».

Cette œuvre de Robert Tatin, apparentée à l'« Art brut », traduit l'univers fantastique et tourmenté de l'artiste.

Renazé

10 km au Sud-Ouest. Importante cité ardoisière, notamment au début du 20e s., Renazé a produit jusqu'en 1975 une ardoise de qualité au grain très fin. D'anciens « perreyeurs » font revivre cette activité traditionnelle au **musée de l'Ardoise** aménagé sur le site de Longchamp. Outillage léger et lourd, reconstitution de « tue-vents », démonstrations de « fente », diaporama *(1/4 h)* vous feront pénétrer dans le sombre univers de l'exploitation ardoisière en sous-sol qui, peu à peu, a remplacé l'extraction à ciel ouvert. ♿ *De mi-mai à mi-oct. : jeu.-ven., dim. et j. fériés 14h-17h30 (juil.-août : tlj sf lun. et mar.). 25F. Mairie. ☎ 02 43 06 40 14 ou ☎ 02 43 06 41 74.*

Château de Mortiercrolles

11 km au Sud-Est par la D 25 et un chemin à gauche. De fin juil. à fin août : visite guidée de l'enceinte et de la chapelle (1h) à 15h30 et 16h30. 25F.

Bel édifice construit, à la fin du 15e s., par Pierre de Rohan, maréchal de Gié. De larges douves entourent la longue enceinte à quatre tours d'angle, que commande un remarquable **châtelet**★ à chaînages de brique et de pierre. Dans la cour à droite, le logis seigneurial est orné de superbes lucarnes à gâbles. Au fond, l'élégante chapelle : remarquez la jolie porte latérale, Renaissance, et la piscine décorée de ravissantes coquilles.

Descartes

Cette petite ville, sagement étirée le long de la Creuse, offre évidemment l'occasion de retrouver quelques souvenirs du philosophe, qui passa ici sa prime enfance. Mais la région environnante offre également bien des charmes, avec ses petites vallées verdoyantes et ses villages où la tuile domine déjà.

La situation

Cartes Michelin nos 68 pli 5, 232 pli 48 ou 4037 E 6 - Indre-et-Loire (37). Au Sud de la Touraine, à la limite de l'Indre-et-Loire et de la Vienne, Descartes étale ses petites maisons tout au long de sa rue principale, entre la Creuse et le coteau. Sur une jolie place carrée, devant l'hôtel de ville, un café ombragé d'arbres vous offre sa terrasse...

ℹ *Mairie, 37160 Descartes,* ☎ *02 47 92 42 20.*

Un génie méthodique

Esprit systématique et rigoureux, Descartes s'intéresse aux mathématiques, aux sciences physiques, à la logique, et met au point une « méthode » de raisonnement pour établir une vérité par l'évidence et la déduction.

Le nom

Dans cette ville, qui s'appelait alors La Haye, fut baptisé, en 1596, **René Descartes** (d'ailleurs peut-être né à... Chatellerault distant de 25 km). En 1802, la ville s'appelait La Haye-Descartes, et ce n'est qu'en 1967 qu'elle prit le nom de Descartes.

Les gens

4 019 Descarois. Descartes n'a guère connu... Descartes. Après ses jeunes années passées dans la maison familiale, puis des études chez les jésuites à La Flèche, il devient militaire, puis s'installe en Hollande pendant 20 ans (1629-1649) avant d'être appelé par la reine Christine de Suède à Stockholm, où il meurt en 1650. Quant aux Descarois, ne les croyez pas tous... cartésiens.

DISCOURS
DE LA METHODE
Pour bien conduire sa raison, & chercher
la verité dans les sciences.
PLUS
LA DIOPTRIQVE.
LES METEORES.
ET
LA GEOMETRIE.
Qui sont des essais de cete METHODE.

A LEYDE
De l'Imprimerie de IAN MAIRE.
CIƆ IƆ C XXXVII.
Auec Priuilege.

Le Discours de la méthode *engendra une révolution intellectuelle dont la géométrie analytique fut l'un des premiers fruits.*

visiter

Musée Descartes

29 r. Descartes. De juin à fin sept. : tlj sf mar. 14h-18h sur demande (1 mois av.). 26F. ☎ *02 47 59 79 19.*

La maison d'enfance du philosophe présente sur la rue deux fenêtres gothiques en accolade. On peut y voir des documents sur sa vie et son œuvre.

alentours

Château du Châtelier

Par la D 100, 12 km à l'Est. Imposant bâtiment barrant la vallée du Brignon, le château a gardé de ses fortifications médiévales ses belles douves à pont-levis et, à l'Est de l'enceinte, un impressionnant donjon à bec.

Ferrière-Larçon

Par la D 100, 16 km à l'Est. Parmi les pittoresques maisons à toits de tuiles disséminées dans le vallon, l'**église** présente une architecture très intéressante, alliant une étroite nef romane (12e s.) à un large chœur gothique (13e s.), haut et lumineux. À la jonction des deux parties, beau clocher roman flanqué de quatre clochetons d'angle.

La méthode cartésienne

Écrit en français pour être accessible à tous, au lieu du latin jusque-là employé pour tous les ouvrages philosophiques, le *Discours de la méthode* (1637), paru quatre ans après la condamnation des thèses de Galilée, connut un grand retentissement. Rompant avec la scolastique, il marque l'avènement de la pensée moderne, fondé sur une méthodologie exclusivement raisonnée, poussant le doute systématique jusqu'à celui de sa propre existence, pour parvenir au fameux : « Je pense, donc je suis. »

Doué-la-Fontaine★

Bâtie sur un morceau de gruyère, troué de caves et de maisons troglodytiques, dont certaines offrent quelques exemples passionnants et mystérieux d'un habitat maintenant délaissé, Doué est surtout dédiée au culte des roses, comme en témoignent ses parcs et ses jardins consacrés à la reine des fleurs.

La situation

Cartes Michelin nos 67 pli 8, 232 pli 32 ou 4049 H 5 – Schéma p. 227 – Maine-et-Loire (49). À 20 km au Sud de Saumur, en lisière du Poitou, Doué la méridionale ▶ s'entoure de nombreuses pépinières et cultures florales.
30 pl. du Champ-de-Foire, 49700 Doué-la-Fontaine ☎ 02 41 59 20 49.

L'exposition florale, très réputée, des Journées de la rose se tient chaque année à la mi-juillet dans les arènes.

Le nom

Il existait autrefois une fontaine nommée *Theoduadum*, construite par les Romains. Pour des raisons obscures, « Theo » est tombé, « Duadum » est resté, Doué-la-Fontaine est demeurée.

Les gens

7 450 Douessins. Le baron Foullon (1715-1789) a laissé de nombreux souvenirs à travers la ville. Mais ce contrôleur général des Finances de Louis XVI ne comptait pas que des amis : en 1789, il fut pendu à un réverbère parisien, puis décapité.

Les caves demeurantes

Doué et ses alentours occupent un plateau crayeux creusé en multiples cavités soit pour en extraire la pierre, soit pour y loger, soit encore à usage de resserre, de cave à vin, de hangar, d'étable, etc. Insoupçonnables de la rue, ces caves demeurantes sont creusées non pas à flanc de coteau comme dans les vallées de la Loire ou de ses affluents, mais sous le sol même, autour d'une fosse formant cour intérieure. Certaines façades ressemblent à la silhouette d'une bouteille, c'est la forme caractéristique que prend une carrière de falun lors de son exploitation.
Si certaines sont encore habitées, d'autres, acquises par la ville, ont été transformées en salles de spectacles ou d'expositions.

visiter

Maisons anciennes

Outre ses maisons troglodytiques (rue des Perrières et rue d'Anjou), Doué a conservé un certain nombre de demeures anciennes à tourelles et escaliers extérieurs. À la sortie de Doué, sur la route de Saumur, **beau moulin** à vent, ultime survivant de ceux qui couvraient par centaines les coteaux de la région.

Musée des Commerces anciens

♿ *Mai-oct. : (dernière entrée 1h av. fermeture) 9h30-12h, 14h-19h (juil.-août : 9h-19h) ; nov.-avr. : tlj sf lun. 10h-12h, 14h-18h. Fermé de Noël à mi-fév. 35F. ☎ 02 41 59 28 23.*
Dans le cadre remarquable des écuries (seuls vestiges du château) du baron Foullon, deux rues reconstituées mettent en scène une vingtaine de commerces d'autrefois. Au hasard de la promenade, cent ans (1850-1950) d'histoire du négoce de détail sont évoqués ici. Au fil des boutiques revivent l'apothicaire, le chapelier, le grainetier, le droguiste, le barbier-perruquier, l'épicier-mercier... Chaque échoppe est minutieusement reconstituée, équipée de tous ses accessoires : présentoirs, comptoirs, caisse et devanture.

Restauration

Auberge Bienvenue – *Rte de Cholet (face zoo) - ☎ 02 41 59 22 44 - fermé vacances de fév., mer. soir d'oct. à mars, dim. soir et lun. - 115/300F.* C'est une auberge fleurie, un peu en retrait du centre-ville, face au zoo. Deux salles à manger lumineuses avec leurs arcades ouvrant sur une terrasse ombragée. Bon choix de menus à prix raisonnables.

Les vedettes

La « fosse aux charognards » est une immense volière où vivent une vingtaine de vautours.

Le « canyon aux léopards », une vaste carrière qui permet l'observation de trois familles de félins tachetés : panthères des neiges, léopards de Perse et jaguars.

La « crique aux manchots » présente une colonie de 35 manchots.

◀ Zoo de Doué★★

Situé à la sortie de Doué sur la route de Cholet. Eté : 9h-19h, hiver : 10h-18h. Fermé de mi-nov. à fin janv. 70F (-10 ans : 35F). ☎ 02 41 59 18 58.

Le zoo occupe un **site★** troglodytique exceptionnel. Les anciennes carrières de pierre coquillière, avec leurs grottes « en cathédrale » et leurs fours à chaux, offrent un cadre hors du commun à une collection de plus de 500 animaux vivant ici en semi-liberté. Acacias, bambous, cascades et aplombs rocheux fournissent de très belles mises en scène pour présenter avec naturel cette sélection d'espèces, pour la plupart menacées à l'état sauvage.

De nombreux affûts photos permettent d'observer les animaux.

Le « **naturoscope** » présente des expositions thématiques élaborées avec le WWF sur la protection de la faune et de l'environnement.

La galerie des « faluns » montre enfin la faune telle qu'elle devait être il y a 10 millions d'années sur le site même du parc.

Girafe et public.

Maison carolingienne

À la lisière Sud de la ville, boulevard du Docteur-Lionet, près de la route d'Argenton-Château.

Cette résidence forte du 9e s., plus tard transformée en donjon, dresse encore ses murs imposants.

Arènes

♿ D'avr. à fin sept. : visite guidée (3/4h) tlj sf lun. 10h-12h, 14h-18h. 10F. ☎ 02 41 59 22 28.

Situées dans le quartier de **Douces**, en réalité anciennes carrières à ciel ouvert, où des gradins furent aménagés au 15e s. ; des spectacles de théâtre et de musique, des expositions florales s'y déroulent. Au-dessous des gradins, de vastes souterrains furent longtemps habités : cuisines, salles communes. On y enferma des prisonniers vendéens.

Les Chemins de la rose

Route de Cholet. ♿ De mi-mai à mi-sept. : 9h30-19h ; de mi-sept à fin sept. : w.-end et j. fériès 9h30-19h. 35F. ☎ 02 41 59 95 95.

Dans un parc récent, sur 5 ha, des roses par milliers, issues de plus de 800 variétés de tous les pays du monde. De la rose de Damas (rapportée par les Croisés au 13e s.) à la rose York-Lancaster de la reine d'Angleterre, les amateurs trouveront ici de quoi embaumer leurs souvenirs pour longtemps.

alentours

Village troglodytique de Louresse-Rochemenier

6 km au Nord par la D 69 et la D 177. De fév. à fin oct. : w.-end et j. fériés 14h-18h (avr.-oct. : tlj 9h30-19h). 24F. ☎ 02 41 59 18 15.

Le village souterrain de Rochemenier, creusé dans un dépôt de falun, offre un excellent exemple d'habitat troglodytique de plaine. On visite deux anciennes fermes troglodytiques (logis et dépendances), abandonnées depuis 1930 environ.

Hameau troglodytique de La Fosse

5,5 km au Nord par la D 214. Juin-sept. : 9h30-19h ; mars-mai et oct.-nov. : 9h30-12h30, 14h-18h30. Fermé déc.-fév. 25F. ☎ 02 41 59 00 32.

En 1979, des fouilles ont permis de réaménager ce hameau, bel exemple d'une architecture rurale méconnue, occupé autrefois par trois familles et abandonné comme la plupart en 1940.

Caverne sculptée de Dénezé-sous-Doué

5,5 km au Nord par la D 69. Juin-août : 10h-19h ; sept. : 10h-18h ; avr.-mai : tlj sf lun. (hors j. fériés) 14h-18h. 21F. ☎ 02 41 59 15 40.

Cette cave aux parois sculptées de centaines de figurines insolites a longtemps constitué un mystère. Après une étude des costumes, des instruments de musique et des attitudes, des archéologues ont pu la dater du 16e s. ; elle aurait abrité une communauté secrète de tailleurs de pierre, dont les sculptures représenteraient les rites initiatiques. Sur place, les conservateurs vous expliqueront volontiers les scènes représentées.

En sous-sol

Au même titre que les bories de Provence, le village troglodytique de La Fosse démontre l'adaptation du paysan à la nature du sol. L'habitat et ses dépendances, creusés sous le niveau du sol autour d'une cour intérieure, s'apparentent ainsi aux habitations troglodytiques du Sud tunisien ; seules les cheminées sortent de terre. Fours et conduits de cheminées sont creusés à même la terre réfractaire, de même que le silo à grains ou la cave à légumes.

La Ferté-Bernard★

Dans les verts pâturages de la vallée de l'Huisne, La Ferté serre ses maisons anciennes, sa fontaine et ses halles autour de la superbe et très flamboyante église N.-D.-des-Marais.

La situation

Cartes Michelin nos 60 pli 15, 232 plis 11, 12 ou 4072 H 2 – Schéma, p. 146 – Sarthe (72). À deux pas de l'autoroute A 11, aux limites de la Sarthe, de l'Orne et de l'Eure-et-Loir, La Ferté borde le Bas-Perche. Dans ce pays à l'origine couvert de marais, trois rivières, la Sarthe et l'Huisne accompagnée de son affluent, la Même, s'y divisent en plusieurs bras.

15 pl. de la Lice, 72400 La Ferté-Bernard, ☎ 02 43 71 21 21.

Le nom

Ville forte, née auprès d'un château, ou « ferté », La Ferté adopta le nom du premier seigneur de l'endroit, Bernard, dont les descendants tinrent la seigneurie jusqu'au 14e s.

Les gens

9 239 Fertois. Propriété des Guises au 16e s., La Ferté fut vendue en 1642 au cardinal de Richelieu ; ses héritiers la conservèrent jusqu'à la Révolution. Natif de La Ferté, le poète et dramaturge **Robert Garnier** (1544-1590) est aujourd'hui un peu oublié : ses tragédies dont la plus célèbre, *Les Juives*, annoncent pourtant déjà Racine.

Chaque année, pendant le Festival international des arts et technologies (ARTEC), se disputent la coupe de France et la coupe d'Europe de robotique E = M6.

se promener

Porte St-Julien

Construite au 15e s. sous Louis XI, deux tours rondes et un fossé alimenté par l'Huisne la protègent.

Maisons anciennes

Au-delà de la porte St-Julien, la rue de l'Huisne conserve quelques maisons Renaissance, notamment celle du no 15 (atlante). Rue Carnot, plusieurs demeures

Composée d'une porte charretière et d'une poterne, la porte Saint-Julien a gardé les rainures où se logeaient la herse et les câbles du pont-levis.

anciennes, dont une auberge halte (15e s.) sur la route de Compostelle, et une maison (boucherie) décorée d'atlantes peints : pèlerin guetté par un fou et un Maure grimaçant et, à l'étage, deux personnages lapidant saint Étienne.

Restauration

Auberge de la Forêt – *38 r. Gabriel-Goussault - 72320 Vibraye - 16 km au S de La Ferté-Bernard dir. St-Calais puis D 211 - ☎ 02 43 93 60 07 - fermé 14 janv. au 6 fév., dim. soir et lun. - 115/275F.* Repu et content ! C'est probablement l'impression que vous aurez en sortant de cette auberge après un copieux repas du terroir. Sur les murs, quelques peintures viennent rompre le classicisme du décor. Elles sont à vendre, alors si le cœur vous en dit...

Halles

Donnant sur la place de la Lice et sur la rue Carnot, elles furent édifiées en 1535. Belle façade restaurée sur la place, avec les lions des Guise à chaque pignon ; le grand toit de tuiles percé de lucarnes est soutenu par une très belle charpente.

La fontaine

15e-16e s. En granit, elle est alimentée par une source située dans le faubourg des Guillotières, à partir d'une canalisation qui passe sous l'Huisne.

Chapelle St-Lyphard

14h-19h.

D'importants travaux de restauration ont permis de redécouvrir l'ancienne chapelle du château féodal construit au 11e s., dont subsistent également les communs *(propriété privée)*. Dotée d'un petit oratoire collatéral (Vierge en majesté), elle est décorée de vitraux modernes représentant Louis, duc d'Orléans, et son épouse **Valentine Visconti**, seigneurs de La Ferté-Bernard à qui le château fut attribué en 1392.

visiter

Église N.-D.-des-Marais★★

Visite libre de l'église, visite guidée du trésor.

La nef, le transept, la tour carrée s'élevèrent de 1450 à 1500 ; entre 1535 et 1544, Mathurin Delaborde travailla à l'église et, de 1550 à 1590, les frères Viet dirigèrent la construction du chœur (achevé en 1596), dont le décor sculpté comporte des éléments Renaissance, avec bustes d'empereurs romains.

Église Notre-Dame-des-Marais, superbe édifice, dont le style flamboyant commence à se teinter de Renaissance.

Entrer par le portail Sud, flamboyant.

Intérieur – Au revers de la façade Ouest, originaux bénitiers Renaissance et, dans la nef, un buffet d'orgues que soutient un cul-de-lampe flamboyant. D'une élégance recherchée, le chœur s'élève par des arcades élancées (au-dessus de chaque ogive : statuettes sous dais) ; triforium Renaissance d'un dessin pur et léger, et fenêtres hautes garnies de lumineuses verrières des 16e et 17e s. Belles surprises encore dans les trois **chapelles de l'abside★**. Celle de droite est couverte d'un étonnant plafond ; vitraux du 16e s. tout comme ses délicats cartouches sculptés et sa piscine. À la chapelle axiale, les voûtes entre les ogives sont décorées de stalactites et de nids d'abeille ; à gauche, un vitrail Renaissance représente le repas de Béthanie avec la Madeleine aux pieds du Sauveur. Dans le collatéral à gauche du chœur, observez le retable où sont figurés les instruments de la Passion.

Reine des cieux

La galerie basse repose sur une corniche sculptée de coquilles et de bustes en relief. Ses balustres portent de curieuses statuettes (roi de France et ses douze pairs) ; on lit dans les intervalles les mots « *Regina Cæli* »... La galerie haute dessine les lettres d'un « Ave Regina Clorum ».

La Ferté-Saint-Aubin

Cette petite ville solognote a conservé dans son vieux quartier quelques maisons traditionnelles en brique et à pans de bois. Sur la rive du Cosson, semée de nénuphars, un superbe château classique dresse ses façades de brique rose parmi les feuillages.

La situation

Cartes Michelin nos 64 pli 9, 238 pli 5 ou 4045 C 5 – Loiret (45). En pleine Sologne, La Ferté se déploie le long de la N 20 au sud d'Orléans.

R. des Jardins, BP 3, 45240 La Ferté-Saint-Aubin, ☎ 02 38 64 67 93.

Le nom

Château ou place forte, cette « ferté » comprenait les deux anciennes paroisses Saint-Aubin et Saint-Michel.

Cinéma

Et c'est à La Ferté que fut tourné le chef-d'œuvre de Jean Renoir, *La Règle du jeu*.

Les gens

6 783 Fertésiens. Plusieurs grandes familles se sont succédé au château, notamment les Saint-Nectaire (ou Senneterre) ; le maréchal de La Ferté, qui se distingua à Rocroi, grand amateur de chasses et de chevaux, et Ulrich de Löwendal, contemporain du maréchal de Saxe (son ami et voisin de Chambord).

Au sous-sol, dans les grandes cuisines (17e s.), une animation permanente initie les gourmets aux secrets de fabrication des petites madeleines au miel que l'on déguste toutes chaudes, à leur sortie du four à bois.

visiter

Château★

Avr.-sept. : 10h-12h30, 13h30-19h (de mi-juin à fin août : 10h-19h) ; de mi-fév. à fin mars et d'oct. à mi-nov. : 10h-12h30, 13h30-18h. Fermé de mi-nov. à mi-fév. 40F (enf. : 25F). ☎ 02 38 76 52 72.

Bâti sur les bords du Cosson, édifice majestueux, bien que dissymétrique : à gauche, le « petit » château n'a gardé du 16e s. que son appareillage de brique en losanges ; à droite, le « grand » château, élevé au milieu du 17e s., impose sa façade classique surmontée de lucarnes sculptées. Un portail à fronton, encadré de pavillons à dômes, ouvre sur l'ensemble.

À l'intérieur, la salle à manger et le grand salon ont conservé leurs meubles du 18e s. ainsi que quelques portraits, dont celui du *marquis de la Carte*, attribué à Largillière, et celui de *Louis XV*, à l'âge de 54 ans.

Construit en pierre d'Apremont (Allier), le château possède des écuries parmi les plus belles du Val de Loire.

Dans la partie droite du corps de logis, au 1er étage, chambres d'apparat (17e, 18e et 19e s.), la salle des Gardes couverte d'un beau plafond à la française, et au 2e étage, des salles consacrées aux vieux métiers solognots.

Deux bâtiments identiques (fin 17e s.) délimitent la cour d'honneur : celui de gauche abrite de magnifiques **écuries** et la **sellerie**, celui de droite une orangerie.

Les parcs – En famille, poursuivez vers le **parc animalier** (petite ferme modèle) ou le **parc à l'anglaise** avec ses îlots enchevêtrés.

L'**île enchantée** abrite des petites maisons, à la taille des enfants, pour jouer à Alice ou à Lancelot et découvrir des jeux comme les pendules, les anneaux, la quintaine ou encore la marelle géante.

Église St-Aubin

Sa haute tour (12e-16e s.), formant porche, domine la vallée du Cosson.

La Flèche★

Bien bel édifice que son Prytanée, collège puis lycée militaire qui fit sa renommée dès le 17e s. Mais La Flèche, c'est aussi la vallée du Loir, sa belle forêt de Chambiers, ses châteaux, ses coquets villages de Bazouges et de Durtal, petit monde secret d'eaux et de verdure.

Sur la rue du collège, un monumental portail, que surmonte un buste d'Henri IV, marque l'entrée de l'ancien collège jésuite.

La situation

Cartes Michelin nos 64 pli 2, 232 pli 21 ou 4072 D 5 – Schéma p. 364 – Sarthe (72).

Deux axes traversent la ville : la N 23, véritable voie touristique qui relie Le Mans à Angers (ou Saumur par la D 938) ; le Loir, élargi au centre, avec ses bassins et ses petits canaux.

🅸 *Bd de Montréal, 72200 La Flèche, ☏ 02 43 94 02 53.*

Le nom

L'origine du nom paraît pour le moins nébuleuse. Quelques érudits ont néanmoins risqué une hypothèse : flèche serait une déformation du latin finis, évoquant ainsi la limite ou la frontière entre l'Anjou et le Maine. Pourquoi pas ?

Les gens

15 241 Fléchois. S'il naquit à Pau, Henri IV, le Vert Galant, aurait été conçu à La Flèche, où il passa une jeunesse joyeuse ; en souvenir peut-être, il y décida, en 1603, la fondation d'un collège confié aux jésuites.

Le petit Loir aurait-il donné à ses riverains le goût du large ? En tout cas, **Jérôme Le Royer de La Dauversière** est bien à l'origine de la fondation de Montréal. Quant à **François de Montmorency-Laval**, autre religieux, après avoir été élève au collège de La Flèche, il devint en 1674 le premier évêque de Nouvelle-France.

Le poète **Jean-Baptiste Gresset** (1709-1777), dont la verve badine a conté les aventures du perroquet Vert-Vert, composa une épopée héroï-comique à La Flèche, où il avait été expédié pour avoir eu la plume et la langue un peu trop acérées.

Une pépinière de grands hommes

Dès 1625, l'établissement accueillait 1 500 élèves, et les bons pères, forts de leur succès, entamaient un conflit avec le gouverneur de la ville qui voulait les empêcher de pêcher dans leurs douves, conflit connu sous le nom de « guerre des grenouilles ». Devenu École militaire après l'expulsion des jésuites en 1762, puis Prytanée militaire en 1808, le collège compta nombre de célébrités parmi ses élèves : René Descartes, Charles Borda, les maréchaux Clarke, Pelissier, Bertrand, Gallieni, plusieurs ministres et plus de 2 000 généraux, l'acteur Jean-Claude Brialy, les spationautes Patrick Baudry et Jean-François Clervoy...

carnet pratique

Restauration

• ***À bon compte***

Le Moulin des Quatre Saisons – *R. Gallieni - ☏ 02 43 45 12 12 - fermé janv., dim. soir d'oct. à avr. et lun. sf juil.-août - 98/198F.* Avant toute chose, passez sous les glycines de l'allée menant à ce moulin du 17e s. : elles embaument en été ! Puis, installez-vous dans le restaurant : au bord du Loir, vous y dégusterez des menus aux accents méridionaux... dans un décor alsacien.

Hébergement

• ***Valeur sûre***

Relais Cicero – *18 bd d'Alger - ☏ 02 43 94 14 14 - fermé 20 déc. au 7 janv. et dim. soir - 21 ch. : 435/675F - : 50F.* Cette demeure du 17e s. préserve ses secrets d'antan dans ses murs de pierre recouverts de vigne vierge. Salons cossus meublés à l'ancienne pour rêver devant l'âtre. Dormez tranquille dans une des chambres personnalisées et soigneusement décorées.

visiter

Prytanée national militaire★

De juil. à fin août : visite guidée 10h-12h, 14h-18h. 20F. ☎ 02 43 48 67 04.

Établissement public d'enseignement général, il prépare aux concours d'entrée aux grandes écoles civiles ou militaires.

Située sur les lieux mêmes du prestigieux collège des jésuites fondé au 17e s., cette école militaire regroupe aujourd'hui environ 900 élèves répartis sur les deux quartiers Henri-IV et Gallieni.

Le portail baroque débouche sur la cour d'honneur, appelée aussi cour d'Austerlitz, au fond de laquelle s'élève l'hôtel de style Louis XVI, bâti en 1784, affecté au commandement de l'école. L'établissement possède une bibliothèque riche d'environ 45 000 volumes, dont certains datent du 15e s.

C'est ici que les Brutions (élèves du Prytanée) préparent l'entrée : à l'École polytechnique, l'École spéciale militaire de Coëtquidan, l'École navale de Brest, l'École de l'air de Salon-de-Provence et les écoles supérieures d'ingénieurs.

Église St-Louis (1607-1637)★

Fermé hors vac. scol. été. ☎ 02 43 48 67 04.

Caractéristique du style jésuite par sa disposition et sa luminosité, elle offre un remarquable exemple de décor baroque, depuis le grand retable du maître-autel jusqu'au magnifique **buffet d'orgues★** (1640) supporté par une élégante tribune. Nichée dans le croisillon gauche, l'urne de plomb doré, en forme de cœur, où furent placées les cendres des cœurs d'Henri IV et de Marie de Médicis.

Dans la chapelle N.-D.-des-Vertus, l'extraordinaire « guerrier musulman » sculpté au revers de la porte à vantaux.

Chapelle N.-D.-des-Vertus

Dans ce charmant édifice roman à portail en plein cintre, voûte de bois entièrement revêtue de peintures du 17e s. Superbes **boiseries★** Renaissance.

Château des Carmes

Il comporte des bâtiments du 17e s., accolés à un vestige de la forteresse du 15e s., qui surplombe le Loir avec son pignon aigu flanqué de deux tourelles à mâchicoulis.

Le **parc des Carmes** est un agréable jardin public bordé par le Loir ; du pont, belle perspective sur les eaux calmes où se mirent jardin et château.

alentours

Parc zoologique du Tertre Rouge★

5 km. Quitter La Flèche par le Sud-Est du plan et prendre à droite la D 104. Continuer sur 1 km après le 3e passage à niveau. ♿ Mai-sept. : 9h30-19h (dernière entrée 1h av. fermeture, juil.-août : 9h30-20h) ; avr. : 9h30-18h ; oct.-mars : 10h-12h, 13h30-17h30, dim. 10h-17h30. 75F (enf. : 50F). ☎ 02 43 48 19 19.

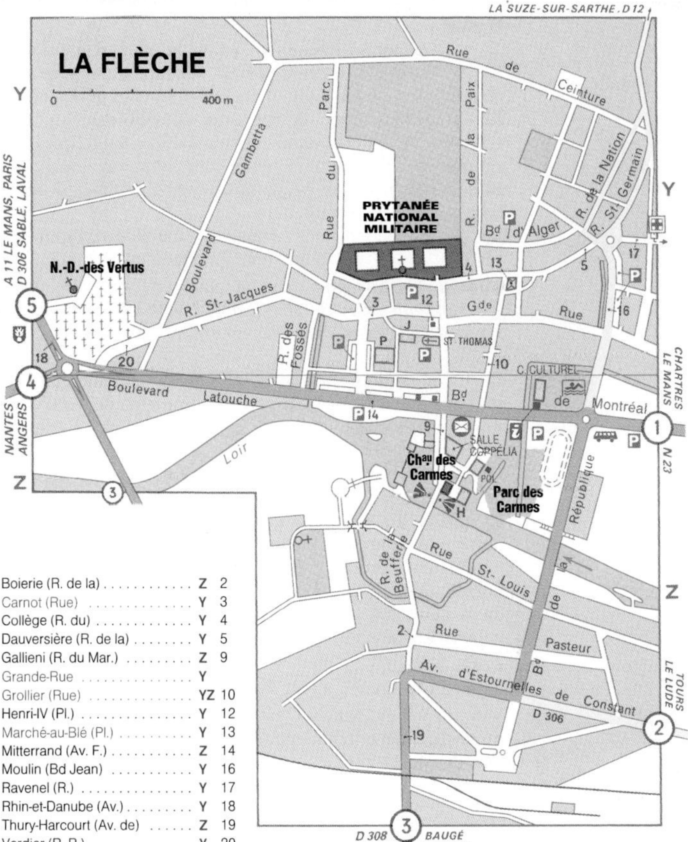

Situé en pleine forêt (7 ha), ce zoo renferme des mammifères (fauves, singes, cervidés, éléphants, etc.), de nombreux oiseaux, ainsi que des reptiles hébergés dans deux vivariums (pythons, boas, crocodiles, tortues, etc.). À heures régulières, spectacle d'otaries.
À l'intérieur du parc, le **musée de Sciences naturelles** présente la faune régionale sur des dioramas. Et pour les amateurs, les 600 animaux de la collection du naturaliste Jacques Bouillault, dans leur milieu naturel reconstitué.

Ballet de loutres
Un astucieux bassin vitré permet d'observer le jeu des loutres facétieuses, aussi bien sur terre que sous l'eau.

Bazouges-sur-le-Loir

7 km. Quitter La Flèche par l'Ouest du plan et prendre la N 23. Du pont, **vue★** charmante sur la rivière et ses lavoirs, le château et son moulin, l'église, sa tour isolée sur la place, les jardins montant vers les toits de Bazouges.

Portuaire
Remarquez également la porte marinière, souvenir de l'époque où l'on naviguait sur le Loir.

Château – *De mi-juin à mi-sept. : visite guidée (3/4h) jeu.-dim. et j. fériés 15h-18h, mar. 10h-12h. 20F. ☎ 02 43 45 32 62.*
Au bord du Loir, le château de Bazouges et son moulin seigneurial furent édifiés aux 15e et 16e s. par la famille de Champagne.
Deux grosses tours ovales à mâchicoulis et toits en poivrière, encadrent l'entrée. Chapelle du 15e s., à l'élégante voûte angevine (statues anciennes de sainte Barbe et de saint Jean). À voir également, la salle des Gardes (imposante cheminée de pierre), les salons du 18e s. et le parc à la française, entouré d'eau, planté de vieux ifs et de cyprès.

Église – *Visite guidée ven. 11h-12h. ☎ 02 43 94 88 44.*
Une solide tour surmonte la croisée du transept (12e s.). La voûte de la nef, en bardeaux de chêne, est peinte de 24 personnages (12 apôtres et 12 anges) que séparent des arbres portant chacun un verset du Credo (début 16e s.).

Durtal

12 km. Quitter La Flèche par l'Ouest du plan et prendre la N 23. Au pied d'un château, Durtal et ses berges charmantes, sur le Loir, méritent bien une petite halte.
La proximité de la **forêt de Chambiers**, au Sud, couvrant 1 300 ha, vous offrira l'occasion d'agréables randonnées à travers chênes et pins, où la « table au roy » et ses larges allées rayonnantes évitent l'usage de la boussole, ou presque.
Le champ de courses attire les turfistes de toute la région.

Château – *Avr.-sept. : visite guidée (3/4h) tlj sf mar. 14h-18h (juil.-août : tlj 9h30-12h30, 13h30-19h) ; oct.-mars : sur demande préalable. Fermé en janv. 20F. ☎ 02 41 76 31 37.*
Ce « fort chasteau sur le Loir et autant seigneurial que tout aultre en France » appartint à François de Scépeaux, maréchal de Vieilleville, qui y reçut Henri II, Charles IX et Catherine de Médicis.
L'aile du 15e s. est flanquée de tours rondes à mâchicoulis et toits en poivrière. De la plus élevée (5 étages), vue sur **la vallée du Loir**. La galerie Renaissance, ornée de peintures, domine la rivière. Le pavillon Schönberg, avec bandeaux, cordons, et pierres d'angles en bossages vermiculés, est de style préclassique. À l'intérieur, visite de la salle des gardes, des cuisines, des cachots, de la galerie Renaissance et de la grande tour.

Porte Verron – Reste de l'ancienne enceinte du château, cette porte du 15e s. est flanquée de tourelles.

Vue du vieux pont – C'est un endroit idéal contempler en toute quiétude le cours du Loir, ses moulins, les toits pointus de la ville, et une tour d'enceinte en amont.

Fontevraud-l'Abbaye★★

L'abbaye de Fontevraud, ultime demeure des Plantagenêts, malgré de nombreuses mutilations, reste l'un des plus importants ensembles monastiques subsistant en France. Elle conserve quelques purs joyaux d'architecture angevine, avec son abbatiale aux voûtes aériennes, ses gisants polychromes et son impressionnante cuisine.

HÉBERGEMENT
Chambre d'hôte
Domaine de Mestré – *1 km au N de Fontevraud par D 947 dir. Montsoreau - ☎ 02 41 51 72 32 - fermé 20 déc. au 31 mars sf les w.-ends en mars - 🚭 - 12 ch. : 245/330F - ☕ 40F - repas 145F.*
Comme les pèlerins de Compostelle, faites de ce domaine l'étape privilégiée de votre séjour dans la vallée des rois. Dormez tranquille et dégustez les produits de cette ancienne ferme de l'abbaye royale au décor raffiné. Très joli parc planté de cèdres et de tilleuls séculaires.

La situation

Cartes Michelin n°s 64 Sud-Ouest du pli 13, 232 pli 33 ou 4049 J 5 – Schéma p. 184 – Maine-et-Loire (49). Mieux vaut aborder Fontevraud par la route de Loudun (D 147). Du rebord du plateau, vous aurez ainsi une vue d'ensemble de l'abbaye, blottie au creux de son vallon, à la frontière de l'Anjou et de la Touraine. *Chapelle Ste-Catherine, 49590 Fontevraud-l'Abbaye, ☎ 02 41 51 79 45.*

Le nom

Fons, source ou fontaine en latin, rattaché à Évrard, puis Évraud. Nous sommes donc bel et bien à la fontaine d'Évraud.

Les gens

1 189 Fontevristes. Pêle-mêle : un pauvre ermite, Robert d'Abrissel le fondateur, vêtu de bure, marchant pieds nus ; les Plantagenêts endormis et leurs gisants ; trente-six abbesses de haut lignage, dont madame Gabrielle de Rochechouart de Mortemart, la « reine des abbesses » ; des milliers de prisonniers, dont Jean Genet ; et des centaines de milliers de visiteurs...

Le chevet de l'abbaye est typiquement bénédictin. Sur la croisée du transept s'élève une tour carrée surmontée d'un petit clocher en ardoise.

visiter

LE VILLAGE

Église St-Michel★

Agrandie et transformée aux 13e et 15e s., l'église garde de l'édifice primitif (12e s.) une très pure arcade intérieure à colonnettes et une voûte angevine. Elle abrite un ensemble exceptionnel d'**œuvres d'art★**. Le maître-autel, de bois sculpté et doré, fut commandé par l'abbesse Louise de Bourbon-Lavedan en 1621 pour l'église abbatiale. Dans une chapelle latérale, à gauche, se trouvent un crucifix de bois (15e s.), paisible et douloureux, ainsi qu'un expressif Couronnement d'épines (fin 16e s.).

Dans l'église Saint-Michel, curieuse Crucifixion *peinte sur bois, faisant allusion à la situation politico-religieuse de l'époque, dans un style archaïque.*

La fondation de l'abbaye (1101)

L'ordre fontevriste fut fondé par **Robert d'Arbrissel** (vers 1045-1117) qui, après avoir vécu en ermite dans une forêt de la Mayenne, reçut du pape Urbain II la mission de prêcher dans l'Ouest de la France. Entouré de nombreux disciples, il choisit l'endroit pour y installer sa communauté. L'abbaye se distingue des autres établissements religieux en accueillant, sous cinq bâtiments distincts, des prêtres et frères lais (St-Jean-de-l'Habit), des religieuses contemplatives (Ste-Marie), des lépreux (St-Lazare), des malades (St-Benoît) et des sœurs laies (Ste-Marie-Madeleine). Robert d'Arbrissel avait prévu que cette organisation serait dirigée par une abbesse choisie parmi les veuves. Plus tard, elle fut qualifiée de « chef et générale de l'ordre ». Cette prééminence féminine a persisté jusqu'à la Révolution.

Chapelle Ste-Catherine

Cette chapelle du 13e s. s'élevait jadis au milieu du cimetière ; une lanterne des morts la surmonte.

L'ABBAYE★★

Compter 2 h. Les divers bâtiments font l'objet de très importants travaux de restauration, qui doivent s'étendre sur de nombreuses années. De juin au 3e dim. de sept. : 9h-18h30 ; du 3e dim. de sept. à fin mai : 9h30-12h, 14h-17h (18h30 suivant sais.). Fermé 1er janv., 1er et 11 nov., 25 déc. 32F. ☎ 02 41 51 71 41.

Parmi les bâtiments qui bordent la cour d'entrée, dont la plupart datent du 19e s., remarquez sur la gauche la « fannerie », vastes écuries du 18e s., et sur la droite le

Nocturnes

Chaque soir au mois d'août, artistes, comédiens et figurants animent les **Rencontres imaginaires** de l'abbaye. *Août : visite-spectacle à 21h30. Acteurs, figurants et public se déplacent de salle en salle. 85F. ☎ 02 41 40 20 60 ou 02 41 38 18 17.*

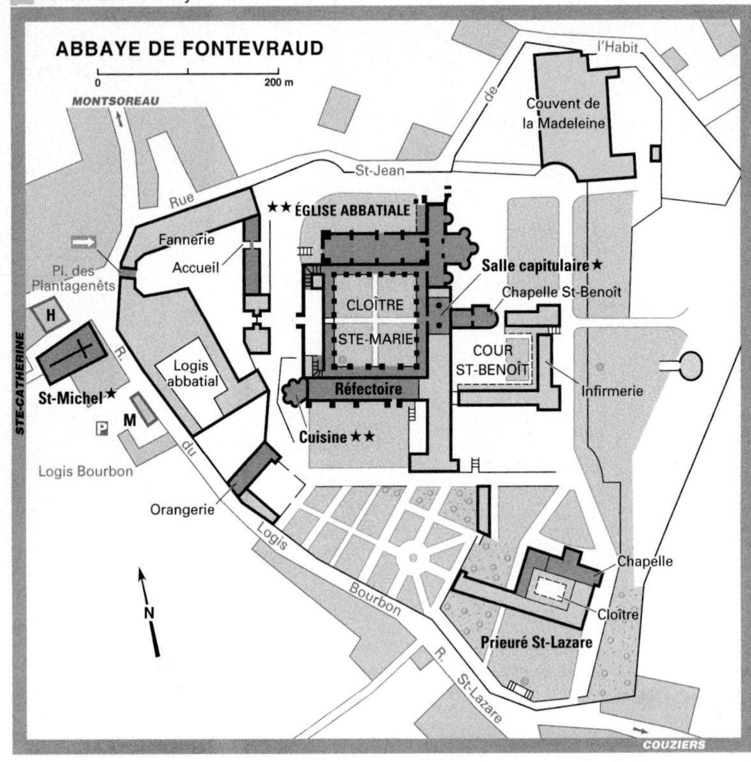

logis abbatial (17e-18e s.) décoré de guirlandes et de bas-reliefs. L'entrée se situe dans l'ancienne caserne qui abritait au 19e s. les militaires chargés de garder la prison (au 1er étage, exposition permanente de l'histoire fontevriste).

Au goût du jour

Étienne Dumonstier, peintre et ancien valet de chambre à la cour d'Henri II, aurait figuré, dans *La Crucifixion*, la vanité des luttes entre catholiques et protestants, portraiturant les antagonistes au pied de la croix : on voit Michel de L'Hospital assassiné, Catherine de Médicis (Marie-Madeleine à genoux), Henri II en cavalier romain transperçant le cœur du Christ, et leurs trois fils François II, Charles IX, Henri III. En avant, une religieuse modeste représenterait l'abbesse Louise de Bourbon ; une sainte couronnée figure Marie Stuart, tandis qu'Élisabeth d'Autriche prête ses traits à la Vierge.

Église abbatiale★★

La vaste église du 12e s., divisée, au temps du pénitencier, en plusieurs étages de dortoirs, a retrouvé toute son ampleur et sa pureté originelles. La large nef, aux chapiteaux délicatement sculptés, est coiffée d'une file de coupoles ; Fontevraud constitue l'exemple le plus septentrional de ce type d'églises, et démontre les liens qui unissaient les possessions aquitaines et angevines de l'empire Plantagenêt. Le transept et le **chœur**, antérieurs à la nef de quelques décennies, suivent un modèle tout différent, celui des abbayes bénédictines avec déambulatoire et chapelles rayonnantes, où l'abondance de la lumière et la multiplication des lignes verticales, hautes colonnes, arcatures, piliers, s'attachaient à symboliser l'élan vers Dieu.

Ne manquez pas

Les **gisants polychromes des Plantagenêts★**, représentant Henri II, comte d'Anjou et roi d'Angleterre, Aliénor d'Aquitaine son épouse, Richard Cœur de Lion leur fils, et leur bru Isabelle d'Angoulême, veuve de Jean sans Terre.

Cloître Ste-Marie

Le cloître du couvent des religieuses, ou Grand Cloître, est couvert de voûtes Renaissance, à l'exception de la galerie méridionale, encore gothique d'inspiration.

Un ordre aristocratique

Les Plantagenêts comblent l'abbaye de bienfaits et choisissent l'église abbatiale pour lieu de sépulture ; une dizaine d'entre eux y furent inhumés. C'est le refuge des reines répudiées, des filles royales ou de grandes familles qui, de gré ou de force, se retirent du monde. Trente-six abbesses, la moitié de sang royal, dont cinq de la maison de Bourbon, s'y succèdent de 1115 à 1789 ; Renée et Louise de Bourbon au 16e s. et surtout, au 17e s., Jeanne-Baptiste de Bourbon, fille légitimée de Henri IV, ainsi que la sœur de Mme de Montespan, Gabrielle de **Rochechouart de Mortemart** feront de l'abbaye un véritable centre spirituel et culturel.Au 18e s., 75 prieurés et environ 100 domaines relevaient de Fontevraud, qui comptait alors encore une centaine de religieuses et 20 frères.

Vandales

Les révolutionnaires suppriment l'ordre en 1792 et détruisirent entièrement le prieuré des moines. En 1804, Napoléon transforma le monastère en prison centrale, qui ne fut désaffectée qu'en 1963.

De la galerie orientale, on pénètre, par une porte richement sculptée, au seuil pavé d'armoiries gravées de la famille des Bourbons, dans la **salle capitulaire★** : peintures murales du 16e s. où sont représentées certaines abbesses de Fontevraud.

Cour St-Benoît

Dès les 17e et 18e s., elle desservait l'infirmerie de l'abbaye. L'aile Nord inclut la **chapelle St-Benoît**, du 12e s.

Réfectoire

Belle salle, longue de 45 m, aux murs romans, couverte d'une voûte gothique (1515).

Cuisine★★

Seule cuisine romane parvenue jusqu'à nous, elle est célèbre pour sa toiture de pierre taillée en pointes de diamant, piquée de nombreuses cheminées aménagées en 1904 lors de sa reconstruction par l'architecte Magne. À l'origine, c'était un bâtiment isolé, de plan octogonal à la base et coiffé d'une hotte, octogonale également, de 27 m de hauteur.

Le prieuré St-Lazare

Cet ensemble abrite une hôtellerie ; il est possible, cependant, d'accéder à la chapelle et au bel escalier à vis du 18e s. Le cloître minuscule sert de restaurant d'été.

Une vocation culturelle

Le Centre culturel de l'Ouest a pour mission la gestion et l'animation du monument. Il y organise concerts, spectacles, expositions, conférences et séminaires.
Renseignements sur le programme d'activités culturelles et les visites-conférences : ☎ *02 41 51 73 52.*

L'ampleur et le nombre de cheminées s'expliquent par l'importance de l'abbaye ; la cuisine servait aussi de fumoir pour conserver viandes et poissons.

Château de Fougères-sur-Bièvre★

Les castors, hélas, semblent bien avoir délaissé la Bièvre... On se consolera sans trop de peine en visitant ce bourg paisible, entouré de pépinières et de champs d'asperges, où se dresse, avec une grâce austère, le château fort de Pierre de Refuge.

La situation

Cartes Michelin n°s 64 pli 17 ou 238 pli 15 (8 km au Nord-Ouest de Contres) - Loir-et-Cher (41). Entre Amboise et Cheverny, sur la Bièvre, qui plus au Nord se jette dans le Beuvron, affluent de la Loire.

L'aimable cour d'honneur, bordée sur l'aile Est d'une très élégante galerie aux arcades surbaissées, avec ses gracieuses lucarnes.

Le nom

La Bièvre, ou « castor » en ancien français, fut sans doute autrefois la villégiature favorite de ces charmants mammifères aquatiques.

Les gens

Pierre de Refuge, trésorier de Louis XI, s'attacha ostensiblement à faire de sa demeure un château puissant et défensif. Son gendre, Jean de Villebresme, essaya au contraire de lui donner un aspect agréable et confortable. Transformé en filature à la Révolution, le château fut acquis par l'État en 1932.

visiter

Remarquez la jolie tourelle d'escalier de l'angle Nord-Ouest, avec ses fenêtres décorées de pilastres aux motifs Renaissance. Également, tranchant avec l'ardoise bleutée des toits, le subtil mélange de crépi ocre et de pierre blanche qui réchauffe les murs.

Compter 1/2 h. Avr.-sept. : 9h30-12h30, 14h-18h30 ; oct.-mars : tlj sf mar. 10h-12h30, 14h-17h. Fermé 1er janv., 1er mai, 1er et 11 nov, 25 déc. 25F. ☎ 02 54 20 27 18.
◀ L'édifice actuel a été commencé en 1450, par les deux corps de bâtiment sur la cour. En 1470, Pierre de Refuge obtient du roi l'autorisation de fortifier son château et élève peu après l'aile Nord dont l'aspect défensif n'a guère qu'une valeur symbolique en cette période de paix. Jean de Villebresme, en achevant le château, s'attache à lui donner un aspect fort aimable.
La visite intérieure permet d'admirer les vastes proportions des pièces, la charpente en carène de bateau du logis seigneurial et celle, conique, des tours.

Gien★

D'aspect volontiers sévère, le doyen des châteaux de la Loire, avec ses jeux subtils de brique rouge et noire, n'en exerce pas moins une séduction indéniable. Et son musée de la Chasse, surtout, devrait enchanter jusqu'aux plus farouches récalcitrants. Quant à la fameuse faïence bleue de Gien, toute de jaune rehaussée, vous en trouverez de superbes exemples dans son musée.

La situation

Cartes Michelin n°s 65 pli 2, 238 pli 7 ou 4045 G 5 - Loiret (45). Premier château de la Loire par sa position géographique, très en aval de Châteauneuf et d'Orléans, en lisière de Sologne. Abordez Gien par la rive gauche et le vieux pont : vous aurez alors une excellente vue sur le château et la ville. **i** *Pl. Jean-Jaurès, BP 13, 45501 Gien, ☎ 02 38 67 25 28.*

Le nom

Giomum au 6e s., et probablement *Devo-mago* (« marché du dieu ») des Gaulois ; si l'origine de la ville se perd dans la nuit des temps, le « Gien », lui, est partout célèbre grâce à sa belle faïence bleue et jaune d'or.

carnet pratique

Restauration

• ***À bon compte***

Le Régency – *6 quai Lenoir - ☎ 02 38 67 04 96 - fermé 25 juin au 8 juil., vac. scol. en hiver, dim. soir et mer. - 90/210F.* En centre-ville, face au vieux pont de pierre qui enjambe la Loire, ce petit restaurant vous réservera un accueil sympathique. Cuisine simple et savoureuse.

Hébergement

• ***À bon compte***

Chambre d'hôte Le Domaine de Ste-Barbe – *45500 Nevoy - 4 km au NO de Gien dir. Lorris, prendre 2e rte à gauche après le passage à niveau, suivre le fléchage - ☎ 02 38 67 59 53 - www.france-bonjour.com/sainte-barbe - ⊭ - 4 ch. : 220/350F.* Cette agréable demeure aurait pu être celle de votre grand-mère. Tomettes, tissus fleuris, bibelots, meubles anciens et autres baldaquins ornent ses chambres coquettes ouvrant sur le jardin. Petite maison solognote pour prolonger le séjour, en gîte.

• ***Valeur sûre***

Hôtel Anne de Beaujeu – *10 rte de Bourges par D 941 - ☎ 02 38 29 39 39 - P - 30 ch. : 320/420F - ☕ 35F.* Proche du Vieux Pont qui enjambe la Loire, cet hôtel est un peu excentré. Chambres fonctionnelles au mobilier contemporain. Préférez celles sur l'arrière, plus calmes.

Les gens

15 332 Giennois. C'est à Gien qu'en 1410 se constitua le parti des Armagnacs soutenant Charles d'Orléans contre les Bourguignons dans la guerre civile qui préluda au dernier épisode de la guerre de Cent Ans. Plus tard, **Anne de Beaujeu** (1460-1522), comtesse de Gien, fit reconstruire le château. En 1652, pendant la **Fronde**, la révolte armée des grands princes oblige Anne d'Autriche, Mazarin et le jeune Louis XIV à fuir Paris ; ils se réfugient à Gien, tandis que Turenne, à la tête des troupes royales, défait les frondeurs à Bléneau *(25 km à l'Est de Gien)*.

visiter

Du pont s'offre une belle **vue★** sur le château, les maisons des quais et la Loire.

Musée international de la Chasse★★

Juin -sept. : 9h-18h ; oct.-mai : 9h-12h, 14h-18h. Fermé 1er janv. et 25 déc. 35F. ☎ 02 38 67 69 69.

Reconstruit en 1484, le **château★** de brique à toit d'ardoise est très sobrement décoré de quelques tourelles d'escalier.

Le plus grand musée de France dédié à la chasse présente un immense panorama des arts et techniques cynégétiques : tapisseries, faïences, tableaux, mais aussi des armes de chasse luxueusement ciselées. Une vitrine expose la fabrication très sophistiquée d'un fusil Damas ; la salle de la fauconnerie dévoile le symbolisme des couleurs des chaperons de faucons ; la grande salle (superbe charpente) est consacrée à **François Desportes** (1661-1743) et **Jean-Baptiste Oudry** (1686-1755), grands peintres animaliers attachés au roi Louis XIV.

Château de brique à toit d'ardoise, Gien présente une façade très sobre aux tons rouges, blancs et gris bleuté.

Rare ?

Unique en tout cas, cette fabuleuse collection de plusieurs milliers de boutons de vénerie (boutons de livrées d'équipages de chasses à courre).

La visite se termine par une collection de **boutons de vénerie** (environ 4 000 pièces), une collection de trompes de chasse, et 500 trophées personnels d'un grand chasseur, Claude Hettier de Boislambert.

Trompe ou cor de chasse?

La trompe de chasse est composée de plusieurs tubes coniques, en laiton, soudés, dont le dernier se termine par un large pavillon de 38 cm de diamètre. La longueur est invariable : 4,545 m enroulé, généralement sur trois tours et demi, mais le nombre de tours varie selon les modèles (Dampierre, Maricourt, Dauphine ou d'Orléans). Moins recourbé, le cor de chasse envoie le son devant, tandis que la trompe le produit derrière. Le cor est souvent en mi bémol, alors que la trompe sonne toujours en ré. On compte en France quelque 120 équipages chassant à courre, alors qu'environ dix mille sonneurs pratiquent ces instruments de vénerie sans pour autant « courre » le gros gibier. Le musée de la Chasse et de la Nature en l'hôtel Guénégaud à Paris, le musée du Veneur au château de Montpoupon et le musée international de la Chasse de Gien exposent de très beaux instruments dont les possibilités musicales variées ont inspiré les plus grands compositeurs : Lully, Vivaldi, Rameau, Bach, Mozart...

Le jeu des briques bicolores, véritable mosaïque noire et rouge sur la façade intérieure, contraste avec les chaînages de pierre blanche.

De la terrasse du château, **vue★** étendue sur la Loire et sur les toits de tuiles plates de la ville, reconstruite avec ses pignons pointus et ses façades aux losanges de brique.

Nonette à l'arrêt, *par François Desportes, dessinateur, pastelliste et peintre animalier en titre de la vénerie de Louis XIV.*

Église Ste-Jeanne-d'Arc

Elle fut reconstruite en brique en 1954 contre le clocher du 15e s., seul vestige de la collégiale fondée par Anne de Beaujeu. Les dix premiers chapiteaux de terre cuite de la nef centrale, œuvre de Henri Navarre, représentent la vie de Jeanne d'Arc ; vitraux de Max Ingrand.

Faïencerie

À la sortie Ouest de la ville par l'Ouest du plan. Accès par le quai ou la rue Paul-Bert. De mai à fin sept. : 9h-18h30, dim. et j. fériés 10h-18h ; oct.-avr. : 9h-12h, 14h-18h, dim. et j. fériés 10h-12h, 14h-18h ; janv.-fév. : 14h-18h. Fermé 1er janv., 1er et 11 nov., 25 déc. 20F. ☎ 02 38 67

Le Gien

Le site de Gien fut choisi en 1821 pour y fonder la faïencerie : proximité de gisements d'argile et de sable, de bois pour chauffer les fours, et de la Loire pour le transport. Connue surtout par ses services de table et sa faïence d'art, la manufacture de Gien créa à la fin du 19e s. un décor original, le célèbre « bleu de Gien », bleu profond rehaussé de dessins jaune d'or. Tout en continuant la production de motifs anciens (inspirés des modèles celtes et gallo-romains) qui exigent un travail manuel important, la faïencerie propose également des services contemporains.

89 99. Visite de l'usine possible (hors juil.-août et déc.) lun.-jeu. sur demande préalable. Fermé j. fériés. Par mesure de sécurité, les enf. -11 ans, même accompagnés, ne sont pas admis pour la visite des ateliers. 30F (incluant la visite du musée). Boutique (2e choix et fin de séries) ouv. tlj sf dim. 9h-12h, 14h-18h. Fermé j. fériés. ☎ 02 38 67 89 92.

Un **musée** aménagé dans une ancienne cave à pâte (pour la faïence) rassemble 400 pièces, dont certaines, très grandes, ont été réalisées pour l'Exposition universelle de 1900. Salle d'exposition des modèles actuels et boutique d'usine.

Pendule éléphant, réplique d'un modèle de la fin du 19e s. Ce bel objet, peint à la main, est composé de 52 pièces assemblées avant cuisson.

alentours

St-Brisson-sur-Loire

6 km au Sud-Est. Assis sur un promontoire aux confins de l'Orléanais et du Berry, ce **château** du 12e s. était autrefois défendu par un donjon et au Sud par une muraille crénelée, dont il subsiste quelques vestiges. L'aile Est ainsi que la tour abritant l'escalier ont été remaniées au 19e s. Visite des caves situées sous l'emplacement de l'ancien château, et à l'intérieur, des pièces conservant les souvenirs des familles d'Estrades et Séguier (lettre de J.-J. Rousseau). *Du 1er sam. d'avr. à mi-nov. : visite guidée (3/4h, dernière entrée 1/2h av. fermeture) tlj sf mer. 10h-12h, 14h-18h. 22F. ☎ 02 38 36 71 29.*

À VOS PIÈCES

Des copies de machines de guerre du Moyen Âge (pierrière, mangonneau) sont installées dans les douves. De mi-juin à mi-septembre, le dimanche, démonstrations de tir.

Dampierre-en-Burly

13 km au Nord-Ouest. Franchissant la levée entre deux étangs aux rives boisées, vous apercevrez les murs du château, restes d'une enceinte jalonnée de tours, et le clocher de l'église. Sur la place se dresse encore l'un des pavillons d'entrée du château, élégante construction du début du 17e s., coiffée d'un toit en pyramide.

Centre nucléaire de production d'électricité CNPE

3 km au Sud de Dampierre-en-Burly, route signalée. Le plan « vigipirate » peut entraîner la fermeture à la visite du site, se renseigner. Visite guidée (2h1/2) à 9h et 14h, sur demande préalable (1 sem. av.). Centrale nucléaire de Dampierre-en-Burly, BP 18, 45570 Ouzouer-sur-Loire. Pièce d'identité obligatoire, âge minimum : 11 ans. Fermé 1er janv., 1er mai, 25 déc. ☎ 02 38 29 70 04.

Vous ne pouvez pas manquer ses quatre gigantesques tours de réfrigération (165 m de haut, 135 m de diamètre à la base)... Ici, comme à Chinon et St-Laurent-des-Eaux, la centrale utilise l'eau du fleuve pour son circuit de refroidissement. Mis en service en 1980 et 1981, le centre nucléaire de production d'électricité de Dampierre compte quatre réacteurs à eau pressurisée d'une puissance de 900 MW chacun.

Le principe de fonctionnement d'une tranche est présenté au **Centre d'information Henri-Becquerel**, du nom du physicien (1852-1908) dont la famille résidait à Châtillon-Coligny (30 km à l'Est du site).

La Bussière

10 km au Nord-Est. Ce village est connu pour le **château des Pêcheurs★**, ancienne forteresse rebâtie au 17e s. au bord d'un étang et qui abrite une collection d'œuvres d'art sur la pêche. Jardins à la française et potager *(voir LE GUIDE VERT Michelin Bourgogne).*

Gizeux

Un petit village tout simple, cerné de landes, de forêts de pins et d'étangs. Mais un peu plus loin, une majestueuse avenue bordée de platanes vous guide jusqu'à son château Renaissance, miracle d'équilibre et d'harmonie.

HÉBERGEMENT
Chambre d'hôte
La Butte de l'Épine – *37340 Continvoir - 2 km à l'E de Gizeux par D 15 - ☎ 02 47 96 62 25 - ⊄ - 3 ch. : 320/350F.* Reconstitution d'une maison des 16e et 17e s. cette demeure a beaucoup de charme. Meubles anciens et grande cheminée dans la pièce principale, chambres romantiques, adorables petites bonbonnières, et de nombreux massifs floraux dans le parc. Douce nuit !

La situation

Cartes Michelin nos 64 centre du pli 13, 232 pli 34 ou 4037 B 3 – Indre-et-Loire (37). Ce petit village, à l'orée des landes de St-Martin, entre Bourgueil et Château-Lavallière, occupe le centre d'une vaste région boisée qu'on appelait autrefois la Sologne tourangelle.

Le nom

Gizeux a-t-il quelque chose à voir avec « gisant » ? Probablement pas... Et d'ailleurs, dans l'église, ce sont des orants (statues agenouillées) qui représentent les statues funèbres des du Bellay... Alors, un Romain, dénommé Gaïus ?

Les gens

Fief de la très illustre famille du Bellay, princes d'Yvetot, de 1330 environ à 1661, le château est habité par une seule et même famille gizelloise, les Contades-Gizeux, depuis 1786.

visiter

Château

De mai à fin sept. : visite guidée (3/4h) 10h-18h, dim. 14h-18h. 40F. ☎ 02 47 96 50 92.

Le corps de logis principal, avec ses deux ailes en retour d'équerre, a remplacé vers 1560 la forteresse primitive, dont la tour à mâchicoulis située à l'avant de la cour d'honneur reste le seul vestige.

EN PANORAMIQUE
Dans la « **galerie des châteaux** »★ des fresques représentent des châteaux royaux (Chambord, Fontainebleau, Vincennes, Versailles...), probablement réalisées à la fin du 17e s. par des artistes de l'école de Fontainebleau.

◄ La **salle François Ier** est décorée de peintures sur bois exécutées par des artistes italiens. Un bel ensemble mobilier Louis XV occupe les pièces d'habitation.

D'intéressants communs, construits au milieu du 18e s. avec des combles à la Mansart, prolongent au Nord le château.

Église

À peu de distance, l'église Notre-Dame renferme les remarquables tombeaux (17e s.) de la famille du Bellay. À droite, les priants de marbre blanc de René du Bellay, mort en 1611, représenté en armure, et de son épouse Marie portant robe à col ouvert et bonnet dans le style de Catherine de Médicis ; à gauche, Martin du Bellay, fils des précédents, et son épouse Louise de Savennières portent l'habit à fraise.

alentours

Vernoil

10 km à l'Ouest, par la D 215 et D 10.

L'**église** a fière allure avec son clocher massif aux lignes épurées. À sa droite, en pénétrant dans la cour, on découvre la solide tourelle octogonale et les fenêtres à meneaux de l'ancien logis du prieur.

Vernantes

12 km à l'Ouest. Un beau clocher (12e s.) coiffé d'une flèche de pierre signale l'**église** dont il ne reste que le chœur. La nef, détruite par la foudre au 19e s., a été remplacée par un simple porche. *Sur demande auprès de la mairie de Vernantes. ☎ 02 41 51 50 12.*

Blou

16 km par la N 147 vers Longué et la D 206.
L'**église** romane, épaulée de lourds contreforts, possède au transept Nord des fragments du 11e s. appareillés en losange. Le clocher carré, du 13e s., est encastré sur la croisée du transept. *Clé disponible au café en face de l'église tlj sf lun.*

Le Grand-Pressigny

Cette bourgade occupe une ravissante région de prairies et de peupleraies, arrosée par la Claise et l'Aigronne. Habitée dès la préhistoire, on y a retrouvé toute une véritable industrie (exportatrice !) du silex. Les vestiges d'un superbe château, en partie Renaissance et aménagé par les princes de Savoie, abritent un musée qui vous en apprendra long sur nos ancêtres du paléolithique ancien, moyen, et... supérieur.

Du sommet de la tour Vironne, très jolie vue sur le bourg et la vallée de la Claise.

La situation

Cartes Michelin n°s 68 pli 5, 232 pli 48 ou 4037 E 6 – Indre-et-Loire (37). Face au confluent de la Claise et de l'Aigronne, au milieu des belles forêts des Courtis et du Grand-Pressigny, le petit bourg s'étage aux confins de la Touraine et du Poitou.

Le nom

Prisciniacus (le domaine de Priscinius ?) est à l'origine du Pressigny-le-Grand d'avant la Révolution ; le Petit-Pressigny, lui, se trouve 10 km plus à l'Est.

Les gens

1 119 Pressignois. Jean sans Peur et plus tard René de Savoie habitèrent les lieux. Autre visiteur de marque (et bâtisseur de la partie Renaissance du château) : Honorat de Savoie, marquis de Villars.

visiter

Une petite rue bien en pente, à travers les maisons anciennes du bourg, mène droit au château. Des terrasses, superbes vues plongeantes sur toute la vallée.

Musée départemental de Préhistoire★

De fév. à fin nov. : 9h30-12h30, 14h30-17h30 (juin-sept. : 9h30-18h30 ; de mi-mars à fin mai : 9h30-12h30, 14h-18h). 24F. ☎ 02 47 94 90 20.
Le **château** présente encore les restes accessibles au public de la forteresse médiévale de Guillaume de Pressigny : enceinte flanquée de tours, porte fortifiée, donjon et souterrain de la fin du 12e s. Au milieu des jardins (pelouses et petites haies de buis taillés) se dresse le logis seigneurial (16e s.), dû aux travaux d'embellissement d'Honorat de Savoie ; le corps de galerie ouvre par un portique sur la cour d'honneur.

Le monde du silex
À travers six espaces, les grandes périodes de la préhistoire et les progrès accomplis par nos ancêtres dans le travail de la pierre.

Le **musée**, créé en 1910 et réaménagé en 1991, présente les grands traits de la préhistoire à travers les découvertes faites sur les grands sites de Touraine. Dispositifs spéciaux pour les non-voyants.
La remise (16e s.) abrite la section de paléontologie : fossiles trouvés en Touraine et notamment dans les dépôts de la mer des Faluns, situés dans la région, au Nord et au Sud de la Loire.

alentours

La Celle-Guenand

8,5 km au Nord-Est. Dans ce village, harmonieuse église, avec portail roman finement sculpté de masques et de figures fantastiques ; remarquez le bénitier, énorme monolithe décoré de masques (12e s.).

L'Île-Bouchard

L'Île-Bouchard a conservé de son passé fluvial une solide tradition de pêche, avec ses barques noires, les plates, amarrées aux berges des deux bras de la Vienne. Mais c'est également la vallée de la Manse que vous découvrirez ici, un paysage miraculeusement préservé, au fil de petites routes sinueuses, bordées de moulins et de prairies.

Gracieuse sculpture Renaissance ornant la cathèdre.

La situation

Cartes Michelin nos 232 pli 35, 64 plis 14, 15 et 68 pli 4 ou 4037 C 4 – Indre-et-Loire (37). Arrivant par le Nord (D 757 venant d'Azay-le-Rideau et Tours), vous embrasserez d'un seul coup d'œil les rives ombragées de la Vienne, le bourg, son île et son église.

Le nom

Sur l'île étirée dans le cours de la Vienne, où le premier seigneur connu, Bouchard Ier, édifia au 9e s. une forteresse dont il ne reste plus que quelques pierres.

Les gens

1 764 Bouchardais. Le cardinal de Richelieu, après avoir acheté la baronnie de L'Île-Bouchard, fit démanteler la forteresse, comme toutes celles qui autour de sa ville, et dans un rayon plutôt vaste, pouvaient lui porter ombrage.

visiter

Prieuré-St-Léonard

À la lisière Sud de la ville, signalé. 10h-18h. Clé chez Mme Page, 3 r. de la Vallée-aux-Nains. ☎ 02 47 95 26 68.

Meuble signé
Dans le chœur, belle *cathèdre*★ (siège gothique à haut dossier) du début du 16e s., ornée de gracieuses sculptures Renaissance (l'Annonciation, la Nativité, la Fuite en Égypte) ; les auteurs se sont représentés sur les jouées.

De l'**église prieurale** qui se dressait sur les premières pentes du coteau, seul subsiste un superbe rond-point roman (11e s.) à déambulatoire et chapelles rayonnantes. Sur les remarquables **chapiteaux**★ historiés, vous découvrirez, de gauche à droite, une surprenante évocation des Évangiles :
1er pilier : Annonciation et Visitation, Nativité, Adoration des bergers, Adoration des Mages ;
2e pilier : Circoncision, Massacre des innocents, Fuite en Égypte, Jésus au milieu des docteurs ;
3e pilier : Baiser de Judas, Crucifixion, Cène ;
4e pilier : Entrée de Jésus à Jérusalem, Descente aux limbes, Décollation de saint Jean Baptiste.

carnet pratique

RESTAURATION

• ***À bon compte***

Ferme-auberge Le Moulin de Saussaye – ☎ 02 47 58 50 44 - moulindesaussaye@wanadoo.fr - ⊭ - réserv. obligatoire - 89/142F. Tout y est ! Dans l'auberge de la ferme encore en activité, vous ferez bombance avec les produits de la maison. Le moulin à eau fonctionne encore et l'on peut pêcher dans les méandres de la rivière. Si l'envie d'une nuit au calme vous tenaille, réservez l'une des trois chambres.

HÉBERGEMENT

• ***Valeur sûre***

Chambre d'hôte Domaine de Beauséjour – 37220 Panzoult - 5 km au NO de Bouchard par D 757 puis D 21 dir. Chinon - ☎ 02 47 58 64 64 - 3 ch. : 350/500F. En séjournant ici, vous aimerez le vignoble chinonais tant loué par Rabelais. Jolies chambres dans une maison bâtie avec des matériaux de la région. Sous vos fenêtres, les grappes se préparent à devenir « divin breuvage ». Piscine d'été. Charme et quiétude !

Église St-Maurice

Fermé pour cause de travaux.

Terminé par une belle flèche de pierre ornée de sculptures ajourées, le haut clocher octogonal date de 1480. Les nefs, de style transition flamboyant-Renaissance, reposent sur des piliers ornés de médaillons Renaissance.

À côté de l'église, manoir du début du 17e s. avec lucarne à fronton.

Église St-Gilles

Sur la rive droite de la Vienne, le long de la D 760, cette église du 11e s. (nef) a été agrandie au 12e s. et remaniée au 15e s. (chœur). Deux jolis portails romans, sans tympan, présentent un décor géométrique et végétal remarquable. La tour romane, à la croisée du transept, est supportée par une coupole sur trompes.

itinéraire

VALLÉE DE LA MANSE★

27 km - environ 2 h

Modeste affluent de la Vienne, la Manse traverse une ravissante campagne, où coteaux, petits champs, prairies coupées de haies, de peupliers ou de saules, fermes et moulins à eau semblent vibrer dans une douce lumière, bien à l'écart des grandes routes.

Quitter l'Île-Bouchard par la D 757 au Nord.

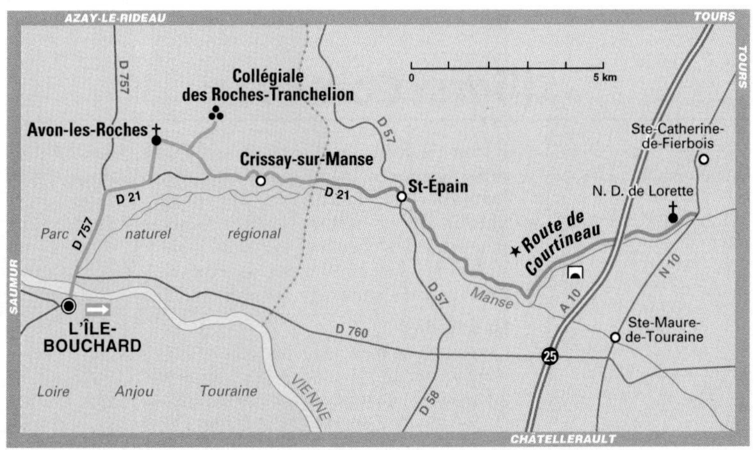

Avon-les-Roches

L'**église** (12e-13e s.) se signale par la flèche de pierre qui coiffe le croisillon droit du transept. Remarquez les trois arcades de son porche, ainsi que la porte voisine, décorées d'archivoltes et de chapiteaux délicatement sculptés ; sous le porche à gauche, une inscription raconte la mort de Charles le Téméraire. *Tlj sf w.-end. ☎ 02 47 58 51 03.*

Prendre la direction de Crissay sur 1 km, puis à gauche vers les Roches-Tranchelion.

Un penseur solitaire
Remarquez le personnage assis au-dessus de la grande baie sous l'arc triomphal, et, de chaque côté, le décor Renaissance de pilastres et de médaillons représentant les seigneurs du lieu.

Collégiale des Roches-Tranchelion

◀ Les ruines de cette collégiale gothique surgissent d'un fouillis de verdure, au creux d'un vallon. Perchées sur une éminence dominant le hameau et la campagne environnante, l'élégante façade couverte de sculptures délicates, ses voûtes et sa rosace, comme suspendues dans le ciel, témoignent d'une grandeur disparue.

Crissay-sur-Manse

À l'entrée de l'un des « plus beaux villages de France » se dressent les ruines imposantes du château (15e s.) qui dominent le coteau. En contrebas, la flèche de pierre effilée de l'église.

Dans ce petit village parfaitement préservé, vieilles maisons à tourelles carrées (15e s.), fenêtres à meneaux et jardins secrets s'étagent à flanc de coteau.

Charme d'une vieille porte dans le village de Crissay-sur-Manse.

St-Épain

Surprenant tableau, hors du temps, que cette **église** (12e, 13e et 15e s.) coiffée d'une tour carrée, et la **porte fortifiée** qui la jouxte ; au-dessus de l'arcade, une fenêtre à meneaux et un étage en encorbellement correspondent à l'**hôtel de la Prévôté** ; passer sous la porte pour voir sa façade extérieure, flanquée d'une tour ronde.

De l'autre côté de la Grand-Rue, une maison à échauguette marque l'angle de la route de Ste-Maure.

Suivre la route de Ste-Maure, le long de la Manse. Après le viaduc, prendre à gauche.

Route de Courtineau★

Cette petite route serpente entre le ruisseau en contrebas, caché parmi les prés et leurs haies de peupliers, et la falaise creusée de nombreuses demeures troglodytiques.

La chapelle **Notre-Dame-de-Lorette**, oratoire du 15e s., en partie creusé dans la falaise, dore sa pierre blanche au soleil, sous les chênes.

Illiers-Combray

« Vue de loin, ce n'est qu'une église, résumant la ville, la représentant, parlant d'elle et pour elle aux lointains, et, quand on approche, tenant serrés autour de sa haute mante sombre, comme une pastoure ses brebis, les dos laineux et gris des maisons rassemblées... » Ainsi Marcel Proust décrivait-il Combray, ou plus exactement, Illiers.

La situation

Cartes Michelin nos 60 pli 17 ou 237 Sud du pli 26 - Eure-et-Loir (28). Dans la vallée naissante du Loir, Illiers joue un rôle de ville-marché entre la Beauce et le Perche.
5 r. Henri-Germond, 28120 Illiers-Combray, ☎ 02 37 24 24 00.

Le nom

Combray : sous ce nom, Marcel Proust (1871-1922) fit revivre Illiers, poétisée, sublimée dans l'œuvre de sa vie, *À la recherche du temps perdu*.

Les gens

3 329 Islériens. C'est la ville natale du docteur Proust, père de l'écrivain, et l'enfant y passait ses vacances. On retrouve à Illiers le « côté de chez Swann », bourgeois, tourné vers la Beauce riche de blé, et l'aristocratique « côté de Guermantes », orienté vers le Perche et ses chevaux.

LE TEMPLE DE LA MADELEINE

Les impressions vécues par le petit Marcel à Illiers, retrouvées bien des années plus tard au travers de sensations telle la célébrissime madeleine trempée dans le thé, feront naître « l'édifice immense du souvenir ».

visiter

Maison de tante Léonie

4 r. du Docteur-Proust. De mi-juin à mi-sept. : visite guidée (1h1/4) tlj sf lun. à 10h30, 14h30, 15h30 et 16h30 ; de mi-janv. à mi-juin : visite guidée (1h1/4) tlj sf lun. à 10h30, 14h30 et 16h. 30F (enf. : gratuit). ☎ 02 37 24 30 97.

La demeure de Jules Amiot, oncle de l'écrivain, conserve certaines pièces (salle à manger, cuisine) évoquées dans son œuvre. Les chambres sont reconstituées d'après les textes. Le musée, consacré à la vie, l'œuvre et l'entourage de l'écrivain, rassemble des portraits, des souvenirs, des photographies de Paul Nadar.

Pré Catelan

Au Sud d'Illiers, le long de la D 149.

Une « serpentine », un pigeonnier, un pavillon et quelques beaux arbres agrémentent cette promenade au bord du Loir. Ce jardin, dessiné par Jules Amiot, est évoqué par Proust dans *Jean Santeuil*.

PRÉ CATELAN VU PAR PROUST

« Le père de M. Santeuil avait de l'autre côté de la ville un immense jardin qui, s'étendant d'abord en terre-plein devant le cours du Loir, s'élevait peu à peu, ici par de lentes montées, là par des escaliers de pierres conduisant à une grotte artificielle, jusqu'au niveau des plaines élevées qui commencent la Beauce et sur lesquelles il s'ouvrait par une porte à claire-voie. »

Langeais★

Forteresse massive et austère, avec ses hautes murailles, ses grosses tours pointues, son chemin de ronde à mâchicoulis et son pont-levis, elle a traversé les siècles sans une ride, et semble tout droit sortie de nos jeux d'enfance... Quant à son intérieur, il réunit de véritables trésors, meubles d'époque et tapisseries somptueusement colorées, qui vous baigneront dans l'atmosphère authentique du 15e s. et de la Renaissance.

La situation

Cartes Michelin nos 64 pli 14, 232 plis 34, 35 ou 4037 C 4 – Schéma p. 352 – Indre-et-Loire (37). Le long de la Loire, entre Tours et Saumur (N 152) serrée au pied de la forêt, Langeais semble blottie autour de son château. Belle vue des murailles, de la Loire et de ses bancs de sable en arrivant par la très jolie D 16, rive gauche (prairies inondables et cultures maraîchères).

Le nom

Langeais serait issu du nom d'un peuple celte : les *Lingones*.

Les gens

3 865 Langeaisiens. Le toujours omniprésent Foulques Nerra fit construire à la fin du 10e s. le **donjon** (ruines encore visibles dans le parc), qui serait le plus ancien de France. Le château actuel fut élevé par Jean Bourré, contrôleur des finances de Louis XI *(voir château du Plessis-Bourré)*.

Événement le plus marquant : le mariage, en 1491 d'**Anne de Bretagne** et de Charles VIII.

HÉBERGEMENT

Chambre d'hôte Domaine de Châteaufort – *À 800 m du centre de Langeais - ☎ 02 47 96 85 75 - fermé nov. à mars - - 5 ch. : 220/290F.* Non loin du château, ce domaine abrite des chambres spacieuses au décor dépouillé. Vous ne saurez résister au calme du parc boisé et à la sympathie de l'accueil. Préférez les chambres du deuxième étage. Prix sages.

Forteresse sévère à l'extérieur, Langeais prend des allures de manoir Renaissance dans sa façade occidentale enjolivée d'un beau jardin.

visiter

PAR-DESSUS LA JAMBE

Singulières épousailles que celles d'Anne de Bretagne, 14 ans, avec Maximilien d'Autriche : il avait envoyé son représentant qui, à la signature, passa symboliquement la jambe sous les draps du lit de la belle Anne... Le mariage fut annulé au profit de Charles VIII, dont à sa mort, six ans plus tard, Anne épousera le cousin : Louis XII...

Le château★★

Visite : 1 h. Avr.-sept. : 9h-18h30 (de mi-juil. à fin août : 21h) ; oct. : 9h-12h30, 14h-18h30 ; nov.-mars : 9h-12h, 14h-17h. Fermé 25 déc. 40F (enf. : 20F). ☎ 02 47 96 72 60.

Construit d'un seul jet, cas peu ordinaire, et épargné par les remaniements postérieurs, chose plus rare encore, Langeais reste l'un des plus intéressants châteaux du Val de Loire, grâce au travail patient de Jacques Siegfried, son dernier propriétaire, qui parvint à en reconstituer le mobilier d'origine jusqu'au moindre détail.

De l'extérieur, on se trouve devant une forteresse féodale, massive, presque écrasante : hauts murs, grosses tours rondes, chemin de ronde à créneaux et mâchicoulis, et pont-levis (à contrepoids) enjambant les anciennes douves.

La façade intérieure, en revanche, évoque davantage un manoir, avec ses fenêtres à meneaux et ses lucarnes au gâble décoré de « choux rampants », vignes ou feuilles de chêne, comme les portes des tourelles d'escaliers.

Les bâtiments formant deux ailes en équerre bordent le parc, étagé en terrasses jusqu'au donjon.

Les appartements★★★ – Richement meublé (certains éléments de décor, panneaux et tapisseries en particulier comptent parmi les plus beaux d'Europe), Langeais vous replongera dans l'atmosphère de la vie seigneuriale au 15e s. et au début de la Renaissance. Dans la salle du mariage, splendides tapisseries, des Flandres pour la plupart, notamment la série des *Neuf preux et des Mille fleurs* ; observez les entrelacs de K et de A (initiales de Charles VIII et d'Anne de Bretagne).

Parmi de très nombreux trésors, vous découvrirez, entre autres : au 1er étage, dans une chambre à coucher, l'un des premiers lits à colonnettes, une crédence sculptée et un bahut gothiques ; dans la salle de la crucifixion, panneau du Christ en croix, entre saint Jean et la Vierge (Bruxelles, 17e s.) ; dans la chambre de Charles VIII, un très beau bahut gothique, le panneau de l'aurore (tapisserie de Bruges, 1530) et une horloge du 17e s. à une seule aiguille ; dans le petit salon, sublime *Vierge à l'Enfant* sur fond d'or (13e s., école siennoise). La grande salle supérieure enfin, sur deux étages, s'orne d'une voûte en carène aux ogives de châtaignier ; belles tapisseries Renaissance encore, ayant pour thème la Création. Et dans la salle de la chapelle, une châsse en bois doré (13e s.), sertie de pierres semi-précieuses, avec 6 apôtres sculptés.

Du chemin de ronde couvert qui longe toute la façade, vous surplomberez la Loire et les toits de la petite ville.

Langeais conserve une exceptionnelle collection de tapisseries. Ici, panneau de l'automne (Tournai, fin 15e s.) : des petits personnages, entourés de pampres et de raisins, grimpent à un pommier.

alentours

Cinq-Mars-la-Pile

5 km au Nord-Est par la N 152. Le village tire son nom d'un curieux monument en forme de tour ou de **pile**, datant de l'époque gallo-romaine, qui domine le coteau un peu à l'Est de la localité. C'est une construction carrée de 5 m de côté et haute de 30 m, terminée par quatre petites pyramides. Selon toute vraisemblance, il s'agit d'un mausolée du milieu du 2e s. ap. J.-C.

Château – ♿ *De juil. à mi-sept. : tlj sf mar. (hors j. fériés) 11h-20h ; de mi-avr. à fin juin et de mi-sept. à fin oct. : w.-end 11h-18h. Fermé nov.-mars. 15F. ☎ 02 47 96 40 49.*

Deux tours rondes des 11e et 12e s. signalent sur le coteau les vestiges du château féodal où naquit Henri d'Effiat, marquis de Cinq-Mars. Convaincu d'avoir conspiré contre Richelieu, le célèbre favori de Louis XIII fut décapité à Lyon en 1642 à l'âge de 22 ans.

Les tours comprennent chacune trois salles superposées voûtées sur huit branches d'ogives ; du sommet, vue étendue sur la vallée de la Loire.

Un château végétal

Profitez du superbe **parc★** : jardin romantique, bois touffus, labyrinthe rigoureux, buis taillés, allées soigneusement tracées, ordre et désordre, pour se perdre... et se retrouver.

St-Étienne-de-Chigny

7,5 km au Nord-Est par la N 152, puis à gauche la D 76 et encore à gauche la D 126 vers le Vieux-Bourg.

À l'écart du village qui borde la levée de la Loire, le vieux Bourg regroupe dans la vallée de la Bresme quelques maisons anciennes aux pignons aigus.

L'**église★** a été construite en 1542 sous les auspices de Jean Binet, maître d'hôtel de François Ier et maire de Tours, dont les armes figurent à l'extérieur et à l'intérieur, formant litre. Remarquable **charpente** à entraits sculptés d'énormes masques grotesques et, dans le chœur, d'un Jonas dans le ventre de la baleine. Au chevet, une **verrière** du 16e s. représente la Crucifixion entre les donateurs, Jean Binet et Jeanne de La Lande, son épouse. Dans le bras Nord du transept : *Vierge à l'Enfant*, peinture de l'école française du 16e s., et peinture murale représentant le pape saint Clément, patron des bateliers. Fonts baptismaux du 16e s. avec bénitier. *De juin à fin sept. : 9h-18h.*

St-Michel-sur-Loire

Château de Planchoury à 4 km à l'Ouest par la N 152. ♿ D'avr. à fin sept. : 10h-18h. 39F. ☎ 02 47 96 81 52.

Musée Keyaerts – Collectionneur passionné au point de négocier sur une autoroute le rachat d'une *Fleetwood Seventy-five,* **Robert Keyaerts** avait réussi à rassembler quelque 80 modèles de **Cadillac**, dont une soixantaine sont aujourd'hui exposés dans ce musée. Parmi la savoureuse palette de coloris (association banane-mandarine sur le phaéton double pare-brise de 1931...) se distinguent particulièrement les voitures de stars (l'Imperial Sedan V 8 1928 de Gaby Morlay, la Town cabriolet V 16 1933 de Marlène Dietrich...) et celles évoquant des films célèbres : *Le Corniaud, Gatsby le Magnifique.*

Château de Champchevrier★

12 km au Nord par la D 15, puis la D 34 ; prendre à droite à la sortie de Cléré-les-Pins. Juil.-sept. : visite libre des dépendances, visite guidée du château (3/4h) 11h-18h ; mai-juin : w.-end et j. fériés 11h-18h. 45F. ☎ 02 47 24 93 93.

Occupant un site très anciennement connu comme lieu fortifié, l'édifice actuel, qui a succédé au 16e s. à la forteresse primitive, a été remanié au 17e s. et 18e s. Singulier exemple d'enracinement géographique et social, la même famille l'habite depuis 1728.

Chromes éblouissants d'une « belle américaine » au musée Keyaerts.

Cadillac-sur-Loire

La plus prestigieuse des marques automobiles américaines, née au début du siècle à Detroit, porte le nom du fondateur français de cette ville, Antoine de La Mothe Cadillac. Servie par le talent de Harley Earl, styliste exceptionnel, Cadillac, devenue au cours des années 1920 le fleuron de General Motors, incarnera après la guerre les « années glamour », avec ses coupés série 62, ses cabriolets Eldorado équipés d'extravagants ailerons-fusées, de provocants « dagmars » (butoirs de pare-chocs en forme d'obus), de calandres carnassières et de pare-brise bombés comme des cockpits d'avions.

Des douves de la fin du 17e s. entourent complètement le château.

Fraîcheur d'origine

La suite de **tapisseries★** dite des *Amours des dieux*, fut exécutée d'après des cartons de Simon Vouet par la manufacture royale d'Amiens ; tons très variés, d'une rare fraîcheur.

◀ À **l'intérieur**, beaux meubles d'époque Régence dont certains sont encore recouverts de leurs tapisseries d'origine, tissées à Beauvais (couleurs remarquablement conservées). Les boiseries du grand escalier, à caissons polychromés, proviennent du château de **Richelieu**, démoli en 1805.

Les pièces de service (lingerie, cuisine...) offrent des témoignages intéressants de la vie de tous les jours dans une grande demeure familiale.

Champchevrier, placé au cœur d'un pays forestier jadis hanté par les loups, abrite le plus vieil équipage de France (1804). À travers trophées et collections, il entretient cette tradition de vénerie et conserve un chenil où s'ébattent environ 70 sympathiques et solides chiens de meute anglo-français.

Lavardin★

Peintres amateurs, photographes, Lavardin vous offre un sujet de choix : comme une estampe romantique les ruines de son château féodal, juchées sur leur promontoire, dominent l'un des plus beaux villages de France, avec son gracieux pont gothique et ses berges ombragées.

Restauration

Le Relais d'Antan – *6 pl. du Capitaine-Vigneau - ☎ 02 54 86 61 33 - fermé vacances de Toussaint, de fév., lun. soir de nov. à mars et mar. - 100/190F.* Qu'elle est jolie cette vieille auberge ! Après la visite de Lavardin, attablez-vous dans l'accueillante petite salle ou sur la superbe terrasse sur le Loir pour y faire un délicieux repas. Et pour varier les plaisirs, le menu change toutes les semaines.

La situation

Cartes Michelin n°s 64 pli 5 ou 238 pli 1 – Schéma p. 365 – Loir-et-Cher (41). Au Sud de Vendôme (D 917), Lavardin occupe la rive gauche du Loir. Belle vue du château depuis la petite route de Saint-Arnoult.

Le nom

Les Celtes occupaient déjà ce promontoire, nommé par les Romains *Labardinus*.

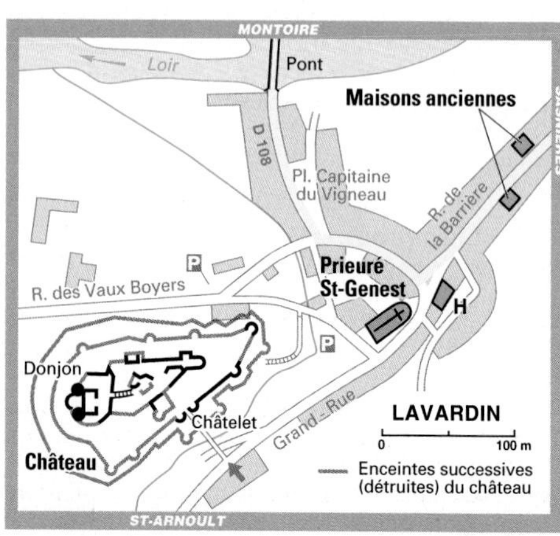

Les gens
262 Lavardinois. Propriété des comtes de Vendôme, la forteresse connut bien des misères : successivement assiégée par Henri II Plantagenêt et Richard Cœur de Lion, puis par la Ligue, le prince de Conti... elle fut en fin de compte démantelée par Henri IV.

se promener

Maisons anciennes
L'une, du 15e s. à pans de bois, l'autre, dite de Florent Tissard, Renaissance avec un oratoire en encorbellement, des lucarnes à meneaux et pilastres, et une loggia sur cour.

Dans la **mairie**, deux belles salles du 11e s. avec des voûtes du 15e s., celle du rez-de-chaussée servant de salle d'exposition. *Mer. et ven. 16h-19h, sam. 8h30-12h. Gratuit. ☎ 02 54 85 07 74.*

Depuis le **pont** du 13e s., jolie perspective sur les rives verdoyantes du Loir. ▶

Curiosité
Ne quittez pas le village sans jeter un coup d'œil sur les habitations troglodytiques. Un petit chemin, derrière l'église, grimpe à mi-coteau et longe quelques habitations creusées dans la roche.

Dominant le pont médiéval qui conduit au village, les ruines du château sont encore très impressionnantes.

visiter

Château
De fin mai à mi-sept. : 11h-12h, 15h-18h. 20F. ☎ 02 54 85 07 74.

Ce château, principale place forte des comtes de Vendôme au Moyen Âge, joua dès le 12e s. un rôle important dans l'histoire militaire en raison de sa position entre les domaines de la France capétienne et les possessions des rois angevins.

Par la Grand-Rue, qui longe le front Sud du château, empruntez la passerelle du châtelet. Bien que très endommagées, ses ruines impressionnantes permettent encore de se faire une bonne idée des trois enceintes successives, du châtelet (12e-15e s.) et du donjon rectangulaire (11e s.) de 26 m de haut, renforcé au siècle suivant de tours d'égale hauteur. La dernière enceinte, appelée chemise, est la mieux conservée.

Prieuré St-Genest
Cet édifice de style roman primitif est précédé par un clocher-porche carré. Dans les murs ont été remployés des bas-reliefs ; ceux de l'abside représentent les signes du zodiaque.

Intérieur – Les trois vaisseaux de l'église sont séparés par des piles carrées à impostes délicatement sculptées au début du 12e s.

En passant sous l'arc triomphal, on accède au chœur terminé par une abside en cul-de-four : de curieux piliers romans, vestiges probables d'un édifice antérieur, portent des chapiteaux inachevés, mais sculptés d'animaux fantastiques. Dans le bas-côté Nord : ravissantes colon-

Enfer et paradis
Dans l'absidiole de droite, un saint Christophe et un savoureux Jugement dernier (15e s.) où sont décrits le paradis (en haut) et l'enfer ; sur les piliers de la nef et des bas-côtés, des effigies (16e s.) de saints vénérés dans la région ; remarquez le Martyre de sainte Marguerite sur le mur du bas-côté droit, la Crucifixion de saint Pierre sur un pilier du côté gauche de la nef, ainsi que la Messe de saint Grégoire.

◀ nettes romanes, torsadées. Les nombreuses **peintures murales** ont été exécutées du 12e au 16e s. ; les plus anciennes, stylisées et majestueuses, ont pour sujets le Baptême du Christ et l'Arbre de Jessé. Celles du chœur et de l'abside présentent un ensemble bien conservé : scènes de la Passion, à droite, et le Lavement des pieds, à gauche, encadrent un Christ en majesté escorté des symboles évangéliques.

alentours

Parc et jardin du domaine de Sasnières

6 km à l'Est par la D108. Pâques-Toussaint : tlj sf mar. et mer. 10h-18h. 40F. ☎ 02 54 82 92 34.
Charmant jardin anglais de 3,5 ha planté d'arbres et d'arbustes, avec un bel étang creusé au pied d'un coteau. Riche en essences diverses, à visiter de préférence au printemps et en été pour ses magnolias et ses rosiers, ou à l'automne pour les couleurs somptueuses de ses feuillages.

Vallée du Layon

Restauration
Le Relais de Martigné – *Rte de Vihiers - 49540 Martigné-Briand - ☎ 02 41 59 42 14 - fermé vacances de fév., mar. soir, mer. soir et dim. soir - 78/162F.*
Lors de votre découverte de la vallée et de sa production viticole, vous pouvez faire étape dans ce modeste restaurant. Vous ne serez pas séduit par son décor, mais la cuisine, simple, rallie tous les suffrages, d'autant que les prix sont fort raisonnables. Terrasse.

Il coule, il coule, le Layon... Sa rivière d'abord, canalisée sous Louis XVI, qui occupe une riante région de vignobles, de cultures fruitières (noyers, pêchers, pruniers...), avec ses coteaux couronnés de moulins, et ses villages vignerons aux cimetières plantés de cyprès. Quant à son vin blanc moelleux, aux arômes délicats, il ne manquera pas de réjouir bien des amateurs.

La situation

Cartes Michelin nos 67 plis 6, 7, 232 plis 31, 32 ou 4049 de E 4 à H 6 – Maine-et-Loire (49). Le Layon, qui prend sa source aux confins du Poitou, serpente longuement avant de se jeter dans la Loire, en aval d'Angers.

Le nom

Comme la rivière, son vin coule avec douceur et bonheur...

Les gens

Autrefois quelques meuniers, quelques bénédictins, des tonneliers... et des vignerons bien sûr, toujours nombreux et actifs aujourd'hui encore, dans leurs vignes, leurs caves et leurs pressoirs.

itinéraire

DU HAUT LAYON AUX COTEAUX DU LAYON

72 km – environ 3 h 1/2

Les Cerqueux-sous-Passavant

Far-West au Layon
Bisonland a planté ses tipi, lodge et autre wigwam, ainsi qu'un campement « Tatanka » à quelques pas de ses placides ruminants.

Sur les terres du château (19e s.) des Landes, ◀ **Bisonland** offre une terre d'accueil inattendue aux bisons d'Amérique et aux daims. Plusieurs habitations spécifiques de différentes tribus indiennes ont même été reconstituées. ♿ *Juil.-août : visite guidée (3/4h) 10h-19h. 35F. ☎ 02 41 59 58 02.*
Artisanat indien et vente... de viande de bison (à consommer avec modération).
Prendre la direction de Cléré-sur-Layon (D 54). À l'entrée de la localité tourner à gauche en direction de Passavant.

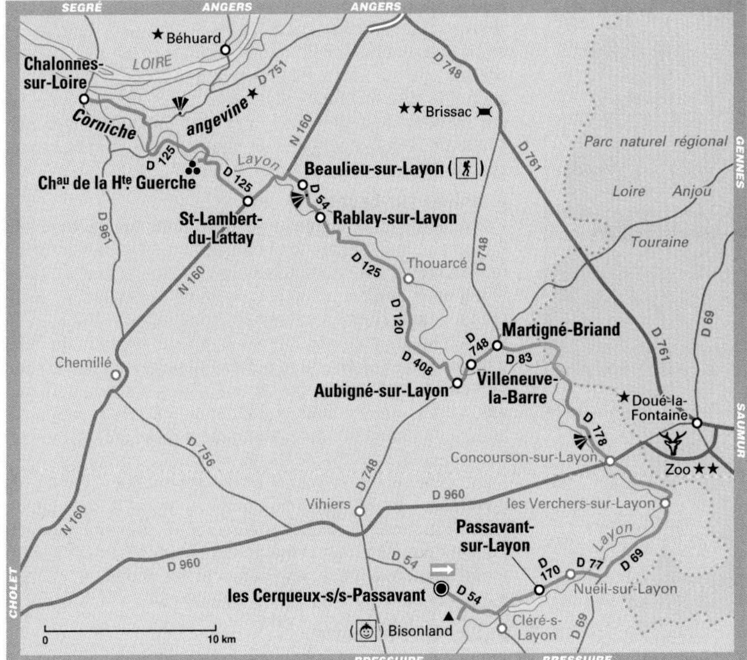

Passavant-sur-Layon

Dans cet agréable village, au bord d'un étang formé par le Layon, imposants vestiges du château.

Prendre la direction de Nueil-sur-Layon ; là, tourner à droite après l'église dans la D 77, puis, après le pont sur le Layon, prendre à gauche vers Doué-la-Fontaine.

À Passavant, paysage encore poitevin avec ses haies, ses chemins creux, ses fermes à toits de tuiles romaines. Des **vignobles** couvrent les pentes bien exposées et, à Nueil, les ardoises apparaissent.

À la sortie des Verchers, prendre à gauche vers Concourson.

Dominant le Layon, la route traverse une belle et douce campagne, offrant après Concourson une vue étendue sur la vallée.

Après St-Georges continuer vers Brigné, puis à gauche vers Martigné-Briand.

Martigné-Briand

Village vigneron entourant un château très endommagé par les guerres de Vendée. L'édifice, construit au début du 16e s., présente sur sa façade Nord des baies vitrées ornées de motifs flamboyants.

Sur la D 748 vers Aubigné, tourner à droite vers Villeneuve-la-Barre.

Villeneuve-la-Barre

Traversant ce petit village fleuri, la route mène au **monastère des bénédictines**, beau bâtiment à la cour accueillante ; demandez à voir la chapelle, d'un dépouillement très moderne, aménagée dans une ancienne grange et ornée de vitraux blancs aux dessins abstraits.

Aubigné-sur-Layon

Bourg pittoresque conservant de belles demeures. À côté de l'église (11e s.) s'élève une ancienne porte fortifiée où subsistent les traces de la herse et du pont-levis.

Quitter Aubigné vers Faveraye-Mâchelles, et prendre à droite la D 120 qui traverse le village ; après avoir coupé la D 24, on rejoint la D 125 vers Rablay.

Un nectar doré

Vin blanc moelleux, fin et délicat, le coteaux-du-layon est produit par les cépages chenin ou pineau, vendangés tard en septembre, lorsque le grain commence à se couvrir de pourriture noble. Deux crus sont réputés : le **bonnezeaux** et le **quart de chaume,** excellents vins de garde.

Sorties

Le Métro – *Les Grandes Noues - 49750 Beaulieu-sur-Layon - ☎ 02 41 78 30 97 - Jeu.-sam. à partir de 23h.* La plus grande discothèque de la région avec une capacité de 3 000 personnes. Il y a du monde, de l'ambiance, et tous les genres de musique. Pour y venir, suivre les lasers qui illuminent le ciel dans un rayon de 10 km.

Rablay-sur-Layon

Bourg vigneron bien abrité. Dans la Grande-Rue, maison ancienne en encorbellement, à brique et pans de bois, la maison de la Dîme (15e s.). Un bâtiment du 17e s. accueille des échoppes d'artistes.

On traverse le Layon par la D 54 avant de longer une sorte de cirque tapissé de vignes ; du plateau, vue étendue sur la vallée.

À PIED

Une ancienne ligne de chemin de fer aménagée en sentier de randonnée pédestre longe le Layon sur 25 km. Avis aux amateurs de balades champêtres et de déjeuners sur l'herbe (modérément arrosés de vin du Layon).

Beaulieu-sur-Layon

Cette petite cité vigneronne dominant les coteaux du Layon (table d'orientation) conserve quelques maisons à la Mansart ; en particulier la mairie, installée dans l'ancienne demeure du régisseur de l'abbesse du Ronceray. Dans l'ancienne **église**, fresques du 13e s. À la sortie Ouest, à droite sur la D 55, le **caveau du Vin** expose une collection de bouteilles anciennes et de verres à vin d'Anjou. *De fin mai à déb. sept. : tlj sf mar. 10h-12h15, 14h30-18h30 ; de déb. sept. à fin mai : tlj sf mar. et w.-end 14h-17h. Sur demande auprès de l'Office de tourisme. Gratuit. ☎ 02 41 78 65 07.*

La grande route descend dans une vallée aux parois creusées de caves et de carrières. Au lieu-dit Pont Barré, joli coup d'œil sur le cours resserré du Layon et sur un pont médiéval ruiné, témoin, le 19 septembre 1793, d'un violent combat entre les Blancs et les Bleus.

Rejoignez la N 60 et la suivre vers le Sud.

St-Lambert-du-Lattay

ŒNOLOGUES EN HERBE

Ne manquez pas la salle appelée « l'Imaginaire du vin ». Vous y aurez à exercer votre nez, vos yeux et vos papilles...

◀ **Musée de la Vigne et du vin d'Anjou** –Installé dans les celliers de la Coudraye, ce petit musée évoque l'univers du vigneron angevin. Outils de vignerons et de tonneliers, illustrations, collection de pressoirs. *D'avr. à fin oct. : tlj sf lun. 10h-12h, 14h30-18h30 (juil.-août : tlj 10h-18h30). 27F. ☎ 02 41 78 42 75.*

La route de St-Aubin-de-Luigné, sinueuse et accidentée, court dans les vignes du quart de chaume.

Peu avant St-Aubin, tourner à gauche dans la D 106, puis bientôt à droite.

Château de la Haute-Guerche

De juil. à fin août : 10h-12h, 14h-18h. Gratuit. ☎ 02 41 78 41 48.

Bâtie sous Charles VII, cette forteresse dominant la vallée, incendiée pendant les guerres de Vendée, ne dresse plus que les ruines de ses tours. Large vue sur la campagne.

Gagnez Chaudefonds et prendre la route d'Ardenay qui rejoint la Corniche Angevine★ (voir ce nom).

Loches★★

Puissante forteresse militaire, puis séjour royal et palais Renaissance, Loches est d'abord le château d'une femme : Agnès Sorel, favorite de Charles VII, la « Dame de Beauté », dont vous retrouverez les traits gravés dans l'albâtre de son gracieux gisant. Mais Loches peut également prendre une teinte plus sombre, avec ses célèbres cachots, et la « cage » du cardinal La Balue ; ou plus éclatantes, avec le sublime triptyque de l'école de Jean Fouquet. La petite ville authentiquement médiévale, serrée autour de ses remparts, commande aussi la charmante vallée de l'Indre, toute de calme et de verdure.

La situation

Cartes Michelin nos 68 pli 6, 238 Sud des plis 13, 14 ou 4037 G 5 – Indre-et-Loire (37). Sur la rive gauche de l'Indre, très au Sud d'Amboise et de Chenonceaux, Loches s'étage au

La puissante forteresse médiévale de Loches est, à maints égards, comparable à celle de Chinon.

long d'une colline abrupte. Une vaste forêt, très vallonnée, entoure encore la ville. Difficile d'avoir une vue d'ensemble du château, en raison de son escarpement : gagnez le jardin public, en bordure de l'Indre. De là vous pourrez mieux détailler l'église St-Ours et la façade Sud de l'édifice, son logis neuf et son logis vieux.

🅸 *Pl. de la Marne, BP 112, 37601 Loches, ☎ 02 47 91 82 82.*

Le nom

L'origine en est ténébreuse, comme sa forêt... *Lucas castrum* (Loches au 8ᵉ s.) provient-il du latin *lucus*, bois ?

Les gens

6 328 Lochois. Outre les prisonniers célèbres de Louis XI (le cardinal La Balue, Philippe de Commines, Ludovic Sforza...), trois femmes illustres ont marqué la ville : Jeanne d'Arc, Agnès Sorel et Anne de Bretagne. Né à Loches, Alfred de Vigny n'y demeura que quelques mois.

En 1429, après sa victoire à Orléans, Jeanne d'Arc y retrouve Charles VII pour le décider à prendre la route de Reims et du sacre.

L'ARROSEUR ARROSÉ

Le cardinal **Jean Balue** (ou La Balue), à qui on attribue l'ingénieuse invention des « cages », eut d'ailleurs à les connaître. Très en grâce auprès de Louis XI qui le comblait d'honneurs, il complotait secrètement avec le duc de Bourgogne ; démasqué en 1469, il fut emprisonné à Loches jusqu'en 1480 et vécut encore 11 ans après sa libération.

découvrir

LA CITÉ MÉDIÉVALE★★

Loches est un peu à l'image de Chinon : une fois dans le centre, inutile de chercher le moindre bâtiment moderne. Tout ici ou presque est resté figé aux temps du 15ᵉ s. et de la Renaissance, sauf les commerces bien sûr, et les nombreux étals qui animent le bas de la ville aux jours de marché.

carnet pratique

RESTAURATION

• ***À bon compte***

L'Estaminet – *Pl. de l'Abbaye - 37600 Beaulieu-lès-Loches - ☎ 02 47 59 35 47 - fermé 26 fév. au 5 mars, dim. et lun. - 73/90F.* Sur une jolie place arborée, au pied d'une abbaye du 11ᵉ s., ce vrai troquet de campagne a bien un petit air du Nord. Tandis que des habitués jouent aux cartes près du comptoir, vous goûterez la cuisine familiale dans la petite salle ou en terrasse.

HÉBERGEMENT

• ***À bon compte***

Chambre d'hôte Le Gîte du Petit Marray *– 37310 Chambourg-sur-Indre - 5 km au N de Loches par N 143 dir. Tours - ☎ 02 47 92 50 67 - 4 ch. : 290/390F - repas 130F.* Cette grande maison d'hôte est en pleine campagne, au milieu d'un grand jardin. Un petit étang apporte une petite fraîcheur aquatique. Les chambres sont spacieuses et joliment décorées.

LOCHES

Anciens A.F.N. (Pl. des) .... Z
Auguste (Bd Ph.) .... Z
Balzac (R.) .... ZY
Bas-Clos (Av. des) .... Y 2
Blé (Pl. au) .... Y 3
Château (R. du) .... YZ 5
Descartes (R.) .... Y 7
Donjon (Mail du) .... Z
Droulin (Mail) .... Z
Filature (Q. de la) .... Y 8
Foulques-Nerra (R.) .... Z 9
Gaulle (Av. Gén.-de) .... Y 10
Grand Mail (Pl. du) .... Y 12
Grande-Rue .... Y 13
Lansyer (R.) .... Z 14
Marne (Pl. de la) .... Y
Mazerolles (Pl.) .... Y 15
Moulins (R. des) .... Y 16
Pactius (R. R.) .... Z 17
Picois (R.) .... Y
Poterie (Mail de la) .... Z
Ponts (R. des) .... Y 18
Porte-Poitevine
(R. de la) .... Z 19
Quintefol (R.) .... YZ
République (R. de la) ...... Y
Ruisseaux (R. des) .... Z 20
St-Antoine (R.) .... Y 21
St-Ours (R.) .... Z 22
Tours (R. de) .... Y
Verdun (Pl. de) .... Y
Victor-Hugo (R.) .... Y
Vigny (R. A.-de) .... Y
Wermelskirchen
(Pl. de) .... Y 29

Chancellerie .... Y B
Hôtel de ville .... Y H
Maison Lansyer ..... Z M
Porte Picois .... Y E
Tour Agnès-Sorel .... Z K
Tour St-Antoine ..... Y N

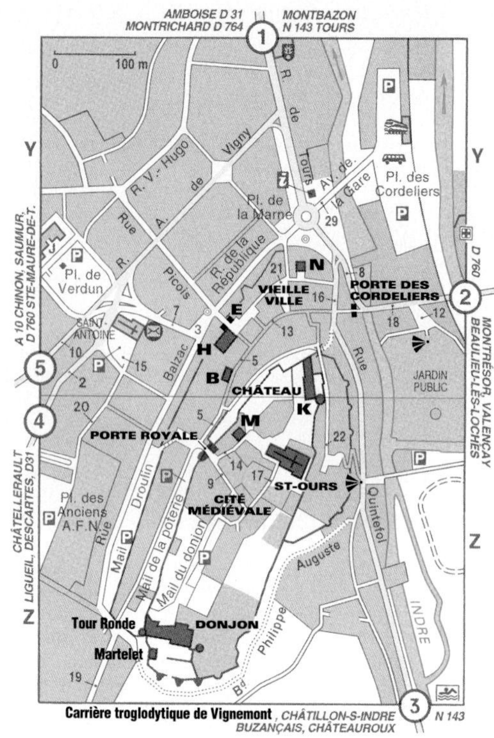

Le Japon à Loches

Outre les tableaux du peintre (paysages, portraits), le musée conserve son intéressante collection d'art japonais et de gravures (Canaletto, Millet, Corot...).

Laisser la voiture sur le mail Droulin. Visite : 3 h.

L'enceinte de la cité médiévale mesure plus d'un kilomètre et n'est percée que de deux portes.

Porte Royale★

La porte Royale (11e s.), puissamment fortifiée, a été flanquée de deux tours au 13e s. On y voit encore les saignées servant au pont-levis, et les mâchicoulis.

Passer la porte Royale, et prendre à gauche la rue Lansyer.

Au no 1, la **maison Lansyer**, demeure familiale du peintre lochois Emmanuel Lansyer (1835-1893), semble accrochée aux remparts en plein cœur de la cité royale. Ami du poète José-Maria de Heredia, Lansyer fut également élève de Viollet-le-Duc et de Gustave Courbet. *Juil.-août : 10h-19h ; juin et sept. : tlj sf mar. 10h-19h ; avr.-mai et d'oct. à déb. nov. : tlj sf mar. 10h-12h, 13h30-18h. Fermé de déb. nov. à fin mars. 26F. ☎ 02 47 59 05 45.*

Église St-Ours★

L'ancienne collégiale Notre-Dame, devenue église paroissiale en 1802, est dédiée à saint Ours, évangélisateur du Lochois au 5e s.

Le logis royal de Loches où vécut Agnès Sorel.

Une forteresse de mille ans

La forte position naturelle de Loches a été utilisée depuis au moins le 6e s. : Grégoire de Tours mentionne dans son *Histoire des rois francs* la présence à cette époque d'une forteresse dominant un monastère et une bourgade. Du 10e au 13e s., Loches appartient aux comtes d'Anjou, qui remodèlent la forteresse en installant un palais résidentiel et un château à motte à l'extrémité du promontoire. Henri II Plantagenêt en renforce encore les défenses. À sa mort, en 1189, son fils **Richard Cœur de Lion** prend possession des lieux avant de partir à la croisade en compagnie de Philippe Auguste. Donné à Dreu V, Loches est racheté en 1249 par Saint Louis et devient résidence royale.

Le lion et le renard

Machiavélique, Philippe Auguste abandonne Richard en Orient et rentre hâtivement en France en 1191 où il se met à intriguer avec Jean sans Terre, qui accepte de lui livrer la forteresse en (1193). Richard enfin libre – il avait été retenu captif en Autriche – accourt et enlève, par surprise, le château (1194) en moins de trois heures, exploit dont retentirent les chroniques du temps. Richard mort, Philippe Auguste prend sa revanche, mais avec moins de brio : le siège dure un an (1205).

Le porche de type angevin abrite un **portail roman** richement orné, sculpté d'animaux étranges, dont la partie haute, très mutilée, est consacrée à la Vierge et aux Rois mages. À l'entrée, le bénitier est creusé dans la colonne d'un temple gallo-romain.

La nef est couverte par les célèbres **dubes**, édifiées par le prieur R. Pactius au 12e s. Ces deux pyramides octogonales, dressées entre les tours, sont d'un type habituellement employé pour les clochers, les cuisines ou les lavabos monastiques. Les « dubes » sont l'appellation ancienne des couvercles de fonts baptismaux en forme de pyramide.

En sortant de l'église, gagner le château à main droite.

Château★★

De mi-mars à fin sept. : 9h30-18h (juil.-août : 9h-19h) ; d'oct. à mi-mars : 9h30-12h, 14h-17h. Fermé 1er janv. et 25 déc. 24F, 32F (donne accès au donjon). ☎ 02 47 59 01 32.

La visite commence par la **tour Agnès-Sorel**, du 13e s., connue sous le nom de « tour de la Belle-Agnès ».

Logis royaux – Depuis la terrasse Est *(belle vue sur Loches et la vallée de l'Indre)*, on réalise que l'édifice comprend deux parties, bâties à des époques différentes. La plus ancienne et la plus haute accuse le besoin de sécurité des châteaux forts : quatre tourelles sont engagées dans le mur et un chemin de ronde les relie, à la base du toit. Ce vieux logis (14e s.) a été prolongé sous Charles VIII et Louis XII par une demeure de plaisance, le nouveau logis, où se manifestent les goûts de la Renaissance.

On pénètre dans le **vieux logis** par la chambre de retrait de Charles VII. Dans cette grande salle (vaste cheminée), les 3 et 5 juin 1429, Jeanne d'Arc vint presser Charles VII de se rendre à Reims.

Le **gisant d'Agnès Sorel★** semble éclairé d'une grâce intérieure, paisible et poétique : deux anges soutiennent la tête d'Agnès, qu'un demi-sourire illumine, tandis que deux agneaux – rappel de son prénom et symbole de douceur – couchent à ses pieds. Pendant la Révolution, des soldats prirent la favorite pour une sainte, tailladèrent la statue, profanèrent son tombeau et dispersèrent ses restes. Le monument fut restauré à Paris sous le Premier Empire. Les restes, dont la tête, sont rassemblés sous le monument.

Sculpté dans l'albâtre, du gisant d'Agnès Sorel émanent douceur et paix tant par l'expression des visages et la grâce des postures que par le traitement de détail des remarquables chevelures et drapés.

Dans la même salle, portrait de la Vierge entourée d'anges bleus et rouges que **Fouquet** a peinte sous les traits d'Agnès Sorel (original à Anvers ; la coiffure à front dénudé que porte la Vierge (alias Agnès Sorel) réclamait une épilation des cheveux jusqu'à mi-crâne, et avait été mise à la mode à Venise).

Un peu plus loin, magnifique **triptyque★** attribué à l'école de Jean Fouquet (15e s.) : Crucifixion, Portement de croix, Déposition, font éclater une symphonie de verts, de rouges et de bleus, où la Vierge évanouie et le

La Dame de Beauté

Châtelaine de Beauté (Beauté-sur-Marne, domaine près de Paris que lui offrit Charles VII et qui lui valut son surnom), Agnès Sorel est née au château de Fromenteau en Touraine en 1422. Célèbre pour ses charmes, la favorite du roi Charles VII (à qui elle donna quatre filles) abandonne la cour de Chinon où le Dauphin, futur Louis XI, lui crée mille difficultés, pour venir vivre à Loches. Son influence sur le roi est souvent heureuse ; elle le guérit de ses dépressions et l'encourage dans son œuvre de redressement du royaume. Mais son goût du faste pèse lourdement sur les maigres finances du royaume.

Elle mourut le 9 février 1450 à Jumièges où elle avait rejoint Charles VII en campagne. Sa dépouille fut ramenée à Loches et placée dans la collégiale.

Œuvre de pur style gothique, l'oratoire d'Anne de Bretagne était à l'origine polychrome : fond azur, hermines argentées, cordelières dorées.

Christ crachant son sang stupéfient par leur réalisme tragique. L'**oratoire** d'Anne de Bretagne est une pièce minuscule, finement ornée de l'hermine bretonne et de la cordelière de saint François.

Gagner le donjon à travers les rues de la cité médiévale.

Donjon★★

De mi-mars à fin sept. : 9h30-19h (juil.-août : 9h-19h) ; d'oct. à mi-mars : 9h30-13h, 14h30-18h. 24F, 32F (donne accès au Logis Royal). ☎ *02 47 59 07 86.*

Élevé au 11e s. par Foulques Nerra pour défendre au Sud le côté vulnérable de la forteresse, le donjon est une puissante construction carrée qui forme avec ses annexes, la tour ronde et le Martelet, un ensemble imposant. À l'intérieur, les planchers des trois étages ont disparu, mais on distingue encore sur les murailles trois séries de cheminées et de baies. L'escalier (160 marches) qui conduit au sommet (37 m) vous permettra de découvrir une belle vue sur la ville, la vallée de l'Indre et la forêt de Loches.

Tour ronde – Elle fut construite au 15e s., ainsi que le Martelet, pour compléter les fortifications. À gauche, dans le pavillon d'entrée, le cachot de Philippe de Commines renferme un carcan de 16 kg, ainsi qu'une reconstitution de la célèbre « cage de Louis XI ». 102 marches mènent à la terrasse, avec vue sur les douves et les alentours.

Martelet – Cet édifice constitué par plusieurs étages de souterrains renferme les cachots les plus impressionnants. Le premier est celui de **Sforza**, dit le More, duc de Milan, fait prisonnier par Louis XII.

Au-dessous, éclairé par un rai de lumière, le cachot où les évêques d'Autun et du Puy, compromis dans la rébellion du connétable de Bourbon contre François Ier, eurent tout loisir de creuser dans la muraille un petit autel et un chemin de croix symbolique. À la base du Martelet s'ouvrent d'anciennes galeries souterraines de carrières ; au 16e s., elles desservaient les caponnières, petits ouvrages fortifiés qui flanquaient les remparts.

En sortant du Martelet, rejoindre la porte Royale et prendre à droite la rue du Château pour flâner à travers la vieille ville qui s'est constituée à la base de la forteresse.

Carrière troglodytique de Vignemont

55 ter r. des Roches (au Sud dir. Châteauroux), parking de la piscine municipale. ☎ *02 47 91 54 54. Pensez à vous couvrir car la température intérieure est de 13°.* Le parcours aménagé (600 m) vous apprendra tout sur l'extraction et l'utilisation du tuffeau, fameuse pierre blanche qui donne tant d'éclat aux châteaux et villages du Val de Loire. Une excellente introduction à la visite de la région.

LA VIEILLE VILLE★

On se trouve à l'intérieur de la seconde enceinte, où les rues se faufilent parmi les vieilles maisons de tuffeau. On passe devant la **Chancellerie**, d'époque Henri II, décorée de colonnes cannelées, de pilastres et de jolies grilles de balcon en fer forgé. Accolée à l'**hôtel de ville★**, gracieux édifice Renaissance aux balcons fleuris, la **porte Picois**, du 15e s., est couronnée de mâchicoulis. De là, gagner la **tour St-Antoine**, l'un des

LES CAGES DE LOUIS XI (FIN DU 15E S.)
Les cages étaient constituées d'un treillis de bois couvert de fer. Les plus confortables mesuraient 2 m sur toutes les faces. Mais il y avait un modèle plus aplati, où le détenu ne pouvait se tenir que couché ou assis. D'après la légende, le prisonnier n'en sortait jamais ; il semble cependant que les cages étaient utilisées surtout la nuit, ou pour le transport des prisonniers.

rares beffrois du centre de la France (16e s.) et poursuivre jusqu'à la **porte des Cordeliers★**, de la fin du 15e s., seule conservée, avec la porte Picois, des quatre portes de l'ancienne enceinte de la ville ; c'était la principale entrée de Loches, où passait la route d'Espagne.
Passer sous la porte pour voir sa façade côté rivière, flanquée d'échauguettes et bordée de mâchicoulis. Traverser le pont et se rendre dans le jardin public d'où l'on a une bonne vue sur la cité médiévale.

L'INSATISFAIT
Sforza expia pendant quatre ans, à Loches, ses roueries et ses traîtrises. Ludovic, qui fut le protecteur de Léonard de Vinci à Milan, a couvert son cachot de peintures et d'inscriptions. Gravés dans la pierre, on a longtemps pu lire ces mots (maintenant effacés) qui, en un pareil lieu, ne surprendront personne : « Celui qui n'est pas contan. »

alentours

Beaulieu-lès-Loches
Ce village contient les ruines d'une abbaye, fondée en 1004 par Foulques Nerra qui s'y fit enterrer. L'**église abbatiale** est dominée par un majestueux clocher roman. Les croisillons du transept datent aussi de l'époque romane, tandis que la nef et le chœur ont été reconstruits au 15e s., après leur destruction par les Anglais en 1412. À voir également : la pietà du 15e s., les statues de terre cuite du 18e s. dans le chœur et, dans la sacristie, les portraits et le bas-relief de la Cène, du 17e s. *Pâques-Toussaint : visite sur demande 10h-18h30 ; Toussaint-Pâques : 10h-16h. M. Bernard. ☎ 02 47 91 56 89.*
À droite de l'église, sur la place aménagée à l'emplacement du cloître, l'ancien logis abbatial est flanqué d'une curieuse chaire extérieure, dite de Montpellier.
Dans l'ancienne **église St-Laurent**, trois belles nefs à voûtes bombées angevines et un beau clocher roman ont résisté au temps.

Bridoré
14 km au Sud-Est par le Sud du plan
Église – (fin 15e s.). Elle est dédiée à saint Roch dont une statue (15e s.) se dresse à droite, dans la nef. Bas-relief du 16e s. représentant la légende de saint Hubert.
Château – *De juin à fin sept. : visite guidée (1h) 13h-19h. 30F. ☎ 02 47 94 72 63.*
Propriété du maréchal Boucicaut au 14e s., le château fut remanié au 15e s. par Imbert de Bastarnay, secrétaire de Louis XI. Bel ensemble bordé de tours, de caponnières et, sur trois côtés, de profondes douves sèches. À noter en particulier, le porche d'entrée, flanqué d'une tour ronde à mâchicoulis, et le donjon-porche à lucarne Louis XII et échauguettes latérales, coiffées de poivrières ; le logis seigneurial est accolé au donjon.

itinéraire

VALLÉE DE L'INDRE★
27 km au Nord-Ouest par le Nord du plan, la N 143 et la D 17 – environ 1 h
De Chambourg-sur-Indre à Esvres, la D 17 longe l'Indre bordée de moulins, de vieilles églises, de villages

L'Indre, verdoyante et vagabonde, paresse sous les saules et les tilleuls, parmi les joncs.

paresseusement endormis sous les tilleuls ou les saules, quelques barques amarrées çà et là parmi les joncs.

Azay-sur-Indre

Au confluent de l'Indre et de l'Indrois, Azay se blottit au pied du parc de son château, dont La Fayette fut propriétaire.

Reignac-sur-Indre

Depuis qu'Ariane donna à Thésée un fil pour s'orienter dans le labyrinthe construit par Dédale, toutes les civilisations ont cherché à explorer ces espaces géométrico-philosophiques. Labyrinthus à Reignac-sur-Indre.

Du pont sur l'Indre, sur la route de Cigogné, on aperçoit le moulin de Reignac, au centre d'un petit bassin semé de bosquets.

Prendre la D 58 en direction de la N 143 jusqu'au lieu-dit Le Café Brûlé.

Labyrinthus-Touraine – ♿ *De déb. juil. à déb. sept. : 10h30-19h30 (dernière entrée 1h av. fermeture). 50F (enf. : 35F), 60F billet combiné parc et tour (enf. : 45F).* ☎ *02 47 42 38 37.*

☺ Dans un immense entrelacs de maïs et de fleurs (12 ha), comédiens, sculptures et musiques animent un immense labyrinthe végétal. Cette œuvre d'art éphémère, inspirée de dessins du 18e s., change chaque été : nouveaux tracés, nouveaux dessins, nouvelles plantes, chaque automne, tout disparaît sous le soc de la charrue. Et les nuits de pleine lune on y peut « jouer à se perdre sous les étoiles ». Une tour panoramique permet d'admirer la composition de l'ouvrage. *(Compter 3h).*

Cormery

Réputée pour ses macarons, Cormery étire en bordure de l'Indre ses rives pittoresques, jalonnées d'auberges. Près du pont subsiste un **ancien moulin** qui se cache sous de grands saules pleureurs, tandis qu'en aval la rivière baigne l'ancien lavoir.

Les savoureux macarons de l'abbaye de Cormery.

Ancienne abbaye – *Possibilité de visite guidée sur demande auprès de l'Office de tourisme.* ☎ *02 47 43 30 84.*

Fondée en 791, cette abbaye bénédictine fut supprimée mille ans plus tard, en 1791, et ses bâtiments, vendus comme biens nationaux, en grande partie détruits. Quelques vestiges permettent d'imaginer l'ampleur de l'édifice, ainsi qu'une maquette le représentant aux 14e et 15e s.

À côté de la mairie s'amorce la rue de l'Abbaye, qui passe sous une haute tour ruinée, la **tour St-Paul**, massif clocher-porche (11e s.) qui marquait l'entrée de l'église ; sous les baies supérieures, curieux appareil en écailles et en losanges et les bas-reliefs romans. Au pied de la tour, le **logis du prieur** est desservi par une élégante tour d'escalier. Dans la petite rue à gauche on aperçoit les arcades de l'**ancien réfectoire** (13e s.). Passant sous la tour, on entrait jadis dans l'église dont il ne reste rien ; la rue occupe aujourd'hui l'axe de l'édifice. Sur la gauche, la gracieuse chapelle gothique de l'abbé en constitue le seul vestige ; elle était autrefois reliée au **logis abbatial** qui se voit toujours sur la place, avec son appentis en colombage et sa tourelle.

Église N.-D.-du-Fougeray – Dominant la vallée, cet édifice roman à influences poitevines renferme une majestueuse abside à trois absidioles épaulées par des contreforts-colonnes.

Dans le cimetière, en face de l'église, autel et lanterne des morts du 12e s.

Traverser l'Indre et suivez la N 143 vers Tours sur 1 km, puis reprendre à gauche la D 17 jusqu'à Esvres.

Lorris★

Cette petite ville provinciale, où le « Roman de la Rose » a ouvert ses premiers pétales, a marqué notre histoire par l'établissement des « coutumes de Lorris », premier essai de libertés municipales octroyées par le roi. Elle a conservé quelques édifices anciens, dont une très belle église.

Contre le mur Sud de l'église Notre-Dame, est accroché l'un des plus anciens buffets d'orgues d'Europe.

La situation

Cartes Michelin nos 65 pli 1, 237 pli 42 ou 238 pli 7 ou 4045 G4 – Loiret (45). À l'extrémité Sud de la forêt d'Orléans, on découvrira Lorris par les petites routes, à mi-chemin de Montargis et de Châteauneuf-sur-Loire. ℹ *2 r. des Halles, 45260 Lorris, ☎ 02 38 94 81 42.*

Le nom

Lorriaci devient Lorris-en-Gastinois au 12e s., puis Lorris-la-Franche (charte de franchise modèle, octroyée en 1122 par Louis VI) avant de s'écourter, définitivement, en Lorris.

Les gens

2 674 Lorriçois. Résidence de chasse des rois capétiens, Lorris fut aussi fréquentée par Philippe Auguste, Blanche de Castille et Saint Louis. C'est ici que naquit, vers 1215, Guillaume de Lorris, auteur de la première partie du *Roman de la Rose* *(voir Meung-sur-Loire)*.

visiter

Église Notre-Dame★

Architecture d'une grande pureté, remarquable également par ses **statues** (12e-13e s.). Derrière le beau portail roman s'ouvre une nef gothique lumineuse où vous observerez, suspendus très haut, une **tribune** et un **buffet d'orgues★** sculptés, de 1501. Dans le chœur, les **stalles★** (fin 15e s.) représentent les prophètes et les sibylles, et des scènes de la *Légende dorée*, du Nouveau Testament ou de la vie familière. Un **musée** sur l'orgue et les instruments anciens est installé sous les combles de l'église.

ANGÉLIQUES

Au-dessus de l'ancien autel sont accrochés deux anges du 18e s. Dans le déambulatoire, statues polychromes, et belle Vierge d'albâtre (fin 15e s.) près des fonts baptismaux.

carnet pratique

RESTAURATION

• À bon compte

Auberge des Étangs – *7 av. de la Gare - ☎ 02 38 92 44 54 - fermé 8 j. en fév., 15 août au 15 sept., le soir et lun. - ⌧ - 53/130F.* Cet ancien café près de la gare a bien changé d'orientation. Sous l'œil attentif d'animaux empaillés, la patronne vous sert sa cuisine maison, généreuse et vraiment peu onéreuse. Un restaurant sans prétention, à deux pas du musée de la Résistance.

Musée départemental de la Résistance et de la Déportation

♿ Tlj sf mar. 10h-12h, 14h-18h, dim. 14h-18h. Fermé 1er janv., 1er mai, 25 déc. 30F. ☎ 02 38 94 84 19.

Dans l'ancienne gare rénovée, bien intégrée dans son cadre verdoyant, ce musée relate l'histoire de la Seconde Guerre mondiale et ses conséquences dans la région. La chronologie des faits, depuis les causes profondes de la guerre jusqu'à la Libération, est abondamment illustrée par des documents, des dioramas (exode des réfugiés, reconstitution d'un camp de résistants dans la forêt), des mannequins en armes, des maquettes et objets divers.

Place du Martroi

Sur la vaste place, le long de la rue principale, **hôtel de ville** du 16e s. en brique à chaînages de pierre et lucarnes ouvragées, et, dans l'angle opposé, belles **halles** à charpente de chêne (1542).

itinéraire

LE CANAL D'ORLÉANS, VERSANT SEINE

Pour le versant Loire, voir p. 165.

Parcours de 14 km, par la D 44 au Nord-Ouest et la D 444 à gauche.

Grignon

On pourra s'accorder une petite halte dans ce hameau à l'ambiance champêtre, auprès de ses trois écluses.

La route traverse **Vieilles-Maisons** ; église coquette, précédée d'un porche à pans de bois.

Étang des Bois

Entouré de bois de chênes, de hêtres et de châtaigniers, ce petit étang est très fréquenté en saison.

Le canal d'Orléans, dont l'activité la plus intense se situe au 18e s., fut déclassé en 1954. D'importants travaux de restauration sont entrepris pour une exploitation touristique de certains parcours.

Château du Lude★★

Magnifique château campé en bordure du Loir, Le Lude offre alternativement plusieurs visages, comme les masques changeants d'un carnaval : médiéval et gothique avec ses grosses tours rondes, Renaissance italienne par son aménagement, ses lucarnes et ses médaillons, Louis XVI enfin avec son harmonieuse façade côté rivière. Tapisseries, boiseries, peintures exceptionnelles et mobilier de somptueuse facture éblouiront le visiteur, au moins autant que le superbe parc qui domine et borde le Loir.

La situation

Cartes Michelin nos 64 pli 3, 232 pli 22 ou 4072 E 6 -- Schéma p. 364 – Sarthe (72). Dans une région boisée aux confins du Maine et de l'Anjou, à mi-chemin de La Flèche et de Château-la-Vallière, sur la D 959. Le château se tient légèrement en retrait du bourg, encadré de douves sèches et de jardins à la française, face au Loir.

Le nom

Luz ou *Ludus* vers le 8e s., qui ne semble pas lié à notre « ludique » (malgré ses fêtes organisées l'été), mais se rattacherait plus probablement au latin *lucus*, bois.

Les gens

Quelques hôtes prestigieux, dont Henri IV, Louis XIII et madame de Sévigné.

Hébergement
Chambre d'hôte
Mme Pean – *5 Grande-Rue - 72800 Le Lude - ☎ 02 43 94 63 36 - fermé oct. à mars - ⊠ - 3 ch. : 250/300F.* En ville, derrière un mur imposant, se cache un agréable jardin. Vous en profiterez si vous séjournez dans l'une des chambres de cette demeure du 19e s. Un accueil convivial et un copieux petit déjeuner vous inciteront probablement à prolonger votre séjour.

visiter

Le château

♿ *Avr.-sept. : visite guidée (3/4h) 9h30-12h, 14h-18h. Fermé d'oct.-mars. 40F.* ☎ *02 43 94 60 09.*
Passé le portail d'entrée s'ouvre la cour en U du château (début 17e s.), fermée à la fin du 18e s. par un portique à trois arcades.

Les façades

À droite, du côté du parc s'étend la façade François Ier aux tours rondes encore médiévales, comme à Chambord, mais d'esprit Renaissance par ses baies encadrées de pilastres, ses lucarnes surmontées de frontons, ses médaillons et son abondant décor sculpté. Côté Loir, au contraire, la façade Louis XVI, en tuffeau, présente des lignes classiques, sobres, équilibrées, animées par l'avant-corps central coiffé d'un fronton.
Enfin l'aile Nord *(visible de la rue du Pont)* présente la façade la plus ancienne, début 16e s., remaniée au 19e s. pour ajouter les balcons de pierre et la statue équestre de Jean de Daillon.

Haute lucarne ouvragée, italianisante, élément décoratif important du château.

L'intérieur

Dans l'aile Louis XII, on découvrira la grande bibliothèque (19e s.) du duc de Bouillon, qui abrite 2 000 ouvrages, et la salle des fêtes restaurée dans le style des 15e et 16e s. Dans le bâtiment du 18e s, le beau salon ovale, de style Louis XVI, à boiseries et glaces d'angle, la chambre à coucher du 18e s., et l'oratoire décoré de splendides peintures murales des ateliers du Primatice (15e s.), représentant des scènes de la Bible et des *Triomphes* de Pétrarque ; le tout sous un plafond somptueusement peint dans le style grotesque italien. Enfin, dans l'aile François Ier, une petite bibliothèque (tapisserie des Gobelins du 17e s.) et la salle à manger aux profondes embrasures révélant l'épaisseur des murs de la vieille forteresse ; vaste cheminée portant la salamandre et l'hermine, et trois tapisseries des Flandres, dont une rare verdure au perroquet rouge.

Château du Lude

Les grandes cuisines du Lude, sous voûte ogivale, sont abondamment ornées d'ustensiles de cuivre qui laissent imaginer la qualité et l'abondance des mets.

Situés dans l'ancienne forteresse, sous le parterre de l'éperon, le souterrain et la salle des gardes (13e s.) sont accessibles au public, de l'extérieur.

Maison des architectes

3 r. du Marché-au-Fil, près de l'entrée du château.

Construite au 16e s. par les architectes du château, elle présente les ornements de la seconde Renaissance : fenêtres à meneaux, pilastres à chapiteaux corinthiens, décorés de cercles et de losanges, frise soulignant l'étage *(on ne visite pas).*

Mille ans d'histoire

À la forteresse des comtes d'Anjou du 11e s. succéda aux 13e et 14e s. un château fort qui résista à plusieurs assauts des Anglais avant d'être pris en 1425, puis reconquis deux ans plus tard par Ambroise de Loré, Beaumanoir et Gilles de Rais.

En 1457, le château est acquis par Jean de Daillon, ami d'enfance de Louis XI. Son fils fit bâtir le château actuel sur les fondations de l'ancienne forteresse : le plan reste carré, de grosses tours cantonnent les angles, mais les baies largement ouvertes et la décoration raffinée en font une demeure de plaisance au goût du jour. Remanié à la Renaissance, par Jean Gendrot, maître d'œuvre du roi René, puis au 18e s., il resta dès lors entre les mains d'une même famille jusqu'à aujourd'hui, la plus belle partie de son mobilier survivant même à la Révolution.

circuit

À LA RECHERCHE DE LA CROIX D'ANJOU

Circuit de 28 km – environ 1 h 1/2. Quitter Le Lude au Sud par la D 257.

Genneteil

L'**église** romane, au clocher à tourelle d'escalier du 13e s., s'ouvre par un beau portail du 11e s. aux voussures sculptées de signes du zodiaque et de visages humains. Dans la chapelle au fond, à gauche, fresques romanes.

Poursuivre par la D 138 vers Chigné.

Chigné

Église fortifiée (12e et 15e s.), flanquée d'une tour ronde. Remarquez, au-dessus du portail, la ligne de modillons sculptés et les sculptures primitives engagées dans la construction, quoique très altérées.

Prendre par les 4-Chemins vers La Boissière.

La Boissière

Au nom de La Boissière s'attache le souvenir d'une précieuse relique : la **croix d'Anjou**. Les bâtiments de l'ancienne **abbaye de La Boissière** ont été transformés en château, au 18e s. L'église abbatiale du 12e s. est réduite au chœur qui renferme des gisants gothiques et un retable.

De déb. avr. à mi-avr et de mi-juil. à fin août : visite guidée (1/2h) 10h-12h, 15h-18h. 30F. ☎ 01 45 27 12 32.

Le chemin de la croix

Rapportée d'Orient au 13e s. par un croisé, la croix d'Anjou fut cédée aux cisterciens de La Boissière qui construisirent une chapelle pour l'abriter. Conservée au château d'Angers pendant la guerre de Cent Ans, elle revint à La Boissière vers 1456 et y resta jusqu'en 1790, avant d'être transférée à Baugé.

Chapelle de la Vraie-Croix – Cette chapelle du 13e s., restaurée, située sur le chemin de Dénezé, présente trois travées de voûtes bombées à l'angevine.

Revenir vers Le Lude par la D 767 ; à La Croix-Beauchêne, prendre la D 138 à droite.

Broc

La jolie **église** de Broc (mais pas de brique...) couronne le village de son clocher roman trapu.

À l'intérieur, au fond d'une large nef voûtée d'ogives à liernes et tiercerons, la petite abside romane a conservé des restes de fresques du 13e s. : Christ en majesté, Annonciation et Vierge en majesté. Sur le mur de la nef, très beau Christ en croix, en bois sculpté, d'époque Louis XIII.

Revenir au Lude par La Croix-Beauchêne et à droite la D 307.

Le Mans★★

Le Mans, capitale du Maine, satisfait tous les appétits : pour les gourmets, ses « rilles, rillons et rillettes mancelles », ses reinettes parfumées, ses poulets (de Loué) et ses gélines ; pour les amateurs d'art, sa cathédrale grandiose, chevet, portails, vitraux, voûtes et tombeaux ; pour les promeneurs, sa vieille ville, ses ruelles et ses quais en bordure de Sarthe ; enfin, pour les fous de vitesse, son célèbre circuit et sa mythique ligne droite des Hunaudières.

La situation

Cartes Michelin nos 60 pli 13, 232 plis 10, 22 ou 4072 F 3 – Sarthe (72). Autoroute et TGV relient cette première grande ville de l'Ouest à ses (presque) voisines Paris et Rennes. Le vieux Mans, lui, borde la rive gauche de la Sarthe, au cœur de la ville, adossé à la colline. *Hôtel des Ursulines, r. de l'Étoile, 72000 Le Mans, ☎ 02 43 28 17 22.*

Le nom

La tribu gauloise des *Cenomanni* en avait fait sa capitale, qui évolua en Celmans, puis Le Mans.

Les gens

194 825 Manceaux (agglomération). Il y a six mille ans vivait déjà une peuplade sur la colline bordant la Sarthe. *Vindinium*, au 1er s. av. J.-C. était habité par des gallo-romains. Au début du 13e s., la célèbre reine Bérengère se fait enterrer ici, non sans avoir créé une abbaye. Charles d'Anjou et sa famille résident pendant un siècle au Mans. Quelques siècles plus tard, après l'arrivée du chemin de fer vers 1850, c'est le clan des Bollée qui construisent à tour de bras des « voitures ou locomotives routières à vapeur ». L'américain Wright y effectue un premier décollage. Louis Renault est venu fabriquer ici sa première usine de tracteurs. Quant aux Vingt-Quatre Heures... chaque année, depuis 1923 elles accueillent participants et spectateurs par dizaines de milliers.

comprendre

HEURS ET MALHEURS DU MANS

L'antique *Vindinium* s'entoura de remparts au 4e s., pour résister aux invasions barbares.

Les Plantagenêts – Geoffroy Plantagenêt, comte d'Anjou, puis duc de Normandie et comte du Maine par son mariage avec Mathilde, petite-fille de Guillaume le Conquérant, fut à sa mort (1151) inhumé dans la cathédrale. Son fils Henri, roi d'Angleterre en 1154, fit construire l'hôpital Coëffort ; retiré au Mans, il en fut délogé par son fils Richard Cœur de Lion, époux de la reine **Bérengère**. C'est à elle que Philippe Auguste donna le comté du Maine qu'il avait reconquis sur Jean sans Terre, frère puîné de Richard ; Bérengère fonda l'abbaye de l'Épau. Le comté fut, par la suite, offert par Saint Louis à son frère Charles.

La tour gallo-romaine est particulièrement élégante, avec son alternance de briques et de motifs géométriques noir et blanc.

Le Roman comique – Le chapitre épiscopal du Mans connut quelques fort singuliers titulaires ; après Arnould Gréban, auteur d'un *Mystère de la Passion* (vers 1450) en 30 000 vers, après Ronsard, chanoine en 1560, et Jacques Pelletier, ami de Ronsard, Paul Scarron entre en scène. Chanoine au Mans, abbé à petit collet, non ordonné, rimailleur, **Scarron** (1610-1660) est en 1636 un joyeux luron pourvu d'une excellente santé, d'une prébende et d'une maison canoniale près de la cathédrale.

carnet pratique

Restauration

• À bon compte

La Botte d'Asperges – *72230 Guécelard - 18 km au S du Mans par N 23 - ☎ 02 43 87 29 61 - fermé 2 au 8 mars, 19 juil. au 9 août, dim. soir et lun. sf j. fériés - 99/270F.* Voilà un petit restaurant très simple, dans un ancien relais de poste. La salle à manger décorée de tableaux est très agréable. Une cuisine tout aussi simple et menus sympathiques dont un pour les enfants.

• Valeur sûre

Chez Jean – *9 r. Dorée - ☎ 02 43 28 22 96 - fermé 2 au 16 janv., 20 août au 13 sept., mar. midi de mars à oct., mer. soir d'oct. à fév., dim. soir et lun. - 152/210F.* À deux pas de la vieille ville, cette maison à colombages fait face à une petite rue piétonne. Salle à manger très rustique avec sa grande cheminée en pierre et ses chaises style Louis XIV. Grand choix de menus appétissants et petite terrasse d'été.

Auberge du Rallye – *13 r. des Gesleries - 72210 Fillé-sur-Sarthe - 12 km au S du Mans par D 147[E], D 23 dir. Allones puis D 51 - ☎ 02 43 87 40 40 - fermé mer. soir et jeu. - réserv. obligatoire le w.-end - 120/150F.* Qu'il est bon de s'éloigner du brouhaha citadin pour aller se restaurer dans le cadre bucolique de la campagne sarthoise et déjeuner sur une terrasse ombragée ! Vous pourrez y déguster la cuisine du marché, autour du menu du jour, concocté par le chef.

Hébergement

Bon week-end au Mans – Toute l'année, Le Mans participe à l'opération « Bon week-end en ville » qui se développe dans de nombreuses villes françaises. À la deuxième nuit d'hôtel offerte s'ajoutent des cadeaux, ainsi que de nombreuses réductions pour les visites de la ville et des musées. Pour obtenir la liste des hôtels et les conditions de réservation, se renseigner à l'Office du tourisme du Mans.

• À bon compte

Chambre d'hôte Mme Bordeau – *Le Monet - 72190 Coulaines - 7 km au N du Mans dir. Mamers puis Ballon par D 300 - ☎ 02 43 82 25 50 - ⊭ - 4 ch. : 210/275F.* La campagne à quelques kilomètres de la ville. Cette petite maison de pays entièrement rénovée a gardé son cachet d'origine, à l'image des chambres au solide mobilier rustique. Vous y aimerez aussi le jardin soigné et arboré.

Chambre d'hôte Le Petit Pont – *3 r. du Petit-Pont - 72230 Moncé-en-Belin - 11 km au S du Mans par D 147 dir. Arnage, puis D 307 - ☎ 02 43 42 03 32 - 5 ch. : 210/260F - repas 85/95F.* Ici c'est un peu la maison du Bon Dieu ! Vous y serez bien accueilli. Les chambres (non-fumeur), au décor simple, sont bien équipées. La maison est située sur une exploitation agricole encore en activité.

• Valeur sûre

Hôtel Émeraude – *18 r. Gastelier - ☎ 02 43 24 87 46 - fermé 24 déc. au 10 janv. - P - 33 ch. : 260/310F - ☕ 50F.* À proximité de la gare, ce petit hôtel à prix très honnêtes peut vous dépanner. Les chambres sont simples mais bien tenues.

Le temps d'un verre

Café Crème – *2 r. de la Barillerie - ☎ 02 43 14 26 29 - Lun.-ven. 11h-2h, sam. 14h-2h.* Au bord de la place de la Sirène, ce café d'angle, avec son étage, ses recoins et ses banquettes, est une adresse connue au parfum chic. Impossible de ne pas succomber au charme de sa terrasse à l'élégant mobilier de tek.

Le Saint-Flaceau – *9 r. St-Flaceau - ☎ 02 43 23 24 93 - Tlj 16h-1h.* Aménagé dans un appartement 18e (parquets et moulures intacts) du vieux Mans, ce bar à cocktails - dont la carte est variée et abordable - ne ressemble à rien d'autre, sinon à un salon meublé de vieux canapés et de chaises. Une très belle terrasse située sur le rempart gallo-romain domine la ville : c'est à elle que l'on doit la transformation de cet appartement en bar.

Sorties

Hollyrock – *46 r. du Dr-Leroy - ☎ 02 43 23 00 00 - Tlj 18h-4h.* Sous haute influence américaine de style fifties, ce bar immense comprend une salle « sport », réservée aux retransmissions sportives, une salle exotique avec des billards et des palmiers en tissu, et une salle principale avec dance floor et DJ. Soirées à thème. Discothèque attenante.

La Péniche Excelsior – *Z.A. La Raterie - ☎ 02 43 80 35 06 - Ouv. selon le calendrier des soirées et des concerts.* Amarrée sur les bords de la Sarthe, la péniche *Excelsior*, malgré son nombre limité de places (99), propose, à un tarif modique, des concerts dédiés aux valeurs montantes de la musique actuelle, ainsi que des soirées afro, techno, ethnique et house.

Mulligan's – *44 r. du Dr-Leroy - ☎ 02 43 14 26 65 - Lun.-ven. 11h-2h, sam. 14h-2h. Dim. et j. fériés 16h-2h. Concerts mer.-sam. Fermé 15 j. en août.* Dans cet « irish » pub de belle facture, meublé de bancs et de tonneaux en guise de table, le serveur vous accueille vraiment dans la langue de James Joyce, avec un âpre accent au goût de Guinness. Soirées à thème.

L'Espal – *60-62 r. de l'Estérel - ☎ 02 43 50 21 50 - Accueil : mar. 10h-19h, mer. jeu. ven. 10h-13h et 14h-19h, sam. 10h-17h.* Le centre de l'Espal est à la fois un lieu d'animation du quartier et un établissement culturel. D'un côté, il organise des ateliers et des stages (de danse, de lithographie) ; de l'autre, il accueille des chorégraphies, du théâtre, des expositions et des concerts...

MJC Jacques-Prévert – *97 r. Grande-Rue - ☎ 02 43 24 73 85 - Ouv. en fonction du calendrier des spectacles. Fermé les trois premières semaines d'août.* Abrité dans de belles bâtisses du 17e s., ce centre culturel regroupe trois structures aux activités distinctes : il s'y passe nécessairement quelque chose chaque soir. *Radio Alpha* (107.3), dernière radio laïque associative du Mans, ouvre ses studios au public. Logée dans une cave voûtée, *L'Inventaire* accueille des concerts de rock et de jazz, du théâtre et de la chanson française. Enfin, les deux salles du *Ciné-Poche*, classées Art et Essai et Recherche, diffusent en vo des films ambitieux.

Achats

À la Truie Qui File – *36 r. du Dr-Leroy - ☎ 02 43 28 43 36 - Lun.-sam. 8h-13h30 et 15h-19h30. Fermé j. fériés.* Maître artisan charcutier et traiteur, Pierre Sénéchal fabrique une charcuterie maison exclusivement à partir de porc fermier sarthois, ainsi que quelques spécialités (rillettes du Mans, rillons, terrine de cailles aux ris de veau).

Reignier – *19 r. de Bolton - ☎ 02 43 24 02 15 - www.warain.reignier.fr (vente en ligne) - Mar.-sam. 9h-19h.* Sur deux étages et 400 m², la maison Reignier propose des grands crus (60 000 bouteilles en cave), des thés et des cafés maison hauts de gamme, de l'épicerie fine et quelques spécialités régionales.

Loisirs

Les Croisières au Mans – *101 quai Amiral-Lalande - ☎ 02 43 28 17 22 - Lun.-sam. 9h-18h, dim. 10-12h30. Fermé nov.-mars.* Réservation faite à l'office de tourisme, on embarque pour une promenade ou une croisière (avec restauration) au fil de la Sarthe, pour découvrir Le Mans et ses environs, et multiplier les découvertes historiques, géographiques et même zoologiques.

Le Mans sur Internet – www.ville-lemans.fr.

Charles le Fol

À l'été 1392, le roi **Charles VI** lance une expédition contre le duc de Bretagne, favorable aux Anglais. Le 5 août, le roi sort du Mans et chevauche avec sa troupe en direction de l'Ouest, lorsque, soudain, en approchant d'une léproserie, un vieillard défiguré, déguenillé, se dresse sur son passage et lui crie : « Ne va pas plus loin, noble roi, tu es trahi ! ». Cet incident impressionne Charles, qui continue sa route. Peu après, lors d'une pause, sous un soleil écrasant, un homme d'armes fait tomber sa lance, qui heurte un casque dans le silence. Charles tressaille. Pris de fureur, se croyant attaqué, il tire son épée et hurle : « Je suis livré à mes ennemis ! » Il tue quatre hommes, et part au grand galop sur son cheval emballé ; un chevalier parvient à sauter en selle derrière lui et à le maîtriser. On le couche ensuite sur un chariot en l'attachant, puis on le conduit au Mans, persuadé qu'il va mourir. Ce soudain accès de folie fut lourd de conséquences, en pleine guerre de Cent Ans. Le royaume, privé de maître, livré aux rivalités des princes, s'affaiblit gravement, et Le Mans retombera sous la domination anglaise jusqu'en 1448.

Malheureusement, notre chanoine doit acquitter la « rigoureuse », c'est-à-dire séjourner au Mans de temps à autre. Quel ennui pour un coureur de « ruelles », même s'il raffole de poulardes et du vin d'Yvré. En 1638, une paralysie rend Scarron impotent à moins de trente ans, victime d'une drogue de charlatan. Deux consolatrices adoucissent son mal : l'une, Marie de Hautefort, jadis aimée de Louis XIII et exilée au Mans, lui offre son amitié ; l'autre, sa muse, lui inspire le *Roman comique*, œuvre burlesque contant les aventures d'une troupe de comédiens ambulants dans la ville du Mans et ses environs. En 1652, Scarron épouse **Françoise d'Aubigné**. ▶ Devenue veuve, elle fut élevée au rang de marquise de Maintenon avant d'épouser secrètement Louis XIV (1683) sur qui elle exerça une influence profonde.

Franc-parler

Petite-fille du grand poète protestant Agrippa d'Aubigné, Françoise d'Aubigné, épouse de Scarron et future marquise de Maintenon disait : « J'aime mieux épouser un cul-de-jatte que le couvent. »

À la pointe du progrès – Sous l'Ancien Régime, Le Mans possédait des fabriques de bougies et d'importantes manufactures d'étamines, étoffes de laine teintes en noir et destinées aux ecclésiastiques ou aux gens de robe, des tanneries et des ateliers transformant en toile le chanvre produit dans la région. Une douzaine de négociants de la

Bien visible le long des quais de la Sarthe, habilement restaurée, l'enceinte gallo-romaine★ *est un monument unique, d'une rare élégance.*

ville contrôlaient alors environ 2 000 métiers répartis dans les campagnes, qui produisaient 18 000 pièces dont les deux tiers étaient destinés à l'exportation.

Dans la seconde moitié du 19e s., la ville devint un centre industriel de premier ordre.

SUR DES AILES

En 1908 Léon Bollée (frère d'Amédée fils) *invita Wilbur Wright* à venir tenter, aux Hunaudières, une des premières expériences d'aéroplane. À quelqu'un qui demandait comment volait sa drôle de machine, le flegmatique Américain répondit : « Comme un oiseau. »

LE BERCEAU DE L'AUTOMOBILE FRANÇAISE

Le Manceau Amédée Bollée (1844-1917), fondeur de cloches, contribua aux premiers pas de l'automobile. Il acheva sa première voiture, *L'Obéissante*, en 1873. Plus tard, Bollée *construisit La Mancelle* dont l'unique moteur était, pour la première fois, placé en avant sous un capot et comportait un axe de transmission longitudinal ; dans cette voiture, il promena l'empereur d'Autriche François-Joseph. Amédée Bollée fils (1867-1926) se consacra surtout à la voiture de sport avec ses « torpilleurs » (1899) sur pneus Michelin, qui frôlaient la vitesse faramineuse de 100 km/h. Après la Première Guerre mondiale, il entreprit la fabrication de segments de piston empêchant les remontées d'huile ; cette production constituait la principale activité des établissements Bollée. Sur le **circuit de la Sarthe**, le 27 juin 1906, le premier prix est remporté par Szisz sur un véhicule Renault équipé de jantes amovibles Michelin. L'année 1936 voit Louis Renault installer sa première usine décentralisée au Sud du Mans, dans la plaine d'Arnage.

se promener

LE VIEUX MANS★★

Visite : 1 h

L'enceinte gallo-romaine★ est un monument, d'une rare élégance. Cet ouvrage militaire, long de 1 300 m et jalonné de onze tours, compte pour être l'un des plus grands qui subsistent en France. Tassé sur la colline à l'intérieur du **rempart gallo-romain**, le vieux Mans est sillonné de ruelles tortueuses coupées d'escaliers, bordées de maisons à pans de bois du 15e s., de logis Renaissance et d'hôtels du 18e s. aux gracieux balcons de fer forgé. Animé de nombreux restaurants et de boutiques d'artisans, la petite cité a conservé tout son cachet.

Dans la vieille ville, la cour d'Assé, construction typique du vieux Mans.

Partir de la place des Jacobins et suivre à pied l'itinéraire indiqué sur le plan ci-dessous.

Place St-Michel

Sur cette paisible place s'élève, au n° 1, la maison de Scarron, Renaissance, que le chanoine-écrivain habita ; le presbytère, au n° 1 bis, a conservé une tourelle d'escalier du 15e s.

Maison des Deux-Amis

N°s 18-20. Ce vaste bâtiment fut construit vers 1425 et fut habité au 17e s. par Nicolas Denizot, poète et peintre, ami de Ronsard et de du Bellay. Ils se sont fait représenter, se tenant la main et supportant leur écu, d'où le nom de la maison. Sur le potelet, à droite, livreur chargé d'un ballot.

Franchissant la saignée de la rue Wilbur-Wright, percée pour les besoins de la circulation (elle coupe en deux la colline), on arrive face à la **maison du Pilier rouge**. Au fond de la place, à l'entrée de la Grande-Rue à droite, la maison du Pilier vert, et plus loin, l'ancien hôtel d'Arcy (16e s.).

Revenir au Pilier rouge et tourner à droite dans la rue qui porte son nom. On débouche sur la place St-Pierre, bordée de maisons à colombages.

Maison du Pilier rouge, demeure à pans de bois dont le poteau cornier supporte un chapiteau à tête de mort.

Hôtel de ville

Il fut construit vers 1760 dans les murs de l'ancien palais des comtes du Maine. S'engager sur l'escalier menant à la rue Rostov-sur-le-Don : on découvre le flanc Sud-Est du rempart de la vieille ville ; de part et d'autre de l'escalier se détachent une tour du 14e s. et l'ancienne collégiale **St-Pierre-la-Cour**, du 14e s., devenue lieu d'expositions et de concerts. *9h-12h, 14h-18h, dim. et j. fériés 10h-12h, 14h-18h. Fermé certains j. fériés. Gratuit (sf lors des expositions temporaires). ☎ 02 43 47 38 51.*

Hôtel de Vignolles

16e s. Il apparaît à l'entrée de la rue de l'Écrevisse, couronné de hauts toits à la française.

Maison d'Adam et Ève

N° 71 de la Grande-Rue. Cette superbe maison Renaissance fut bâtie pour Jean de l'Épine, médecin astrologue.

Au coin de la **rue St-Honoré**, un fût de colonne, enseigne d'un serrurier, est décoré de clefs. Des maisons à pans de bois bordent la rue. Au n° 86 de la Grande-Rue, face à la rue St-Honoré, s'ouvre la pittoresque Cour d'Assé ; descendre la rue, qui longe quelques beaux hôtels classiques. Prendre à droite la rue St-Pavin-de-la-Cité, plus populaire ; à gauche, l'hôtel d'Argouges (dans la cour, jolie porte du 15e s.).

Après un passage couvert, emprunter la rue Bouquet.

À l'angle de la rue de Vaux, une niche du 15e s. abrite une sainte Madeleine ; l'hôtel de Vaux (n^o^12), date du milieu du 16e s. Plus loin, à gauche : perspective sur l'escalier de la grande poterne, pratiquée dans le mur gallo-romain.

Reprendre la rue de Vaux, en sens inverse, jusqu'à la rue Wilbur-Wright ; son fossé franchi, remonter l'escalier et continuer par la rue des Chanoines.

Au n° 26, maison canoniale St-Jacques, construite vers 1560.

Adam ou Bacchus ? En fait d'Adam et Ève, il s'agirait plutôt d'Ariane et Bacchus. On reconnaît Bacchus à son thyrse (son attribut, un bâton entouré de feuilles de vignes), dont il touche une boule suspendue dans l'espace figurant l'Univers.

Maison de la Tourelle

Gracieuse maison Renaissance aux fenêtres et lucarnes décorées de délicats rinceaux. Elle doit son nom à la tourelle suspendue qu'elle porte à l'angle de l'escalier des Pans-de-Gorron.

Hôtel du Grabatoire

De l'autre côté de l'escalier, face au portail roman de la cathédrale, cet hôtel du 16e s. remplace un bâtiment destiné à recevoir les chanoines malades ; il abrite aujourd'hui l'évêché. À sa droite s'élève la maison du Pèlerin, décorée de coquilles Saint-Jacques.

Jardin d'horticulture

Alphand, architecte-paysagiste des Buttes-Chaumont, du parc Montsouris et du bois de Boulogne à Paris, dessina, en 1851, ce beau jardin agrémenté de rocailles et d'un ruisseau en cascades.

Place et quinconces des Jacobins

Célèbre par sa vue sur le chevet de St-Julien, la place des Jacobins a été tracée à l'emplacement du couvent

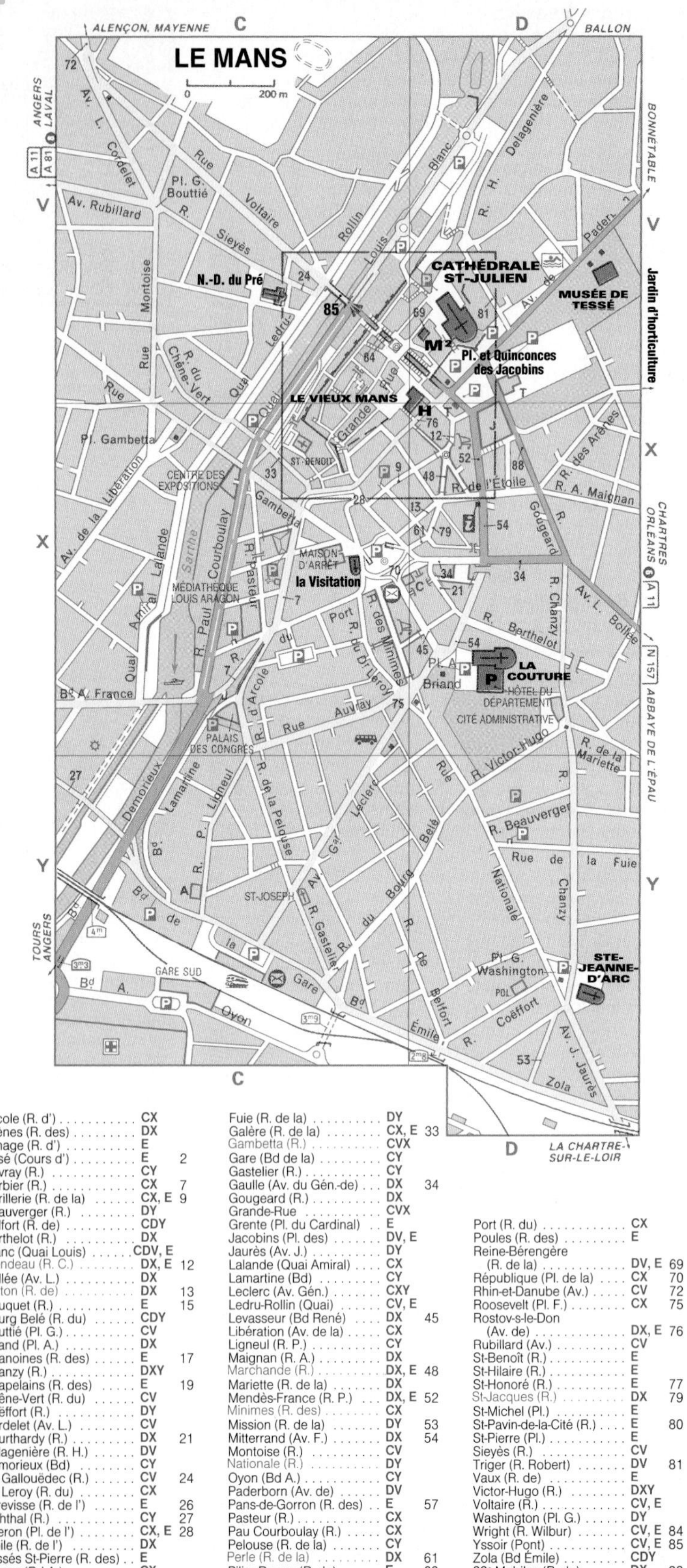

Arcole (R. d')	CX	
Arènes (R. des)	DX	
Arnage (R. d')	E	
Assé (Cours d')	E	2
Auvray (R.)	CY	
Barbier (R.)	CX	7
Barillerie (R. de la)	CX, E	9
Beauverger (R.)	DY	
Belfort (R. de)	CDY	
Berthelot (R.)	DX	
Blanc (Quai Louis)	CDV, E	
Blondeau (R. C.)	DX, E	12
Bollée (Av. L.)	DX	
Bolton (R. de)	DX	13
Bouquet (R.)	E	15
Bourg Belé (R. du)	CDY	
Bouttié (Pl. G.)	CV	
Briand (Pl. A.)	DX	
Chanoines (R. des)	E	17
Chanzy (R.)	DXY	
Chapelains (R. des)	E	19
Chêne-Vert (R. du)	CV	
Coëffort (R.)	DY	
Cordelet (Av. L.)	CV	
Courthardy (R.)	DX	21
Delagenière (R. H.)	DV	
Demorieux (Bd)	CY	
Dr- Gallouëdec (R.)	CV	24
Dr- Leroy (R. du)	CX	
Écrevisse (R. de l')	E	26
Eichthal (R.)	CY	27
Éperon (Pl. de l')	CX, E	28
Étoile (R. de l')	DX	
Fossés St-Pierre (R. des)	E	
France (Bd A.)	CX	
Fuie (R. de la)	DY	
Galère (R. de la)	CX, E	33
Gambetta (R.)	CVX	
Gare (Bd de la)	CY	
Gastelier (R.)	CY	
Gaulle (Av. du Gén.-de)	DX	34
Gougeard (R.)	DX	
Grande-Rue	CVX	
Grente (Pl. du Cardinal)	E	
Jacobins (Pl. des)	DV, E	
Jaurès (Av. J.)	DY	
Lalande (Quai Amiral)	CX	
Lamartine (Bd)	CY	
Leclerc (Av. Gén.)	CXY	
Ledru-Rollin (Quai)	CV, E	
Levasseur (Bd René)	DX	45
Libération (Av. de la)	CX	
Ligneul (R. P.)	CY	
Maignan (R. A.)	DX	
Marchande (R.)	DX, E	48
Mariette (R. de la)	DX	
Mendès-France (R. P.)	DX, E	52
Minimes (R. des)	CX	
Mission (R. de la)	DY	53
Mitterrand (Av. F.)	DX	54
Montoise (R.)	CV	
Nationale (R.)	DY	
Oyon (Bd A.)	CY	
Paderborn (Av. de)	DV	
Pans-de-Gorron (R. des)	E	57
Pasteur (R.)	CX	
Pau Courboulay (R.)	CX	
Pelouse (R. de la)	CY	
Perle (R. de la)	DX	61
Pilier-Rouge (R. du)	E	63
Port (R. du)	CX	
Poules (R. des)	E	
Reine-Bérengère (R. de la)	DV, E	69
République (Pl. de la)	CX	70
Rhin-et-Danube (Av.)	CV	72
Roosevelt (Pl. F.)	CX	75
Rostov-s-le-Don (Av. de)	DX, E	76
Rubillard (Av.)	CV	
St-Benoît (R.)	E	
St-Hilaire (R.)	E	
St-Honoré (R.)	E	77
St-Jacques (R.)	DX	79
St-Michel (Pl.)	E	
St-Pavin-de-la-Cité (R.)	E	80
St-Pierre (Pl.)	E	
Sieyès (R.)	CV	
Triger (R. Robert)	DV	81
Vaux (R. de)	E	
Victor-Hugo (R.)	DXY	
Voltaire (R.)	CV, E	
Washington (Pl. G.)	DY	
Wright (R. Wilbur)	CV, E	84
Yssoir (Pont)	CV, E	85
Zola (Bd Émile)	CDY	
33e-Mobiles (R. du)	DX	88

Ancien hôtel d'Arcy	E	B
Ancienne collégiale St-Pierre-la Cour	E	E
Cathédrale St-Julien	DV, E	
Église de la Couture	DX	
Église de la Visitation	CX	
Église N.-D. du Pré	CV	
Église Ste-Jeanne d'Arc	DY	
Enceinte Gallo-Romaine	E	
Hôtel d'Argouges	E	K[1]
Hôtel de Vaux	E	K[2]
Hôtel de Vignolles	E	K[3]
Hôtel de ville	DX, E	H
Hôtel du Grabatoire	E	K[4]
Maison canoniale St-Jacques	E	N[1]
Maison d'Adam et Ève	E	N[2]
Maison de la reine Bérengère (Musée)	DV, E	M[2]
Maison de la Tourelle	E	N[3]
Maison de Scarron	E	N[4]
Maison des Deux-Amis	E	N[5]
Maison du Pilier Rouge	E	N[6]
Maison du Pilier Vert	E	N[7]
Musée de Tessé	DV	
Tour du 14e siècle	E	R

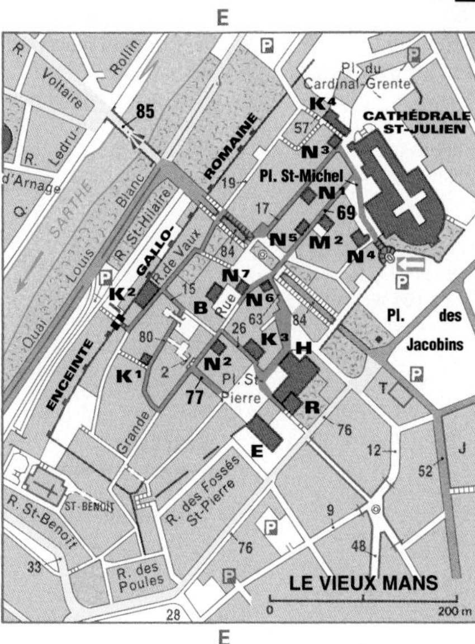

du même nom. À l'entrée du tunnel qui scinde la vieille ville, monument à Wilbur Wright par Paul Landowski.

Pont Yssoir

Vue sur la cathédrale, la vieille ville, l'enceinte gallo-romaine et, près de la Sarthe, sur une promenade qui a englobé quelques restes de fortifications médiévales.
Après avoir traversé la Sarthe, gagner à pied la belle église romane N.-D.-du-Pré.

Église N.-D.-du-Pré

Juil.-sept. : w.-end 15h30-19h ; oct.-juin : j. fériés 15h30-19h. ☎ 02 43 28 52 69.
C'est l'ancienne église abbatiale des bénédictines de St-Julien-du-Pré. À l'intérieur, chapiteaux et chœur romans.

AUTRES QUARTIERS

Église de la Visitation

Tlj sf w.-end 9h-17h. ☎ 02 43 28 28 98.
Au bord de la place de la République, cœur de la ville, on remarque le mur, surmonté de pots à feu, de cette ancienne chapelle de couvent construite vers 1730. La façade principale, vers la rue Gambetta, est abondamment décorée avec un portique à colonnes corinthiennes encadrant une porte rocaille ; le décor intérieur est de la même époque.

Église de la Couture★

Aujourd'hui située en pleine ville, à côté de la préfecture installée dans ses anciens bâtiments conventuels (18e s.), l'église appartenait au 10e s. à l'abbaye St-Pierre-de-la-Couture. La façade constitue l'aboutissement de quatre siècles de travaux : les deux tours gothiques sont fin 13e s., le porche des 13e et 14e s. et la haute verrière du 14e s. Les apôtres terrassant les forces du Mal encadrent le portail ; au tympan, le Christ, entre la Vierge et saint Jean, préside au jugement dernier. Dans la cour céleste, rangés en bon ordre, les anges, les patriarches, les prophètes, les martyrs et les vierges.
La nef, très large, élevée à la fin du 12e s. en style Plantagenêt, est éclairée par d'élégantes baies géminées. Face à la chaire, ravissante **Vierge★★** en marbre blanc (1571) de Germain Pilon. De belles **tapisseries** du 17e s. et des panneaux peints au 16e s. par un abbé de la Couture ornent les arcades de la nef.

HAUTE COUTURE
St-Pierre-la-Couture (culture) devait son nom aux champs qui l'environnaient ; par la suite, le terme a curieusement glissé, pour désigner le culte du Seigneur.

Transformation
Avant de devenir église paroissiale, ce beau bâtiment du 12e s. fut à l'origine la grande salle des malades de l'hôpital fondé ici, d'après la tradition, en 1180 par Henri II Plantagenêt, en expiation du meurtre de son chancelier **Thomas Becket**.

La crypte du 10e s., remaniée en 1838, comporte des colonnes et des chapiteaux préromans ou gallo-romains ; un chapiteau antique renversé sert de base à un pilier. À l'entrée est exposé le suaire oriental (6e ou 7e s.) de saint Bertrand, évêque du Mans et fondateur du monastère en 616.

Église Ste-Jeanne-d'Arc★ (ancien hôpital Coëffort)

Mer. et dim. 15h-18h. Presbytère, 18 av. Jean-Jaurès, 72100 Le Mans.

Derrière une façade unie percée d'un simple portail en plein cintre et de baies géminées s'ouvre une vaste salle à trois nefs d'égale hauteur, coiffées d'élégantes voûtes Plantagenêt portées par de hautes et fines colonnes à chapiteaux sculptés.

visiter

Cathédrale St-Julien★★

Visite : 1 h. Dédié au premier évêque du Mans, St-Julien dresse fièrement au-dessus de la place des Jacobins l'étagement impressionnant d'un **chevet★★★** gothique, admirable par son système d'arcs-boutants en Y et à double volée. L'édifice actuel comprend une nef romane, un chœur gothique, et un transept rayonnant flanqué d'une tour. Illuminations intérieures.

Le portail
De chaque côté s'alignent de hiératiques statues-colonnes : aux piédroits, les saints Pierre et Paul, dans les ébrasements Salomon et la reine de Saba, un prophète et une sibylle, les ancêtres du Christ. Les apôtres occupent les niches du linteau ; le Christ trône au tympan, entouré des symboles évangéliques et encensé par les anges de la première voussure. Dans les autres voussures on reconnaît l'Annonciation, la Visitation, la Nativité, la Présentation au Temple, le Massacre des Innocents, le Baptême du Christ...

La Pierre au lait
C'est sans doute une déformation de « la pierre lée » (ou levée) désignant le menhir dressé à l'angle de la façade principale. La tradition veut qu'on y plante son pouce dans le « nombril du Mans » pour témoigner d'avoir visité la ville.

Extérieur – Sur la charmante place St-Michel, le porche Sud abrite un superbe **portail★★** du 12e s., contemporain du portail Royal de Chartres, et jadis appelé « Pierre au lait ».

À droite du porche, perspective sur le transept ajouré d'immenses baies et sur la tour (12e-14e s.) haute de 64 m.

Sur la place du Cardinal-Grente, bordée de demeures Renaissance, s'élève la façade principale, de style roman archaïque. On reconnaît nettement le pignon du 11e s., encastré dans celui qui fut ajouté au siècle suivant, quand on construisit des voûtes.

Intérieur – Le vaisseau roman repose sur de grandes arcades (11e s.), renforcées par des arcs brisés. Les chapiteaux, majestueux et d'une grande finesse dans le détail, soutiennent des voûtes bombées. Dans le bas de la nef, huit vitraux romans dont le plus connu est celui de l'Ascension **(1)**. La grande baie de la façade évoque la légende de saint Julien.

Transept – 14e-15e s. Tout ajouré par son triforium et ses immenses verrières, il contraste avec la nef par sa légèreté et l'audace de son élévation. Dans le croisillon droit, on remarque le buffet d'orgues **(2)** du 16e s. Dans le croisillon gauche, une grande baie et une rose superposées sont garnies de vitraux du 15e s. Trois panneaux de tapisserie **(3)** du 16e s. décrivent, une fois encore, la légende de saint Julien.

Dans la chapelle des fonts, qui donne sur le croisillon Nord, se font face deux remarquables **tombeaux★★** Renaissance.

Magnifique vaisseau de pierre, la cathédrale St-Julien se dresse fièrement au-dessus du Mans.

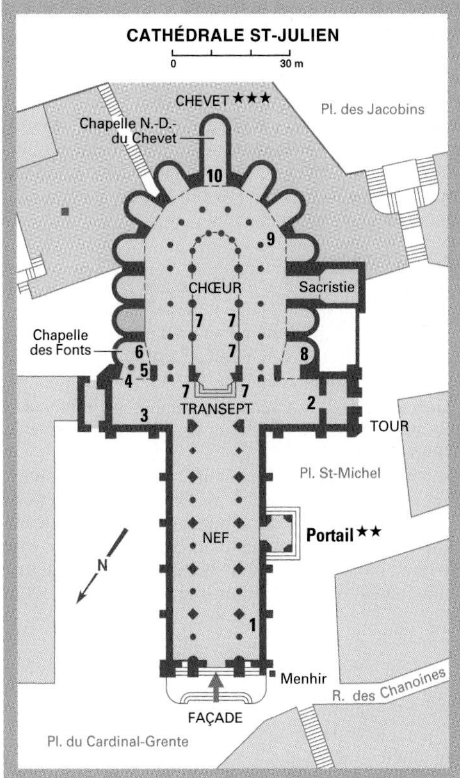

Les tombeaux
Celui de gauche **(4)**, œuvre du sculpteur Francesco Laurana, fut élevé pour Charles IV d'Anjou, comte du Maine, frère du roi René d'Anjou ; le gisant repose, à la mode italienne, sur un sarcophage antique ; réaliste, le visage est dessiné avec une extrême finesse. À droite, le magnifique monument **(5)** à la mémoire de Guillaume du Bellay, cousin du poète, le représente tenant son épée et un livre, accoudé à la manière antique sur un sarcophage qu'orne une ravissante frise de divinités nautiques **(6)**.

Chœur – 13e s. Entouré d'un double déambulatoire à chapelles rayonnantes et haut de 34 m (N.-D.-de-Paris : 35 m), il déploie une ampleur, un élancement qui le placent parmi les plus beaux de France. D'une magnifique envolée, il s'élève sur deux étages séparés par une galerie de circulation et terminés par des arcs brisés très pointus, d'influence normande. Aux fenêtres hautes du chœur et du premier déambulatoire, et aux fenêtres basses des chapelles rayonnantes, flamboient les **vitraux**★★ du 13e s., à dominantes rouges et bleues. La célèbre suite de **tapisseries** du 16e s. **(7)**, consacrée à l'histoire des saints Gervais et Protais, est tendue au-dessus des stalles de la même époque.

À prévoir
Une paire de jumelles pour identifier les détails et les figures hiératiques ou farouches des apôtres, évêques, saints et donateurs.

Pourtour du chœur – Dans la 1re chapelle à droite, Mise au tombeau en terre cuite du 17e s. **(8)** Plus loin, la porte de la sacristie provient du jubé (17e s.) qui fermait jadis le chœur ; dans la sacristie, les belles boiseries du 16e s. servaient à l'origine de dossiers aux stalles du chœur. Sur la porte des chanoines (14e s.) **(9)** qui fait suite, tympan avec effigie de saint Julien.

La **chapelle du chevet** (13e s.) dédiée à la Vierge Marie est close par une grille du 17e s.

Un très bel ensemble de vitraux du 13e s. décore la chapelle, en particulier l'Arbre de Jessé **(10)**.

Le grand concert
Un **ensemble pictural**★ (14e s.) couvre les voûtes de la chapelle : d'une élégance et d'une finesse rares, il représente le concert céleste. Quarante-sept anges musiciens et chanteurs, rayonnants de lumière, de couleurs et d'harmonie, proclament leur foi en la sainte Vierge. Parmi les 27 instruments de musique représentés, un rarissime « échiquier », ancêtre (très) lointain du piano.

Maison de la reine Bérengère★

No 9 de la rue de la Reine-Bérengère.

Bérengère, qui vivait au 13e s., n'a certainement pas connu cette élégante demeure édifiée vers... 1460 pour un échevin du Mans. Elle est ornée d'une porte en accolade, de poutres sur des culs-de-lampe historiés et d'une façade à pans de bois sculptés.

Musée de la Reine-Bérengère – *9h-12h, 14h-18h, dim. et j. fériés 10h-12h, 14h-18h (d'oct. à mi-avr. : fermé lun.). Fermé certains j. fériés. 18F, gratuit dim. ☎ 02 43 47 38 80.*

À DÉCOUVRIR
Au n° 7 de la rue de la Reine-Bérengère, sur la façade élevée vers 1530, statues de sainte Catherine et de sainte Barbe.

◀ La maison de la reine Bérengère abrite le musée d'**Histoire et d'Ethnographie**. Au rez-de-chaussée, une salle Renaissance est consacrée au mobilier régional. Au 1er étage, les poteries vernissées de la Sarthe étonneront par leur verve populaire, leur fantaisie et la fraîcheur de leurs tons à dominantes de jaune, de vert et de brun prodigués sur des statuettes, retables, chaufferettes, pots, ou épis de faîtage. Au 2e étage, exposition de peintres sarthois du 19e s. (Hervé-Mathé, Dugasseau, Gizard...).

Musée de Tessé★

♿ 9h-12h, 14h-18h, dim. et j. fériés 10h-12h, 14-18h (de sept. à fin juin : fermé lun.). 18F. ☎ 02 43 47 38 51.

Cet ancien évêché bâti au 19e s., à l'emplacement de l'hôtel de la famille de Tessé, contient une riche collection de peintures anciennes.

MÉTAL RARE
L'émail Plantagenêt, pièce unique, représente Geoffroy Plantagenêt, comte d'Anjou et du Maine de 1129 à 1151, duc de Normandie en 1144, et père du futur roi d'Angleterre Henri II. Il provient de la cathédrale où il ornait son tombeau aujourd'hui disparu.

Rez-de-chaussée – À gauche, une petite salle contient une superbe plaque de cuivre en émail champlevé, dite ◀ **émail Plantagenêt**★ (12e s.).

La peinture italienne occupe ici une place privilégiée : belle série de retables à fond d'or des 14e et 15e s., délicieuse figure de sainte aux yeux bridés par le Siennois Pietro Lorenzetti, deux panneaux de coffre de mariage par le Florentin Pesellino, ainsi qu'une très attachante Vierge d'humilité allaitant l'Enfant Jésus.

Dans la salle Renaissance, panneaux du maître de Vivoin, provenant d'un retable du prieuré de Vivoin (Sarthe).

La peinture classique est aussi superbement représentée, par Philippe de Champaigne (la célèbre *Vanité*, exposée dans la salle de Tessé), Georges de La Tour *(Saint François en extase)* et une *Réunion de buveurs* de Nicolas Tournier (dans l'entrée). Dans la salle du 18e s., somptueux meuble-bibliothèque de Bernard Van Risenburgh.

LES GAGS DE SCARRON
Une salle entière est consacrée au *Roman comique* de Scarron : outre un portrait de l'auteur, des tableaux de Coulom, des gravures d'Oudry et de Pater illustrent les aventures burlesques créées par cet esprit brillant et plein de verve.

1er étage – Écoles du Nord avec Van Utrecht, Kalf *(Grande Nature morte aux armures)*, de nombreuses bambochades (scènes de genre) et des paysages.

2e étage – Il est réservé à l'exposition temporaire d'autres collections du musée, ainsi qu'à l'archéologie égyptienne.

Musée Vert – Musée d'Histoire naturelle du Mans

Au Sud-Est, 204 av. Jean-Jaurès. ♿ Tlj sf lun. 9h-12h, 14h-18h, dim. 14h-18h. Fermé j. fériés (variable). 16F, gratuit dim. ☎ 02 43 47 39 94.

Ce musée, tout récent, accueille les collections de minéralogie, de paléontologie, d'entomologie, de botanique et d'ornithologie jusqu'alors dispersées dans toute la ville.

découvrir

CIRCUITS AUTOMOBILES DE VITESSE

Au Sud du Mans, entre la N 138 et la D 139.

Circuit des 24 Heures

Long de 13,600 km, il s'amorce au virage du Tertre-Rouge sur la N 138. La route, large de 10 m environ, est jalonnée de repères kilométriques. Les courbes en S de la route privée, les virages en épingle à cheveux de Mulsanne et d'Arnage constituent les points les plus marquants du parcours, théâtre des « 24 Heures ». Depuis 1972, le tracé permet au public de suivre la course sur 4 km.

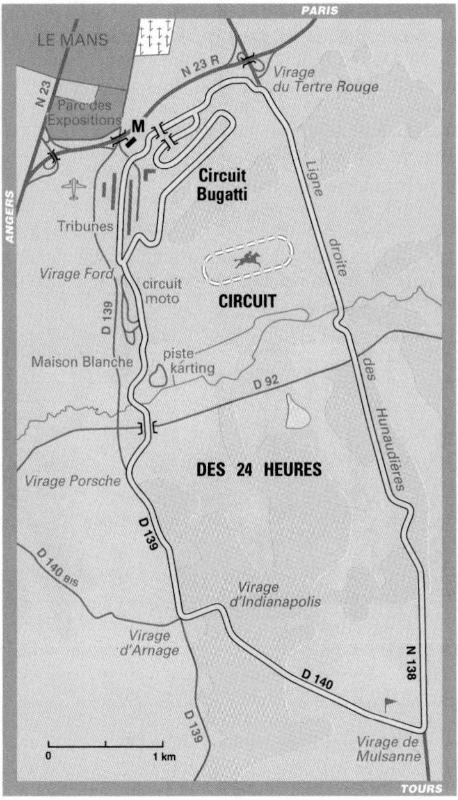

Silence ! On tourne !

Lors des 24 Heures du Mans 1970, l'acteur Steeve Mac Queen est la vedette d'un film. Ses assureurs (prudents) lui interdirent de prendre place à bord d'un bolide. Les scènes de course seront réalisées par des pilotes officiellement inscrits dans l'épreuve, sur une Porsche équipée de 3 caméras.

Les 24 Heures du Mans – Gustave Singher et Georges Durand lancèrent en 1923 la première épreuve d'endurance du Mans qui allait devenir un événement sportif de retentissement mondial, et un banc d'essai formidable pour l'automobile de série.

Les difficultés du circuit et la durée de la course mettent à l'épreuve la solidité des machines et l'endurance des pilotes. Le circuit a été considérablement amélioré depuis le tragique accident survenu en 1955 à la Mercedes de Levegh.

Quelques grandes dates des « 24 Heures »

1923 – Première édition des 24 Heures remportée par Lagache et Léonard sur une Chenard et Walcker ; 2 209,536 km à la moyenne de 92,064 km/h.

1971 – Sur le circuit de 13,469 km, H. Marko et G. Van Lennep 5 335,313 km sur Porsche 917 à la moyenne de 222,304 km/h ; Siffert effectuant, sur Porsche 917 également, le meilleur tour à la moyenne de 243,905 km/h.

1991 – Le circuit est doté de nouvelles installations le plaçant au premier rang des réalisations de ce type. La firme Mazda (première victoire d'une firme japonaise et d'un moteur rotatif) entre dans l'histoire.

1993 – Victoire historique de Peugeot : 3 voitures au départ, 3 voitures à l'arrivée, 3 voitures aux 3 premières places ! Avec, en prime, le nouveau record de la distance sur le circuit : 5 100 km à 213,358 km/h de moyenne.

1998 – Le Britannique Alan McNish, les Français Laurent Aïello et Stéphane Ortelli savourent la 16e victoire de Porsche sur le circuit de la Sarthe. Leur GT1 98 a parcouru 351 tours (4 723,78 km) à la vitesse moyenne de 199,32 km/h.

2000 – La soixante-huitième édition voit la victoire des pilotes Biela, Kristensen et Pirro. 3 Audi R8 aux 3 premières places ; la première a réalisé 368 tours.

L'Automobile-Club de l'Ouest organise également, chaque année, les 24 Heures du Mans Motos, les 24 Heures du Mans Camions et, régulièrement, le Grand Prix de France Moto.

Le bruit et la fureur
Le spectacle est inoubliable, vu des tribunes ou des prés et des bois de pins qui jalonnent le circuit ; le vrombissement des moteurs, le sifflement des bolides lancés à plus de 350 km/h sur les Hunaudières, les odeurs de gaz brûlés se mêlant aux senteurs des résineux, et, la nuit, les faisceaux des phares, attirent chaque année des milliers d'amateurs.

À l'entrée principale du circuit, sur la D 139, un souterrain donne accès au circuit permanent Bugatti et au musée de l'Automobile.

Circuit permanent Bugatti

9h-12, 14h-18h. ☎ 02 43 40 24 24.

Outre son école de pilotage, ce circuit (4,430 km) constitue un banc d'essais permanent utilisé par les écuries auto et moto de compétition dans le cadre de séances d'essais privés.

Passage au stand, lors des 24 Heures du Mans.

Toutes les stars
Plusieurs voitures victorieuses : la Bentley de 1924, la Ferrari de 1949, la Matra de 1974, la Rondeau de 1983, la Jaguar de 1988, la Mazda de 1991, la Peugeot de 1992 constituent une partie de cette collection exceptionnelle.

Musée de l'Automobile de la Sarthe★★

Accès par l'entrée principale du circuit (D 139 au Nord de la D 921). ♿ De mi-fév. à fin déc. : (dernière entrée 1h av. fermeture) 10h-18h (juin-sept. : 19h) ; de janv. à mi-fév. : w.-end et j. fériés 10h-18h. Fermé 1er janv. et 25 déc. 40F (7-11ans : 10F). ☎ 02 43 72 72 24.

Reconstruit en 1991, il présente **115 véhicules** dans un décor résolument moderne et pédagogique. Faisant appel à la vidéo, aux jeux interactifs, des maquettes animées et des vitrines retracent la saga de l'automobile depuis plus d'un siècle.

alentours

Abbaye de l'Épau★

4 km par l'avenue Léon-Bollée et à droite la rocade passant au-dessus de la voie ferrée, puis suivre les flèches. 9h30-12h, 14h-18h. Fermé 1er janv. et 25 déc. et lors de différentes manifestations culturelles. 15F. ☎ 02 43 84 22 29.

Sous les voûtes
L'abbaye sert de cadre au « Festival de l'Épau », festival de musique classique fort apprécié des mélomanes.

Cette ancienne **abbaye cistercienne** se dresse dans un site champêtre au bord de l'Huisne. Elle fut fondée en 1229 par la **reine Bérengère** (veuve de Richard Cœur de Lion), qui y termina ses jours.

Autour du cloître s'ordonnent les bâtiments monastiques. À droite, l'aile du **réfectoire** avec les arcatures du lavabo. En face, le bâtiment des moines, comprenant à droite le **scriptorium**, et à gauche la **salle capitulaire** ; le premier étage abrite le **dortoir**, coiffé d'une voûte de bois et restitué dans sa configuration d'origine.

À gauche se trouve l'**église**, construite aux 13e et 14e s., et reprise au début du 15e s. : de cette époque date l'immense verrière du chœur, délicatement sculptée ; remarquez son plan cistercien au chevet plat, et les trois chapelles orientées qui ouvrent sur chaque bras du transept ; dans le bras droit, à l'entrée de la sacristie, les chapiteaux carrés sont décorés de feuilles d'eau.

Abbaye de l'Épau. La salle capitulaire *aux élégantes voûtes d'ogives, où se trouve le gisant de la reine Bérengère.*

Montfort-le-Gesnois

20 km à l'Est du Mans par l'avenue Léon-Bollée et la N 23, puis une route à gauche.

Proche de **Connerré**, petite ville célèbre pour ses rillettes, Montfort, issue de la fusion de Pont-de-Gennes et de Montfort-le-Rotrou, occupe un site paisible développé à partir du pont romain. Son **pont** du 15e s., étroit et coudé, paré de blocs de grès, franchit l'Huisne élargie coulant au milieu des arbres.

Pour les photographes

Vue sur la petite église St-Gilles, du 13e s., le moulin couvert de vigne vierge et environné de saules pleureurs, le petit barrage où se culbutent les flots de la rivière.

Bois de Loudon

18 km au Sud-Est par l'avenue Jean-Jaurès, les N 223 et D 304, puis à gauche la D 145E et, encore à gauche, la D 145.

De la D 145, plusieurs chemins forestiers s'engagent dans ce bois de résineux au sol sablonneux, couvert en septembre d'un somptueux manteau de bruyères.

itinéraire

FLÂNERIES EN VALLÉE DE LA SARTHE

Itinéraire de 73 km – environ 3 h.

Parmi les beaux paysages du Maine angevin, la Sarthe déroule paisiblement ses méandres. La rivière, navigable à partir du Mans, est doublée de canaux latéraux. Les bois alternent avec les prairies et les cultures de céréales, de pommes de terre, de primeurs.

Sortir du Mans par la N 23.

Spay

10 km au Sud-Ouest par la N 23 et la D 51 par Arnage.

Dans cette **église** romane (9e-12e s.) restaurée, beau retable (1773) et très élégante Vierge à l'Enfant, du 14e s. ; à voir également, une précieuse pyxide (petite boîte sphérique en métal précieux dans laquelle on plaçait l'Eucharistie) de 1621.

Rejoindre Fillé par la D 51.

Fillé

Au bord de la Sarthe, l'**église** abrite une grande Vierge peinte de la fin du 16e s. qui a pris son aspect vernissé lors de l'incendie d'août 1944. *Visite possible sur demande préalable. ☎ 02 43 87 14 10.*

La Suze-sur-Sarthe

Du pont, beau coup d'œil sur la Sarthe, les restes du château (15e s.) et l'église.

Quitter La Suze par la D 79 qui se dirige, à travers bois, vers Fercé.

Fercé-sur-Sarthe

Jolie vue en traversant le pont, suivie d'une autre en continuant la route qui monte à l'église.

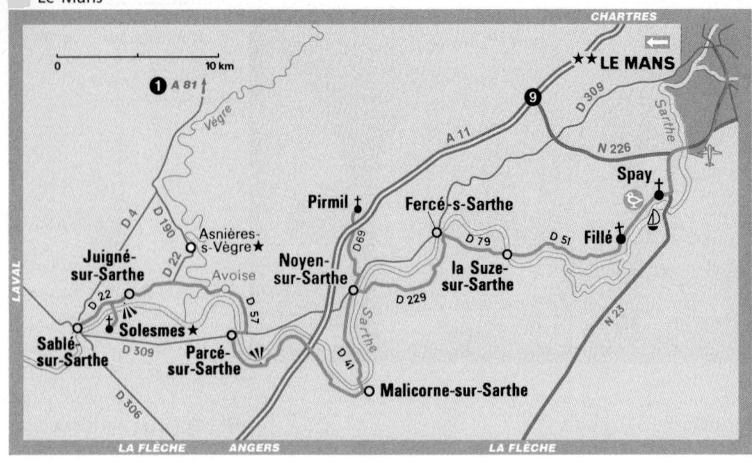

Revenir jusqu'à la Sarthe pour prendre à droite après le pont le V 5, vers St-Jean-du-Bois.

La D 229 passe ensuite devant le château de style « troubadour », offrant quelques échappées sur la Sarthe, avant l'arrivée à Noyen.

Noyen-sur-Sarthe

Noyen s'étage sur les bords de la Sarthe, large en cet endroit, et doublée par un canal. Du pont, très jolie **vue** sur un barrage, un moulin, une « île des peupliers », un fouillis de jardinets et de toits, la plage et une seconde île.

Pirmil

4 km au Nord au départ de Noyen, par la D 69. L'**église** romane, épaulée de contreforts, date de 1165. Les chapiteaux sont finement sculptés. Aux retombées des voûtes d'ogives : saint Étienne, saint Michel, un évêque, un prêtre et... une tête grotesque.

Le château de Malicorne (17e s.), tourelles et toits à la Mansart, appartenait à la marquise de Lavardin. Mme de Sévigné aimait à y résider et à flâner dans son beau parc, avec ses douves que franchit un charmant pont en dos d'âne.

Malicorne-sur-Sarthe

Malicorne baigne ses pierres au ras de l'eau. Du pont, vue charmante sur un moulin et les rives plantées de peupliers.

L'**église,** du 11e s., abrite le gisant d'un seigneur de Chaource, une Pietà (croisillon droit) et, sur le mur gauche de la nef, une jolie piscine (petite cuve destinée à recevoir l'eau qui a servi aux sacrements) du 16e s.

Non loin de la rivière, en aval, le **château** du 17e s. (remanié).

À la sortie Est du bourg, au départ de la D 133 vers Mézeray, une **faïencerie d'art** est encore en activité ; elle produit les « ajourés » de Malicorne et surtout des reproductions de faïences anciennes. *D'avr. à fin sept. : visite guidée des ateliers et du musée (1h) tlj sf lun. 9h-11h, 14h-16h45, dim. et j. fériés 14h-16h45. 26F. ☎ 02 43 94 81 18.*

Prendre la D 8 vers Parcé, puis à droite le V 1 vers Dureil, petit chemin champêtre ; en retrouvant la D 8, la route offre de belles échappées sur la Sarthe.

Parcé-sur-Sarthe

Ravissant petit bourg avec son moulin au bord de la rivière, Parcé s'étage autour d'un clocher roman. À l'entrée du village, le cimetière, piqueté de cyprès, encadre sa chapelle surmontée d'un clocher-pignon.

Franchir la rivière et, après le canal, tourner à gauche dans la D 57.

À la sortie d'Avoise remarquez à gauche La Perrigne de Cry, manoir du 16e s. (propriété privée) surplombant la rivière.

Prendre ensuite à gauche vers Juigné le V 4 qui traverse la Vègre, avant de déboucher sur la D 22 que l'on prend à gauche.

Juigné-sur-Sarthe

Son promontoire verrouille la vallée de la Sarthe. Maisons des 16e et 17e s. et château du 18e s. des marquis de Juigné. De la place de l'église, vue plongeante sur la Sarthe et l'abbaye de Solesmes.

Solesmes *(voir Sablé)*

Par la D 22, qui longe le canal et d'anciennes carrières de marbre, gagner Sablé.

Restauration

La Petite Auberge – *Au pont - 72270 Malicorne-sur-Sarthe - ☎ 02 43 94 80 52 - fermé 15 fév. au 15 mars, 20 déc. au 10 janv., dim. soir, mar. soir et lun. du 16 août au 30 juin et le soir d'oct. à mars sf ven. et sam. - 84/268F.* Au pied de la terrasse de cette auberge coule la rivière avec ses bateaux de plaisance. Par temps frais, vous préférerez sans doute la salle à manger et sa grande cheminée. Cuisine traditionnelle au goût du jour.

Meung-sur-Loire★

L'ancien siège des évêques d'Orléans, une des plus vieilles forteresses de la Loire, dresse ses tours austères, ses toits d'ardoise et ses belle pierres grises dans un cadre romantique de marronniers et de petits jardins. Mais la visite de ses terribles souterrains risque fort d'assombrir les âmes sensibles... Alors, quelques pas dans le village ? Longer ses étroites rues tortueuses, passer par la vieille halle, sous la porte d'Amont, c'est suivre aussi les Mauves, petit ruisseau dont les bras multiples clapotent, gargouillent et bruissent gaiement entre les maisons.

La situation

Cartes Michelin nos 64 pli 8, 238 pli 4 ou 4045 B 5 – Schéma p. 279 – Loiret (45). En aval d'Orléans, le **bourg** s'étend sur un coteau, entre la Loire qui baigne le mail planté de hauts arbres et la N 152 qui court sur le plateau. **ℹ** *42 r. Jean-de-Meung, 45130 Meung-sur-Loire, ☎ 02 38 44 32 28.*

Le nom

Magdunense, c'est-à-dire : marché (magos) protégé par une forteresse (dunum). Trois roses fleurissent le blason de Meung-sur-Loire, en hommage au Roman de la Rose.

BEST-SELLER

Jean de Meung, vers 1280, ajoute 18 000 vers aux 4 000 que comptait déjà le *Roman de la Rose* écrit une quarantaine d'années auparavant par **Guillaume de Lorris.** Ce roman allégorique fut le plus grand succès littéraire d'une époque qui, précisons-le, ne comptait que quelques intrépides lecteurs.

Les gens

6 254 Magdunois. Jean Chopinel dit **de Meung**, l'un des auteurs du *Roman de la Rose*, naquit bel et bien, comme son nom l'indique, à Meung.

Siège des 59 évêques et cardinaux d'Orléans, Meung fut le théâtre d'affrontements sanglants pendant la guerre de Cent Ans : pris par les Anglais en 1428 (mort de Lord Salisbury), il fut repris par Jeanne d'Arc le 15 juin 1429. Villon y fut incarcéré pour vol en 1461 et soumis à la terrible question de l'eau, pendu par les pieds. Il dut sa libération à un poème, que Louis XI avait cru écrit à son intention. Le peintre Ingres tint quelque temps résidence à Meung, ainsi que les romanciers Alexandre Dumas et, plus tard, Georges Simenon.

visiter

Collégiale St-Lyphard★

Ce sobre édifice, élevé du 11e au 13e s., comporte un puissant clocher à flèche de pierre, un chevet semi-circulaire et un transept original, aux extrémités arrondies. Derrière le chevet, vous aurez une bonne vue sur l'église et le château.

Château

Juin-sept : visite guidée (1h, dép. toutes les 1/2h) 9h30-18h ; avr.-mai : 10h-12h30, 14h-17h ; oct.-mars : 10h-12h, 14h-16h30. Fermé 1er janv. et 25 déc. 35F. ☎ 02 38 44 36 47.

Construit par étapes successives, ce bel édifice conserve encore bien des traces de sa vocation militaire et féodale, du côté de l'entrée en particulier (12e et 13e s.), avec les fentes du pont-levis qui enjambait les douves sèches.

POIGNANT

Le Christ janséniste de **Jacob Van Dyck,** avec ses bras dressés, poings fermés, et son visage torturé d'angoisse.

◀ **À l'intérieur**, on remarque, entre autres : la très instructive et authentique salle de bains des évêques, et une belle salle charpentée avec son mobilier Henri II. Ensuite commence la visite des **souterrains** : la chapelle du 12e s. à voûte en palmier et les prisons où les inculpés passaient à la « question ». Les évêques, hommes de Dieu, n'avaient pas le droit de mettre à mort leurs condamnés : ils se contentaient donc de les faire descendre, par une corde, dans l'obscurité des oubliettes. Les prisonniers, qui recevaient chaque jour un pain et un pichet d'eau, quel que soit leur nombre, y mouraient très rapidement.

Salle de bains des évêques (17e s.), complète avec sa baignoire et son chaudron en cuivre.

Mondoubleau

Les ruines du donjon en grès « roussard », bizarrement penché, dominent ce village, où quelques pans de murailles se dressent encore parmi les maisons et leurs jardins. Aux alentours, églises gracieuses et vestiges des templiers jalonneront un itinéraire paisible, bien à l'écart des foules estivales.

La situation

Cartes Michelin nos 60 Sud des plis 15, 16, 64 Nord des plis 5, 6 ou 232 pli 12 - Loir-et-Cher (41). Arrivant de l'Ouest par la D 86 (entre Orléans et Le Mans, N 157) vous découvrirez Mondoubleau, ses maisons et ses jardins accrochés à flanc de coteau. Les ruines du château, du haut de leur butte, dominent la route de Cormenon. *2 r. Brizieux, 41170 Mondoubleau ☎ 02 54 80 77 08.*

Le nom

Hugues Doubleau, le constructeur de la forteresse, avait baptisé la localité Mont des Doubleau.

Les gens

1 608 Mondoublotiers. Alphonse Karr, journaliste et écrivain (1808-1890), passionné d'horticulture, rédigea à Mondoubleau son roman le plus célèbre (à l'époque...), *Sous les tilleuls.*

Hébergement
Chambre d'hôte Peyron-Gaubert – *Carrefour de l'Ormeau - ☎ 02 54 80 93 76 - ⊭ - 5 ch. : 220/290F - repas 100F.* Dans cette bâtisse du 17e s., tous les meubles aux formes épurées, douces et polies, sont réalisés par le propriétaire, ébéniste. Découvrez sa salle d'exposition avant de gagner votre chambre habillée de bois et de blanc. Un lieu insolite agrémenté d'un jardin.

se promener

Maisons anciennes

Au coin de la rue du Pont-de-l'Horloge et de la rampe du château, demeures du 15e s.

Promenade du mail

La rue Gheerbrant mène à la poste et à la place St-Denis ; passez derrière la poste et traversez le jardin public pour accéder au « Grand Mail », longue allée ombragée : jolie vue sur la vallée.

circuits

AUTOUR DE MONDOUBLEAU

1 NORD

Circuit de 26 km par la D 921 - compter environ 1 h.

Château de St-Agil

De mi-mars à mi-nov. : visite guidée (1h) du château sur demande préalable ; parc ouv. tlj sf dim. et j. fériés 9h-12h, 14h-18h. Fermé 15 août et Toussaint. 15F. ☎ 02 54 80 94 02.
Intéressant château, entouré de douves. Une partie de l'édifice, qui date du 13e s., fut remaniée en 1720. Son joli pavillon d'entrée (16e s.) est encadré de tours dont l'appareil de briques rouges et noires dessine un réseau de losanges ; des mâchicoulis supportent un chemin de ronde et des toits en poivrière ; le corps central est surmonté par une lucarne dont le médaillon figure Antoine de La Vove, seigneur du lieu.
Le parc, tracé par J. Hardouin-Mansart, fut transformé à l'anglaise en 1872 ; il a gardé ses vieux tilleuls, plantés en 1720 ; belle glacière du 16e s.

Commanderie d'Arville

De mi-fév. à mi-déc. : visite guidée (1h) tlj sf mar. 13h-18h (de mi-juin à mi-sept. : 10h-18h). Tarif non communiqué. ☎ 02 54 80 75 41.
Venant du Gault-Perche par la D 921, vous verrez surgir la commanderie créée par les templiers, auxquels succédèrent les chevaliers de St-Jean-de-Jérusalem.

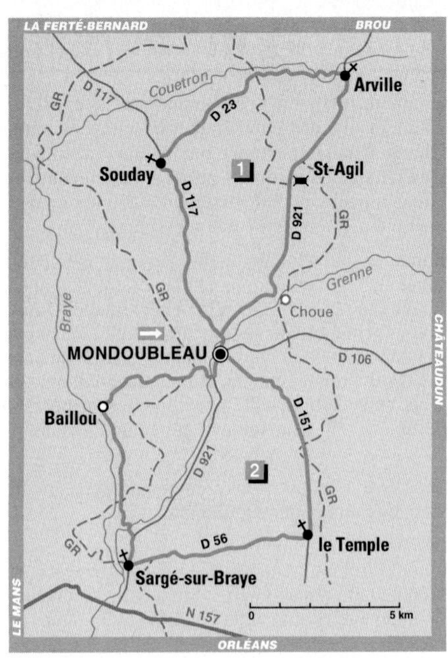

Taches de rousseur
Le roussard, appelé aussi grison, est un grès composé de grains de silex reliés entre eux par une pâte ferrugineuse compacte. Au contact de l'humidité de l'air ambiant, le fer s'oxyde et la pierre prend une teinte rouille plus ou moins nuancée.

◀ Construit en **roussard**, ce bel édifice s'intègre dans un cadre paisible et harmonieux. La chapelle, du 12e s., est précédée par un clocher-pignon relié à une tour en silex faisant partie des murailles. La porte d'entrée (fin 15e s.) comporte deux tourelles en brique à curieux toits de lattes de châtaignier en forme d'éteignoir. Également restaurés, une belle grange dîmière et le pigeonnier. Depuis peu, un Centre d'histoire des ordres de la chevalerie évoque l'épopée des croisades. Des images, des sons et même des odeurs (badiane, anis...) reconstituent le monde des croisés d'Arville à Jérusalem en passant par Gênes.

Rentable
Les chevaliers et (riches) pèlerins qui partaient pour la croisade laissaient une somme d'argent dans une maison du Temple et, en échange de leur reçu, touchaient l'équivalent (ou presque) à leur arrivée en Terre sainte. Mais le voyage comportait quelques risques, et tous ne parvenaient pas forcément à bon port...

Les templiers

Cet ordre militaire et religieux fut fondé en 1119 au Temple de Jérusalem. Ses membres, vêtus d'un manteau blanc à croix rouge, étaient chargés d'assurer la sécurité des routes et la protection des pèlerins. À cet effet, ils édifièrent sur les principaux itinéraires des commanderies qui, fortifiées, leur servirent de **banques** au 13e s. ◀ Amenés à prêter des fonds aux papes, aux rois et aux princes, les templiers acquirent une richesse et une influence considérables. Au début du 14e s., l'ordre des Templiers compte 15 000 chevaliers et 9 000 commanderies. Il a sa juridiction particulière, ne paie pas d'impôts et relève de la seule autorité du pape. Cette richesse et cette indépendance, en lui créant de nombreux ennemis, causeront sa perte. En 1307, Philippe le Bel obtient du pape que les templiers soient traduits devant des tribunaux spéciaux ; il fait arrêter, le même jour dans toute la France, tous les membres de l'ordre. Le grand maître Jacques de Molay et 140 dignitaires sont emprisonnés dans le château de Chinon. L'année suivante, ils sont transférés à Paris. À la suite d'un procès où ils sont accusés d'avoir renié le Christ en crachant sur la Croix dans les cérémonies d'initiation, 54 d'entre eux, y compris Jacques de Molay, sont brûlés vifs.

Souday

La nef de l'**église** se prolonge par un intéressant chœur à deux étages, du 16e s. Deux escaliers bordés de rampes en fer forgé, posées en 1838, montent au chœur supérieur, garni de vitraux Renaissance (Passion et Résurrection du Christ). Dans la crypte, élégantes voûtes d'ogives retombant sur des colonnes sans chapiteaux.

Le croisillon droit est orné de peintures du 16e s. représentant saint Joseph, saint Joachim et quatre scènes de la vie de saint Jean Baptiste ; sur la voûte figurent les symboles des quatre évangélistes. *Possibilité de visite guidée sur demande. ☏ 02 54 80 93 18.*

2 SUD

Circuit de 24 km – environ 1 h

Quitter Mondoubleau au Sud-Est, par la D 151.

Le Temple

De la commanderie des templiers il reste une église du 13e s., au clocher trapu et au chevet plat, nichée dans un joli paysage au bord d'une mare.

Prendre à droite la D 56.

Sargé-sur-Braye

Dans l'**église** St-Martin des 11e et 15e s., aux lambris peints en 1549, ont été dégagées des peintures murales : du 16e s. dans la nef (*Pietà, saint Martin*) et du 14e s. dans le chœur (*Christ en majesté*, et surtout *Travaux des mois* : remarquez le Janus à trois visages symbolisant janvier). *Avr.-sept. : 9h-18h ; oct.-mars : on peut emprunter la clef à la boulangerie Desile à Sargé.*

Baillou

Sympathique village assis en contrebas d'un grand château des 16e et 17e s. Isolée sur une butte, la ravissante **église** (début du 16e s.) présente un portail Renaissance ▶ avec pilastres à rinceaux, surmontés des figures d'Adam et Ève. *Visite guidée sur demande à la mairie mar. 14h30-19h et ven. 14h-18h. ☏ 02 54 80 81 67.*

La D 86 ramène à Mondoubleau (belle vue en arrivant sur la ville).

La Vierge et le curé
À l'intérieur dans le croisillon gauche, un savoureux retable sculpté (1618) évoque la mort de la Vierge entourée des apôtres et du curé donateur Gaultier.

Montoire-sur-le-Loir

De Montoire, on oubliera bien vite la gare, tristement célèbre, pour retenir plutôt ses vieilles maisons, son ravissant pont sur le Loir et son adorable chapelle St-Gilles, peinte de fresques aux superbes couleurs.

La situation

Cartes Michelin nos 64 pli 5, 232 pli 24 ou 238 pli 1 – Schéma p. 365 – Loir-et-Cher (41). À l'Ouest de Vendôme (D 917, ou mieux, par la D 108 et la petite route qui, venant de

Vue sur le Loir qui coule entre les vieilles maisons. De nombreux bateaux de pêcheurs s'alignent le long des rives.

Lavardin, longe la rive gauche de la rivière), Montoire est baigné par le Loir, qui serpente parmi les vignobles. Les ruines du château dominent le coteau Sud. ☒ *16 pl. Clemenceau 41800 Montoire-sur-le-Loir,* ☎ *02 54 85 23 30.*

Le nom

Une *montoire* était tout simplement une montée, une colline, en (très) ancien français : allusion au coteau qui domine le village. Quant au prieuré St-Gilles, il fut à l'origine fondé au 7e s. Au 9e s., un *missus dominicus* de Charles le Chauve construisit un fort (perché sur la *montoire*) destiné à le protéger des incursions normandes.

Les gens

4 558 Montoiriens. Les dévots se dirigeant vers Tours pour prier sur le tombeau de saint Martin faisaient étape à Montoire, qui se trouvait sur un des itinéraires de Compostelle. Les maladreries de Montoire et de Troo furent édifiées à cette époque.

L'entrevue de Montoire

À la mi-octobre 1940, des convois de soldats allemands firent irruption dans la région, des batteries antiaériennes se postèrent sur les collines. Des patrouilles perquisitionnèrent chez les Montoiriens et installèrent des chevaux de frise sur les routes. L'électricité et le téléphone furent coupés, des cheminots allemands remplacèrent les employés de la SNCF, les habitants des maisons bordant la voie ferrée reçurent l'ordre de fermer leurs volets et de ne plus sortir. Une escadrille de Messerschmitt effraya le bétail dans les champs, deux trains blindés hérissés de canons sillonnèrent la ligne de Vendôme à La Chartre.
Le 22 octobre, Hitler reçut Pierre Laval en gare de Montoire ; en cas d'alerte, son train pouvait gagner le tunnel tout proche de St-Rimay. Le surlendemain (24) se déroula la fameuse entrevue entre le Führer et le maréchal Pétain, au cours de laquelle le mot allemand *Zusammenarbeit* (travail en commun) fut traduit par le mot « collaboration », de sombre mémoire.

se promener

Pont

Vue★ ravissante sur le Loir qui coule entre des saules pleureurs et de vieilles maisons couvertes de glycines.

Maisons Renaissance

Sur la place Clemenceau, deux d'entre elles sont accolées ; la plus grande, avec ses meneaux et ses lucarnes, est aussi la plus ancienne. Rue St-Oustrille, remarquez la maison du « Jeu de quilles » (ainsi nommée pour sa curieuse cheminée de style Renaissance) portant une plaque dédiée par les compagnons du devoir à l'un des leurs, natif de Montoire ; rue St-Laurent, façade restaurée de l'hôpital Antoine-Moreau.

La gare

Lieu de la fameuse entrevue du 24 octobre 1940.

Le Christ de l'abside principale est d'une extraordinaire majesté, au milieu des anges qui l'accompagnent : c'est le Christ de l'Apocalyse

visiter★

Chapelle St-Gilles★

La porte de l'enclos s'ouvre, par une pelouse semée d'ifs, sur l'abside d'une bien gracieuse chapelle romane, dépendant d'un prieuré bénédictin dont **Ronsard** fut titulaire.
C'est de St-Gilles que Ronsard partit en octobre 1585 pour ses prieurés de Ste-Madeleine de Croixval et St-Cosme, près de Tours, où il devait expirer deux mois plus tard.

Les trois Christ

Des **fresques★★** décorent les trois absides qui, disposées en trèfle, forment le chœur et le transept. Les voûtes des culs-de-four portent chacune un Christ d'époque différente. Le plus ancien (1er quart du 12e s.) est celui de l'abside principale.
Au croisillon Sud, un autre Christ (12e s.), qui tend les clefs à saint Pierre (effacé), reflète une influence byzantine (plis du vêtement serrés et symétriques). Enfin le Christ entre les apôtres (13e s.), au croisillon Nord, évoque la Pentecôte : les attitudes plus tourmentées, les blancs, les ocres et les bleus des nimbes marquent la naissance de l'école locale. Très belles peintures également sur les arcs de croisée, en particulier à l'Ouest, le *Combat des Vertus et des Vices.*

Château

Pour des raisons de sécurité, accès interdit.
Il dresse sur un éperon rocheux son donjon du 11e s. précédé par une enceinte.

alentours

Parc botanique de La Fosse

3 km à l'Ouest par la D 917, puis D 94 en direction de Fontaine-les-Coteaux. Provisoirement fermé après la tempête. Se renseigner. ☎ 02 54 85 38 63.
Créé, entretenu, modifié et enrichi par la même famille depuis le milieu du 18e s., ce superbe arboretum s'étend sur les 25 ha d'un coteau de la vallée du Loir. Plusieurs arbres exceptionnels : cèdres du Liban de 1810, pins noirs de Corse de 1820 et d'innombrables espèces rares.

Au gré des saisons

Découvrez l'allée des rosiers ou l'allée des charmes, les scènes paysagères des magnolias ou les sous-bois tapissés de pervenches.

Montrésor★

L'Indrois baigne ce village de caractère, son château Renaissance et son église gothique, mais sa fraîche vallée cache encore bien d'autres merveilles, petites et grandes, comme la formidable *Pietà* de Nouans ou la chartreuse du Liget. Un village pour les amoureux, en somme...

La situation

Cartes Michelin nos 64 plis 16, 17 ou 238 plis 13 à 15 – Indre-et-Loire (37). Au cœur des gâtines tourangelles, édifié à l'ombre de son château, l'un des « plus beaux villages de France » mire ses trésors dans l'Indrois, affluent de l'Indre. C'est par la route de Loches (rive gauche) que vous aurez le plus beau point de vue sur le site et son château. Jolies routes également venant de Genillé (D 10) ou Nouans-les-Fontaines (D 760).
Mairie, 37460 Montrésor, ☎ 02 47 91 43 00.

Primé

L'association « Les plus beaux villages de France » rassemble 140 villages d'exception sélectionnés pour la beauté de leur habitat, de leurs monuments et de leurs paysages.

Le nom

Ce nom évocateur a généré des interprétations plus ou moins fantaisistes. L'explication la plus amusante est celle d'un preux chevalier et de son écuyer qui auraient vu un petit lézard couvert de poussière d'or trottiner sur les rochers... Intrigués, les deux hommes fouillent le coteau et découvrent dans une grotte un trésor magnifique. La réalité est tout autre. L'un des premiers seigneurs des lieux était trésorier du chapitre de la cathédrale de Tours et l'endroit s'appelait tout naturellement *mons thesauri*, c'est-à-dire le mont du Trésorier qui, avec le temps, s'est mué en Montrésor.

Les gens

Le plus illustre personnage du lieu est **Imbert de Bastarnay**, seigneur de Montrésor en 1493, conseiller de plusieurs rois de France et grand-père de Diane de Poitiers.

Un polonais argenté
Xavier Branicki, émigré polonais, accompagna le prince Louis-Napoléon à Constantinople, lors de la guerre de Crimée. Grand financier du Second Empire, il fut l'un des créateurs du Crédit foncier de France (1852).

En 1849, le **comte Xavier Branicki** rachète le château, qu'il restaure et aménage de fond en comble.

se promener

Dans le bourg, remarquez les vieilles halles en bois (halle aux cardeux) et, le long de la rue principale, le beau logis dit du Chancelier (16e s.), à échauguettes d'angle, occupé par la mairie. La rue Branicki, qui passe le pont menant du château à l'église, est bordée de plusieurs vieilles demeures dont certaines troglodytiques. Sur la route de Beaumont-Village, vous aurez une vue plongeante sur le château.

Le long de l'Indrois, à l'ombre protectrice de son château, le village est fier d'appartenir à la communauté des « plus beaux villages de France ».

visiter

Château★

D'avr. à fin oct. : visite guidée (3/4h) 10h-12h, 14h-18h (juil.-août : 10h-18h). 35F (enf. : 15F). ☎ 02 47 92 60 04.

De la forteresse construite au 11e s. par Foulques Nerra, on distingue l'enceinte dont il reste de puissants murs jalonnés de tours ruinées ; au centre de l'enceinte, entouré d'un petit parc romantique, se dresse intact le château résidentiel élevé au début du 16e s. ; sur la façade Sud, fenêtres à meneaux, lucarnes à gable et deux tours à mâchicoulis dominent l'Indrois.

Mobilier d'origine
Depuis le 19e s., l'ameublement est resté tel que l'a laissé le comte Branicki : trophées de chasse à l'entrée, tableaux de peintres français et polonais, grands bas-reliefs en bois représentant les batailles du roi de Pologne Jean III Sobieski contre les Ottomans (17e s.), un boudoir orné de primitifs italiens, et de belles pièces d'orfèvrerie ayant appartenu aux rois de Pologne.

Du rebord de l'enceinte, surplombant la rivière, jolie **vue** sur la vallée et les maisons du bourg.

Église

Bâtie de 1519 à 1541 dans le style gothique (portail Renaissance), cette ancienne collégiale fut fondée par Imbert de Bastarnay. Placé au bas de la nef, le **tombeau des Bastarnay★** porte trois gisants de marbre blanc, le seigneur, son épouse et leur fils, sur un socle décoré des statues des douze apôtres. De la même époque, deux vitraux et les stalles Renaissance, décorées de médaillons et de miséricordes sculptés. Ne manquez pas dans la chapelle du chœur, à gauche, l'*Annonciation* (17e s.) par Ph. de Champaigne.

alentours

Chartreuse du Liget

9h-12h, 14h-19h. 3F. ☎ 02 47 92 60 02.

À l'orée de la forêt de Loches se dresse, au bord de la route, le grand mur de la **chartreuse du Liget** ; son majestueux **portail★** du 18e s. est encadré de nombreux communs. L'ampleur impressionnante des bâtiments et la disposition des vestiges donnent une idée de la richesse de l'abbaye avant la Révolution. Fondée vers la fin du 12e s. par Henri II Plantagenêt, roi d'Angleterre, en expiation, dit-on, du meurtre de l'archevêque Thomas Becket, elle fut vendue comme bien national à la fin du 18e s. et démantelée.

Descendre l'allée centrale.

Devant la maison, sur la gauche, se dressent les ruines de l'église (12e s.), derrière laquelle subsiste un côté du grand cloître construit en 1787 : sur le mur des cellules on aperçoit les guichets par où les religieux recevaient leur repas.

Chapelle St-Jean

Reprendre la route de Loches sur 1 km, puis le premier chemin à gauche. Visite sur demande préalable auprès de Mme Arnould à la chartreuse. ☎ 02 47 92 60 02.

Curieuse petite chapelle ronde (12e s.), isolée en plein champ, où se seraient installés les premiers religieux à la fondation de la chartreuse ; à l'intérieur subsistent quelques fresques romanes où l'on reconnaît une *Descente de croix et le Sépulcre du Christ.*

La Corroirie

Sur la route de Montrésor, au creux du premier vallon, apparaît sur la gauche, derrière un rideau d'arbres, la silhouette de cette dépendance de l'abbaye, fortifiée au 15e s.

Vers l'Ouest se distingue nettement sa porte fortifiée, tour carrée à pont-levis et garnie de mâchicoulis.

Azay-sur-Indre *(voir p. 234)*

itinéraire

VALLÉE DE L'INDROIS★

33 km - environ 2 h

L'Indrois, affluent de l'Indre, a creusé son lit sinueux dans l'argile et la craie de la gâtine de Montrésor. Tout au long de cette vallée aux rives verdoyantes et remarquablement préservées, arbres fruitiers ou vignobles jalonnent les coteaux.

Nouans-les-Fontaines

L'église (13e s.) de ce village renferme un chef-d'œuvre de l'art primitif : une **Descente de croix★★**, appelée aussi *Pietà de Nouans*, grande peinture sur bois (2,36 m sur 1,47 m) dressée derrière le maître-autel. ▶

CHEF-D'ŒUVRE

Œuvre de Jean Fouquet, cette Descente de croix est l'un des plus magnifiques exemples de l'art français de la fin du 15e s. : les couleurs volontairement neutres, les expressions résignées des personnages, la majesté de leurs attitudes lui confèrent une résonance intemporelle.

L'Indrois, dont les rives sont régulièrement ombragées de hauts peupliers, est le principal affluent de l'Indre.

Coulangé

À l'entrée du hameau s'élève le clocher de l'ancienne église paroissiale (12e s.). Un peu plus loin, de l'autre côté de la rivière, tour ronde et vestige de muraille.

La D 10 offre ensuite de jolies vues, notamment sur le lac de Chemillé, ainsi qu'à l'Est de Genillé.

Genillé

Genillé s'étage entre la rivière et le château (fin 15e s.) à tours d'angle et colombier. Dans l'église, élégant chœur gothique du 16e s.

St-Quentin-sur-Indrois

En sortie de village, la D 10 offre une très belle vue, à gauche, sur la forêt de Loches, avant de rejoindre la vallée de l'Indre à Azay-sur-Indre.

Montreuil-Bellay★

Avec ses berges verdoyantes baignées par la rivière du Thouet, ses vieilles ruelles, ses maisons anciennes et ses jardins, son enceinte et ses portes fortifiées, Montreuil-Bellay a su conserver un authentique cachet médiéval. Quant à son château d'allure austère, c'est une belle demeure du 15es., théâtre des excentricités de la fougueuse duchesse de Longueville.

La situation

Cartes Michelin nos 64 Sud du pli 12, 232 pli 33 ou 4049 I 6 – Maine-et-Loire (49). Au bord du Thouet, qui se jette dans la Loire à Saumur, Montreuil-Bellay occupe un **site★** exceptionnel, au contact de l'Anjou et du Poitou. Belles vues sur le château et son église à partir du pont et de la rive gauche de la rivière. *Pl. de la Concorde, 49260 Montreuil-Bellay, ☏ 02 41 52 32 39.*

Le nom

Montreuil est une déformation de Ménestérol, issu de *monasteriolum*, « le petit monastère », diminutif de *monasterium*.

Les gens

4 112 Montreuillois. Montreuil eut pour seigneurs les Berlay, vassaux de Foulques Nerra, qui devinrent plus tard les Bellay. La duchesse de Longueville, sœur de Condé et principale instigatrice de la Fronde, fut exilée par Louis XIV à Montreuil où elle mena un train... endiablé.

Ascension pour un cheval

Un jour, la belle, scandaleuse et toujours ardente duchesse de Longueville poussa son cheval jusqu'au sommet de l'escalier en colimaçon. Mais pour redescendre, ce fut une autre histoire : il fallut endormir la bête affolée.

se promener

D'agréables jardins longent la rive droite, et devant l'entrée du château s'étend la sympathique place des Ormeaux. De longues sections des murailles médiévales subsistent encore, en particulier la **porte St-Jean** du 15e s., qui s'ouvre entre deux tours en bossage.

Église Notre-Dame

Cette ancienne chapelle seigneuriale, construite de 1472 à 1484, étonne par son architecture rigoureuse et la puissance de ses contreforts. Dans la nef décorée d'une litre funéraire, remarquez à gauche l'oratoire privé du seigneur.

De puissantes murailles et quelques tours décapitées protègent le logis Renaissance de Montreuil-Bellay.

visiter

Maison Dovalle

69 r. Dovalle.

La demeure date du 16e s., sa façade a été remaniée au 18e s. De la tour de guet qui s'élève à l'extrémité de son jardin, on a une belle **vue** sur l'enfilade des tours du château, la vallée du Thouet et, au loin, Puy-Notre-Dame. Le logis doit son nom au poète romantique **Charles Dovalle** (1807-1829), dont l'œuvre posthume fut publiée sous le titre *Le Sylphe*. Mais seule la préface de Victor Hugo lui a véritablement survécu.

Les Nobis

Au bord du Thouet, presque dissimulées sous les arbres, se dressent les ruines de l'église St-Pierre, incendiée par les huguenots au 16e s. Belle abside romane aux chapiteaux sculptés. À côté subsistent deux ailes d'un cloître du 17e s.

Château★★

D'avr. à fin oct. : visite guidée (1h) tlj sf mar. 10h-12h, 14h-17h30. 45F. ☎ 02 41 52 33 06.

Derrière son aspect de forteresse, sitôt franchie la porte fortifiée, apparaît la gracieuse résidence construite au 15e s. par les seigneurs d'Harcourt.

Une photo ?
De la cour du château formant terrasse, belles vues sur l'église, le château et le parc qui descend par paliers jusqu'à la rivière.

Lorsque les Plantagenêts deviennent rois d'Angleterre et principaux ennemis du roi de France, les Berlay prennent parti pour leur suzerain direct. Choix malencontreux : Philippe Auguste en profitera pour assiéger la forteresse et la démanteler.

Des seigneurs belliqueux

En 1025, le comte d'Anjou Foulques Nerra donne la place à son vassal Berlay, qui en fait une puissante forteresse. Cent ans plus tard, ses successeurs, à l'abri de leurs épaisses murailles, ne se privent pas de cabaler contre leur suzerain. En 1151, l'un d'eux, Giraud, ne capitule devant Geoffroy Plantagenêt qu'au bout d'un an de siège ; le comte d'Anjou fait alors raser le donjon qu'il venait de réduire grâce à une véritable bombe incendiaire : un récipient rempli d'huile, scellé, chauffé à incandescence et projeté par un mangonneau.

La **cuisine médiévale** à cheminée centrale du même type que celle de Fontevraud, légèrement remaniée au 15e s., est en parfait état. Potager (18e s.), fourneau à 7 foyers chauffé aux braises, et batterie de cuisine en cuivre.

Le **logis des chanoines** (15e s.) possède quatre tourelles d'escalier à toit conique qui desservent quatre logis indépendants réservés aux chanoines, comprenant un cellier, des chambres à l'étage et des étuves seigneuriales.

La cuisine de Montreuil-Bellay a quelques similitudes avec celle de Fontevraud : plan carré , voûtes d'ogive et cheminée centrale.

Les joyeux Sacavins

Dans la cave voûtée se réunit la confrérie des Sacavins. Fondée en 1904 par le propriétaire d'alors, Georges de Grandmaison, la confrérie a pour mission de faire connaître le vin d'Anjou. Le pressoir à vin, où les grappes étaient directement versées depuis la cour par une trappe, servait encore au début du siècle.

Le **château neuf** fut construit au 15e s. Belle tourelle d'escalier ornée de fenêtres à meneaux aux fausses balustrades délicatement sculptées.

Les pièces habitables du château, hautes de 7 m, sont entièrement meublées ; en particulier la salle à manger aux poutres peintes, et le petit **oratoire** couvert de fresques de la fin du 15e s. À voir également, la chambre de la **duchesse de Longueville**, le grand salon (tapisserie de Bruxelles, armoire allemande en marqueterie) et le petit salon de musique, avec un splendide bureau du célèbre ébéniste Boulle (1642-1732), en marqueterie de cuivre et d'écaille de tortue.

alentours

Ancienne abbaye d'Asnières

7,5 km au Nord-Ouest. De juil. à fin août : visite guidée (1/2h) tlj sf mar. 14h-18h30. Mairie. ☏ 02 41 67 04 92.

Ces ruines romantiques, au Nord de la forêt de Cizay, constituaient jadis un important **monastère** fondé au 12e s. Projetant ses voûtes gracieuses, délicatement nervurées, le **chœur★** offre, avec celui de l'église St-Serge d'Angers, le plus parfait spécimen de l'art gothique angevin. Dans la chapelle de l'abbé, beau Christ du 14e s.

Le Puy-Notre-Dame

Pèlerinage

Au Moyen Âge, on venait de toute la France y vénérer la Ceinture de la Vierge, relique rapportée de Jérusalem au 12e s.

7 km à l'Ouest. Construite au 13e s., l'**église★** dresse son clocher à flèche de pierre, orné d'une baie moulurée où niche une très belle statue de la **Vierge** (16e s.). Au flanc Nord de l'église subsiste le puits, englobé dans un bâtiment cylindrique.

À l'intérieur, les trois nefs de même hauteur s'élancent avec une belle majesté ; dans le chœur, remarquez le tracé des liernes et des tiercerons, d'une grande richesse ; derrière le maître-autel, belles stalles sculptées du 16e s.

Montrichard★

Visiteurs pressés, montez tout droit au donjon : vous découvrirez alors une petite ville médiévale, aux maisons de tuffeau serrées contre son église, un pont et la très riante vallée du Cher. Vous y assisterez même, peut-être, à quelques démonstrations aériennes de rapaces peu ordinaires... Évidemment, vous aurez manqué les caves, de mousseux ou de champignons, les vestiges de Thésée, les châteaux du Gué-Péan et de Montpoupon. Mais puisque vous êtes pressés...

carnet pratique

Restauration

• *À bon compte*

Le Bistrot de la Tour – *34 r. de Sully - ☎ 02 54 32 07 34 - fermé dim. - 78/130F.* Sur une place arborée, c'est une petite halte sympathique dans un décor sobre mais confortable. Accueil convivial. Cuisine simple et sans prétention à prix raisonnables.

Hébergement

• *Valeur sûre*

Chambre d'hôte Manoir de la Salle du Roc – *69 rte de Vierzon - 1,5 km au N de Montrichard par D 62 - ☎ 02 54 32 73 54 - www.chateaux-france.com - 4 ch. : 400/700F.* Une allée arborée mène au manoir construit à flanc de roches, dans un parc avec orangerie, bassins, pièces d'eau, statues et 500 roses. Les chambres sont somptueuses et pour les passionnés de littérature, votre hôte vous ouvrira peut-être sa bibliothèque personnelle.

La situation

Cartes Michelin nos 64 plis 16, 17 ou 238 pli 14 – Loir-et-Cher (41). Adossé au pied de sa forêt, Montrichard domine le Cher, affluent de la Loire. Si possible, abordez la ville par sa rive gauche et la jolie D 17, venant de Chenonceaux ou de St-Aignan.

ℹ *1 r. du Pont, 41400 Montrichard, ☎ 02 54 32 05 10.*

Le nom

Prononcez Mont Trichard, peut-être issu de *montricardem*, (le mont ou la motte du Tricheur), à moins que ce ne soit le mont de Richard (Cœur de Lion, bien sûr).

Les gens

3 624 Montrichardais. Montrichard doit son donjon à l'inévitable Foulques Nerra. Quant à Louis XI, il y maria sa fille Jeanne avec le futur Louis XII. Mais une fois roi, celui-ci s'empressa de faire annuler le mariage au profit de la belle Anne de Bretagne, veuve de... Charles VIII.

Le donjon carré se dresse sur le rebord du plateau, en surplomb du Cher, entouré par quelques vestiges des remparts complexes qui en protégeaient l'accès.

se promener

Maisons anciennes

Les alentours du donjon méritent amplement une petite promenade, avec leurs maisons médiévales et leurs façades Renaissance. À voir notamment, l'**hôtel d'Effiat**, rue Porte-au-Roi (fin 15e-début 16e s.), qui présente un décor gothique et quelques éléments Renaissance ; il abrita au 16e s. Jacques de Beaune, baron de Semblançay, trésorier d'Anne de Bretagne, puis de Louise de Savoie, mère de François Ier. L'hôtel a gardé le nom de son dernier propriétaire, le marquis d'Effiat, qui en fit don (1719) à la ville pour y installer un hospice.

Rue Nationale, sur la place Barthélemy-Gilbert, deux vieilles maisons à pans de bois retiennent l'attention.

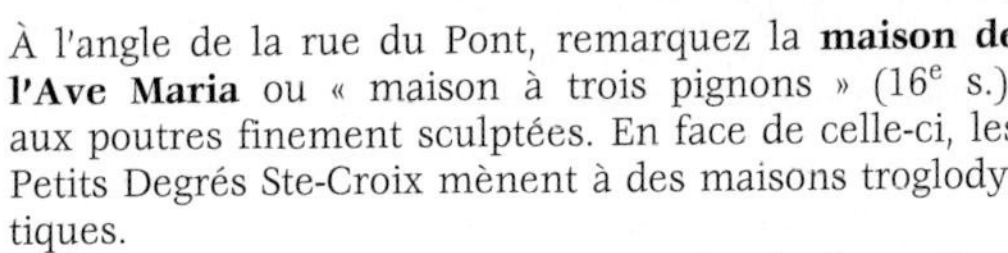

À l'angle de la rue du Pont, remarquez la **maison de l'Ave Maria** ou « maison à trois pignons » (16e s.), aux poutres finement sculptées. En face de celle-ci, les Petits Degrés Ste-Croix mènent à des maisons troglodytiques.

Un peu plus loin, à l'angle de la rue du Prêche, s'élève la façade de pierre de la **maison du Prêche**, du 11e s.

Église de Nanteuil

Sur la route d'Amboise.

Haute église gothique au portail flamboyant, elle a gardé ses absides romanes ornées de chapiteaux sculptés. La nef, étroite et haute, est couverte de voûtes angevines. Remarquez, à gauche de la façade, l'escalier droit qui monte à la chapelle curieusement bâtie par Louis XI à l'étage : à l'intérieur de l'église, un autre escalier y donne accès, tandis que le rez-de-chaussée sert de porche.

La Vierge de Nanteuil fait l'objet d'un pèlerinage très ancien le lundi de la Pentecôte.

visiter

Donjon★

Juil.-août : 14h-18h, w.-end 10h-12h, 14h-18h ; Pâques-juin et sept. : 14h-18h. Fermé oct.-Pâques. 20F. ☎ 02 54 32 05 10.

Élevé vers 1010 par Foulques Nerra, renforcé d'une deuxième enceinte en 1109, puis d'une troisième en 1250, le donjon fut rasé à « hauteur d'infamie » (c'est-à-dire abaissé d'environ 4 m) par Henri IV en 1589 pour avoir un temps été aux mains des ligueurs.

Le petit **musée Tivoli** évoque le passé archéologique de la ville et de ses environs.

Rapaces en liberté au donjon de Montrichard.

Les ruines du donjon abritent une collection d'une soixantaine de rapaces de différentes espèces (aigles, condors, gypaètes, milans, faucons, vautours...) ; deux fois par jour spectaculaires vols de rapaces. ♿ *Juil.-août : 9h-20h, spectacle (3/4h) à 11h, 15h, 17h ; avr.-juin et sept. : 10h-19h, spectacle à 15h et 17h (spectacle supplémentaire à 11h en juin) ; de déb. oct. à mi-oct. : 10h-17h, spectacle à 15h. 45F (enf. : 30F). ☎ 08 36 68 69 37.*

Très beau **panorama★★** sur la ville et la vallée du Cher.

Église Ste-Croix

Ancienne chapelle seigneuriale bâtie en contrebas du donjon au sommet des Grands Degrés Ste-Croix ; façade et portail ornés de belles arcatures romanes. Ici fut célébré en 1476 le mariage de **Jeanne de France**, fille de Louis XI, et du jeune duc d'Orléans son cousin.

La falaise de la rive droite du Cher est creusée en amont d'anciennes carrières ; elles furent transformées en habitations troglodytiques, en champignonnières, ou en caves pour abriter des grands vins mousseux.

Le mariage de Jeanne de France

La fiancée a 12 ans, elle est laide et contrefaite, et n'inspire guère Louis d'Orléans, que le roi a contraint à ce mariage. Conscient que sa fille ne pourrait avoir d'enfant, Louis XI voulait ainsi éteindre la descendance de la branche d'Orléans, qui avait toujours difficilement accepté l'autorité royale. Mais l'histoire devait déjouer ces fort machiavéliques calculs : lorsqu'en 1498 le fils de Louis XI, Charles VIII, meurt accidentellement à Amboise, il ne laisse pas de descendant, ses fils étant morts prématurément ; c'est Louis d'Orléans, le plus proche parent du roi, qui portera la couronne sous le nom de Louis XII. Or, selon le testament de Charles VIII, le nouveau roi doit épouser sa veuve, la belle et encore jeune Anne de Bretagne. Aussitôt répudiée, Jeanne se retira à Bourges où elle fonda l'ordre de l'Annonciade.

Caves Monmousseau

♿ *D'avr. à fin nov. : visite guidée (3/4h) 10h-18h. 18F.* ☎ *02 54 32 35 15.*

Ces caves (15 km de galeries souterraines) présentent les techniques ancestrales, par opposition aux techniques modernes de la méthode de Dom Perignon. Voir également le **musée des Confréries européennes**, qui achève la visite. ♿ *D'avr. à fin nov. : 10h-18h. Gratuit.* ☎ *02 54 32 35 15.*

alentours

Chissay-en-Touraine

1 km à l'Ouest sur la D 176.

Distillerie Fraise-Or – *De Pâques à fin sept. : visite guidée (3/4h) 9h-11h30, 14h-18h. 20F.* ☎ *02 54 32 32 05.*

Cette entreprise familiale montre ses techniques traditionnelles d'élaboration de liqueurs et eaux-de-vie de Touraine.

Bourré

3 km à l'Est. La route serpente entre la rive droite du Cher et la falaise. Depuis l'époque romaine l'homme a creusé ici d'impressionnantes galeries souterraines dont la pierre (le tuffeau, aussi appelée pierre de Bourré) a été utilisée dans bien des châteaux. Les carrières peu à peu abandonnées ont été exploitées soit en caves à vin, soit en caves champignonnières.

Caves champignonnières des Roches – ♿ *D'avr. à fin nov. : visite guidée (3/4h) 10h-18h. 28F.* ☎ *02 54 32 35 15.*

Ces caves se visitent à la lueur de lampes de mineur. Le visiteur découvre le monde étrange et silencieux de la culture des champignons : à 50 m sous terre s'épanouissent les pleurotes, les shii-také, les pieds bleus et les champignons de Paris.

Thésée

10 km à l'Est. Un peu avant le bourg se dressent, en bordure de route, les importants vestiges de l'antique Tasciaca. Située sur la voie romaine de Bourges à Tours, elle tira sa prospérité de la fabrication et du commerce de céramiques entre le 1er et le 3e s. L'ensemble, dit des « Maselles », s'étendait sur les communes actuelles de Thésée et de Pouillé ; il est construit en calcaire tendre du pays et présente un appareillage de petits moellons disposés horizontalement ou en arêtes de poisson, ainsi que des arases et des chaînages d'angle en brique.

Musée archéologique – *De Pâques à mi-oct. : visite guidée w.-end et j. fériés 15h-18h (juil.-août : tlj sf mar. 14h30-18h30). 10F.* ☎ *02 54 71 40 20.*

Aménagé dans les locaux de la mairie (ancienne propriété viticole du 18e s., au milieu d'un magnifique parc de 7 ha), il rassemble les produits des fouilles effectuées sur le sanctuaire *(fanum)* et les nombreux fours de potiers mis au jour de part et d'autre du Cher. Ex-voto, statuettes, monnaies, bijoux, fibules, céramiques sigillées ou communes renseignent sur les coutumes religieuses et domestiques des anciens riverains.

Château du Gué-Péan

13 km à l'Est. Juil.-août : visite guidée 1/2h, tlj 10h30-12h30, 14h-18h30. 25F. ☎ *02 54 71 37 10.*

Retiré dans un vallon aux pentes boisées, le château du Gué-Péan a ouvert son cadre champêtre aux amateurs de pique-nique. Demeure de plaisance bâtie aux 16e et 17e s., il a cependant gardé le plan des châteaux féodaux, ses trois corps de bâtiment, cantonnés de quatre grosses tours rondes, encadrant une cour fermée ; les douves sèches entourent l'ensemble, franchies par un pont de pierre. Les détails sont plus gracieux, comme

Somptueux

À l'intérieur du château, suite de salons garnis de mobilier Louis XV et Louis XVI, tapisseries et tableaux de maîtres ; monumentale cheminée Renaissance du grand salon (Germain Pilon). Dans la bibliothèque, nombreux autographes et souvenirs historiques.

ceux de la plus haute tour (les trois autres sont inachevées), coiffée d'une cloche d'ardoise, aux mâchicoulis délicatement sculptés. Rythmés d'arcades et d'élégantes baies encadrées de pilastres, les ailes et les pavillons sont couronnés de toits à la française. Accès au chemin de ronde.

Château de Montpoupon★

12 km au Sud de Montrichard. D'avr. à fin oct. : visite guidée (3/4h) w.-end et j. fériés 10h-12h, 14h-18h (avr., juin et sept. : tlj ; juil.-août : tlj 10h-18h). 38F. ☎ 02 47 94 21 15.

D'une ancienne forteresse du 13e s. il reste les tours ; le corps de logis, à fenêtres à meneaux et gables de style gothique, fut bâti au 15e s. L'ensemble, vu de la route, a fière allure. On visite quelques pièces du logis, dont la belle « chambre du Maréchal », ainsi que l'intérieur du châtelet.

Le châtelet d'entrée du château de Montpoupon, est du début du 16e s.

Le **musée du Veneur** recrée la vie quotidienne du gentilhomme-chasseur et tout ce que la vénerie implique : l'entretien de la forêt, l'élevage, les métiers d'art qui gravitent autour de la chasse (facteurs de trompes de chasse, sellerie, maréchalerie, tenues d'équipage, fabrication de boutons de livrée...). L'histoire du Rallye Montpoupon, qui chassa de 1873 à 1949, est largement évoquée.

Les **communs★** offrent un précieux témoignage de la vie d'un château au siècle dernier. La cuisine, avec son fourneau et sa batterie de cuivre, servait encore en 1978 ; ne manquez pas la **lingerie** avec ses vêtements délicats (19e s), ornés de dentelles et de fins plissés.

Les **écuries** conservent quelques voitures à cheval et des harnachements anciens.

Orléans★

Capitale de la France médiévale, longtemps prospère grâce au chemin d'eau de la Loire, Orléans est aujourd'hui la capitale heureuse de la région Centre.

Amateurs de châteaux, vous serez déçus : Orléans n'en possède aucun... mais cette grande ville vous offrira bien des consolations. À commencer par sa cathédrale, sa vieille ville, la belle rue Royale et ses façades classiques ; son exceptionnel musée des Beaux-Arts, à voir ou à revoir ; et enfin ses jardins, ses parcs superbes, ses roseraies et ses pépinières. Quant aux châteaux... filez donc sur Chambord !

carnet pratique

Visite

Orléans en petit train – Un petit train touristique circule au cœur de la ville (3/4 h) : dép. de la pl. Sainte-Croix, devant la cathédrale. *Juin-sept. : à 15h, 16h, 17h et 18h ; juin à 15h, 16h, 17h. 25F.*

Restauration

• ***À bon compte***

Le Brin de Zinc – *62 r. Ste-Catherine - ☎ 02 38 53 38 77 - fermé mar. en hiver - 75/149F.* Dans une rue piétonne du centre-ville, ce restaurant est une véritable brocante d'objets des années 1950-1960, avec plaques émaillées et affiches publicitaires au mur. Terrasse avec ses tables nappées de rouge et blanc. Ambiance conviviale et décontractée.

Espace Canal – *6 r. Ducerceau - ☎ 02 38 62 04 30 - fermé 1er au 20 août, dim. et lun. - réserv. obligatoire - 95/165F.* Ici, c'est le temple du vin dans un décor où se mêlent bois et métal. Laissez vos papilles se dégourdir au gré du caviste averti qui vous conseillera quelque cru à déguster. Accompagnez-le d'une assiette se mariant avec délicatesse au divin breuvage.

• ***Valeur sûre***

L'Épicurien – *54 r. des Turcies - ☎ 02 38 68 01 10 - fermé 31 juil. au 20 août, dim. et lun. - 130F.* Vous qui recherchez le plaisir, celui de cette table ne vous laissera pas indifférent. Sous les poutres apparentes, vous y dégusterez une cuisine fine et soignée.

Orléans, la place du Martroi.

Hébergement

Bon week-end à Orléans – Du 1er nov. au 31 mars, Orléans participe à l'opération « Bon week-end en ville » qui se développe dans de nombreuses villes françaises. À la deuxième nuit d'hôtel offerte s'ajoutent des cadeaux, ainsi que de nombreuses réductions pour les visites de la ville et des musées. Pour obtenir la liste des hôtels et les conditions de réservation, se renseigner à l'Office du tourisme d'Orléans.

• ***À bon compte***

Chambre d'hôte Les Courtils – *R. de l'Ave - 45430 Chécy - 10 km à l'E d'Orléans par N 460 - ☎ 02 38 91 32 02 - fermé 2 sem. en hiver - ⊭ - 3 ch. : 240/300F.* Cette ravissante maison de village regarde la Loire. Étoffes fleuries, dégradés de beiges et blancs cassés, meubles anciens et modernes et tomettes solognotes dans les chambres aux noms de plantes grimpantes. Petit jardin avec terrasse.

• ***Valeur sûre***

Jackotel – *18 cloître St-Aignan - ☎ 02 38 54 48 48 - fermé dim. midi - P - 62 ch. : 270/360F.* Dans la vieille ville, proche des bords de Loire, cet hôtel profite du calme de la très jolie place du cloître Saint-Aignan, plantée de marronniers. Les chambres meublées simplement sont confortables et fonctionnelles.

Chambre d'hôte Les Usses – *145 r. du Courtasaule - 45760 Marigny-les-Usages - 12 km au NE d'Orléans dir. Pithiviers par N 152 - ☎ 02 38 75 14 77 - ⊭ - 3 ch. : 275/300F.* Une étape vraiment nature... Le calme règne dans cette maison paysanne de 1850 entourée d'un charmant jardin. Les chambres au mobilier de bois sont plaisantes et le petit déjeuner se prend dans l'ancienne écurie habillée de pierre et de bois. Pour prolonger le plaisir, deux gîtes disponibles.

Sorties

La Chancellerie – *27 pl. du Martroi - ☎ 02 38 53 57 54 - Lun.-sam. 7h-1h.* Café-restaurant de standing tenu par la famille Erta depuis 1957. Spécialité : les bons vins. L'un des deux frères a été premier sommelier de France (en 1973-1974). Terrasse sur la place du Martroi. Clientèle d'hommes d'affaires et lieu de rendez-vous des Orléanais.

Mc Ewan's Café – *250 r. de Bourgogne - ☎ 02 38 54 65 70 - Lun.-sam. 18h-1h. Été : 15h-1h.* Pub irlandais populaire tenu par un Marseillais. On y sert bien sûr de la bière et paradoxalement beaucoup de Ricard. Concert de musique bretonne et de rock trois fois par mois. Ambiance chaleureuse.

Shannon Irish Pub – *Centre commercial Halles Châtelet - ☎ 02 38 54 53 50 - Tlj 17h-3h.* Pub au décor typiquement irlandais. Belle carte de whiskies et de bières. Musique d'ambiance irlandaise.

Fêtes johanniques à Orléans.

Au Madagascar – *402 r. de la Reine-Blanche - 45160 Olivet - ☏ 02 38 66 12 58 - Lun.-ven. 10-16h, 18h-1h, sam. et dim. 10h-1h.* Bar-restaurant avec une très belle terrasse au bord du Loiret. Possibilité de découvrir le fleuve à bord du bateau-mouche *Le Sologne*.

L'Absinthe – *133 r. Marcel-Belot - 45160 Olivet - ☏ 02 38 63 76 36 - Mar.-jeu. 19h-1h, ven.-sam. 19h-3h. Fermé 3 premières sem. d'août.* Il est préférable de réserver. Bar à bière très coté à Orléans. Plus de 200 bières dont 90 % de belges. Ambiance chaleureuse dans un décor convivial. Restauration : crêperie.

Achats

Martin Pouret – *236 fg Bannier - 45400 Fleury-les-Aubrais – 3 km au N d'Orléans par D 97 - ☏ 02 38 88 78 49 - Lun.-ven. 8h-12h, 13h-17h30.* Seule maison (existant depuis 1797) à perpétuer l'élaboration du vinaigre de vin à l'ancienne selon le procédé d'Orléans.

Loisirs

Base de loisirs de l'Île Charlemagne – *45650 St-Jean-le-Blanc – 2 km à l'E d'Orléans par les quais rive gauche et la rue de la Levée - ☏ 02 38 51 92 04 - Toute l'année.* Baignade (de mai à août), location de planches à voile, catamarans, dériveurs et kayaks. Beach-ball, poney club et circuits VTT.

Calendrier

Mai – Depuis 1435, les **Fêtes de Jeanne d'Arc**, au printemps

Fin juin, début juil. – « Orléans Jazz »

Oct. et **nov.** – Semaines musicales internationales d'Orléans (SMIO).

La situation

Cartes Michelin nos 64 pli 9, 237 pli 40 ou 238 pli 5 ou 4045 C 4 – Loiret (45). Avec Tours et Angers, Orléans, capitale régionale du Centre, est l'une des trois grandes villes du Val de Loire. Entre la Beauce et la Sologne, elle conserve encore de larges étendues de sa forêt avoisinante. Une heure de Paris, par l'autoroute A 10. À moins que vous ne préfériez musarder tranquillement, par les petites routes de l'Île-de-France... **i** *6 r. Albert-Ier, 45000 Orléans, ☏ 02 38 24 05 05.*

Le nom

Jules César l'appelle *Cenabum*, dans ses *Commentaires*. Mais d'où vient *cena* ? Quelques timides hypothèses, peu concluantes. Et d'ailleurs, la ville est connue sous le nom d'*Aurelianum*, vers le 3e s. Orléans, la ville d'Aurélien, donc. Mais on a beau chercher, on ne trouve aucun rapport entre l'empereur Aurélien et notre bonne ville d'Orléans...

Les gens

263 292 Orléanais. Orléans vit passer (avec plus ou moins de joie, selon les cas) les Huns, les Anglais, les Bourguignons, les Armagnacs et, bien sûr, Jeanne d'Arc.

L'écrivain Georges Bataille (1897-1962), auteur de *L'Expérience intérieure* et *Le Bleu du ciel*, y fut bibliothécaire.

comprendre

Des Carnutes à Jeanne d'Arc – Le pays carnute était considéré par les Gaulois comme le cœur de la Gaule... Chaque année s'y tenait la grande assemblée des druides (rappelez-vous Panoramix, dans Astérix et la potion magique...). Et c'est fort logiquement à Orléans, ou plutôt Cenabum, que fut donné le signal de la révolte contre l'occupation de César, en 52 avant J.-C.

La cité gallo-romaine élevée sur l'emplacement des ruines gauloises fut pillée en juin 451 par les Huns d'Attila, chassés grâce à l'intervention de saint Aignan... et des Romains...

Aux 10e et 11e s., Orléans représentera, avec Paris et Chartres, l'un des trois pôles de la monarchie capétienne.

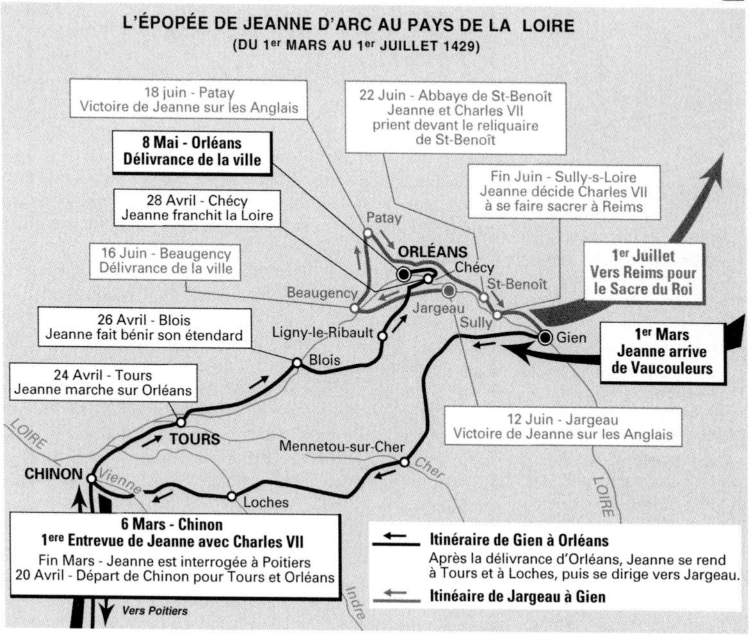
L'ÉPOPÉE DE JEANNE D'ARC AU PAYS DE LA LOIRE
(DU 1er MARS AU 1er JUILLET 1429)
18 juin - Patay
Victoire de Jeanne sur les Anglais
22 Juin - Abbaye de St-Benoît
Jeanne et Charles VII
prient devant le reliquaire
de St-Benoît
8 Mai - Orléans
Délivrance de la ville
Fin Juin - Sully-s-Loire
Jeanne décide Charles VII
à se faire sacrer à Reims
28 Avril - Chécy
Jeanne franchit la Loire
16 Juin - Beaugency
Délivrance de la ville
1er Juillet
Vers Reims pour
le Sacre du Roi
26 Avril - Blois
Jeanne fait bénir son étendard
1er Mars
Jeanne arrive
de Vaucouleurs
24 Avril - Tours
Jeanne marche sur Orléans
12 Juin - Jargeau
Victoire de Jeanne sur les Anglais
Patay
ORLÉANS
Chécy
St-Benoît
Beaugency
Jargeau
Sully
Gien
Ligny-le-Ribault
Blois
TOURS
Mennetou-sur-Cher
CHINON
Vienne
Loches
Cher
LOIRE
Indre
6 Mars - Chinon
1ere Entrevue de Jeanne avec Charles VII
Fin Mars - Jeanne est interrogée à Poitiers
20 Avril - Départ de Chinon pour Tours et Orléans
Vers Poitiers
Itinéraire de Gien à Orléans
Après la délivrance d'Orléans, Jeanne se rend
à Tours et à Loches, puis se dirige vers Jargeau.
Itinéaire de Jargeau à Gien

Quatre siècles plus tard, en pleine guerre de Cent Ans, Orléans jouera encore un rôle primordial, avec le **siège de 1428-1429**.

Un siège mémorable – Dès le début du 15e s., la défense d'Orléans s'était organisée pour parer à toute offensive anglaise. L'enceinte de la ville comprend 34 tours et se divise en six secteurs défendus par six groupes de 50 hommes. Par ailleurs, tous les habitants participent à la défense commune soit en combattant, soit en travaillant à l'entretien des murs et des fossés. Au total, environ 10 000 hommes sont mobilisés sous le commandement du gouverneur de la place, Raoul de **Gaucourt**, et de ses capitaines.

Pendant l'été 1428, le comte de **Salisbury**, commandant l'armée anglaise, a balayé les places fortes françaises se trouvant sur la route de la Loire, coupant ainsi le fleuve en aval d'Orléans. Son armée se compose de 400 **lances** auxquelles s'ajoutent 1 200 archers recrutés en France, soit en tout plus de 5 000 hommes.

Les combats débutent le 17 octobre par un pilonnage avec « bombardes et gros canons », mais la ville est encore reliée au Sud par un pont enjambant la Loire, défendu par le fort des Tourelles ; le 24 octobre, les Anglais s'en emparent ; alors qu'il inspecte

UNE LANCE

Au Moyen Âge, le terme « lance » était un collectif qui comprenait également l'homme d'armes combattant avec sa lance, le coutillier (soldat armé d'une épée pointue, nommée coutille), le page, le valet ; une lance était ainsi composée de dix cavaliers sans compter les gens de pied. Quatre cents lances formaient donc un corps d'au moins quatre mille hommes.

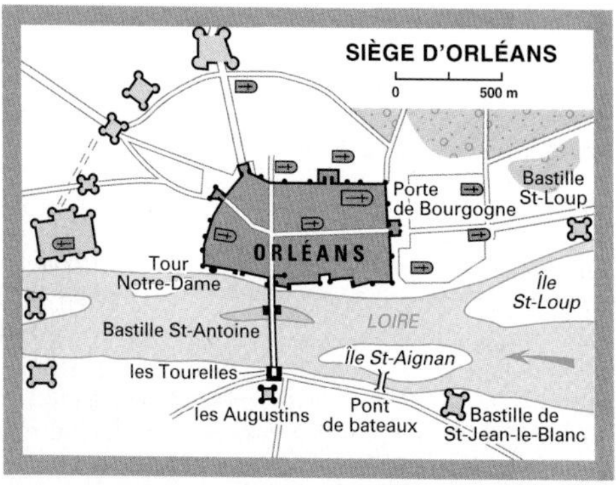
SIÈGE D'ORLÉANS
0
500 m
Porte
de Bourgogne
Bastille
St-Loup
ORLÉANS
Tour
Notre-Dame
Île
St-Loup
LOIRE
Bastille St-Antoine
Île St-Aignan
les Tourelles
Pont
de bateaux
les Augustins
Bastille de
St-Jean-le-Blanc

les lieux, Salisbury est mortellement blessé par un boulet de canon parti, croit-on, de la tour Notre-Dame.

Orléans est désormais à peu près coupée du reste du royaume. Le 8 novembre, le gros des troupes anglaises regagne Meung-sur-Loire, emportant la dépouille de leur chef. Les Orléanais en profitent pour raser les faubourgs afin d'empêcher l'ennemi de s'y abriter. Quant aux assiégeants, ils entourent la place d'une série de tranchées commandées par des fortins. Les deux camps s'installent dans une guerre d'usure ponctuée par des escarmouches devant les portes. Quelques faits d'armes remontent périodiquement le moral des assiégés, comme les prouesses et les ruses d'un redoutable couleuvrinier, Jean de Montesclerc. Deux bombardes, appelées l'une « Rifflart » et l'autre « Montargis », deviennent de véritables vedettes par leur puissance de feu et leur portée. Mais en février 1429, le ravitaillement commence à manquer, et une partie de la garnison quitte la place. Les Anglais sont bien près de la victoire. Seul Dunois reste optimiste.

Métier : couleuvrinier
Sous Charles VII, les couleuvriniers n'étaient pas des hommes d'armes, mais des artisans qui avaient la charge de ce petit canon à longue portée, très efficace. Les couleuvriniers étaient revêtus d'un haubergeon (petite cotte de mailles descendant à mi-cuisse) à manches, d'un gorgerin et d'une salade ; ils étaient en outre armés d'une dague.

L'intervention de Jeanne d'Arc – Au mois d'avril 1429, Jeanne d'Arc, partie de Blois avec l'armée royale, n'a pu rejoindre la ville ; les eaux du fleuve sont trop grosses, et l'armée doit rebrousser chemin. La Pucelle continue seule, avec quelques compagnons : le 29 avril, elle fait son entrée par la porte de Bourgogne, acclamée par la foule tandis qu'elle lance son célèbre ultimatum aux Anglais : « Rendez à la Pucelle ci envoyée de par Dieu les clefs de toutes les bonnes villes que vous avez prises et violées en France... Je suis ci venue de par Dieu le roi du Ciel, corps pour corps, pour vous bouter hors de toute France » (cité par Jean Favier).

Entrée de Jeanne d'Arc à Orléans, *J.-J. Scherrer, Orléans, Musée des Beaux-Arts.*

Le 4 mai, l'armée royale, que Dunois avait rejointe, attaque la bastille St-Loup sans avoir averti Jeanne ; elle décide une sortie à l'improviste, bannière en tête, et force la victoire. Le 6 au matin, elle commande elle-même l'assaut contre la bastille des Augustins. Là encore, sa hardiesse désarçonne les Anglais en train de talonner les troupes françaises battant en retraite. Cette seconde victoire accroît sa popularité.

Jeanne reprend l'offensive le 7, contre l'avis du gouverneur. S'élançant elle-même en première ligne à l'assaut des Tourelles, elle reçoit un carreau d'arbalète qui lui transperce l'épaule. Dunois propose de remettre l'assaut au lendemain. Mais Jeanne repart à nouveau, son étendard à la main : « Tout est vostre et y entrez ! » s'écrie-t-elle. Galvanisés, les Français déferlent sur la défense anglaise obligée d'abandonner les Tourelles. Au même moment, ceux qui étaient restés à l'intérieur de la ville se ruent sur le pont. La garnison anglaise, repliée dans son fortin, est prise entre deux feux et se rend.

Le dimanche 8 mai, les Anglais se retirent des dernières bastilles et lèvent le siège : Jeanne, victorieuse, reçoit un triomphe à Orléans.

Quelque temps plus tard, le 18 juin, les troupes françaises remportèrent la bataille de Patay.

se promener

Une atmosphère presque « versaillaise » imprègne le cœur de la ville, avec sa vaste place du Martroi, les arcades élégantes de la rue Royale, les façades 18ᵉ s. et 19ᵉ s. de ses immeubles et hôtels particuliers. Mais quelques pas encore vous mèneront dans le vieil

Orléans, souvent piétonnier, ses ruelles animées, avec leurs maisons médiévales ou Renaissance, jusqu'en bord de Loire.

Hôtel Groslot

Bâti en 1550 par le bailli Jacques Groslot, c'est une vaste demeure Renaissance, en brique rouge et losanges contrastés (restauration et agrandissements au 19e s.). Admirez les délicats rinceaux des piliers de l'escalier, et les deux portes d'honneur entourées de cariatides. Logis des rois de passage à Orléans (Charles IX, Henri III et Henri IV), François II y mourut après avoir ouvert en 1560 les États généraux.

Par la rue d'Escures, gagnez à l'arrière le **jardin public** où a été transportée la façade (15e s.) de l'ancienne chapelle St-Jacques. En face du jardin public s'alignent les façades des **pavillons d'Escures**, demeures bourgeoises du début du 17e s.

La **place Ste-Croix**, bordée de façades classiques sur une rangée d'arcades, fut tracée vers 1840. Au Sud de la place, une statue de bronze représente la Loire tenant dans les plis de sa robe de beaux fruits du Val.

L'**hôtel des Créneaux** fut hôtel de ville du 16e s. à 1790 (façade du 15e s.)

Place du Martroi

C'est un peu le symbole de la ville avec sa statue de ▶ Jeanne d'Arc par Foyatier (1855). Son nom viendrait du mot latin *martyretum* qui désignait au 6e s. l'emplacement d'un cimetière de chrétiens.

À l'angle Ouest de la rue Royale, ancien **pavillon de la Chancellerie**, édifié en 1759 par le duc d'Orléans pour y abriter ses archives.

FOUILLES

Dans le parking souterrain, en empruntant l'accès piétonnier, on peut voir les vestiges de la porte Bannier.

Rue Royale

Bordée d'arcades, cette grande voie fut percée vers 1755, en même temps que l'on construisait dans son prolongement le pont Royal **(pont George-V)**, en remplacement du vieux pont médiéval qui, 100 m en amont, faisait suite à la rue Ste-Catherine, voie principale de la ville médiévale.

À droite de la maison et des deux façades Renaissance qui lui font suite, passer sous une arche pour pénétrer dans le square Jacques-Boucher. Isolé dans le jardin, le **pavillon Colas des Francs**, gracieux petit bâtiment Renaissance et ancien « comptoir », présente, au rez-de-chaussée, une salle d'archives et, à l'étage, une deuxième pièce où l'on entreposait l'argenterie.

Quai Fort-des-Tourelles

Devant une petite place où se dresse une statue de Jeanne d'Arc, une croix commémorative et une inscription, sur la muraille qui borde la Loire, rappellent qu'à cet emplacement s'élevait au 15e s. le fort des Tourelles. À cet endroit débouchait alors le pont sur le fleuve. Belle **vue★** d'ensemble sur la ville.

Le **quai du Châtelet** étire au bord du fleuve sa longue ▶ promenade ombragée.

VERS PARIS OU LE GRAND LARGE

Au temps de Sully, les bords de Loire connaissaient une bruyante animation : Orléans était un grand port de transbordement par où étaient acheminées vers Paris les marchandises venues des Pays de Loire et du Massif Central. Le trafic voyageurs, intense, desservait Nantes en 6 jours.

Rue de Bourgogne

Principal axe Est-Ouest de l'ancienne cité gallo-romaine, cette rue commerçante a été aménagée pour une grande part en secteur piétonnier. On y remarque d'anciennes façades, comme au n° 261, cette maison du 15e s., en pierre et surmontée d'un pignon en colombage. La rue passe devant la **préfecture**, ancien couvent bénédictin du 17e s. En face, rue Pothier, la façade de l'ancienne **salle des Thèses**, bibliothèque du 15e s., demeure le seul vestige de l'université d'Orléans où, en 1528, **Jean Calvin**, propagateur de la Réforme, étudia le droit.

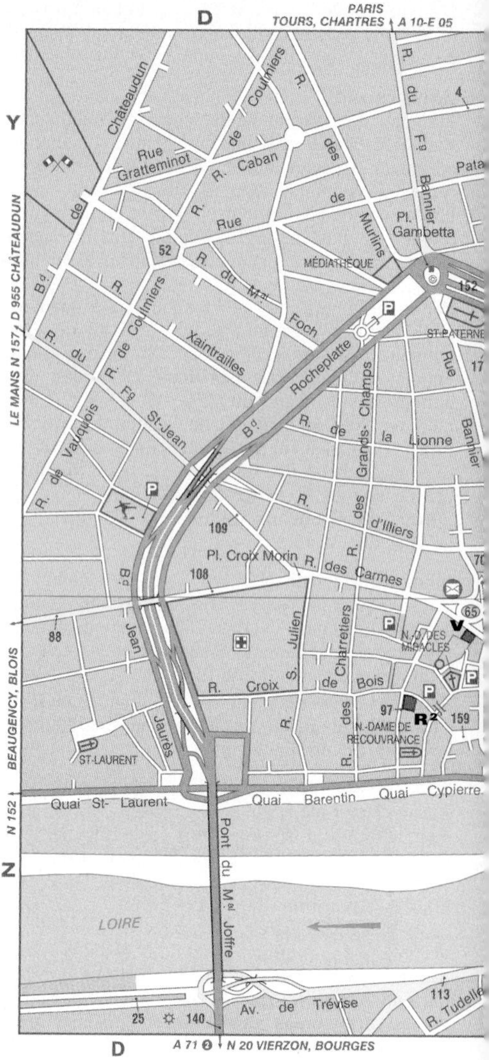

ORLÉANS

Albert 1er (Pl.) . . . . EY
Albert 1er (R.) . . . . EY
Alexandre Martin (Bd) . . . . EFY
Alsace-Lorraine (R. d') . . . . . EY
Antigna (R.) . . . . DY 4
Arc (Pl. d') . . . . EY
Augustins (Quai des) . . . . . . EZ
Bannier (R.) . . . . DY
Bannier (R. du Fg) . . . . DY
Barentin (Quai) . . . . DZ
Bellebat (R. de) . . . . FY
Bothereau (R. R.) . . . . FY 14
Bourdon Blanc (R.) . . . . FYZ
Bourgogne (R. de) . . . . EFZ
Brésil (R. du) . . . . FY 16
Bretonnerie (R. de la) . . . . . . DEY 17
Briand (Bd A.) . . . . FY 19
Caban (R.) . . . . DY
Carmes (R. des) . . . . DY
Champ Rond (R. du) . . . . . . FY
Champ-de-Mars (Av.) . . . . . . DZ 25
Champ St-Marc (Pl. du) . . . . FY
Charpenterie (R. de la) . . . . . EZ 34
Charretiers (R. des) . . . . DZ
Châteaudun (Bd de) . . . . DY
Château-Gaillard (R. du) . . . FY
Châtelet (Pl. du) . . . . EZ
Châtelet (Quai du) . . . . EZ
Châtelet (Square du) . . . . . . EZ 32
Chollet (R. Théophile) . . . . . EY 36
Claye (R. de la) . . . . FY 38
Coligny (R.) . . . . FZ 39
Cordiers (R. des) . . . . FY
Coulmiers (R. de) . . . . DY
Croix de Bois (R.) . . . . DZ
Croix-de-la-Pucelle (R.) . . . . . EZ 43
Croix Morin (Pl.) . . . . DY
Cypierre (Quai) . . . . DZ
Dauphine (Av.) . . . . EZ 47
Desfriches (R.) . . . . FYZ
Dolet (R. Étienne) . . . . EZ 49
Ducerceau (R.) . . . . EZ 51
Dumois (Pl.) . . . . DY 52
Dupanloup (R.) . . . . EFY 53
Émile Zola (R.) . . . . EY
Escures (R. d') . . . . EY 55
Étape (Pl. de l') . . . . EY 56
Ételon (R. de l') . . . . FY 57
Foch (R. du Mal.) . . . . DY
Folie (R. de la) . . . . FZ 58
Fort Alleaume (Quai du) . . . . FZ
Fort-des-Tourelles (Q.) . . . . . EZ 60
Gambetta (Pl.) . . . . DY
Gaulle (Pl. du Gén.-de) . . . . . DZ 65
George V (Pont) . . . . EZ
Grands-Champs (R. des) . . . . DY
Gratteminot (R.) . . . . DY
Hallebarde (R. de la) . . . . . . DY 70
Illiers (R. d') . . . . DY
Jaurès (Bd J.) . . . . DZ
Java (R. de) . . . . FY
Jean Zay (Av.) . . . . FY
Jeanne d'Arc (R.) . . . . EY
Joffre (Pont du Mar.) . . . . . . DZ
Jugan (R. J.) . . . . FY
Julien (R. S.) . . . . DZ
Lavedan (R. H.) . . . . FY
Lemaitre (R. J.) . . . . EFY
Lionne (R. de la) . . . . DY
Madeleine (R. Fg) . . . . DZ 88
Manufacture (R. de la) . . . . . FY 89
Martroi (Pl.du) . . . . EY
Motte-Sanguin (Bd de la) . . . . FZ 95
Murlins (R. des) . . . . DY
N.-D.-de-Recouvrance (R.) . . DZ 97
Oriflamme (R. de l') . . . . FZ 98
Paris (Av. de) . . . . EY
Parisie (R.) . . . . EZ 100
Patay (R. de) . . . . DY
Péguy (Sq. Ch.) . . . . FZ
Poirier (R. du) . . . . EZ 106
Pte-Madeleine (R.) . . . . DY 108
Pte-St-Jean (R.) . . . . DY 109
Pothier (R.) . . . . EZ 112
Prague (Quai) . . . . DZ 113
Pressoir neuf (R. du) . . . . . . FY 115
Proust (R. M.) . . . . EY
Rabier (R. F.) . . . . EY 117
République (Pl.) . . . . EZ 121
République (R. de la) . . . . . EY
Rocheplatte (Bd) . . . . DY
Roi (Quai du) . . . . FZ
Royale (R.) . . . . EZ 125
St-Aignan (Cloître) . . . . FZ
St-Charles (Pl.) . . . . FZ
St-Euverte (Bd) . . . . FYZ 126
St-Euverte (R.) . . . . FY 127
St-Jean (R. du Fg) . . . . DY
St-Laurent (Quai) . . . . DZ
St-Marc (R.) . . . . FY
St-Vincent (R. du Fg) . . . . . FY
Ste-Catherine (R.) . . . . EZ 135
Ste-Croix (Pl.) . . . . EYZ 139
Secrétain (Av. R.) . . . . DZ 140
Segellé (Bd de) . . . . FY 141
Tabour (R. du) . . . . EZ 145
Thinat (Pont René) . . . . FZ
Tour Neuve (R. de la) . . . . . FZ 147
Trévise (Av. de) . . . . DZ
Tudelle (R.) . . . . DZ
Vauquois (R. de) . . . . DY
Verdun (Bd de) . . . . DY 152
Vieux-Marché (Pl.) . . . . DZ 159
Vignat (R. E.) . . . . EY
Weiss (R. L.) . . . . FY 160
Xaintrailles (R.) . . . . DY
6-juin 1944 (Pl. du) . . . . . . FY 162

Église St-Aignan

L'église n'est pas ouverte à la visite.

De cette vaste église gothique, consacrée en 1509, il ne subsiste que le chœur et le transept, la nef ayant été incendiée pendant les guerres de Religion. **Crypte** du 11e s. *De juil. à fin août : 12h-18h.*

visiter

Cathédrale Ste-Croix★

La cathédrale, dont la construction fut commencée au 13e s. et poursuivie jusqu'au début du 16e s., fut en partie détruite par les protestants en 1586. Henri IV, en

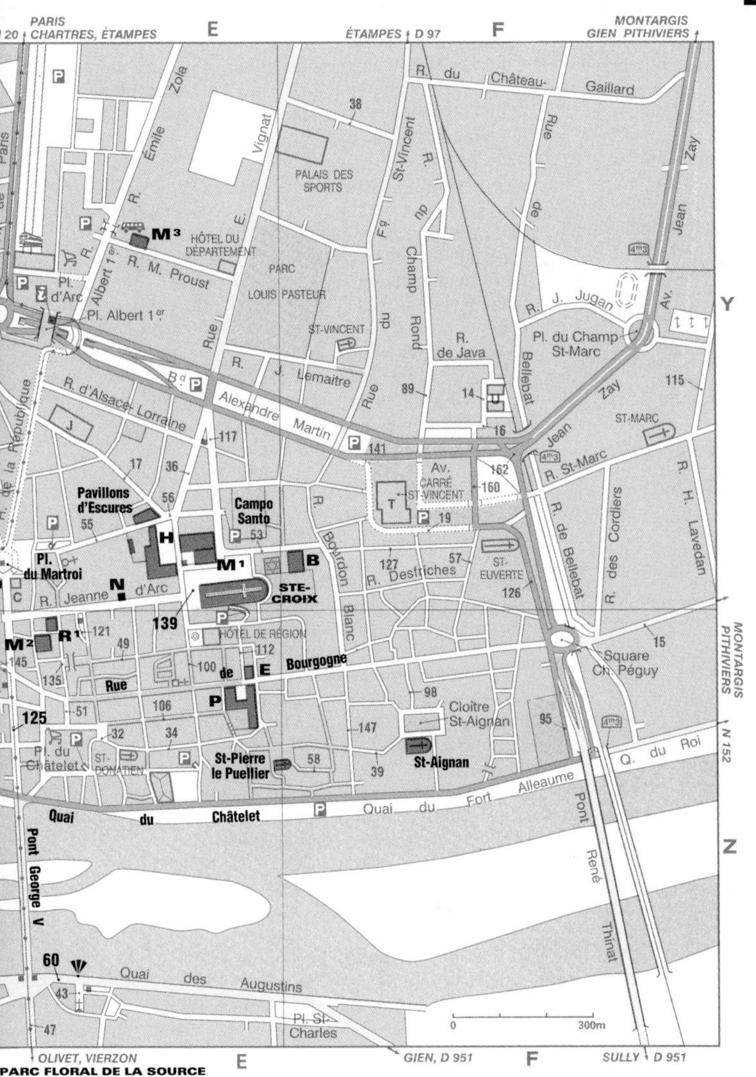

- Ancien évêché .... FY B
- Ancienne Salle des Thèses .... EZ E
- Campo Santo .... EY
- Cathédrale Ste-Croix .... EY
- Centre Charles Péguy ..... EZ K
- Centre Jeanne-d'Arc .... EY N
- Collégiale St-Pierre-le-Puellier .... EFZ
- Église St-Aignan .... FZ
- Hôtel des Créneaux ..... EZ R¹
- Hôtel Groslot (hôtel de ville) .... EY H
- Hôtel Toutin .... DZ R²
- Maison de Jeanne-d'Arc .... DZ V
- Musée des Beaux-Arts .... EY M¹
- Musée historique et archéologique ...... EZ M²
- Muséum .... EY M³
- Pavillon de la Chancellerie ..... EY X
- Pavillons d'Escures ...... EY
- Préfecture .... EZ P

témoignage de gratitude pour la ville qui s'était ralliée à lui, entreprit sa reconstruction dans un style gothique composite. Les travaux se poursuivirent aux 18e et 19e s.

La **façade** compte trois grands porches surmontés de rosaces, elles-mêmes coiffées d'une galerie ajourée ; la pierre y est travaillée avec une extrême finesse ; à la base des tours, les escaliers extérieurs en colimaçon, sculptés à jour, flanquent chaque angle. Le **porche,** de très vastes dimensions, abrite quatre statues, gigantesques, qui représentent des évangélistes.

Intérieur – De splendides **boiseries★★** du début du 18e s. décorent le chœur et les stalles. Réalisées d'après Mansart, Gabriel et Lebrun, elles sont l'œuvre de ▶

Marmoréenne

Dans la chapelle du centre de l'abside, magnifique Vierge en marbre de Michel Bourdin (début 17e s.), sculpteur né à Orléans.

Degoullons, l'un des décorateurs de Versailles et l'auteur des stalles de Notre-Dame-de-Paris.

Le trésor de la crypte
À voir en particulier : deux médaillons en or (11e s.) décorés d'émaux cloisonnés de style byzantin, à l'origine plaques d'ornement des gants de l'évêque d'Orléans pour les cérémonies et processions. Également, des objets d'orfèvrerie du 13e s., des peintures de Claude Vignon et Jean Jouvenet (17e s.).

◀ Dans la **crypte**, vestiges de trois édifices qui ont précédé la cathédrale actuelle, ainsi que deux sarcophages, dont celui de l'évêque Robert de Courtenay (13e s.) qui a fourni les éléments les plus précieux du **trésor.** *En cours d'aménagement.*

Flanc Nord et chevet – Au pignon du croisillon Nord, grande rosace portant, au centre de ses rayons, la devise de Louis XIV. À ses pieds, des fouilles ont mis au jour la base des anciennes murailles gallo-romaines.

Le **chevet** présente des arcs-boutants très ajourés, avec leur forêt de pinacles ; il est visible du jardin de l'ancien évêché, hôtel du 18e s. devenu bibliothèque municipale.

Campo Santo – À gauche de la moderne école des Beaux-Arts, gracieux portail Renaissance, avec, sur le flanc Nord du même bâtiment, un jardin rectangulaire bordé de galeries à arcades, du 16e s (expositions). Il s'agit d'un ancien cimetière, placé ici hors les murs dès le 12e s.

Musée des Beaux-Arts★★

♿ *Mer. 10h-20h, jeu.-sam. 10h-18h, mar. et dim. 11h-18h. Fermé 1er janv., 1er mai, 1er nov., 25 déc. 20F.* ☎ *02 38 79 21 55.*

La richesse et la diversité des collections du musée le placent parmi les premières collections publiques françaises. Peintures, sculptures et objets d'art offrent un vaste panorama sur la création en Europe du 16e au 20e s.

En commençant la visite par le **2e étage**, on aura un superbe aperçu des écoles italienne, flamande et hollandaise : œuvres du Corrège *(La Sainte Famille)*, du Tintoret *(Portrait d'un Vénitien)*, d'Annibale Carrache *(Adoration des bergers)*, de Van Dyck, de Téniers et de Ruysdael.

Chefs-d'œuvre du 18e s.
Une série de portraits du 18e s. permet d'admirer *Mme de Pompadour* par François-Hubert Drouais, *Le Graveur Moyreau* par Nonotte, *Le Marquis de Lucker* par Louis Tocqué ; notes de fraîcheur avec les paysages d'Hubert Robert *(Paysage avec tour en ruine, Le Lavoir)*, de Boucher *(Le Pigeonnier)* et le surprenant *Singe sculpteur* de Watteau.

◀ Le **1er étage** est consacré à la peinture française des 17e et 18e s. Le mouvement de la Contre-Réforme inspire aux artistes de vastes compositions religieuses : *Saint Charles Borromée* par Philippe de Champaigne, *Le Triomphe de saint Ignace* par Claude Vignon. Le goût du clair-obscur transparaît dans *Saint Sébastien soigné par Irène*, de l'atelier de Georges de La Tour. L'art du Grand Siècle est encore illustré par l'un des rares tableaux mythologiques de Louis Le Nain, *Bacchus et Ariane*, et l'*Astronomie* de La Hire. Provenant du château de Richelieu, un étonnant cycle des *Quatre Éléments* de Claude Deruet, débordant de grâce et de fantaisie.

Le **cabinet des Pastels** contient des portraits du 18e s. dont le superbe *Autoportrait aux bésicles* de Chardin, des œuvres de Charles Coypel, Valade, Nattier, Quentin La Tour.

Parmi les portraits du 18e s. du cabinet des Pastels, le superbe Autoportrait aux bésicles *de J.-B. Chardin.*

Les salles du 19e s. permettent de suivre l'évolution des styles depuis le néoclassicisme (Guérin, Gérard...) jusqu'à Gauguin, en passant par le romantisme (Delacroix, Cogniet, Dauzats, Huet), le réalisme (Antigna) et le pré-impressionnisme (Daubigny, Boudin). De nombreuses sculptures complètent ce panorama.

La collection d'art moderne se caractérise par l'importance de la sculpture : Rodin, Maillol, Bourdelle, Malfray, Gaudier-Brzeska. Des peintures de Gromaire, Asseli, Soutine, Kisling ou Kupka rendent compte de l'art au début du siècle, tandis que la période contemporaine regroupe des toiles de Hélion, Le Gac, Garouste, Monory, Debré ou Jan Voss.

Une salle est consacrée à Max Jacob et à ses amis Picasso, Marie Laurencin, Roger Toulouse.

Musée historique et archéologique★

Mai-sept. : tlj sf lun. 14h-18h (juil.-août : tlj sf lun. 10h-18h) ; oct.-avr. : mer. et w.-end 14h-18h. Fermé 1er janv., 1er mai, 1er nov., 25 déc. 15F. ☎ *02 38 79 21 55.*

Il occupe l'élégant petit **hôtel Cabu** (1550), à côté d'une autre façade Renaissance.

Au rez-de-chaussée, l'étonnant **trésor gallo-romain★** de ▶ Neuvy-en-Sullias *(31 km à l'Est d'Orléans)*.

Au 1er étage, consacré au Moyen Âge et à la période classique, sculptures provenant de Germigny-des-Prés et de St-Benoît-sur-Loire, pièces anciennes évoquant Jeanne d'Arc (tapisserie allemande du 15e s., bannière des fêtes de Jeanne d'Arc au 17e s.) et céramiques de production locale.

Le 2e étage est consacré à l'imagerie populaire orléanaise, ainsi qu'à l'orfèvrerie, aux étains et à l'horlogerie. Une nouvelle salle présente l'histoire du port d'Orléans et ses industries liées à l'activité fluviale des 18 e et 19 e s.

TRÉSOR ANTIQUE

Ensemble exceptionnel composé de statues expressives, de sangliers et d'un cheval en bronze, de statuettes à caractère cultuel.

Centre Charles-Péguy

Musée : lun.-ven. 14h-18h ; cour intérieure : de fin mai à déb. oct. : w.-end 14h-18h. Fermé j. fériés. Gratuit. ☎ 02 38 53 20 23.

Le Centre occupe l'ancien **hôtel Euverte-Hatte**, encore appelé « maison d'Agnès Sorel » ; peut-être la future favorite de Charles VII y a-t-elle passé son enfance, mais le bâtiment actuel fut élevé plus tard, sous Louis XII. Remarquez ses fenêtres rectangulaires encadrées de frises gothiques, et, dans la cour, la galerie à arcades Renaissance. La bibliothèque est consacrée à Péguy, son œuvre et son environnement littéraire, politique et sociologique. Au rez-de-chaussée et au 1er étage, le musée Péguy expose manuscrits et souvenirs.

CHARLES PÉGUY (1873-1914)

Né à Orléans, Péguy fut le fondateur des *Cahiers de la quinzaine* (1900). Poète et polémiste, il défendit le dreyfusisme, le socialisme humanitaire, le patriotisme, la foi catholique. À plusieurs reprises, il revient sur la vie de Jeanne d'Arc, lui consacrant un long drame en 1897, puis le *Mystère de la charité de Jeanne d'Arc* (1910), *La Tapisserie de sainte Geneviève et de Jeanne d'Arc* (1912) et *La Tapisserie de Notre-Dame* (1913), son testament littéraire. Péguy sera tué au début de la bataille de la Marne, à Villeroy, le 5 septembre 1914.

Maison de Jeanne d'Arc★

Mai-oct. : tlj sf lun. 10h-12h30, 13h30-18h ; nov.-avr. : tlj sf lun. 13h30-18h. Fermé de fin avr. au 1er mai, 8 mai, 31 déc. 13F. ☎ 02 38 52 99 89.

Sa haute façade à colombages tranche sur la place moderne du Général-de-Gaulle, dans ce quartier dévasté par les bombardements de 1940. C'est la reconstitution de la maison de Jacques Boucher, trésorier du duc d'Orléans, où Jeanne fut logée en 1429. Au 1er étage, un montage audiovisuel raconte la levée du siège d'Orléans par Jeanne d'Arc, le 8 mai 1429. Des reconstitutions de costumes de l'époque, des machines de guerre, complètent l'exposition.

Jeanne d'Arc, *poésies de Charles d'Orléans - Paris - Archives nationales.*

Centre Jeanne-d'Arc

♿ Visite guidée (1/2h) tlj sf w.-end 9h-12h, 14h-18h, ven. 9h-12h, 14h-16h30. Fermé 8 mai. Gratuit. ☎ 02 38 79 24 92.

Ce **centre** met à la disposition de tous, Orléanais ou visiteurs, une cinémathèque, une bibliothèque, des microfilms et une photothèque regroupant tout ce qui a été dit, écrit ou filmé sur Jeanne d'Arc.

Muséum★

♿ 14h-18h. Fermé 1er janv., 1er et 8 mai, 1er nov., 25 déc. 20F. ☎ 02 38 54 61 05.

Le muséum, d'abord à vocation scientifique et culturelle, tient également compte des réalités locales et régionales. Au rez-de-chaussée, des expositions temporaires sont régulièrement organisées. Sur quatre étages, rencontres avec le monde marin, les écosystèmes aquatiques, les reptiles et batraciens, les vertébrés supérieurs, la minéralogie, la géologie, la paléontologie et la botanique (au dernier étage : serres tempérées et tropicales). En même temps, les ateliers scientifiques expliquent différentes techniques (aquariologie, naturalisation, géologie...). Audiovisuel, informatique et bibliothèque sont à la disposition du public.

Hôtel Toutin

Tlj sf dim. et lun. 10h-12h, 14h-18h30. Fermé en août et j. fériés. Gratuit. Sur demande auprès de M. Amos. ☎ 02 38 62 70 61.

Construit en 1540 pour Toutin, valet de chambre du fils de François Ier. Dans la courette bordée d'une double galerie d'arcades Renaissance, revêtues de vigne vierge, statue de François Ier.

Collégiale St-Pierre-le-Puellier

Cette collégiale romane (12e s.), **centre d'exposition** permanent, se dresse dans un vieux quartier aux rues piétonnes. ♿ *Tlj sf lun. 10h-12h30, 13h30-18h, sam. 10h-12h, 14h-18h, dim. 14h-19h. Fermé j. fériés. Gratuit. ☎ 02 38 79 24 85.*

Implanté sur le mail, au niveau du quartier de la gare, la Médiathèque est un pas vers l'Orléans du troisième millénaire.

alentours

Gidy

12 km au Nord. Accès par l'autoroute A 10 : aires de stationnement d'Orléans-Saran dans le sens Paris-Orléans, et d'Orléans-Gidy dans le sens Orléans-Paris.

Imaginé et réalisé par le Bureau de recherches géologiques et minières (BRGM), le **géodrome** est un jardin de pierre, représentant une immense carte du relief et les sites géologiques les plus remarquables de notre pays. ♿ *Avr.-sept. : tlj sf jeu. et ven. 12h-19h ; d'oct. à mi-nov. : w.-end 12h-17h. Fermé de mi-nov ; à fin mars. 12F. ☎ 02 38 64 47 06 ou ☎ 02 38 65 99 58.*

Herculéen

Huit cents tonnes de roches, sur un hectare, sont mises en scène dans le décor végétal caractéristique de chaque région figurée. Une fresque polychrome de 70 m de long montre en coupe le sous-sol français depuis les Alpes jusqu'au Massif armoricain.

Artenay

22 km au Nord, par la N 20. À l'entrée de ce gros village beauceron, rare moulin-tour à toiture tournante (19e s.).

Musée du Théâtre forain – ♿ *Juin-sept. : tlj sf mar. 10h-12h, 14h-18h ; oct.-mai : tlj sf mar. 14h-17h30, dim. et j. fériés 10h-12h, 14h-18h. Fermé 1er janv., 1er mai, 1er nov., 25 déc. 20F. ☎ 02 38 80 09 73.*

☺ Installé dans une ferme beauceronne ce musée évoque les théâtres démontables qui sillonnaient les petites villes et les villages au 19e s., et jusqu'au début des années 1970. Des décors, marionnettes, affiches, costumes restituent la vie familiale, professionnelle et sociale des comédiens ambulants. Une petite salle de spectacle (200 places) accueille des troupes ayant conservé l'esprit du théâtre forain. Dans la bergerie deux salles sont consacrées à la paléontologie locale.

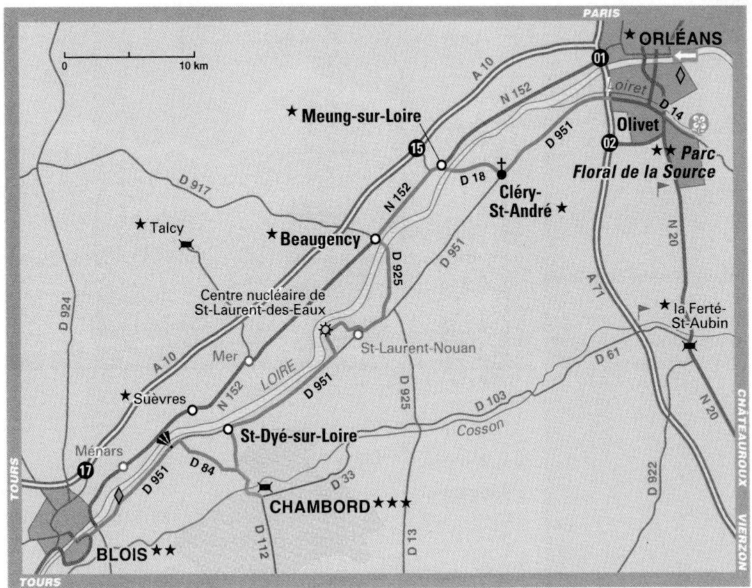

itinéraire

LA LOIRE BLÉSOISE★★

D'Orléans à Blois – 84 km – environ 6 h.

Sortir d'Orléans par l'avenue Dauphine (Sud du plan).

Pépinières et roseraies se succèdent de chaque côté de la route. Franchir le Loiret, entre ses rives boisées.

Olivet

Agréable villégiature campée sur les berges du Loiret (pêche et canotage), bordé de belles résidences et de vieux moulins.

Promenade des moulins – *Circuit de 5 km depuis le pont par la petite route de la rive droite du Loiret vers l'Ouest, et retour par la D 14.*

Deux vieux moulins et leurs biefs enjambent la rivière au bout de cette promenade ombragée ; barques et bancs attendent les promeneurs, cygnes et canards sillonnent ses eaux tranquilles.

Dans Olivet, prendre à gauche la D 14 qui mène au parc floral de la Source.

> **OLFACTIF**
> La plus grande partie d'Olivet, tout comme les autres faubourgs d'Orléans situés entre Loire et Loiret, est occupée par des champs de fleurs et des pépinières de rosiers ou de plantes d'ornement.

Parc floral de la Source★★

D'avr. à mi-nov. : 9h-18h ; de mi-nov. à fin mars : 14h-17h. Fermé 25 déc. 23F (enf. : 13F). ☏ 02 38 49 30 00.

Cette magnifique promenade, agencée sur une superficie de 35 ha, constitue également une véritable vitrine de l'horticulture orléanaise, offrant au jardinier amateur une instructive variété de plantations : massifs symétriques, rocailles, bosquets, arbustes persistants, arbustes fleuris.

Parmi les hôtes sédentaires du parc, des grues, des émeus, des daims, ainsi que des flamants roses sur le Loiret.

Le **miroir★**, bassin semi-circulaire, ménage une belle perspective sur le château et la délicate « broderie Louis XIII » qui orne sa pelouse.

La **source du Loiret★** se manifeste par un bouillonnement des eaux (on la surnomme d'ailleurs le « bouillon ») ; cette source est en fait la résurgence de pertes de la Loire qui se produisent près de St-Benoît-sur-Loire.

À la mi-septembre, dans le cadre prestigieux du parc floral de la Source, les sociétés d'horticulture de France, d'Orléans et du Loiret organisent le Salon international du fuchsia et des collections végétales spécialisées.

> **AU FIL DES SAISONS**
> Au printemps fleurissent les massifs de tulipes, de narcisses, puis les iris, les rhododendrons et les azalées ; de mi-juin à mi-juillet les rosiers ; en juillet et août les plantes estivales ; en septembre a lieu la seconde floraison des rosiers, avant celle des dahlias et, pour finir, des chrysanthèmes, présentés dans le hall des expositions.

Dans le décor boisé d'un château du 17e s., le parc de la Source fut aménagé pour recevoir les Floralies internationales de 1967.

Reprendre en sens inverse la D 14.

Basilique de Cléry-St-André★ *(voir ce nom)*

Meung-sur-Loire★ *(voir ce nom)*
Prendre la N 152 vers Beaugency, bientôt dominée par les tours de la centrale de St-Laurent-des-Eaux.

Beaugency★ *(voir ce nom)*
Quitter Beaugency par la D925 au Sud. À l'entrée de St-Laurent-Nouan, prendre à droite la route du centre de production nucléaire.

Centre nucléaire de production d'électricité de St-Laurent-des-Eaux
Centre d'information : 9h-13h, 14h-18h, w.-end et j. fériés 14h-18h. Visite guidée des centrales sur demande (2h) tlj sf dim. 10h-18h. Fermé 1er janv., 1er mai, 25 déc. Gratuit. Carte nationale d'identité exigée. Service Communication, BP 42, 41220 St-Laurent-Nouan (2 j. av.). ☏ 02 54 44 84 09.
Situé sur une presqu'île baignée par la Loire, le CNPE se compose de quatre unités de production. La centrale produit 4 milliards de kWh par an, soit 2,7 % de la production nationale et 90 % de la consommation annuelle des six départements de la région Centre.
À proximité sont installées des serres alimentées par les rejets d'eau chaude.

St-Dyé-sur-Loire
La petite cité aurait été fondée, selon la tradition, par **saint Déodat**, au 6e s. La ville a conservé plusieurs traces de son passé florissant : le mur d'enceinte surplombant le quai de la Loire, les petites maisons basses dans la rue de **Chambord** et quelques belles demeures (15e, 16e et 17e s.), où résidaient les ouvriers et maîtres d'œuvre. L'**église**, au puissant clocher-porche, conserve les tombeaux de saint Déodat (ou saint Dyé) et de son compagnon, saint Beaudemir, ainsi que dans le chœur une inscription révolutionnaire. *Visite guidée lun.-ven. ap.-midi ou sur demande auprès de l'Office de tourisme. ☏ 02 54 81 65 45.*

Trafic intense
Les matériaux, considérables, destinés à la construction du château de Chambord, transitaient par le port de St-Dyé.

La **maison de la Loire**, installée dans l'hôtel Fontenau du 17e s., abrite le Syndicat d'initiative et des expositions sur le milieu ligérien. *Tlj 10h-12h, 14h-18h30, lun. 14h-18h30. Fermé déc.-fév. 15F. ☏ 02 54 81 65 45.*
Par la D 112A, on pénètre dans le domaine de Chambord (vitesse réglementée).

Château de Chambord★★★ *(voir ce nom)*
Par la D 84 et Montlivault, on retrouve la Loire.
Par la route de la levée, très belles **vues★** sur un paysage verdoyant : magnifiques plantations de peupliers, de champs d'asperges, de tulipes et de glaïeuls. Sur la rive Nord se profilent le château de Ménars, Blois avec la basilique, la cathédrale et le château.

Blois★★
Voir ce nom.

Pithiviers

Délicat et feuilleté, le savoureux Pithiviers, aux arômes d'amande et de rhum... Mais saviez-vous qu'en cette région de Gâtine on cultive également le précieux safran ? Que bien souvent ses parcs, ses châteaux, ses églises même s'ornent de roses ? Qu'un extraordinaire musée se consacre tout entier, salles et jardins, à ressusciter l'histoire des parfums ?

La situation

Cartes Michelin n°s 60 pli 20, 237 pli 47 ou 4045 E 2 - Loiret (45). Aux confins de la Beauce et du Gâtinais (43 km au Nord d'Orléans par la N 152) Pithiviers doit son activité principale aux produits de cette région céréalière et sucrière (sucrerie de Pithiviers-le-Vieil). 🅸 *Mail Ouest, Gare routière, 45300 Pithiviers,* ☎ *02 38 30 50 02.*

Plaque Michelin toujours pimpante et efficace malgré le poids des ans.

Le nom

Ce bourg a bel et bien vu la naissance du fameux « pithiviers », ce splendide gâteau en pâte feuilletée, fourré d'un fondant d'amandes parfumé au rhum. À déguster sur place, toutes affaires cessantes...

Les gens

9 242 Pithivériens. Les marchands de safran ont disparu, qui sur la place de Pithiviers vendaient jadis leur production aux amateurs de l'Europe entière. Mais le marché est resté, avec sa **foire** annuelle, où se presse et se bouscule le tout-Pithiviers, sans compter les visiteurs. ▶

Gourmets, promeneurs, la foire de la Saint-Georges en avril vous offre un grand moment de fête et de gastronomie au bon goût du terroir.

visiter

Musée des Transports

♿ *De mai à mi-oct. : dim. et j. fériés 14h30-18h (juil.-août : dim. et j. fériés 14h30-18h, sam. 14h30-17h30). 35F.* ☎ *02 38 30 50 02.*

Le musée ferroviaire a pu être aménagé par des bénévoles en préservant le terminus des anciens tramways à vapeur du Loiret. Le réseau à voie de 0,60 m construit en 1892 par Decauville – promoteur de ce type d'écartement – acheminait voyageurs et... betteraves de Pithiviers à Toury (32 km) jusqu'en 1951, puis uniquement des betteraves de 1951 à 1964. ▶

Les visiteurs sont invités à monter en voiture pour un voyage de 4 km (on ne fournit plus les betteraves).

Vénérables grand-mères

La collection réunit plusieurs locomotives à vapeur (dont 7 sont classées monument historique), 2 tramways électriques et un autorail pétroléo-électrique (1923). La plus ancienne locomotive, une Schneider construite en 1870, est en parfait état de marche.

Musée municipal

Tlj sf mar. 10h-12h, 14h-18h (sam. 17h). Fermé j. fériés. 15F. ☎ *02 38 30 10 72.*

Le 1er étage, surtout, offre une présentation pour le moins originale, parfumant les souvenirs locaux d'un vent d'exotisme (1re salle océanienne). Une salle est consacrée aux hommes illustres de la ville, aux origines plus ou moins légendaires des spécialités gourmandes de Pithiviers, au safran, épice et plante tinctoriale dont le Gâtinais de l'Ouest fut jadis l'un des premiers producteurs européens.

alentours

Malesherbes

18 km au Nord-Est par la N152. Cette petite ville de la haute vallée de l'Essonne est entièrement cernée de bois. La base publique de plein air et de loisirs de **Buthiers** occupe un cadre de forêt et de rochers de grès, rafraîchi par le voisinage de la rivière.

Malesherbes

Au 18e s., le château appartient à Guillaume de Lamoignon, chancelier de France, qui élève la façade de brique et de pierre. Son fils, connu sous le nom de Malesherbes, est ministre de Louis XVI ; très tolérant, il favorise l'introduction et la diffusion en France de l'*Encyclopédie*. Retiré des affaires publiques depuis quatre ans, il sollicite en 1792 l'honneur de défendre le roi devant la Convention, assisté de Tronchet et de Sèze. Son courage lui vaudra plus tard d'être guillotiné, en compagnie de sa fille et de son gendre ; dans la même « charrette », l'une de ses petites-filles, avec son mari le marquis de Chateaubriand, frère aîné de l'écrivain.

Les caprices d'Henriette

Henriette de Balzac d'Entragues avait su ravir le cœur d'Henri IV, le « Vert Galant », suite à la mort de l'adorable Gabrielle d'Estrées. Mais ses humeurs changeantes, volontiers belliqueuses, finirent par lasser le bon roi, et elle dut se retirer dans son château de Malesherbes, où elle passa son temps à tramer d'obscures intrigues.

Château – ♿ *Visite guidée (3/4h) tlj sf lun. et mar. 14h30-18h15 (nov.-mars : fermeture à 17h). Fermé une semaine en fév., 1er janv., 1er mai, 25 déc. 35F (enf. : 15F).* ☎ *02 38 34 80 18.*

Les tours rondes (14e s.) demeurent les seuls vestiges du château féodal, reconstruit au 15e s. par le grand amiral de Graville.

La cour – Insoupçonnée de l'extérieur, la cour gazonnée du château donne sur les anciennes dépendances : granges dîmières (14e s.), où le grain s'accumulait sur quatre étages de planchers, avec sa tour des Redevances, et le pavillon dit « maison de Chateaubriand » en souvenir des séjours qu'y fit l'écrivain. Le pigeonnier (14e s.), contenant 2 000 boulins, pouvait accueillir 8 000 pigeons. La chapelle date du 15e s.

Intérieur – Le rez-de-chaussée du château aligne différents salons remeublés où flotte encore le souvenir d'une famille paisible, à la veille des tourmentes révolutionnaires. On passe en fin de visite dans la chambre d'**Henriette d'Entragues** et dans son oratoire, voûté d'ogives. La chapelle abrite le gisant (sculpté par Pierre Bontemps) de Guillaume d'Entragues, grand-père de la belle Henriette.

circuit

LE PITHIVERAIS

85 km – environ 3 h. Par la D 26 prendre la direction de Puiseaux, à Estouy tourner à droite.

Yèvre-le-Châtel

Sur son promontoire du plateau de Beauce, Yèvre domine la Rimarde, petit affluent de l'Essonne. Les ruines actuelles, noyau d'une cité fortifiée, proviennent vraisemblablement d'un château royal de Philippe Auguste (13e s.).

Depuis la petite place triangulaire du bourg, ombragée d'ormes, une porte fortifiée donne accès à l'ancienne basse-cour du château, devenue publique.

Château fort – *D'avr. à fin oct. : 14h-18h. 10F.* ☎ *02 38 34 25 91.*

La forteresse forme un losange, flanqué à chaque angle de tours rondes, aux salles hexagonales voûtées d'ogives. *Le parcours du chemin de ronde reliant ces tours est dangereux.*

À dénicher

Dans cette région, nombre de villages offrent de petites églises simples et rustiques, mais charmantes, bâties suivant un plan identique : nef unique, abside semi-circulaire, clocher à toit en bâtière.

◄ De la plate-forme des tours Nord-Ouest et Sud, **vue** sur la Beauce et le Gâtinais. Par temps clair, on reconnaît la flèche de l'église de Pithiviers. Au Sud, les futaies de la forêt d'Orléans assombrissent l'horizon.

Église St-Lubin – Au Sud de la localité, dans le cimetière, cette ruine ne présente plus que la carcasse de pierre d'une église gothique. Les vastes dimensions de l'édifice, resté inachevé, ne prenaient pas en compte les nécessités du culte paroissial, mais l'exercice du droit d'asile. La perfection, l'élégance et la rapidité certaine de son exécution – premier quart du 13e s. – laissent supposer une intervention royale.

Revenir à Estouy, prendre la D 26 qui longe l'Essonne.

Puiseaux

Cet actif centre céréalier du Gâtinais fut un prieuré de l'abbaye parisienne de St-Victor, illustre foyer de théologie médiévale ; il en a conservé les armes. L'**église** (13e s.) attire de loin l'attention par sa flèche de charpente (65 m) tordue d'un huitième de tour. Le vaisseau, voûté d'ogives, comprend un transept élégant, avec sa rose et son fragment de triforium. À la clé de voûte de la croisée, remarquez les versions jumelées des armes de Puiseaux ; l'une officielle – le rais d'escarboucle de l'abbaye St-Victor (figure héraldique, sorte de roue sans jante dont le moyeu est figuré par une pierre précieuse et dont les rayons, au nombre de 8, sont fleurdelysés aux extrémités) –, l'autre fantaisiste : un puits et un seau (armes « parlantes »). Sur le bas-côté droit, une chapelle aménagée en oratoire conserve un très beau **Saint-Sépulcre★** du 16e s.

Quitter Puiseaux au Sud par la D 948, puis la D 28 à droite.

Élégance du porche roman (12e s.) de l'église Saint-Germain à Boësse.

Boësse

Sur une légère hauteur, village aux rues tortueuses, qualifié au 17e s. d'« espèce de bourg muré ». L'église, entourée d'une esplanade fleurie, est précédée d'un porche évoquant, par son importance, une galerie de cloître.

Continuer au Sud, par la D 28.

Beaune-la-Rolande

Arrosé par la petite Rolande, Beaune est un marché agricole où la betterave et les céréales ont remplacé le safran et la vigne.

Église – 15e-16e s. Côté Nord de l'édifice, ensemble Renaissance avec ses pilastres à médaillons, ses niches, ses portails à frontons ornés de bustes ; remarquez, à gauche, la porte de l'ancien cimetière dont le bandeau vous avertit : « Mourir convient, c'est chose sûre, nul ne revient de pourriture. » Le vaisseau, avec ses bas-côtés presque aussi larges et hauts que la nef rappelle les « églises-halles » de la fin du gothique germanique.

Au bas de la nef latérale gauche, un tableau de Frédéric Bazille, tombé en 1870 à la bataille de Beaune-la-Rolande, représente le mariage mystique de sainte Catherine. Dans la dernière chapelle latérale à gauche, autel en bois doré du 17e s., enrichi de panneaux sculptés ; dans la même chapelle, statue de saint Vincent de Paul, antérieure aux représentations stéréotypées du 19e s.

Une note épicée

Les safraniers du Gâtinais cultivent encore *Crocus sativus* dont les corolles pourpre violacé enferment les précieux (plus de 33 000 F le kg !) pistils rouge et orangé. Une fois séchés, ces filaments colorent et raffinent certains plats, pour le plus grand plaisir des gastronomes avertis.

Boiscommun

5,5 km au Sud-Ouest, par la D 9. Deux tours subsistent des remparts, dont quelques restes sont visibles de la promenade circulaire remplaçant les fossés.

Église – On distingue les diverses périodes de construction lorsque change le décor des chapiteaux ou le dessin des fenêtres hautes et des baies du triforium. Au fond du bas-côté droit, au-dessus de la porte de la sacristie, Vierge à l'Enfant, vitrail de la fin du 12e s. En sortant, remarquez la tribune et ses 8 grandes figures peintes (16e s.), en costumes de l'époque ; une inscription permet d'identifier Roland.

Bellegarde

Au milieu des champs de blé, des roseraies, des jardins maraîchers, Bellegarde groupe ses maisons crépies autour d'une vaste place.

Château★ – Autour de l'ancien donjon carré et cantonné d'échauguettes, cet ensemble original, bâti au 14e s. par Nicolas Braque, grand argentier de Charles V, se dresse solitaire sur sa plate-forme entourée de douves. Enca-

LE DUC D'ANTIN, COURTISAN ET BÛCHERON...

Fils de Mme de Montespan et surintendant des Bâtiments du roi, le duc d'Antin fut un courtisan modèle. « Il se distingua, écrit Voltaire, par un art singulier, non pas de dire des choses flatteuses, mais d'en faire. »

Louis XIV, de passage au château de Petit-Bourg, près de Paris, critiqua un rideau de marronniers qui masquaient la vue de la chambre royale. D'Antin fit abattre les arbres pendant la nuit et disparaître toute trace de ce travail ; à son réveil, le monarque étonné trouva la vue dégagée (quel royal sommeil, tout de même !). Protecteur des artistes, il amassa de superbes collections. À Bellegarde, où sa mère fit de fréquents séjours, il édifia, de 1717 à 1727, une série de bâtiments en brique.

drant la cour d'honneur du château, les **pavillons** en brique soulignée de pierre étaient destinés aux officiers du château et aux invités du **duc d'Antin**, seigneur du lieu.

De gauche à droite : le pavillon de la Surintendance, couronné d'un clocheton, la tour Capitaine, grosse tour ronde en brique, le pavillon des Cuisines, le pavillon de la Salamandre, occupé par l'**hôtel de ville**, qui renferme un salon aux belles boiseries Régence et, de l'autre côté des grilles, le pavillon d'Antin avec toits à la Mansart. *Tlj sf dim. 9h-11h, 14h-16h, sam. 9h-11h. Fermé j. fériés. Gratuit. ☏ 02 38 90 10 03.*

Autour des douves est aménagé un agréable **jardin public** planté de rosiers.

Longeant la roseraie, une petite route conduit aux écuries ducales *(propriété privée)* dont le fronton est décoré de trois belles têtes de chevaux sculptées par Coysevox.

Église – Le portail central de cet édifice roman présente une ornementation intéressante : les colonnes des piédroits, torsadées ou annelées, supportent des chapiteaux à décoration de végétaux et d'animaux fantastiques. La nef contient une collection de **tableaux** du 17e s. Sur le mur droit, un *Saint Sébastien* du Bolonais Annibal Carrache et *Saint Jean Baptiste* sous les traits de Louis XIV enfant, par Mignard ; dans la chapelle de droite, une *Descente de croix* de Lebrun (Louise de La Vallière aurait servi de modèle au personnage féminin de ces deux toiles).

Après avoir traversé, au Sud-Ouest, le bois de la Madeleine, prendre à droite la D114.

Chambon-la-Forêt

En lisière de la forêt d'Orléans, joli village fleuri.

Sortir de Chambon par la D109.

Château de Chamerolles★

Avr.-sept. : tlj sf mar. (hors j. fériés et juil.-août) 10h-18h ; oct.-mars : tlj sf mar. (hors j. fériés) 10h-12h, 14h-17h. Fermé en janv. et 25 déc. 30F. ☏ 02 38 39 84 66.

À l'orée de la forêt d'Orléans, au 15e s., s'installa ici la famille Dulac dont Lancelot Ier (prénommé ainsi en hommage au héros du roman des chevaliers de la Table ronde) fit construire le château actuel. Familier des rois Louis XII et François Ier, Lancelot conçut une forteresse encore médiévale offrant peu d'ouvertures sur l'extérieur, mais élégante et confortable à l'intérieur.

Par son alliance avec Louise de Coligny, la famille Dulac contracta un engagement inconditionnel aux côtés des protestants. De cette époque (1585) date la transformation de la **chapelle** en temple protestant.

POUR DE SUBLIMES FRAGRANCES

Respirez à fond... et découvrez l'orgue à parfum et la collection de flacons prestigieux (Daum, Lalique, Baccarat) créés pour Guerlain, Lancôme, Roger et Gallet ou Chanel...

◀ **La Promenade des parfums★** – Le domaine est placé sous le signe des parfums. L'aile Sud abrite une promenade chronologique au pays des senteurs, où vous remonterez le temps à travers une suite de pièces tout entières vouées à la parfumerie, du 16e s. à nos jours.

Un ponceau enjambant les douves permet de prolonger ce circuit aromatique par le **jardin★** composé de six parterres, minutieusement reconstitués tels qu'ils devaient être à la Renaissance. Chaque élément correspond en tout point aux fonctions du jardin traditionnel de cette époque : apparat, utilité et agrément ; ainsi retrouve-t-on un préau (pré-haut), véritable petit salon d'extérieur où chacun pouvait bavarder sur des banquettes de gazon, un parterre de broderie aux motifs de buis, un parterre de plantes rares présentant de nombreuses plantes aromatiques indispensables à l'élaboration des parfums, un labyrinthe, deux potagers plantés exclusivement de légumes, de condiments, d'aromates et d'arbres fruitiers connus en France aux 16e et 17e s.

Faisant suite au miroir (la pièce d'eau) une promenade conduit au kiosque, d'où la vue sur le château est superbe.

La N 152 ramène à Pithiviers.

Château du **Plessis-Bourré**★

Sa belle pierre blanche doucement irisée sous ses hauts toits d'ardoises bleutées, le Plessis-Bourré déploie une architecture sobre et majestueuse, parfaitement homogène, tout au long de ses larges douves qui, comme un lac paisible, semblent lui avoir conservé une sorte d'innocence primitive... mais trompeuse : au plafond de sa fameuse salle des gardes, vous découvrirez tout un monde d'images, de symboles et de diableries, témoignage flamboyant d'un art du 15e s. porté à son apogée.

La situation

Cartes Michelin n°s 63 pli 20 ou 232 pli 19 ou 4049 F 3 – Maine-et-Loire (49). Au Nord d'Angers, entre les rivières Sarthe et Mayenne, le Plessis-Bourré semble discrètement se cacher dans le Haut-Anjou, à l'écart de toute grande route.

Le nom

En vieux français, un « plaissié » était un enclos fermé de branches entrelacées ; puis, par extension un endroit plus ou moins fortifié, et enfin un château. Jean Bourré, ayant acheté le domaine du Plessis-le-Vent, fit commencer en 1468 les travaux du nouveau château auquel il donna son nom.

Les gens

Né à Château-Gontier, **Jean Bourré** entra au service du dauphin Louis, fils de Charles VII, pour ne plus le quitter. Bien lui en a pris : Louis XI sacré en 1461, Bourré fut promu secrétaire des Finances et trésorier de France. Inlassable (et richissime) bâtisseur, il fit construire plusieurs châteaux, dont **Langeais**, **Jarzé** et **Vaux**.
Au Plessis, Jean Bourré accueillit de nombreux visiteurs, comme l'amiral de Graville, Pierre de Rohan, Louis XI, bien sûr, et Charles VIII.

Entouré de larges douves, harmonieux dans son cadre médiéval, Plessis-Bourré garde le charme champêtre d'une grande demeure.

visiter

Avr.-sept. : visite guidée (1h) tlj sf mer. 10h-12h, 14h-18h, jeu. 14h-18h (juil.-août : tlj 10h-18h) ; oct.-mars : tlj sf mer. 14h-18h. Fermé déc.-janv. 50F. ☎ 02 41 32 06 01.
Protégé par un châtelet à double pont-levis et quatre tours dont l'une, plus grosse et à mâchicoulis, sert de donjon, le Plessis a conservé ses très larges douves, que franchit un pont de 43 m de longueur ; à la base de l'enceinte, une plate-forme de 3 m de large permettait le tir à boulets rasants. À gauche du châtelet pointe le fin clocher de la chapelle.
Passé la voûte d'entrée, le Plessis se métamorphose en demeure de plaisance avec sa cour spacieuse, ses ailes basses, sa galerie d'arcades, ses tourelles d'escalier et les hautes lucarnes de son logis seigneurial.

DES ASTRES AU PLAFOND
Parmi les seize tableaux ayant une valeur symbolique liée à l'astrologie et à l'alchimie remarquez les *Deux Béliers* (double symbole du sujet terrestre et de l'influx céleste), l'*Ourse et les deux singes* (l'ourse est l'étoile polaire sur laquelle l'alchimiste règle sa route, le singe assis sur les épaules de la bête symbolise le sage, tandis que le fou est représenté par l'autre singe qui souffle dans sa trompette) ; quant au *Phénix*, renaissant de ses cendres, il symboliserait la célèbre pierre philosophale.

À l'intérieur, on parcourt au rez-de-chaussée la chapelle Ste-Anne, la salle de Justice et les lumineuses **salles de réception** (superbe serrure aux armes de France) richement meublées et décorées, dont les fenêtres donnent sur des paysages de bois et de prairies.
Au 1er étage, très belle salle voûtée, à la cheminée monumentale, puis l'énigmatique et sublime salle des Gardes, couverte d'un **plafond★★★** en bois, peint à la fin du 15e s. Admirablement préservés (ils furent dissimulés vers 1750, par pudeur sans doute), les caissons contiennent des tableautins représentant des figures allégoriques comme la Fortune et la Vérité, la Chasteté (licorne) et la Luxure, l'Âne musicien, des scènes humoristiques ou morales comme le barbier malhabile s'exerçant sur un patient, le présomptueux qui veut tordre le cou à une anguille, la femme cousant le croupion d'une volaille... On demeure stupéfait devant le réalisme très cru de certaines scènes, leur puissance évocatrice, les strophes poétiques qui les accompagnent, la qualité picturale et la fraîcheur exceptionnelle de l'ensemble, tout de rouges, de bleus et d'ors cuivrés.
Caves et greniers sont accessibles aux visiteurs. L'escalier gravit une tour dont le plafond en palmier repose sur des sculptures d'inspiration alchimique, d'une truculence égale à celle des peintures du 1er étage. Le grenier couvert d'une belle **charpente** de châtaignier en carène donne accès au chemin de ronde.
Jolie promenade aux abords du château récemment transformés en parc.

Détail de l'extraordinaire plafond où se lisent satires et proverbes, ainsi que des symboles alchimiques.

alentours

Manoir de la Hamonnière

À 9 km au Nord par Écuillé. Visite sur demande préalable. 10F. ☎ 02 41 42 01 38.
Cette gentilhommière, bâtie entre 1420 et 1575, reflète l'évolution des styles de la Renaissance.
Sa façade sur cour présente sur la droite un sobre corps de logis avec sa tourelle d'escalier, puis vers la gauche une partie Henri III dont une travée de fenêtres est encadrée de pilastres aux chapiteaux respectant la progression classique des ordres, et une aile basse en équerre où deux colonnes torses soutiennent la lucarne.
À l'arrière, un donjon de plaisance, probablement l'ultime adjonction du 16e s., augmenté d'une tourelle d'escalier, se différencie par ses fenêtres en plein cintre.

Château du **Plessis-Macé★**

Bien à l'abri derrière ses arbres et sa sévère forteresse, le Plessis-Macé ne vous révèlera ses charmes qu'« intra-muros » avec en particulier la ravissante galerie sculptée de son logis seigneurial, et les boiseries de sa chapelle.

La situation

Cartes Michelin nos 63 pli 20, 232 pli 19 ou 4049 E 3 – Maine-et-Loire (49). Au Nord-Ouest d'Angers, un peu à l'écart du village, avec son enceinte jalonnée de tours et son donjon bordé de douves, le château reste longtemps caché dans la verdure.

Le nom

Ce Plessis-là fut fondé au 11e s. par un nommé Macé (déformation de Matthieu) qui laissa son nom au château.

Véritable dentelle de tuffeau, la charmante galerie suspendue accueillait les belles dames du temps qui se pressaient pour assister aux joutes et jongleries.

Les gens

Louis de Beaumont, chambellan et favori de Louis XI le reconstruisit et y reçut son souverain ; en 1510, il échut aux du Bellay et demeura entre leurs mains durant exactement 168 ans.

visiter

Juin-sept. : visite guidée (1h) tlj sf mar. 10h-12h, 14h-18h30 (juil.-août : 10h30-18h30) ; oct.-mai : tlj sf mar. 13h30-17h30. Fermé déc.-fév. et 1er nov. 29F (enf. : 17F). ☏ 02 41 32 67 93.
Il faut pénétrer dans la vaste cour avant de voir apparaître cette demeure de plaisance où le tuffeau blanc facile à travailler se mêle au schiste sombre, trouée de baies largement ouvertes à la lumière.

À droite les dépendances avec les écuries, la salle des Gardes ; à gauche se succèdent la chapelle, une originale tourelle d'escalier qui va s'élargissant, et le **logis seigneurial** surmonté de gâbles aigus. Faisant face à la charmante **galerie suspendue★**, dans le bâtiment des communs, une seconde loggia était destinée aux serviteurs.

On visite la salle à manger, la grande salle des fêtes, plusieurs chambres dont celle du roi, et la **chapelle**, qui a conservé ses rares **boiseries★** gothiques du 15e s., formant deux étages de tribunes, le premier étant réservé au seigneur et aux écuyers, et le second aux serviteurs.

Pontlevoy

On trouve des choses surprenantes dans les rues de Pontlevoy, charmante bourgade au demeurant : des publicités pour le chocolat, rien que le chocolat, des affiches de vieilles voitures, de vieux camions en vraie tôle, qui prennent le frais l'été venu, et une abbaye transformée en... école militaire.

La situation

Cartes Michelin nos 64 pli 17 ou 238 plis 14, 15 – Loir-et-Cher (41). À la limite Sud de la Sologne, dans une région agricole à quelques kilomètres de Montrichard et de Chaumont-sur-Loire. Rien d'original, certes, mais la singularité de Pontlevoy n'est pas dans son paysage...

5 pl. du Collège, 41400 Pontlevoy ☏ 02 54 80 60 80.

Le nom

Les paris sont ouverts : pont-levis ? Ou pont de la famille Levis ? Eh bien non : pont de pierre plutôt *(lapideus)*, ou, plus exactement, qui était utilisé pour le transport des pierres.

UNE VILLE EN CHOCOLAT
À travers la ville, une trentaine de panneaux illustrés reflètent la vie à Pontlevoy au début du siècle et les débuts de l'automobile à travers la publicité du chocolat Poulain.

Les gens

1 460 Pontiléviens. En témoignage de reconnaissance à la Vierge, qui, selon la légende, l'avait préservé d'un naufrage, Gelduin de Chaumont (vassal du comte de Blois) installa ici en 1034 des bénédictins. Au 19e s. grâce à d'ingénieux croisements de races de moutons, Pierre Malingié créa la charmoise, du nom de sa propriété. Quant à Auguste Poulain, le célèbre chocolatier, natif de Pontlevoy, il fut également un fort audacieux pionnier en matière de publicité.

visiter

ANCIENNE ABBAYE★

L'ancienne abbaye présente encore quelques beaux bâtiments et deux galeries du cloître du 18e s. ainsi qu'une chapelle des 14e et 15e s. Au 17e s. une réforme de la vie monastique devenant indispensable, l'abbaye fut confiée aux bénédictins de St-Maur et à l'abbé Pierre de Bérule, qui, en 1644, ouvrirent un établissement d'enseignement. Nommé en 1776 École royale militaire, le collège ajouta, dès lors, à son enseignement civil la préparation aux grandes écoles militaires (Saint-Cyr, Polytechnique...).

Abbatiale – Reconstruite aux 14 [e] et 15e s., elle ne comprend que le chœur du grandiose édifice prévu. En 1651 furent ajoutés deux grands retables de pierre à colonnes de marbre au maître-autel et dans la chapelle axiale, où sont inhumés Gelduin et ses premiers descendants.

Bâtiments conventuels – On verra l'ancien réfectoire, le remarquable escalier qui mène à l'étage et la majestueuse façade (18e s.) donnant sur les jardins, rythmée de frontons blasonnés.

Musée municipal – *D'avr. à fin sept. : visite guidée (1h1/4) tlj sf lun. 10h-12h, 14h30-17h30 (juil.-août : tlj 10h-12h, 14h-18h ; juin : tlj sf lun. 10h-12h, 14-18h). 30F (enf. : 10F). ☎ 02 54 32 60 80 ou ☎ 02 54 71 60 70 (hors sais.).*

L'ancien manège du 19e s., couvert d'une belle charpente, abrite une vingtaine de poids lourds construits de 1910 à 1950 (à la belle saison, les camions sont dehors).

Situé dans le retour de l'aile Ouest des bâtiments conventuels, ce musée est essentiellement consacré à la publicité, dont **Auguste Poulain**, né à Pontlevoy en 1825 et fondateur de la célèbre chocolaterie de Blois, fut un grand précurseur : affiches anciennes (signées, entre autres, de Cappiello ou de Firmin Bouisset), objets publicitaires et chromolithographies ; à voir également, une centaine de photographies extraites d'une collection de 10 000 clichés dus à Louis Clergeau, horloger passionné de photographie, et à sa fille Marcelle, retraçant la vie à Pontlevoy de 1902 à 1960. Documents photographiques et maquettes des avions-écoles évoquent les débuts héroïques de l'aviation (1910-1914).

Pouancé

Protégée par une ceinture de bois et d'étangs, Pouancé semble jalousement veiller sur les ruines de son antique forteresse, legs du redoutable Foulques Nerra, qui semait des châteaux en Anjou comme le petit Poucet ses cailloux...

La situation

Cartes Michelin n°s 63 pli 8, 232 pli 17 ou 4049 B 2 – Maine-et-Loire (49). À la limite de l'Anjou et de la Bretagne, Pouancé a joué un important rôle économique grâce à ses forges alimentées par le fer du bassin de Segré. Durant la Révolution, les bois environnants servirent de repaire aux chouans. La N 171 qui contourne le bourg passe juste au pied des ruines du château. 🅸 *2 bis r. Porte-Angevine, 49420 Pouancé ☏ 02 41 92 45 86.*

Le nom

D'après une étymologie assez ambitieuse (et fort sujette à controverse), Pouancé pourrait avoir constitué, à l'époque de la conquête romaine, un poste très important de César : d'où le nom de *Potentia Caesaris,* ou puissance de César.

Les gens

3 307 Pouancéens. Un château en Anjou ? Qui a bien pu le construire ? Vous avez deviné : l'inévitable Foulques Nerra bien sûr... bientôt suivi par les ducs de Bretagne et de Normandie qui se sont battus comme des enragés pour conquérir la place. Quant à l'un des Cossé, Louis, duc de Brissac, il créa ici l'un des premiers hauts fourneaux de la région (1562), offrant à la région une longue période d'activité industrielle.

Restauration
Ferme-auberge
L'Herberie – *4 km à l'O de Pouancé dir. Châteaubriant par N 171 puis Rennes par D 3 - ☏ 02 41 92 62 82 - fermé août et vacances de fév., ouv. ven. soir et sam. - ⊄ - réserv. obligatoire - 98/240F.* Comment marier l'élevage de volailles et d'agneaux, les souvenirs de voyages en Biélorussie, la culture d'un potager, d'herbes aromatiques et de fleurs, la cuisine du terroir et des soirées théâtrales ? Cette surprenante recette à succès est ici, dans une ancienne écurie...

visiter

Le château

De mi-juin à mi-sept. : visite guidée (1h) sur demande préalable tlj sf lun. 10h-12h, 14h-18h30, sam. 10h-12h, 13h30-19h, dim. et j. fériés 13h30-19h. Fermé 14 juil. 12F. ☏ 02 41 92 41 08.

En grande partie ruiné, le château (13e-15e s.) garde encore d'imposantes courtines et tours de schiste sombre renforcées par une caponnière de tir (chemin couvert) qu'une poterne relie au donjon.

alentours

Menhir de Pierre Frite

5 km au Sud par la D 878 jusqu'à La Prévière, puis la D 6, à gauche, et un chemin signalé.

Ce menhir, campé au milieu des bois, mesure 6 m de haut.

Château de la Motte-Glain

17 km au Sud. De mi-juin à mi-sept. : visite guidée (3/4h) tlj sf mar. 14h30-18h30. Sur demande (48h av.). 30F (enf. : 15F). ☏ 01 40 55 52 01.

Construit en pierre rousse à la fin du 15e s. par **Pierre de Rohan-Guéménée** (conseiller de Louis XI, puis l'un des chefs des armées de Charles VIII et de Louis XII en Italie), ce château à l'architecture puissante renferme un gracieux logis seigneurial.

À l'intérieur, mobilier des 15e et 16e s., cheminées Renaissance et trophées de chasse en majorité africains. La chapelle abrite une fresque du début du 16e s. (Crucifixion).

Jalon
Coquilles St-Jacques et bâtons de pèlerins rappellent que le château était situé sur la route de Compostelle partant du Mont-St-Michel.

Preuilly-sur-Claise

Preuilly a conservé de nombreuses demeures anciennes ; sa forteresse est aujourd'hui en ruine, mais l'ancienne abbatiale a subsisté. Rien d'extraordinaire apparemment peut-être, quoique... la petite et modeste Claise offre bien des paysages charmants avec ses bois et ses prairies tranquilles.

La situation

Cartes Michelin nos 68 pli 6, 238 pli 25 ou no 4037 F 6 – Indre-et-Loire (37). Étagé sur la rive droite de la Claise, au Sud de Descartes et presque à la frontière entre la Touraine et le Poitou, Preuilly est entouré d'un paysage de plateaux boisés et de vallées parfois couvertes de vignes.

Restauration et Hébergement

Auberge St-Nicolas – *4 Grande-Rue - ☏ 02 47 94 50 80 - fermé mi-sept. à déb. oct., dim. soir et lun. sf juil.-août - 115/235F.* Cette modeste maison du centre-ville a pris quelques couleurs provençales pour égayer son atmosphère. Trois énormes et vieilles poutres dans la salle de restaurant. Quant aux chambres, elles sont simples, presque dépouillées mais d'une propreté exemplaire.

Le nom

Un certain nombre de villes et villages, dans l'Ouest de la France portent le nom de Preuilly ou Prouilly ou Proulieu ; il semblerait que ces noms proviennent tous d'une même famille gallo-romaine, les *Probilius*.

Les gens

1 293 Prulliaciens. Considérée comme la première baronnie de Touraine, Preuilly a vu défiler nombre d'illustres familles : les Amboise, La Rochefoucauld, César de Vendôme, Gallifet, Breteuil... Cinq églises et une collégiale suffisaient à peine aux besoins des fidèles.

visiter

Église St-Pierre

Ancienne abbatiale bénédictine romane, les influences poitevine et tourangelle y sont également sensibles. Remarquablement réparée en 1846 par l'architecte Phidias Vestier, elle a malheureusement subi des restaurations abusives en 1873, date à laquelle fut élevée la tour.

Près de l'église, hôtels du 17e s., dont l'un a été transformé en hospice (ancien hôtel de La Rallière).

Château de Boussay

4,5 km au Sud-Ouest. Le château juxtapose des tours à mâchicoulis (15e s.), une aile à la Mansart du 17e s. et une façade du 18e s. ; beau parc à la française.

Richelieu★

Conçue, dessinée, bâtie pour satisfaire un cardinal très puissant, tandis que d'un palais de prince il ne reste plus que les vestiges, la cité, elle, est demeurée, paisible, pour s'éveiller aux beaux jours de l'été, avec ses fêtes et ses marchés. Et si des châteaux alentours, il ne reste que ruines, la Sainte-Chapelle de Champigny, du moins, vous offre encore le spectacle de ses miraculeux vitraux.

Une majestueuse statue de Richelieu par Ramey précède l'immense parc.

La situation

Cartes Michelin nos 67 Sud-Ouest du pli 10 ou 232 pli 46 ou 4037 B 5 – Indre-et-Loire (37). Au Sud de Chinon, sur la frange méridionale de la Touraine, Richelieu déploie son plan rigoureux en « grille », exemple très rare d'architecture urbaine en France. En saison, prenez plutôt la déviation poids lourds et la promenade sous les platanes avant de pénétrer dans la ville.

6 Grande-Rue, 37120 Richelieu, ☏ 02 47 58 13 62.

Le nom

La ville est créée de toutes pièces à partir de 1631 sur la décision du cardinal Armand du Plessis (dont la famille est seigneur des lieux). L'homme fort du régime veut loger sa cour près de l'immense château qu'il se fait construire. Le lieu s'appelle alors Riche loc ; par la suite il devient Richelieu et le roi érige le fief en duché-pairie.

Les gens

2 165 Richelais qui, l'été venu, mettent les bouchées doubles pour animer leur superbe patrimoine.

comprendre

Richelieu, l'homme en rouge – En 1621, lorsque **Armand du Plessis**, évêque de Luçon, racheta Richelieu, il n'y avait sur les bords du Mable qu'un village accompagné d'un manoir. Devenu cardinal et surtout Premier ministre, Richelieu chargea l'architecte Jacques Le Mercier d'établir les plans d'un château neuf et d'un bourg clos de murs. Cet ensemble construit sous la direction de Pierre Le Mercier, frère de Jacques, était considéré au 17e s. comme une merveille. Mais en 1663, La Fontaine notait malicieusement : « Les dedans ont quelques défauts. Le plus grand c'est qu'ils manquent d'hôtes. »

Il ne reste aujourd'hui presque rien de la prestigieuse demeure du cardinal, alors véritable palais rempli d'œuvres d'art. Deux vastes cours encadrées de communs précédaient le château défendu par des douves, des bastions et des guérites.

Les appartements, la galerie, la chapelle étaient ornés de peintures de Poussin, Claude Lorrain, Champaigne, Mantegna, le Pérugin, Bassano, le Caravage, Titien, Jules Romain, Dürer, Rubens, Van Dyck... Les parterres des jardins, les bords du canal étaient parsemés d'antiques et les grottes cachaient des pièges hydrauliques, amusement très apprécié à l'époque ; on y planta les premiers peupliers d'Italie.

La dispersion de ces richesses inouïes commença dès 1727 et s'amplifia après la mise sous séquestre du château en 1792. Après la Révolution, les héritiers de Richelieu le cédèrent à un nommé Boutron qui le démolit pour en vendre les matériaux.

UN GRAND COLLECTIONNEUR

Autour de la ville, le cardinal constitua une petite principauté, se faisant céder, bon gré mal gré, quantité de châteaux que, par orgueil, il mit à bas, tout ou partie. Il possédait déjà Bois-le-Vicomte ; il y ajouta Champigny-sur-Veude, L'Île-Bouchard, Cravant, Crissay, Mirebeau, Faye-la-Vineuse, Chinon même, propriété royale, qu'il laissa tomber en ruine. Il poursuivit de sa vindicte Loudun dont la forteresse fut détruite après qu'Urbain Grandier, un de ses ennemis, eut péri sur le bûcher.

visiter

LA VILLE★

Le « bourg clos » voulu par Richelieu à proximité du château qu'il se faisait construire constitue par lui-même un monument exemplaire de style Louis XIII, dessiné par Jacques Le Mercier.

Les portes monumentales, à refend, ont conservé leurs majestueux pavillons à portails soulignés de bossages, à fronton et hauts toits à la française.

LE RÈGNE DE L'ORDRE

La ville matérialise le sens de l'ordre, de l'équilibre mesuré, de la régularité, de la symétrie qui annonçait le Grand Siècle. Sur un plan rectangulaire (700 m de long sur 500 m de large), elle est entourée de remparts et de douves.

Grande-Rue

Elle traverse Richelieu de part en part. Outre les deux portes de la ville, on remarque les hôtels Louis XIII, à parements de tuffeau clair, parmi lesquels celui du Sénéchal (no 17), qui conserve une élégante cour décorée de bustes d'empereurs romains.

Deux places, proches de l'enceinte, frappent par leur disposition excentrée.

Place du Marché

Face à l'église se trouvent les **halles** à la belle charpente de châtaignier du 17e s. couverte d'ardoises.

Église Notre-Dame

De style classique, dit « jésuite », bâtie en pierre blonde, sa façade est creusée de niches abritant les évangélistes et son chœur est flanqué, disposition rare, de deux tours terminées par des obélisques. À l'intérieur, superbe maître-autel (18e s.).

Hôtel de ville

Juil.-août : visite guidée (1/4h) tlj sf mar. 10h-12h, 14h-18h ; janv.-juin : tlj sf mar., w.-end, j. fériés 10h-12h, 14h-16h. 10F.
☎ 02 47 58 10 13.

Cet ancien palais de justice abrite un **musée** qui présente des documents et œuvres d'art liés au château et à la famille du cardinal.

Oculus à parements de tuffeau clair, rue Traversière

Le parc du château

Tlj sf lun. 10h-19h (d'avr. à mi-sept. : tlj). Fermé 1er avr. 2000. 10F. ☎ 02 47 58 10 09.

L'immense parc (475 ha) est parcouru d'allées rectilignes, ombragées de marronniers ou de platanes.

Des splendeurs du temps, il subsiste un pavillon à dôme, qui faisait partie des communs, les canaux et, à l'extrémité des parterres (au Sud-Est), deux pavillons qui servaient d'orangerie et de caves. Un petit **musée** (maquettes du château, histoire de Richelieu) a été installé dans le pavillon.

L'ancienne porte d'entrée du château se voit toujours sur la D 749 (au Sud-Ouest).

Rêves et fumées

Les nostalgiques ne manqueront pour rien au monde coups de sifflets dans la campagne, ahans et panaches de vapeur !

Train à vapeur de Touraine

juil. août : w.-end et j. fériés. Se renseigner sur les h. de circulation. 60F AR (à partir de Richelieu jusqu'à Ligné). ☎ 02 47 58 12 97, fax 02 47 58 28 72.

Un authentique train à vapeur du début du 20e s. relie Richelieu à Chinon via Champigny-sur-Veude et Ligré, sur un parcours de 20 km.

À la gare de Richelieu, un musée rassemble du matériel ancien : locomotion du début du siècle, voiture-salon (1906) de la compagnie PLM, machine Diesel américaine (vestige du plan Marshall), etc.

alentours

Champigny-sur-Veude★

6 km au Nord par la D 749. Dans la vallée de la Veude, Champigny conserve plusieurs maisons du 16e s. (rue des Cloîtres et route d'Assay), mais aussi et surtout une chapelle, avec ses admirables vitraux. Magnifique exemple de l'art Renaissance à son apogée, elle faisait partie d'un château, bâti de 1508 à 1543 par Louis de Bourbon et son fils Louis II, puis démoli, sur ordre de Richelieu. Il n'en subsiste que les communs, dont l'ampleur et l'élégance évoquent bien la grandeur du château disparu.

Sainte-Chapelle★ – *Possibilité de visite guidée tlj sf mar. ☎ 02 47 95 71 46.*

La Sainte-Chapelle, ainsi appelée parce qu'elle abritait une parcelle de la Vraie Croix, échappa à la destruction grâce à l'intervention du pape Urbain VIII. Louis Ier de Bourbon, qui avait accompagné Charles VIII à Naples, voulut pour sa chapelle un style de transition gothique-Renaissance. Le péristyle, plus tardif, offre un caractère italien prononcé ; son décor sculpté, d'une grande finesse, est à base d'emblèmes de Louis II de Bourbon, tels que L couronnés, ailes (L), lances, bourdons de pèlerins, fleurs et fruits. Une voûte à caissons couvre le porche. Une belle porte en bois du 16e s., dont les panneaux sculptés figurent les Vertus cardinales, donne accès à la nef, où l'on remarque, au centre, le priant d'Henri de Bourbon, dernier duc de Montpensier (17e s.), œuvre de Simon Guillain.

Les vitraux représentent, en bas, 34 portraits des Bourbon-Montpensier, en haut, des scènes de la Passion. Éblouissant, incomparable chatoiement des couleurs, en particulier les bleus prune à reflets mordorés.

Joyaux de la chapelle, les **vitraux★★**, posés au milieu du 16e s., garnissent les onze fenêtres ; ils constituent un splendide ensemble de verrières Renaissance.

Faye-la-Vineuse

7 km au Sud par D 749. Sur une butte jadis plantée de vignes, dominant la vallée formée par un affluent de la Veude, Faye était au Moyen Âge une prospère cité de 11 000 habitants, entourée de murailles. Les guerres de Religion ont ruiné la ville. L'**église** romane St-Georges était à l'origine une collégiale entourée de cloîtres et de bâtiments conventuels. Quoique fortement restaurée, elle présente encore quelques caractéristiques intéressantes : sa haute croisée du transept à coupole sur pendentifs ; les deux passages latéraux qui font communiquer le transept avec la nef, comme dans les églises berrichonnes ; le chœur très élevé à déambulatoire dont les chapiteaux sont sculptés, outre de nombreux feuillages et animaux fantastiques, de scènes de bataille. La **crypte**, du 11e s., est inhabituelle par ses grandes dimensions et sa hauteur sous voûte. Remarquez deux chapiteaux sculptés montrant l'Adoration des Mages et un combat de cavaliers. *Avr.-août : visite guidée sur demande tlj sf mar. 10h-11h30, 15h-18h ; sept.-mars : tlj sf mar. 14h-16h. ☎ 02 47 95 63 29.*

Abbaye de Bois-Aubry

16 km à l'Est par D 757. 9h-18h. Gratuit.
Comme posée sur un horizon de landes et de bois de pins, la flèche de cette abbaye bénédictine du 12e s. surgit solitaire dans la campagne. Des ruines (restauration en cours), seul le clocher carré du 15e s. est bien conservé ; remarquez le jubé (15e s.) en pierre, de style flamboyant. Aux voûtes de la nef (13e s.), clef ornée d'un blason sculpté et, dans la salle capitulaire (début 12e s.), douze chapiteaux sculptés.

Romorantin-Lanthenay★

Que d'eau, que de moulins ! Oubliez les clichés, et courez à Romorantin... La Sauldre et ses petits bras y chahutent gaiement entre vieilles maisons, églises et hôtels Renaissance. Enfin, offrez-vous une petite (ou longue) promenade en Sologne, découvrez ses paysages mélancoliques, ses mystérieux étangs...

La situation

Cartes Michelin nos 64 pli 18 ou 238 pli 16 – Loir-et-Cher (41).
Capitale de la Sologne, avec ses forêts de pins, ses landes et ses innombrables étangs, Romorantin occupe plusieurs bras de la Sauldre, affluent du Cher. Elle est aussi un peu, par sa position géographique, le nombril d'une certaine France profonde, rurale et traditionnelle.
ℹ 32 pl. de la Paix, 41200 Romorantin-Lanthenay, ☎ 02 54 76 43 89.

Le nom

Ru, la petite rivière, et *Morantinus*, un Romain : soit le « ru morantin ». Lanthenay fut accolé plus tard.

carnet pratique

Restauration

• ***À bon compte***

Hôtel-restaurant du Brocard – *137 r. de Blois - 41230 Mur-de-Sologne - 12 km au NO de Romorantin, dir. Blois par D 765 - ☎ 02 54 83 90 29 - fermé 20 déc. au 31 janv., dim. soir et lun. sf de Pâques à Toussaint - réserv. obligatoire - 75/250F.* Dans cette maison récente, tomettes, pierres, briques et bois restituent habilement le décor solognot. Produits du terroir pour les gourmands et en saison des cucurbitacées. Chambres de plain-pied donnant sur une petite terrasse. Joli jardin avec un étang de pêche.

• ***Valeur sûre***

Le Lanthenay – *Pl. de l'Église - 2,5 km au N de Romorantin par D 922 - ☎ 02 54 76 09 19 - fermé 15 au 31 juil., 24 déc. au 15 janv., dim. soir et lun. - 108/300F.* C'est une étape gourmande réputée à ne pas manquer. Sa salle à manger aux poutres apparentes ouvre sur une terrasse-véranda. Petits plats bien tournés à prix raisonnables. Quelques chambres dont certaines de plain-pied.

Loisirs

La situation de la ville au cœur d'une région très boisée en fait un point de départ idéal pour de nombreuses randonnées pédestres ou équestres. Se renseigner auprès de l'Office de tourisme ou sur son site Internet : http://members.aol.com/otsiromo/

La Sauldre, divisée en plusieurs bras, a modelé les jardins et les maisons anciennes de Romorantin en autant de sites charmants.

Les gens

18 350 Romorantinais. Au 15e s., Romorantin appartenait aux Valois-Angoulême, et François d'Angoulême, le futur **François Ier**, y passa une jeunesse pour le moins turbulente. C'est là que naquit, en 1499, sa future épouse, Claude de France, fille de Louis XII. Le roi-chevalier aimait Romorantin : en 1517 il demanda à **Léonard de Vinci** d'établir les plans d'un palais que sa mère, Louise de Savoie, habiterait.

Aujourd'hui Romorantin vous réserve quelques spécialités gastronomiques dont la Sologne a le secret, comme la routie au vin, les daguettes, ou le pâté au potiron...

Le poteau cornier de la Chancellerie présente sur une face un écusson et sur l'autre un joueur de cornemuse.

se promener

Maisons anciennes★

Quelques bien jolies promenades entre les vieux murs, les ponts et les jardins de la vieille ville.

À l'angle de la rue de la Résistance et de la rue du Milieu, la **Chancellerie**, maison Renaissance en encorbellement, est bâtie de brique et de pans de bois ; elle abritait les sceaux lorsque le roi résidait à Romorantin.

En face, l'**hôtel St-Pol**, en pierre et brique vernissée, est percé de ravissantes baies moulurées. À l'angle des rues du Milieu et de la Pierre, la jolie maison dite du **Carroir doré** présente de remarquables poteaux corniers

ROMORANTIN-LANTHENAY

Brault (R. Porte) 2
Capucins (R. des) 4
Clemenceau (R. Georges) 6
Four-à-Chaux (R. du) 8
Gaulle (Pl. Gén.-de) 10
Ile-Marin (Quai de l') 13
Jouanettes (R. des) 14
Lattre-de-Tassigny (Av. du Mar. de) 15
Limousins (R. des) 17
Mail de l'Hôtel-Dieu 18
Milieu (R. du) 20
Orléans (Fg d') 22
Paix (Pl. de la) 23
Pierre (R. de la) 24
Prés-Wilson (R. du) 26
Résistance (R. de la) 28
St-Roch (Fg) 30
Sirène (R. de la) 33
Tour (R. de la) 34
Trois-Rois (R. des) 36
Verdun (R. de) 37

Ancien château royal (sous-préfecture) .... P
Espace Automobile Matra M1
Maisons anciennes .... B
Maisons à pans de bois .... E
Moulin-foulon .... K
Musée de Sologne M2

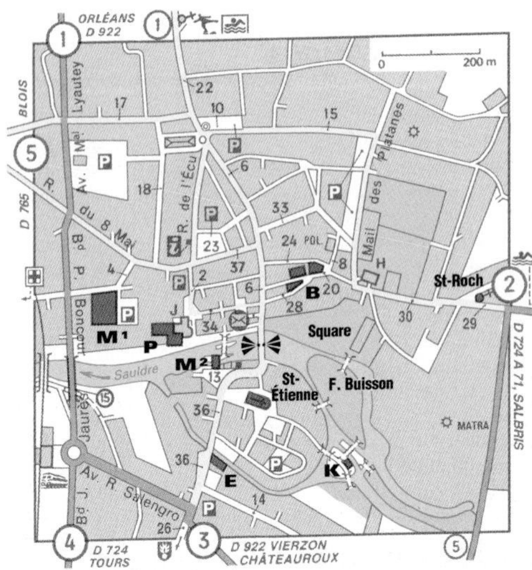

sculptés, à gauche, d'une Annonciation et, à droite, d'un saint Michel terrassant le dragon. ♿ *De mi-mai à fin sept. : tlj sf jeu. et dim. 14h30-18h30. Fermé Ascension, Pentecôte, 14 juil. et 15 août. 10F. ☎ 02 54 76 22 06.*

Vues des ponts★

Sur le bras Nord, belle **vue** sur l'ensemble du musée de Sologne et sur l'ancien **château royal** des 15e et 16e s., qui abrite la sous-préfecture. En franchissant le bras Sud, on longe une série de jolies maisons à pans de bois.

Square Ferdinand-Buisson

Agréable jardin public avec ses grands arbres et ses passerelles enjambant les différents bras et biefs de la rivière ; très belles vues sur les rives et en particulier sur le moulin-foulon.

Église St-Étienne

Clocher roman aux sculptures délicates. La nef, couverte de voûtes angevines, est prolongée par un chœur sombre dont les puissants piliers romans portent des voûtes angevines ; dans l'arrondi de l'abside, à chaque nervure de la voûte, s'appuie la statue d'un évangéliste.

Chapelle St-Roch

On ne visite pas. À l'entrée du faubourg St-Roch, gracieux édifice dont la façade est encadrée de tourelles : les jolies baies en plein cintre sont typiques de la Renaissance.

Le rez-de-chaussée du Carroir doré, élégante habitation à pans de bois, remonterait à la seconde moitié du 15e s.

UNE BONNE BÛCHE POUR LA FÊTE DU ROI

Le 6 janvier (jour de l'Épiphanie et fête des Rois) 1521, François Ier fit le simulacre d'attaquer l'hôtel St-Pol où régnait un roi de la fève. Les occupants de l'hôtel se défendaient à coups « de pelotes de neige, de pommes et d'œufs », lorsque un imprudent jeta par la fenêtre une bûche incandescente qui termina sa course sur le crâne royal. Pour le soigner, ses médecins lui rasèrent la tête ; le roi se laissa alors pousser la barbe, et ses courtisans l'imitèrent aussitôt.

visiter

Musée de Sologne★

♿ *Avr.-oct. : tlj sf mar. 10h-18h, dim. et j. fériés 14h-18h ; nov.-mars : tlj sf mar. 10h-12h, 14h-18h, dim. et j. fériés 14h-18h. Fermé 1er janv., le 1er mai, 25 déc. 25F. ☎ 02 54 95 33 66.*

Le musée est situé au cœur des quartiers anciens de Romorantin-Lanthenay, à cheval sur la rivière : lieu exceptionnel, où trois bâtiments sont consacrés aux collections.

Le moulin du Chapitre garde extérieurement l'aspect de l'ancienne minoterie qu'il abritait au 19e s. Vous découvrirez, au fil de ses 4 étages : le milieu naturel, la faune et l'histoire de la Sologne ; le monde des châteaux et le monde rural. **Le moulin de la Ville** présente l'histoire de Romorantin-Lanthenay (notamment le projet de Léonard de Vinci envisageant la création d'une ville nouvelle et d'une résidence royale). **La tour Jacquemart**, le plus vieux bâtiment de Romorantin, abrite des expositions temporaires.

Espace Automobile Matra

♿ *Tlj sf mar. 9h-12h, 14h-18h, dim. et j. fériés 10h-12h, 14h-17h. Fermé 1er janv., 1er mai, 25 déc. 30F. ☎ 02 54 94 55 55.*

Exposition de voitures de course Matra, dont la formule 1, championne du monde en 1969, complétée par des vitrines permettant de suivre les progrès techniques du sport automobile. Une bibliothèque consacrée à la course automobile a été aménagée à l'intérieur du musée. Installé depuis 1968, Matra est le plus gros employeur de la ville avec ses trois usines où se monte la Renault Espace.

alentours

Lanthenay

4 km au Nord de la ville. La chapelle St-Aignan renferme une Vierge entre saint Jean Baptiste et saint Sébastien, peinture datant de 1523 et attribuée à Timoteo Viti, peintre d'Urbino qui influença Raphaël à ses débuts. Toile du 17e s., le Christ mort entre la Vierge et saint Jean. Statues polychromes (16e s.) en bois, de saint François et sainte Claire.

Mennetou-sur-Cher

20 km au Sud-Est. Bourg médiéval encore entouré de remparts.

De bas en haut
La porte d'En-Bas garde le souvenir du passage de Jeanne d'Arc ; dans son corps de garde, cheminée à hotte, d'origine. La porte d'En-Haut est percée d'une baie géminée.

◄ **Remparts** – Bâtis au début du 13e s., ils ont conservé trois tours sur les cinq qu'ils comptaient ; les trois portes ont subsisté. La porte Bonne-Nouvelle s'appuie sur une tour ronde qui flanquait un prieuré de bénédictines dont il ne reste que l'église.

Maisons anciennes – La Grande Rue, sinueuse et accidentée, permet de voir la plupart des demeures anciennes de Mennetou ; maisons du 13e s., gothiques, à baies géminées, maisons du 15e s. à pans de bois et en encorbellement, hôtels du 16e s. à pilastres.

Sablé-sur-Sarthe

À pied, en bateau, ou en voiture ? Sablé vous laisse le choix : promenades dans sa vieille ville aux belles façades 18e s., sous l'auguste château des Colbert, croisières sur la Sarthe, entre ses rives ombragées, ou escapades dans la campagne, à la découverte des peintures d'Asnières, dans la vallée de la Vègre...

Restauration
Hostellerie St-Martin – *3 r. Haute-St-Martin - ☏ 02 43 95 00 03 - 95/185F.* Ce restaurant dans une ancienne bâtisse est un peu à l'écart du centre-ville. Salle à manger tout en boiserie au style un peu « vieille France ». Une terrasse ombragée vous attend pour les déjeuners dehors.

La situation

Cartes Michelin nos 64 pli 1 ou 232 pli 21 ou 4072 B 5 – Schéma p. 252 – Sarthe (72). En lisière du Maine et de l'Anjou, à mi-chemin entre Le Mans et Angers, Sablé occupe le confluent de la Vaige, de l'Erve et de la Sarthe, au cœur d'une région vallonnée et boisée. *Pl. Raphaël-Élize, BP 127, 72305 Sablé-sur-Sarthe, ☏ 02 43 95 00 60.*

Le nom

Le sable venu de la Loire a donné son nom, tout naturellement, à la ville qui en assurait le transit fluvial.

Les gens

12 716 Saboliens, fiers de leur croustillant « petit sablé ». La seigneurie appartenait au 17e s. aux Laval-Bois-Dauphin, marquis de Sablé. En 1711, Colbert de Torcy, neveu du grand Colbert, fit construire le château qui domine la ville.

Au pied de son château, Sablé est solidement édifié dans une courbe de la Sarthe.

se promener

Avec la construction du **château**, Colbert de Torcy donna un visage nouveau à Sablé : l'hôpital et de nombreuses maisons datent de cette époque. L'aménagement de la place Raphaël-Élize a mis en valeur un bel ensemble architectural du 19e s. (rue Carnot).
Le port, sur la Sarthe canalisée, recevait autrefois des péniches de sable venant de la Loire. Il accueille aujourd'hui les pénichettes réservées à la location, ainsi que le *Sablésien*, vedette qui propose des croisières-déjeuners ou des promenades sur la rivière.

Le château des Colbert est aujourd'hui occupé par les ateliers de restauration et de reliure de la Bibliothèque nationale.

alentours

Auvers-le-Hamon

8,5 km au Nord. Dans l'**église**, des **peintures murales** (15e-16e s.), très réalistes, représentent une série de saints et martyrs vénérés dans la région : à droite, saint Mamès qui tient ses entrailles, saint Martin à cheval, saint Céneré en cardinal, saint Eutrope, saint André sur sa croix, saint Luc assis sur un bœuf, la Nativité, la Fuite en Égypte ; à gauche, une danse macabre, saint Avertin, sainte Apolline, dont les dents sont arrachées par ses bourreaux, saint Jacques et le Sacrifice d'Isaac.

Solesmes

3 km au Nord-Est. Du pont et de la rive droite de la Sarthe, vous aurez une **vue★** impressionnante sur l'abbaye, sombre muraille de 50 m de hauteur construite à la fin du 19e s. en style roman-gothique. Les bâtiments se reflètent dans les eaux de la rivière ; un prieuré du 18e s., moins imposant mais plus gracieux, les prolonge.

Dans le croisillon droit, la monumentale Mise au tombeau du Christ (1496), avec une émouvante sainte Madeleine en prière.

Abbaye St-Pierre★ – *Seule l'église abbatiale (au fond de la cour d'honneur) est accessible au public.* Cette **église** est constituée par une nef et un transept anciens (11e-15e s.), prolongés en 1865 par un chœur couvert de voûtes bombées.

À voir

Dans le transept, admirables groupes sculptés, les « **saints de Solesmes** »★★. Dans le croisillon gauche « la belle chapelle », consacrée à la Vierge, remarquable ensemble sculpté évoquant la Mise au tombeau de la Vierge.

Solesmes et ses chants

Fondé en 1010 par un seigneur de Sablé, le prieuré bénédictin de Solesmes, desservi par les moines de St-Pierre-la-Couture, au Mans, prit rapidement de l'extension. Ruiné par la Révolution, il fut rétabli en 1833 par un prêtre originaire de Sablé, Dom Guéranger, et élevé en 1837 au rang d'abbaye-chef d'ordre de la congrégation de France de Saint-Benoît. Le nom de Solesmes est bien sûr lié au mouvement de rénovation du chant grégorien en France. Les **offices** auxquels le public est admis permettent d'apprécier l'exceptionnelle pureté de la liturgie bénédictine.

RESTAURATION
Le Pavillon – *2 r. St-Hilaire - 72430 Asnières-sur-Vègre - ☎ 02 43 95 30 20 - fermé janv. au 15 mars - ⊭ - réserv. obligatoire - 89/160F.*
Avez-vous déjà goûté au plaisir de manger avec les doigts ? Sinon réservez vite votre table au Pavillon et choisissez un menu médiéval. Vous serez bien accueilli et en repartirez ravi ! S'il fait beau, profitez de l'agréable terrasse.

Asnières-sur-Vègre★

10 km au Nord-Est. En venant de Poillé par la D 190, jolie perspective sur Asnières, ses vieilles maisons aux hautes toitures, son église et sa demeure dite la « Cour d'Asnières ».

Pont – Ouvrage médiéval, en dos d'âne. **Vue★** charmante sur la rivière, sur le vieux moulin ombragé, aux installations encore intactes, et sur un élégant manoir à lucarnes et tourelle, rive droite.

Près du moulin, le château du Moulin Vieux date des 17e et 18e s.

Église – *De Pâques au dernier dim. de sept. : visite guidée (1h) dim. à 16h30 (juil.-août : tlj sf lun.). 20F. ☎ 02 43 92 40 47.*

À l'intérieur, superbe ensemble de **peintures murales★** gothiques, plein de fraîcheur naïve, d'audace et d'invention (du 13e s. dans la nef, du 15e s. dans le chœur). La plus célèbre se trouve au revers du pignon Ouest : elle figure l'enfer. À gauche, le Christ s'apprêtant à délivrer les âmes enfermées dans les limbes attaque à la lance le Cerbère à trois têtes ; au centre, la gueule du Léviathan engloutit des damnés ; enfin, un chaudron, où des démons à tête de chien brassent des réprouvés parmi lesquels on reconnaît à son béguin... la châtelaine, et à sa mitre... l'évêque ! Le cycle du Nouveau Testament est évoqué sur les parois de la nef et du chœur. Sur le mur gauche de la nef, trois scènes représentent l'Adoration des Mages, la Présentation au Temple et une Fuite en Égypte. Dans le chœur, on reconnaît un Baptême du Christ, une Flagellation, une Crucifixion.

Cour d'Asnières – À quelques pas de l'église, grand bâtiment gothique, allongé, aux jolies fenêtres géminées. Les chanoines du Mans, seigneurs d'Asnières, y exerçaient leurs droits seigneuriaux, d'où le nom de « cour ».

Le manoir de la tour, ancienne Cour d'Asnières est un exemple précieux de l'architecture civile au 15e s.

Château de Verdelles

2,5 km par la D 190 vers Poillé. Ce château *(on ne visite pas)* de la fin du 15e s., situé en contrebas de la route, n'a subi aucun remaniement depuis sa construction. Faisant transition entre le château féodal et la demeure de plaisance, il comporte un corps de logis, à fenêtres moulurées, qu'enserrent quatre curieuses tours, très rapprochées les unes des autres.

AU TEMPS DES VIGNES
Le village de Varennes était autrefois un petit port actif dans le transport des vins vers Angers, avant la crise du phylloxéra.

Chapelle de Varennes-Bourreau

6 km au Sud-Est de St-Denis-d'Anjou, par la D 615. Visite guidée possible sur demande auprès du Syndicat d'initiative. ☎ 02 43 70 52 19.

Cette chapelle nichée en bordure de la Sarthe, sous les arbres, abrite de belles fresques (12e et 15e s.), dont un Christ bénissant nimbé de sa mandorle (gloire ou nimbe en forme d'amande).

St-Denis-d'Anjou

10,5 km au Sud-Ouest. Dans cette **église fortifiée** (12e s.) et voûtée en carène, **fresques** (12e et 15e s.) découvertes en 1947 : saint Christophe, martyre de saint Jean Baptiste, légendes de saint Nicolas, de saint Gilles et de saint Hubert.

En face de l'église, remarquez la maison des chanoines (15e s.), actuellement transformée en hôtel de ville, et les halles (16e s.), couvertes d'un toit d'ardoise très pentu, et qui servaient au commerce des vins.

Miré

5,5 km au Sud-Ouest de St-Denis-d'Anjou par la D 27. L'église de ce petit village est couverte d'une voûte de bois en carène que décorent 43 panneaux peints à la fin du 15e s. Leur observation *(éclairage)* révèle les quatre évangélistes, les anges portant les instruments de la Passion et les apôtres présentant le Credo.

Château de Vaux

3,5 km au Nord-Ouest de Miré par la D 29 en direction de Bierné. Le château est en cours de restauration, il ne se visite pas.

Un peu en retrait de la route apparaît la gracieuse silhouette de ce manoir élevé à la fin du 15e s. par **Jean Bourré**, seigneur de Miré. Il a conservé une partie de son enceinte et son élégant corps de bâtiment à tourelle d'escalier et fenêtres à meneaux.

Saint-Aignan★

Amateurs d'émotions fortes, vous serez peut-être déçus par cette paisible bourgade, son gracieux château Renaissance, ses terrasses et ses vues sur le Cher, son église enfin, avec ses fresques romanes où un beau Christ nimbé repose sur son arc-en-ciel... Alors courez donc au zoo de Beauval : tigres et lions blancs, vautours et gorilles vous y attendent de pied ferme, du fond de leur savane ou de leur forêt tropicale.

Parmi les variétés de fauves présentés au Zoo-parc de Beauval, de rarissimes lions blancs.

La situation

Cartes Michelin nos 64 pli 17 ou 238 pli 15 – Loir-et-Cher (41). St-Aignan et son château dominent la rive droite du Cher (17 km à l'Est de Montrichard, 34 km de Chenonceaux) dans une région de coteaux et de vignobles (Seigy, Couffi), entre forêts (forêt de Brouard au Sud, forêt de Gros-Bois au Nord) et plateaux céréaliers. Pour une meilleure vue d'ensemble, abordez la ville par la D 675, Noyers, la rive Nord et la chaussée au pont. *i Mairie, 41110 Saint-Aignan, ☎ 02 54 75 22 85.*

Le nom

Au Moyen Âge, une étymologie fantaisiste faisait de saint Aignan un saint « Teignan », qui passait pour guérir de la teigne, voire de l'eczéma. On disait alors : « Il faut aller à sainct Aignan pour votre teigne. »

Les gens

3 542 Saintaignanais. Saint Aignan, évêque, est surtout connu pour avoir aidé Orléans à se débarrasser des Huns, en 391.

Restauration

Le Crêpiot – *36 r. Constant-Ragot - ☎ 02 54 75 21 39 - fermé vacances de fév., 15 j. en sept., 24 au 31 déc., lun. et mar. - réserv. le w.-end - 79/95F.* C'est un grill, c'est une crêperie, c'est une saladerie. À vous de choisir pour un repas simple dans un décor charmant de poutres et de chaises en bois, petits carreaux rouges et blancs, assortis aux banquettes rouges elles aussi.

se promener

Château

Par l'escalier monumental qui s'amorce face au porche de l'église, on accède à la cour du château *(on ne visite pas l'intérieur)* ; belle vue sur les toits de la ville, où l'orange des tuiles domine, mêlé de quelques ardoises.

Le château comporte deux bâtiments en équerre, principalement du 16e s., en partie adossés aux restes des fortifications médiévales qui ferment la cour à l'Est. Gracieux logis Renaissance, avec ses fenêtres encadrées de pilastres, ses lucarnes à pignons sculptés et surtout son bel escalier, qui occupe une tourelle octogonale en forme de lanternon.

De la terrasse on domine le pont sur le Cher et ses eaux tumultueuses.

Maison de la Prévôté

En quittant l'église, traverser la rue principale Constant-Ragot. De juin à fin sept. : tlj sf lun. 15h-19h, w.-end 10h-12h, 15h-18h. Gratuit. ☎ 02 54 71 22 18.

Cet édifice du 15e s. reçoit des expositions temporaires.

La rue Constant-Ragot conserve deux maisons gothiques et offre le meilleur coup d'œil sur l'élévation du chevet de l'église. N'hésitez pas non plus à vous glisser dans les petites rues et places avoisinantes, jalonnées de vieilles maisons à pans de bois ou en pierre sculptée, du 15e s.

visiter

Église Saint-Aignan★

La collégiale, romane, date des 11e et 12e s. *(voir illustration au chapitre de l'Art – ABC d'architecture).* Une tour imposante en surplombe le transept. Passé la tour-porche de l'entrée, on pénètre dans une nef haute et claire aux chapiteaux ciselés avec finesse, avec feuilles d'acanthes et animaux fantastiques ; dans le chœur et le déambulatoire on reconnaît, parmi les chapiteaux historiés, la Fuite en Égypte (dans le déambulatoire, au Nord), le Sacrifice d'Abraham et le Roi David (côté Sud).

Église basse★★ – *Entrée dans le transept gauche.* Autrefois appelée église St-Jean, ou église des grottes, sans doute l'église romane primitive, elle fut utilisée comme étable ou cellier durant la Révolution. De même plan que le chœur, on y découvre un ensemble de **fresques** (12e-15e s.) remarquables : dans le déambulatoire, celle de la chapelle axiale figure saint Jean l'Évangéliste (15e s.), celle de la chapelle Sud illustre la légende de saint Gilles. Un grand Christ en majesté dans une double mandorle (1200) occupe le cul-de-four du chœur, et répand ses grâces sur des infirmes prosternés, par l'entremise de saint Pierre et de saint Jacques ; la voûte du carré du transept est décorée d'un Christ du Jugement dernier reposant sur un arc-en-ciel.

alentours

Chapelle St-Lazare

2 km au Nord-Est sur la route de Cheverny.

Sur la gauche de la route, cette chapelle, dominée par un clocher-pignon, faisait partie d'une maladrerie.

Zoo-parc de Beauval★

4 km au Sud. De mi-mars à mi-nov. : 9h à la tombée de la nuit ; de mi-nov. à mi-mars : 10h à la tombée de la nuit. 70F (enf. : 40F). ☎ 02 54 75 50 00.

La descente offre de belles vues sur le vignoble avant d'aborder le parc de Beauval.

Show quotidien

Plusieurs fois par jour, de mars à mi-octobre, une représentation (1/2 h) permet d'observer les évolutions sous-marines d'un joyeux groupe d'otaries. Une trentaine de rapaces impressionnants (certains approchent 3 m d'envergure) participent à un spectacle de vol (1/2 h).

À la fois roseraie (2 000 rosiers) et forêt amazonienne, le parc est un véritable paradis d'animaux et de fleurs aménagé sur 12 ha boisés, vallonnés et agrémentés de cours d'eau.

Dans la **serre tropicale aux oiseaux** de 2 000 m^2, promenade dans l'ambiance luxuriante d'une forêt équatoriale avec cascades et torrents, où plusieurs centaines d'oiseaux exotiques volent en liberté. À l'extérieur, près de 2 000 oiseaux sont rassemblés dont 400 perroquets.

La **savane africaine** accueille, sur 3 ha, les grands herbivores : girafes, antilopes, zèbres et autruches...

Beauval présente aussi plusieurs variétés de fauves dont de rarissimes tigres blancs aux yeux bleus, des lions blancs, des panthères noires, des pumas, des hyènes, des lycaons.
Du ouistiti de 100 g au gorille de 250 kg, plus de 160 singes vivent et se reproduisent ici. Tous les animaux présentés à Beauval sont nés en parc zoologique.
Athlétiques orangs-outans et gibbons alertes ont investi la magnifique et spacieuse **serre tropicale★**. Des lamantins évoluent (au milieu de poissons tropicaux) dans leur piscine-aquarium.

Dans le cadre des EEP (Programmes européens pour les espèces menacées) le zoo présente une collection importante de lémuriens.

Château de Chémery

13 km au Nord-Est par la D 675, puis la D 63 à droite, après St-Romain-sur-Cher. De 10h à la tombée de la nuit. 30F. ☎ 02 54 71 82 77.

Enchevêtrement d'architectures médiévale et Renaissance, ce château des 15e et 16e s. fut élevé sur l'emplacement d'une forteresse du 12e s. À l'intérieur de l'enceinte s'élève un colombier de 1 200 boulins.

Saint-Benoît-sur-Loire★★

Éblouissant témoignage d'art et de spiritualité, Saint-Benoît subjugue par la simple grandeur de ses proportions, la délicate richesse de ses sculptures et la douce lumière dorée qui semble draper voûtes et colonnes. Mais ne négligez pas pour autant la petite église de Germigny-des-Prés, elle aussi unique, rarissime joyau d'art carolingien, avec sa belle mosaïque d'or et d'argent, lointain rappel de Byzance.

La situation

Cartes Michelin nos 64 pli 10, 238 pli 6 ou 4045 E 5 – Loiret (45). À l'intersection du méridien de Paris et de la Loire, entre Gien et Orléans, on peut accéder à St-Benoît par la jolie D 160, qui épouse la courbe du fleuve.
ℹ 44 r. Orléanaise, 45730 Saint-Benoît-sur-Loire, ☎ 02 38 35 79 00.

Construite entre 1067 et 1108, l'église abbatiale de Saint-Benoît-sur-Loire est l'une des plus belles de France.

RESTAURATION
Le Grand St-Benoît – *7 pl. St-André - ☎ 02 38 35 11 92 - fermé 28 août au 4 sept., 20 déc. au 20 janv., dim. soir et lun. - 145/275F.* Maison régionale à la façade pimpante, au centre du village. Salle à manger aux poutres apparentes. Cuisine au goût du jour, bien tournée, à prix raisonnables.

Le nom

Fleury, ancien nom de St-Benoît, tient son nom d'un gros propriétaire gallo-romain. Vers 672, l'abbé de Fleury apprend que le corps de **saint Benoît,** mort en 547, reste enseveli sous les ruines de l'abbaye du Mont-Cassin en Italie et ordonne de le ramener sur les bords de la Loire. Les précieuses reliques, source de miracles, de guérisons et de prodiges multiples ne manquent pas d'attirer les foules et valent un succès croissant à l'abbaye qui désormais s'appelle St-Benoît.

Les gens

1 876 « Bénédictins » ? N'allez pas pour autant imaginer qu'ils sont tous moines ! Le poète **Max Jacob** (1876-1944) avait choisi cette abbaye comme lieu de retraite, avant d'être arrêté par la Gestapo en 1944. Mort au camp de Drancy, il repose dans le cimetière du village.

comprendre

GRANDEUR ET DÉCADENCE
Théodulphe possédait, non loin de Fleury, une *villa* (domaine rural) dont subsiste l'oratoire : l'église de Germigny. Cette résidence était somptueusement décorée : murs couverts de peintures, sols de marbre, oratoire paré de superbes mosaïques exécutées vers 806. À la mort de Charlemagne, Théodulphe tomba en disgrâce, compromis dans un complot contre Louis Ier le Pieux ; il fut banni et déposé en 818. Il mourut dans une prison à Angers 3 ans plus tard.

Théodulphe, Odon, Abbon et Gauzlin – Charlemagne donne Fleury à son conseiller et ami, le brillant évêque d'Orléans **Théodulphe**. Celui-ci crée deux écoles monastiques de renom, l'une extérieure pour les prêtres séculiers, l'autre intérieure pour les futurs moines. De son côté, le scriptorium produit quelques belles œuvres.

La mort de Théodulphe, les invasions normandes entraînent un recul des études et un malaise dans le fonctionnement du monastère où la discipline se relâche. Au 10e s. s'opère un redressement spectaculaire. En 930, **Odon**, moine tourangeau devenu abbé de Cluny, impose l'observance clunisienne à Fleury et relance l'école abbatiale. St-Benoît retrouve la prospérité : les écoliers affluent, notamment d'Angleterre, tandis que les rois et les princes offrent dons et protection. L'archevêque de Canterbury Oda prend l'habit monastique à St-Benoît.

La fin du 10e s. est dominée par la figure d'**Abbon**. Placé tout enfant au monastère, il complète sa formation à Paris, puis à Reims sous l'illustre Gerbert (qui avait lui-même séjourné à Fleury), et revient vers 975 comme chef des études. Il enrichit la déjà volumineuse **bibliothèque**, développe les études et sous son abbatiat (à partir de 988), l'abbaye devient un des tout premiers foyers intellectuels d'Occident, rayonnant en particulier sur l'Ouest de la France et l'Angleterre.

LIVRE D'OR
Au début du 11e s., **Gauzlin**, fils naturel d'Hugues Capet et futur archevêque de Bourges, étend le rayonnement artistique de l'abbaye par la confection du riche évangéliaire dit de Gaignières, manuscrit d'apparat fait de parchemin pourpre écrit en or et en argent, œuvre d'un peintre lombard.

◄ Conseiller très influent du roi Robert II, Abbon charge un moine du nom d'Aimoin de rédiger une *Histoire des Francs*, véritable chronique officielle à travers laquelle perce l'« idéologie » de la monarchie capétienne. Grand organisateur de la vie monastique, Abbon périt assassiné en 1004.

L'église actuelle (crypte, chœur, transept) a été bâtie de 1067 à 1108, mais la nef ne sera achevée qu'à la fin du 12e s.

Les temps modernes – Au 15e s., St-Benoît tombe en « commende » : les revenus de l'abbaye sont attribués par les rois à des abbés « commendataires », souvent laïques, qui sont de simples bénéficiaires, sans rôle actif dans la vie religieuse de la communauté. Les moines ne leur font pas toujours bon accueil. Sous François Ier, ils refusent le cardinal Duprat et se retranchent dans la tour du porche. Le roi doit venir en personne, à la tête d'une armée, les mettre à la raison.

Pendant les guerres de Religion, un de ces abbés, Odet de Châtillon-Coligny, frère de l'amiral Coligny, se convertit au protestantisme. Il fait piller St-Benoît par les troupes huguenotes de Condé. Le trésor est fondu – la seule châsse d'or qui contenait les reliques du saint pesait 35 livres – la bibliothèque est vendue et ses précieuses collections, environ 2 000 manuscrits, s'envolent aux quatre coins de l'Europe. On les retrouve actuellement à Berne, Rome, Leyde, Oxford et Moscou.

La célèbre congrégation de St-Maur, introduite à St-Benoît en 1627 par le cardinal de Richelieu, lui rendra un second souffle.

L'abbaye supprimée à la Révolution, ses archives sont transférées à Orléans, ses biens dispersés. Au début du Premier Empire, les bâtiments monastiques sont détruits. L'église se délabre, avant d'être restaurée de 1836 à 1923.

La vie monastique a repris en 1944.

visiter

LA BASILIQUE★★

Compter 3/4 h. Visite libre tlj et possibilité de visite guidée sur demande préalable. ☎ 02 38 35 72 43.

Clocher-porche★★ – Primitivement isolé, c'est un des plus beaux monuments de l'art roman. Sur les chapiteaux en particulier, admirez les plantes stylisées, et notamment de souples feuilles d'acanthe, qui alternent avec des animaux fantastiques, des scènes tirées de l'Apocalypse, des épisodes de la vie du Christ et de la Vierge. À la façade du porche (2e pilier en partant de la gauche), l'un des chapiteaux est signé : « Umbertus me fecit. »

Les corbeilles et les tailloirs des chapiteaux du clocher-porche sont finement sculptés dans la belle pierre dorée du Nivernais.

Nef – De style roman de transition, elle fut achevée en 1218. Avec sa pierre blanche et ses hautes voûtes qui laissent largement pénétrer le jour, elle semble baigner dans la lumière. Au revers de la façade, la tribune d'orgues fut ajoutée vers 1700.

Transept – Comme le chœur, il fut terminé en 1108. La coupole construite sur trompes superposées porte le clocher central. À la croisée du transept, belles stalles datées de 1413. Restes d'une clôture du chœur en bois sculpté, offerte en 1635 par Richelieu, abbé commendataire de St-Benoît. Dans le croisillon Nord, on vénère la précieuse statue de N.-D.-de-Fleury (albâtre, 14e s.) ; Max Jacob y venait prier.

Chœur★★ – Le chœur roman, très profond, fut construit de 1065 à 1108 ; remarquez son décor d'arcatures aveugles à chapiteaux sculptés, formant triforium. Le déambulatoire à chapelles rayonnantes est caractéristique d'une église construite pour les foules et les processions ; ce plan se retrouve dans la plupart des églises bénédictines.

Le sol est revêtu par la belle mosaïque venue d'Italie que le cardinal Duprat fit compléter en 1531. Gisant de Philippe Ier (4e Capétien), mort en 1108. Son sarcophage est sous l'autel, dans l'axe de la nef.

Crypte★ – Puissant chef-d'œuvre de la seconde moitié du 11e s., elle conserve sa physionomie primitive. Ses grosses piles rondes forment un double déambulatoire à chapelles rayonnantes autour du large pilier central contenant la châsse, moderne, de saint Benoît, dont les reliques sont vénérées ici depuis le 8e s.

alentours

Église de Germigny-des-Prés★

Rare et précieux témoin de l'art carolingien, la ravissante petite église de Germigny est l'une des plus vieilles de France, et peut être mise en relation avec la rotonde impériale d'Aix-la-Chapelle, également de plan centré.

Mosaïque de l'abside de l'église de Germigny-des-Prés.

L'église primitive, dont le plan en croix grecque rappelle, entre autres, la cathédrale arménienne d'Etchmiadzine, comportait quatre absides semblables ; il faut l'imaginer tout ornée de mosaïques et de stuc, le sol pavé de marbre et de porphyre.

L'abside Est est la seule qui soit d'origine. Elle a conservé sur sa voûte une remarquable **mosaïque★★** faite de 130 000 cubes de verre assemblés et représentant l'arche d'alliance, surmontée de deux chérubins, encadrée de deux archanges ; au centre apparaît la main de Dieu. L'emploi de mosaïques d'or et d'argent dans le dessin des archanges rattache cette œuvre à l'art byzantin de Ravenne.

D'autres éléments iconographiques, les arcatures de stuc, les chapiteaux dénotent les influences simultanées des arts ommeyade, mozarabe et lombard.

Au centre, une tour-lanterne carrée aux vitraux d'albâtre translucide (la technique des vitraux de verre n'était pas encore répandue) éclaire l'autel. La nef actuelle, du 15e s., a fait disparaître la quatrième abside.

Un jeu d'enfants

La mosaïque fut découverte en 1840, lorsque des archéologues, voyant des enfants jouer avec de petits cubes de verre coloré trouvés dans l'église, mirent au jour le chef-d'œuvre jusque-là préservé par un épais badigeon.

Saint-Calais

St-Calais, ville d'eau ? En quelque sorte... N'a-t-elle pas sa petite rivière, l'Anille, ses quais, ses lavoirs moussus, ses arbres et ses jardins fleuris ? Alors, une promenade au clair de lune, par ses ruelles tortueuses, sous son vieux château féodal et ses ruines romantiques ?

La situation

Cartes Michelin nos 64 pli 5, 238 pli 1 ou 4072 I 4 – Sarthe (72). En limite du Maine blanc et du Vendômois, entre Le Mans et Orléans, par la N 157, St-Calais est dominé par les ruines de son château ; cinq ponts traversent sa petite rivière, bordée de jardins. *Pl. de l'Hôtel-de-Ville, 72120 Saint-Calais, ☎ 02 43 35 82 95.*

Le nom

Saint-Calais fut fondé au temps de Childebert (6e s.) par un certain Karilefus, un anachorète (moine vivant en solitaire, à la différence des cénobites qui vivent en communauté) venu d'Auvergne.

Les gens

3 785 Calaisiens. Entre autres célébrités locales, Jean de Bueil, compagnon de Jeanne d'Arc, surnommé le « fléau des Anglais », puis Jeanne d'Albret, tous deux seigneurs du château.

Savoureux

La fête du chausson aux pommes a lieu chaque année, depuis 1581 (les premiers samedi et dimanche de septembre), en souvenir de la fin de la peste.

se promener

Vous aurez plaisir à déambuler le long des **quais de l'Anille**, avec ses lavoirs moussus, son fouillis de jardins et de hautes toitures.
Le quartier de la rive droite est né de l'abbaye bénédictine. Du monastère détruit à la Révolution, seuls subsistent quelques bâtiments du 17e s., occupés par la bibliothèque, le théâtre et le musée.

Église Notre-Dame

Été : 9h-18h ; hiver : dim.
Commencée par le chœur en 1425, son clocher est surmonté d'une belle flèche de pierre à crochets.
La **façade★** à l'italienne, typique de la seconde Renaissance, a été terminée en 1549. Deux portes jumelées, dont les vantaux sont sculptés de scènes de la vie de la Vierge et de cornes d'abondance, s'inscrivent sous un grand arc en plein cintre encadré de pilastres ioniques ; les portails latéraux sont surmontés de frontons curvilignes et de niches.
À l'intérieur, aux trois premières travées Renaissance, les voûtes reposent sur des chapiteaux ioniques et leurs majestueuses colonnes. Une tribune du 17e s., provenant de l'abbaye, soutient des orgues de la même époque. Un retable baroque orne le maître-autel.

Souvenir d'Orient
Dans une armoire forte, à droite du chœur, le « Suaire de St-Calais », étoffe byzantine inspirée d'un thème sassanide (Perse, 6e s.).

alentours

Château de Courtanvaux

8 km au Sud, par la D 303 jusqu'à Bessé-sur-Braye, dans Bessé suivre la signalisation. Pâques-Toussaint : visite guidée (1h) tlj sf mar. 10h-12h, 15h-18h. Pas de visite les jours de réception (il est préférable de téléphoner pour se renseigner). 12F15. ☎ 02 43 35 34 43.
Caché dans un vallon ombragé, ce château d'architecture gothique fut le siège d'un marquisat illustré par les Louvois et les Montesquiou, en particulier Michel Le Tellier, marquis de **Louvois**, le célèbre ministre de la Guerre de Louis XIV.
Une allée bordée de platanes mène à la poterne, charmante construction Renaissance. Les bâtiments présentent les caractéristiques des 15e et 16e s. : toits élevés, fenêtres à meneaux, lucarnes à fronton aigu. Deux terrasses qui dominent la cour intérieure permettent d'apprécier l'ensemble. Le corps principal, dit « grand château », comprend, au 1er étage, une enfilade de quatre salles (47 m de longueur), dont la décoration fut refaite en 1882.

Bonne-maman Quiou
En 1815, le château de Courtanvaux reprit vie après un abandon de cent cinquante ans lorsque, à la chute de Napoléon, s'y retira la **comtesse de Montesquiou.** Elle avait été gouvernante du roi de Rome et le fils de l'Empereur l'appelait affectueusement sa « bonne-maman Quiou ».

Saint-Paterne-Racan

L'Escotais murmure, gargouille au long des lavoirs, caresse les branches des saules pleureurs. Poétique ? Mais c'est bien naturel puisque Honorat de Bueil, marquis de Racan, académicien, poète et ami de Malherbe, choisit ce lieu béni pour y construire sa dernière demeure.

La situation

Cartes Michelin nos 64 Sud du pli 4, 232 pli 23 ou 4037 C 2 – Indre-et-Loire (37). Un peu à l'écart de la N 138 (Tours-Le Mans), on accède à Saint-Paterne-Racan par de fraîches petites routes qui longent les rives de l'Escotais.

Le nom

Paër, Pair, Patier, Pern, Poix, Pouair, Paternus et Paterno : c'est le même homme. Il est invoqué à Vannes (Morbihan), à Issoudun (Indre), à Avranches (Orne) et Orléans (Loiret). Mais peut-être étaient-ils deux, voire trois ?

Les gens

1 539 Saint-Paternois. Honorat de Bueil, marquis de Racan (1589-1670), appartenait à la branche d'une famille dont le berceau se trouve à Bueil-en-Touraine. Maître de Boileau, il fit partie de la première Académie française. Avec un tel exemple, les Saint-Paternois ne peuvent que surveiller leur langage...

Dans un enfeu, au milieu d'une Adoration des Mages, exquise Vierge à l'Enfant (16e s.).

visiter

Église

Été : visite sur demande à la mairie. ☎ 02 47 29 30 64. Elle renferme d'intéressantes œuvres d'art qui proviennent en partie de l'ancienne abbaye voisine de la Clarté-Dieu. En particulier à gauche du maître-autel, un groupe (16e s.) en terre cuite : il s'agit d'une Adoration des Mages, où vous distinguerez, au centre, une ravissante **Vierge à l'Enfant★**. Dans la nef, statues polychromes (18e s.) des docteurs de l'Église (Ambroise, Augustin, Jérôme, Grégoire) et, dans la chapelle Sud, un retable *La Vierge du rosaire* de la même époque, accompagné d'une Sainte Anne et la Vierge (terre cuite du 16e s.).

alentours

Château de la Roche-Racan

2 km au Sud par la D 28. De déb. août à mi-sept. : visite guidée (3/4h) 10h-12h, 15h-17h. 27F. ☎ 02 47 29 20 02. Une roche porte le château de la Roche-Racan, commandant ce rustique vallon de l'Escotais qui, avec le Loir tout proche, inspirait **Racan**, l'auteur des *Bergeries* et de l'*Ode au Loir débordé*.

Le seigneur-poète fit construire son château en 1634 par Jacques Gabriel, maître maçon à St-Paterne et membre d'une dynastie d'architectes. L'édifice comprenait un corps de logis flanqué de deux pavillons dont un seul subsiste, surmonté de frontons, tourelle d'angle et décors de cariatides. Les longues terrasses à balustres, disposées sur des arcades à mascarons, s'étagent au-dessus du vallon.

La vie de château

« Se promenant le long de ses fontaines, allant courre le cerf ou le lièvre, visitant l'abbé de la Clarté-Dieu qui l'invite à versifier les psaumes, éduquant ses enfants, soutenant force procès, faisant pousser ses fèves et rebâtissant son château. » Ainsi allait la vie quotidienne, apparemment fort éprouvante, du poète Racan à la Roche.

St-Christophe-sur-le-Nais

2,5 km au Nord par la D 6. Sur les pentes du vallon de l'Escotais, petit village avec une **église** qui comprend deux édifices distincts : la chapelle d'un prieuré (11e-14e s.), et l'église paroissiale avec sa nef et son clocher du 16e s. Au seuil de la nef, un gigantesque saint Christophe accueille le visiteur ; à droite, dans une niche, buste-reliquaire du saint. À gauche du chœur, belle statue de Vierge à l'Enfant (14e s.). Des médaillons Renaissance décorent les voûtes en bois de l'église.

Neuvy-le-Roi

9 km à l'Est par la D 54. L'**église**, des 12e et 16e s., comporte un chœur roman et une nef principale couverte de **voûtes angevines** ; notez dans le bas-côté Nord le réseau complexe des voûtes à clefs pendantes (16e s.), et au Sud du chœur, l'élégante chapelle seigneuriale, également à clefs pendantes.

Bueil-en-Touraine

8 km au Nord-Est par la D 72 et la D 5. Dominant la vallée du Long, ce bourg fut le berceau des Bueil, qui donnèrent à la France un amiral, deux maréchaux et le poète

Honorat de Bueil, marquis de **Racan**. Sur la colline se dessine un édifice constitué par la juxtaposition de l'église St-Pierre-aux-Liens (à gauche) et de la collégiale St-Michel.

Église St-Pierre-aux-Liens – Elle s'appuie sur une grosse tour carrée inachevée ; un escalier conduit au portail. Remarquable **baptistère** de style Renaissance ; dans les panneaux, statuettes du Christ et des apôtres. À l'extrémité de la nef, restes de fresques des débuts du 16e s. et statues anciennes. Une porte donne accès à la collégiale.

Collégiale Sts-Innocents-St-Michel – Les Bueil la firent construire pour abriter leur tombeau. Dans des enfeus sont déposés les gisants des seigneurs et dames de Bueil, dont la première épouse de Jean V de Bueil, coiffée d'un hennin et vêtue d'un surcot armorié.

Sainte-Maure-de-Touraine

À Sainte-Maure, venez donc le vendredi, jour de marché, sur la place et sous les halles, déguster ses fameux fromages de chèvres, frais, secs, cendrés, roulés autour de leur paille ou en pyramide... Prenez un verre de chinon, au Café de l'Agriculture, et en route pour une longue balade à travers le plateau ou au creux de quelque vallon boisé, semé d'étangs.

La situation

Cartes Michelin nos 68 Nord des plis 4 et 5, 232 pli 35 ou 4037 D 5 – Indre-et-Loire (37). La petite ville s'étage sur une butte escarpée qui commande la vallée de la Manse et... la N 10 (entre Tours et Chatellerault). *R. du Château, 37800 Sainte-Maure-de-Touraine, ☎ 02 47 65 66 20.*

Le nom

D'origine gallo-romaine, *Arciacum* se développa au 6e s. autour des tombes de sainte Britte (ou Brigide) et de sainte Maure qui étaient filles jumelles d'un roi d'Écosse. Dans ce pays de chèvres, sainte Maure et sainte Britte étaient invoquées pour la protection... des vaches.

Les gens

3 909 Saint-Mauriens, voire plus lors de la foire aux fromages. Non, ne cherchez pas, c'est encore lui, l'incontournable Foulques Nerra, qui édifia le donjon. Quant aux Rohan-Montbazon, ils furent seigneurs des lieux de 1492 jusqu'à la Révolution.

Restauration et Hébergement

Hostellerie des Hauts de Ste-Maure – *Av. Ch.-de-Gaulle - ☎ 02 47 65 50 65 - fermé janv., lun. midi et dim. d'oct. à avr. - P - 19 ch. : 350/450F – 50F - restaurant 270F.* Il règne dans cet ancien relais de poste du 16e s. une atmosphère d'antan, avec ses poutres, dallages d'origine et murs de pierre. Chambres cossues très bien insonorisées. Cuisine traditionnelle au restaurant La Poste. Jardin avec terrasse sur l'arrière.

visiter

Église

Juil.-août : visite guidée ven. 10h30-12h30 ; sept.-juin : dim. Sur demande auprès de l'Office de Tourisme. ☎ 02 47 65 66 20.

Elle remonte au 11e s. mais a été dénaturée par une restauration en 1866. Dans l'abside centrale, deux panneaux peints représentent la Cène (16e s.) et le Christ sur fond d'or ; on y vénère les reliques de sainte Maure. Petit musée lapidaire dans la crypte des 11e et 12e s.

Adorable

Dans une chapelle à droite du chœur, une exquise petite Vierge du 16e s. en marbre blanc, de l'école italienne.

Halles

En haut du bourg, belles halles du 17e s., qui furent offertes par les Rohan.

À la ferme du Chavant, présentation d'un... plateau de fromages sur le plateau de Sainte-Maure.

Atelier de foie gras

1 km au Sud sur la N 10

Conçu pour permettre aux visiteurs de suivre les principales étapes de la fabrication des foies gras et « mirobolants confits » (comme disait Rabelais), cet atelier s'efforce de réactiver localement ces produits, dont la Touraine fut une des terres d'élection. La pyramide qui coiffe le bâtiment veut évoquer l'Égypte antique, où naquit le foie gras.

circuit

LE PLATEAU DE STE-MAURE

Circuit au départ de Ste-Maure, 56 km – environ 2 h.

Entaillé par les vallées sinueuses et ombragées de la Manse et de l'Esves, limité par l'Indre, la Creuse et la Vienne, ce plateau est constitué de calcaire que les eaux de ruissellement ont creusé ; il se termine au Sud par des « falunières », grèves de sables et de coquillages déposés à l'ère tertiaire par la mer des Faluns, employées jadis pour l'amendement des terres. Prairies à vaches, landes à moutons, pinèdes et petits étangs alternent dans cette région sans aucun relief.

Quitter Ste-Maure par la D 59.

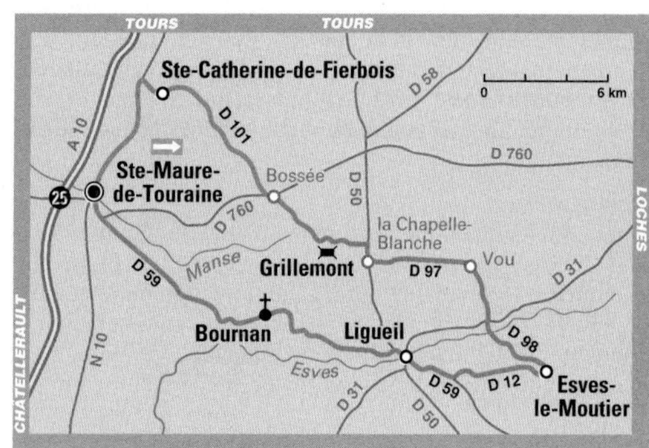

Bournan

Église romane avec une belle abside et une tour, terminée par une flèche à pans.

Ligueil

Petite ville bâtie en pierre blanche, elle a conservé quelques belles maisons anciennes, notamment la Seigneurie (14e s.) et la Chancellerie (15e s.). À voir également, son lavoir en bois ouvragé, bien restauré, à l'entrée de la ville en venant de Loches.

Esves-le-Moutier

Sur les bords de l'Esves, semée de lavoirs, de jardinets et de saules, le village tire son nom d'un prieuré protégé par une enceinte ; l'**église** (10e-12e s.) est dotée d'une massive tour carrée munie d'échauguettes ; à l'intérieur, retable en bois doré du 17e s.

Château de Grillemont

Superbe château édifié au sommet d'un **vallon★**, parc à l'anglaise dont les fonds sont occupés par des prairies, des cèdres ou des séquoias, et un étang bordé de hautes herbes ; des massifs de conifères ou de chênes coiffent les crêtes. Le château est pourvu de grosses tours rondes à toits en éteignoirs, bâties sous Charles VII pour Lescoet, capitaine du château de Loches ; en 1765, les courtines du 15e s. furent remplacées par de majestueux bâtiments classiques. Face à l'entrée principale, large allée bordée d'arbres et d'étangs.

Rejoindre Bossée, et prendre la D 101.

Sainte-Catherine-de-Fierbois

Le souvenir de Jeanne d'Arc plane sur ce village un peu à l'écart de la N 10 et groupé autour de son église.

La **chapelle** fut reconstruite en 1479 et terminée sous le règne de Charles VIII dont on repère à plusieurs reprises le blason, associé à celui d'Anne de Bretagne. Restauré en 1859, l'édifice, de style flamboyant, présente un portail intéressant. Remarquez, suspendue sous une verrière contre le mur de la nef à gauche, une petite Mise au tombeau du 15e s., très réaliste. Dans le croisillon droit, une statue de sainte Catherine (15e s.) surmonte un autel de même époque dont le devant est sculpté d'une autre sainte Catherine ; en face, rare confessionnal flamboyant, aux motifs découpés avec une exceptionnelle finesse.

Maison du Dauphin – À la sortie de l'église, à droite, cette demeure datée de 1415 présente une porte à gracieuse accolade fleuronnée, encadrée de deux sphinx. Dans la cour, charmante margelle de puits sculptée.

Aumônerie de Boucicault – *Dans la même rue, du côté opposé à la maison du Dauphin. Fermé au public.*

Autrefois étape des pèlerins de Compostelle, avec sa chapelle St-Jacques et ses dortoirs, ce bâtiment (1415) accueille un **musée** d'Histoire locale.

Rejoindre Sainte-Maure-de-Touraine par la N 10.

Énigme ?

Sur les indications de la Pucelle, on y retrouva, le 23 avril 1429, une épée marquée de cinq croix que **Charles Martel** aurait placée là, après sa victoire sur les Sarrasins.

Un joli nom de village, empreint de souvenirs johanniques.

Saumur★★

On la surnomme « la perle de l'Anjou »... Mais au fait, son château, campé sur son piédestal de pierre et captant le doux soleil de Loire comme une enluminure, ne vous semble-t-il pas échappé des « Très riches heures du duc de Berry » ? Et si les virtuoses démonstrations du Cadre noir vous ont laissé la bouche un peu sèche, bien des caves profondes vous attendent, avec leur célèbre vin et ses bulles pétillantes.

La situation

Cartes Michelin nos 64 pli 12, 232 pli 33 ou 4049 I 5 – Schéma p. 317 – Maine-et-Loire (49). Venant de Chinon par la rive gauche (D 947), ou de Bourgueil par la rive droite (N 152), après avoir longé la Loire, ses grandes îles sablonneuses ou verdoyantes, ses bras morts et ses peupleraies, vous ne pouvez manquer le château, perché sur son coteau de tuffeau, très au-dessus de la ville. *Pl. de la Bilange, BP 241, 49418 Saumur Cedex, ☎ 02 41 40 20 60.*

Le nom

Son origine demeure pour le moins nébuleuse. Peut-être provient-il de *sala,* lieu marécageux, et de *murus*, le fortin.

Les gens

29 857 Saumurois. Foulques Nerra est passé par ici, et plus tard Philippe Auguste. Mais c'est au cheval surtout que Saumur doit sa renommée. À partir du 19e s., quelques illustres personnages s'y succéderont, comme le colonel Lhotte, écuyer en chef du Cadre noir (1864-1870) et père de l'équitation moderne, Bugeaud, Charles de Foucauld, officier de cavalerie avant d'être ermite, Lyautey, Henry de Bournazel ou Leclerc de Hauteclocque. Du 18 au 20 juin 1940, les officiers et « cadets » de l'École de cavalerie défendirent héroïquement le passage de la Loire. Avec de faibles effectifs et un matériel d'instruction, ils réussirent à tenir les Allemands en échec sur un front de 25 kilomètres, de Gennes à Montsoreau.

Grand Carrousel

Chaque année, fin juillet, sur la vaste place du Chardonnet, a lieu le carrousel équestre et motorisé de l'école d'application de l'arme blindée de cavalerie. À cette occasion, le musée des Blindés présente quelques engins restaurés par ses soins et pilotés par les stagiaires de l'EAABC.

carnet pratique

Restauration

• *À bon compte*

Les Pêcheurs – *512 rte de Montsoreau - 3 km à l'E de Saumur par D 947 - ☎ 02 41 67 79 63 - fermé vacances de fév. - réserv. conseillée - 70/180F.* La galipette du Pêcheur vous fera sourire de plaisir ! Dans le décor simple de ce restaurant, accueil, convivialité et qualité sont réunis. Une clientèle d'habitués s'y presse pour savourer la friture de Loire en été et les anguilles toute l'année.

Auberge St-Pierre – *6 pl. St-Pierre - ☎ 02 41 51 26 25 - fermé 19 au 25 fév., 25 sept. au 9 oct., dim. sf le soir en juil.-août et lun. - 78/150F.* Offrez-vous une petite halte agréable dans cette maison du 15e s. à colombages et brique rouge, au pied de l'église St-Pierre. C'est sympathique, familial et les repas sont à prix très sages.

• *Valeur sûre*

Le Relais – *31 quai Mayaud - ☎ 02 41 67 75 20 - fermé fév., sam. midi et dim. - réserv. obligatoire - 125/190F.* Dans ce restaurant, également bar à vins, vous dégusterez une cuisine traditionnelle accompagnée des meilleurs crus régionaux. La carte des vins comblera les amateurs. En été, préférez la terrasse dans la superbe cour pavée.

Hébergement

Bon week-end à Saumur – Du 1er nov. au 31 mars, Saumur participe à l'opération « Bon week-end en ville » qui se développe dans de nombreuses villes françaises. À la deuxième nuit d'hôtel offerte s'ajoutent des cadeaux, ainsi que de nombreuses réductions pour les visites de la ville et des musées. Pour obtenir la liste des hôtels et les conditions de réservation, se renseigner à l'Office du tourisme de Saumur.

• *À bon compte*

Camping Chantepie – *49400 St-Hilaire-St-Florent - 7 km au NO de Saumur par D 751 - ☎ 02 41 67 95 34 - ouv. mai au 15 sept - réserv. conseillée juil. et août - 150 empl. : 120F - restauration.* C'est sa position qui le distingue : sur le terrain d'une ferme rénovée, il domine la vallée de la Loire. L'espace et les installations sont plutôt amples et bien tenus. Les petits pourront monter à poney. Vélos, piscine, mini-golf et club enfants.

• *Valeur sûre*

Hôtel du Roi René – *94 av. du Gén.-de-Gaulle - ☎ 02 41 67 45 30 - P - 38 ch. : 280/320F - ☕ : 40F - restaurant 90/180F.* Cette grosse bâtisse régionale est sur une île, en face du château, en bordure d'un bras de la Loire. Les chambres de cet hôtel sont sobres, fonctionnelles et claires. Pour vous restaurer, bon choix de menus à prix doux.

Chambre d'hôte Château de Beaulieu – *98 rte de Montsoreau - ☎ 02 41 67 69 51 - chbeaul@club-internet.fr - fermé déc. et janv. - 7 ch. : 290/420F - ☕ : 40F.* Ce petit château en pierre de tuffeau n'a vraiment pas usurpé son nom. Les chambres personnalisées, élégantes et raffinées, ont chacune leur nom. Le calme du parc et la qualité de l'accueil ne vous laisseront pas indifférent. Vous ne pourrez qu'être séduit !

Village hôtelier Le Bois de Terrefort – *49400 St-Hilaire-St-Florent - 2 km à l'O de Saumur par D 751 - ☎ 02 41 50 94 41 - www.villagehotelier.com - P - 12 ch. : 290F - ☕ : 30F.* Non loin de Saumur, près de l'École nationale d'équitation, ce village hôtelier met à votre disposition des petits cottages simples et fonctionnels. Le calme de la campagne et la modestie des prix en font une étape idéale pour petit budget.

Image de rue à Saumur.

Sorties

Au Bureau – *19 pl. Bilange - ☎ 02 41 67 39 71 - Tlj 11h-12h.* Cossu, impeccable, rutilant, très « pro » : tels sont les mots qui viennent à l'esprit pour décrire l'esprit « Bureau » et sa terrasse de 120 places, ses cinq serveurs diligents, ses pompes à bière en cuivre, ses boiseries et ses moquettes immaculées. Du respect et de la tolérance également, car lors des retransmissions sportives, on surveille les décibels.

Blues Rock Magazine – *7 r. de la Petite-Bilange - ☎ 02 41 50 41 69 - Mar.-dim. 23h-4h.* Ce club privé dansant est une référence saumuroise : il attire une clientèle chamarrée mais triée sur le volet, de tous les âges et de tous les styles - et affiche une prédilection pour le rock, le vrai. Animations et concerts réguliers.

L'Absynthe – *27 r. Molière - ☎ 02 41 51 23 37 - cafe-absynthe@hotmail.com - Tlj 17h-2h. Fermé lun. en hiver.* Sous influence canadienne (le patron a travaillé au Québec), ce bar d'ambiance est probablement le plus dynamique de la sage cité saumuroise, peut-être parce que les jeunes clients « s'y investissent ». Côté animation, outre des concerts réguliers, le lieu se veut une « scène ouverte » aux musiciens amateurs. Côté consommation, on affiche un souci pédagogique touchant : former le goût du consommateur en matière de bières (30) et surtout de whiskies (40), grâce au menu « découverte ».

L'Insolite – *62 r. St-Nicolas - ☏ 02 41 67 70 05 - Mar.-dim. 14h-2h.* Seule rhumerie de Saumur (organisée sous forme de petits salons à l'étage, peints aux couleurs de la Jamaïque), ce bar branché, ami de la communauté gay et de la jeunesse, cultive un décor « transformiste » au rez-de-chaussée, puisque l'habillage du bar varie au gré des saisons. Soirées à thème.

Place St-Pierre – Au pied de l'église gothique Saint-Pierre, de maisons du 18 e s. et de façades à colombages s'étendent les terrasses arborées de plusieurs cafés, qui ne sont peut-être pas tout à fait à la hauteur de cette charmante placette, mais qui ont le mérite d'exister : le Café du Parvis, le Richelieu, le Café de la Place, le Swing...

Achats

La maison des vins de Saumur – *25 r. Beaurepaire, ☏ 02 41 51 16 40.* Parmi les grands noms du saumur brut, Ackerman, Bouvet-Ladubay, Gratien et Meyer, Veuve Amiot font visiter volontiers leurs caves. Il y a plus de 1 000 km de caves à explorer à Saumur !

Marché à la brocante – Toute l'année le 1er dim. de chaque mois, pl. de la Poterne à St-Hilaire–St-Florent.

Loisirs

Promenade en voiture à cheval – Du 1er juil. au 31 août, visite (3/4h) de Saumur en calèche du lun. au ven. 15h à 19h, dép. toutes les 1/2h devant l'Office de tourisme.

Promenades sur la Loire (bateaux traditionnels) – La toue *La Saumuroise, ☏ 02 41 50 23 26*. Le Seil, base nautique de Millocheau, *☏ 02 41 17 97 65.*

Calendrier

Mars – Courses hippiques à l'hippodrome de Verrie.

Avr. – Courses hippiques à l'hippodrome de Verrie.
Gala du Cadre noir de l'École nationale d'équitation.
Concours complet d'équitation.
Fête de la chasse et de la pêche.
Concours international de voltige au manège des Écuyers.

Mai – Courses hippiques à l'hippodrome de Verrie.

Juin – Festival des géants (tous les deux ans, prochain en 2002).

Juil. – Grand carrousel de l'EAABC avec la participation du Cadre noir.
Gala du Cadre noir de l'École nationale d'équitation.
Fêtes de la Loire.

Août – Les Estivales du comité des fêtes.

comprendre

À l'origine de Saumur on trouve un monastère fortifié, fondé par Charles le Chauve pour abriter les reliques de saint Florent – qui évangélisa la région au 4e s. –, et bientôt détruit par les Normands. Au 11e s., Saumur fait l'objet de nombreux conflits entre les comtes de Blois et les comtes d'Anjou. En 1203, Philippe Auguste s'en empare. À plusieurs reprises, le château est détruit, puis restauré ou reconstruit. À partir de Saint Louis, Saumur épouse la destinée de la maison d'Anjou *(voir Angers)*.
À la fin du 16e s. et au 17e s., la ville atteint son apogée. C'est l'un des grands foyers du protestantisme. Henri III la donne comme « place de sûreté » au roi de Navarre. Le futur Henri IV y installe **Duplessis-Mornay**, grand soldat, grand lettré et fervent réformé. Celui que les catholiques appellent le « pape des huguenots » fonde dans la ville une académie protestante très réputée. En 1611, une assemblée générale des Églises protestantes s'y réunit afin de renforcer leur organisation à la suite de la mort d'Henri IV et du départ de Sully. En 1623, Louis XIII, inquiet du danger protestant, ordonne de démanteler les murailles de la ville. La révocation de l'édit de Nantes (1685) porte un coup fatal à Saumur : de nombreux habitants s'expatrient, le temple est démoli.

se promener

VIEUX QUARTIER★

Entre le château et le pont, les ruelles tortueuses qui sillonnent la vieille ville ont gardé leur tracé ancien ; à côté de certains quartiers reconstruits dans le style médiéval ou résolument moderne (au Sud de l'église St-Pierre), d'autres ont conservé et mis en valeur nombre de façades anciennes.

SAUMUR

Beaurepaire (R.) .... AY 2
Bilange (Pl. de la) .... BY 3
Cadets (Pont des) .... BX 5
Dr-Bouchard (R. du) .... AZ 6
Dupetit-Thouars (Pl.) .... BZ 7
Fardeau (R.) .... AZ 9
Gaulle (Av. du Général-de) .. BX
Leclerc (R. du Mar.) .... AZ
Nantilly (R. de) .... BZ 10
Orléans (R. d') .... ABY
Poitiers (R. de) .... AZ 12
Portail-Louis (R. du) .... BY 13
République (Pl. de la) .... BY 15
Roosevelt (R. Fr.) .... BY 16
St-Jean (R.) .... BY 18
St-Pierre (Pl.) .... BY 19
Tonnelle (R. de la) .... BY 20
Vieux-Pont (R. du) .... BY 22

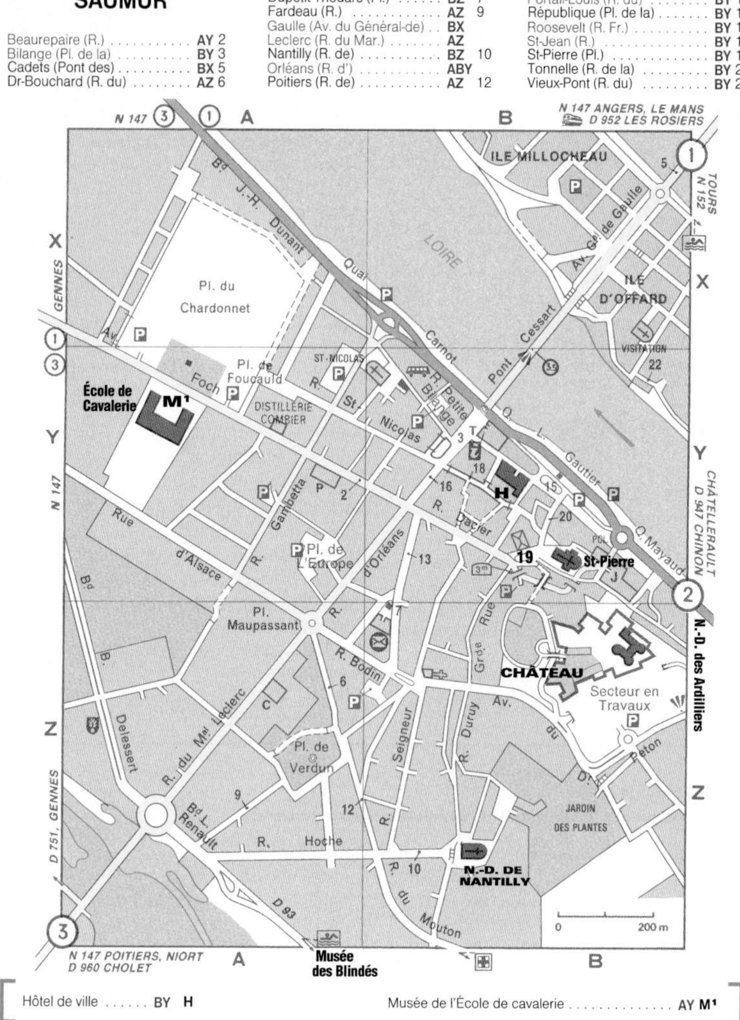

Hôtel de ville ...... BY H

Musée de l'École de cavalerie .... AY M¹

La rue St-Jean et ses commerces vous mèneront jusqu'à la **place St-Pierre**, où voisinent façades à colombages et maisons du 18e s. aux balcons de fer forgé. Une halle, construite en 1982, s'harmonise avec les maisons anciennes.

Église St-Pierre

Édifice gothique Plantagenêt dont la façade écroulée a été refaite au 17e s., elle a conservé au croisillon droit une belle porte romane. À l'intérieur, deux suites de **tapisseries★** du 16e s. La restauration des grandes orgues a permis d'organiser des concerts réguliers.

Hôtel de ville★

La partie gauche seule est ancienne (16e s.). Autrefois baigné par la Loire, le bâtiment faisait partie de l'enceinte et formait tête de pont : c'est ce qui explique son aspect défensif. Du côté de la cour, l'édifice est finement sculpté, dans le style transition gothique-Renaissance.

Église N.-D.-de-Nantilly★

Bel édifice roman. Louis XI, toujours très dévoué à Notre-Dame, y ajouta le bas-côté droit ; son oratoire a servi de chapelle baptismale. Dans le même bas-côté, sur un pilier à gauche, épitaphe composée par le roi René d'Anjou pour sa nourrice Tiphaine.

Dans l'absidiole à droite du chœur, statue vénérée de N.-D.-de-Nantilly, en bois peint du 12e s.

Le buffet d'orgues, soutenu par des atlantes, date de 1690.

> De très belles **tapisseries★★** ornent l'église. Elles datent des 15e et 16e s., sauf huit pièces dans la nef centrale, exécutées à Aubusson au 17e s., qui représentent des scènes de la vie du Christ et de la Vierge.

visiter

Le château★★

Visite : 1 h 1/2. Juin-sept. : visite guidée (3/4h) 9h30-18h (juil.-août : mer. et sam. 20h30-22h30) ; oct.-mai : 9h30-12h, 14h-17h30 (d'oct. à fin mars tlj sf mar.). Fermé 1ᵉʳ janv. et 25 déc. 38F. ☎ *02 41 40 24 40.*

Le château se dresse au-dessus de la vallée de la Loire, sur une sorte de piédestal formé par les fortifications en étoile du 16ᵉ s. Il n'a pratiquement pas changé depuis sa reconstruction (fin 14ᵉ s.), et a conservé son allure de forteresse, son architecture élancée, gracieuse avec les lignes verticales de ses tours et de leurs toits pointus, en arêtes. À l'intérieur, c'est un château de plaisance, dont les fenêtres s'ornent de balustrades richement sculptées.

Belvédère
Depuis la cour du château formant terrasse, beau **panorama★** sur la ville, les vallées de la Loire et du Thouet.

Remanié au 15ᵉ s. par René d'Anjou, il fut fortifié à la fin du 16ᵉ s. par Duplessis-Mornay. Résidence du gouverneur de Saumur sous Louis XIV et Louis XV, transformé en prison, puis en caserne, il abrite aujourd'hui trois musées.

Musée d'Arts décoratifs★★ – *Mêmes conditions de visite que le château.*

Formé en partie par la collection Lair, il présente un bel ensemble d'œuvres d'art du Moyen Âge et de la Renaissance : émaux de Limoges, sculptures sur bois et albâtre, **tapisseries**, meubles, peintures, ornements liturgiques et une importante collection de faïences et de porcelaines tendres françaises des 17ᵉ et 18ᵉ s., complétée de meubles et de tapisseries de la même époque.

Le Bal des sauvages
Parmi les tapisseries des 15ᵉ et 16ᵉ s., un étonnant *Bal des sauvages*, un *Retour de chasse*, le *Sacre de Vespasien* et la *Prise de Jérusalem* (ces deux dernières faisant partie de la tenture de l'*Histoire de Titus*).

Musée du Cheval★ – *Mêmes conditions de visite que le château.*

Histoire du cheval de selle et de l'équitation à travers les âges et les pays : rares collections de selles, de mors, d'étriers, d'éperons, de belles gravures ayant trait à l'École de cavalerie de Saumur, aux courses et aux pur-sang célèbres ; riches harnachements provenant du monde entier (Asie, Amérique du Nord, Afrique).

Musée de l'École de cavalerie★

Entrée av. Foch. Le plan Vigipirate interdit momentanément les visites. De juin à fin juil. : exposition temporaire 10h-12h, 15h-18h. 10F. ☎ *02 41 83 93 06.*

En 1763, le régiment des carabiniers de Monsieur, frère du roi, corps d'élite recruté parmi les meilleurs cavaliers de l'armée, fut envoyé à Saumur. C'est pour lui que fut construit, de 1767 à 1770, le bâtiment central actuel.

Comment ne pas être émerveillé par la prestance de ce château, rendu célèbre par les enluminures des Riches Heures du duc de Berry *?*

La prestigieuse entrée de l'EAABC (École d'application de l'arme blindée et de la cavalerie) sur la place du Chardonnet.

Cette très riche présentation de souvenirs, créée en 1936 à partir des collections Barbet de Vaux, se rapporte aux faits d'armes de la cavalerie française et de l'arme blindée, depuis le 18e s.

Parmi les pièces exposées – sabres de récompense, armes d'honneur, épées incrustées de nacre, d'ébène ou d'écaille, coiffures, pièces d'uniformes et équipements – quelques-unes appartinrent à des maréchaux et à des généraux d'Empire.

Les uniformes de la Grande Armée et de la Garde impériale sont évoqués par une collection de statuettes en porcelaine de Sèvres et de Saxe, par une série de casques, coiffures et sabres de chasseurs, de dragons et de hussards, ainsi que par des cuirasses.

Musée des Blindés★★

Par le bd Louis-Renault, suivre le fléchage en place. ♿ *Mai-sept. : 9h30-18h30 ; oct.-avr. : 10h-17h. Fermé 1er janv. et 25 déc. 25F.* ☎ *02 41 53 06 99.*

Ce musée, centre de documentation sur les engins blindés, abrite plus d'une centaine de véhicules (chars, engins blindés, pièces d'artillerie) dont beaucoup sont en état de marche. Ils proviennent d'une douzaine de pays différents. Le musée permet de suivre l'évolution de l'ABC (arme blindée de cavalerie) depuis 1917 jusqu'à nos jours. Parmi les « tanks » les plus prestigieux : le Saint-Chamond et le Schneider (les premiers chars français), le FT 17, le Somua S 35, le B 1 bis, ainsi que des blindés allemands depuis la « campagne de France » jusqu'à la chute de Berlin (Panzer III et IV, Panther, Tigre). Outre la quasi-intégralité des types de blindés alliés qui débarquèrent le 6 juin 1944, il faut signaler la présence de véhicules de la FORPRONU (Force de protection des Nations unies), ainsi que de nombreux chars actuels de différentes nationalités. Importante collection de maquettes.

Église N.-D.-des-Ardilliers

À la sortie Est de la ville sur le quai L.-Mayaud, D 947.

La dévotion à Notre-Dame-des-Ardilliers s'est développée à partir du règne de François Ier, grâce à une statue miraculeuse qu'un laboureur aurait découverte en cet endroit au siècle précédent. Ce bel édifice du 17e s. devint alors l'un des sanctuaires de pèlerinage les plus fréquentés de France, recevant plus de 10 000 pèlerins par an.

Caves Gratien & Meyer, musée de la Figurine

Sortie Est de Saumur, rte de Montsoreau. ♿ *9h-12h, 14h-18h (de mi-juin à mi-sept. 9h-18h30). 20F.* ☎ *02 41 83 13 32.*

☺ Cette collection de soldats de plomb anciens ravira petits et grands tant par la diversité des pièces exposées que par l'originalité de la présentation. 10 000 figurines sont installées dans une cinquantaine de tonneaux fabriqués tout spécialement pour les accueillir.

Remarquez notamment, la série *Vertuni* du début du siècle, en plâtre trempé dans du plomb représentant les rois de France, les soldats en plomb de la marque *Lucotte*, jouets de la fin du 19e s. en plâtre et farine, ainsi que les petits soldats incassables dont *Quiralu* eut l'idée dès 1933.

alentours

Bagneux

Par la sortie Sud de Saumur. Au cœur de la région la plus anciennement habitée d'Anjou, Bagneux englobe un vieux village bâti au bord du Thouet.

Musée du Moteur – *18 r. Alphonse-Cailleau ; 2e rue à gauche après le pont Fouchard.* ♿ *Tlj sf jeu. 9h-12h, 14h-18h, dim. et j. fériés 14h-18h (de mi-oct. à mi-avr. : tlj sf jeu., dim.,* *j. fériés 13h30-17h30, sam. 10h-12h, 13h30-17h30 ; de mi-avr. à mi-mai : tlj sf jeu. dim., j. fériés 9h-12h, 14h-18h). 25F. ☎ 02 41 50 26 10.*

Cette collection de moteurs est née par la volonté de passionnés de mécanique, pour la plupart anciens élèves de l'École industrielle de Saumur, soucieux de conserver et de restaurer des moteurs anciens et contemporains.

Revenir sur la rue du Pont-Fouchard et prendre un peu plus loin à gauche, après la mairie, la rue du Dolmen.

Le Grand Dolmen – ♿ *Tlj sf mer. 9h-19h (juil.-août : tlj). Fermé de mi-nov. à déb. mars. 10F. ☎ 02 41 50 23 02.*

Situé au centre de Bagneux, ce monument mégalithique est l'un des plus remarquables d'Europe. D'une longueur de 20 m et large de 7 m, c'est une allée couverte composée de seize dalles (pesant environ 500 t) verticales soutenant le toit à 3 m de hauteur.

Le château de Boumois★

7 km au Nord-Ouest. De mi-juin à mi-août : visite guidée (3/4h) tlj sf mar. 10h-12h, 14h-18h. 39F. ☎ 02 41 38 43 16.

Le chemin d'accès conduit à l'entrée principale, près de laquelle s'élève, à gauche, un pigeonnier du 17e s., qui a conservé son échelle tournante et ses 1 800 boulins (niches à pigeons).

Héroïque

C'est à Boumois que naquit, en 1760, Aristide Dupetit-Thouars, qui mourut à la bataille d'Aboukir en 1798, sur le banc de quart de son navire, *Le Tonnant*, sans avoir consenti à amener son pavillon.

Une enceinte fortifiée, jadis renforcée de douves, protège la cour seigneuriale où l'on pénètre en franchissant un portail monumental.

Flanqué sur la façade extérieure de deux grosses tours à mâchicoulis, le logis seigneurial, construit à la fin du 15e s., est desservi sur la cour intérieure par une tourelle d'escalier ; sa porte, travaillée de motifs Renaissance très soignés, conserve encore son extraordinaire serrure en fer forgé d'origine.

On parcourt la grande salle d'armes du 1er étage, la salle voûtée de bois au 2e étage, le chemin de ronde, la chambre meublée d'un lit vosgien du 16e s. Dans la grande salle, effigie en marbre de Marguerite de Valois, portrait en pied d'Élisabeth Ire d'Angleterre et paravent de Coromandel (Inde), daté de 1663.

La jolie chapelle flamboyante abrite une *Vierge à l'Enfant* de Salviati et un groupe sculpté de la *Sainte Famille* du 15e s., d'origine bourguignonne.

Sous un appareil féodal extérieur, le château de Boumois (début 16e s.) dissimule un délicat logis flamboyant et Renaissance.

St-Cyr-en-Bourg

8 km au Sud par la D 93

Cave des vignerons de Saumur – *Mai-sept. : visite guidée (1h) 9h30-12h, 14h-18h. ; oct.-avr. : tlj sf dim. ☎ 02 41 53 06 18.*

Découvrez les secrets de vinification de la méthode traditionnelle, au cours de la visite des galeries (creusées dès le 12e s. pour en extraire le tuffeau). Dans ces galeries, des millions de bouteilles reposent à l'abri de la lumière. La visite se termine par une dégustation des vins d'appellation du Saumurois.

Château de Brézé★

12 km au Sud de Saumur par la D 93. De fin avr. à fin sept. : tlj 10h-18h. 35F (château), 30F (souterrains), 55F (billet jumelé château et souterrains). ☎ 02 41 51 60 15.

LES SOUTERRAINS
☺ Parmi les pièces remarquables on visite une salle de pressoirs, des silos et un superbe fournil. Trois grandes salles (celliers) accueillent un spectacle de **cathédrale d'images** sur le thème du monde souterrain.

◀ De loin, rien ne distingue le château de ses prestigieux voisins de la vallée de la Loire. Son imposante silhouette domine un des plus anciens vignobles de la région. C'est en découvrant les profondes douves sèches (18 m) percées de surprenantes ouvertures que l'on comprend qu'il nous cache quelque chose. La visite des appartements révèle un beau mobilier et un décor classé du 19e s. Mais il faut descendre une longue galerie souterraine pour accéder au secret du château : son exceptionnel **ensemble troglodytique★★**. L'origine de ces cavités (roches) remonte ici au Moyen Âge (11e s.) où elles avaient une vocation strictement militaire ; plus tard, au temps de la Fronde, la roche de Brézé a pu accueillir une garnison de 500 hommes. Les besoins de pierre pour la construction du château et de caves pour exploiter le vignoble ont par la suite considérablement agrandi et modifié cet incroyable réseau souterrain.

itinéraire

LA LOIRE ANGEVINE

48 km – environ 3 h 1/2. Quitter Saumur par la D 751.

St-Hilaire-St-Florent

2 km au Nord-Ouest.

Ce long village-rue s'étire entre le coteau et la rive gauche du Thouet. Dans cette commune associée de Saumur, les grands producteurs viticoles fabriquent selon la méthode traditionnelle un vin effervescent réputé ; leurs caves se succèdent tout au long de la route, creusées dans la falaise.

Caves Bouvet-Ladubay – ♿ *Juin-sept. : visite guidée (1h) 9h-18h30, dim. et j. fériés 9h30-18h30 ; oct.-mai : 9h-12h, 14h-18h, sam. 10h-12h, 14h-18h, dim. et j. fériés 10h-12h30, 14h30-18h. Fermé 1er janv. et 25 déc. 5F. ☎ 02 41 83 83 83.*
L'un des premiers producteurs de saumur brut dévoile ici toutes les étapes de l'élaboration de ses vins, de la première fermentation à l'étiquetage de ses bouteilles. Une école de dégustation est ouverte aux touristes, amateurs ou sommeliers. Très belle collection d'étiquettes.

PARC MINIATURE PIERRE ET LUMIÈRE
À la sortie de St-Hilaire-St-Florent, ☎ 02 41 50 31 55. La pierre de tuffeau de la vallée de la Loire a servi à la construction des plus beaux monuments de la région. Hommage lui est rendu dans cette ancienne carrière souterraine où sont présentées de remarquables sculptures de Pierre Cormant dans leur matériau d'origine ; un parcours pédagogique et envoûtant.

Galerie d'Art contemporain Bouvet-Ladubay – ♿ *D'avr. à fin déc. : tlj sf lun. et mar. 10h-12h, 14h-18h, dim. et j. fériés 10h30-12h, 14h30-18h. Fermé 1er janv. et 25 déc. ☎ 02 41 83 83 82.*

Composée de 9 salles d'exposition, cette galerie présente des artistes d'aujourd'hui à la recherche de lignes nouvelles dans divers domaines de création (architecture, sculpture, peinture, grands reportages). Un charmant petit théâtre, destiné à la fin du siècle dernier au personnel de l'entreprise, vient d'être réouvert.

Musée du Masque – ♿ *De Pâques à mi-oct. : 10h-12h30, 14h30-18h30 ; de mi-oct. à mi-déc. : w.-end et j. fériés 14h-18h (vac. scol. : tlj). 25F. ☎ 02 41 50 75 26.*

☺ La société César, qui fabrique à Saumur des masques de carnaval, de théâtre ou de cirque depuis 1842, expose un panorama de ses créations, depuis les grognards et polichinelles des années 1870, jusqu'aux modèles contemporains en matériaux synthétiques pour la télévision ou le cinéma. Dans ce musée Grévin

LAVAL
LE MANS
A 11
LA FLÈCHE
NANTES
CHOLET
TOURS
PARTHENAY
★★★ANGERS
A 11
N 147
D 74
Montgeoffroy ★
D 938
D 58
Mouliherne
Pignerolle★
Authion
Beaufort-en-Vallée
Parc
D 62
Maine
D 952
D7
A 85
St-Maur-de-Glanfeuil
naturel
Louet
LOIRE
Béhuard★
le Thoureil
N 147
D 132
Longué
régional
D 767
★★Brissac
le Prieuré
les Rosiers-s-Loire
Gennes
★★Cunault
Chênehutte-les-Tuffeaux
Loire
Anjou
Touraine
N 160
D 761
★ Trêves-Cunault
D 751
Boumois★
D 10
St-Hilaire-St-Florent
SAUMUR★★
A 85
0
10 km
École nationale d'équitation
D 947
N 152

miniature, se bousculent quelques figures familières : Alain Prost, Madonna, Belmondo, Cyrano-Depardieu, et la collection complète de nos hommes politiques.

École nationale d'équitation – ♿ *Avr.-sept. : visite guidée tlj sf dim., lun. matin, sam. ap.-midi (1h1/2) 9h30-11h, 14h-16h et entraînement des écuyers (1/2h) à 9h30. 35F (installations et entraînement), 25F (entraînement). Fermé j. fériés. Service des visites, ENE, BP 207, 49411 Saumur Cedex. ☎ 02 41 53 50 60.*

Implantée en 1972 sur les plateaux de Terrefort et de Verrie, cette école moderne comporte plusieurs unités comprenant chacune un grenier où sont stockés grains et fourrages, un manège pouvant accueillir 1 200 spectateurs assis, et des écuries pour 400 chevaux, avec selleries et salles de douche. Placée sous la tutelle du ministère de la Jeunesse et des Sports, elle est, entre autres, chargée d'assurer le maintien et le rayonnement de l'équitation française.

Le **Cadre noir** est installé ici depuis 1984. Élément essentiel de l'école, il présente à travers le monde les aspects les plus variés de l'équitation académique lors de **galas** exceptionnels.

« La reprise des écuyers » *dite aussi* « Reprise de manège », *conduite par l'écuyer en chef, est une présentation collective des figures simples de manège ; avec les* « Sauteurs en liberté » *des musiques inspirées de l'ancienne équitation accompagnent le cheval dans ses évolutions gracieuses et aériennes. Éblouissant.*

Musée du Champignon – ♿ *De mi-fév. à mi-nov. : 10h-19h. 40F. ☎ 02 41 50 31 55.*

On visite ici une champignonnière en activité avec présentation commentée des diverses méthodes de culture : la culture en meules, la plus ancienne, est remplacée par les techniques plus récentes en caisses de bois, en sacs plastique ou sur blocs de paille et troncs d'arbres. La visite s'achève avec le muséum des Champignons sauvages (plusieurs centaines d'espèces réparties par grandes familles).

Sur la droite, protégées par la digue, ou « levée », s'étendent de vastes prairies semées d'arbres, saules et peupliers.

Champignonnière dans une galerie creusée dans le tuffeau. Culture de champignons de Paris en sacs plastique.

Champignonnière

Les anciennes carrières de tuffeau qui creusent tout le coteau aux environs de Saumur sont largement utilisées pour la culture des champignons ; elles bénéficient d'une humidité et d'une température (entre 11° et 14°) constantes. Si la culture en carrière se pratique depuis Napoléon Ier, elle est aujourd'hui développée à l'échelon industriel, et occupe 800 km de galeries pour une production de l'ordre de 200 000 t par an en Saumurois. Ces résultats ne représentent pas loin de la moitié de la production française. Outre le champignon de Paris, on cultive le pleurote ou le pied-bleu et de nouvelles espèces créées par l'homme, telles que le shii-také.

Chênehutte-les-Tuffeaux

Sa jolie **église** romane se dresse au bord de la route à la sortie Nord du village ; beau portail roman aux voussures ciselées.

Trèves-Cunault

Blottie au pied d'une tour crénelée du 15e s., reste d'un ancien château fort, la petite **église**★ de Trèves mérite amplement un coup d'œil, à l'intérieur surtout, pour la beauté de sa large nef romane aux murs rythmés de grandes arcades ; à l'entrée du chœur l'arc triomphal a conservé sa poutre de gloire portant un Christ en croix. Notez à l'entrée la vasque de porphyre aux sculptures primitives, à droite le gisant, et à gauche le haut reliquaire de pierre finement ajouré de baies flamboyantes.

Au tympan du portail de l'église de Cunault, la Vierge en majesté, sculptée en haut relief dans un style plein de rondeur, contraste avec la nudité de la façade.

De Noirmoutier à Tournus

L'abbaye de Cunault fut fondée en 847 par les moines de Noirmoutier fuyant devant les Normands et qui, dès 862, durent quitter Cunault pour se réfugier jusqu'à Tournus en Bourgogne. Par la suite, Cunault devint un riche prieuré bénédictin dépendant de l'abbaye de Tournus. Seule l'église nous est parvenue (11e-13es.).

Église de Cunault★★

Extérieurement, l'église n'offre rien qui retienne véritablement l'attention, avec son clocher massif (11e s.) couronné d'une flèche de pierre (15e s.) et sa façade large et plate.

Mais une fois à l'intérieur, on reste saisi par l'ampleur et la hauteur des piliers : construite dans la lignée des grandes abbayes bénédictines, l'église de Cunault fut conçue pour s'ouvrir aux foules qu'attirait, le 8 septembre, son pèlerinage à Notre-Dame ; autour du chœur le large déambulatoire et les chapelles rayonnantes se prêtaient aux processions, comme les larges bas-côtés qui encadrent la nef ; le chœur surélevé permettait aux nombreux fidèles de voir l'officiant.

L'édifice frappe à la fois par le dépouillement de ses lignes et par la richesse de ses 223 **chapiteaux** (11e-12e s.) finement ouvragés. Deux seulement, à l'entrée du chœur, sont à portée de regard sans jumelles : vous y découvrirez, à droite, neuf moines debout, et à gauche saint Philibert accueillant un pécheur. Les autres, haut placés sous les voûtes, ne dévoilent pas à distance leur décor très fouillé.

Dans les chapelles du déambulatoire, remarquez *(en commençant par la gauche)* une Pietà du 16e s., un chapier en frêne du 16e s. (meuble de rangement pour les chapes rigides), et plus loin la très rare **châsse de saint Maxenceul** qui avait évangélisé Cunault au 4e s. (bois

peint et sculpté du 13e s.). Un beau saint Christophe et quelques fragments subsistent des fresques (15e s.) qui autrefois décoraient l'église.
Dans le clocher se trouvent quatre cloches provenant de la cathédrale de Constantine. En face de l'église, la jolie maison du prieur (16e s.).

Gennes

En bordure de Loire, Gennes s'adosse à un cadre de collines boisées, dont les vallons recèlent de nombreux mégalithes (**dolmen de la Madeleine** au Sud, sur la route de Doué). Par ailleurs, la découverte d'un nymphée, d'un aqueduc, de thermes et d'un amphithéâtre laisse supposer l'existence, à l'époque gallo-romaine, d'un sanctuaire réservé au culte des eaux.

Amphithéâtre – *Juil.-août : visite guidée (3/4h) 10h-12h30, 15h-18h30 ; avr.-juin et sept. : dim. et j. fériés 15h-18h30. 17F. ☎ 02 41 51 55 04.*

Peut-être édifié en vue de spectacles, il aurait servi entre le 1er et le 3e s., et fait toujours l'objet de fouilles. Appuyé à un coteau occupé par les gradins ou *cavea*, il comprend une arène elliptique dont le grand axe mesure 44 m. Un mur en grès ou tuffeau et brique, doublé d'un couloir dallé utilisé pour le drainage, reste bien apparent dans le secteur Nord.

Église St-Eusèbe – *Fermé pour cause de restauration. Mairie. ☎ 02 41 51 81 30.*

Campée en surplomb de la Loire, elle n'a conservé que son transept et sa tour du 12e s. De la plate-forme du clocher, vous découvrirez un vaste panorama sur Gennes et le Val de Loire, de la centrale nucléaire d'Avoine jusqu'à Longué et Beaufort. Dans l'enclos a été érigé un historial aux *cadets de Saumur*, tombés lors de la défense de la Loire en juin 1940.

Le pays de Gennes

Les environs de Gennes offrent une concentration remarquable de vestiges des civilisations passées. Ainsi trouve-t-on ici la plus forte densité de mégalithes (dolmens, menhirs) du département. Les souvenirs gallo-romains sont également très nombreux.

Les cadets de Saumur

Du 19 au 21 juin 1940, 800 officiers-élèves de l'École d'application de cavalerie de Saumur, sous le commandement du général Pichon, résistèrent vaillamment entre Gennes et Montsoreau à l'avance des forces allemandes. Leur courage et leur résistance obstinée avec de piètres moyens forcèrent l'admiration de leurs adversaires qui baptisèrent ces jeunes braves : les cadets de Saumur, ce terme n'étant pas employé à l'EAABC.

Le Prieuré

6,5 km à l'Ouest par la D 751 et, au lieu-dit le Sale-Village, une route à gauche.
Dans un hameau groupé autour de son charmant prieuré, l'**église** (12e et 13e s.) présente une ravissante tour romane carrée et, à l'intérieur, un bel autel du 17e s. en bois polychrome.

Les Rosiers-sur-Loire

1 km au Nord.
Dans ce village relié à Gennes par un pont suspendu, **église** à clocher Renaissance, œuvre de l'architecte angevin Jean de L'Espine ; la tourelle d'escalier qui le flanque est percée de jolies fenêtres encadrées de pilastres. Sur la place de l'église, statue de Jeanne de Laval, seconde femme du roi René d'Anjou.

De retour sur la rive gauche, prendre aussitôt à droite la D 132 qui longe le fleuve.

Le Thoureil

Tranquille et pimpant village, ancien port fluvial très actif d'où l'on exportait les pommes de l'arrière-pays. Dans l'**église**, de chaque côté du chœur, remarquez les belles châsses en bois de la fin du 16e s., toutes garnies de statuettes de saints bénédictins (Maur, Romain...) ou populaires dans la région (Christophe, Jean, Martin, Jacques, Éloi...).

Abbaye de St-Maur-de-Glanfeuil

Face à la Loire, cette ancienne abbaye bénédictine tiendrait son nom d'un ermite angevin qui, au 6e s., fonda un monastère à l'emplacement de la *villa* romaine de Glanfeuil (les « rives feuillues »). *De nos jours, communauté religieuse des augustins de l'Assomption et centre d'accueil œcuménique, l'abbaye ne se visite pas.*

Rejoindre l'autre rive de la Loire par la D 55. Prendre la D 76 à droite et ensuite la D 7 à gauche.

La Loire, à la voile

Idéalement situé entre Saumur et Angers, à quelques kilomètres de la Loire, Beaufort possédait, aux 18e et 19e s., l'une des plus importantes manufactures de toile à voile en France.

Beaufort-en-Vallée

Beaufort est dominée par les ruines de son **château**, construit au 14e s. par Guillaume Roger, comte de Beaufort et père du pape Grégoire XI. La tour Jeanne de Laval fut refaite au 15e s. par le roi René. Du sommet de la butte, **vue** étendue sur la campagne environnante.

Église – Beau clocher bâti par Jean de Lespine et achevé en 1542, sur le croisillon du 15e s. À l'intérieur, autel en bois sculpté (1617), une Adoration des bergers du 17e s. et, sous le grand vitrail du transept, en marbre, l'ancien maître-autel.

Suivre la N 147, puis la D 74 à droite.

Château de Montgeoffroy★

De mi-mars à mi-nov. : visite guidée (1h) 9h30-12h, 14h30-18h30 (juin-sept. : 9h30-18h30). 55F. ☎ *02 41 80 60 02.*

Demeuré propriété de la famille, le château de Montgeoffroy a conservé intacts son décor et son mobilier d'origine, en particulier l'un des premiers « salons à manger » de l'époque.

Cet élégant château et son harmonieuse façade Louis XV dominent la vallée de l'Authion.

Les deux tours rondes accolées aux ailes, les douves au tracé arrondi qui délimitent la petite cour et la chapelle, sur la droite, sont les seuls vestiges du château primitif élevé au 16e s.

Dans la **chapelle Sainte-Catherine** (voûte angevine) superbe vitrail du 16e s. : anges musiciens et chanteurs y entourent Dieu le Père.

Les **écuries** abritent une collection de voitures hippomobiles.

Dans la magnifique **sellerie** habillée de sapin de Norvège, collection de selles, d'étriers, de mors, de fouets et de cravaches.

Entrer à Angers par la N 147.

Une maison de famille

À l'origine propriété de Geoffroy de Chateaubriand, ancêtre de l'écrivain, le domaine de Montgeoffroy doit sa reconstruction, dès 1772, à l'illustre maréchal de Contades, qui commanda l'armée d'Allemagne pendant la guerre de Sept Ans et fut gouverneur d'Alsace pendant 25 ans. Les plans ont été dessinés par l'architecte parisien Nicolas Barré.

Segré

Une petite ville bleue, ou presque bleue, en bordure de rivière... Des bateaux passent : ils descendent vers Angers, Nantes peut-être, et la mer... Un rêve ? Mais non, Segré est bien réelle, avec ses maisons de schiste et d'ardoise accrochées au coteau, ses quais bruissants et ses vieux ponts de pierre.

Le vieux pont de schiste, qui fait son dos-d'âne sur l'Oudon, les quais et quelques vieilles maisons font tout le charme de Segré.

La situation

Cartes Michelin nos 63 Sud du pli 9, 232 pli 18 ou 4049 D 2 – Maine-et-Loire (49). Dans le Haut-Anjou (au Nord-Ouest du Lion-d'Angers, par la D 863) aux limites de la Bretagne, la capitale du Segréen occupe une région de bocage vouée à la polyculture et à l'élevage. Le tourisme fluvial s'est développé sur l'Oudon, reliant Segré à Laval et à Angers. **ℹ** *5 r. David-d'Angers, 49500 Segré,* ☎ *02 41 92 86 83.*

Le nom

L'origine de Segré se perd dans la nuit des temps : encore un nom romain ?... En tout cas, Segré a donné son nom à un bassin de minerai de fer.

Les gens

6 410 Segréens. La ville fit partie du douaire de Bérengère, la femme de Richard Cœur de Lion. Par la suite, Segré connut bien des infortunes, prise par les Bretons, reprise par les Anglais et partiellement détruite par Henri IV.

visiter

Pour contempler à loisir la ville et ses vieux quartiers : le **vieux pont** avec son arche en dos d'âne au-dessus de l'Oudon, et la **chapelle St-Joseph**, qui ménage de jolies vues sur la vallée.

En 1433, le comte d'Arundel fit raser le donjon ; seuls subsistent l'éperon et la motte aménagés en jardin promenade.

Château de la Lorie★

À la sortie de Segré, par la route de Cholet. 2 km au Sud-Est. ♿ De mi-juin à mi-sept. : tlj sf mar. 10h-17h. 30F (-15 ans : gratuit). ☏ 02 42 92 10 04.

Tout au bout d'une longue allée voûtée d'arbres, un beau château du 18e s., encadré de jardins à la française. Trois bâtiments soulignés de chaînages de tuffeau blanc entourent la cour carrée défendue par des douves sèches ; le corps central, construit au 17e s. par René Le Pelletier, grand prévôt d'Anjou, s'orne au centre d'une statue de Minerve *Porteuse de paix* ; les deux ailes en retour et les communs symétriques, ajoutés à la fin du 18e s., confèrent à l'ensemble une allure majestueuse.

À l'intérieur, on découvre une grande galerie aux beaux vases de Chine, salon de marbre aménagé à la fin du 18e s., la chapelle qui lui fait pendant et les boiseries 18e s. de la salle à manger. Le grand salon, somptueusement paré de marbre de Sablé, a été réalisé par des artistes italiens en 1779. Il est surmonté d'une rotonde où se plaçaient les musiciens.

circuit

VALLÉE DE L'OUDON

Circuit de 21 km - environ 3/4 h (visite de Noyant-la-Gravoyère non comprise). Quitter Segré au Sud par la D 923 vers Candé et, après un passage à niveau, la D 181 à droite.

Le Bourg d'Iré

8 km à l'Ouest. Dans le vallon de la Verzée. Du pont, jolie **vue** sur la rivière.

Noyant-la-Gravoyère

3 km au Nord du Bourg-d'Iré par la D 219. Située au cœur du Haut-Anjou segréen, cette commune a connu une industrie florissante, celle de l'ardoise fine, si chère à du Bellay.

La mine bleue★ – *Accès direct par la D 775 en direction de Pouancé, puis la D 219. De mi-fév. à mi-nov : visite guidée (3h1/4) à partir de 15h (avr.-sept. : 10h-19h). Température constante de 13°, il est prudent de se munir d'un vêtement chaud et de bonnes chaussures. 85F (enf. : 65F). ☎ 02 41 61 55 60.*

Les seigneurs de la butte
Les anciennes **cabanes** des « fendeurs », que l'on appelait les « seigneurs de la butte », ont été remises en état, avec démonstration de fente d'ardoise.

Au lieu-dit La Gatelière, dans un site surplombant les étangs de la Corbinière, les ardoisières de Saint-Blaise, fermées en 1936, ont été dénoyées et ouvertes au public.

La descente dans la mine (130 m sous terre) s'effectue par un ascenseur. Au fond, un petit train électrique circule à travers les galeries jusqu'aux chambres d'extraction, de dimensions impressionnantes (parfois 80 m de profondeur) ; on y a fidèlement reconstitué (son et lumière), le travail des mineurs dans les années 1930. Avant de remonter, vous assisterez à la préparation d'un tir de mine et à son (impressionnante) explosion.

Un deuxième parcours, *Voyage au centre de la terre* d'après l'œuvre de Jules Verne, est proposé.

Le **musée de l'Ardoise**, aménagé dans l'ancienne chaufferie, évoque l'histoire de l'industrie ardoisière.

Paroles de mineurs

Après avoir tiré plusieurs *bordées* (faire tomber à l'explosif un morceau de paroi), *décalabré* la galerie (nettoyer la voûte de tout ce qui pourrait encore tomber), *bouqué* les pièces les plus grosses (fendre un bloc de pierre) et *briqué les bassicots* (attacher les petits blocs de pierre par deux), il fait bon boire une *postillonne* (mélange de vin blanc, d'eau-de-vie et de sucre) entre *parajots* (copains), surtout lorsque l'on a réussi à remonter plusieurs *perdus* (blocs de schiste de meilleure qualité). Même les *bourries* (ânes) sont de la fête ! Mais gare aux voûtes douteuses qui ont un *cœur* (morceau de voûte en forme de prisme très dangereux). Interdiction d'y accéder sinon le *clerc* (contremaître) n'hésite pas à vous *mettre à la soupe* (mettre à pied).

Au départ de Noyant-la-Gravoyère, pour rejoindre Nyoiseau (5 km au Nord-Est), emprunter la D 775 en direction de Segré, puis prendre la première route à gauche.

Cette petite route suit une gorge, en partie envahie par les étangs ; à voir notamment, ceux de St-Blaise et de la Corbinière, aménagés dans le cadre d'un parc de loisirs.

Nyoiseau

Ce village (*Niosellum*, « petit nid »), perché sur les pentes de la vallée de l'Oudon, conserve les vestiges d'une abbaye bénédictine de femmes, actuellement occupés par une ferme et la mairie. Sur la route de l'Hôtellerie-de-Flée, ancien pont gallo-romain.

À la sortie Nord de Nyoiseau, suivre le fléchage sur la D 71 en direction de Renazé.

Domaine de la Petite Couère★ – *De mars à mi-nov. : dim. et j. fériés 10h-19h (de mai à mi-sept. : tlj). 60F (enf. : 27F). ☎ 02 41 61 06 31.*

Au bon vieux temps
Au centre du domaine, la reconstitution (avec un réel souci d'authenticité) d'un village du début du siècle rassemble la mairie, l'école, le café-épicerie, la forge et diverses autres échoppes ou boutiques. Logée dans un grenier du village, une originale collection de machines à laver le linge retrace l'évolution des lessiveuses essoreuses manuelles de 1880 à 1950.

Lieu de détente et de promenade, ce vaste parc de loisirs (80 ha) offre un éventail de distractions très variées, intelligemment conçues et pour tous les âges.

Dès l'entrée, un **musée du Tracteur** présente plus de quatre-vingts modèles de 1910 à 1950, entourés de nombreux autres engins agricoles ; plus loin, exposition d'une quarantaine de voitures anciennes dont un rare phaéton Brasier de 1913.

Plusieurs sentiers pédestres balisés (de 1 à 6 km) sillonnent le domaine d'enclos en enclos. Riche d'une faune de plus de 80 espèces représentées par 400 animaux (watusis, émeus, baudets du Poitou, lamas, cerfs, chevaux divers...) vivant en semi-liberté, le parc permet presque toujours leur approche.

Deux petits trains touristiques transportent les visiteurs depuis les nombreuses aires de pique-nique jusqu'à la gare du village *(des casiers sont prévus pour laisser glacières et paniers).*

Château de Raguin

8,5 km au Sud par la D 923, puis la D 183 à gauche à partir de St-Gemmes-d'Andigné. De mi-juil. à fin août : visite guidée (3/4h) 14h-18h. 25F. ☏ 02 41 61 40 20.

Sur l'emplacement de l'ancien château du 15e s., Guy du Bellay, fils de Pierre du Bellay (cousin du poète), fit construire vers 1600 cet édifice de style Renaissance.

UN AMOUR DE CHÂTEAU

Maréchal des camps et des armées du roi, Pierre du Bellay avait le goût du faste. C'est à l'occasion du mariage de son fils Antoine, en 1648, qu'il fit lambrisser et peindre entièrement les murs et les plafonds du salon du 1er étage et de la « chambre des Amours ».

Château de Bouillé-Thévalle

11 km au Nord en direction de Château-Gontier, à St-Sauveur-de-Flée, suivre le fléchage. Fermé à la visite pour une durée indéterminée.

Sur la route historique du roi René, ce château du 15e s., dont une partie des douves est encore en eau, conserve une tour d'escalier à pans coupés. Dans les combles, petit musée du Costume. Reconstitution d'un jardin de style médiéval.

Selles-sur-Cher

D'un côté forteresse austère, de l'autre gracieux château entièrement dédié à la Renaissance italienne, chacun mêle lumières et reflets dans les eaux de larges douves, en bordure du Cher.

La situation

Cartes Michelin nos 64 pli 18 ou 238 pli 16 – Loir-et-Cher (41).

À l'Est de St-Aignan, par la N 76, ou, plus agréable, la D 17, la ville occupe les deux rives d'une boucle du Cher. *Pl. Charles-de-Gaulle, 41130 Selles-sur-Cher, ☏ 02 54 95 25 44.*

Le nom

Selles doit son origine à saint Eusice ou Eusin qui vivait en ermite (dans sa *cellule* : d'où Celle, puis Selles). Le roi Childebert, allant faire la guerre en Espagne, se recommanda aux prières du (futur) saint ; victorieux, il voulut lui témoigner de sa reconnaissance, mais le trouva mort à son retour. Alors il fit bâtir une belle église sur son tombeau et fonda l'abbaye de Celles-Saint-Eusice.

Les gens

4 775 Sellois. Thibaud le Tricheur serait l'un des créateurs du système de défense de la ville. Jeanne d'Arc s'y est reposée une nuit, Charles VI y réunit les États généraux, et Philippe de Béthune, frère de Sully, acheta le château de Selles en 1604.

BÂTON DE CHÈVRE

Vous ne quitterez pas Selles sans un fromage ? Son chèvre, de forme cylindrique, est délicieux.

Vestige d'une forteresse du 13e s., le château cache sur une rive du Cher son enceinte rectangulaire ; quatre ponts franchissent ses larges douves en eau.

visiter

Église St-Eusice

Bâtie aux 12e et 15e s., brûlée par Coligny en 1562, elle fut partiellement restaurée au 17e et au 19e s. La façade, presque entièrement romane, réutilise colonnes et chapiteaux d'une église antérieure.

Le **chevet**, de construction soignée, est orné de deux frises de personnages grossiers, naïfs et lourds au-dessous des fenêtres, mieux proportionnés, plus élégants au-dessus. La frise inférieure représente des scènes du Nouveau Testament, celle du haut, la vie de saint Eusice.

Près du mur Nord, bas-reliefs représentant les Travaux des mois et, plus haut et plus à droite, belle Visitation, abritée et protégée par la chapelle du croisillon.

Le mur Nord, construit à la fin du 13e s., est percé d'une charmante porte aux chapiteaux sculptés, avec cordon de fleurs et de feuilles d'églantier. Dans la crypte, tombeau de saint Eusice, du 6e s.

Château

Juin-août : tlj sf lun. et mar. 10h-12h, 14h-18h ; de mi-avr. à fin mai : w.-end 14h-18h ; sept.-nov. : w.-end 14h-17h. 35F (enf. : 20F). ☎ 02 54 97 63 98.

À la sévère forteresse, côté Est, s'opposent deux clairs édifices du 17e s. que réunit un long mur, où l'on peut circuler.

Une fois traversé le petit parc ombragé, on visite d'abord, dans la partie ancienne, côté Ouest, le **pavillon Doré**, logis raffiné, décoré dans le style de la Renaissance italienne, que se fit aménager Philippe de Béthune : magnifiques cheminées rehaussées de dorures, peintures murales, plafonds à caissons polychromes ont gardé toute leur fraîcheur. Vous y verrez le cabinet de travail où sont réunis des souvenirs du **comte de Chambord** (1820-1883), le petit oratoire et la chambre à coucher.

Tandis qu'il habitait au pavillon Doré, Philippe de Béthune se faisait construire un nouveau château dans le goût de son époque, en brique rouge soulignée de pierre blanche. Au charme intime du pavillon succèdent ici l'ampleur et la majesté des proportions. On visite la salle des Gardes et sa grande cheminée, la chambre de la reine de Pologne, Marie Sobieska, dont le lit à colonnes torses est placé sur une estrade, et le salon de jeu.

Joueur de vielle en habit traditionnel, sur le bord du Cher.

Musée du Val-de-Cher

De fin mai à déb. sept. : tlj sf lun. 9h-12h, 14h30-18h, dim. et j. fériés 10h-12h, 14h30-18h. Fermé 14 juil. 20F. ☎ 02 54 95 25 40 ou ☎ 02 54 95 25 44.

Documents sur le passé de Selles, outils de vignerons, vanniers, tonneliers, mariniers, et une intéressante salle sur la taille de la pierre à fusil, activité florissante dans la région depuis le milieu du 18e s. jusqu'à l'invention de l'amorce.

alentours

La patte de Léonard

Ce superbe panneau montre une sainte Catherine entre deux angelots : l'expression, le modelé des mains, quoiqu'un peu maniérés, sont caractéristiques de l'école du maître.

Châtillon-sur-Cher

5 km à l'Ouest par la N 76 vers St-Aignan et une route à gauche. Petit village bâti au bord du coteau dominant le Cher. L'**église St-Blaise** présente, sur le mur gauche du chœur, un **panneau★** de l'école de Léonard de Vinci. *Prendre les clés chez Mme Bouquet, 2 r. de l'Église.*

Une statue de saint Vincent, patron des vignerons, est entourée de bâtons de confrérie utilisés lors des processions.

Meusnes

6,5 km au Sud-Ouest par la D 956 vers Valençay, puis à droite la D 17. L'**église** est d'un style roman très pur. L'intérieur comporte, au transept, un arc triomphal surmonté de trois charmantes arcatures à jour. De belles statues des 15e et 16e s. ont été remises en place.

Installé dans la mairie, un petit **musée de la Pierre à fusil** présente cette industrie qui fut florissante dans la région pendant trois siècles. ♿ *Tlj sf dim. et lun. 9h-12h. Fermé j. fériés. 5F. ☎ 02 54 71 00 23.*

Château de **Serrant**★★

Certains châteaux séduisent peu à peu, au détour d'un escalier, d'une terrasse, d'une galerie gracieusement sculptée. Avec Serrant, c'est le coup de foudre immédiat : on ne parle plus de charme, d'évocation romantique ou de temps révolus, mais tout simplement de beauté. La cour d'honneur, ses balustrades et ses pavillons de schiste, le corps central et ses deux ailes, pierre blanche rythmée de pilastres, les deux tours rondes coiffées de clochetons, s'agencent sans la moindre lourdeur, dans une parfaite symétrie absolue, une incomparable harmonie.

La situation

Cartes Michelin nos 63 pli 20, 232 pli 31 ou 4049 E 4 – Schéma p. 108 – Maine-et-Loire (49). À Saint-Georges-sur-Loire (20 km à l'Ouest d'Angers par la N 23), au cœur d'un parc aux lignes rigoureuses, entouré de larges douves en eau.

Les douves, l'entrée de la cour d'honneur et l'une des tours en schiste sommée d'un lanternon.

Le nom

Le château médiéval (dont il ne reste plus rien aujourd'hui) appartenait aux Serrant, jusqu'au mariage de Françoise de Serrant avec Jean de Brie au 14e s.

Les gens

Commencé en 1546 par Charles de Brie, le **château** est dessiné d'après les plans de Philibert Delorme, architecte de Fontainebleau. Hercule de Rohan, duc de Montbazon, le rachète en 1596, suivi en 1636 par Guillaume Bautru dont la petite-fille épousa le marquis de Vaubrun, lieutenant-général des armées du roi. Louis XIV, sur la route de Nantes pour arrêter Fouquet, et dont les voitures s'étaient embourbées, y passa la nuit. Au 18e s., la propriété fut acquise par Antoine Walsh, noble irlandais en exil, armateur de corsaires à Nantes. Une de ses descendantes ayant épousé le duc de La Trémoille, le château n'a plus changé de mains depuis.

visiter

D'avr. à mi-nov. : visite guidée (1h) tlj sf mar. 9h30-12h, 14h-18h ; de mi-nov. à fin déc. : w.-end et j. fériés 9h30-12h, 14h30-16h30, lun.-ven. sur demande. Fermé janv.-mars. 45F. ☎ 02 41 39 13 01.

Les **appartements** sont magnifiquement meublés. Dans la salle à manger, somptueuses tapisseries flamandes (sur le thème des *Métamorphoses* d'Ovide). Superbe escalier intérieur, Renaissance, aux voûtes à caissons sculptés. Au 1er étage, la bibliothèque et ses vingt mille

Pour l'éternité
Dans la remarquable chapelle élevée par J. Hardouin-Mansart, magnifique **tombeau** en marbre blanc, sculpté par Antoine Coysevox, du marquis de Vaubrun tué à la bataille d'Altenheim (1675).

volumes (incunables, gravures de Piranèse, *Encyclopédie* de Diderot, etc.), les chambres d'apparat où passèrent Louis XIV et Napoléon. L'exceptionnelle qualité du mobilier et des œuvres d'art vous arrêtera à chaque pas : dans le grand salon, tapisseries des Flandres et de Bruxelles, cabinet d'ébène et d'ivoire, avec paysages intérieurs ; dans les chambres, portraits, coffret attribué à Boulle, buste de l'impératrice Marie-Louise par Canova ; et enfin, dans la **chapelle**, marbre de Coysevox.

alentours

Une belle ascension
Dans le majestueux bâtiment (1684) occupé par la mairie, escalier monumental avec une remarquable rampe de fer forgé. L'ancienne salle capitulaire est affectée à des expositions temporaires.

St-Georges-sur-Loire

2 km par la N 23. Ce village est bâti non loin de la célèbre « **coulée de Serrant** » et de la « roche aux Moines » où s'élaborent quelques-uns des meilleurs vins blancs de l'Anjou. L'**ancienne abbaye**, fondée en 1158, fut desservie par des augustins, puis, jusqu'en 1790, par les génovéfains, chanoines réguliers dépendant de l'abbaye Ste-Geneviève à Paris. *9h-16h, ven. 9h-14h, sam. 9h-12h30. Mairie. ☎ 02 41 71 14 80.*

La Sologne★

Immense et secrète Sologne... Terre autrefois déshéritée, ses landes de bruyère, ses étangs et ses grands bois mélancoliques sont devenus le paradis des chasseurs, des amoureux de la pêche ou de la randonnée. Photographes, le héron, le butor, le sanglier ou la biche testeront votre patience... Gastronomes, le terroir solognot, avec ses petits villages colorés de brique, vous réserve bien des plaisirs, entre terrines et tartes Tatin.

Cerf.

La situation

Cartes Michelin nos 64 plis 8, 9, 18, 19 ou 238 plis 3 à 7 et de 16 à 19 – Loir-et-Cher (41), Loiret (45), Cher (18). Entre Cher et Loire, la Sologne est limitée à l'Est par les collines du Sancerrois, à l'Ouest par une ligne reliant Selles-sur-Cher à Cheverny, en passant par Chémery, Thenay et Sambin. Outre ses innombrables étangs, les rivières Cosson, Beuvron, Petite et Grande Sauldre sillonnent le territoire solognot.

Le nom

Deux hypothèses (peu concluantes) s'affrontent : l'une rattache Sologne au latin *secale,* seigle, qui a donné *Secalonia*, pour arriver à Sauloigne. L'autre thèse retient une origine préceltique où *sec* désigne l'eau (comme dans Sequana, la Seine). On aurait alors de nouveau *Sec-alonia*, puis Salogne, lieu marécageux.

Les gens

Jadis considéré comme un des pays les plus pauvres de France, cette région dévastée par les fièvres a changé de visage sous Napoléon III qui avait acquis le domaine de Lamotte-Beuvron. Un comité central de Sologne fit planter des pins sylvestres et des bouleaux, creuser des canaux, construire des routes, curer et assécher les étangs, amender les terres. Les fièvres disparurent, et la population s'accrut : la Sologne prit à peu de chose près son aspect actuel.

Cultures en pays solognots

La culture du maïs, qui permet de nourrir les troupeaux tout en offrant un excellent « couvert » au gibier, réconcilie l'agriculteur, l'éleveur et le chasseur. La protection forestière, la tranquillité et la présence de l'eau attirent une faune très diverse, dont la régulation par la chasse reste essentielle pour préserver la forêt des prédations des grands cervidés et des lapins. L'abondance des oiseaux migrateurs fait de la Sologne une région naturelle d'une grande richesse biologique.
La production d'asperges en Sologne occupe une part importante de la production française, et la culture de la fraise, devenue très spécialisée, a su augmenter ses rendements.
L'amélioration récente de la gestion piscicole des étangs permet la production de poissons élevés de façon traditionnelle. Brochets, sandres, anguilles, carpes... et, plus récemment, silures font la joie des pêcheurs et des gastronomes.

circuits

1 ENTRE COSSON ET BEUVRON : LES BOIS*

C'est au début de l'automne, quand le cuivre des chênes se mêle au vert persistant des pins sylvestres, par-dessus les fougères rousses et les tapis de bruyère mauve, que la Sologne exerce son charme le plus profond, avec ses étangs mélancoliques. Les salves qui signalent la période de la chasse peuvent parfois altérer quelque peu le charme de la région...

La Ferté-St-Aubin *(voir ce nom)*

Quitter La Ferté au Nord, par l'agréable D 61 en direction de Ligny-le-Ribault. La D 61 devient alors la D 103 ; après la Ferté-St-Cyr, à Crouy-sur-Cosson prendre à gauche la D 33.

Au pavillon de **Thoury** on pénètre dans le domaine de Chambord.

Château de Chambord*** *(voir ce nom)*

Prendre au Sud la D 112 et, au carrefour de Chambord, tourner à gauche, puis à droite au carrefour du roi Stanislas pour emprunter la route forestière en direction de Neuvy.

Attention

Pour mieux apprécier la nature solognote, la balade à pied s'impose. Mais avec les nombreuses clôtures, interdictions d'accès et autres installations de pièges, il est recommandé de s'en tenir aux sentiers balisés comme le GR 31 et le GR 3c.

Randonneurs et promeneurs sont les bienvenus dans les chemins et layons ouverts à la circulation pédestre. À l'intention des chasseurs d'images désireux d'observer les hardes de cerfs ou les bandes de sangliers venant « au gagnage » chercher leur nourriture, une aire de vision a été aménagée.

carnet pratique

Restauration

• *À bon compte*

La Perdrix Rouge – *41600 Souvigny-en-Sologne - 15 km à l'E de Lamotte-Beuvron par D 101 - ☎ 02 54 88 41 05 - fermé 21 fév. au 1er mars, 30 juin au 6 juil., 29 août au 5 sept., lun. et mar. - réserv. obligatoire dim. et fêtes - 80/300F.* Si vous venez en hiver, sans doute trouverez-vous la cheminée allumée dans la salle à manger de ce restaurant solognot où règne une atmosphère feutrée. Aux beaux jours, agrémentez votre déjeuner d'une petite promenade dans le jardin.

• *Valeur sûre*

Le Lion d'Or – *41300 Pierrefitte-sur-Sauldre - 15 km au SE de Lamotte-Beuvron par D 923 puis D 55 - ☎ 02 54 88 62 14 - fermé 5 au 13 mars, 4 au 20 sept., lun. et mar. sf j. fériés - 175/225F.* Cette coquette maison de pays fait face à l'église, au centre du village. Dans la salle à manger, les poutres, charpentes et colombages de bois sombre ont traversé le temps. Petite cour-jardin fleurie. Menus de spécialités solognotes.

Hébergement

• *Valeur sûre*

Chambre d'hôte La Farge – *41600 Chaumont-sur-Tharonne - 4 km au NE de Chaumont dir. Vouzon par rte secondaire - ☎ 02 54 88 52 06 - sylvie.lansier@wanadoo.fr - 3 ch. : 350/450F.* Elle a belle allure cette ancienne ferme solognote avec sa tourelle, ses colombages et ses briques dans son écrin de verdure ! Les chambres sont meublées dans l'esprit campagne. La piscine et le centre équestre voisin sauront convaincre les derniers indécis. Une adresse de charme.

Domaine de Valaudran – *41300 Salbris - 1,5 km au SO de Salbris par D 724 - ☎ 02 54 97 20 00 - P - 32 ch. : 450/650F - 80F - restaurant 240/380F.* Rendez-vous avec le calme et la détente dans cette belle maison de brique adossée à un parc. Une allée bordée d'arbres vous y conduira. Chambres ouvrant sur la nature. Repas dans la salle à manger charpentée ou en terrasse, près de la piscine chauffée.

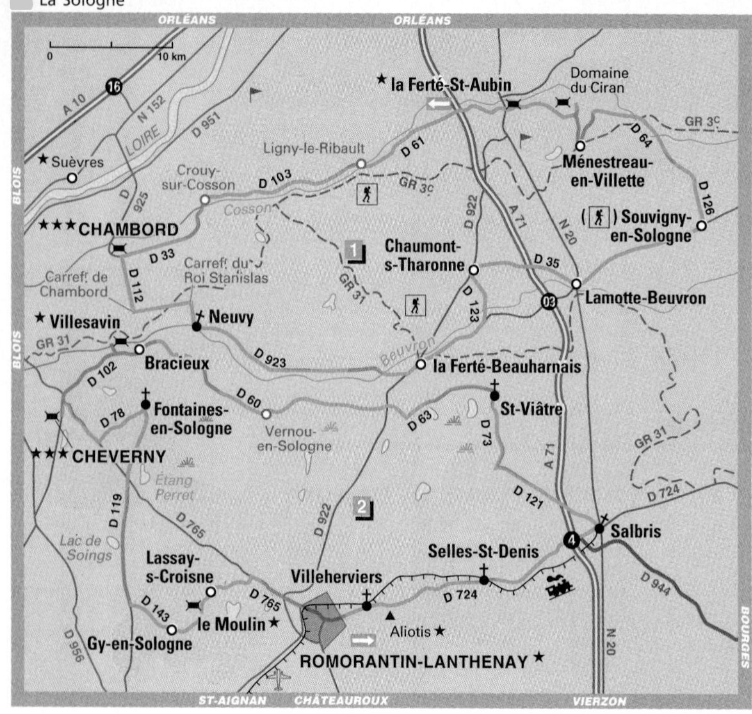

Neuvy

Neuvy s'élève à l'orée de la forêt de Boulogne, sur la rive droite du Beuvron. Son **église** solitaire, sur la rive opposée, fut partiellement reconstruite en 1525. Elle est entourée d'un cimetière, dans un site agréable près d'une vieille ferme de brique, à pans de bois. Dans la nef, la poutre de gloire supporte des statues du 15e s. Un tableau du 17e s. représente le Christ mort soutenu par deux anges. *Visite sur demande auprès de la mairie. ☎ 02 54 46 42 69.*

La Ferté-Beauharnais

À l'intérieur de la petite église (16e s.), intéressantes stalles sculptées. Dans le bourg, plusieurs demeures anciennes (maison du Carroir, la Cour à l'Écu, le relais du Dauphin) méritent une petite promenade.

Prendre à gauche la D 123.

Chaumont-sur-Tharonne

Cette cité conserve, dans son plan, le témoignage des remparts qui l'entouraient autrefois. Elle occupe un site privilégié, sur une butte que couronne une église des 15e et 16e s.

Lamotte-Beuvron

Grâce à l'acquisition du château en 1852 par Napoléon III, et suite sans doute à l'ouverture de la gare ferroviaire, ce simple hameau s'est rapidement métamorphosé en véritable capitale de la chasse. Tous les bâtiments publics et la plupart des habitations en brique datent de la période 1860-1870.

Labiche au pays des chasseurs

Eugène Labiche (1815-1888), auteur de nombreux vaudevilles à succès (*Le Voyage de M. Perrichon, Un chapeau de paille en Italie*), fut le maire, énergique et entreprenant, de Souvigny de 1868 à 1878.

◀ Souvigny-en-Sologne

Ce sympathique petit village, typiquement solognot, mérite amplement une halte. Autour de l'église (12e-16e s.) précédée de son « **caquetoir** » (grand porche en charpente qui longe deux façades de l'édifice et qui abrite, à la sortie des offices, les conversations plus ou moins pieuses des paroissiens), vous remarquerez quelques maisons à colombages dont l'ancien presbytère transformé en gîte rural.

La tarte Tatin

Les demoiselles Tatin, aubergistes à Lamotte-Beuvron au 19e s., y ont inventé ce succulent et célèbre dessert, dont voici la recette.
Enduire l'intérieur d'un grand plat d'une belle couche de beurre et d'une couche non moins épaisse de sucre en poudre (on ne lésine pas...). Éplucher et couper en quartiers de belles pommes reinette. Remplir le plat complètement en serrant bien les fruits. Les arroser de beurre fondu. Sucrer un peu et recouvrir le tout d'une couche de pâte brisée, un peu molle et pas trop épaisse. Cuire à four chaud entre 20 et 25 mn. Démouler en retournant le plat de façon à avoir les pommes en dessus, parfaitement caramélisées. Et le tour est joué...

80 km de chemins ruraux sont balisés aux alentours de la commune *(plan détaillé disponible chez les commerçants).*

Ménestreau-en-Villette

Dans ce village solognot, le **domaine du Ciran (Conservatoire de la faune sauvage de Sologne)** est consacré à la Sologne et à ses habitants d'autrefois. Un parcours de découverte, agrémenté d'une vingtaine de vitrines, guide le visiteur. À travers les forêts et les taillis, tout au long des ruisseaux et des étangs, le Ciran offre une multitude de sentiers ; des observatoires ont été aménagés pour permettre des affûts photos riches en surprises, surtout au lever ou au coucher du soleil (cerfs, chevreuils, sangliers, renards, martres). ♿ *Avr.-sept. : 10h-12h, 14h-18h ; oct.-mars : tlj sf mar. 10h-12h, 14h-17h. 30F.* ☎ *02 38 76 90 93.*

Faisan.

La ferme, spécialisée dans l'élevage (bovins et chèvres), produit un excellent fromage. L'exploitation agricole offre un double intérêt économique et écologique : le maintien d'une vie rurale traditionnelle et la sensibilisation des visiteurs à la fragilité du patrimoine rural.
Le domaine du Ciran organise des stages de plusieurs jours (avec hébergement) pour découvrir les richesses de la faune et de la flore solognotes.

2 ÉTANGS ET MARAIS SOLOGNOTS★

Romorantin-Lanthenay★ *(voir ce nom)*

Quitter Romorantin par la D 724 à l'Est.

Villeherviers

Dans la vallée de la Sauldre, plantée d'asperges, Villeherviers possède une **église** du 13e s. à voûtes Plantagenêt. *On peut emprunter la clef à la mairie mar., jeu., ven. 14h30-17h30, sam. 10h-11h45.* ☎ *02 54 76 07 92.*

Aliotis, les poissons du monde entier★ – *3 km plus à l'Est toujours par la D 724 suivre le fléchage jusqu'au lieu dit Le Moulin des Tourneux.* ♿ *D'avr. à mi-nov. : 10h-19h (juil.-août : 10h-20h). 59F, 54F Hors sais. (enf. : 40F, 37F Hors sais.).* ☎ *02 54 95 26 26.*

Installé en pleine nature, cet aquarium exceptionnel se divise en huit secteurs distincts.

À manger cru ?
Deux bassins rassemblent une collection de koïs japonais (sorte de carpes multicolores).

Le premier secteur, riche de 10 grands bassins (de 10 000 l à 115 000 l), présente les poissons des divers plans d'eau de France : rivières de première et seconde catégories, estuaire, fleuve, lac de montagne, lac de plaine, mare, etc.
Dans le second secteur un imposant aquarium de 600 000 l réunit les géants (silures, entre autres) qui hantent les eaux d'Europe.
Le monde marin est représenté par deux aquariums, l'un réservé aux petits habitants des récifs coralliens, l'autre aux espèces de taille plus respectable. Dans le quatrième secteur, deux aquaterrariums offrent une vision simultanée de la vie hors de l'eau et de la vie sous l'eau des fleuves sud-américains. Dans les secteurs suivants vous découvrirez une « salle des cascades », les poissons des mers tropicales, et l'écosystème des lagons.
Un laboratoire de découverte est accessible aux visiteurs.

Selles-St-Denis

La **chapelle** St-Genoulph des 12e et 15e s., à chapelles latérales et abside de style flamboyant, abrite des peintures murales du 14e s., retraçant la vie de saint Genoulph.

Salbris

Dans Salbris, carrefour routier et bon centre d'excursions en forêt, **église** St-Georges, en pierre et brique, des 15e et 16e s. Une *Pietà* (16e s.) occupe le centre du retable du maître-autel. Les chapelles du transept sont remarquables par leurs clefs de voûte aux armes des donateurs et de très jolies sculptures en cul-de-lampe représentant, au Sud, les trois Rois mages et la Vierge à l'Enfant, et au Nord les symboles des quatre évangélistes.

À la sortie Nord, sur la N 20, prendre à gauche la D 121 sur 10 km, avant de tourner à droite en direction de St-Viâtre par la D 73.

Vif-argent
De Salbris à Luçay-le-Mâle (Indre), le train du Blanc-Argent, sur sa voie métrique, vous fera traverser la Sologne en toute tranquillité.

St-Viâtre

Cette jolie bourgade était jadis le but d'un pèlerinage aux reliques de saint Viâtre, ermite qui se retira ici au 6e s. et qui aurait, selon la légende, creusé son cercueil dans le tronc d'un tremble. L'**église** présente un remarquable pignon du transept (15e s.), construit en brique à décor de losanges noirs et bordé de choux rampants. Un puissant clocher-porche abrite l'entrée de l'édifice et son portail du 14e s. À l'entrée du chœur, le beau lutrin en bois sculpté, du 18e s., surprend par ses dimensions. Dans le bras droit du transept sont exposés quatre **panneaux peints★** du début du 16e s. : ils évoquent avec réalisme la vie du Christ et celle de saint Viâtre.

Reposoir St-Viâtre – Petit édifice en brique, du 15e s., élevé à l'entrée Nord du bourg.

À l'Ouest par la D 63 gagner Vernou-en-Sologne.

À l'Est du bourg, le beau château de La Borde *(on ne visite pas)* montre ses baies avec incrustations d'ardoise.

Par Bauzy, gagner Bracieux.

Un flâneur solitaire
« Vous dirais-je le charme assez mélancolique des étangs de Sologne, dans la région de Saint-Viâtre ? Ils s'allongent interminablement, à la suite les uns des autres, au milieu d'un horizon de pins et de bouleaux. L'angoisse des soirs y sue à grosses gouttes un sang vermeil qui s'étale en larges traînées. La mère cane y enseigne la nage et la méfiance à ses jeunes halbrans. Parfois on y entend le cri mélancolique du butor. Sur les arbres du bord, haut perché vers la cime, le héron pourpré surveille à la fois l'étang et la forêt. D'énormes brochets viennent sommeiller à fleur d'eau. Les grenouilles y donnent un concert perpétuel. » *(Maurice Constantin-Weyer, Le Flâneur sous la tente).*

Bracieux

Dans la vallée du Beuvron, à la limite de la Sologne et du Blésois, Bracieux groupe ses petites maisons autour de sa halle du 16e s. ; un joli pont enjambe la rivière.

Château de Villesavin★

Voir Chambord, alentours.
À 2 km de Bracieux, par la D 102.

Château de Cheverny★★★ *(voir ce nom)*

À la sortie immédiate de Cheverny, prendre la D 765, puis à gauche la D 78.

Fontaines-en-Sologne

Datant en majeure partie du 12e s., l'**église** de Fontaines témoigne de la diffusion du style angevin : chevet plat, nef unique à remarquables voûtes bombées. Elle fut fortifiée au 17e s. À quelques pas, belles maisons à pans de bois et toits de petites tuiles plates, fréquentes dans la région.

◄ *La D 119, au Sud, longe l'étang Perret, puis, après Soings-en-Sologne, le lac du même nom.*

Dans Rougeou, prendre la D 143.

Ensorcelé ?
Le lac de Soings est soumis à de brusques crues et à des baisses tout aussi soudaines. Autrefois ces phénomènes physiques semblaient inexplicables, suscitant maintes et sombres légendes locales.

Gy-en-Sologne

Visite d'une petite maison d'ouvriers solognots, la **locature de la Straize** (16e s.). ♿ *D'avr. à mi-nov. : visite guidée (1h) sur demande 15 j. av. auprès de M. Picard tlj sf mar. 10h-11h30, 15h-18h. Fermé Toussaint et Rameaux. 20F.* ☎ *02 54 83 82 89.*

Lassay-sur-Croisne

Village solognot, perdu au beau milieu d'une région de bois et de grands étangs. Quelques demeures en brique et pierre coiffées de longs toits d'ardoise égayent le paysage.

Église St-Denis – *Ouv. en sem. Mairie. ☎ 02 54 83 86 22.* Charmante petite église du 15e s. ornée d'une belle rosace et surmontée d'une flèche aiguë. Dans le bras gauche du transept, au-dessus du gisant de Philippe du Moulin, une jolie **fresque** (début 16e s.) figure saint Christophe ; à droite, l'artiste a représenté l'église de Lassay et, dans le fond à gauche, le château du Moulin.

Château du Moulin★

1,5 km à l'Ouest par un chemin longeant la Croisne. Avr.-sept. : visite guidée (1h) tlj sf mer. 9h-11h30, 14h-18h30 ; d'oct. à mi-nov. : tlj sf mer. 9h-11h30, de 14h-17h30 ; mars : w.-end 9h-11h30, 14h-17h30. Fermé de mi-nov. à fin fév. 32F. ☎ 02 54 83 83 51.

Bâti à l'origine sur le plan carré des forteresses, le château était entouré de murailles renforcées de tours rondes. À la mode du 15e s., ces bâtiments de briques losangées soulignées de chaînages de pierre ont gardé une allure plus gracieuse que militaire. Le donjon ou logis seigneurial, percé de grandes fenêtres à meneaux, est meublé dans le style de l'époque.

Dans le corps d'entrée, à gauche du pont-levis, on visite la cuisine voûtée, avec son énorme cheminée : la roue sur le côté servait, en y faisant courir un petit chien, à faire tourner la broche.

Un preux chevalier

Le château fut construit, de 1480 à 1506, par Philippe du Moulin, qui sauva la vie de Charles VIII à la bataille de Fornoue en 1495.

Au château du Moulin, chambre avec lit à baldaquin et tapisseries des Flandres. Le 19e s. a tout de même apporté le confort du chauffage central camouflé en plaque de cheminée.

Sully-sur-Loire★

Forteresse sans doute, et bel exemple d'art militaire, Sully-sur-Loire pourtant séduit avant tout par son charme : les reflets du soleil sur ses vieilles pierres, l'ombre et le murmure des grands arbres sur ses douves miroitantes, son petit pont, ses tours coiffées d'ardoise, et enfin, son doux ciel de Loire.

La situation

Cartes Michelin n°s 65 pli 1, 238 pli 6 ou 4045 F 5 – Loiret (45). Sur la rive gauche de la Loire, à la croisée de plusieurs routes importantes, dont celle de Gien à Orléans ; au milieu d'un grand parc boisé, les eaux de la Sange baignent le château qui à l'origine devait surveiller le franchissement du fleuve.

🅸 Pl. De-Gaulle, BP 12, 45600 Sully-sur-Loire, ☎ 02 38 36 23 70.

Pour les mélomanes

Au mois de juin, le Festival international de musique de Sully et du Loiret compte parmi les grands rendez-vous culturels de la région.

Le nom

Un Romain du nom de Silius ou Cilius habitait les lieux. Mais le mot souille, ou seuille (marais), a fort bien pu donner Sully... Quant à notre Sully, il s'appelait en fait Maximilien de Béthune, marquis de Rosny ; lorsque Henri IV érige Sully en duché-pairie, c'est sous le nom de son domaine que le célèbre ministre entre dans l'histoire.

Les gens

5 907 Sullinois. Quatre grands noms dominent : Maurice de Sully, évêque de Paris qui fit construire Notre-Dame, Jeanne d'Arc, le grand Sully bien sûr, et Voltaire.

comprendre

Sage prudence
Craignant les indiscrétions, Sully fait installer une presse dans une tour du château et son ouvrage *Sages et royales économies d'État* est imprimé sur place, bien que portant l'adresse d'un imprimeur... d'Amsterdam.

Sully au travail – En 1602, Maximilien de Béthune achète le château et la baronnie pour 330 000 livres. Sully a commencé à servir son roi à 12 ans. Grand homme de guerre, maître de l'artillerie, c'est aussi un administrateur consommé. Son action s'étend à tous les domaines : finances, agriculture, industrie, travaux publics. Bourreau de travail, Sully commence sa journée à 3 h du matin et surmène les quatre secrétaires qui rédigent ses mémoires. Le vieux duc aime l'ordre comptable jusqu'à la manie. Un arbre à planter, une table à façonner, un fossé à récurer, font l'objet d'un marché notarié. De caractère difficile, il est souvent en procès, notamment avec l'évêque d'Orléans. Depuis le Moyen Âge, le châtelain de Sully doit porter le siège de l'évêque le jour de son entrée à Orléans. Le ministre, duc et pair, protestant de surcroît, refuse de se plier à cette coutume. Il finit par obtenir l'autorisation de se faire remplacer à la cérémonie.
La carrière de Sully prend fin avec l'assassinat d'Henri IV (1610). Le ministre se retire mais il assure Louis XIII de sa fidélité et encourage ses coreligionnaires à faire de même. Richelieu le fera maréchal de France.

Restauration et Hébergement
Auberge du Faisan Doré – *45600 St-Florent-le-Jeune - 10 km au SE de Sully-sur-Loire par D 951 puis D 63 - ☎ 02 38 36 93 83 - 135/195F.*
Ah, le charme des maisons solognotes, avec leurs petites briques entre les colombages ! Poutres, tomettes et cheminées, multiples recoins et niveaux décalés ajoutent au pittoresque du lieu. Cuisine de produits frais appréciée des habitués. Quelques chambres sobres mais coquettes.

se promener

Collégiale de St-Ythier

Érigée en 1529, la chapelle N.-D.-de-Pitié s'agrandit en 1605 et devint collégiale de St-Ythier. Elle a conservé deux **vitraux** datant de 1594 et 1596 : dans le bas-côté Sud, une légende des pèlerins de St-Jacques ; dans l'abside centrale, un Arbre de Jessé où la Vierge trône avec l'Enfant Jésus sur un lis épanoui. Dans le bas-côté Nord, au-dessus de l'autel, Pietà du 16e s.

Maison Renaissance

Au-dessus de la façade ornée de médaillons et de pilastres, les lucarnes du toit aux baies géminées sont encadrées de cariatides.

Église St-Germain

Remarquable flèche, de 38 m. *En restauration.*

Entourée de douves alimentées par la Sange, la forteresse médiévale conserve les souvenirs de Jeanne d'Arc, Sully et Voltaire.

SULLY SUR-LOIRE

Abreuvoir (R. de l') 2
Béthune (R. de l') 3
Champ-de-Foire (Bd du) 4
Chemin de Fer (R. du) 5
Grand-Sully (R. du) 6
Jeanne-d'Arc (Bd) 7
Marronniers (R. des) 9
Porte-Berry (R.) 10
Porte-de-Sologne (R.) 12
St-François (R. du Fg) 15
St-Germain (R. du Fg) 16
Venerie (Av. de la) 20

[Maison Renaissance . . . . . . D]

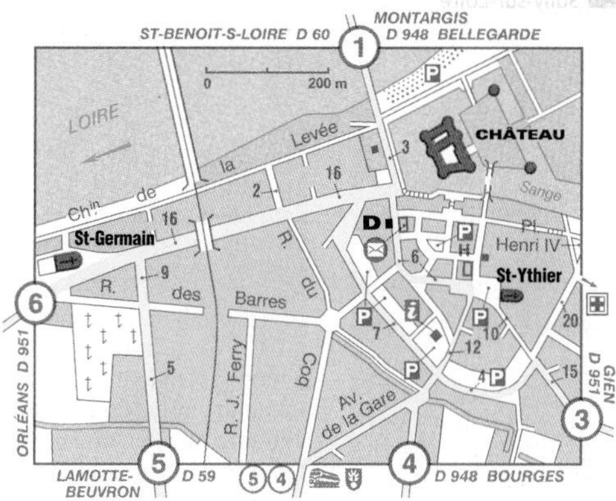

visiter

Le château★

Compter 3/4 hAvr.-sept. : 10h-18h ; oct.-mars : 10h-12h, 14h-17h. Fermé en janv. et 25 déc. 30F. ☎ 02 38 36 36 86.

En partie antérieur à 1360, le château a conservé son allure de forteresse médiévale, ses grosses tours et ses larges douves. Le donjon, construit à la fin du 14e s. par Guy de La Trémoille, fait face à la Loire. La partie haute est équipée de chemins de ronde avec mâchicoulis, meurtrières et arbalétrières qui marquent l'évolution de l'art militaire au cours de la guerre de Cent Ans. Seul le petit château est postérieur ; pavillon d'habitation de Sully, il date du début du 15e s.

La grande salle basse expose six tapisseries provenant des Ateliers parisiens, ancêtres des Gobelins.

L'ensemble des six tapisseries, réalisées par les ateliers de Paris au début du 17e s., raconte l'histoire de Psyché, d'après les Métamorphoses *(appelé parfois* L'Âne d'or*) d'Apulée.*

La détermination de Jeanne d'Arc

En 1429, Sully appartient à Georges de La Trémoille, le favori de Charles VII. Le roi réside au château pendant que Jeanne bat les Anglais à Patay et fait prisonnier leur capitaine, le fameux Talbot. La Pucelle accourt à Sully et décide enfin l'indolent monarque à se faire sacrer à Reims. Elle revient au château en 1430 après son échec devant Paris ; mais elle sent la jalousie et l'hostilité de La Trémoille gagner l'esprit du roi. Retenue et presque prisonnière, elle s'évade pour continuer la lutte... et courir vers son destin.

La salle d'honneur, une autre salle immense au 1er étage (300 m^2), constituait au Moyen Âge la salle principale du logis seigneurial ; la justice y était rendue et les festins organisés. Au 17e s., Sully la décore. Aux murs tendus de tissu rouge, portraits des descendants du premier duc et de son frère Philippe (belle copie du tombeau de Sully et de sa seconde épouse, Rachel de Cochefilet). Voltaire y fit jouer ses pièces.

Dans les embrasures des fenêtres, les ancêtres du grand Sully sont peints en trompe l'œil. Une porte de fer donne accès à l'ancienne salle de manœuvres d'où les gardes

L'esprit de Voltaire

Exilé de Paris par le Régent pour des épigrammes trop mordantes, Voltaire passe plusieurs saisons chez le duc de Sully, qui s'entoure de philosophes et de « libertins ». Voltaire a 22 ans. Sa verve et son esprit en font le boute-en-train du château.

À l'ombre du parc, dont il a décrit les arbres « découpés par les polissons et les amants », le jeune Arouet noue des intrigues galantes qu'il porte à la scène. On installe pour lui une salle de théâtre où il fait jouer *Œdipe*, puis les *Nuits galantes* et *Artémise* par ses belles amies.

Les charpentiers du Moyen Âge

La très bonne conservation de la charpente de Sully tient aux précautions infinies que prenaient les charpentiers d'autrefois pour traiter et mettre en œuvre le bois de chêne. Abattus en hiver au décours de la lune, les arbres étaient équarris afin d'en dégager l'aubier et taillés selon le fil du bois. Leur immersion, des mois durant, permettait de purger le bois de sa sève. Ensuite commençait le séchage à l'air, qui durait de longues années, puis les opérations de fumage ou de salage qui garantissaient l'imputrescibilité du matériau. Enfin, il était badigeonné d'une solution à base d'alun.

actionnaient le pont-levis et la trappe de l'assommoir. De nos jours appelée **oratoire**, cette pièce fut également, au 17e s. le cabinet du trésor du duc. Voir aussi la chambre du roi (belles tapisseries du 17e s. et mobilier Louis XIII) dont le lit aux courtines bleu et or trône au centre, en souvenir de la venue du dauphin futur Louis XIV, pendant la Fronde. Enfin, au 2e étage, la salle supérieure du donjon et sa **charpente★★**, l'une des plus belles que nous ait transmises le Moyen Âge.

Chef-d'œuvre

Construite à la fin du 14e s. par les Compagnons charpentiers de l'Orléanais, cette charpente longue de 35 m et haute de 15 m, sans ferme maîtresse, aligne ses chevrons comme une carène de navire avec une hardiesse stupéfiante.

Le petit château – Construit quelques années après le donjon, il abrite les appartements du duc de Sully et notamment sa chambre dont le plafond à caissons peint agrémente la pièce de devises et de symboles relatifs au titre de grand maître de l'Artillerie (boulets de canon, foudre...) et rappelant l'attachement du duc à son bon roi Henri.

Château de Talcy★

Talcy, château des amours de Cassandre, puis de Diane, inspira deux de nos plus grands poètes : Ronsard et d'Aubigné. Pénétrez dans la cour : rien ne semble avoir bougé, de cette gracieuse demeure Renaissance, toute simple avec son puits fleuri de roses, ses pierres chaudes et sa fraîche galerie, où vous entendrez peut-être comme l'écho fragile de doux murmures amoureux.

La situation

Cartes Michelin nos 64 pli 7 ou 238 pli 3 – Loir-et-Cher (41). Aux confins du Val de Loire et de la Beauce, entre Beaugency et Vendôme, Talcy reste bien à l'écart des grands axes et des circuits fréquentés à la haute saison.

Le nom

Un Gallo-Romain nommé Talcéius ou Talicius aurait donné son nom à ce centre d'un vaste domaine agricole, exploité dès l'Antiquité.

Les gens

La seigneurie du 13e s. fut achetée en 1517 par un riche Florentin, Bernard Salviati, parent des Médicis. Les Salviati auront marqué l'histoire littéraire par deux femmes célèbres et leurs amours contrariées. Bernard fut le père de Cassandre à qui **Ronsard** (alors moine oblat) a consacré tant de sonnets, et de Jean Salviati dont la fille, Diane, déjà mariée, joua le même rôle d'inspiratrice auprès du jeune poète et soldat protestant **Agrippa d'Aubigné**. Quant à la fille de Cassandre, mariée à Guillaume de Musset, elle comptera dans sa descendance directe **Alfred de Musset**.

visiter

Juil.-août : visite guidée (1h) 9h30-12h30, 14h-18h30, w.-end et j. fériés 9h30-18h30 ; avr.-juin et sept. : 9h30-12h30, 14h-18h30 ; oct.-mars : tlj sf mar. 10h-12h30, 14h-17h. Fermé 1er janv., 1er mai, 1er et 11 nov., 25 déc. 25F. ☎ 02 54 81 03 01.

Le donjon en partie du 15e s., percé de deux portes (cochère et piétonne), comporte deux tourelles d'angle et une galerie de défense crénelée, d'aspect médiéval quoique datée de 1520.

On sera d'autant plus saisi par le charme de la première cour, avec sa gracieuse galerie et son joli puits fleuri d'un rosier ; dans la deuxième cour, voir également le **colombier** (16e s.) dont les 1 500 alvéoles sont admirablement conservées. Remarquable **pressoir** tricentenaire, en état de marche.

Fait exceptionnel, la demeure a conservé intérieurement intacts son aspect et ses meubles des 17e et 18e s. **Tapisseries** et riche mobilier (Louis XIV, Louis XV) jalonnent salle des gardes, office, cuisine, chambres et salons sous des plafonds à la française.

Les jardins ont été réhabilités en un très beau verger-conservatoire. Fruits vedettes : la pomme et la poire.

Dans le grand salon une rare collection complète de sièges Louis XV tous estampillés du même ébéniste : Belet.

Tours★★

Première ville du Val de Loire, devant Orléans et Angers, capitale de la Touraine et ancienne cité royale, Tours conserve pas moins de trois quartiers anciens, parfaitement préservés : le vieux Tours, avec sa place Plumereau et ses maisons médiévales ou Renaissance, le quartier Saint-Julien au centre, et celui de la cathédrale plus à l'Est, avec son archevêché. Longues promenades en perspective, au gré de ses rues commerçantes, piétonnières, de ses petites places secrètes, de ses beaux hôtels et de ses jardins. Et pour vous reposer, le tranquille prieuré Saint-Cosme, ses roses et le souvenir de Ronsard.

La situation

Cartes Michelin nos 64 pli 15, 232 plis 35, 36 et 238 pli 13 ou 4037 E 3 - Schéma p. 352 - Indre-et-Loire (37). Venant de Paris, vous surplomberez la Loire, ses ponts, ses larges

Ce « pont de pierre », construit au 18e s. lorsque l'on fit passer par Tours, et non plus par Amboise, la route de Paris en Espagne, subit une importante restauration à la suite d'un effondrement en 1978. Il enjambe la Loire sur 434 m.

Portrait flatteur

Au 13e s., un moine de Marmoutier, Jean, dans son *Éloge de la Touraine,* dresse un portrait des Tourangeaux et de leurs épouses. « Toujours en festin, leurs mets sont des plus recherchés ; ils boivent dans des coupes d'or et d'argent et passent leur temps à jouer aux dés et à chasser l'oiseau. La beauté des femmes est merveilleuse, elles se fardent le visage et portent des vêtements magnifiques. Leurs yeux allument les passions, mais leur chasteté les fait respecter. »

étendues d'eau et de sables, puis la grande ville, avec ses toits d'ardoise çà et là percés de tours et de flèches.

78 r. Bernard-Palissy, 37000 Tours. ☎ 02 47 70 37 37.

Le nom

Installés dès le 5e s. avant J.-C. sur les rives et les îles de la Loire, les *Turones* occupent encore une cité prospère au temps de César, sous le nom de *Caesarodunum* ou Colline de César ; elle s'étendait sur une quarantaine d'hectares, mais les invasions de la fin du 3e s. contraignirent les habitants à se réfugier dans l'actuel quartier de la cathédrale où se trouvaient les arènes ; ils entourèrent la cité d'une muraille dont on peut voir d'importants restes près du château et non loin de là dans la rue des Ursulines. En 375, la ville, qui a repris le nom de *Turones*, devient siège de la IIIe Lyonnaise, province qui comportait la Touraine, le Maine, l'Anjou et l'Armorique.

Les gens

297 631 Tourangeaux... et saint Martin, sans qui la vigne ne serait rien, saint Grégoire notre premier grand historien, Philippe Auguste, Louis XI et sa cour, le grand peintre Jean Fouquet, des gouvernements en repli, des congrès.

comprendre

Un miracle tout naturel

À Candes, les moines de Ligugé et ceux de Marmoutier se disputaient les restes de saint Martin, mais les Tourangeaux, profitant du sommeil des Poitevins, portent le cadavre dans une barque et regagnent leur ville à toutes rames. Un miracle s'opère alors : sur le passage du corps, et bien que l'on soit en novembre, les arbres verdissent, les plantes fleurissent, les oiseaux chantent : c'est « l'été de la Saint-Martin ».

◀ **La ville de saint Martin** (4e s.) – Le plus grand évêque des Gaules fut d'abord légionnaire dans l'armée romaine. Aux portes d'Amiens, le jeune soldat rencontre un mendiant. Il coupe son manteau en deux avec son épée et en donne la moitié au pauvre homme. La nuit suivante, le futur saint Martin, ayant vu en songe le Christ couvert de la moitié de son manteau, se fait baptiser et commence son apostolat. Il fonde à Ligugé, en Poitou, le premier monastère né sur le sol gaulois. En 372, les gens de Tours viennent le supplier de devenir leur évêque. Aux portes de Tours, il crée le monastère de Marmoutier. Saint Martin meurt à Candes en 397.

En 471, une basilique s'élève autour de sa sépulture, elle mesure 53 m sur 20 m, possède 120 colonnes, 32 fenêtres dans l'abside et 20 dans la nef.

Un pèlerinage très fréquenté – En 496 (ou 498), **Clovis** vient se recueillir à St-Martin et promet de se faire baptiser s'il remporte la victoire sur les Alamans. De retour en 507 lors de la guerre contre les Wisigoths, il ordonne à son armée de ne pas souiller le territoire de Tours, par respect pour saint Martin. Après sa victoire à Vouillé, près de Poitiers, il se rend à la basilique et la

La place Plumereau à Tours.

carnet pratique

Visite

Musées et visites – La carte multi-visites, valable un an, permet de visiter une fois chacun des 6 musées municipaux et de participer à une visite à thème à choisir dans le programme des visites guidées. *50F.*

Petit train touristique – *De Pâques à sept., face à l'Office de tourisme, bd Heurteloup. Dép. à peu près tous les 3/4h à partir de 10h, jusqu'à 18h30.* Un petit train effectue un parcours commenté à travers la ville.

• ***S'informer***

Le service communication de la ville édite un magazine culturel, trimestriel, *Tours Spectacles*, qui donne jour après jour un calendrier très complet de toutes les manifestations.

Le quotidien régional – *La Nouvelle République du Centre-Ouest.*

Les radios – Radio France Tours 98.7 MHz ; Radio Saint-Martin 100,4 MHz ; Vibration 101,7 MHz ; Sud Touraine 88,2 MHz ou Touraine sur Fréquence 90,1 MHz.
Pour connaître les spectacles à Tours et en Touraine, par jour et par thème, composer le 3615 code 20H30.

Tours sur Internet – *www.ville-tours.fr, www.touraine.com/tourisme, www.loirevalley.org/Tours*

Restauration

• ***À bon compte***

Le Trébuchet – *18 r. de la Monnaie - ☎ 02 47 64 01 57 - fermé 2 sem. en août, sam. midi, lun. midi et dim. - réserv. obligatoire - 78/150F.* Dans ce restaurant du vieux Tours, au décor simple et chaleureux, vous serez le bienvenu. La carte change au gré des humeurs du patron et du marché. Cuisine savoureuse à prix raisonnables. Une adresse comme on les aime !

Le Mérimée – *66 r. Colbert - ☎ 02 47 61 32 34 - fermé mer. midi et dim. - réserv. obligatoire le w.-end - 94/125F.* Si vous n'avez pas très faim, la fameuse dictée de Mérimée, en bonne place sur les murs et les menus, vous ouvrira l'appétit. Tartines, salades, assiettes de produits régionaux et cuisine plus traditionnelle pourront vous satisfaire.

• ***Valeur sûre***

La Furgeotière – *19 pl. Foire-le-Roi - ☎ 02 47 66 94 75 - fermé 8 au 21 janv., 2 au 8 juil., mar. et mer. - 107/247F.* Poussez la porte de ce restaurant, et laissez-vous charmer par ses colombages et sa pierre de tuffeau. Les patrons ont l'amour de la vie, de la table et du métier. Cuisine originale et inventive pour satisfaire votre appétit.

Léonard de Vinci – *19 r. de la Monnaie - ☎ 02 47 61 07 88 - fermé dim. soir en hiver, mar. midi d'avr. à nov. et lun. - réserv. obligatoire le soir - 120/165F.* Un petit air de Toscane au cœur de la Touraine. La fierté de ce restaurant italien est de ne pas faire de pizzas ! Venez découvrir d'autres saveurs d'Italie, en vous attablant au milieu des maquettes des inventions du grand maître de la Renaissance.

• ***Une petite folie !***

La Roche Le Roy – *55 rte de St-Avertin - ☎ 02 47 27 22 00 - fermé 1er au 24 août, vacances de fév., sam. midi, dim. et lun. - 250/380F.* Cette gentilhommière tourangelle est née sous une bonne étoile et les gourmands devraient y ronronner de plaisir. Dans un cadre intime ou dans la jolie cour intérieure en été, ils goûteront une cuisine qui varie avec les saisons... et des vins de la cave creusée dans la roche.

Hébergement

Bon week-end à Tours – *Du 1er nov. au 31 mars*, Tours participe à l'opération « Bon week-end en ville » qui se développe dans de nombreuses villes françaises. À la deuxième nuit d'hôtel offerte s'ajoutent des cadeaux, ainsi que de nombreuses réductions pour les visites de la ville et des musées. Pour obtenir la liste des hôtels et les conditions de réservation, se renseigner à l'Office du tourisme de Tours.

• ***À bon compte***

Hôtel Le Manoir – *2 r. Traversière - ☎ 02 47 05 37 37 - P - 20 ch. : 240/320F - ☕ 30F.* Ancienne maison de maître, cet hôtel est à deux pas de la préfecture, dans un quartier calme. Les chambres sont confortables et bien entretenues, mansardées avec poutres apparentes au troisième étage.

• ***Valeur sûre***

Central Hôtel – *21 r. Berthelot - ☎ 02 47 05 46 44 - P - 41 ch. : 350/800F - ☕ 55F.* Dans le vieux Tours, cet hôtel calme et confortable est à deux pas des quartiers piétonniers animés. L'accueil y est discret mais cordial. En été, profitez du petit jardin calme sur l'arrière et prenez le petit déjeuner sur la terrasse du jardin en façade.

Chambre d'hôte Le Moulin Hodoux – *37230 Luynes - 14 km à l'O de Tours par N 152 - ☎ 02 47 55 76 27 - ⊭ - 4 ch. : 300/340F.* À proximité de Tours, dans un havre de verdure près du château de Luynes, ce moulin à eau du 19e s. dispose de chambres confortables bien équipées. Dans le très joli jardin, un salon d'été avec barbecue est à votre disposition, sans oublier la piscine.

Le temps d'un verre

Le Vieux Mûrier – *11 pl. Plumereau - ☎ 02 47 61 04 77 - Mar.-sam. 11h-2h, dim. 14h-1h, lun. 14h-20h.* Ce café, l'un des plus vieux de la place « Plum », possède ce petit supplément d'âme qui manque à tant d'établissements modernes. Il est tenu par une mamie qui n'aime pas que les jeunes boivent de l'alcool. Alors, elle leur propose du chocolat ou du thé à siroter dans un cadre chaleureux qui ressemble à un véritable musée. Belle terrasse sur la place Plumereau.

Marché aux fleurs à Tours.

Aux Trois Pucelles – *19 r. Briçonnet - ☎ 02 47 20 67 29 - Lun.-ven. 7h45-22h, sam. 9h-15h30. Fermé pdt vac. universitaires.* Le plus vieux bar de Tours est installé dans une maison du 15e s. À l'écart des remous de la place Plumereau, ce café vit au rythme de la vie universitaire et de son patron, qui vous racontera peut-être l'« histoire des trois pucelles ».

Sorties

Le Corsaire – *187 av. de Grammont - ☎ 02 47 05 20 00 - Tlj sf dim. 18h-4h.* Bar chic proposant plus de 400 cocktails. Décoration soignée imitant une cale de bateau (vrais hublots et nombreuses lanternes). Clientèle tranquille. Musique d'ambiance, principalement du jazz.

Le Gambrinus – *69 bis r. Blaise-Pascal - ☎ 02 47 05 17 00 - Tlj sf mar. 10h-2h. Fermé en août.* Bar spécialisé dans les bières belges. La carte en propose une centaine dont « certaines ne sont pas commercialisées en France, comme la Postel Triple et la Krick Dekoninck », explique le patron. Clientèle d'habitués.

Le Hamac – *21 r. de la Rôtisserie - ☎ 02 47 05 25 71 - Tlj 19h-2h.* Au centre de la vie nocturne tourangelle, bar à cocktails très calme. Idéal pour déguster une glace (la carte en propose 40) ou un cocktail (180) en amoureux sur l'un des sofas situés à l'étage.

Pub St James – *7 r. des Orfèvres - ☎ 06 60 77 44 97 - Tlj 18-2h.* Véritable petit musée anglais (portrait de la reine mère au-dessus du bar). Ambiance conviviale. Clientèle d'habitués (très peu d'étudiants). Spécialités : bières et whiskies (25 ans d'âge).

- ***Autres distractions***

Grand théâtre – *34 r. de la Scellerie, ☎ 02 47 05 33 71.*

Théâtre Louis-Jouvet – *12 r. Léonard-de-Vinci, ☎ 02 47 64 50 50.*

Le Vinci – *☎ 02 47 70 70 70.* Le centre international de congrès dispose de 3 auditoriums.

Chez Nello – *8 r. Auguste-Chevallier - le ven. et le sam. à partir de 20h30 - ☎ 02 47 39 12 11.*
Dîner-spectacle-cabaret. Il est prudent de louer.

Le Petit Faucheux – *23 r. des Cerisiers - ☎ 02 47 39 29 34.* Café-théâtre et jazz.

Le Pym's – *170 av. de Grammont (entrée r. St-Lazare) - ☎ 02 47 66 22 22.* La plus vaste discothèque de Tours.

Le Vieux Mûrier - *11 pl. Plumereau - ☎ 02 47 20 67 75.* Une valeur sûre de la place « Plum ».

Loisirs-détente

- ***Jardins historiques***

En règle générale les jardins sont ouverts au public de 8h à 20h en été et de 8h à 17h en hiver.
En plein cœur de la ville, plusieurs très beaux jardins incitent à la flânerie et à la détente : le **Jardin botanique** (5 ha), le plus ancien de Tours, est conçu un peu comme un jardin d'études de plantes médicinales, un parc animalier et une orangerie complètent son aménagement ; le **jardin des Prébendes d'Oé** (5 ha) abrite de beaux arbres d'ornement groupés par essence, il est éclairé jusqu'à 22 h en été ; le **jardin de la préfecture,** plus petit, est de style composite ; la disposition du **square François-Sicard** permet une belle vue sur la cathédrale Saint-Gatien ; le **parc Mirabeau** (1 ha) est orné de plusieurs statues intéressantes.
Direction des espaces verts de Tours, 33 bd Tonnellé, ☎ 02 47 39 88 00.

- ***Louer un vtc ou un vtt***

Amster'Cycles – *8 r. Édouard-Vaillant - ☎ 02 47 61 22 23. À 30* m à droite en sortant de la gare. Ouvert 7/7 de 9h à 12h30, de 14h à 15h30 et de 17h à 19h30. Compter 80F par jour, ou 330F par sem. ; au delà de 2 sem. (450F) la journée est facturée 10F.

Grammont Motocycles – *93 av. de Grammont - ☎ 02 47 66 62 89.*

Achats

Les rillauds, rillons et rillettes (produits charcutiers). Les petits pruneaux de Tours : farcis à la compote de pomme ou au marc de pays. Les muscadines (crème fraîche et chocolat au lait fin parfumé au Grand Marnier ou au Cointreau). Le sucre d'orge de Tours (sirop à la vanille et à la fleur de sureau). La livre tournois (chocolat amer, café et orange). Les pavés de Tours (gâteau).
Les vins de Touraine : bourgueil, saint-nicolas-de-bourgueil, chinon, azay-le-rideau, noble joué, vouvray, montlouis, touraine-amboise, touraine-mesland.

La Livre Tournois – *6 r. Nationale – ☎ 02 47 66 99 99. Visite-dégustation 15F.* Dans cette confiserie (à l'entrée du musée du compagnonnage), démonstration de fabrication du sucre d'orge à l'ancienne (sirop à la vanille et à la fleur de sureau), des pruneaux farcis à la compote de pomme ou à la pulpe d'abricot et flambés au rhum, de la muscadine et de la livre tournois. Une adresse savoureuse pour les amoureux de la confiserie !

La maison des vins de Touraine-Val de Loire – *19 sq. Prosper-Mérimée - ☎ 02 47 05 40 01*. La visite d'une cave à vin est un moment riche en mystères et sensations multiples. En Touraine, dans les galeries troglodytiques creusées dans le tuffeau, le vin vieillit sagement à l'abri des écarts du monde. C'est toujours une fête que de retrouver la convivialité d'un vigneron qui saura parler avec chaleur aussi bien d'une bonne vieille bouteille que du vin de l'année passée.
Aux portes de Tours on peut visiter des dizaines de caves familiales, abritant les cuvées de productions artisanales.

- ***Aller au marché***

Marché aux fleurs – *Mer. et sam., bd Béranger.*

Marché gourmand – *Premier ven. de chaque mois de 16h à 22h, pl. de la Résistance.*

Marché à la ferraille, friperie, brocante – *Mer. et sam. matin, pl. de la Victoire.*

Brocantes – *Le 1er et le 3e ven. de chaque mois, r. de Bordeaux ; le 4e dim. de chaque mois, bd Bélanger.*

Marché aux livres et cartes postales – *Le sam., bd Heurteloup.*

CALENDRIER

Mai – Semaines musicales de Tours (opéras, concerts symphoniques).
Foire de Tours.

Juin – *Le Chorégraphique,* festival de danse contemporaine.
Aucard de Tours, festival de rock.

Juil. – Foire à l'ail et au basilic, à la Sainte-Anne.

Sept. – Braderie commerçante le 1er dim.

Nov. – Les Fêtes musicales de Touraine, festival international de musique classique.

comble de présents en remerciement. Pour l'occasion, il revêt les insignes de la dignité de consul que l'empereur d'Orient lui a conférée. De cette époque dateront protections et privilèges accordés par les Mérovingiens au prestigieux sanctuaire.

Depuis longtemps déjà, les foules viennent chercher ici guérison ou aide. La renommée du pèlerinage est accrue par toute une « propagande » relatant les nombreux miracles qui se produisent autour du tombeau. Aux pèlerins ordinaires, en quête de surnaturel, se mêlent les rois, les princes et les puissants qui ont bien des crimes à se faire pardonner... En outre, le sanctuaire est aussi un lieu d'asile, un refuge inviolable pour les persécutés comme pour les bandits. Le succès du culte martinien enrichit considérablement l'abbaye dont les possessions foncières, fruits de multiples donations, s'étendent jusqu'en Berry et en Bordelais. Bénéficiant de la faveur royale, elle reçoit également le droit de battre monnaie.

GRÉGOIRE DE TOURS

En 563, un diacre de santé précaire, héritier d'une grande famille gallo-romaine arverne, Grégoire, se rend au tombeau de saint Martin. Guéri, il se fixe à Tours où sa piété et sa probité, alliées à la notoriété de sa parenté (il était le petit-neveu de saint Nizier de Lyon), lui valent d'être élu évêque en 573. Grégoire de Tours écrit beaucoup, notamment une *Histoire des Francs* qui est restée la principale (et inépuisable) source de connaissance des temps mérovingiens. Il meurt en 594.

Alcuin – À la fin du 8e s., la cité, tout en restant un grand centre religieux, devient, sous l'impulsion d'Alcuin, un foyer intellectuel et artistique. Ce moine, d'origine anglo-saxonne, a été ramené d'Italie par Charlemagne. Le monarque veut relever le niveau des études dans ses États ; il fait ouvrir un grand nombre d'écoles destinées à former un clergé de qualité, capable à son tour d'enseigner aux populations. Dans son palais d'Aix, il s'entoure d'un groupe d'érudits dominé par la figure d'Alcuin, animateur de la « renaissance carolingienne ». Lorsque Alcuin décide de se retirer, Charles lui offre l'abbatiat de St-Martin de Tours (796). L'abbaye compte plus de 200 moines mais elle est un peu en somnolence. Le maître entreprend de relever son prestige. Il s'occupe activement de l'école abbatiale, créant deux cycles : l'un élémentaire, l'autre d'étude des sept « arts libéraux » (grammaire, rhétorique, logique, arithmétique, géométrie, musique, astronomie). Les étudiants accourent de toute l'Europe.

Alcuin anime également le scriptorium, qui travaille au renouveau de la calligraphie et à la décoration des manuscrits. Par ailleurs, il établit une version révisée de la Vulgate qui s'imposera dans tout le royaume. Il reste en relation étroite avec Charlemagne, qui sollicite ses avis et lui rend visite quelque temps avant le couronnement de décembre 800. Il s'éteint le jour de la Pentecôte 804, âgé sans doute de 75 ans.

Dans le sillage d'Alcuin, Tours reste pendant la première moitié du 9e s. un brillant foyer culturel. En 813, un concile s'y réunit et prescrit aux prêtres de commenter les Écritures en langue romane et non en latin. Le **scriptorium** de St-Martin produit de son côté, dans les années 840, de splendides chefs-d'œuvre : la bible dite d'Alcuin, la bible dite de Moûtier-Grandval et la fameuse bible de Charles le Chauve. Des artistes venus d'Aix puis de Reims renouvellent et enrichissent la technique picturale de l'atelier abbatial.

Des premiers Capétiens à Louis XI – Les invasions normandes atteignent Tours dès 853 : la cathédrale, les abbayes, les églises sont incendiées et détruites. Les reliques de saint Martin doivent être emportées et cachées jusqu'en Auvergne. L'abbaye entre en décadence et passe sous le contrôle des Robertiens, abbés laïcs. En 903, à la suite de nouveaux pillages, elle s'entoure d'une enceinte, et un nouveau bourg se forme à l'Ouest de la cité, « Châteauneuf » ou « Martinopole ». Contrôlant St-Martin, les Robertiens disposent d'un pouvoir temporel immense : parmi les 200 chanoines de l'abbaye sont choisis archevêques, évêques et abbés. L'un des grands vassaux d'**Hugues Capet**, Eudes Ier, comte de Blois et de Tours, obtient de celui-ci, vers 984, l'abbaye voisine de Marmoutier, appelée à prendre un grand essor au 11e s.

De Martin à Capet
Le surnom de « Capet », qui s'applique au roi Hugues à la fin du 10e s., vient d'une allusion à la « cappa » de saint Martin, preuve que le succès de la nouvelle dynastie royale doit beaucoup au monastère.

En 997, un gigantesque incendie détruit Châteauneuf et St-Martin, qui doit être entièrement reconstruite, notamment la basilique de 471. Durant le 11e s., la rivalité entre les maisons de Blois et d'Anjou, dont les domaines s'enchevêtrent en Touraine, se termine par la victoire de la seconde. En 1163, date d'un grand concile tenu par le pape Alexandre III à Tours, la Touraine appartient à l'empire Plantagenêt. Mais en 1205 **Philippe Auguste** s'empare de la ville, qui restera définitivement française. Le 13e s. coïncide avec une période heureuse et prospère, marquée par l'adoption de la monnaie d'argent royale, frappée à Tours, puis dans d'autres villes du royaume, le **denier tournois**, préféré peu à peu au denier parisis.

En 1308, Tours accueille les États généraux. Bientôt s'ouvre une période difficile avec l'arrivée de la **peste noire** (1351) et de la guerre de Cent Ans qui oblige la cité, à partir de 1356, à élever une nouvelle enceinte englobant Tours et Châteauneuf. Ballottée entre les appétits des grands féodaux du royaume, la Touraine est érigée en duché pour le futur Charles VII, qui entre solennellement à Tours en 1417. En 1429, Jeanne d'Arc y séjourne le temps de faire fabriquer son armure. Charles VII s'y installe en 1444 et signe, le 28 mai, la trêve de Tours avec Henri VI d'Angleterre.

Sous **Louis XI**, Tours fait figure de capitale du royaume et se voit dotée d'un maire en 1462. Le roi aime la région et réside au château de Plessis. À nouveau, on y mène une vie facile, tandis que la présence de la cour attire **Jean Fouquet**, parmi d'autres nombreux artistes.

Fouquet le magnifique
Le plus réputé des artistes tourangeaux de l'époque est le peintre Jean Fouquet (né vers 1420 et mort à Tours entre 1477 et 1481), auteur, parmi d'autres chefs-d'œuvre, des magnifiques miniatures des *Grandes Chroniques* de France et des *Antiquités judaïques*.

Louis XI meurt en 1483 au château de Plessis, et la cour émigre à Amboise.

Les temps modernes : soieries et guerres de Religion – Louis XI avait favorisé la fabrication de la soie et du drap d'or à Lyon, mais les Lyonnais ne s'étant pas montrés enthousiastes, les ouvriers et les métiers furent transportés en Touraine. Dans ce monde d'artisans, d'intellectuels et d'artistes, la **Réforme** trouva ses premiers adeptes et Tours devient un des centres les plus actifs de la nouvelle religion. En 1562, les calvinistes s'en prennent à l'abbaye St-Martin. Les catholiques en tirent une vengeance impitoyable ; dix ans avant Paris, la ville connaît sa Saint-Barthélemy : 200 à 300 huguenots sont jetés à la Loire. En mai 1589, Henri III et le parlement de Paris se replient à Tours qui, en la circonstance, retrouve son rôle de capitale du royaume.

Dans la seconde moitié du 18e s., la monarchie fait établir, par de grands travaux d'urbanisme, une large voie Nord-Sud, futur axe de développement de Tours.
Au 19e s., son développement est lent : on construit et on embellit, mais on industrialise peu. Le chemin de fer agit comme stimulant, la gare de St-Pierre-des-Corps entraînant un regain d'activité.

Les guerres – Pour les facilités de communication qu'elle offre, la ville est choisie en septembre 1870 comme **siège du Gouvernement de la Défense nationale** ; mais l'avancée des Prussiens, trois mois plus tard, oblige ce dernier à se replier à Bordeaux.
En juin 1940, le même scénario se produit, mais en accéléré : à peine installé, le gouvernement doit fuir à Bordeaux. La ville souffre des bombardements et brûle pendant trois jours, du 19 au 21.

En 1944, le déluge de feu recommence. Au total, de 1940 à 1944, 1 543 immeubles ont été détruits et 7 960 endommagés, les quartiers du centre et du bord de la Loire ayant été les plus touchés.

Victor Laloux (1850-1937), architecte tourangeau, est le concepteur de la gare de Tours.

se promener

LE VIEUX TOURS★★★

Visite : 1 h 1/2.
La vaste opération de restauration entreprise vers 1970 autour de la place Plumereau ainsi que l'installation de la faculté des Lettres au bord de la Loire ont fait revivre ce vieux quartier ; ses rues étroites, souvent piétonnes et très commerçantes, en ont fait l'un des principaux centres d'animation de la ville.

Place Plumereau★

Aménagée en zone piétonne, l'ancien « carroi aux chapeaux », la place « Plum », est bordé de belles maisons du 15e s. à pans de bois qui alternent avec des façades de pierre. Terrasses de cafés et de restaurants débordent sur la place dès les premiers beaux jours, attirant touristes et étudiants. Avancer jusqu'à l'angle de la rue de la Rôtisserie, marqué d'une vieille façade à croisillons de bois.
Au Nord, un passage voûté ouvre sur la charmante petite **place St-Pierre-le-Puellier** agrémentée de jardins ; des fouilles montrent, entre autres, un bâtiment public gallo-romain (1er s.), des cimetières des 11e et 13e s., ainsi que les fondations de l'ancienne église qui a donné son nom à la place, et dont une partie de la nef est encore visible sur un côté de la place et dans la rue Briçonnet. Au Nord, un grand porche ogival donne accès à une placette.

À l'angle de la rue du Change et de la rue de la Monnaie, une belle maison à deux pignons d'ardoise présente des poteaux ornés de sculptures.

Rue du Grand-Marché

C'est une des plus intéressantes du vieux Tours, avec ses nombreuses façades en colombages garni de briques ou d'ardoises.

Rue Bretonneau

Au n° 33, un hôtel du 16e s. présente un beau décor de rinceaux Renaissance ; l'aile Nord fut ajoutée vers 1875.

Rue Briçonnet★

Elle rassemble tous les styles de maisons tourangelles, depuis la façade romane jusqu'à l'hôtel 18e s. Au n° 35, une maison présente, sur l'étroite rue du Poirier, une façade romane ; au n° 31, façade gothique de la fin du 13e s. ; en face, au n° 32, maison Renaissance aux jolies statuettes en bois. Non loin, une belle **tour d'escalier** marque l'entrée de la place St-Pierre-le-Puellier. Plus au Nord, sur la gauche, façade classique au n° 23.
Au n° 16 se trouve la **maison de Tristan**, remarquable construction de brique et pierre, au pignon dentelé, de la fin du 15e s., qui abrite le Centre d'études de langues

TOURS

Amandiers (R. des) . . . . CY 4
Aumônes (Pl. des) . . . . CZ
Avisseau (R.) . . . . DY
Barbusse (R. H.) . . . . AZ
Barre (R. de la) . . . . CY
Béranger (Bd) . . . . ABZ
Berthelot (R.) . . . . BCY 7
Blaise Pascal (R.) . . . . CZ
Blanqui (R. A.) . . . . DY
Bons Enfants (R. des) . . . . . . BY 8
Bordeaux (R. de) . . . . CZ
Bourde (R. de la) . . . . AZ
Boyer (R. Léon) . . . . AZ 10
Bretonneau (R.) . . . . AY
Briçonnet (R.) . . . . AY 13
Buffon (R. de) . . . . CYZ
Carmes (Pl. des) . . . . BY 16
Cathédrale (Pl. de la) . . . . . . CY
Cerisiers (R.) . . . . AY
Chanoineau (R.) . . . . BZ
Charpentier (R. J.) . . . . AZ
Châteauneuf (Pl. de) . . . . BY 17
Châteauneuf (R. de) . . . . AY 18
Cité A. Mame (R. de la) . . . . AZ
Clocheville (R. de la) . . . . . . BZ
Clouet (R. F.) . . . . DY
Cœur-Navré (Passage du) . . . . CY 21
Colbert (R.) . . . . CY
Commerce (R. du) . . . . BY 22
Comte (R. A.) . . . . CZ
Constantine (R. de) . . . . BY 24
Cordeliers (R. des) . . . . CY
Corneille (R.) . . . . CY 25
Courier (Rue Paul-Louis) . . . BY 27
Courset (R. de) . . . . AZ
Courteline (R. G.) . . . . AY 28
Cygne (R. du) . . . . CY 29
Delperier (R. G.) . . . . AYZ
Déportés (R. des) . . . . BY
Descartes (R.) . . . . BZ 33
Desmoulins (R. C.) . . . . DZ
Dr-Desnoyelle (R. du) . . . . . . DZ
Dr-Herpin (R. du) . . . . DZ
Dolve (R. de la) . . . . BZ 35
Dublineau (Pl.) . . . . DZ
Entraigues (R.) . . . . BZ
Favre (R. Jules) . . . . BY 38
Foch (R. du Mal.) . . . . BY
Foire-le-Roi (Pl.) . . . . CY
France (Pl. A.) . . . . BY
François 1er (Jardin) . . . . BY
Frumeaud (Pl. N.) . . . . AZ
Fusillés (R. des) . . . . BY 41
Gambetta (R.) . . . . BZ 43
Georget (R.) . . . . AZ
Gille (R. Ch.) . . . . CZ
Giraudeau (R.) . . . . AZ 46
Grammont (Av. de) . . . . CZ
Grand Marché (Pl. du) . . . . . AY 49
Grand Marché (R. du) . . . . . . ABY
Grand Passage . . . . CZ 50
Grandière (R. de la) . . . . BZ
Grégoire-de-Tours (Pl.) . . . . . DY 52
Grosse-Tour (R. de la) . . . . . . AY 55
Gutenberg (R.) . . . . DYZ
Halles (Pl. des) . . . . AZ
Halles (R. des) . . . . BY
Herbes (Carroi aux) . . . . AY 56
Heurteloup (Bd) . . . . CDZ
Jacquemin (R. J.-B.) . . . . DZ

MUSÉE DES ÉQUIPAGES MILITAIRES ET DU TRAIN

Ancienne église St-Denis . . BY B
Basilique St-Martin . . . . BYZ
Cathédrale St-Gatien . . . . . . CDY
Centre de Création contemporaine . . . . DY E
Centre International de Congrès Vinci . . . . CZ
Chapelle St-Michel . . . . DY
Château . . . . CY
Église St-Julien . . . . BY
Historial de Touraine . . . . CY M1
Hôtel Gouin . . . . BY
Jardin de Beaune-Semblançay . . BY K
La Psalette . . . . CY

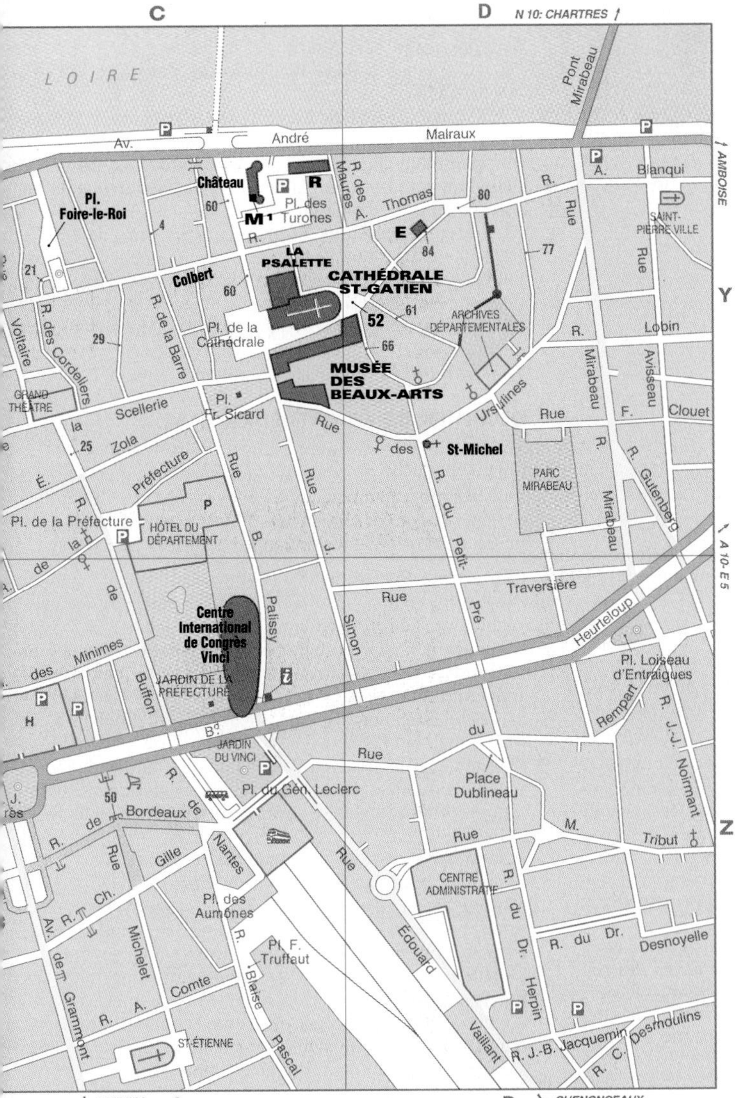

C
D
N 10: CHARTRES
LOIRE
Pont Mirabeau
Av. André Malraux
Château
R
Pl. Foire-le-Roi
Pl. des Turones
R. des Maures
A. Thomas
80
A. Blanqui
R.
Rue
SAINT-PIERRE VILLE
AMBOISE
M1
E
84
77
LA PSALETTE
CATHÉDRALE ST-GATIEN
Colbert
60
21
4
Y
52
61
ARCHIVES DÉPARTEMENTALES
Lobin
Pl. de la Cathédrale
R. de la Barre
Voltaire
R. des Cordeliers
29
66
MUSÉE DES BEAUX-ARTS
Mirabeau
Avisseau
Clouet
GRAND THÉÂTRE
Pl. Fr. Sicard
Scellerie
Rue
Ursulines
Rue
F.
la
25
Zola
Rue des
St-Michel
Préfecture
Rue
Rue
R. du Petit-Pré
PARC MIRABEAU
R. Gutenberg
Mirabeau
É.
R.
P
Pl. de la Préfecture
HÔTEL DU DÉPARTEMENT
B.
J.
A 10-E 5
de la
de
Traversière
Rue
Centre International de Congrès Vinci
Palissy
Simon
Pré
Heurteloup
Pl. Loiseau d'Entraigues
Minimes
des
Buffon
JARDIN DE LA PRÉFECTURE
Rempart
R. J.-J. Noirmant
H
Bd
JARDIN DU VINCI
du
Rue
Place Dublineau
J.
rès
50
Bordeaux
de
R. de Nantes
Pl. du Gén. Leclerc
M.
Tribut
Z
R.
Rue
Gille
Rue
Rue
CENTRE ADMINISTRATIF
Av.
R. Ch.
Pl. des Aumônes
R.
R. du Dr. Herpin
Michelet
Pl. F. Truffaut
Édouard
R. du Dr. Desnoyelle
de Grammont
R. A. Comte
Blaise
Pascal
Vaillant
R. J.-B. Jacquemin
R. C. Desmoulins
ST-ÉTIENNE
POITIERS
C
D
CHENONCEAUX

vivantes ; dans la cour un des linteaux de fenêtre porte l'inscription « Prie Dieu pur », belle anagramme de Pierre Dupui qui fit construire l'hôtel.

Rue Paul-Louis-Courier

Au n° 10 (dans la cour intérieure), le portail d'entrée de l'hôtel Binet (15e-16e s.) est surmonté d'une élégante galerie en bois desservie par deux escaliers en spirale.

Place de Châteauneuf

Belle vue sur la **tour Charlemagne**, vestige de l'**ancienne basilique St-Martin**, élevée du 11e au 13e s. sur le tombeau du grand évêque de Tours, après la destruction par les Normands du sanctuaire du 5e s. Saccagé en 1562 par les huguenots, l'édifice fut laissé à l'abandon pendant la Révolution et ses voûtes s'écroulèrent. La nef fut rasée en 1802 pour tracer la rue des Halles. La tour Charlemagne, isolée depuis cette époque, s'est en partie effondrée en 1928. Aujourd'hui restaurée, elle ne manque pas d'allure.

En face, l'ancien **logis des ducs de Touraine** (14e s.) abrite la « Maison des Combattants », tandis que l'ancienne **église St-Denis** (fin 15e s.) a été aménagée en centre musical.

Plus loin sur la rue des Halles s'élève la **tour de l'Horloge**, qui marquait la façade de la basilique ; elle fut complétée d'un dôme au 19e s.

La **nouvelle basilique St-Martin**, construite de 1886 à 1924 dans le style néo-byzantin, est l'œuvre de Victor Laloux, architecte tourangeau (1850-1937). *Possibilité de visite guidée. ☎ 02 47 05 63 87.*

La crypte renferme le tombeau de saint Martin, qui fait encore l'objet de pèlerinages importants (surtout le 11 novembre et le dimanche suivant).

QUARTIER DE LA CATHÉDRALE★★

Visite : 2 h.

Plus tranquille et à l'écart des flux touristiques, un quartier plein de charme : il faut voir sa cathédrale bien sûr, mais aussi quelques beaux hôtels particuliers, et le palais des Archevêques avec ses jardins.

Cathédrale St-Gatien★★

Pâques-Toussaint : visite guidée 9h-19h ; Toussaint-Pâques : visite libre 9h-19h.

St-Gatien a été commencée au milieu du 13e s., et terminée au 16e s., exposant ainsi toute la panoplie du style gothique ; le chevet en montre l'origine, le transept et la nef l'épanouissement, la façade flamboyante, la fin.

FLAMBOYANT

Le riche décor de la façade a été ajouté au 15e s. : tympans ajourés, archivoltes en feston, gâbles ornementés de feuillage aux portails ; les contreforts, jaillissant jusqu'à la base des clochers, ont reçu à la même époque une ornementation de niches et de pinacles à crochets.

Malgré ce mélange de styles, la **façade** s'élance de façon très harmonieuse. Une légère asymétrie des détails évite toute monotonie. Assise sur une muraille gallo-romaine, la base des tours est romane comme en témoignent les puissants contreforts latéraux.

La partie supérieure de la tour Nord, du 15e s., est prolongée par un élégant dôme à lanternon de la première Renaissance, tout comme le clocher Sud, construit au 16e s. directement sur la tour romane.

L'**intérieur** de la cathédrale frappe par la pureté de ses lignes.

La nef des 14e et 15e s. s'harmonise parfaitement au **chœur** : l'une des plus belles réalisations du 13e s., il est attribué à l'architecte de la Sainte-Chapelle à Paris, Étienne de Mortagne.

Mais bien sûr, beaucoup n'auront d'yeux que pour les **verrières★★**, légitime orgueil de St-Gatien. Celles du chœur, aux chauds coloris, sont du 13e s. ; la rose Sud du transept, légèrement losangée, et la rose Nord, coupée d'une épine de soutènement, du 14e s. ; les vitraux de la 3e chapelle latérale Sud et la grande rose de la nef, du 15e s.

Dans la chapelle qui donne sur le croisillon Sud, **tombeau★** des enfants de Charles VIII, œuvre gracieuse de l'école de Michel Colombe (16e s.), édifiée sur un socle finement ouvragé de Jérôme de Fiesole.

Place Grégoire-de-Tours★

Belle vue sur le chevet de la cathédrale et ses arcs-boutants gothiques ; à gauche se dresse le pignon médiéval du **palais des Archevêques** (occupé par le musée des Beaux-Arts) : de la tribune Renaissance, on donnait lecture des jugements du tribunal ecclésiastique. Remarquez, sur la rue Manceau, une maison canoniale (15e s.) surmontée de deux lucarnes à gâble et, à l'entrée de la rue Racine, une maison de tuffeau à toit pointu (15e s.), qui abritait la Justice-des-Bains (siège de la juridiction du chapitre métropolitain), construite sur les vestiges d'un amphithéâtre gallo-romain considérés à tort, sous la Renaissance, comme des thermes.

Gagner la place des Petites-Boucheries et de là prendre la rue Auguste-Blanqui, puis à droite la rue du Petit-Cupidon.

À l'angle de cette rue et de la rue des Ursulines, passez sous une voûte d'immeubles et pénétrez dans le jardin des archives départementales d'Indre-et-Loire. À cet endroit on peut voir la partie la mieux conservée de l'enceinte gallo-romaine de l'ancienne *Caesarodunum*, avec l'une de ses tours de défense, dite tour du Petit Cupidon, et sa poterne Sud creusée dans la muraille qui devait permettre le passage d'une voie romaine.
Poursuivant dans la rue des Ursulines, remarquez, à gauche, la **chapelle St-Michel** (17e s.) où est évoqué le souvenir de Marie de l'Incarnation *(voir section « visiter »)*.

QUARTIER ST-JULIEN★

Visite : 1 h.
Proche du pont sur la Loire, ce quartier a beaucoup souffert des bombardements de la dernière guerre ; mais derrière les façades rectilignes de la moderne rue Nationale subsistent de petites places sympathiques et d'intéressants vestiges historiques.

Église St-Julien

Avr.-oct. : visite guidée 10h30-12h, 14h-17h45 ; nov.-mars : visite libre 14h-16h30. ☎ 02 47 70 21 00.

Son clocher-porche (11e s.) se dresse un peu en retrait de la rue, précédant l'église (13e s.) au sobre intérieur gothique éclairé par des vitraux (1960) de Max Ingrand et Le Chevalier. Elle était jadis entourée d'un cloître (transformé en petit jardin) et de bâtiments monastiques. Il en subsiste une salle capitulaire gothique et les **celliers St-Julien** (12e s.), grande salle voûtée sur croisée d'ogives, où est installé le **musée des Vins de Touraine** *(voir section « visiter »)*.

Jardin de Beaune-Semblançay★

Accès par le porche au n° 28 de la rue Nationale. L'hôtel de **Beaune-Semblançay** a appartenu au malheureux surintendant des Finances de François Ier qui fut pendu à Montfaucon. De cet hôtel Renaissance ont échappé aux destructions une galerie à arcades surmontée d'une chapelle, une belle façade décorée de pilastres, isolée dans la verdure, et la ravissante **fontaine de Beaune**, finement sculptée.

Dans la rue Jules-Favre, on découvre la façade sobre et élégante du **palais du Commerce** construit au 18e s. pour les marchands de Tours : la cour est plus décorée.

Rue Colbert

Avant la construction du pont Wilson, elle formait avec son prolongement, la rue du Commerce, l'axe principal de la ville. Au n° 41, une maison à colombages porte l'enseigne *À la Pucelle armée*. Tout au long de la rue Colbert et de la rue de la Scellerie, que l'on rejoint par la rue du Cygne, nombreux antiquaires. ▶

À la Pucelle armée

C'est ici, en avril 1429, que Jeanne d'Arc aurait fait fabriquer son armure. Ce qui ne l'empêchera pas, le 7 mai au siège d'Orléans, de prendre un carreau d'arbalète dans l'épaule.

Place Foire-le-Roi

Là se tenaient les foires franches établies par François Ier ; on y jouait aussi des mystères lors de l'entrée des rois à Tours. La place est bordée au Nord de maisons à pignons du 15e s. Au no 8, un bel hôtel Renaissance a appartenu à Philibert Babou de la Bourdaisière *(voir p. 152)*. Sur le côté droit en venant du quai, au fond d'une petite ruelle, s'ouvre, pour rejoindre la rue Colbert, l'étroit et tortueux « passage du Cœur-Navré » : quelque amoureux transi en battait-il le pavé ?

visiter

Musée du Gemmail

Entrée au no 7 de la rue du Mûrier. Tlj sf lun. 10h-12h, 14h-18h30 (de mi-nov. à fin mars : w.-end et j. fériés). 30F. ☎ 02 47 61 01 19.

Lumineux
Le gemmail est un assemblage de particules de verre coloré, en relief, éclairé de l'intérieur par une source lumineuse artificielle.

Bel édifice Restauration à colonnes, l'**hôtel Raimbault** (1835) expose des gemmaux, dont le nom et l'aspect rappellent à la fois la lumière du vitrail et l'éclat des pierres précieuses. 70 pièces y sont exposées, travail de « gemmistes maîtres-verriers », coloristes travaillant à partir de cartons. Des gemmaux toujours, décorent la chapelle souterraine du 12e s.

Musée St-Martin

De mi-mars à mi-nov. : tlj sf lun. et mar. 9h30-12h30, 14h-17h30. Fermé 1er mai, 14 juil., 1er et 11 nov. 15F. ☎ 02 47 64 48 87.

Installé rue Rapin, dans la chapelle St-Jean (13e s.), ancienne dépendance du cloître St-Martin, ce musée évoque à partir de textes et de gravures les principaux événements de la vie du saint, ainsi que son rayonnement au travers des nombreuses églises qui lui furent consacrées, non seulement en France (où l'on compte près de 4 000 édifices portant son patronyme), mais aussi dans toute l'Europe.

Le musée regroupe également les vestiges préservés lors des démolitions des basiliques successives élevées sur le tombeau de saint Martin (marbres sculptés de la basilique construite vers 470, peintures murales et mosaïques de la basilique romane du 11e s.).

Avant de quitter la rue Rapin, remarquez plusieurs maisons anciennes, notamment celle du no 6 qui abrite aujourd'hui le Centre d'études supérieures de la Renaissance.

Hôtel Gouin★

De mi-mars à fin sept. : 10h-12h30, 14h-18h30 (juil.-août : 10h-19h) ; d'oct. à mi-mars : tlj sf ven. 10h-12h30, 14h-17h30. Fermé déc.-janv. 22F. ☎ 02 47 66 22 32.

Incendié en juin 1940, l'hôtel conserve son éblouissante **façade Sud★**, sculptée de fins rinceaux Renaissance, et au Nord sa belle tour d'escalier. Il abrite le **musée** de la Société archéologique de Touraine, consacré à des collections très variées allant des périodes préhistoriques et gallo-romaines jusqu'au 19e s., en passant par le Moyen Âge et la Renaissance. À voir en particulier, dans un beau décor de boiseries du 18e s., les instruments du cabinet de physique du château de Chenonceau, agencé par Dupin de Francueil avec la collaboration de Jean-Jacques Rousseau, pour l'éducation du jeune Dupin : vis d'Archimède, plan incliné, sonnerie à placer sous une cloche sous vide, pompe à vide, etc.

L'hôtel Gouin, exemple presque parfait des logis élégants de la Renaissance.

La Psalette (cloître St-Gatien)★

Avr.-sept. : visite guidée (1/2h) 9h30-12h30, 14h-18h, dim. 14h-18h ; oct.-nov. : 9h30-12h30, 14h-17h, dim. 14h-17h ; déc.-mars : mer., ven., sam. 9h30-12h30, 14h-17h, dim. 14h-17h. Fermé 1er janv. et 25 déc. 15F. ☎ 02 47 47 05 19.

Élégant édifice gothique-Renaissance, le cloître comporte trois ailes, appuyées au mur Nord de la cathédrale : l'aile Ouest, élevée en 1460, est surmontée à l'étage d'une salle de bibliothèque, alors que les ailes Nord et Est (1508-1524) sont presque totalement couvertes en terrasse.
Un gracieux escalier à vis, Renaissance, mène au scriptorium (1520) précédant la bibliothèque ou « librairie », belle salle voûtée d'ogives où sont exposées des fresques (13e-14e s.) provenant de l'église de Beaumont-Village.

C'est dans cet élégant édifice gothique-Renaissance que se retrouvaient les chanoines et la maîtrise de la cathédrale, d'où le nom de Psalette (où se chantent les psaumes).

Centre de création contemporaine

♿ *Tlj sf lun. et mar. 15h-19h. Fermé 1er janv. et 25 déc. Gratuit.* ☎ *02 47 66 50 00.*
Il organise des expositions temporaires consacrées à toutes les formes de l'art contemporain.

Chapelle St-Michel

De mi-juin à mi-sept. : 15h-18h ; de mi-sept. à mi-juin : sur demande préalable auprès de la Communauté des Ursulines, 79 r. Blanqui, 37000 Tours. ☎ *02 47 66 65 95.*
Chapelle du 17e s. dans laquelle est évoqué le souvenir de Marie de l'Incarnation, ursuline de Tours partie évangéliser le Canada et qui fonda à Québec en 1639 le premier monastère des ursulines.

Musée des Vins de Touraine

Tlj sf mar. 9h-12h, 14h-18h. Fermé 1er janv., 1er mai, 14 juil., 1er et 11 nov., 25 déc. 16F. ☎ *02 47 61 07 93.*
Le musée est installé dans les celliers de l'église Saint-Julien (12e s.). Dans la grande salle voûtée sur croisée d'ogives, l'histoire des vins de Touraine est évoquée par des outils, alambics et pressoirs anciens.

Musée du Compagnonnage★★

Entrer par un porche, 8 r. Nationale, et une passerelle. ♿ *Tlj sf mar. 9h-12h, 14h-18h (de mi-juin à mi-sept. : tlj 9h-12h30, 14h-18h). Fermé 1er janv., 1er mai, 14 juil., 1er et 11 nov., 25 déc. 25F.* ☎ *02 47 61 07 93.*
Installé dans la salle de l'Hospitalité (11e s.) et dans le **dortoir des moines** (16e s.), au-dessus de la salle capitulaire de l'abbaye St-Julien, ce musée retrace l'histoire, les coutumes et les techniques de ces associations de formation et de défense des artisans. Il présente un ensemble de métiers actuels ou disparus du compagnonnage (tisseurs, cordiers, tourneurs sur bois...), les outils correspondants et les multiples **chefs-d'œuvre** que les **compagnons** (de *companio*, « celui avec qui on partage son pain ») doivent réaliser pour acquérir leur titre. La qualité des œuvres et les documents historiques exposés sont remarquables.

Parmi les chefs-d'œuvre de compagnon, ce remarquable escalier sculpté dans la pierre.

Musée des Beaux-Arts★★

Tlj sf mar. 9h-12h45, 14h-18h. Fermé 1er janv., 1er mai, 14 juil., 1er et 11 nov., 25 déc. 30F. ☎ *02 47 05 68 73.*
L'ancien **archevêché** (17e-18e s.) et sa belle façade classique abrite les collections du musée. Du jardin à la française, **vue** ravissante sur la façade du musée et la cathédrale.

IMPÉRIAL
Dans la cour d'honneur de l'archevêché, magnifique et gigantesque cèdre du Liban, planté vers 1804.

Les salons, garnis de boiseries Louis XVI et de soieries de Tours, exposent des œuvres d'art provenant en partie des châteaux détruits de Richelieu et de Chanteloup, ainsi que des grandes abbayes tourangelles.
Aux murs, dans la salle Louis XIII, la suite très colorée *Les Cinq Sens*, tableaux anonymes exécutés d'après des gravures du Tourangeau **Abraham Bosse** (1602-1676). Une sélection d'œuvres de ce maître de la gravure à l'eau-forte, qui adopta la technique de Jacques Callot, est présentée dans la salle Abraham-Bosse. Véritables petites mises en scène sociales, elles fournissent un précieux témoignage de la vie quotidienne au milieu du 17e s.

Parmi les peintures des 14e et 15e s., des primitifs italiens et les chefs-d'œuvre du musée : deux Mantegna (Christ au jardin des Oliviers *et* Résurrection) *ayant appartenu au retable de San Zeno Maggiore de Vérone.*

DÉLICATES

Les faïences de Langeais, présentées au second étage et appréciées dans toute l'Europe au 19e s., se caractérisent par une grande souplesse des formes dues à la finesse de l'argile locale additionnée de kaolin, et par la distinction du décor au platine.

◀ Le **second étage** est consacré aux 19e et 20e s. : Delacroix, Chassériau, un portrait de Balzac par Boulanger, et une riche collection d'œuvres orientalistes, dominée par les envoûtantes *Femmes d'Alger* d'Eugène Giraud. Une salle est consacrée au peintre contemporain Olivier Debré. À voir également, des **céramiques** du Tourangeau Avisseau (19e s.), plats décorés de motifs en relief dans le style des productions de Bernard Palissy.

Château

Longé par la belle promenade ombragée du bord de Loire, le château présente des vestiges hétérogènes. De la forteresse élevée au cours du 13e s., il reste essentiellement la **tour de Guise**, couronnée de mâchicoulis et d'un toit en poivrière ; elle doit son nom au jeune duc de Guise, enfermé dans le château après l'assassinat de son père et qui s'en évada. Le **pavillon de Mars**, construit sous Louis XVI, est flanqué au Sud d'une tour ronde du 13e s.

Aquarium tropical – ♿ *Avr.-oct. : 9h30-12h, 14h-18h, dim. et j. fériés 14h-18h (juil.-août : 9h30-19h, dim. et j. fériés 14h-19h) ; nov. mars : 14h-18h. 32F (enf. : 18F). ☎ 02 47 64 29 52.*

Situé au rez-de-chaussée du château, il présente plus de 220 espèces de poissons tropicaux d'eau douce et de mer. Les bassins, véritables petits tableaux vivants, sont en évolution permanente grâce au travail des aquariologistes qui essayent de reconstituer un milieu aquatique naturel.

Historial de Touraine★ – *De mi-mars à fin oct. : 9h-12h, 14h-18h (juil.-août : 9h-19h) ; de nov. à mi-mars : 14h-17h30. 35F. ☎ 02 47 61 02 95.*

Aménagé dans les salles du pavillon de Mars et de la tour de Guise, il retrace en une trentaine de scènes, regroupant 165 personnages de cire somptueusement vêtus, les grandes heures de l'histoire de la Touraine. Les scènes les plus spectaculaires évoquent le mariage de Charles VIII et d'Anne de Bretagne, l'échoppe de Jean Chapillon et de ses compagnons orfèvres, un bal à la cour des Valois... En juillet et août, visites nocturnes animées.

Le long du quai, **logis des Gouverneurs** (15e s.) surmonté de lucarnes à gâble. À sa base et dans son prolongement vers la tour de Guise, la muraille gallo-romaine réapparaît.

Au 2e étage du bâtiment, l'**atelier Histoire de Tours** permet, par la présentation de documents archéologiques et historiques, des maquettes et des montages audio-visuels, de comprendre l'histoire de la ville de Tours. Parallèlement à cette exposition permanente, un cycle d'expositions temporaires intitulé « Vivre à Tours » met en valeur un aspect particulier de son histoire. *De mi-mars à mi-déc. : mer. et sam. 15h-18h30. Gratuit. ☎ 02 47 64 90 52.*

Musée des Équipages militaires et du Train★

Au Sud, par la rue Giraudeau. Tlj sf w.-end 13h30-17h30. Fermé j. fériés, entre Noël et jour de l'An, la dernière sem. de fév. Gratuit. ☎ 02 47 77 20 35.

Le musée est installé dans le pavillon de Condé (dernier souvenir de l'abbaye Ste-Marie de Beaumont). On y suit l'évolution de l'arme du train (du latin *tranare*, traîner), à travers une dizaine de salles soigneusement aménagées. Au rez-de-chaussée, la salle « Empire » explique l'organisation en bataillons des premiers éléments du train ; la salle « Restauration » évoque le maréchal Bugeaud et ses « colonnes mobiles » en Algérie ; la salle « 1914-1918 » rappelle que le service automobile, encore expérimental en 1915, devient efficace en 1916 notamment le long de la Voie sacrée de Bar-le-Duc à Verdun. Au premier étage, panorama sur le train contemporain. Trois salles annexes sont consacrées aux souvenirs du train hippomobile, aux compagnies muletières et aux collections d'insignes de l'arme.

Du charroi au train

Napoléon créa le corps des équipages militaires en 1807 pour pallier l'insuffisance des moyens de transport ; en effet, jusqu'à cette époque, l'administration de guerre faisait appel à des sociétés civiles (les compagnies de charrois) dont les prestations étaient plus ou moins efficaces.

Une poupe de car-ferry de cristal échouée face à la gare et une immense coque profilée étirée en direction de la cathédrale : c'est la « casquette » de Nouvel, le Vinci.

Centre international de congrès Vinci

On ne visite pas. La création (1993) de Jean Nouvel inaugure à Tours un nouveau style architectural. À l'intérieur, trois auditoriums (350, 700 et 2 000 places) suspendus dans le vide – une prouesse technique et une première en France – côtoient plus de 3500 m^2 d'exposition et 22 salles de réunion.

Prieuré de St-Cosme★

3 km à l'Ouest par le quai du Pont-Neuf prolongé par l'avenue Proudhon ; suivre ensuite la levée jusqu'au prieuré. ♿ De juin à mi-sept. : 9h-19h ; de mi-sept. à fin oct. et de mi-mars à fin mai : 9h-12h30, 13h30-18h ; nov. et de déb. fév. à mi-mars : 9h30-12h30, 13h30-17h. Fermé déc.-janv. 24F, 48F (donne accès à la Maison de la Devinière et au Château de Saché). ☎ 02 47 37 32 70.

Havre de paix, avec plus de 200 variétés de rosiers et d'iris, le potager, le verger, les broderies de buis et la pergola, ses jardins fleuris de mars à octobre offrent un cadre merveilleux aux anciens bâtiments du prieuré qui accueillirent le poète Pierre de Ronsard de 1565 à 1585. Celui-ci est inhumé dans le chœur de l'église ; une dalle fleurie orne son tombeau.

Dans le réfectoire des moines, vaste bâtiment du 12e s., remarquez la chaire du lecteur, ornée de colonnes et de chapiteaux sculptés.

Le **logis du prieur**, où vécut et mourut Ronsard, est une charmante petite maison du 15e s. ; au temps de Ronsard, un escalier extérieur menait au 1er étage de l'habitation, qui ne comprenait qu'une vaste salle à chaque niveau. Le logis abrite un petit **musée lapidaire** ; une collection de dessins, photos et gravures, ainsi qu'une projection audio-visuelle évoquent la vie de Ronsard.

Louis XI au Plessis-lès-Tours

Fils de Charles VII et de Marie d'Anjou, **Louis XI** naquit à Bourges en 1423 et accéda au trône en 1461. Les sites d'Amboise, de Loches ou de Chinon ne lui plaisant guère, le roi acheta en 1463 à son chambellan de Maillé la terre de Montils. Rebaptisée Plessis, Louis XI y construisit un château simple et sévère, demeure plus digne d'un bourgeois aisé que d'un roi de France. Le monarque y passa pourtant la majeure partie de sa vie.

Soucieux de favoriser l'essor de son royaume après les ravages de la guerre de Cent Ans, il développa les manufactures et le commerce. De tempérament inquiet, d'esprit plus politique que militaire, il sut imposer son autorité au pays, achever la guerre de Cent Ans et régénérer la vie économique du pays. Ses luttes avec le duc de Bourgogne, Charles le Téméraire, se soldèrent par la défaite et la mort du duc, en 1477, et l'annexion d'une partie du duché, en 1482.

Château de Plessis-lès-Tours

À 1 km du prieuré de St-Cosme par l'avenue du Prieuré.
Ce modeste bâtiment *(on ne visite pas)* ne représente qu'une petite partie du château construit par Louis XI au 15e s.

Les dernières années de Louis XI furent difficiles : redoutant un attentat, s'imaginant avoir la lèpre, il vécut dans la méfiance et la superstition. C'est dans ce contexte que se déclara la trahison du cardinal Jean Balue. Très en grâce auprès de Louis XI qui le comblait d'honneurs, le cardinal aurait comploté secrètement avec le duc de Bourgogne ; démasqué en 1469, il fut emprisonné à Loches jusqu'en 1480. Louis XI mourut au château du Plessis le 30 août 1483, après vingt-deux ans de règne.

alentours

Cette ancienne exploitation des moines de l'abbaye de Marmoutier a conservé un beau porche, des restes d'enceinte fortifiée et une remarquable grange.

Grange de Meslay★

10 km au Nord-Est par le Nord du plan, N 10 et une route à droite. ♿ Pâques-Toussaint : w.-end et j. fériés 15h-18h30. 20F. ☎ 02 47 29 19 29.

Très bel exemple d'architecture civile du 13e s. avec sa porte d'entrée en plein cintre, ornée d'un gâble aigu, elle est couverte d'une charpente du 15e s. reposant sur une quadruple rangée de piliers en cœur de chêne.

Elle sert régulièrement d'auditorium (Festival de la grange de Meslay, longtemps parrainé par le grand pianiste Sviatoslav Richter) et abrite des expositions artistiques.

Montbazon

9 km au Sud. Montbazon compte parmi les vingt forteresses élevées par Foulques Nerra.

Les amateurs de panoramas pourront monter à pied jusqu'au **donjon** *(propriété privée)* dont les vestiges démantelés dominent le bourg. Près de l'hôtel de ville, emprunter la rue des Moulins et, après une ancienne porte, un sentier à droite.

Dolmen de Mettray

12 km au Nord-Ouest, N 138 et à droite la D 76 vers Mettray.
Situé à St-Antoine-du-Rocher, au Nord de Mettray, sur la rive droite de la Choisille, entouré d'un boqueteau *(accès signalé)*, le beau dolmen de la « Grotte aux Fées » est l'un des monuments mégalithiques les mieux travaillés qui nous soient parvenus. Long de 11 m et haut de 3,70 m, il est composé de douze pierres taillées avec régularité.

Luynes

7 km à l'Ouest, N 152 et à droite à Luynes. De la N 152, sur la levée de la Loire, vous aurez une jolie vue du bourg qui escalade le coteau. Nombreuses caves directement creusées dans le roc, et belles **halles** (15e s.) en bois à haut toit de tuiles plates. Remarquez aussi plusieurs demeures à pans de bois, notamment en face de l'église (rue Paul-Louis-Courier), une maison à poteaux corniers sculptés.

Par la D 49 qui grimpe sur le coteau parmi les vignes, belle vue en arrière sur le château dont la silhouette féodale domine le bourg.

Château★ – *D'avr. à fin sept. : visite guidée (3/4h) 10h-18h. 45F (enf. : 20F). ☏ 02 47 55 67 55.*

Construite sur un éperon rocheux qui surplombe la petite localité, cette importante forteresse médiévale, transformée au 15e s., appartenait à un « compère » de Louis XI : Hardouin de Maillé. Depuis le 11e s. trois familles seulement ont habité ces lieux : les Maillé, les Laval et les Luynes. Aujourd'hui c'est le 12e duc de Luynes qui habite le domaine.

Vous découvrirez, à partir de la charmante cour intérieure, un **panorama** unique sur la vallée de la Loire. Le délicat logis en brique et pierre date de Louis XI, les deux ailes sont du 17e s. À l'intérieur, riches tapisseries, ainsi que des tableaux et des meubles anciens. Beaux jardins, harmonieusement dessinés.

itinéraire

LA LOIRE SAUMUROISE★★★

De Tours à Chinon

61 km – environ 5 h. Quitter Tours à l'Ouest par la D 88.

Cette route passe à proximité du **prieuré de St-Cosme★** et suit la levée de la Loire entre des jardins et des potagers. Jolies vues sur les coteaux de la rive droite.

À l'Aireau-des-Bergeons, prendre à gauche vers Savonnières.

Le jardin de la France

« Connaissez-vous cette contrée que l'on a surnommée le jardin de la France, ce pays où l'on respire un air pur dans des plaines verdoyantes arrosées par un grand fleuve ? Si vous avez traversé, dans les mois d'été, la belle Touraine, vous aurez longtemps suivi la Loire paisible avec enchantement, vous aurez regretté de ne pouvoir déterminer, entre les deux rives, celle où vous choisiriez votre demeure, pour y oublier les hommes auprès d'un être aimé. »
Alfred de Vigny, *Cinq-Mars*, 1826

Savonnières

2,5 km à l'Est. L'église présente un beau portail roman à décor d'animaux affrontés et de colombes.

Grottes pétrifiantes – *À la sortie de Savonnières, sur la route de Villandry. De fév. à mi-déc. : visite guidée (1h1/4) 9h15-12h, 14h-18h (avr.-sept. : 9h-18h30). Fermé jeu. de mi-nov. à déb. fév. 31F. ☏ 02 47 50 00 09.*

Derrière un rideau d'arbres, les tours de la cathédrale Saint-Gatien veillent sur la Loire.

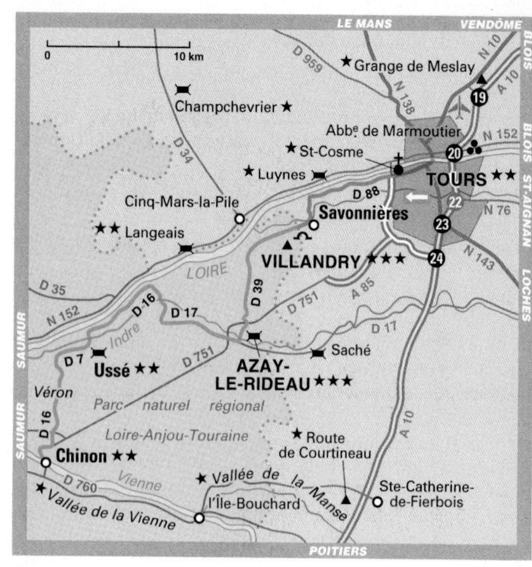

Pétrifiant
Reconstitution de la faune préhistorique et musée de la Pétrification, avec des pierres lithographiques et des matrices en cuivre du 19e s.

Formées à l'ère secondaire, on les exploitait comme carrière au 12e s. Partiellement envahies par un lac, elles sont encore actives et l'infiltration d'eau saturée de calcaire donne lentement forme à des stalactites, des gours et quelques draperies. Une dégustation de vins a lieu au fond des grottes.

Villandry★★★ *(voir ce nom)*

Après Villandry, on quitte le pays des troglodytes et, par la D 39, on gagne la vallée de l'Indre.

Château d'Azay-le-Rideau★★★ *(voir ce nom)*

La D 17 court entre la rivière, qui se scinde en de nombreux petits bras, et la forêt de Chinon. Jusqu'à Rigny-Ussé, l'itinéraire serpente entre haies, prairies inondables et boqueteaux, offrant par endroits des échappées sur le fleuve ; du pont sur l'Indre, on découvre le château d'Ussé.

Château d'Ussé★★ *(voir ce nom)*

Après Rigny-Ussé, on traverse le plantureux **Véron**, plaine alluviale (et partiellement inondable) qui avance en pointe jusqu'au confluent de la Loire et de la Vienne : quelques beaux paysages, d'une grande douceur, et encore relativement bien préservés. D'une grande fertilité, entre prairies et peupleraies, le Véron produit vignobles, asperges et arbres fruitiers (pruniers renommés utilisés pour la confection des pruneaux de Tours).

Par le village de Huismes on atteint Chinon.

Troo

Troo surplombe le Loir, avec ses maisons disposées en étages que relient des ruelles, des escaliers et des passages mystérieux : n'allez pas vous perdre dans leurs caves... En face, vous découvrirez la charmante église Saint-Jacques-des-Guérets, et ses peintures murales aux allures byzantines, d'une exquise fraîcheur.

La situation

Cartes Michelin nos 64 pli 5, 232 pli 24 ou 238 pli 1 – Schéma p. 365 – Loir-et-Cher (41). Au bord de la D 917, à l'Ouest de Vendôme, juché sur une colline abrupte au-dessus du Loir, Troo se signale au loin par la tour de son clocher.

41800 Troo, ☎ 02 54 72 58 74.

Le nom
Quel drôle de nom ! Mais pas question de prononcer, à l'anglaise, « trou » : ici, Troo... c'est trop, un point c'est tout. D'ailleurs, l'origine pourrait bien être « trou » quand même, car des trous à Troo, on en creuse depuis belle lurette...

Les gens
301 Troiens. Troo a vu se déchirer Philippe Auguste et Richard Cœur de Lion pour le petit château des comtes d'Anjou. Le sous-sol de tuffeau est creusé d'un labyrinthe de galeries, dites « caforts » (caves fortes), ayant servi de refuge au cours des guerres.

HÉBERGEMENT
Chambre d'hôte
Château de La Voute – ☎ *02 54 72 52 52 - http://members. aol.com/chatlavout - ✉ - 5 ch. : 450/590F.*
« Chambres avec vue », tel pourrait être le nom de ce château ! Peu importe la chambre que vous choisirez, la vue sur la vallée du Loir vous ravira. Laissez-vous charmer par le raffinement du décor et le romantisme de cette demeure.

se promener

La butte★
Du sommet de cette motte féodale, **panorama** (table d'orientation et longue-vue) sur le cours sinueux du Loir et sa vallée. Vous apercevrez, en face de Troo, la petite église St-Jacques-des-Guérets.

Ancienne collégiale St-Martin
La collégiale, fondée en 1050 et remaniée un siècle plus tard, est dominée par une remarquable tour carrée, percée de baies aux ébrasements garnis de colonnettes, caractéristiques du style angevin. À l'intérieur, des voûtes bombées couvrent la nef et le chœur. Chapiteaux romans historiés, stalles et table de communion du 15ᵉ s. ; remarquez également la statue en bois (16ᵉ s.) de saint Mamès (invoqué pour les maux de ventre).

Le Grand Puits, nommé aussi « le Puits qui parle », en raison de son excellent écho ; profond de 45 m, il est protégé par une toiture en bardeaux.

Maladrerie Ste-Catherine
Située sur la D 917, à l'extrémité Est de la ville, elle présente de belles arcatures romanes (12ᵉ s.). Elle donnait asile aux pèlerins malades se rendant à St-Martin de Tours et à St-Jacques-de-Compostelle. Une léproserie existait hors les murs, à l'Ouest de Troo.

Grotte pétrifiante
10h-22h. 5F. ☎ 02 54 72 52 04.
La grotte ruisselle encore abondamment, formant stalactites et autres objets pétrifiés.

Église St-Jacques-des-Guérets
Elle était desservie par les augustins de l'abbaye St-Georges-des-Bois, située au Sud-Est de Troo.

LES PEINTURES MURALES

Elles ont été exécutées de 1130 à 1170. Influencées par l'art byzantin, elles ont conservé une grande fraîcheur de coloris. Les plus belles se trouvent dans l'abside. À gauche la Crucifixion, où des personnages à mi-corps figurent le Soleil et la Lune, et la Résurrection des morts ; à droite le Christ en majesté, au milieu des symboles évangéliques, et la Cène. Les images de saint Augustin et de saint Georges garnissent les ébrasements de la baie centrale. À la paroi droite de l'abside, on identifie le martyre de saint Jacques, décapité par Hérode, et, au-dessus, le paradis : les élus sont nichés comme des pigeons dans les alvéoles. Sur le mur Sud de la nef qui fait suite, on voit en haut le miracle de saint Nicolas : le saint lance trois pièces d'or à trois jeunes filles que leur père allait prostituer ; en bas, la Résurrection de Lazare. Plus loin, vaste et très belle Descente du Christ aux limbes : Jésus délivre Adam et Ève. Le mur gauche de l'église porte des peintures d'époques diverses (12ᵉ et 15ᵉ s.) : Nativité et Massacre des innocents.
À voir également, deux statues en bois polychrome (16ᵉ s.) : à gauche, dans une niche, saint Jacques dont le socle porte un écusson aux armes de Savoie ; dans le chœur, à gauche, saint Pierre.

Château d'Ussé★★

On dit qu'il inspira Charles Perrault pour sa « Belle au bois dormant ». Une chose est sûre : devant cette impressionnante masse blanche, quasi spectrale (le soleil l'effleure à peine), hérissée de tours et de clochetons, qui s'appuyant à une sombre muraille d'arbres s'étage, de terrasses en terrasses, jusqu'à la rivière, il faudra vous pincer bien fort, pour vérifier que vous ne rêvez pas, et que cette apparition n'est pas le fruit d'un songe.

Frou-frou
Chaque année, Ussé accueille une originale **exposition de costumes anciens** (mannequins et accessoires de mode).

La situation

Cartes Michelin n°s 64 pli 13 ou 232 pli 34 (14 km au Nord-Est de Chinon) ou 4037 B 4 – Schéma p. 352 – Indre-et-Loire (37). Adossé à la falaise où vient mourir la forêt de Chinon, le château déploie ses jardins en terrasse en surplomb de l'Indre. Venant d'Azay, longer l'Indre par la jolie D 7, ou mieux encore, gagner Bréhémont, puis la levée de la Loire par la D 16, pour franchir l'Indre sur un petit pont de pierre, en face du château : la vue est saisissante.

Le nom

L'histoire locale prouve que de longue date une forteresse s'élevait en ce lieu. Appartenait-elle à un Gallo-Romain du nom de Uccius, l'hypothèse n'est pas confirmée. Les deux communes de Rigny et d'Ussé ont été réunies en 1860, suite à une forte chute démographique (à peu près générale en bassin de Loire).

Les gens

Ussé devient, au 15e s., la propriété d'une grande famille tourangelle, les Bueil *(voir ce nom)*. En 1485, Antoine de Bueil vend Ussé aux Espinay, famille bretonne. On leur doit les corps de logis sur cour et la chapelle du parc. Le château change souvent de propriétaires, dont le gendre de Vauban, Louis Bernin de Valentinay, ami de Charles Perrault. Voltaire aurait écrit ici une partie de la *Henriade*. Chateaubriand y aurait rédigé une partie des *Mémoires d'outre-tombe*. Depuis la fin du 19e s., le domaine appartient aux comtes de Blacas.

Contrastes de la pierre blanche de tuffeau avec son fond de verdure.

se promener

En montant au château, toits et clochetons se dessinent au travers des branches des cèdres du Liban qui auraient été offerts par Chateaubriand à la comtesse de Duras, très éprise du ténébreux écrivain.
Les façades extérieures, construites au 15e s., conservent un aspect médiéval, alors que les bâtiments d'habitation, sur la cour d'honneur, sont imprégnés de style Renaissance. Trois corps de logis s'ouvrent sur cette cour : celui de l'Est, gothique ; celui de l'Ouest, Renaissance ; celui du Sud, en partie gothique, en partie classique. Comme à Chaumont, l'aile Nord a été supprimée au 17e s. pour ouvrir la vue, depuis les terrasses, sur les vallées de la Loire et de l'Indre.
Le corps de logis Ouest est prolongé par un pavillon du 17e s.

Château d'Ussé – Tapisserie flamande d'après Teniers le Jeune représentant des scènes villageoises.

visiter

D'avr. à fin sept. : visite guidée (3/4h) 9h-12h, 14h-18h45 (de juin à fin août : 9h-18h30) ; de mi-fév. à fin mars : 10h-12h, 14h-18h ; de fin sept. à mi-nov. : 10h-12h, 14h-17h30. Fermé de mi-nov. à mi-fév. 59F. ☎ 02 47 95 54 05.

Salle des gardes – Cette pièce d'angle est couverte d'un beau plafond en trompe l'œil du 17e s. ; collection d'armes orientales. Dans la petite pièce attenante, porcelaines de Chine et du Japon.

Ancienne chapelle – Transformée en salon, elle renferme un très beau mobilier : bureau Mazarin en bois de citronnier et trois tapisseries de Bruxelles (16e s.), aux couleurs parfaitement conservées.

Grande Galerie – Reliant les ailes Est et Ouest du château, elle est tendue d'immenses et somptueuses **tapisseries flamandes★** (scènes villageoises d'après Teniers le Jeune, 16e s.).

Passé la salle des trophées de chasse, le grand escalier du 17e s. (belle rampe en fer forgé) conduit aux salles du 1er étage : bibliothèque et chambre du roi.

Rangement

Dans l'antichambre, exceptionnel cabinet italien du 16e s., aux... 49 tiroirs (à l'intérieur, décor de marqueterie en ébène incrusté de nacre et d'ivoire).

Chambre du roi – Comme dans toutes les grandes demeures seigneuriales, l'une des pièces du château était destinée au roi, pour le cas où il aurait fait étape à Ussé. Cette chambre, tapissée de soie avec motifs chinois (lit à baldaquin et grand miroir de Venise), n'accueillit jamais le souverain.
Le donjon abrite une très intéressante **salle de jeux★** (dînettes de porcelaine, trains mécaniques, meubles de poupée). Le long du chemin de ronde, plusieurs vitrines retracent l'histoire de *La Belle au bois dormant* : la princesse Aurore, la fée Carabosse, et bien sûr... le Prince charmant.

Poires tapées.

Les poires tapées de Rivarennes

À 5 km de Rigny-Ussé, le petit village de Rivarennes est célèbre pour ses poires tapées. La méthode est pratiquement la même que pour les pommes tapées : les fruits sont épluchés entiers, puis déshydratés par un séchage de 4 jours dans un four à pain. Lors de cette opération les poires perdent 70 % de leur volume ; on les « tape » ensuite avec un aplatissoir pour en vider l'air. Elles se conservent sèches ou en bocaux. Pour servir de garniture à des viandes en sauce ou à du gibier, il suffit de les « regonfler » en les faisant tremper dans un bon vin de Chinon, par exemple.

Chapelle★ – Isolée dans le parc, elle fut construite de 1520 à 1538. Sur la façade, de pur style Renaissance, les initiales C et L, que l'on retrouve ailleurs et qui constituent un des éléments de la décoration, sont celles des prénoms de Charles d'Espinay, constructeur de la chapelle, et de sa femme, Lucrèce de Pons. À l'intérieur, élancé et lumineux, belles stalles sculptées avec personnages, du 16e s. Dans la chapelle Sud, voûtée d'ogives, une bien jolie Vierge aux enfants, faïence émaillée de Luca della Robbia.

Château de Valençay★★

Inspiré de celui de Chambord, le château de Valençay n'a rien à envier aux proches châteaux de la Loire... Une architecture aux superbes proportions, un parc aux tracés harmonieux, tout est réuni pour créer un lieu magique et prestigieux dédié à la fête.

La situation

Cartes Michelin nos 64 pli 18 ou 238 pli 16 – 22 km au Nord de Levroux – Indre (36).

Au Sud de la vallée du Cher (aux confins de l'Indre, du Loir-et-Cher et de l'Indre-et-Loire), Valençay, bâti sur un coteau, est enclavé entre la forêt de Gâtine et celle de Garsenland. En son centre coule le Nahon.

Le nom

Connu sous le toponyme de *Valentiaco* au 12e s., Valençay doit probablement son nom à un certain *Valentius*.

Les gens

Le cadre exceptionnel du château est mis en valeur, si besoin était, par un spectacle son et lumière qui met en scène pas moins de 900 personnages costumés.

Restauration

Auberge St-Fiacre – *36600 Veuil - 6 km au S de Valencay par D 15 puis rte secondaire - ☎ 02 54 40 32 78 - fermé mar. et mer. sf juil-août et j. fériés - 130/225F.* Au centre du village fleuri, cette maison basse du 17e s. a installé sa terrasse sous les marronniers, au bord du ruisseau. Par temps frais, vous apprécierez la chaleur de l'âtre campagnard et de la salle à manger aux grosses poutres apparentes.

comprendre

Un château de financiers – Valençay fut construit vers 1540 par Jacques d'Estampes, châtelain du lieu. Ce seigneur, ayant épousé la fille grassement dotée d'un financier, voulut avoir une demeure digne de sa nouvelle fortune. Le château du 12e s. fut rasé et à sa place s'éleva le somptueux bâtiment actuel. La finance fut souvent mêlée à l'histoire de Valençay : parmi ses propriétaires successifs, on compte des fermiers généraux et même le fameux **John Law** dont l'étourdissante aventure bancaire fut un premier et magistral exemple d'inflation. **Charles-Maurice de Talleyrand-Périgord**, qui avait commencé sa carrière sous Louis XVI comme évêque d'Autun, est ministre des Relations extérieures lorsqu'il achète Valençay en 1803 à la demande de Bonaparte, pour y organiser de somptueuses réceptions en l'honneur des étrangers de marque. En 1808, l'intrigant et dispendieux prince de Bénévent, bien près de la disgrâce, y accueille Ferdinand d'Espagne, son frère Carlos et son oncle Antoine. Napoléon lui écrit : « Votre mission est assez honorable ; recevoir chez vous trois illustres personnages pour les amuser est tout à fait dans le caractère de la nation et dans celui de votre rang. » Le futur Ferdinand VII resta dans sa cage dorée jusqu'à la chute de l'Empereur en 1814. Quant à Talleyrand, il continua sa longue carrière et se retira enfin en 1834.

Le financier écossais John Law (1671-1729) avait acheté le château de Valençay.

visiter

Le château

D'avr. à déb. nov. : 9h30-18h (juil.-août : 9h30-19h30) ; mars : 14h-17h, w.-end 10h-17h ; janv.-fév. : w.-end 14h-17h. Fermé 1er janv. et 25 déc. Fermé de déb. nov. à fin fév. 53F château et spectacle (enf. : 43F), 49F château seul (enf. : 37F). ☎ 02 54 00 10 66.

« Ce lieu est un des plus beaux de la terre et aucun roi ne possède un parc plus pittoresque... » Chauvine George Sand ?

Le pavillon d'entrée est une énorme construction traitée en donjon de plaisance, avec de nombreuses fenêtres, des tourelles inoffensives et de faux mâchicoulis. Le comble aigu est ajouré de hautes lucarnes et surmonté de cheminées monumentales. Cette architecture se retrouve dans les châteaux Renaissance du Val, mais remarquez ici les premières touches du style classique : des pilastres superposés, aux chapiteaux doriques (rez-de-chaussée), ioniques (1er étage) et corinthiens (2e étage). Le classique s'accuse encore plus dans les toitures des grosses tours d'angle : les dômes prennent la place des toits en poivrière qui sont la règle au 16e s. sur les bords de la Loire.

Aile Ouest

Elle a été ajoutée au 17e s. et remaniée au 18e s. Son toit est à la Mansart : mansardes et œils-de-bœuf y alternent. Vous visiterez au rez-de-chaussée le grand vestibule Louis XVI, la galerie consacrée à la famille Talleyrand-Périgord, le grand salon et le salon bleu qui contiennent de nombreux objets d'art et un somptueux mobilier Empire, dont la célèbre table dite du congrès de Vienne, l'appartement de la duchesse de Dino. Au 1er étage, après la garde-robe et la chambre du prince de Talleyrand, vous verrez la chambre qu'occupa Ferdinand, prince des Asturies puis roi d'Espagne, l'appartement du duc de Dino et celui de Mme de Bénévent (portrait de la princesse par Mme Vigée-Lebrun), la grande galerie (*Diane chasseresse* par Houdon) et l'escalier d'honneur.

Festif

La visite de la salle à manger, au rez-de-chaussée, puis de l'office et des cuisines, au sous-sol, permet d'imaginer le faste des réceptions données par Talleyrand avec la participation de son chef de bouche, **Marie-Antoine Carême**.

Parc

Dans le beau jardin à la française qui précède le château se promènent en liberté cygnes noirs, canards, paons... Sous les grands arbres du parc, on ira voir daims, lamas et kangourous gardés dans de vastes enclos.

Musée de l'Automobile du Centre

Déménagement avenue de la Résistance fin 2000. Mêmes horaires que le château. 25F.

À voir
Documents de route de l'automobile d'alors, vieilles cartes et guides Michelin d'avant 1914.

◀ Il présente la collection des frères Guignard, petits-fils d'un carrossier de Vatan (Indre) ; cet intéressant ensemble compte plus de 60 voitures anciennes (depuis 1898), parfaitement entretenues et en état de marche, dont la limousine Renault des présidents Poincaré et Millerand (1908).

alentours

Chabris

14 km au Nord-Est par la D 4. D'origine romaine, Chabris, sur les pentes de la rive gauche du Cher, produit des vins et des fromages de chèvre estimés.

La crypte
Elle daterait du 11e s. En forme de « confession », avec un passage et des ouvertures pour vénérer les reliques, elle renferme le sarcophage du saint.

◀ **Église** – Dédié à saint Phalier, solitaire du 5e s. qui mourut à Chabris, cet édifice est l'objet d'une dévotion fort ancienne (pèlerinage le 3e dimanche de septembre).
En contournant son chevet, on remarque de curieuses sculptures, primitives, d'animaux fantastiques, de l'Annonciation, et des sections en appareil losangé qui proviennent d'une église plus ancienne. Celle-ci fut reconstruite au 15e s. : derrière le porche à double arcade et à tribune, admirer son portail gothique aux vantaux sculptés. Dans le chœur, deux panneaux naïfs évoquent la vie et les miracles de saint Phalier, qui donnait la fécondité aux femmes.

Vendôme★★

Avec sa porte d'Eau, sa tour de l'Islette, ses ponts et ses pierres moussues, le vieux Vendôme, petite Venise aux charmes secrets, s'ouvre sur le Loir et sa vallée : paysages de coteaux, de prairies, de peupliers, de lavoirs et de saules, Ronsard y naquit, et chanta ses paisibles beautés.

La situation

Cartes Michelin n°s 64 pli 6 ou 238 pli 2 – Schémas p. 138 et 365 – Loir-et-Cher (41). À 30 km au Nord-Ouest de Blois et 60 km de Tours, le TGV met Vendôme à 45mn de Paris. Enserrée par deux bras du Loir, la vieille ville s'adosse au coteau.

Hôtel du Saillant, Parc Ronsard, 41100 Vendôme. ☎ 02 54 77 05 07.

Le nom

La *Vindocinum* gallo-romaine est d'origine celtique (*vin*, « montagne »), en référence à l'abrupt coteau crayeux qui la surplombe.

Les gens

17 707 Vendômois. La cité prit de l'importance avec les comtes Bouchard, puis avec le fils de **Foulques Nerra**, Geoffroy Martel (11e s.), qui fonda l'abbaye de la Trinité. En 1371, la maison de **Bourbon** hérita de Vendôme que François Ier érigea en duché en 1515. En 1589, la ville subit un sac mémorable, dont seule l'église de la Trinité réchappa.
En 1807 Balzac y fut un élève dissipé et malheureux, au collège des Oratoriens.

César Monsieur
Le Vendômois fut donné en apanage à César de Bourbon, fils aîné d'Henri IV et de Gabrielle d'Estrées. César de Vendôme, dit César Monsieur, résida souvent dans son fief, conspira pendant la minorité de Louis XIII, puis contre Richelieu ; quatre ans durant il fut enfermé à Vincennes, avant d'être exilé. Enfin, il se rallia à Mazarin et mourut en 1665.

carnet pratique

Restauration

- *À bon compte*

Auberge de la Madeleine – *Pl. de la Madeleine - ☎ 02 54 77 20 79 - fermé vacances de fév. et mer. - 85/180F.* L'ambiance de cette auberge en centre-ville est très familiale. Salle à manger pimpante sur deux niveaux. S'il fait beau, sortez sur la très agréable terrasse au bord du Loir. Bon choix de menus à prix attractifs. Quelques chambres fonctionnelles bien insonorisées.

Auberge de la Sellerie – *Aux Fontaines - 15 km au N de Vendôme par N 10 - ☎ 02 54 23 41 43 - fermé 2 au 23 janv., 6 au 14 juin, lun. et mar. - 99/280F.* Sur la route des vacances, vous n'aurez pas à faire de grand détour pour trouver cette auberge dans le style du pays. Installez-vous devant l'âtre campagnard ou, à la belle saison, sur la terrasse abritée d'un petit bosquet. Cuisine à prix raisonnables.

- *Valeur sûre*

Le Petit Bilboquet – *Ancienne route de Tours - ☎ 02 54 77 16 60 - fermé mi-août à déb. sept., jeu. soir, dim. soir et lun. - réserv. obligatoire le w.-end - 130/170F.* La façade de bois de ce petit restaurant, ancien mess pour officiers, date du 19ᵉ s. Sur l'arrière du bâtiment, une agréable terrasse vous attend dès les beaux jours. La cuisine bien tournée et le décor jouent la simplicité.

Hébergement

- *À bon compte*

Chambre d'hôte Ferme de Crislaine – *41100 Azé - 11 km au NO de Vendôme sur D 957 dir. Épuisay - ☎ 02 54 72 14 09 - ⊭ - 5 ch. : 185/225F - repas 90/95F.* Séjourner ici est une excellente façon de découvrir une ferme d'agriculture biologique. Si vous ne connaissez pas la région, vos hôtes vous dispenseront de judicieux conseils. Étape idéale pour familles et randonneurs. Vélos et piscine à disposition.

Auberge du Port des Roches – *Au Port-des-Roches - 72800 Luché-Pringé - 2,5 km à l'E de Luché-Pringé par D 13 puis D 214 - ☎ 02 43 45 44 48 - fermé 30 janv. au 4 mars, dim. soir et lun. - P - 12 ch. : 240/310F - ☕ 35F - restaurant 115/195F.* Voilà un petit hôtel sympathique et calme. Pour vos nuits tranquilles, les chambres au décor actuel sont fonctionnelles. Terrasse et jardin au bord du Loir.

- *Une petite folie !*

Chambre d'hôte Château de la Vaudourière – *41360 Lunay - 14 km à l'O de Vendôme par D 5, dir. Lunay puis D 53 - ☎ 02 54 72 19 46 - 2 ch. : à partir de 580F.* Ce petit château du 18ᵉ s. a vu grandir Alfred de Musset. Vous serez accueilli en ami dans un salon doté d'un bel escalier en colimaçon et de plafonds aux peintures d'époque très originales. Chambres somptueuses. Flânez dans le parc pour jouir de la quiétude ambiante.

se promener

En barque ou à pied, vous avez le choix, pour découvrir les secrets du vieux Vendôme, ses jardins, ses ponts et ses fameuses portes.

Jardin public

Baigné par le Loir, il offre une vue générale sur Vendôme, la Trinité, la **porte d'Eau** ou arche des Grands Prés, des 13ᵉ et 14ᵉ s.

De la place de la Liberté, on découvre la porte d'Eau sous un autre angle ainsi que la **tour de l'Islette**, du 13ᵉ s. Ces ouvrages forment avec la porte St-Georges les seuls vestiges des anciens remparts.

L'ouverture de la porte de la ville fut élargie sous l'Empire pour permettre le passage des armées de Napoléon. L'intérieur abrite la salle du conseil municipal depuis le 16ᵉ s.

Les gondoles du Loir

Rue du Change, une barque emplie de fleurs marque le départ d'une bien romantique promenade sur la rivière. Partez à la découverte de la porte d'Eau et du chevet de l'abbatiale, dans la fraîcheur et la verdure du Loir.

VENDÔME

Abbaye (R. de l') 2
Béguines (R. des) 3
Bourbon (R. A.) 4
Change (R. du) 5
Chartrain (Fg) 6
Chevallier (R.) 7
Gaulle (R. du Gén.-de) 8
Grève (R. de la) 9
Guesnault (R.) 12
Poterie (R.)
République (Pl. de la) 14
St-Bié (R.) 15
St-Jacques (R.) 18
St-Martin (Pl.) 19
Saulnerie (R.) 22
Verdun (Av. de) 23

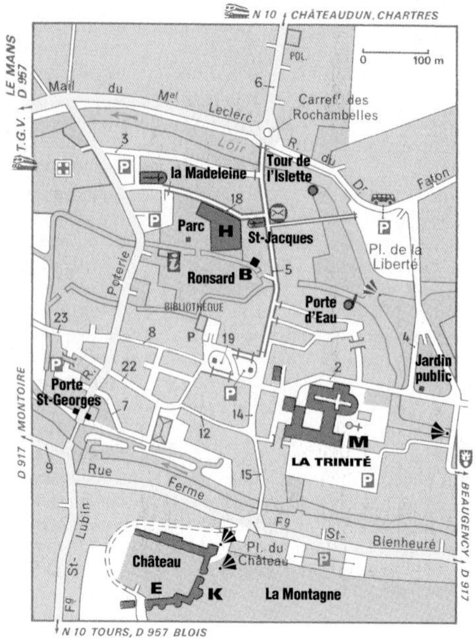

Hôtel de ville .... H
Lavoir du 16e s. .... B
Musée .... M
Porte de Beauce .... E
Tour de Poitiers .... K

Parc Ronsard

Espace vert bien ombragé, il relie l'ancien lycée Ronsard (autrefois collège des Oratoriens où Balzac fut élève, aujourd'hui l'hôtel de ville), l'hôtel du Saillant de la fin du 15e s. (siège de l'Office de tourisme) et la bibliothèque municipale.

Bordant le bras du Loir qui traverse le parc, un lavoir du 16e s. à deux étages.

Chapelle St-Jacques

Ancienne halte pour les pèlerins se rendant à St-Jacques-de-Compostelle, elle fut reconstruite au 15e s. Au 16e s., elle fut rattachée au collège des Oratoriens. Elle abrite des expositions temporaires.

Église de la Madeleine

Fermé dim. ap.-midi.

Datée de 1474, son clocher est surmonté d'une élégante flèche à crochets.

Sur une pelouse du parc Ronsard, Le Cavalier Tombé *est un bronze de Louis Leygue.*

Balzac au collège

Le collège des Oratoriens enregistrait, le 22 juin 1807, l'entrée d'un enfant de 8 ans, Honoré de Balzac. Le futur romancier se montra un élève distrait et indiscipliné. Les collégiens étaient alors soumis à une règle très dure que Balzac lui-même a évoquée : « Une fois entrés, les élèves ne partent du collège qu'à la fin de leurs études... La classique férule de cuir y jouait encore avec horreur son terrible rôle... Les lettres aux parents étaient obligatoires à certains jours, aussi bien que la confession. » Honoré était peu doué pour la draisienne, cet ancêtre du cycle, et subissait les railleries de ses condisciples. Il se faisait constamment mettre au cachot pour pouvoir lire en paix. À ce régime, la vie de collège mina sa santé et ses parents durent le rappeler à Tours. À son retour, sa grand-mère déclara, consternée : « Voilà comment le collège nous renvoie les jolis enfants que nous lui donnons. »

Place St-Martin

Jusqu'au 19e s., elle était occupée par l'église St-Martin (15e-16e s.) dont seul le **clocher** se dresse aujourd'hui sur la place.

La chanson du temps

Chaque heure, le carillon égrène ici aussi, comme à Beaugency, la célèbre chanson « Orléans, Beaugency, Notre-Dame-de-Cléry, Vendôme, Vendôme... »

La maison à pans de bois (16e s.), dite du « Grand Saint-Martin », est ornée d'écussons armoriés et de statuettes. Statue du maréchal de **Rochambeau.**

Porte St-Georges

Protégeant l'entrée de la ville au bord du Loir, elle est encadrée de tours dont le gros œuvre remonte au 14e s. Mais du pont, elle présente des mâchicoulis et un décor sculpté de dauphins et de médaillons Renaissance, ajoutés au début du 16e s. par Marie de Luxembourg, duchesse de Vendôme.

Château

Juin-sept. : 9h-20h ; oct.-mai : 9h-19h. Gratuit. ☎ 02 54 77 26 13.

Accès en voiture par le faubourg St-Lubin et Le Temple, hameau qui a succédé à une commanderie de templiers. Situé au sommet de « la Montagne » qui domine le Loir, le château en ruine se compose d'une enceinte de terre et de remparts jalonnés de tours rondes à mâchicoulis des 13e et 14e s. ; sur la face Est, la grosse tour de Poitiers a été reconstruite au 15e s.

On peut pénétrer par la porte de Beauce (début 17e s.) à l'intérieur de l'enceinte, dans un vaste jardin. Quelques vestiges de la collégiale St-Georges, fondée par Agnès de Bourgogne ; Antoine de Bourbon et Jeanne d'Albret, parents d'Henri IV, y furent inhumés.

Promenade de la Montagne

Des terrasses, **vues★** panoramiques sur la vallée du Loir et sur Vendôme.

À Vendôme, il n'y a pas que des promenades en barques sur le Loir, on y taquine aussi le goujon.

visiter

Ancienne abbaye de la Trinité★

Église abbatiale★★ – On pénètre dans l'enceinte par la rue de l'Abbaye. À noter de part et d'autre les baies romanes des anciens greniers de l'abbaye, prises dans les habitations actuelles : dès le 14e s., les moines avaient autorisé les commerçants à y adosser leurs boutiques.

Extérieur – À droite, isolé, s'élève l'harmonieux **clocher** du 12e s., haut de 80 m. À la base des corniches grimacent des masques et des animaux. L'étonnante **façade flamboyante** fut probablement construite au début du 16e s. par Jean de Beauce, auteur du clocher neuf de la cathédrale de Chartres ; fouillée et ajourée comme une dentelle, elle contraste avec la sobre tour romane.

Noter les dimensions croissantes des baies et des arcatures, aveugles au départ, puis de plus en plus ébrasées ; le passage du plan carré à l'octogonal se fait par l'intermédiaire de clochetons d'angles ajourés.

Intérieur – La nef, commencée par le transept au milieu du 14e s., n'a été achevée qu'après la guerre de Cent Ans ; le transept, seul vestige de l'édifice du 11e s., précède le chœur doublé d'un déambulatoire ouvert sur cinq chapelles rayonnantes. Dans le collatéral gauche, dans la

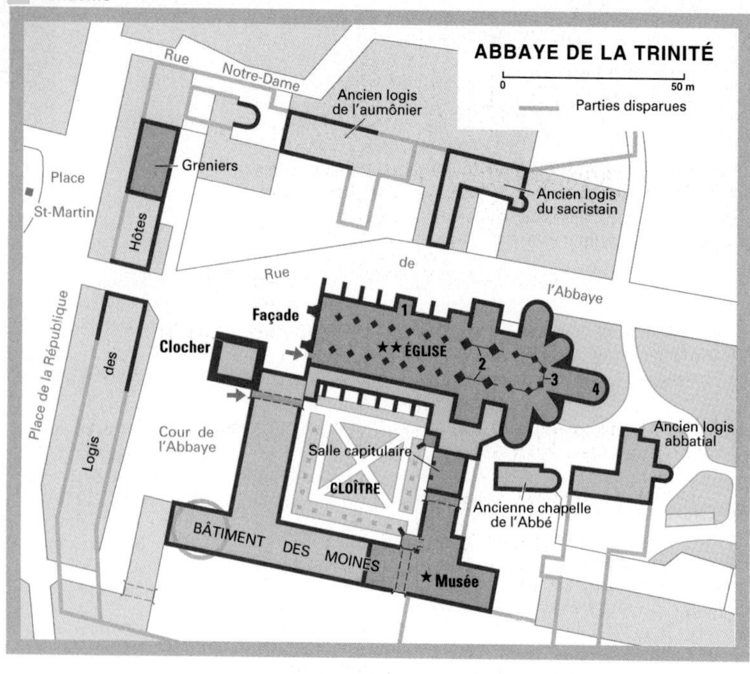

chapelle des fonts baptismaux **(1)**, belle cuve Renaissance en marbre blanc, reposant sur un pied sculpté provenant des jardins du château de Blois.

La croisée du transept a gardé ses chapiteaux primitifs surmontés de statues polychromes (13e s.) de l'ange et la Vierge de l'Annonciation, saint Pierre, et saint Eutrope qui était vénéré dans l'abbatiale. Les voûtes du transept aux jolies clefs historiées ont été refaites au 13e s., en style angevin. Dans le bras gauche, statues de saint Jean Baptiste (14e s.) et de la Vierge (16e s.).

Pour vénérer la « Sainte Larme »

À gauche du maître-autel, le soubassement orné de larmes du monument de la Sainte Larme ; par son guichet, un religieux faisait vénérer la précieuse relique.

◀ Le **chœur**, du 14e s., éclairé par des vitraux de même époque, est garni de belles **stalles★ (2)** de la fin du 15e s. ; les miséricordes s'agrémentent de scènes naïves racontant la vie de tous les jours à travers les métiers et les signes du zodiaque. En faisant le tour du chœur, on longe la clôture **(3)**, de la Première Renaissance. Les chapelles du pourtour sont ornées de vitraux des 14e et 16e s., très restaurés : le meilleur, représentant le Repas chez Simon, d'après une gravure allemande, se trouve dans la 1re chapelle à gauche de la chapelle axiale. Cette dernière abrite le fameux **vitrail** datant de 1140 appelé *Majesté Notre Dame* **(4)**.

Bâtiments conventuels – Du cloître (16e s.), seule subsiste intacte la galerie qui borde l'église. Dans la **salle capitulaire** (14e s.) ont été mises au jour des peintures

Sainte Larme de Vendôme

Par une nuit d'été, Geoffroy Martel, comte d'Anjou, ayant vu en songe la chute de trois lances de feu dans une fontaine, décida de fonder un monastère qui fut dédié, le 31 mai 1040, à la Sainte Trinité. Desservie par les bénédictins, l'abbaye connut une extension considérable et devint l'une des plus puissantes de France ; la pourpre cardinalice était attachée à la charge d'abbé que détint, à la fin du 11e s., le fameux Geoffroi de Vendôme, ami du pape champenois Urbain II.

Jusqu'à la Révolution, la Trinité fut le siège d'un pèlerinage à la Sainte Larme (larme que le Christ versa sur le tombeau de Lazare, et que Geoffroy Martel rapporta de Constantinople). Les chevaliers vendômois se ralliaient au cri de « Sainte Larme de Vendôme » et, le « vendredi de Lazare », les fidèles venaient vénérer la relique, invoquée pour les maladies... des yeux.

murales du 12e s. relatant des épisodes de la vie du Christ. *Tlj sf mar. 10h-12h, 14h-18h. Fermé 1er janv., 1er mai, 25 déc. Gratuit.* ☎ *02 54 77 26 13.*

Un passage souterrain mène à la façade monumentale de ce bâtiment élevé de 1732 à 1742 ; ses frontons portent les fleurs de lis royales, la devise (« Pax ») et l'emblème (Agneau) de l'ordre de Saint-Benoît.

Musée★ – *Tlj sf mar. 10h-12h, 14h-18h. Fermé 1er janv., 1er mai, 25 déc. et dim. (hors exposition temporaire). 17F.* ☎ *02 54 77 26 13.*

Ses collections sont disposées dans le bâtiment des moines de la Trinité, desservi par un majestueux escalier.

Le rez-de-chaussée *(en travaux)* est consacré à la **peinture murale★** dans le Val de Loire et à l'**art religieux★**. Aux étages, sections d'archéologie et de sciences naturelles. Des salles sont réservées aux peintures, au mobilier ainsi qu'aux faïences du 16e au 19e s. Sélection d'œuvres du sculpteur **Louis Leygue** (1905-1992), natif de Bourg-en-Bresse et mort à Naveil.

BEAUX RESTES

Vestiges du mausolée de Marie de Luxembourg et de François de Bourbon-Vendôme (16e s.), fragments des gisants de Catherine et Jean VII de Bourbon, clefs de voûte du cloître, bénitier octogonal, autrefois partie intégrante du monument de la Sainte Larme.

alentours

Nourray

11 km au Sud par la N 10 et 3e route à gauche. Isolée sur la place, la petite **église** (12e s.) présente au chevet une séries d'arcatures romanes sous ses modillons sculptés ; remarquez l'arc polylobé qui orne la fenêtre centrale. À l'intérieur, l'abside est entourée d'arcatures à chapiteaux sculptés. *Visite sur demande auprès de M. ou Mme Geyer, rue de Montjoie (en face de l'église).*

Villemardy

14 km au Sud-Est par la D 957 ; à 9 km, tourner à gauche vers Périgny. L'**église** dont l'origine remonte au 12e s. possède une nef unique terminée par un chœur gothique. La décoration intérieure en chêne sculpté est d'une remarquable unité ; maître-autel et tabernacle, surmontés d'un retable, sont de style classique, tout comme les deux petits autels symétriques dans la nef. Sur le mur gauche du chœur, une fresque (16e s.), l'Adoration des Mages, est encadrée de colonnes et d'un fronton en trompe l'œil. *Demander la clé à la mairie.*

Rhodon

19 km au Sud-Est par la D 917 vers Beaugency. À Villetrun prendre à droite vers Selommes et là, à gauche, la D 161. Sur les murs de l'**église** et sur ses voûtes gothiques subsistent d'importantes traces de peintures murales des 14e et 15e s. On reconnaît en particulier dans l'abside le Christ en majesté, et, sur un arc doubleau de la nef, la représentation des mois de l'année.

itinéraires

1 VALLÉE DU LOIR, COURS MOYEN★

De Vendôme à La Chartre

78 km – compter 1 journée.

Villiers-sur-Loir

Juché au-dessus de la côte vineuse, en face du château de Rochambeau, ne pas manquer son église : très jolies **peintures murales** (16e s.), avec, sur le mur gauche de la nef, un immense saint Christophe portant l'Enfant Jésus et Dict des trois morts et des trois vifs. Stalles du 15e s.

Prendre vers Thoré et tourner à gauche tout de suite après le pont sur le Loir.

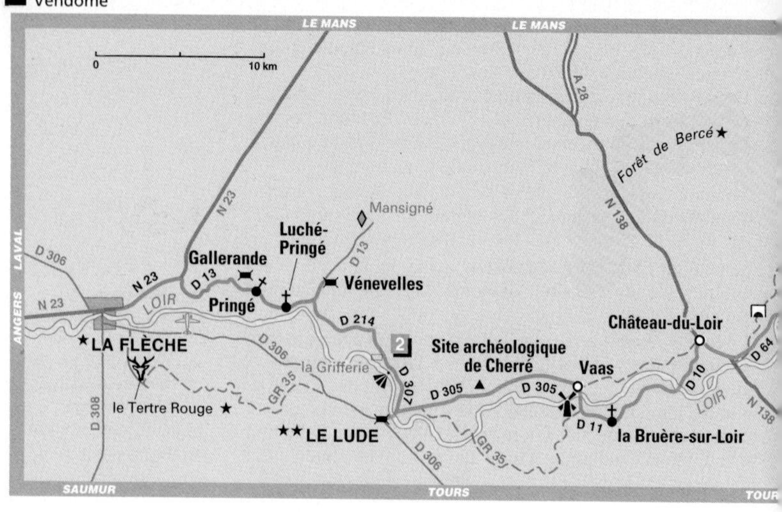

Le maréchal de Rochambeau (1725-1807) commanda le glorieux corps expéditionnaire français lors de la guerre d'Indépendance américaine. Il est enterré à Thoré.

Rochambeau

La route traverse longuement ce village original, à demi troglodytique, aligné au pied de la falaise jusqu'au château où naquit le maréchal de Rochambeau.

Revenir sur la rive droite et prendre à gauche la D 5.

Le Gué-du-Loir

Site verdoyant, où le Loir et son affluent le Boulon ont créé de grasses prairies et des îles cernées de roseaux, de saules, d'aulnes et de peupliers. À l'entrée de la D 5 vers Savigny, on longe le mur d'enceinte du manoir de **Bonaventure.**

Cette demeure devrait son nom à une chapelle dédiée à saint Bonaventure. Antoine de Bourbon-Vendôme y aurait reçu quelques gais compagnons, dont les poètes de la Pléiade. Selon la tradition, c'est là que fut composée la fameuse chanson des gardes-françaises : *La Bonne Aventure au Gué*. Plus tard, Bonaventure appartint aux Musset. Le père du poète naquit dans le manoir. Celui-ci vendu, le jeune Alfred venait passer ses vacances non loin, au château de Cogners, chez son parrain Louis de Musset.

Suivre la D 5 vers Savigny, puis prendre la C 13 à droite, à un calvaire.

Par un vallon boisé on atteint le joli village de **Mazangé**, groupé autour de son église au portail gothique.

Revenir au Gué-du-Loir où l'on prend à droite la D 24 vers Montoire.

La route coupe une longue boucle du Loir qui, en creusant son lit, a dégagé la falaise où les troglodytes d'Asnières ont creusé leurs maisons.

Prendre à droite la D 82 vers Lunay.

Lunay

Dans son vallon, Lunay enserre une place où subsistent quelques demeures anciennes. La vaste **église** St-Martin, flamboyante, s'ouvre par un joli portail très fouillé, à décor de lierre, de pampres, et niches à dais ouvragé, où s'abrite une charmante Vierge à l'Enfant.

Aux Roches-l'Évêque, les eaux du Loir musardent à travers les prairies bordées de peupliers.

Les Roches-l'Évêque

Le village s'étire entre le Loir et la falaise. Les habitations troglodytiques des Roches sont bien connues dans la région : fleuries de lilas et de glycines, elles dissimulent leurs poulaillers, hangars ou remises à bois...

Suivre la route fléchée qui traverse le Loir et obliquer vers Lavardin.

Lavardin★ *(voir ce nom)*

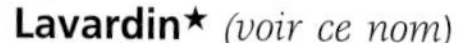

Gagner Montoire par l'agréable petite route qui longe la rive gauche.

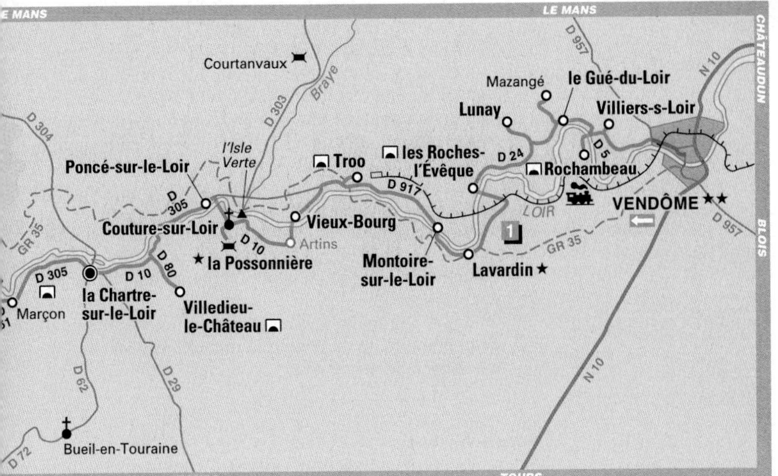

Montoire-sur-le-Loir *(voir ce nom)*
La silhouette de Troo, dominée par son église, se détache au loin.

Troo *(voir ce nom)*
À Sougé, prendre à gauche la route touristique fléchée vers Artins.

Vieux-Bourg d'Artins
Village baigné par le Loir, son **église** présente encore des murs romans, percés de baies flamboyantes et d'un portail en tiers-point.

Après Artins, de la D 10 prendre à droite la route de l'Isle Verte ; 100 m plus loin, prendre à gauche la route verdoyante qui passe devant le château du Pin.

Du pont situé en face du château, on aperçoit en amont l'**Isle Verte** placée au confluent du Loir et « de s'amie la Braye », où Ronsard voulait être enterré. Des files de peupliers, de trembles et de saules sillonnent les prairies, où le génie du poète semble encore flotter.

Couture-sur-Loir
Dans l'**église**, chœur gothique à voûtes angevines. La chapelle du Rosaire, à droite, est garnie de boiseries du 17e s. Au bas de la nef, les gisants des parents de Ronsard (remarquez les détails des costumes).

Par la D 57, gagner le manoir de la Possonnière.

Manoir de la Possonnière★
Lorsque Louis de Ronsard, guerrier lettré, revint d'Italie au début du 16e s., il entreprit de faire reconstruire sa gentilhommière à la nouvelle mode italienne : ce fut la Possonnière, caractérisée par la profusion de devises gravées sur ses murs.

Poissons d'avril ?
La Possonnière, provenant du mot posson (poinçon, mesure de capacité), a parfois été altérée en Poissonnière sous l'influence du blason de la famille. Au sommet de la tourelle, le fronton de la grande lucarne sculptée porte le blason des Ronsard, d'azur à trois poissons d'argent.

Manoir★ – ♿ *Juil.-août : visite guidée (3/4h, dernière entrée 18h30) tlj sf lun. et mar. 15h-19h ; avr.-juin et de sept. à mi-nov. : w.-end et j. fériés 15h-18h (dernière entrée 17h30). 30F. ☎ 02 54 72 40 05.*

Le manoir s'adosse au coteau où vient mourir le bois de Gâtine. Un enclos entoure la demeure. La façade antérieure est percée au rez-de-chaussée de fenêtres à meneaux, encore de style Louis XII, et à l'étage de baies encadrées de pilastres à médaillons, franchement Renaissance.

Faisant saillie sur la façade postérieure, une gracieuse tourelle d'escalier est ornée d'un élégant portail à fronton timbré d'un buste.

Revenir à Couture et laisser la route fléchée pour continuer à suivre la D 57 qui franchit le Loir au pied du coteau boisé que couronne le château de la Flotte.

Le prince des poètes

En 1524, **Pierre de Ronsard**, fils de Louis, naît à la Possonnière. Promis à un brillant avenir dans la carrière des armes ou de la diplomatie, il devient à 12 ans page à la cour de François Ier. Mais à 15 ans, une maladie le laisse à demi sourd. Il se tourne alors vers la poésie et l'étude des auteurs anciens : le Grec Pindare et le Latin Horace deviennent ses modèles. Il excelle dans les sonnets où il chante la beauté de Cassandre Salviati, puis de Marie. Chef de file de la Pléiade, il devient en 1558 poète officiel. Mais torturé par la goutte, il se retire dans ses prieurés de Ste-Madeleine-de-Croixval *(6 km au Sud-Est de la Possonnière)* et de St-Cosme-lès-Tours où il s'éteint en 1585, laissant parmi une œuvre considérable le frais souvenir de son *Ode à Cassandre* : « Mignonne, allons voir si la rose... »

Bon nombre de sonnets des *Amours* de Ronsard furent mis en musique du vivant même du poète, notamment par **Clément Janequin** et surtout **Antoine de Bertrand**.

Hébergement

Chambre d'hôte Château de la Volonière – *72340 Poncé-sur-le-Loir - ☎ 02 43 79 68 16 - chateau-de-la-voloniere@wanadoo.fr - fermé janv. et fév. - 5 ch. : 400/425F.* Au pays de Ronsard, le classicisme n'est plus de mise ! L'ancienne cuisine troglodyte devenue lieu d'exposition, les chambres aux antiquités et couleurs éclatantes, la chapelle devenue salle à manger, l'ambiance bohème et décontractée se sont alliées pour vous séduire.

Poncé-sur-le-Loir

Vous trouverez à Poncé un château Renaissance (sortie Est) et, à sa sortie Ouest, au Sud de la route et de la voie ferrée, le **Centre d'artisanat d'art** « Les grès du Loir ». Installé dans les bâtiments de l'ancienne papeterie Paillard, au bord de l'eau, des artisans indépendants y ont rassemblé leurs ateliers : poterie, verrerie, forge, tissage, boissellerie, fabrication de bougies. ♿ *Ateliers : tlj sf lun. 9h-12h, 14h-18h15 ; expos-ventes : dim. et j. fériés 14h30-18h30. Fermé 1er janv. et 25 déc. 30F. ☎ 02 43 44 45 31.*

Château – *D'avr. à fin sept. et vac. scol. Toussaint : 10h-12h, 14h-18h, dim. 14h-18h30 ; oct. : w.-end 14h-18h30. 30F. ☎ 02 43 44 45 39.*

Il comportait à l'origine deux pavillons encadrant la tour centrale réservée à l'escalier ; un des pavillons disparut au 18e s. et fut remplacé par une aile plus modeste. L'élévation est rythmée de vigoureuses corniches et de baies à pilastres ioniques ; la façade postérieure, jadis principale, est bordée par une élégante galerie à l'italienne formant terrasse à sa partie supérieure.

Jadis précédé sur les **jardins** par une loggia dont on voit encore les départs, l'**escalier Renaissance★★** est un chef-d'œuvre.

Ses six volées droites sont couvertes de somptueuses voûtes à caissons, en pierre blanche, sculptées avec une finesse, une souplesse, une fantaisie, une science des perspectives rarement atteintes. Plus de 160 motifs, réalistes, allégoriques ou mythologiques, les décorent.

Les jardins présentent un tracé symétrique du plus bel effet : au-delà des parterres bordés de buis, la charmille comporte des salles de verdure, un labyrinthe et une longue allée voûtée ; un mail de tilleuls court sur la terrasse dominant l'ensemble.

Le colombier a conservé ses 1 800 niches et ses échelles tournantes.

Les communs abritent le **musée départemental du Folklore sarthois**.

À Ruillé, prendre à gauche la D 80 qui traverse le Loir.

La route très pittoresque, surtout à partir de Tréhet, longe le coteau abondamment percé de caves.

Villedieu-le-Château

Ce village occupe le creux d'un vallon dont les pentes sont percées d'habitations troglodytiques. Ses maisons dispersées dans des jardins fleuris, ses vestiges de remparts et le clocher ruiné de l'ancien prieuré St-Jean offrent une excellente occasion de promenade.

Revenir à Tréhet où on retrouve la route fléchée, à gauche sur la D 10.

La Chartre-sur-le-Loir

À proximité de la forêt de Bercé, les vignobles de Jasnières donnent un vin blanc moelleux vieillissant bien.

carnet pratique

Hébergement

• ***À bon compte***

Camping Lac des Varennes – *72340 Marçon - 13 km à l'E de Château-du-Loir par N 138 puis D 305 - ☎ 02 43 44 13 72 - ouv. 25 mars au 20 oct. - réserv. conseillée - 250 empl. : 62F - restauration.* Il y en a pour tous les goûts. Le plan d'eau avec accès gratuit à la base de loisirs séduira les sportifs. Amateurs de farniente, ne vous sentez pas frustrés, une plage privée vous est réservée. Location de bungalows ou de caravanes équipés.

Auberge du Val de Loir – *72500 Dissay-sous-Courcillon - 5 km au SE de Château-du-Loir sur N 138 - ☎ 02 43 44 09 06 - fermé 24 déc. au 10 janv. et dim. soir hors sais. - réserv. obligatoire - 89F.* Les habitués se pressent dans ce restaurant au décor simple, avec sa façade recouverte de vigne vierge. Dès les premières chaleurs, profitez de la terrasse ombragée. Savoureuse cuisine du terroir. Dix chambres assez spacieuses.

2 VALLÉE DU LOIR, COURS INFÉRIEUR*

De La Chartre à La Flèche

75 km – compter 1 journée.

Paysages paisibles entre La Chartre et **Marçon** (vins réputés).

À Marçon, prendre à droite la D 61 qui coupe la plaine du Loir et traverse la rivière au pied du coteau où se découpe la chapelle de Ste-Cécile. Suivre à gauche la D 64 qui longe le coteau percé d'habitations troglodytiques.

Château-du-Loir

Sous le donjon, seul vestige dans le jardin public du château féodal qui donna son nom à la ville, subsistent d'anciennes prisons où passèrent de nombreux prisonniers en route vers le bagne de Cayenne par les ports de Nantes ou de La Rochelle. L'**église St-Guingalois** ▶ conserve, au fond du chœur, une monumentale Pietà du 17e s. en terre cuite ; dans le transept gauche, deux panneaux sur bois de l'école maniériste flamande : la *Nativité* (15e s.) et la *Résurrection* (fin 15e s.).

Crypte romane sous le chœur ; au **presbytère**, beau *Christ aux outrages*, en bois, du 16e s.

Quitter Château-du-Loir par la D 10 vers Château-la-Vallière. Après le pont de Nogent, tourner tout de suite à droite dans le C 2.

La Bruère-sur-Loir

Dans la nef de l'**église**, statues populaires de saint Fiacre tenant sa bêche, saint Roch, saint Sébastien ; gracieuses voûtes Renaissance, très fines, et vitraux du 16e s.

Quitter La Bruère par la D 11 vers Vaas et tourner à droite dans la D 30.

Vaas

En bordure de Loir, maisons et jardinets, église et lavoirs. Mais avant d'arriver au pont, ne manquez pas à gauche l'ancien **moulin à blé de Rotrou.** *Juil.-août : visite guidée (1h1/2) 14h30-17h30 ; avr.-juin et sept.-oct. : dim. et j. fériés 14h30-17h30. 20F. ☎ 02 43 46 70 22.*

Prairies, pépinières, bois de résineux, fourrés d'ajoncs ou de genêts se succèdent tout au long de la route.

Suivre la D 305, puis tourner à droite au site archéologique.

Site archéologique de Cherré

Cet ensemble gallo-romain des 1er et 2e s. après J.-C. comprend un temple, des thermes, deux autres bâtiments et le **théâtre** en grès roussard jointoyé, ▶ entièrement exhumé.

Sous le théâtre

On a aussi découvert sous la *cavea* les restes d'une nécropole hallstattienne – période protohistorique s'étendant du 8e au 5e s. avant J.-C.

Par la rive droite du Loir, aborder Le Lude.

Château du Lude** *(voir ce nom)*

Rejoindre la D 307 et prendre la direction de Pontvallain, puis emprunter, sur la gauche, la route de Mansigné.

Un joli point de vue se dégage sur la vallée, peu avant d'arriver au château de la Grifferie : arbres fruitiers, champs d'asperges et de maïs.

Prendre à gauche la D 214 vers Luché-Pringé. Après le pont sur l'Aune, quitter un instant la route fléchée pour prendre à droite la D 13.

Manoir de Vénevelles

On ne visite pas. 15e-17e s. Larges douves, au creux d'un vallon paisible.

Luché-Pringé

INTÉRIEUR
Large chœur (13e s.) à chevet plat et voûtes angevines supportées par de hautes et fines colonnes, dans la pure tradition du style Plantagenêt.

◄ L'**église** (13e-16e s.) présente de l'extérieur un aspect curieux et original, avec ses nombreux pignons aux rampants ornés de choux frisés, et les petits personnages musiciens assis au rebord du toit, de part et d'autre de la façade. Au-dessus du portail d'entrée, saint Martin à cheval. En entrant, à droite, remarquable Pietà du début du 16e s., groupe sculpté en noyer. Devant l'église, gracieux prieuré (13e-15e s.) à tourelle octogonale.

Pringé

La façade de la petite **église** est percée d'un portail roman à voussures. À l'intérieur, peintures murales du 16e s. figurant saint Hubert, saint Georges et saint Christophe. *Visite sur demande préalable auprès de Mme Doyen, 1 place de l'Église.*

Château de Gallerande

On ne visite pas. La D 13 longe les douves qui cernent son parc romantique, où grands cèdres, tilleuls et chênes délimitent de vastes pelouses. On peut monter à pied jusqu'à la grille de la cour ; belle vue de la façade Nord-Est, cantonnée de tours rondes à mâchicoulis, avec un curieux donjon octogonal.

Jardins et château de Villandry★★★

À Villandry, toute l'atmosphère de la Renaissance, ses tableaux, ses larges et riches tapisseries, leurs coloris francs et leurs broderies, leurs arabesques savamment ouvragées, vous les retrouverez... en plein air, déployés parmi les plus beaux jardins de France. Un somptueux univers végétal, rigoureusement agencé, où le plus simple légume prend l'allure d'une œuvre d'art. Un émerveillement, quand aux premières heures du soir le soleil allonge les ombres des haies et des tonnelles, embaumées par les rosiers.

La situation

Cartes Michelin nos 64 pli 14 ou 232 pli 35 ou 4037 D 3 – Schéma p. 352 – Indre-et-Loire (37). Venant de Langeais, prendre plutôt la jolie D 16, sur la levée de la Loire ; et si vous arrivez de Tours, essayez la D 288, qui franchit le Cher à Savonnières. Villandry se tient un peu en aval du confluent.

Le Potager, 37510 Villandry, ☎ 02 47 50 12 66.

Le nom

Le premier seigneur du lieu fut probablement un certain Andric, dont on ne sait d'ailleurs pas grand-chose...

Les gens

En 1536, Jean le Breton, secrétaire de François Ier construit le château. Le docteur Joachim Carvallo, fondateur de « La Demeure historique », rachète le domaine en 1906. Travaillant à partir de documents du 16e s., il s'emploie patiemment à lui redonner son aspect primitif. Aujourd'hui, l'arrière petit-fils de Joachim prolonge avec une belle ténacité les efforts de son aïeul.

VISIONS D'ENSEMBLE
Meilleurs points de vue à partir des terrasses situées derrière le château ou du haut même du donjon. Essayez également la « Promenade dans les bois » : le chemin surplombe de 30 m l'ensemble des jardins, ainsi que le village. En continuant, faites le tour du jardin d'eau par le Sud.

se promener

Les jardins★★★

De mai à mi-sept. 9h-19h30 ; de fin mars à fin avr. et de mi-sept. à mi-oct. : 9h-19h ; mars 9h-18h ; de mi-oct. à fin fév. : 9h-17h30. 33F, 45F château et jardin (enf. : 22F/32F). ☎ 02 47 50 02 09.

Les jardins de Villandry restituent somptueusement l'esprit et la lettre de l'ordonnance architecturale adoptée à la Renaissance, sous l'influence des jardiniers italiens emmenés en France par Charles VIII.

À Villandry, tout un monde végétal pensé, ordonné, cultivé et soigné se presse au pied du château.

carnet pratique

Restauration

• ***À bon compte***

Domaine de la Giraudière – *37150 Villandry - 1 km au S de Villandry par D 121 dir. Druye - ☏ 02 47 50 08 60 - fermé 14 nov. au 16 mars - réserv. obligatoire le w.-end - 71/168F.* D'abord maison de religieuses, puis métairie du château, la Giraudière est devenue une étape gourmande réputée. Dans le cadre de cette magnifique ferme, vous retrouvez les goûts du terroir. Boutique de produits régionaux.

Hébergement

• ***Une petite folie !***

Chambre d'hôte Le Prieuré des Granges *– 15 r. des Fontaines - 37510 Savonnières - 2 km à l'E de Villandry par D 7 - ☏ 02 47 50 09 67 - salmon.eric@wanadoo.fr - fermé déc. et janv. - ⊠ - 6 ch. : à partir de 520F.* Un rêve devenu réalité ! Vous êtes ici chez vous et l'accueil ne le démentira pas. Les chambres raffinées ont chacune une entrée indépendante. Dans le parc, des statues égayeront votre flânerie. Piscine.

Trois **terrasses** sont superposées : la plus élevée, le **jardin d'eau** avec son beau miroir formant réserve, dans un vaste cloître de tilleuls ; au-dessous s'étend le **jardin décoratif d'agrément**, formé de deux salons de buis remplis de fleurs (l'un représentant les allégories de l'amour, l'autre symbolisant la musique) et prolongé par des massifs figurant les croix de Malte, du Languedoc et du Pays basque ; au niveau inférieur, vous pourrez arpenter le **jardin potager d'ornement**, section la plus originale du domaine, formant un véritable damier multicolore avec ses neuf carrés plantés géométriquement de légumes et d'arbres fruitiers.

Le jardin au 16e s.

Au 16e s. on cultive déjà les fleurs, les arbustes, les arbres fruitiers que nous connaissons aujourd'hui. Le jardinier taille, greffe, utilise la serre et produit les primeurs. Mais il manque encore la pomme de terre, introduite au 18e s. par Parmentier.

Près de la douve, un plan indique la liste des plantes et des légumes que vous pourrez admirer en détail le jour de votre visite.

Entre le potager et l'église a été créé un jardin des « simples » consacré, comme nombre de jardins du Moyen Âge, aux herbes aromatiques, médicinales ou condimentaires.

Canaux, fontaines, cascatelles, cloître de vigne, ainsi que la vieille église romane de Villandry, en arrière-plan, fournissent un ravissant fond de décor à ce spectacle toujours changeant.

visiter

Château★★

Juil.-août : 9h-18h30 ; de fin mars à fin juin et de sept. à mi-oct. : 9h-18h ; mars : 9h-17h30 ; de déb. fév. à fin fév : 9h30-17h ; de mi-oct. à mi-nov. : 9h-17h. Fermé de mi-nov. à déb. fév. 45F (château et jardins). ☏ 02 47 50 02 09.

Construit à la fin de la Renaissance, Villandry annonce déjà le style classique et sa rigoureuse harmonie.

De la forteresse primitive, il reste le donjon, tour carrée englobée dans l'édifice actuel, bâti au 16e s. Trois corps de logis entourent une cour d'honneur ouverte sur la vallée où coulent le Cher, et plus loin, la Loire.
L'Espagnol Joachim Carvallo a garni le château de meubles espagnols et d'une intéressante collection de tableaux (écoles espagnoles des 16e, 17e et 18e s.).
Après une présentation des évolutions architecturales du château on accède au grand salon orné d'un beau mobilier et de boiseries Louis XV ; on retrouve ce style dans la salle à manger mais avec des couleurs provençales très lumineuses. Un petit détour à la cuisine s'impose ; assez petite, elle a la particularité de ne pas avoir de point d'eau.
Le grand escalier à rampe de fer forgé conduit au premier étage où l'on peut visiter une très belle chambre Empire aux couleurs éclatantes ; au fond du couloir, la chambre de Mme Carvallo offre une très belle vue sur les jardins avec en arrière plan l'église et le village ; remarquer dans cette chambre et dans la suivante les superbes parquets d'essences variées. De retour à l'escalier prendre l'autre aile où se trouve la grande galerie de tableaux. Il s'agit la plupart du temps de peinture religieuse espagnole ; on ne peut manquer cependant quelques remarquables exceptions comme un impressionnant Goya représentant une tête décapitée, deux tableaux italiens sur bois du 16e s. *(Saint Paul et Saint Jean)*, un portrait d'infante de l'école de Vélasquez. La galerie se termine par la salle au **plafond mujédar★** (13e s.) provenant de Tolède : caissons peints et décorés de motifs mauresques plutôt inattendus sous le ciel de la Loire.
Au deuxième étage deux chambres d'enfant ont été reconstituées. Accéder ensuite à la terrasse du donjon qui offre une large **vue★** sur les jardins étagés, le Cher et la Loire.

Les Quatre Saisons
À quelle saison faut-il venir à Villandry ? Le choix n'est pas simple, surtout après avoir vu ce superbe **audiovisuel** qui vous présente les jardins à toutes les périodes de l'année.

Notes

Source iconographique

p. 1 : B. Kaufmann/MICHELIN
p. 4 : B. Kaufmann/MICHELIN
p. 4 : S. Cordier/JACANA
p. 5 : E. Revault/C.N.M.H.S.
p. 5 : J.-D. Sudres/DIAF
p. 16-17 : A. Le Bot/DIAF
p. 18 : Pratt-Pries/DIAF
p. 19 : J.-D. Sudres/SCOPE
p. 24 : B. Kaufmann/MICHELIN
p. 25 : C. Bowman/DIAF
p. 26 : Ph. Body/HOA QUI
p. 27 : C. Vaisse/HOA QUI
p. 28 : Image de Marc
p. 29 : D. Thierry/DIAF
p. 31 : F. Dayan
p. 33 : Image de Marc
p. 34 : Ph. Prigent/JACANA
p. 35 : Image de Marc
p. 36 : Image de Marc
p. 37 : Image de Marc
p. 38 : Image de Marc
p. 39 : H. Dewynter/MICHELIN
p. 40 : N. Gouhier/VANDYSTADT
p. 41 : J.-P. Garcin/DIAF
p. 43 : J.-D. Sudres/DIAF
p. 46 : Image de Marc
p. 48 : E. Revault/PIX
p. 49 : R. Melloul/CORBIS/SYGMA
p. 50 : B. Kaufmann/MICHELIN
p. 51 : B. Kaufmann/MICHELIN
p. 52 : C. Valentin/HOA QUI
p. 53 : Y. Arthus-Bertrand/ ALTITUDE
p. 53 : C. Vaisse/HOA QUI
p. 54 : A. Le Bot/DIAF
p. 54 : Pratt-Pries/DIAF
p. 55 : A. Le Bot/DIAF
p. 55 : J.-L. Bardes/SCOPE
p. 55 : TOP
p. 56 : J.-D. Sudres/DIAF
p. 56 : A. Eli/MICHELIN
p. 57 : C. et B. Desjeux
p. 57 : J.-D. Sudres/DIAF
p. 58 : J.-L. Bardes/SCOPE
p. 58 : J. Guillard/SCOPE
p. 59 : J.-D. Sudres/DIAF
p. 59 : J.-D. Sudres/DIAF
p. 60 : M. Denis-Hoot/ Les Chemins de la Rose
p. 61 : C. et B. Desjeux
p. 61 : C. et B. Desjeux
p. 61 : B. Kaufmann/MICHELIN
p. 62 : R. Mazin/DIAF
p. 62 : G. Guittot/DIAF
p. 63 : J. Gabanou/DIAF
p. 63 : J.-D. Sudres/DIAF
p. 64 : R. Mazin/DIAF
p. 65 : R. Mazin/DIAF
p. 65 : R. Mazin/DIAF
p. 65 : H. Gyssels/DIAF
p. 65 : JOSSE
p. 66 : JOSSE
p. 66 : B. Kaufmann/MICHELIN
p. 66 : RMN
p. 67 : B. Kaufmann/MICHELIN
p. 67 : G. Gsell/DIAF
p. 68 : N. Benavides/MICHELIN
p. 69 : JOSSE
p. 70 : J. Schomans/RMN-Amaudet
p. 70 : GIRAUDON
p. 71 : Collection VIOLLET
p. 72 : R. Corbel/MICHELIN
p. 73 : R. Corbel/MICHELIN
p. 74 : R. Corbel/MICHELIN
p. 75 : R. Corbel/MICHELIN
p. 76 : R. Corbel/MICHELIN
p. 77 : R. Corbel/MICHELIN
p. 78 : J. Becker/ Château du Moulin
p. 78 : C. et B. Desjeux
p. 79 : G. Durand/DIAF
p. 79 : G. Durand/DIAF
p. 79 : G. Durand/DIAF
p. 80 : H. Gyssels/DIAF
p. 81 : Ph. Gajic/MICHELIN
p. 81 : R. Mazin/DIAF
p. 82 : J.-B. Darasse
p. 82 : C. et B. Desjeux
p. 83 : JOSSE
p. 83 : J. Benazet/PIX
p. 83 : M. Zalewski/RAPHO
p. 83 : Y. Dejardin/RAPHO
p. 84 : Pratt-Pries/DIAF
p. 85 : J. Miller/DIAF
p. 85 : Les roseraies d'Anjou
p. 85 : M. Guillard/SCOPE
p. 86 : Studio 3 Bis/MICHELIN
p. 87 : Studio 3 Bis/MICHELIN
p. 88 : B. Kaufmann/MICHELIN
p. 90 : Ph. Gajic/MICHELIN
p. 91 : Image de Marc
p. 92 : N. Pasquel/SCOPE
p. 93 : Ph. Gajic/MICHELIN
p. 94-95 : Ph. Gajic/MICHELIN
p. 98 : A. Le Bot/DIAF
p. 102 : Ph. Gajic/MICHELIN
p. 103 : J.-D. Sudres/DIAF
p. 104 : Pratt-Pries/DIAF
p. 106 : Musée Européen de la Communication
p. 111 : B. Kaufmann/MICHELIN
p. 112 : B. Kaufmann/MICHELIN
p. 113 : Image de Marc
p. 115 : Ph. Gajic/MICHELIN
p. 117 : Ph. Gajic/MICHELIN
p. 117 : 3 Bis/MICHELIN
p. 118 : 3 Bis/MICHELIN
p. 119 : R. Mazin/DIAF
p. 121 : B. Kaufmann/MICHELIN
p. 123 : Ph. Gajic/MICHELIN
p. 124 : E. Planchard/DIAF
p. 125 : H. Dewynter/MICHELIN
p. 125 : H. Dewynter/MICHELIN
p. 126 : H. Dewynter/MICHELIN
p. 127 : Ph. Gajic/MICHELIN
p. 131 : Musée des Beaux-Arts, Orléans
p. 132 : H. Dewynter/MICHELIN
p. 133 : O. de Sainte-Marie/ Cheval et culture
p. 135 : J.-D. Sudres/DIAF
p. 136 : N. Thibaut/HOA QUI
p. 138 : G. Durand/DIAF
p. 140 : J. Boucart/RAPHO
p. 141 : H. Dewynter/MICHELIN
p. 142 : Pratt-Pries/DIAF
p. 143 : 3 Bis/MICHELIN
p. 144 : C. Vaisse/HOA QUI
p. 145 : B. Chemin/HOA QUI
p. 148 : Ph. Gajic/MICHELIN
p. 149 : Ph. Gajic/MICHELIN
p. 150 : B. Kaufmann/MICHELIN
p. 151 : B. Kaufmann/MICHELIN
p. 152 : S. Cordier/JACANA
p. 153 : B. Kaufmann/MICHELIN
p. 153 : B. Kaufmann/MICHELIN
p. 154 : B. Kaufmann/MICHELIN
p. 156 : B. Kaufmann/MICHELIN
p. 157 : B. Kaufmann/MICHELIN
p. 160 : J.-C. Gesquière/SCOPE
p. 161 : Ph. Gajic/MICHELIN
p. 163 : A. Le Bot/DIAF
p. 165 : Musée de la Marine de Loire
p. 167 : B. Kaufmann/MICHELIN
p. 168 : JOSSE
p. 168 : B. Kaufmann/MICHELIN
p. 169 : A. Sauvan/Festival international des jardins
p. 171 : B. Kaufmann/MICHELIN
p. 172 : Ph. Gajic/MICHELIN
p. 173 : Ph. Gajic/MICHELIN
p. 174 : H. Dewynter/MICHELIN
p. 175 : R. Mazin/DIAF
p. 176 : Ph. Gajic/MICHELIN
p. 177 : 3 Bis/MICHELIN
p. 178 : 3 Bis/MICHELIN
p. 179 : LAUROS-GIRAUDON
p. 180 : B. & C. Desjeux
p. 181 : H. Dewynter/MICHELIN
p. 184 : B. Kaufmann/MICHELIN
p. 186 : H. Dewynter/MICHELIN
p. 187 : B. Kaufmann/MICHELIN
p. 187 : Ph. Gajic/MICHELIN
p. 189 : Hôtel de ville de Cholet
p. 190 : Musée de Cholet, Studio Golder, Cholet
p. 191 : Hôtel de ville de Cholet
p. 194 : S. Cordier/JACANA
p. 194 : H. Dewynter/MICHELIN
p. 195 : R. Mazin/DIAF
p. 197 : G. Durand/DIAF
p. 197 : A. Le Bot/DIAF
p. 198 : Collection VIOLLET
p. 199 : H. Dewynter/MICHELIN
p. 200 : M. Gunter/BIOS
p. 201 : C. Somaré
p. 202 : Ph. Blondel/MICHELIN
p. 202 : Ph. Blondel/MICHELIN
p. 204 : Ph. Gajic/MICHELIN
p. 204 : H. Dewynter/MICHELIN
p. 205 : Ch. Delu/HOA QUI
p. 206 : Ph. Blondel/MICHELIN
p. 206 : Ph. Gajic/MICHELIN
p. 209 : Pratt-Pries/DIAF
p. 209 : Ph. Gajic/MICHELIN
p. 211 : J. Bénazet/PIX
p. 212 : B. Kaufmann/MICHELIN
p. 213 : B. Kaufmann/MICHELIN
p. 214 : H. Dewynter/MICHELIN
p. 214 : ACP/Musée international de la chasse
p. 215 : Musée de la faïencerie, Gien
p. 217 : G. Biollay/DIAF
p. 218 : M. Guillard/SCOPE
p. 220 : H. Dewynter/MICHELIN
p. 222 : B. Kaufmann/MICHELIN
p. 222 : B. Kaufmann/MICHELIN
p. 223 : Musée R. Keyaerts, St-Michel-sur-Loire
p. 225 : C. Vaisse/HOA QUI
p. 229 : H. Gyssels/DIAF
p. 230 : B. Kaufmann/MICHELIN
p. 231 : B. Kaufmann/MICHELIN
p. 232 : Ph. Gajic/MICHELIN
p. 234 : B. & C. Desjeux
p. 234 : Labyrinthus
p. 234 : J.-D. Sudres/DIAF
p. 235 : Ph. Gajic/MICHELIN
p. 236 : Ph. Gajic/MICHELIN
p. 237 : Ph. Gajic/MICHELIN
p. 238 : B. Kaufmann/MICHELIN
p. 239 : Ph. Gajic/MICHELIN
p. 242 : 3 Bis/MICHELIN
p. 242 : J.-P. Langeland/DIAF
p. 243 : H. Dewynter/MICHELIN
p. 243 : J.-P. Langeland/DIAF
p. 246 : J.-P. Langeland/DIAF
p. 250 : F. Nebinger/VANDYSTADT
p. 251 : B. Kaufmann/MICHELIN
p. 252 : Ph. Gajic/MICHELIN
p. 254 : B. Kaufmann/MICHELIN
p. 257 : G. Biollay/DIAF
p. 258 : R. Mazin/DIAF
p. 260 : J.-D. Sudres/DIAF
p. 261 : Pratt-Pries/DIAF
p. 263 : C. Delu/EXPLORER
p. 264 : Pratt-Pries/DIAF
p. 265 : Ph. Gajic/MICHELIN
p. 266 : Ph. Gajic/MICHELIN
p. 266 : Les aigles du Donjon
p. 268 : Ph. Gajic/MICHELIN
p. 268 : Pratt-Pries/DIAF
p. 269 : G. Gsell/DIAF
p. 269 : C. & B. Desjeux
p. 272 : JOSSE
p. 276 : Musée des Beaux-Arts, Orléans
p. 277 : JOSSE
p. 278 : G. Gsell/DIAF
p. 280 : 3 Bis/MICHELIN
p. 281 : H. Dewynter/MICHELIN
p. 283 : H. Dewynter/MICHELIN
p. 285 : Ph. Gajic/MICHELIN
p. 286 : Ph. Gajic/MICHELIN
p. 287 : Pratt-Pries/DIAF
p. 290 : H. Dewynter/MICHELIN

p. 291 : H. Dewynter/MICHELIN
p. 292 : Ph. Gajic/MICHELIN
p. 294 : Pratt-Pries/DIAF
p. 294 : B. Kaufmann/MICHELIN
p. 295 : Pratt-Pries/DIAF
p. 296 : Ph. Blondel/MICHELIN
p. 297 : Ph. Gajic/MICHELIN
p. 298 : D.-V. Repérant/HOA QUI
p. 299 : Ph. Gajic/MICHELIN
p. 300 : Ph. Gajic/MICHELIN
p. 301 : B. Kaufmann/MICHELIN
p. 303 : B. Kaufmann/MICHELIN
p. 304 : Ph. Gajic/MICHELIN
p. 306 : Ph. Gajic/MICHELIN
p. 308 : R. Mazin/DIAF
p. 309 : H. Dewynter/MICHELIN
p. 310 : H. Dewynter/MICHELIN
p. 313 : J.-D. Sudres/DIAF
p. 314 : Ph. Gajic/MICHELIN
p. 315 : Ph. Gajic/MICHELIN
p. 317 : A. Laurioux/ENE
p. 317 : M. Guillard/SCOPE
p. 318 : 3 Bis/MICHELIN
p. 320 : B. Kaufmann/MICHELIN
p. 320 : C. & B. Desjeux
p. 321 : A. Février/DIAF
p. 323 : Ph. Gajic/MICHELIN
p. 324 : Ph. Gajic/MICHELIN
p. 325 : B. Kaufmann/MICHELIN
p. 326 : S. Cordier/JACANA
p. 329 : S. Cordier/JACANA
p. 331 : R. Mazin/DIAF
p. 332 : B. Kaufmann/MICHELIN
p. 333 : B. Kaufmann/MICHELIN
p. 335 : B. Kaufmann/MICHELIN
p. 335 : B. Régent/DIAF
p. 336 : J.Bénazet/PIX
p. 338 : M. Gotin/SCOPE
p. 341 : H. Dewynter/MICHELIN
p. 341 : N. Hautemanière/SCOPE
p. 346 : Ph. Gajic/MICHELIN
p. 347 : B. Régent/DIAF
p. 347 : Musée du compagnonnage, Tours
p. 348 : Musée des Beaux-Arts, Tours
p. 349 : H. Dewynter/MICHELIN
p. 350 : D. Thierry/DIAF
p. 351 : J. Miller/DIAF
p. 353 : H. Dewynter/MICHELIN
p. 354 : Ph. Gajic/MICHELIN
p. 355 : B. Kaufmann/MICHELIN
p. 356 : J.-D. Sudres/DIAF
p. 357 : GIRAUDON-BN
p. 357 : B. Kaufmann/MICHELIN
p. 359 : J. Guillard/SCOPE
p. 360 : Image de Marc
p. 361 : C. Bowman/SCOPE
p. 364 : C. & B. Desjeux
p. 364 : C. & B. Desjeux
p. 369 : Jacolos/DIAF
p. 370 : J.-D. Sudres/DIAF
p. 370 : B. Kaufmann/MICHELIN

Index

Amboise .... Villes, curiosités et régions touristiques.
Agnès Sorel .... Noms historiques et termes faisant l'objet d'une explication.

Les curiosités isolées (châteaux, abbayes, chapelles, fermes...) sont répertoriées à leur propre nom.

La Fondation du Patrimoine

Par dizaines de millions, vous partez chaque année à la découverte de l'immense richesse du patrimoine bâti et naturel de la France. Vous visitez ces palais nationaux et ces sites classés que l'État protège et entretient. Mais vous admirez également ce patrimoine de proximité, ce trésor constitué de centaines de milliers de chapelles, fontaines, pigeonniers, moulins, granges, lavoirs ou ateliers anciens..., indissociables de nos paysages et qui font le charme de nos villages.

Ce patrimoine n'est pas protégé par l'État. Souvent abandonné, il se dégrade inexorablement. Chaque année, des milliers de témoignages de la vie économique, sociale et culturelle du monde rural disparaissent à jamais.

La Fondation du Patrimoine, organisme privé à but non lucratif, reconnu d'utilité publique, a été créé en 1996. Sa mission est de recenser les édifices et les sites menacés, de participer à leur sauvegarde et de rassembler toutes les énergies en vue de leur restauration, leur mise en valeur et leur réintégration dans la vie quotidienne.

Les délégations régionales et départementales sont la clef de voûte de l'action de la Fondation sur le terrain. À partir des grands axes définis au niveau national, elles déterminent leur propre politique d'action, retiennent les projets et mobilisent les associations, les entreprises, les communes et tous les partenaires potentiels soucieux de patrimoine et d'environnement.

Rejoignez la Fondation du Patrimoine!

L'enthousiasme et la volonté d'entreprendre en commun sont à la base de l'action de la Fondation.

En devenant membre ou sympathisant de la Fondation, vous défendez l'avenir de votre patrimoine.

✂..

Bulletin d'adhésion

Nom et prénom : ....

....

Adresse : ....

Date : Téléphone *(facultatif)* : ....

Membre actif *(don supérieur ou égal à 300F)*

Membre bienfaiteur *(don supérieur ou égal à 3 000F)*

Sympathisant *(don inférieur à 300F)*

Je souhaite que mon don soit affecté au département suivant :

....

Bulletin à renvoyer à :

Fondation du Patrimoine, Palais de Chaillot, 1 place du Trocadéro, 75116 Paris.

Merci de libeller votre chèque à l'ordre de la Fondation du Patrimoine.

LE GUIDE VERT a changé, aidez nous à toujours mieux répondre à vos attentes en complétant ce questionnaire.

Merci de renvoyer ce questionnaire à l'adresse suivante :
Michelin Éditions des Voyages / Questionnaire Marketing G. V.
46, avenue de Breteuil 75324 Paris Cedex 07

1. Est-ce la première fois que vous achetez LE GUIDE VERT ? oui ☐ non ☐
Si oui, passez à la question n° 3. Si non, répondez à la question n° 2.

2. Si vous connaissiez déjà LE GUIDE VERT, quelle est votre appréciation sur les changements apportés ?

	Nettement moins bien	Moins bien	Égal	Mieux	Beaucoup mieux
La couverture	☐	☐	☐	☐	☐
Les cartes du début du guide Les plus beaux sites Circuits de découvertes Lieux de séjours	☐	☐	☐	☐	☐
La lisibilité des plans Villes, sites, monuments.	☐	☐	☐	☐	☐
Les adresses	☐	☐	☐	☐	☐
La clarté de la mise en pages	☐	☐	☐	☐	☐
Le style rédactionnel	☐	☐	☐	☐	☐
Les photos	☐	☐	☐	☐	☐
La rubrique Informations pratiques en début de guide	☐	☐	☐	☐	☐

3. Pensez-vous que LE GUIDE VERT propose un nombre suffisant d'adresses ?

HÔTELS :	Pas assez	Suffisamment	Trop
Toutes gammes confondues	☐	☐	☐
À bon compte	☐	☐	☐
Valeur sûre	☐	☐	☐
Une petite folie	☐	☐	☐
RESTAURANTS :	**Pas assez**	**Suffisamment**	**Trop**
Toutes gammes confondues	☐	☐	☐
À bon compte	☐	☐	☐
Valeur sûre	☐	☐	☐
Une petite folie	☐	☐	☐

4. Dans LE GUIDE VERT, le classement des villes et des sites par ordre alphabétique est d'après vous, une solution :

Très mauvaise	Mauvaise	Moyenne	Bonne	Très bonne
☐	☐	☐	☐	☐

5. Que recherchez-vous prioritairement dans un guide de voyage ? Classez les critères suivants par ordre d'importance (de 1 à 12).

6. Sur ces mêmes critères, pouvez-vous attribuer une note entre 1 et 10 à votre guide.

	5. Par ordre d'importance	6. Note entre 1 et 10
Les plans de villes		
Les cartes de régions ou de pays		
Les conseils d'itinéraires		
La description des villes et des sites		
La notation par étoile des sites		
Les informations historiques et culturelles		
Les anecdotes sur les sites		
Le format du guide		
Les adresses d'hôtels et de restaurants		
Les adresses de magasins, de bars, de discothèques...		
Les photos, les illustrations		
Autre (spécifier)		

7. La date de parution du guide est-elle importante pour vous ? oui non

8. Notez sur 20 votre guide :

9. Vos souhaits, vos suggestions d'amélioration :

Vous êtes : Homme Femme Âge

Agriculteur exploitant	Employé
Artisan, commerçant, chef d'entreprise	Ouvrier
Cadre et profession libérale	Préretraité
Enseignant	Autre personne sans activité professionnelle
Profession intermédiaire	

Nom et prénom :

Adresse :

Titre acheté :

Ces informations sont exclusivement destinées aux services internes de Michelin.
Elles peuvent être utilisées à toute fin d'étude, selon la loi informatique et liberté du 06/01/78.
Droit d'accès et de rectification garanti.